삼계교 연구

프라즈냐 총서
35

삼계교 연구

| 삼계교의 성립과 전개, 문헌과 사상을 중심으로 |

서본조진 저 · 박부자 역

운주사

1.「故大信行禪師銘塔碑」

2.「化度寺故僧邕禪師舍利塔銘」

3.「慈潤寺故大霊琛禅師灰身塔銘文」

4.「宝山光天寺僧順禅師塔銘」

5.「化度寺僧海禅師方墳記」

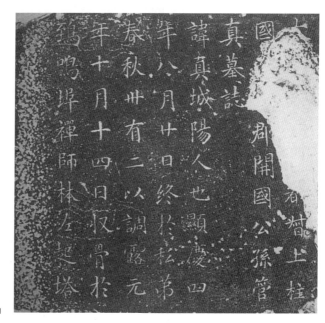

6.「大□□□□都督
　上柱国□□郡開国公孫管真墓誌」

7.「大唐功曹參軍梁君故夫人成氏墓志」

8.「大唐淨域寺故大德法藏禪師塔銘幷序」

9.「大唐太常協律郎裵公
　　故妻賀蘭氏墓誌銘幷序」

10.「大唐宣化寺故比丘尼堅行禪師塔銘」

11. 無可書「仏頂尊勝陀羅尼経幢銘」

12.「皇唐三階大徳禅師碑」

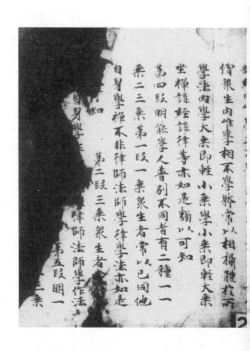

13.『対根起行法』
（S5841 末尾，下段写本に続く）

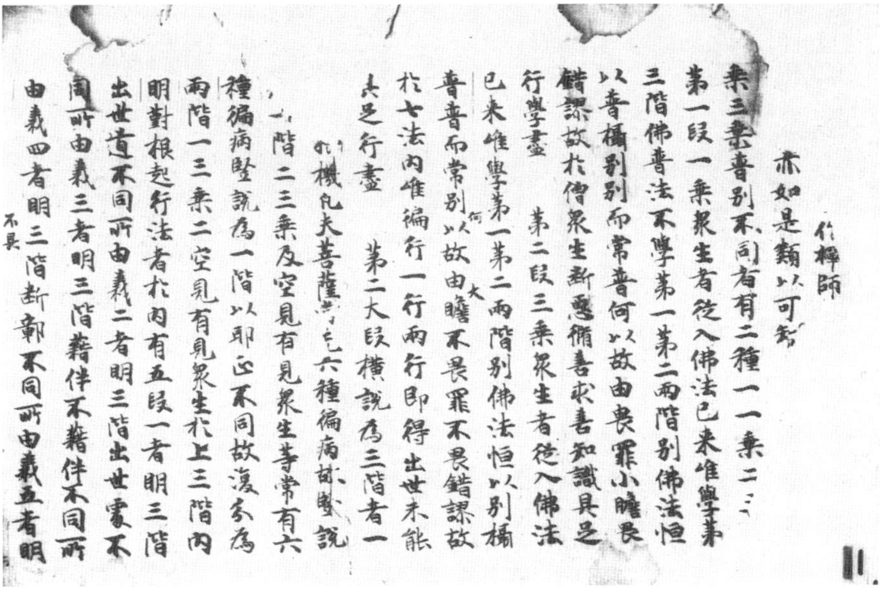

14.『対根起行法』(S2446 冒頭)

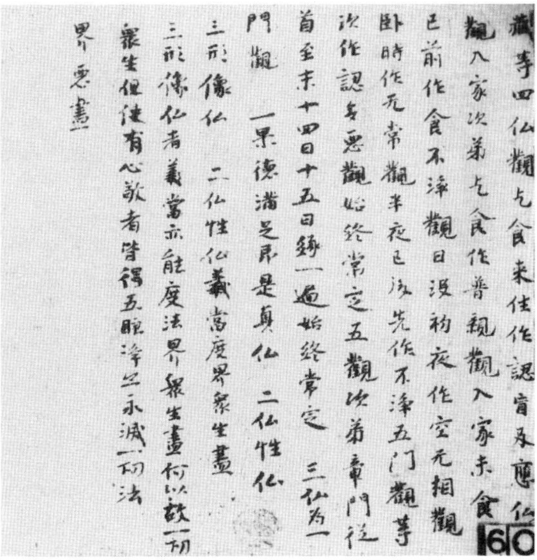

15.『対根起行法』(S2446 末尾)

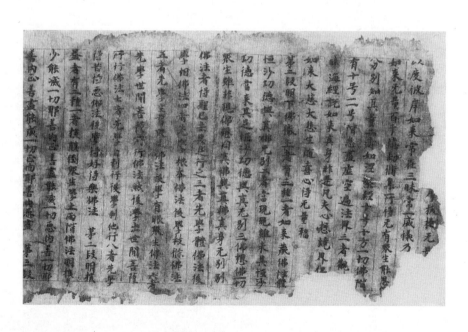

16.『対根起行法』(S832 冒頭)

17.『対根起行法』(龍谷大学図書館藏本冒頭)

18.『対根起行法』(龍谷大学図書館藏本末尾)

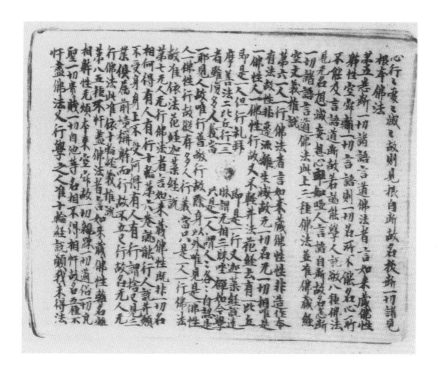

19.『第三階仏法広釈』(S5668-11 V)

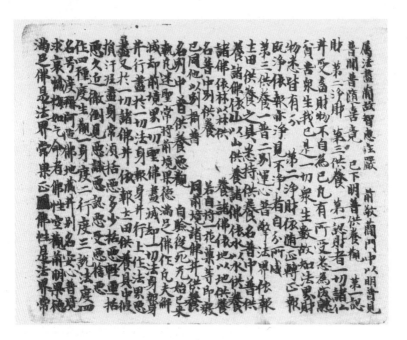

20.『第三階仏法広釈』(S6344-1 R)

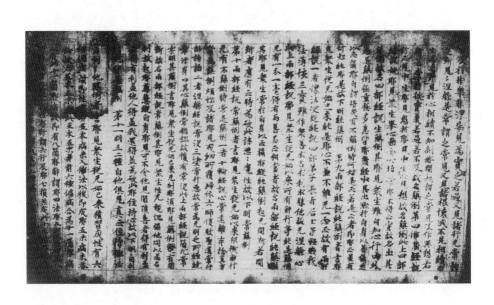

21.『第三階仏法広釈』(北8725 R 冒頭)

22.『三階観法略釈』部分(P2268)

23.『制法』断片(S1315)

制法壹卷

大覺開化以遍益為心布
東流傳道末代起行長道
合行下根為正所依之人噁里
仗法為宗善人入道住性目戕
方就仁心必不化犯必非仁止
略件徐章以為時範耳

別二眾法第一

一聖有成判法即法即共同律即律師共同生律
生禪共同自今已去解行相當者合別為眾行當
噁羊僧者依噁羊僧眾行當智慧會者承習噁

24.『制法』冒頭(P2849R)

起事歃者亦不令共往雖除迦提一月次第乞
求者不在其限

安置客傳法第十九

一安置客傳法莫問意識韻情去選輕來過者不
得在眾傳宿即當別房安必隨消息雖除故
來依眾行道者不在其限

撿制第廿

一隨事別制過乃塵沙且逐時要略舉大綱其上
并不載者坒可當時相過輕重以意尌酌如有凝疑
難可調伏者即令大眾同教尚治自剠豆可署若
依為楷式

依解脫道論第二卷抄出乞食法

又明乞食法云何受乞食若受他請則妨自業不為
憶人不異非法此坐接膝共坐如是過患沒見乞
食功德我從今日斷受他請受他食法云何乞
刃德依心所願進山目由他供餘消除應念
斷滅憍慢不貪滋味鐃益眾生常於四方心
无限乞食何為失若請有三種一似貪請二礙請三遇
請除山三種請受乞食若蒙三請是失乞食云
何受次第乞食若於次弟乞食蒙得多羨味則不
重往若其重往則受常食若有根豪亦應遠
雖加是過患沒見刃德我從今日捨非次
乞食次弟乞云何次弟乞功德我從今日捨非次
乞食次弟乞以平等心飯益一初

25.『制法』末尾と『乞食法』冒頭(P2849R)

26.『乞食法』末尾と『受八戒法』冒頭(P2849R)

想不淨想尿尿想鬼燖想憂吒想涂濡臧愚
子肉想鬼菜想流重想又於身中臏生死想青
想脹想燗壞想合利想又是想以先貪
看心愁後乃食但以支身除飢渴病令得猶道
應作是念我食山食破先苦憶不生後若心
得快樂調過九惡身體輕便行步安隱乃至作
受道想若生貪者即應捨之
受八戒法
　　　　　　信行禪師撰
凡受戒法先須演教受我人脫去巾帽青帶
及靴鞋等偏露右膊胡跪合掌右膝著地
若是女人酒去金銀釧釵七寶鈿等若有
重衣唯可去右膊上一重衣巾等不可全露身
體若先有腑粉嚴彩者即須洗却亦如法頭跪
心懺悔作受戒意其教授師須依經教致三
寶法勸化前人使愁深重心懺悔作上品心愛
戒　夫欲受戒先教礼佛
一切恭敬
敬礼東方滿彌燈光明如来十方佛等一切諸佛
敬礼毗婆尸如来過去七佛等一切諸佛
敬礼普光如来五十三佛等一切諸佛
敬礼東方善德如来十方佛等一切諸佛
敬礼拘那念如来賢劫千佛等一切諸佛
敬礼釋迦牟尼如来三十五佛等一切諸佛
敬礼阿閦如来十方无量佛等一切諸佛
敬礼寶集如来二十五佛等一切諸佛

27.『窮詐辯惑論』卷下冒頭(P2115R)

窮詐辯惑論卷下　　　　答警迷論
詐曰謟惡觀他為他何得与仏作和上及為
仏說法故知立義自相違者
窮曰此与唯識无境而市為人講授有何異
于法師既有真俗禪師豈无昏別乎
詐者以銕根不染分别得為道俗解說經
人說清淨如此客語何能解釋者
窮曰設使不解此語損何人法疫何道業乎
現今三藏教中顯了文義最重惡昇永
却如十惡輪五不教寺對目不解而恒諌說豈
以不解一偈所憲不堪說法于五部戒律諸部
小乘平文罄語詐盡辭于梵音兒辯子盡
解于又誰見仏何自言盡知仏法右為不淨說

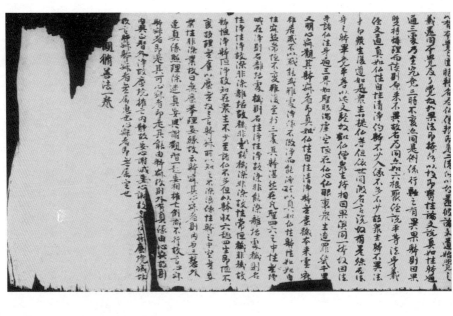

28.『発菩提心法』部分(P2883)

29.『□□観修善法』末尾(北8386)

30.『仏性観』部分(S1004)

31.『仏性観』(台湾 99, 下段写本に続く)

32. 『仏性観』(台湾 99 末尾)

저자 서문

필자는 1983년 동경대학 문학부 인도철학인도문학과에 진학했으며, 학부 졸업 후 계속해서 대학원 수사과정과 박사과정에 진학하였다. 또 박사과정 수료 후에는 일본학술진흥회 특별연구원으로 3년간 재직하였다. 그동안 고기직도高綺直道, 겸전무웅鎌田茂雄, 전전전학前田專學, 원실原實, 강도혜교江島惠教, 목촌청효木村淸孝, 말목문미사末木文美士, 구산신丘山新, 환정호丸井浩, 하전정홍下田正弘 등 여러 선생님에게 지도를 받았다. 특히 목촌청효 선생님에게는 대학원에 입학한 이후 십수 년간에 걸쳐서 지도교관指導敎官으로서 각별한 지도를 받아 왔다. 마음으로부터 감사의 말씀을 올린다.

또 1992년 여름부터 1년 반은, 조기선조朝技善照 선생의 특별한 배려로 하버드 대학의 연구생으로 유학했고, 영부정준永富正俊 선생에게 따뜻한 지도를 받았다. 유학에 즈음해서는 재단법인 국제불교문화협회의 장학금을 받았다. 깊은 감사를 드린다.

연구의 진행을 돌이켜보면, 대학원 입학 당시 필자는 중국의 정토교淨土敎 연구를 막연히 예정하고 있었다. 그리고 수사논문修士論文에서는 선도善導의 제자 회감懷感의 『석정토군의론釋淨土群疑論』을 연구 대상으로 택하였다. 『석정토군의론』을 읽어나가는 중에 가장 흥미 있었던 것은 삼계교三階敎를 비판한 부분이었다. 민중 사이에 깊이 뿌리내려 활동한 정토교와 삼계교가 무슨 이유로 대립했던 것일까? 그러한 문제의식을 가진 채 연구를 계속하여 수사논문 「『석정토군의 론』의 연구－삼계교 비판을 중심으로」를 제출하였다. 박사과정에 진학한 후 연구주제로 중국 징토교의 연구를 설정하고서도 삼계교에 대한 흥미를 잃지 않고 있었다. 다만 시취경휘矢吹慶輝 박사의 『삼계교 지연구三階敎之硏究』의 존재가 너무나도 컸다. 2, 3년이 지나서 유학 말기를 전후해서 목촌청효 선생님께서 삼계교를 본격적으로 연구해 볼 것을 권유하셨다. 그래서 유학중 도서관에서 시취 박사의 연구 성과를 하나하나 확인하는 작업을 시작하였다. 성과를 확인하는 작업 자체는 독자의 성과를 얻는 것과 직접 연결되지는 않았다. 작업을 진행하면서 초조해졌다. 어느 날 돈황사본 가운데서 우연히도 시취 박사가 특정하지 않았던 삼계교사본을 발견하였다. 그때 처음으로 연구의 희열을 알았다. 그 후에는 연구에 열중하였다. 돈황사본을 취급할 필요가 생겼을 때 이 분야에 관해서 전혀 지식이 없는 필자에게 여러 가지 지도를 해주신 분은 상산대준上山大峻 선생이었다. 또 1996년 가을부터 4개월간의 대만 유학에서는 묘비 탁본을 비롯하여 금속자료 연구에 몰두하였다. 이 방면에도 초심자였었지만, 대만에서 알게 된 광릉고빈유한공사廣隆股份有限公司의 황하黃河 부이사장에게 매우 큰 신세를 졌다.

그리고 필자는 1995년 12월에 동경대학에서 박사과정의 학위청구논문 「삼계교의 연구三階敎の硏究－『對根起行法』を中心として」를 제출하고, 다행히도 1996년 3월에 박사(문학)학위를 받았다.

본서는 학위논문에 일부 가필을 한 정도의 것이다. 충분히 고찰하지 못한 점도 많이 남아 있을 것이고, 잘못 읽거나 부정확한 부분도 적지 않게 있으리라 생각된다. 솔직히 말해서 출판을 그만두고 싶을 만큼 부끄러움을 지금도 느끼고 있다. 다만 이번의 연구를 최초의 이정표라고 여기고 오히려 부끄러움을 금후의 정진의 힘으로 삼아 가려고 생각한다. 여러분의 지도를 마음으로부터 바라마지 않는다.

박사논문의 심사에 있어서는 인도문학, 인도철학, 불교학 전문분야의 목촌청효木村淸孝 선생이 주심을 맡아 해주셨다. 또 동 전문분야의 강도혜교江島惠敎 선생, 말목문미사末木文美士 선생, 동양문화연구소의 구산신丘山新 선생, 종교학 종교사 전문분야의 도원진島薗進 선생에게 심사를 받았다. 귀중한 가르침을 받았다. 충심으로 감사를 올린다.

또 1997년 4월부터 무장야여자대학武藏野女子大學에서 교육 연구에 종사할 기회를 얻고, 전전전학前田專學 부학장副學長, 인문人文관계학과 주임인 전중교조田中敎照 선생을 비롯한 여러 선생님들의 따뜻한 격려를 받았다. 더욱이 동년 4월부터 재단법인 대창정신문화연구소大倉精神文化硏究所의 겸임연구원으로 신세를 지고, 소장인 조도경정早島鏡正 선생, 불교연구실 주임인 관야박사菅野博史 선생을 비롯한 여러 연구원들로부터 많은 가르침을 받았다.

자료의 열람, 수집, 게재, 번각에 있어서도 많은 분들의 호의에 힘입었다. 특히 재단법인 동양문고, 용곡대학도서관, 대영도서관, 파리국립도서관, 북경도서관, 대만중앙연구원 역사어언연구소, 대만국립중앙도서관에는 대단히 큰 신세를 졌다.

또 일일이 여기에 이름을 열거할 수 없는 많은 선생님들, 선배,

24

우인제형友人諸兄의 정성어린 지도 편달 및 주위 여러분의 따뜻한 이해와 격려 덕분에 본서를 마무리할 수 있었다. 참으로 부사의不思議하다는 말밖에 달리 표현할 수 없는 여러 인연에 그저 감사할 따름이다.

권말의 영문목차 및 영문요지는 동경대학교 대학원연구생 Claudia Romberg 여사에게 번역을 부탁드렸다(역자: 한글 번역서에는 수록하지 않았다). 또 동경대학교 대학원생인 왕취령王翠玲 여사에게 교정단계에서 전체에 걸쳐서 검토를 받았고, 수차례에 걸쳐 귀중한 조언을 받았다. 마음으로 감사의 말씀 올린다.

더욱이 본서의 출판을 맡아 주시고 따뜻한 격려를 해주신 춘추사의 신전명神田明 사장님, 편집부 좌등청정佐藤淸靖 부장에게는 심심한 사의를 올린다. 또 색인 작성에는 빈야철경浜野哲敬 씨의 조력을 받았다. 그리고 상전철야上田鐵也 씨에게는 편집 교정 등 전반에 걸친 매우 큰 신세를 졌다. 심심한 사의를 표한다.

또 본서는 평성平成 9년도 문부성과학연구비보조금文部省科學硏究費補助金 '연구성과공개촉진비硏究成果公開促進費'의 교부를 받아서 간행된 것이다. 관계자 여러분에게 마음으로부터 감사를 드린다.

1996년 1월 26일

著者

역자 서문

불교에 대해서 좀 더 체계적으로 알고 싶어 동국대학교 석사과정에 입학하여 수업을 받게 된 것은 육십에 막 접어든 때였다. 그리고 '기왕이면 박사과정까지 하자'며 내달았던 것은 그저 좀 더 알고 싶은 욕심 때문이었다. 그러던 중 중국불교를 전공하다 삼계교를 만났고 논문 주제로까지 이어지게 되었다. 그러나 10년의 세월이 흐르도록 그저 이 책 저 책 뒤적여만 보다가 학위 논문을 완성한다는 건 내게 너무 어렵게 다가왔고, 그만 포기하고 자유로워지고 싶었다.

지도교수님을 찾아 말씀드리니 '여태까지 노력한 것이 아까우니까, 우선 그중에서 가장 도움이 되었던 책을 번역해서 거기에 관심을 가진 사람들에게 소개해 보는 것이 어떻겠냐?'고 말씀하셨다. 내 외국어 실력으로 그간에 본 것은 약간의 영어 논문 외에는 대부분 일본어로 된 책과 논문이었고, 삼계교에 관한 것으로는 1920년대 시취矢吹의 『삼계교지연구三階敎之硏究』와 1990년대 서본조진西本照眞의 『삼계교의 연구三階敎の硏究』가 가장 우뚝하였다. 그중에서도 으뜸 저본으로 삼았던 것은 서본조진의 『삼계교의 연구』였다. 물론 공부하는 도중에 이미 번역하여 보기 편하도록 편집해 놓고 있었던 터였다. 그러나 나 혼자 읽고 참고하기에는 그런대로 유용했지만, 책으로 펴내려면 오역도 없어야 하고 더불어 한국어로도 잘 표현되어야 한다는 부담이 논문 쓰는 것 이상으로 나를 짓눌렀다. 그때부터 다시 쓰는 기분으로 내용과 문장을 다듬었고, 그 과정에서 여러 사람의 도움을 받아 부끄러우나마 오늘 세상에 내어 놓게 되었다.

　삼계교는 중국남북조 말기에서 수조隋朝 초에 걸쳐 신행선사에 의해 개창된 중국불교의 일파이다. 이 종파는 그 후 수隋·당唐·송宋 삼조三朝에 걸쳐 전후 약 400년간 크게 번성하기도 하고, 금압禁壓으로 위축되기도 하면서 교세를 유지하다가 그 후 모습을 감추고 다시는 영영 나타나지 않았다. 정토교와 심한 마찰을 겪기도 한 삼계교는 실로 중국불교사상 그 유래를 찾기 어려울 정도로 민중을 위한 혁신불교였다. 당시 중국불교계를 주도하던 전통적인 흐름과는 달리 교조 신행은 자신의 새로운 불교관을 독창적으로 전개하여 민중의 호응을 크게 받은 나머지 이단시되고 위험시되어 많은 핍박을 받았다. 그러나 그의 경전에 대한 해박한 이해와 당시 도탄에 빠진 민중을 구하려는 지극한 충심은 그들이 현실을 헤쳐갈 수 있는 바른 안목과 수행지침을 제시해 주어 대단한 힘으로 결집되었다. 이 힘은 우리나라와 일본에도 지대한 영향을 미쳤을 것이나, 우리나라의 경우 『삼국유사』 등에 단편적인 기록만이 남아 있을 뿐이다. 다만 당시 중국에서 다년간 공부하고 돌아온 원광, 자장, 의상 등의 고승들이 신행과 동시대이거나 그 직후에 삼계교 발상지에 머물러 있었음을 통해 그 영향을 짐작해 볼 수 있는 것이다.

　삼계교의 실상은 여러 번의 금압으로 교사나 교의 등 그 족적을 더듬어 볼 수 있는 자료가 거의 인멸湮滅되어 우리에게 잘 알려져 있지 않았으나, 금세기 초 돈황석굴에서 삼계교 관련 자료가 다수

발견되고 시취경휘, 서본조진 등 여러 학자들이 각고의 노력을 기울여
그 모습을 오늘에 되살렸다. 서본조진은 그의 글 속에서 "본서가 의도하
는 것은 시취경휘의 『삼계교지연구三階敎之硏究』의 현대적 개정판이
다. 어쩌면 '삼계교란 어떤 것인가'라고 하는 문제에 대한 오늘날의
회답이라고 해도 좋다."라고 했는데, 단순한 개정판이 아니고 1920년대
부터 1990년대까지 일본은 물론 구미 여러 나라와 중국 등에서 진척된
삼계교 연구의 현황과 그 위에 쌓아올린 작자의 내용이 잘 정리되어
담겨 있으며, 아울러 서본조진 독자의 놀랄 만한 성과들도 적잖이
실려 있다.

　본서를 통해, 오로지 도탄에 빠진 민중의 구제와 부처님의 참된
가르침을 펴려 했던 신행선사의 이상이 우리나라의 불교수행의 방향은
물론 사회 전반에 걸쳐 새로운 시대상을 창출하는 데 크게 기여하게
되기를 기대해 본다.

　이 책이 나오기까지 물심양면으로 지원을 아끼지 않으신 장애순
지도교수님, 멀리 일본에서 많은 도움을 주신 가와세유끼오(河瀨幸夫)
선생님과 시사일본어 윤민자 선생님, 그리고 운주사 김시열 대표님과
편집부 여러분께 진심으로 감사를 드리고, 끝으로 늘 곁에서 도움과
격려를 아끼지 않은 남편과 가족들에게도 감사의 마음을 전하며 독자제
현의 질책과 지도편달을 바란다.

2017년 2월
서울 讀書堂路 書家에서 박부자朴芙子

제4장 삼계교사상의 기본구조 339

제5장 삼계교의 교단규율 593

서론

본서가 연구 대상으로 하는 것은 삼계교三階教이다. 이 삼계교라는
것은 '중국에 있어서 남북조후기南北朝後期에서 수대隋代에 걸쳐서 활
동한 불교자佛教者인 신행(信行, 540~594)의 사상과 행동을 출발점으
로 하여, 그 후 약 400년에 걸쳐 종교 활동을 전개한 중국 불교의
한 종파이다.'라고 임시로 정의하고 연구를 시작하려 한다.

우선 '삼계교'라고 하는 호칭에 관하여, 수隋·당唐시대에 이 호칭이
어느 정도 일반화되어 있었는지 실은 명확하지 않다. 당시 신행信行이
설한 가르침을 배워서 실천하는 자를 '삼계학자三階學者', '삼계선사三階
禪師', '삼계승三階僧' 등으로 부르고 있지만, 신행이 창시했던 종교운동
체宗教運動體를 일반적으로 '삼계교三階教'라고 불렀는지 어떤지는 잘
알 수 없다. '삼계교'라고 하는 호칭은 어쩌면 일본 근대의 불교학
가운데에서 정착해 간 호칭인지도 모른다. 현재 확인할 수 있는 초출初
出은 좌좌목월초佐佐木月樵의 『삼계교三階教와 정토교淨土教』(佐佐木,
1913)에서이다. 아마도 '정토교淨土教'라는 호칭에 대치시켜 '삼계교三
階教'라는 호칭이 사용되기 시작한 것으로 여겨진다. 그러다가 시취경
휘矢吹慶輝의 『삼계교지연구三階教之研究』(1927년)에 의해서 완전히
정착하게 되었다. 어쩌면 '삼계三階', '삼계중三階衆' 혹은 '삼계부三階部'
라고 부르는 것이 당시 하나의 불교집단의 호칭으로서는 더 적절했을지

도 모른다. 다만 정착한 호칭을 다른 하나의 무엇인가로 변경하는 적극적 근거도 찾아내지 못했으므로 본서에 있어서도 '삼계교'라는 호칭을 사용하기로 하였다.

앞의 정의에 근거하여 연구 대상으로 할 수 있는 분야는, 신행信行의 전기傳記와 저작著作, 사상과 행동, 신행信行 이외의 삼계교도의 전기와 저작, 사상과 행동, 삼계교 이외의 동시대 혹은 전후 세대의 사상과 종교 활동과의 교류 및 영향관계, 사회와 정치와의 관계 등 실로 여러 가지이다. 또 이들 분야의 하나하나에 대해서 오늘날 사용가능한 자료를 분류하고, 또 새로운 자료를 찾아내는 작업도 당연히 진전되어야 할 것이다. 따라서 삼계교란 무엇인가 하는 더욱 상세한 정의를 내리는 것은, 이들 분야와 자료를 하나하나 검토한 뒤에야 비로소 가능하게 될 것이다. 당연히 한 사람의 연구자에 의해서 전부를 해명하는 것은 불가능하다. 삼계교란 어떠한 것인가라는 문제에의 접근은 연구자에서 연구자로 이어져가야 할 과제라고 할 수 있을 것이다. 필자는 선학先學에게서 물려받은 배턴(baton)을 다음으로 건네주기까지의 사이에서, 즉 본서에서 이 문제에 가능한 한계까지 접근을 시도해 볼 것이다. 또 이 과제에 몰두하는 것은 단순히 한 종파의 사상과 활동을 밝히는 것에 그치지 않고, 삼계교를 잉태한 남북조시대의 불교, 삼계교가 전개한 수隋·당唐 시대의 불교를 총체적으로 해명하는 것에 직결된다. 이러한 관점을 빼어버린 연구는 삼계교의 종학적宗學的 연구에 빠져드는 것이 될 수 있으므로 엄격하게 경계하지 않으면 안 된다.

그리하여 필자도 본서에서 삼계교에 관한 역사적 사실에 어떤 알맹이를 부가하고 싶은데, 우선은 연구사를 조사해가며 종래의 연구가 삼계

교의 어떠한 분야에 관해서 어디까지 성과를 거두어 왔는가를 확인해두
고자 한다.

제1절 삼계교연구사三階教研究史

1. 근세까지의 삼계교연구

일본에서 근세近世까지의 삼계교연구는, 삼계교 자체가 연구 대상으로
서 문제 삼아진 것은 아니었다. 『석정토군의론釋淨土群疑論』 등의 중국
정토교淨土教의 논서論書에 삼계교를 비판한 부분이 있었기 때문에,
그들 논서의 연구에 관련해서 삼계교의 비판적인 연구도 행해졌던
것에 지나지 않았다. 그런데 역설적逆說的이게도 삼계교의 사상을
가장 잘 보전한 것은 삼계교를 비판한 정토교 측의 문헌이었다. 도충(道
忠, ?~1281)의 『석정토군의론탐요기釋淨土群疑論探要記』에는 일본에
전래한 『삼계불법三階佛法』(日本本 『三階佛法』)이 곳곳에 인용되고 있
다. 어쨌든 근세까지는 삼계교의 사상을 미루어 짐작할 수 있는 문헌은
정토교 측의 문헌이었던 것이다. 그 외에는 『속고승전續高僧傳』 등에
게재된 신행信行 등의 전기, 『역대삼보기歷代三寶紀』 등의 경록經錄에
게재된 삼계교에 관한 간단한 기술과 삼계교의 문헌목록, 석각자료石刻
資料에 재록된 삼계교도三階教徒의 묘비명墓碑銘 등이 존재할 뿐이었다.

2. 시취경휘矢吹慶輝의 삼계교연구

근대近代의 삼계교연구三階教研究의 금자탑金字塔은 말할 것도 없이 시취경휘矢吹慶輝의 『삼계교지연구三階教之硏究』(이하, 시취 『연구』로 약칭)이다. 이 책은 1927년에 출판되었는데, 출판에 이르기까지 겪었던 여러 가지 곤란한 사연들은, 「삼계교三階教의 연구후기硏究後記」(『연구』, 781~792쪽)에 기록한 대로이다. 시취矢吹는 1916년 6월부터 11월까지 대영박물관大英博物館에서 스타인본을 조사하여 9본의 삼계교 관계 사본을 찾아내었으며, 1922년에 『삼계교三階教의 연구硏究』를 박사학위 논문으로 제출, 같은 해 12월부터 다음해 7월까지 스타인본을 재조사하고, 새로이 6본의 삼계사본三階寫本을 더 찾아냈다. 같은 해 7월에는 파리국립박물관에서 펠리오본을 조사하여 5본의 삼계교사본을 찾아냈다. 그런데 9월에 관동대지진이 일어나서, 구고舊稿 『삼계교의 연구』를 비롯하여 중요한 사진 등을 모두 잃었다. 다시 처음부터 원고를 일구어, 신고新稿 『삼계교지연구三階教之硏究』를 탈고한 것은 1924년 11월이었다. 그 사이 시취矢吹의 노고는 우리들의 상상을 초월하는 것이었을 것이다. 이 새 원고는 구고와 비교하면 분량 면에서는 배 정도 되고, 새로이 11본의 삼계교사본을 소개한다고 하는 성과를 보태었지만, 한편으로는 제6단편(『보법사불普法四佛』이라고 가제를 붙인 문헌)과 경도부강가장京都富岡家藏의 제20단편의 2본은 사진과 복본複本 등을 소실해서 복원할 수 없는 상태가 되었다.

어쨌든 시취矢吹의 삼계교 연구에 대한 최대공헌은 스타인, 펠리오가 수집한 1만 수천의 돈황敦煌 사본 중에서 삼계교 문헌을 찾아내고 소개했다고 하는 점에 있다. 시취矢吹가 소개한 삼계교의 돈황 사본은 20단편이 되는데, 아마 이 정도의 많은 문헌이 한 번에 발견되는 일은 금후로도 쉽지 않을 것이다. 그의 업적은 정말로 불멸이라고 할 수 있다. 시취가 번각한 돈황 사본 16본과 일본본『삼계불법三階佛法』은 『연구』별책 1~415쪽에 번각해서 수록되어 있고, 삼계교 문헌의 인용은 오늘날까지도 여전히 이것에 근거하여 행해지고 있는 경우가 많다.

그런데 방대한 내용의 대저大著『삼계교지연구三階敎之硏究』의 본론에 대한 평가는 어떠한가. 삼계교의 연구를 더욱 진척시켜가는 선상에서 시취矢吹의 성과와 도달점 및 문제점 등을 명백하게 하는 것은 연구의 기초적 작업이고, 아직도 삼계교 연구의 출발점이라고 하지 않을 수 없는 것이 현실이다. 출판 후 70년의 세월이 흘렀어도 아직 이 대저大著에 대한 평가에서 출발하지 않을 수 없는 것 자체가 삼계교 연구사에 있어서 이 책의 위치와 평가를 말해주고 있다. 물론『연구』이후에도 뛰어난 선학의 연구는 몇 개가 존재하지만, 삼계교에 관한 종합적인 연구서는 그 후 한 권도 공간公刊된 것이 없는 실정이다. 시취矢吹의 성과는 후학이 삼계교 연구에 발을 들여놓기를 주저하게 하는 결과를 오늘날에 있어서도 여전히 유지하고 있다고 할 수 있을 것이다.

대체로 삼계교에 대해서 말하려고 하는 자는 시취『연구』에 손을 대지 않을 수 없지만,『연구』그 자체에 대한 논평은 반드시 많다고는 할 수 없다. 가장 자세한 것은 시취矢吹의 박사 논문『삼계교의 연구』(旧稿)에 대한 자기정치姉崎正治의「삼계교의 연구 및 참고논문3편參考論

文三篇 심사보고안문審查報告案文」(『연구』764~780쪽)이고, 각 장章마다 연구의 특징을 밝혀서 그 성과를 중심으로 정리하고 있다. 목촌청효木村清孝의 「신행信行의 시기관時機觀과 그 의의意義」(1984)는, 시취의 성과를 근거로 한 위에 금후의 삼계교 연구의 자세에 정확한 지표를 준 논문이고, 1980년대 이후의 삼계교 연구의 재활성화에 중요한 역할을 달성하였다. 목촌木村은 시취矢吹 연구의 문제점을 지적하면서, 금후의 삼계교 연구의 과제로서 다음의 4가지 점을 제기하고 있다.[1]

(1) 삼계교 자료 수집에 한층 노력할 필요가 있다.

(2) 현존하는 자료를 더욱더 잘 정리하고 분류해 나가는 작업이 필요하다. 예를 들면 『연구』에는 일본본 『삼계불법三階佛法』과 돈황본 『삼계불법三階佛法』의 취급방법이 애매모호한 점이 있다.

(3) 『연구』에는 오독誤讀 혹은 오식誤植이라고 생각되는 곳이 적지 않게 있다. 자료의 정확한 해독이 필요하다.

(4) 『연구』는 백과사전적인 것이고, 방법론적인 엄밀함이 관철되고 있지 않다. 보다 엄밀한 문헌학적文獻學的 내지 사상사학적思想史學的 방법에 의한 삼계교의 재검토가 요청된다.

이러한 목촌木村의 지적은, 후술하는 본서의 연구방법과 과제의 설정에 있어서도 적지 않은 영향을 주고 있다.

한편 조천도웅早川道雄은 역사학의 입장에서 삼계교의 연구에 몰두하여, 「삼계교 연구의 역사歷史와 금후今後의 과제課題」(早川 1989b)에서 『연구』의 구성을 간략하게 소개하고, "시취矢吹 박사博士가 이룬

---

1 木村清孝(1984) 167~169쪽.

업적의 최대 의의는, 직접적으로는 문헌자료의 수집과 그것에의 개별적 고증이고, 이념적으로는 학문적 안내자(學的先達)가 전혀 없던 삼계교라는 대상에 거대한 연구의의를 발견하고, 철저하게 고찰考察한 통찰력洞察力과 선견성先見性이다."라고 총괄하였다. 그 위에 시취矢吹 연구의 문제점으로서 "수미일관首尾一貫한 통일적인 삼계교상三階教像의 부재不在"를 지적하고, 그 원인을 "복수複數의 삼계교 문헌 자료를 비교해서 보면 하나하나의 것은 통일된 일관성을 가지고 있지만, 상호 관계를 묻는 경우 각자가 다른 때에는 완전히 모순된 방향성을 나타내고 있다는 사실"에서 찾고 있다. 필자는 반드시 삼계교 상像을 시종일관(首尾一貫)하여 통일시키려는 생각은 없다. 중요한 것은 불통일성不統一性을 우선 인식하고, 그 원인을 찾아내는 것이다. 그 작업은 삼계교 자체를 변화하는 운동체로 포착하고, 그 역사적 전개를 파악하는 것에 있다. 시취矢吹의 연구의 문제점은 통일성의 결여는 아니고, 불통일성의 인식 혹은 배려의 결여이다. 그것은 시취矢吹의 사상 연구가 개개의 신출 자료에 관해서 그 단락과 내용의 소개가 중심으로 되어 있는 것의 필연적 귀결이라고 할 수 있다.

3. 전전戰前의 연구

시취矢吹 이전의 연구로서, 「신행선사信行禪師의 삼계불법三階佛法」(河野法雲, 1909), 「삼계교三階教와 정토교淨土教」(佐佐木月樵, 1913), 「신행선사信行禪師의 사적事蹟 및 그 교의教義」(今津洪嶽, 1915), 「신행선사信行禪師의 삼계교三階教」(岩崎敲玄, 1917) 등이 있지만, 자료가

44

부족하다는 느낌을 부정하지 못한다. 다만 이미 첫머리에서 소개한 바와 같이 좌좌목佐佐木의 논문은 '삼계교三階教'라는 호칭을 이른 시기에 사용했다는 것으로서 주목해둘 필요가 있다.

그러면 우선 역사학적 방법론에 의거한 삼계교 연구로서, 이 분야에 선두를 달린 이는 신전희일랑神田喜一郎이다. 신전神田은 석각石刻 자료 가운데 삼계교에 관한 자료가 포함되어 있을 것이라고 예측하고, 많은 석각 자료 중에서 삼계교도의 묘비 등을 찾아내어, 「삼계교三階教에 관한 수隋·당唐의 고비古碑」(神田 1922c→1986) 및 「화도사化度寺 탑명塔銘에 관해서」(神田 1922a→1986) 등의 논문을 발표하였다. 신전神田의 연구는 역사학적 측면에서 삼계교 연구의 가능성을 실증했다고 하는 점에서 중요한 의미를 가지고 있다. 시취矢吹가『연구』의 첫 부분(冒頭)「삼계교사三階教史」에서 언급하고 있는 신행信行과 그 후의 삼계교도에 관한 묘비 중 몇 개는, 실은 신전神田에 의해서 처음으로 일본에 소개된 것이었다.

이 방면의 연구를 더욱 진척시킨 것은 총본선륭塚本善隆이다. 총본塚本은 「삼계교자료잡기三階教資料雜記」(塚本 1937a→1975) 및 「속삼계교자료잡기續三階教資料雜記」(塚本 1937b→1975)에서 시취矢吹의『연구』에 소개되어 있지 않은, 지방의 삼계교 관계 비문을 수집하여 소개하고 있다. 또 「신행信行의 삼계교단三階教團과 무진장無盡藏에 대하여」(塚本 1926→1975)라고 하는 논문은 시취矢吹의『연구』이전에 삼계교의 무진장의 활동에 착안한 것으로서 중요하다. 그 외에 역사학적 방법에 기초한 연구로서는 상반대정常盤大定의 「삼계교三階教의 모태母胎로서의 보산사寶山寺」(常盤 1927), 「수隋의 영유靈裕와 삼계교의 칠계불명七階佛名」(常盤 1927→1938) 등을 열거할 수 있다. 이것들은 중국사적中國史跡의 실지조사의 성과에 근거하여 삼계교사三階敎史를 새로운 각도에서 분석한 것이다.

문헌학적 방법에 의거하여 전전戰前의 연구로서는 우선 대옥덕성大屋德城의 연구를 들 수 있다. 대옥大屋은 시취矢吹의 『연구』가 공간公刊되기 2년 전에 일본에 전래한 4종류의 『삼계불법三階佛法』 사본의 영인판을 『삼계불법』 상하 2권(大屋 1925)으로 공간公刊하였다. 일본본 『삼계불법』은 시취矢吹의 『연구』 별책에도 번각은 되어 있지만 그 오류도 적지 않기 때문에, 대옥大屋의 영인판은 오늘날에 있어서도 또한 유익하다. 대곡승진大谷勝眞은 「삼계모선사행장시말三階某禪師行狀始末에 관해서」(大谷 1938)에서 시취矢吹의 수집에서 누락된 삼계교 관계 사본 P2550(『三階某禪師行狀始末』)을 번각하여 내용을 소개하였다. 이 사본은 7세기 중반에 활동한 삼계교승의 사상과 활동을 엿볼 수 있는 자료로서 귀중하다.

사상사학적思想史學的 방법에 의거하여 주목해야 할 연구는, 횡초혜일橫超慧日의 「불교佛敎에 있어서의 종교적 자각宗敎的自覺－기機 사상思想의 역사적 연구歷史的硏究」(橫超 1944→1971)에서의 삼계교사상의 분석이다. 횡초橫超는 기근機根의 자각이라는 점에서 정토교와 삼계교는 태도를 같이하고 있었다고 각각의 기근론機根論을 해명하고, 그 위 정토교와 삼계교를 분기分岐시켰던 근본 이유는 무엇에 있었던가 하는 문제를 설정하여, 양자의 분기는 『열반경涅槃經』에 대한 태도의 상위에서 도출된 것으로서, "신행信行은 『열반경』 가운데 실유불성사상悉有佛性思想을 추구했기 때문에 보불보법普佛普法에 도달하고, 도작

道綽은『열반경』가운데 불佛의 대자비정신大慈悲精神에 착안했기 때문에 염불왕생念佛往生으로 전개展開하였다."(ibid., 64 橫超)라고 결론지었다. "삼계교의 주요문제는 거의『열반경』에서 양성되었다."(ibid., 63 橫超)라고 하는 견해는 오늘날에 있어서도 참신하다. 전전戰前의 삼계교에 관한 사상연구 중에서 이 논문은 특히 뛰어난 것이다. 또 탕용동湯用彤은 『한위양진남북조불교사漢魏兩晉南北朝佛教史』 하下「제19장 북방北方의 선법禪法, 정토淨土와 계율戒律」에서 "삼계교三階教의 발생發生"이라는 항을 두고 삼계교에 대해서 간결하게 논하고 있는데, (湯用彤 1938→1983) 사상적인 파악 방법에는 배워야 할 점이 많다. 즉 신행의 삼계교는 수대隋代에 흥했지만 실은 북조에 유행한 신앙이 만들어낸 결정에 다름이 아니라고 서술한다. 구체적으로는 말법末法의 사상, 선관사상禪觀思想, 생맹生盲의 사상, 두타걸식행頭陀乞食行, 사신공양捨身供養, 근기根機에 따른 불법佛法, 무진장無盡藏 등 삼계교의 사상과 실천에 없어서는 안 될 구성요소가 모두 북조北朝의 사상과 실천의 영향에 기인하여 형성된 것이라고 지적하고 있다. 이러한 사상사적 파악 방법은 신행의 사상형성의 시기가 북조 시기였던 이상, 어떤 의미에서는 당연한 방법이라고 할 수 있지만, 시취矢吹의 책에서는 삼계교 자신의 소개가 중심으로 되어 있고, 북조기北朝期의 사상과 실천의 관계에서 삼계교를 위치 부여한다고 하는 관점이 관철되어 있다고는 말하기 어렵다. 그런 의미에서 탕용동의 논고論攷가 지닌 의미는 매우 크다. 탕용동은 이 밖에『수·당불교사고隋唐佛教史稿』「제4장 수·당隋唐의 종파宗派」 중에서도「제9절 삼계교」의 항(탕용동 1982)에서 삼계교에 관해서 약설하고, 시취矢吹의 고증을 정정, 혹은

몇 개의 새로운 사실을 지적하고 있다. 그 밖에 도단량수道端良秀는
정토교의 도작道綽과 선도善導와 삼계교의 관계를 고찰한 논문(道端
〔1932→1980〕, 同〔1934→1980〕)과 사회경제사적 방면에서 삼계교의
활동을 포착한 논문(道端 1983)을 발표하고 있다.

4. 전후戰後의 연구

전후의 이른 시기에는 서법사書法史 분야에서 신행信行의 제자 승옹僧邕
의 비문을 연구한 중전용차랑中田勇次郎(1952, 1954)과 무진장행無盡藏
行의 문제를 개개의 문헌에 의거해서 상세하게 해명한 겸자수리兼子秀
利(1959) 등 여러 연구가 발표되어 있지만, 그 후는 1970년대에 이르기
까지 눈에 띄는 연구가 행해지지 않았다. 타이완(臺灣)의 람길부藍吉富
는 『수대불교사술론隋代佛教史述論』(藍, 1974)에 있어서, 수대隋代의
중요한 승僧으로서 지의智顗·길장吉藏·혜원慧遠 등과 함께 신행信行을
거론, 시취矢吹의 연구에 의거하면서 신행의 삼계교법의 역사적 의의를
다섯 가지로 간결하게 지적하고 있다.[2] 일본에 있어서 삼계교 연구가

---

2 藍吉富 『隋代佛教史述論』 「第五章 隋代重要僧人之歷史地位及影響, 第一節 信行
　與三階教」(157~172쪽). 람길부藍吉富는 역사적 의의로서, (1) 신행의 불교사상은
　중국불교사상가의 모든 불법에 대한 총비판이었다. (2) 신행의 당근불법과 생맹중
　생불법生盲衆生佛法 등의 관점은 중국의 민간불교도의 일종의 신앙태도를 대표하고
　있다. (3) 신행의 교법教法은 심오한 교의에 의해서는 아니고, 민간불교도의 주요한
　요소를 흡수한 것에 의해서 수隋·당唐 민간불교계에 있어서 성행할 수 있었던
　것이다. (4) 신행의 홍법弘法은 승속의 엄격한 구별 없이 행해졌다. (5) 신행의
　삼계교단은 중국에 있어서 가장 이른 시기에 종파로서의 양상을 갖춘 교단이었다라

정체했던 상황에 문제를 제기했던 것은, 목촌청효木村淸孝의 「지엄智儼·법장法藏과 삼계교」(木村 1978)이다. 동 논문은 삼계교의 사상적 특징을 명확하게 하면서, 화엄교자華嚴教者인 지엄智儼에 대한 영향과 법장法藏의 삼계교 해석 등에도 고찰을 가했던 것이므로, 1980년대 이후 삼계교에 대한 연구가 다시 활황을 맞게 되는 계기를 제공했던 논문이다. 다음 해에 간행된『중국불교사상사中國佛教思想史』(木村 1979)에서는 종래의 중국불교사 연구서에 비해서 삼계교에 할당된 기술이 현격하게 많다. 이것은 목촌木村이 중국불교 사상사에 있어서 삼계교에 높은 위치를 부여하고 있는 것의 표현이라고 할 수 있다. 더욱이 목촌木村은 「신행信行의 시기관時機觀과 그 의의」(木村 1984), 「중국불교에 있어서의 '개個'의 존재성」(木村 1991) 등에서 삼계교의 사상사적 위치 매김에 대한 해명을 깊게 하고 있다. 특히 목촌木村(1984)은 시취矢吹의 연구를 총괄하여 그 문제점을 지적하고 그 후 삼계교 연구의 방법론적 지침을 부여한 것으로서 주목된다.

1980년대 이후, 해외에서는 특히 구미歐美에서 삼계교에 대한 관심을 나타내기 시작하여 주목해야 할 여러 편의 연구가 발표되고 있다. Antonino Forte(1985)는 측천무후則天武后시대의 정치와 불교관계에 대해서, 특히『대운경大雲經』의 성립 문제와 삼계교의 탄압 문제를 중심으로 논하고 있다. 또 Antonino Forte(1990)는 8세기 초의 삼계교도인 사리師利에 의한『유가법경경瑜伽法鏡經』이라고 하는 위경을 찬술한 경위에 대해서, 당시의 정치와의 관계를 같이 논하고 있다. 또한

는 5가지 점을 지적하고 있다.

삼계교의 문제를 전면적으로 취급한 논문으로서 주목되는 것은, James Hubbard(1986)의 학위 논문이다. 이 논문은 시취矢吹의 성과에 근거하여 삼계교의 문헌 및 사상에 관해 정리하면서, 새로운 성과로는 신행의 비문자료에 독자적 해석을 덧붙인 것과 함께, 무진장의 문제에 관해서 그 사상적 근거와 화도사化度寺의 무진장원無盡藏院의 활동에 관해서 연구를 깊게 하고 있다. 신행전연구信行傳研究의 기본 자료이고 탁본이 현존하는「고대신행선사명탑비故大信行禪師銘塔碑」는 종래의 연구에서는 신행의 제자 배현증裵玄証이 찬술하고 종남산終南山의 신행의 묘소에 세워진 비에 의한 것이라는 견해가 대세를 차지하고 있었지만, Hubbard는 여러 가지 석각石刻 자료를 검토한 결과 이 탁본의 원비는 신행이 수도인 장안으로 들어가기 전에 활동했었던 상주相州 땅 근처의 탕음湯陰에 존재했던 것이고, 신행이 죽은 뒤 얼마 안 가서 세워졌던 비에 의거해서 정원貞元 20년(804)에 다시 수리한 비라고 결론짓고 있다. 또 동同 논문에는『무진장법약설無盡藏法略說』(S190)과『대승법계무진장법석大乘法界無盡藏法釋』(S721V)의 영역英譯도 실려 있다. 삼계교 관계의 저작이 번역된 것은 이 2개의 문헌이 최초이고, 현재까지 일본어역도 포함한 새로운 삼계교 문헌의 번역은 공표되지 않았다고 생각된다. 또 다른 논문에서 Hubbard(1996)는, 정법正法·상법像法·말법末法이라고 하는 삼시설三時說과 삼계교의 제1계階·제2계·제3계의 짜임새가 엄밀히 대응하는 것은 아니고, 삼계교가 설한 삼계三階는 주로 근기根機의 분별에 의거하고 있다고 하고 있다. 또 M. E. Lewis (1990)는 삼계교의 사상에 대해 개관하면서, 특히 삼계교의 탄압경위에 관한 문제를 깊이 논하고 있다. 또 돈황 문헌연구 방면의 성과로서는

Gernet의 P2001~2500의 목록 중에 P2115, 2268, 2283의 3사본을 삼계교 문헌으로서 특정하고 있는 점이 특히 주목된다.

현대 중국의 연구자 중에서는 곽붕(郭朋, 1980)의 연구가 정리되어 있고, 그 외 안상문(顔尙文, 1980), 양증문(楊曾文, 1995) 등도 논문을 발표하여 서서히 관심이 높아져 가고 있다. 또한 한국에서도 이상현(李相鉉, 1983), 방영선(方榮善, 1987), 이평래(李平來, 1995) 등의 논문이 발표되어 있다.

한편 1980년대 이후 일본에서의 삼계교 연구도 활발히 진행되고 있다. 광천요민廣川堯敏(1982)은 돈황에서 출토된 『칠계불명경七階佛名經』의 여러 사본을 정리한 연구를 발표하고 있다. 구원용자粂原勇慈는 정토교와 삼계교의 관계를 논한 논문(粂原 1987a, 同 1988)을 몇 개 발표하고 있다. 조천도웅早川道雄은 역사학의 입장에서 삼계교의 연구를 행하고 있다. 「삼계교연구의 역사와 금후의 과제」(早川 1989b), 「당대삼계교도唐代三階教徒의 신행信行숭배에 관하여」(同 1991), 「삼계교의 탄압彈壓과 수·당국가隋唐國家」(同 1994) 등 몇 개의 중요한 논문이 있다. 필자도 이 수년간에 여러 편 삼계교에 관한 논문을 발표해 왔지만, 그것들은 새로 수정을 가해 본서에 짜 맞춰 넣었기 때문에 소개하는 것을 생략한다.

또 일본 불교에 있어서의 삼계교의 영향을 논한 것으로서는, 전전戰前의 것으로는 혜심교학惠心教學과의 관계를 고찰한 팔목호혜八木昊惠(1942, 八木 1943)가 있고, 최근의 것으로는 행기行基의 사상과 실천에 있어서의 삼계교의 영향을 고찰한 길전정웅吉田靖雄(1986, 同 1988) 등을 들 수 있다. 다만 이 책에서는 일본 불교에 있어서의 삼계교의 영향에 관한 문제까지는 고찰의 대상으로 하지 않는다.

제2절 본서의 과제와 방법

이 책이 의도하는 것은, 시취경휘矢吹慶輝의 『삼계교지연구三階教之研究』의 현대적 개정판이다. 어쩌면 '삼계교란 어떤 것인가'라고 하는 문제에 대한 오늘날의 회답이라고 하여도 좋다. 그 목표지향점은 다음 3가지이다.

첫 번째, 시취矢吹의 연구가 발표되고 70년이 경과한 사이에, 시취의 성과에 촉발된 새로운 연구 성과가 수많은 연구자에 의해서 거듭 쌓여 왔다. 그 성과는 논문수로 말하면, 근 100편에 달할 것으로 예상된다. 이들 성과를 한 번 정리하고 종합적으로 소개하려는 것이다. 여러 연구자에 의해서 삼계교 사본이 색출되었고, 또 삼계교도에 관한 자료가 소개되어 왔다. 그러면 현존하는 삼계교 사본은 도대체 어느 정도 있는 것인가, 어느 도서관에 어떤 번호로서 소장되어 있는 것인가, 그 전체적인 규모는 다 밝혀진 것은 아니다. 또 이제까지 판명된 삼계교도는 대체 어느 정도 있는 것인가, 어떠한 자료에 근거하여 특정된 것인가, 이 점에 관해서도 종합적인 정보는 결여되어 있다. 또 교리연구 게다가 사상사학적 연구가 어디까지 도달되어 있는가에 관해서도, 새로운 연구를 진전하는 전제로서 알아두지 않으면 안 된다.

두 번째, 종래의 삼계교 연구에 비판적 연구를 행하는 것이다. 구체적으로는, 시취矢吹 등에 의해서 이루어진 삼계교 사본의 문헌학적 위치지음의 재검토, 삼계교 사본의 재교정, 교리연구 방법론의 검토, 나아

가서는 횡초橫超와 목촌木村 등의 연구자가 시작한 사상사학적 연구의
검토 등이다.

세 번째, 새로운 연구 성과의 제시이다. 기대되는 새로운 연구 성과란
두 번째의 비판적 연구에 의해서 필연적으로 얻어지는 성과에 더해서,
새로운 삼계교 사본 및 삼계교도의 특정, 신출사본의 번각, 삼계교
문헌의 역주, 소개되지 않았거나 혹은 미해명의 교리 연구, 삼계교사상
에 관한 참신한 사상사학적 자리매김 등의 여러 가지 사항이다.

그러면 다음으로, 이상의 목표를 달성하기 위해서 학문적 방법과
과제를 종래의 연구사를 근거로 하면서 제시해 보겠다. 이 책에서
사용하는 학문적 방법은 주요한 것으로서는 역사학적 방법, 문헌학적
방법, 사상사학적 방법의 3가지이다.

우선 역사학적 방법은 삼계교의 성립과 전개의 역사를 연구할 때에
필요로 하게 된다. 이 방면의 연구는, 전전戰前 일본이 중국 침략을
진행하고 있던 시류에 편승하여 활발히 행해졌던 것이다. 신전희일랑神
田喜一郎, 상반대정常盤大定, 시취경휘矢吹慶輝, 총본선륭塚本善隆 등에
의해서 개조開祖 신행에 관한 비석, 삼계교도의 묘비 등의 금석자료에
관한 연구가 진전되었다. 전후 이 방면의 연구는 바로 시대의 변화를
상징하듯이 싸늘하게 식어갔다. 역사학적 연구가 재개된 것은, 1970년
대 들어와서 구미의 연구자가 삼계교에 주목하기 시작하면서부터이다.
Antonino Forte는 삼계교와 당대 정치와의 관계에 착안한 연구를 잇달
아 발표하였다. 또 James Hubbard는 1986년 시취矢吹 이래 실로 60년
만에 삼계교에 관한 하나로 정리된 논문을 발표하고, 그 가운데 신행의
비문에 재검토를 가하였다. 1990년대에 들어와서는 두 사람에 더해서

M. E. Lewis가 삼계교의 금압의 문제를 정치와의 관계에 초점을 맞추어 논하고 있다. 이러한 연구를 근거로 하여 역사적 연구에 있어서는 다음과 같은 과제를 설정한다.

(1) 신행의 전기 자료로써 이용되어온 석각자료石刻資料 경록經錄, 승전자료僧傳資料 신행의 저작 중 전기 자료 등의 유효성을 재검토한다.

(2) 시취矢吹의 신행전信行傳 연구는 전기 자료마다 해설하는 방법을 채용하고 있지만, 삼계교의 성립이라고 하는 시점을 강하게 의식해서 연대순으로 신행전을 서술한다.

(3) 이제까지 밝혀진 삼계교도를 총람하고, 삼계교도의 판별 규준을 설정한다. 종래 다수의 삼계교도가 소개되어 왔지만, 무엇을 가지고 삼계교도라고 하는가라는 문제는 거의 검토되어 오지 않았던 것이다.

(4) 수·당대의 석각자료는 중국(대만을 포함) 및 일본에 남아 있는 탁본만도 수만 점에 이르고, 적어도 수천 점은 영인본 및 번각본으로서 출판되어 있다. 이들 석각자료 중에서 새로운 삼계교도를 찾아낸다.

(5) 삼계교의 계보를 작성한다.

(6) 삼계교는 개조 신행의 입멸 후, 새로운 형태로 신행의 존재성을 정립해야 할 필요성을 절감했다고 하는 시점에서, 신행 이후의 문헌에서 보이는 신행의 신격화, 화도사化度寺 무진장원無盡藏院의 활동, 신행의 묘소에서의 삼계교도의 매장 등의 문제를 부각시켜 삼계교의 전개를 확인해 나간다.

그 다음은 문헌학적 방법에 근거한 종래의 연구와 그것에 입각한 본 연구의 과제인데, 이 방면의 연구는 시취矢吹의 연구 이후 완전히 정체되어 왔다고 말해도 좋다. 시취矢吹에 의해서 20본 정도의 돈황

사본이 발견되고 소개, 번각되어 기본적으로는 작업이 완료된 것같이 보여 왔다. 시취矢吹 이후에 여러 본의 사본이 삼계교 문헌으로 특정되었지만 그중에서 번각된 것은, 1938년에 대곡승진大谷勝眞이 행했던 P2550(『삼계모선사행장시말三階某禪師行狀始末』)뿐이다. 또 번역에 관해서는 1986년에 James Hubbard이 발표한 학위논문 끝에 「무진장법약설無盡藏法略說」과 「대승법계무진장법석大乘法界無盡藏法釋」의 두 문헌이 영역되어 있을 뿐이고, 일본어로 번역된 문헌은 하나도 없는 것이 현실이다. 또 시취矢吹가 소개한 돈황 사본 중에는 현재의 번호와 다르기도 하고 실제의 사본에 접근할 수 없는 것이 7본 존재하고 있다. 그러므로 이들 사본의 번각도 포함하여 삼계교 문헌의 기본 자료는 시취矢吹 연구의 별편에 번각된 것이 유일한 자료로서 사용되어온 것이다. 또 근년의 사본학은 눈부시게 발전했지만, 삼계교 사본에 관해서는 그 성과에 의거한 연구는 거의 이루어지고 있지 않다. 더욱이 개개의 문헌 성립의 문제와 문헌 상호의 관계 등에 관해서도 연관된 고찰은 이루어져 오지 않았다. 일례를 들면 일본에 소장되어 있는 일본본 『삼계불법』과 돈황에서 발견된 돈황본 『삼계불법』의 관계도 해명되어 있지 않은 채로 있다. 이러한 문헌학적 방법을 이용한 연구는 매우 뒤떨어져 있고, 연구 현황에서 필연적으로 도출된 과제를 이 책에 모두 언급할 수가 없다. 그래서 우선 본 연구에 있어서 다음과 같은 과제를 설정한다.

(1) 『돈황보장敦煌寶藏』에 영인되고 있는 돈황 사본, 즉 스타인본, 펠리오본, 북경본의 합계 약 2만 점에 관해서 하나하나 내용을 검토하고, 그중에서 새로운 삼계교 사본을 수집한다. 아울러 시취矢吹가 발견했으

면서 스타인 번호가 현재의 번호와 다르거나 번호가 분명하지 않기 때문에 접근할 수 없는 7점의 삼계교 사본에 대해서도 번호를 특정한다. 대만의 국립도서관 및 러시아에서 소장하고 있는 사본 중에 삼계교 사본이 포함되어 있는가, 어떤가를 조사한다.

(2) 스타인본, 펠리오본, 대만본에 관해서는 사본의 실물을 조사한다. 다만 필자는 사본학의 방면에 본격적인 훈련은 쌓지 않았으므로 이 과제의 성과에는 한계가 있다.

(3) 신출사본도 포함해서 현존하는 삼계교 사본의 문헌적 성격의 재검토를 행한다. 개개 문헌의 성립시기, 사상적 특징, 문헌 상호의 관계 등을 가능한 한 밝히고, 현존 삼계교 문헌 성립사 일람을 임시로 작성한다.

(4) 삼계교의 주요 문헌의 하나인『대근기행법對根起行法』에 대해서 새로이『대근기행법』의 일부인 것이 특정된 사본도 포함하여 텍스트 교정을 행한다. 동시에 현대어역과 주석을 작성한다.

(5) 신출사본과 종래 번각이 되어 있지 않았던 사본의 번각을 행한다. 다만 실물을 아직 보지 못한 북경본은 제외한다.

마지막으로 사상사학적 방법에 입각한 종래 연구의 성과와 그것을 근거로 한 본 연구의 과제에 대해서 서술한다. 이 방면의 연구에 있어서도 기본적인 시점은 시취矢吹에 의해서 제시되어 있다고 해도 좋을 것이다. 구체적으로는 말법사상末法思想, 기근론機根論, 교판사상敎判思想, 보경普敬과 인악認惡을 중심으로 한 삼계불법三階佛法, 무진장의 사상과 실천, 정토교와의 논쟁 등의 문제이다. 시취矢吹가 제공한 자료에 기초해서 삼계교의 사상사적 위치를 명확히 제시할 수 있던 연구는 반드시 많다고는 할 수 없다. 전전戰前에서는 횡초혜일横超慧日이 1944년에 「불교에 있어서의 종교적 자각 - 기기機 사상의 역사적연구」 중에서 정토교와 대비시키면서 양자는 모두 말법사상의 영향을받았고, 『열반경涅槃經』을 중요시하면서도 정토교는 대자대비의 사상에, 삼계교는 불성佛性·여래장사상如來藏思想에 기반을 둔 결과 분기分岐하여 왔다고 논하고 있다. 삼계교사상의 본질을 예리하게 간파한뛰어난 연구이다. 또 1938년 탕용동湯用彤이 『한위양진남북조불교사漢魏兩晉南北朝佛敎史』의 삼계교를 논한 부분도 중요한 문제를 제기하고 있다. 즉 삼계교의 사상과 실천의 제 요소는 남북조시대의 북지北地의 불교인들의 사상과 실천을 계승한 것이라고 하는 지적이다. 이관점은 시취矢吹의 연구에서는 충분히 관철되어 있지 않았던 것이다.전후戰後의 연구에 있어서 주목되는 것은 1970년대 이후 삼계교 연구를활성화시키도록 자극을 준 목촌청효木村清孝의 몇 개의 논문이다. 목촌木村은 삼계교 연구의 과제를 새로이 정리하면서 『상법결의경像法決疑經』에서 『유가법경경瑜伽法鏡經』에의 개변改變의 사상적 문제, 화엄華嚴의 지엄智儼과 법장法藏과 삼계교의 관계 문제, 신행의 시기관에관한 문제 등에 몰두하였다. 구미의 연구에서는 James Hubbard의연구가 주목된다. 그는 삼계교의 '삼계三階'의 짜임새와 정상말正像末의삼시설三時說이 엄밀히는 대응되지 않고, 오히려 근기根機의 상위相違에 근거해서 분계分階가 성립하고 있는 것을 명확하게 밝혔다. 또삼계교의 무진장을 사상사적으로 위치매김하였다. 이 방면의 연구는이 외에도 많이 되어 있고, 이미 연구사의 부분에서 개관한 대로이다.그래서 본 연구의 과제를 제시해 두겠다.

(1) 신행에 의해서 저술된 삼계교 문헌에 있어서의 '계階'라는 말의 용법에 대해서 검토한다. 더욱이 '삼계三階'라고 하는 삼계교사상의 기본적 짜임새를 어떠한 경전에 근거하여 구축한 것인가를 구체적으로 밝히는 동시에 그 사상적 의의를 고찰한다.

(2) 신행은 자신이 살고 있던 시대의 대부분의 중생을 제3계第三階 중생으로 간주하였다. 그 제3계중생의 교증으로서 열거하고 있는 경문을 모두 번역하고 제3계중생의 본질적 특징을 명백히 한다.

(3) 제3계 불법의 중심적 실천과제인 보경普敬과 인악認惡에 대해서 개개의 교증이 되고 있는 경문을 모두 번역하고 보경과 인악의 사상사적 의의를 분명하게 한다.

(2)와 (3)의 작업은 삼계교사상을 이해하는 데에 빠뜨릴 수 없는 기초적 작업임에도 불구하고 하나하나의 항목을 교증이 되는 경문과 대조시켜 검토하는 작업은 종래에 행해지지 않았던 것이다.

(4) 신출자료 P2849의 종합적 연구를 행한다. 특히 제1문헌인『제법制法』은 삼계교의 교단규율이고, 종래에는 거의 해명되어 있지 않았던 삼계교단의 수행생활의 실제를 짐작해 알 수 있는 자료로서 귀중하다. 이 문헌을 번역하고 개개의 조문을 다른 삼계교 문헌과도 비교하면서 그 내용을 분명하게 하는 것과 함께, 천태의 교단규율『입제법立制法』등과도 비교해서 삼계교단의 규율의 특징과 그 사상사적 위치를 명확하게 한다.

이 책에서 충분히 취급하지 않은 문제에서 중요한 것은, 삼계교의 사상을 선관사상禪觀思想으로서 체계적으로 파악하려는 것이다. 몇몇 신출사본에 삼계교의 선관사상이 상세히 설명되어 있지만, 필자는 그것들을 정리한 형태로 발표할 수 있는 단계에 도달해 있지 않기 때문이다. 또 신행 이후의 삼계교사상의 전개에 관해서도 이 책에서는 중요한 과제로 삼지 않는다. 무엇보다도 먼저 신행 자신의 사상에 대한 엄밀한 해명을 해야 할 필요가 있다고 생각했기 때문이다. 사전에 미리 금후의 과제가 될 점을 언급해 둔다면, 신행 이후에 저술된 삼계교 문헌에 있어서 화엄사상의 유입 문제, 『기신론起信論』사상에 관한 문제 등의 해명이다.

마지막으로, 필자의 사상사연구에 대한 기본적 방법론을 제시해 두고자 한다. 사상사연구란 어떤 사상의 존재 형태를 해명하고, 사상의 역사적 존재 의의를 묻는 작업이라고 생각한다. 구체적으로는 어떤 사상이 연속성과 비연속성, 보편성과 독자성이라고 하는 점에 있어서 복잡하게 엉킨 운동체를 형성하고 있는 상황을 리얼하게 파악하는 것이라고 생각한다. 이 작업에 있어서는 연속하면서 비연속인 것을 확인해야 하고, 보편성이 개별 사상事象 중에서만 발견되는 것과 동시에 개별 사상은 보편성의 지지를 받아서 비로소 독자의 형태를 만들어내고 있다고 하는 점을 확실하게 인식해 두지 않으면 안 된다. 게다가 이 문제는 공통점과 상위점이라고 하는 문제에 환원해 버릴 수는 없다. 공통점과 상위점은 2개 사상事象의 단순한 비교의 결과 도출된 것이고, 어느 정도 열거해도 개별 사상 그 자체를 해명하는 것에는 연루되지 않는다. 보통성과 독자성은 하나의 사상 중에 서로 얽혀서 존재하는 것이고, 개개의 사상을 파악하기 위한 개념인 것이다. 또 사상사의 연구는 사상을 시간적인 것과 공간적인 것의 양면으로 파악하는 작업이라고도 할 수 있다. 삼계교사상이 신행으로부터 그 후의 사상으로 어떻게 전개되어 있는가, 혹은 중앙과 지방의 삼계교가 어떠한 관계에 있었는가, 삼계교의 사상을 잉태시킨 것은 어떠한 사상이고, 삼계교가 성립 전개되었던 당시의 시대사조와의 관계는 어떠했는가, 삼계교사상이 다음 시대에 어떻게 계승되어 갔는가, 아니면 계승되지 않았는가, 이들 제 문제에 다가갈 때 수·당 불교에서 삼계교의 위치가 서서히 밝혀지게 될 것이다.

또 사상사는 사상운동의 역사임에도 불구하고, 사회적인 배경을 빼고서는 생각할 수 없다. 어떤 사상이 만들어져 변화해가는 과정에는 그 당시의 사회상황, 정치·경제 상황 등의 요인이 깊이 관여되어 있다고 생각된다. 동시에 사상이 사회적 상황에 영향을 주고 있는 점도 간과할 수 없다. 이러한 사상과 사회의 상호영향 관계를 빼고서는 사상은 존재할 수 없다. 따라서 사상사를 사상의 자기전개로 파악하는 방법을 채용하지 않는다. 삼계교가 성립하고 전개해간 당시의 사회상황과 삼계교사상의 관계를 규명하는 것은, 삼계교사상의 보다 역동적인 파악에 연결될 것이다. 다만 중국불교 연구에 있어서 이러한 연구 방법은 충분히 확립되어 있다고는 말하기 어렵다. 그 중요성을 인식한 위에서 커다란 모색이 필요하게 될 것이다.

제3절 이 책의 개요

이 책은 서론 및 제1장 「삼계교의 성립」, 제2장 「삼계교의 전개」, 제3장 「삼계교의 제 문헌」, 제4장 「삼계교사상의 기본 구조」, 제5장 「삼계교의 교단규율」의 다섯 장章으로 이루어진다. 각 장의 중요한 방법론적 특징은, 제1장과 제2장은 역사학적 연구, 제3장은 문헌학적 연구, 제4장은 사상연구, 제5장은 종교적 실천에 초점을 맞춘 연구라고 말할 수 있을 것이다.

제1장과 제2장은 삼계교사에 관한 종래의 연구 자료의 정리와 새로운 자료의 수집을 기초 작업으로 해서 성립되어 있다. 제1장 「삼계교의 성립」은 다음의 2절로 구성되어 있다.

제1절 「신행전 연구의 자료」에서는 개조 신행의 전기 자료들, 삼계교의 문헌자료, 묘비 등의 석각자료, 경록經錄과 승전僧傳자료에 나누어서 정리하고, 각각의 자료의 유효성을 검토하였다. 또 부록으로 자료적 가치가 높다고 생각되는 4개의 전기 자료를 대조표로 하여 게재하였다.

제2절 「신행의 전기」에서는 제1절에서 검토한 전기 자료를 이용해서 신행의 생애를 출생과 유년시절, 출가와 사승師承, 목표로 한 수행, 삼계교단의 성립, 장안長安 입경入京, 시적示寂을 연대순으로 고찰하는 형태로 논술해 나간다. 시취경휘矢吹慶輝의 『삼계교지연구』에 있어서의 신행전 연구는 전기 자료별로 소개하여 해설하는 방식을 취하고 있다. 그래서 이 책에서는 연대순으로 수정하여 정리하는 것을 시도한 것이다. 물론 삼계교의 성립에 관한 연구는 신행전의 연구와 같은 의미는 아니고, 폭넓게 역사적 배경 및 사상적 배경을 고찰하면서 진행할 필요가 있는 것은 말할 나위도 없다. 본 장에서도 신행전의 연구라고 하는 체제를 취하면서 동시에 삼계교의 성립과정이 되도록 분명하게 배려할 것이다.

제2장 「삼계교의 전개」는 다음의 3절로 되어 있다.

제1절 「삼계교 관계자 총람」은 삼계교도의 판별 규준을 설정한

위에서 삼계교의 관계자를 신행의 직제자, 그 후의 삼계교도, 삼계교의 공감자共感者, 삼계교의 비판자 등으로 분류하여 표로 게재해 총람하였다. 본 절은 시취경휘矢吹慶輝, 신전희일랑神田喜一郎, 총본선륭塚本善隆 등에 의하여 수집된 삼계교 관계자의 자료를 종합적으로 정리하는 작업에서 출발하여 대만에서의 새로운 석각묘비 탁본자료의 수집 작업을 거쳐서 이루어진 것이다. 현재 확인할 수 있는 삼계교도라고 판단되는 인물은 50명이나 된다.

제2절「삼계교의 전개」는 제1절에서 밝혀진 삼계교도의 사적 등에 의거하여 삼계교의 계보를 작성한 다음, 전개기의 중요한 특징이라고 생각되는 개조 신행의 신격화, 화도사 무진장원의 활동, 신행의 묘소 곁에 삼계교도의 매장 등에 대해서 검토한다.

제3절「쇠퇴에의 길」에서는 신행의 사후 수회에 걸쳐서 행해졌던 삼계교에 대한 국가적 금압의 상황과 그 원인을 고찰함과 동시에 불교계에 있어서 삼계교와 격렬하게 대립한 정토교와의 논쟁을 회감의『석정토군의론釋淨土群疑論』을 주요한 자료로서 개관한다.

제3장「삼계교의 제 문헌」은 다음의 3절로 되어 있다.

제1절「제 자료에 나타난 삼계교 문헌」에서는 경록, 비문, 고승전 등의 자료에 의거하여 역사적으로 존재했을 삼계교 문헌을 확인한다.

제2절「삼계교사본의 현황」에서는 삼계교의 현존하는 사본을 시취矢吹가 발견한 사본, 일본소장의 사본, 시취矢吹 이후에 발견된 사본, 필자가 새로이 발견한 사본으로 분류・망라하여 소개하였다. 필자가 새로이 발견했던 사본은 스타인본(7599본)과 펠리오본(4038본)의 내용을 한 번 대조하고, 시취矢吹 등의 수집에서 누락된 사본을 찾아내는

작업을 행한 결과 발견했던 것이다. 또 대만 중앙도서관 소장의 돈황본 중에서도 삼계교의 단편사본이 발견되고, 이외에 러시아 소장의 돈황본에도 영편零片이 포함되어 있는 것을 분명하게 한다.

제3절「삼계교 사본의 재검토」에서는, 종래 연구되어 왔던 문헌 중에서 문헌적 성격의 재검토가 필요하다고 생각되는 사본, 이번에 새로이 발견된 사본 등 합계 13의 문헌에 관해서 그 내용과 성립, 사본의 특징 등에 대해서 고찰한다.

제4장「삼계교사상의 기본 구조」는 신행의 주요한 저작인 일본본 『삼계불법』, 돈황본『삼계불법』, 『대근기행법』 등의 문헌을 중심으로 하여, 삼계교사상의 기본 구조를 해명하는 것을 목적으로 한다. 본 장은 다음의 2절로 구성된다.

제1절「삼계란 무엇인가」에서는, 삼계교가 다른 불교적 제 조류에서 분기分岐하여 독자의 사상적 조류를 확립하기에 이르렀던 기본이 되는 사상은 무엇인가에 대해서 고찰한다. 필자는 '삼계'라고 하는 개념이 특히 중요하다고 생각하고 있다.

제1항에서는 주요 문헌에 있어서의 '계階'라고 하는 말의 용법에 대해서 검토한다. 삼계교사상에 있어서 '삼계'라고 하는 개념이 어떠한 단계적 구별을 나타내려 하는 것인가라고 하는 점에 어느 정도 통달하는 것이 목표이다.

제2항에서는 제1항에서 어느 정도 분명하게 된 3단계의 사상적 짜임새가 신행의 독창인가 아니면 어떠한 사상적 권위, 즉 교증으로 뒷받침되어 성립하고 있는가 하는 점을 해명한다. 실은 삼계교의 짜임새로서 특히 중시하는 교증은 『열반경』권33의 "12부경수다라(十二部

經修多羅) 중 미세한 뜻을 내가 먼저 보살을 위해 설하고, 얕은 뜻을 성문을 위해서 설하고, 세간의 뜻을 일천제一闡提, 오역죄五逆罪를 위해서 설한다."(大正 12. 560下)라고 하는 부분이고, 각각의 근기根機를 제1계, 제2계, 제3계의 근기로 하는 것이다. 삼계교가 제3계중생에 대해서도 출세의 뜻을 제기하는 것이라면, 세간의 뜻을 설한다고 하는 『열반경』의 교증의 진실성은 잃고 마는 것인가라는 이 문제에 대해서 해명한다.

제3항에서는 삼계三階를 규정하는 인人·시時·처處라고 하는 3개의 요소에 대해서 검토한다. 특히 제3계의 중생이란 무엇인가에 대하여 일본본『삼계불법』에서 설해진 17종의 이명異名에 관한 각각의 교증을 인용하면서 상세하게 검토한다.

제2절「삼계불법의 내용」은 삼계의 근기에 대응해서 설해진 출세의 법의 내용, 특히 제3계 불법의 내용에 대해서 해명한다.

제1항에서는『대근기행법』의 전반 부분을 주요한 자료로 하고, 삼계의 근기 각각에 대한 출세의 법(「대근기행」의 법)의 내용을 분명하게 한다.

제2항에서는『대근기행법』의 후반부와 돈황본『삼계불법』을 주된 자료로 하여 제3계의 불법에 관해서 검토한다. 제3계 불법의 근간(柱)은 '보경普敬'과 '인악認惡'이다. '보경'은 8종의 불법으로 이루어지고, '인악'은 12종의 전도로 이루어진다. 그 하나하나의 교증을 인용하면서 제3계 불법의 내용을 상세하게 해명한다.

제3항에서는 자기 일신의 악을 인정한다고 하는 '인악'의 실천과 타자에게만 선을 공경한다고 하는 '보경'의 실천을 통일해서 나아갈

때 생기는 제 문제에 대해서 고찰한다.

제5장「삼계교의 교단규율」은 삼계교의 사상이 삼계교도의 종교적 실천에 어떻게 구체화되어 가는가라는 점에 대해서 신출자료 P2849(펠리오수집 돈황한문사본 No.2849)의 내용을 중심으로 고찰한다. 종래에 결코 충분한 연구가 이루어졌다고 할 수 없는 분야이다. 본 장은 다음의 2절로 구성된다.

제1절「교단규율 '제법制法'과 삼계교의 수행생활」에서는 P2849의 제1문헌『제법』1권에 대해서 그것은 삼계교단 규율이라고 하는 가설을 설정하고,『제법』의 총론 부분과 삼계교의 제 문헌의 내용을 비교하는 것에 의해서 가설을 입증한다. 그 위에 개개의 규율조문의 내용에 대해서 검토하고 삼계교단의 수행생활의 특징을 분명하게 한다.

제2절「수팔계법受八戒法에 대해서」에서는 P2849의 제3문헌『수팔계법』에 대해 그 구성상의 특징과 내용을 고찰한다.

제1장 삼계교의 성립

서序

본 장에서는 삼계교의 개조 신행의 전기를 고찰하는 것에 의해서 삼계교
의 성립과정을 해명하려 한다. 우선 제1절에서는 신행에 관한 전기
자료의 자료적 가치에 대해서 검토를 가한다. 그 위에 제2절에서 신행의
전기에 대해서 고구考究한다. 신행전의 연구는 시취경휘矢吹慶輝의
『삼계교지연구』(이하 시취『연구』로 약칭)에 주도면밀하게 행해졌지
만[1], 그 후의 연구 성과를 가미해서 새로이 삼계교의 성립이라고 하는
관점에서 신행의 생애를 다시 파악하려 한다.

---

[1] 矢吹慶輝 『三階教之研究』(以下, 矢吹 『研究』라고 약칭) 「第一部 教史及教籍史,
一, 教祖信行禪師傳」 1~33쪽.

66

제1절 신행전信行傳 연구의 자료

신행의 전기를 짐작하여 알 수 있는 주요한 자료는 1. 신행의 저작, 2. 묘비 등의 석각자료, 3. 경록 및 승전자료의 3종으로 분류할 수 있겠다. 이하 각각의 자료를 소개하면서 그 자료적 가치에 대해서 검토해 가도록 할 것이다.

1. 신행의 저작 중 전기 자료傳記資料

신행전의 자료적 가치라고 하는 점에서 보아, 가장 기대해야 할 자료는 신행 자신의 저작 중의 전기 자료일 것이다. 그렇지만 현존하는 신행의 저작 중에는, 신행 자신의 전기를 짐작하여 알 자료라고 할 수 있는 것은 그리 많지 않다. 그러한 현황 중에서 유달리 중요한 자료적 가치를 갖고 있는 것은 돈황 사본 중에서 시취矢吹가 찾아낸

『신행유문信行遺文』(假題)(S2137)[2]

이라고 하는 단편 사본이다. 이 유문遺文은 (1)『무진장법약설無盡藏法略說』의 말미의 수행數行, (2) 개황開皇 3년(583)의 유문, (3) 연대불명의 유문, (4) 개황 7년(587)에 주지사 단월州知事檀越 앞으로 보낸 편지 등 네 문헌으로 되어 있는데, 전기 자료로서 귀중한 것은 (2)와 (4)이다. (2)의 유문에서는 개황 3년 당시 상주相州 광엄사光嚴寺의 승僧이었던 것, 신행이 선지식으로 추앙한 인물이 4명이었던 것이

---

2 『敦煌寶藏』16, 451上~453下(矢吹『硏究』別篇 3~7쪽).

밝혀지게 된다. 또 (4)의 편지에서는 개황 7년 당시 48세였던 것, 상주 광엄사의 승이었던 것, 17세부터 선지식을 구하기 시작했던 것, 선지식으로 추앙한 인물이 4명이었던 것 등이 밝혀지게 되었다. 특히 개황 7년 당시 48세였다고 하는 점은, 신행의 사망 당시 연령을 확인하는 데에 결정적인 정보를 제공해 주게 된다. 당연히 그것은 출생연대를 확인하는 것으로도 이어지는 것이다. 『신행유문』은 신행 스스로가 정보 제공자로 되어 있다는 점에서 자료의 신빙성이 극히 높고, 또 그 내용도 신행의 전기를 고구考究하는 데에 빼놓을 수 없는 정보를 제공하고 있다.

2. 석각石刻자료

신행의 사후, 제자들과 그 후의 삼계교도들에 의해서 수많은 석비石碑가 건립되었을 것으로 생각된다.[3] 그중에서 현존하는 자료에 의거하여 건립이 확인된 것은 다음의 여섯 비碑이다.[4]

　(1)「고대신행선사명탑비故大信行禪師銘塔碑」[5] (湯陰)

---

3 신행의 사후 약 200년이 지난 정원貞元 10년(794)에 저술된 원조円照의 『大唐貞元續開元釋敎錄』권하에는「大唐再修隋故傳法高僧信行禪師塔碑表集五卷」(大正 55. 769下)이 있다.

4 신행비信行碑에 관한 연구는 神田喜一郎(1922c~1986) 281~288쪽, 矢吹『硏究』23~33쪽, 塚本善隆(1937a~1975) 217~224쪽, James Hubbard(1986) 230~255쪽을 참조.

5 일본에 있어서는 神田喜一郎(1922c~1986) 283~285쪽에 처음으로 그 소재가 알려졌고, 전문이 소개되었다. 그 후 矢吹『硏究』2쪽, 7~9쪽에 전재되었다. 신행전연구信

(2) 배현증찬문裴玄証撰文의 탑비塔碑[6] (終南山)

(3) 「신행선사전법비信行禪師傳法碑」[7] (開皇 14年, 法琳撰)

(4) 「수대선지식신행선사흥교지비병서隨大善知識信行禪師興敎之碑幷序」[8] (越王貞撰, 薛稷書)

(5) 「신행선사비信行禪師碑」[9] (越王貞撰, 張廷珪書)

(6) 「당재수신행선사탑비唐再修信行禪師塔碑」[10] (大歷6年 〈771〉 再修) (于益撰, 張楚昭行書)

行傳研究에 있어서 가장 신뢰해야 할 자료로 간주되는데, 후술하는 바와 같이, 이 탁본의 원비原碑의 존재장소에 관한 해석은 일정하지 않다. 본서 앞부분 口繪1 참조.

6 『續高僧傳』권16 「信行傳」(大正 50. 560上)에, 開皇 14年 正月 7日, 信行의 시신을 化度寺에서 終南山鴟鳴의 阜로 운구하여 捨身供養을 하고, 그 후 뼈를 수습하여 산기슭에 塔碑을 세웠다고 기록하고, "居士逸民河東裵玄證이 碑文을 썼다"고 서술하고 있다.

7 『寶刻叢編』7~19(『石刻資料新編』〈以下, 『新編』이라 약칭〉 1~24, 18206쪽), 『雪堂金石字文跋尾』4(『新編』3~38, 319쪽) 참조. 일본에서는 神田前揭論文에 처음으로 나왔다. 矢吹『研究』29~30쪽 참조. 『寶刻叢編』등에서는 "법림法琳"을 "법림法絑"으로 썼지만, James Hubbard(1986) 245~248쪽의 고증에 근거하여 "법림法琳"으로 고쳤다.

8 魏錫曾『續語當碑錄庚』(『新編』2-1, 741~743쪽). 일본에서는 神田喜一郎(1922~1986) 302~304쪽에 처음으로 전문이 소개 수록되었다. 矢吹『研究』27쪽 참조. 이 비는 당나라의 4대 서가書家의 한 사람인 설직薛稷의 글로서, 서법사상에도 주목되고 있다. 中田勇次郎「薛稷信行禪師碑」(『中田勇次郎著作集』3〈二玄社, 1984년〉 107~124쪽).

9 『金石錄』5(『新編』1~11, 8826쪽), 羅振玉『雪堂金石文字跋尾』4(『新編』3~38, 319쪽) 참조. 일본에서는 神田前揭 논문에 처음으로 나옴, 矢吹『研究』27~28쪽 참조.

10 『寶刻叢編』7~29(『新編』1~24, 18211쪽). 矢吹『研究』26쪽 참조.

이 중에서 비문이 현존하는 것은 (1)「고대신행선사명탑비」와 (4)
「수대선지식신행선사흥교지비병서」의 두 비碑뿐이다. 본 절에서는
전기 자료로써의 유효성을 검토하는 것을 목적으로 하고 있고, 또
그 외의 비에 대해서는 시취경휘矢吹慶輝, 신전희일랑神田喜一郎, 총본
선륭塚本善隆, James Hubbard 등에 의해서 상세한 연구가 되어 있기
때문에 여기서는 그 검토를 생략한다.

(1)의「고대신행선사명탑비」는 신전희일랑神田喜一郎, 상반대정常
盤大定 등이 탁본을 가지고 있고, 시취矢吹『연구』의 첫머리에 상반常盤
의 소장所藏 탁본이 부도付圖2로서 전개되어 있다. 그 탁본에 의하면,
제액題額에는 "고대신행선사명탑비故大信行禪師銘塔碑"라 되어 있고,
본문은 29행, 매 행 47자의 정서正書이다. 이 탁본의 내용과 일치하는
기술을 석각자료에서 구하면 고섭광顧燮光이 1919년 저술한『하삭신비
목河朔新碑目』 상上에,

　　故大信行禪師銘塔碑, 正書 開皇14年正月 湯陰
　　碑右側, 正書 唐貞觀20年再修塔記[11]
라고 되어 있다. 마찬가지로 범수명范壽銘 주찬主纂, 고섭광 집저輯著의
『하삭금석목河朔金石目』3, 탕음현湯陰縣의 조목에는,

　　故大信行禪師銘塔碑 正書 開皇14年正月
　　碑右側, 唐貞元20年再修塔記 正書[12]
라고 되어 있다. 탕음현은 현재 하남성河南省 북부, 안양安養의 남쪽에
있고, 신행이 장안長安에 들어가기 이전에 활동하고 있던 상주相州,

11 『新編』3~35, 558쪽.
12 上海天華印務館. 1930年.

또 신행의 출생지(현재의 청풍淸豊 부근)에서도 가까운 장소에 있다[13]. 이 비碑에 대해서 더욱 상세한 정보를 전하는 것은 범수명范壽銘 (~1922)의 유고遺稿『순원금석문자발미循園金石文字跋尾』하下이다. 그것에 의하면,

隋信行禪師碑跋

右信行禪師碑, 篆額, 正書, 二十九行, 每行四十七字, 無立石年 月, 惟文內有「開皇十四年正月禪師卒眞寂寺, 七日送柩於雍州」 等語. 是碑當卽其年所立. 額題爲銘塔碑者, 蓋是處爲信行昔遊之 地, 故藏其舍利以建塔, 此碑卽塔銘也.〈碑在湯陰縣西北二十里 西石林村 東法隆寺門中. 左右有兩石塔. 右□明松叢喜禪師靈骨 塔, 永樂十一年建碑. 左一塔凡七級 高三丈有□明隆慶元年重修, 內有石佛高三尺, 刻工甚精, 非唐以後物. 此卽信行之舍利塔矣.〉 碑近在湯陰, 而未經前人著錄, 且絶鮮推拓者, 故完好如新. 惟趙 明誠金石錄目第四百九十六有隋信行禪師碑. 註云, 開皇十四年 正月. 豈卽是碑歟.[14]

라고 있다. 이 발문에 기록된 비碑의 정보, 즉 전액篆額이 있고, 비문은 정서正書이고, 29행, 매 행 47자라고 하는 것은 상반常盤 등이 소장하고 있던 탁본의 모양새와 완전히 일치하고 있다. 게다가 발문에서 인용한 비문의 일부인 "개황십사년정월선사졸진적사開皇十四年正月禪師卒眞

---

13 『中國歷史地圖集』4(上海, 地圖出版社, 1928) 51쪽, ⑧-2.
14 『新編』2~20, 14477쪽.

寂寺, 칠일송구어옹주七日送柩於雍州"라고 하는 어구도 탁본 중에서 찾아볼 수 있다. 또 발문의 잇따른 부분에는 비문에 "어십이부경중於十二部經中, 찬찬 대근기행지법삼십여권對根起行之法三十余卷, 우출삼계불법사권又出三階佛法四卷, 병행지어세並行之於世"라고 서술한 것으로 인용되어 있는데, 이것도 상반대정常盤大定 등이 소장한 탁본의 문장과 완전히 일치하고 있다. 따라서 상반常盤 등이 소장하고 있으며, 시취矢吹『연구』중 부도附圖2에 전재轉載되어 있는 "고대신행선사명탑비故大信行禪師銘塔碑"의 탁본은 탕음현 서북 20리 서 석림촌 동 법륭사湯陰縣西北二十里西石林村東法隆寺의 문중門中에 있다고 하는 "고대신행선사명탑비"의 탁본이라고 할 수가 있다.

또한 종래 상반常盤 등이 소장한 탁본은 어떠한 비라고 생각되었던가를 간단히 돌아보면, 신전神田과 상반常盤은 장안의 남쪽, 종남산에 있었던 것이라고 추정하여 왔다. 그 근거는『속고승전續高僧傳』권16「신행전」에서,

送屍終南山鵄鳴之阜.[15] (中略) 樹塔立碑在于山足. 有居士逸民
河東裵玄證製文.[16]

라고 하는 부분 및 송대宋代의 조명성趙明誠이 저술한『금석록金石錄』3의,

第四百九十六 隋信行禪師碑〈開皇十四年正月〉[17]

---

15 송宋, 원元, 명明 삼본三本 및 궁내청본에 의해 "塯"를 "阜"로 고쳤다. 다른 데에서도 원전에 따라서는 "阜"를 "埠"로 쓴 것도 있다. 본서에서는 편의상 인용문 이외는 원칙으로서 "埠"로 통일한다.

16 大正 50, 560上.

을 비롯한 석각자료의 정보이다. 신전神田과 상반常盤은 이 2개의 자료에 의거해서, 유포되고 있는 "고대신행선사명탑비"의 탁본은 개황開皇 14년 정월, 신행이 죽은 직후에 배현증이 비문을 지어 종남산에 건립한 탑비의 탁본임에 틀림없다고 한 것이다.[18] 즉 앞에서 게재한 6개의 비碑의 (1)과 (2)가 일치한다고 생각한 것이다. 그 후 시취矢吹는 종남산설終南山說과 탕음설湯陰說의 사이에서 흔들려 있어서 명확한 결론을 내지 못하였다.[19] 한편 총본선륭塚本善隆(1937a→1975)은 이미 소개한 『순원금석문자발미循園金石文字跋尾』 등 새로운 석각자료를 이용해서 탕음설을 보강하였다. 그리하여 James Hubbard(1986)는 총본설塚本說을 계승하여 종래 소개되어 왔던 제 자료에 한 번 더 면밀한 고증을 가해, 유포하고 있는 탁본이 탕음의 것이라는 것을 최종적으로 확정하였다.

---

17 『新編』1~12, 8814쪽.

18 神田喜一郎(1922c→1986)은, 고섭광顧爕光이 지은 『古誌彙目初集』에는 "僧信行塔銘, 正書 開皇14年 陝西長安"이라고 되어 있고, 같은 저자의 『河朔新碑目』에는 "故大信行禪師銘塔碑, 正書 開皇14年正月 湯陰"이라고 되어 있는 것에 관해서 "원래 이 사리탑비는 종남산에 세워졌던 것이므로, 협서陝西 장안長安과 고지휘목古誌彙目에 있는 쪽이 옳다고 생각한다."(287쪽)라고 서술되어 있다. 常盤大定(1925) 109~110쪽 참조.

19 矢吹는 "지금 유포流布의 고대신행선사명탑비故大信行禪師銘塔碑는 혹은 본 비碑의 탁본이냐라는 의혹이 없는 것이 아니다."(『研究』 28쪽)라고 해서, 탕음湯陰의 비碑가 이 탁본의 원래 비일지도 모른다고 하는 의심을 품고서, 다른 부분에서는 "유포의 탁본「故大信行禪師銘塔碑」 글은 이 비와 밀접한 관계가 있는 것 같다."(25쪽)라고 하며, 배현증 찬의 종남산에 건립된 비와 유포되고 있는 탁본과의 관계를 상정하고 있다.

그러면 탕음의 "고대신행선사명탑비"는 언제 건립된 것일까? 『순원금석문자발미』에서는 "무립석년월無立石年月"이라고 하면서도 「금석록金石錄」의 제496비碑의 주注에 "開皇十四年正月"이라고 되어 있는 것에서 이 비는 개황 14년 정월에 건립된 것은 아닐까 하고 추정했고, 『하삭신비목河朔新碑目』과 『하삭금석목河朔金石目』에서도, 개황 14년 정월이라고 기술하고 있다. 그러나 이 추측은 근거가 부족하다. 비碑 건립의 연월일이 기술되어 있지 않은 이상 건립의 연월일은 어디까지나 분명하지 않다고 해야 할 것이다. 실제로 신행은 개황 14년 정월 4일에 입적했고, 같은 달 7일에 종남산에 보내진 유해는 사신공양捨身供養되어졌으므로 정월 중에 수골收骨하여 탑을 세웠다고 하는 것은 불가능하다. 이 비가 세워진 시기에 관해서 James Hubbard(1986)는 비가 세워진 연월일은 기록되어 있지 않지만, "이 비는 이른 시기에 세워졌던 비에 근거하여 필시 정원貞元 20년(804)에 재수再修된 것이다."라고 하고, 그 근거로서 다음의 여섯 가지를 들고 있다.[20]

① 탕음설을 뒷받침하는 여러 자료에는 정원貞元 20년에 재수되었다고 하고, 이것은 삼계교의 부흥의 시기와도 겹친다.

② 비碑의 말미에 "드디어 임장林葬의 법에 의해서 공경하여 사리舍利를 수습하여 탑을 시다림屍陀林의 아래에 세웠다. 선사禪師는 평소 일찍이 이곳에서 놀았다. 지형은 산길로 이어지고 옛 모습 그대로 자그마한 비석이다. 탑은 밑칠이 벗겨져서 내리고 흡사 넝쿨로 엉킨 묘였으니 그저 송구할 뿐이다. 세상은 변하고 몸은 없어지고 이름은

사라졌으며, 노인은 그릇된 소문에 미혹되고 아이들은 들으려 하지 않는다. 그 행덕을 간략히 적어 이를 금석에 의탁하여 장래에 있어 유식자로 하여금 사리가 이곳에 있음을 알리려 한다."라고 한다. 이 부분에서 이 비명碑銘은 신행의 사후, 그리고 삼계교가 금압을 입은 후에 찬술된 것임을 알 수 있다.

③비명에서는 신행을 "위주魏州" 출신이라 하고, 『속고승전』의 「신행전」에서는 "위군魏郡" 출신이라 한다. 주州라고 하는 호칭은 수대隋代에 들어와서부터 607년까지 사용되어졌던 것이다. 따라서 이 비명은 신행이 입적한 594년에서 607년 사이에 찬술된 것을 알 수 있다.

④비명에서는 신행이 거주했던 절을 "진적사眞寂寺"라고 칭하고, 『속고승전』의 「신행전」에서는 "화도사化度寺"라고 기록하였다. 진적사가 화도사로 개칭된 것은 619년의 일이다. 양자의 상위는 비명이 619년 이전에 찬술된 것을 나타낸다.

⑤예를 들면, 비명碑銘에는 "멀리는 천축天竺의 명승名僧을 슬프게 하고, 가까이는 왕성王城의 귀족을 탄식케 한다."라고 있다. 이것은 제2에 인용한 비명 말미의 문장과는 정반대로, 금압을 받았던 것을 느끼게 하지 않는다. 비명에서 받은 전체적 인상은, 비명은 신행의 사후 얼마 멀지 않은 시기에 찬술되었다고 하는 것이다.

⑥비명에서는 신행의 저술에 대해 "찬대근기행지법撰對根起行之法 30여 권, 우출삼계불법又出三階佛法 4권"이라고 서술하였다. 이것은 「대주간정중경목록大周刊定衆經目錄」권15에 기재되었던 "삼계잡법三階雜法22부29권"이라고 한 숫자보다 많다.

이상 여섯 가지의 James Hubbard가 제시한 근거 가운데에서 제1,

제3, 제4, 제5에 대해서는 문제는 없다. 문제가 되는 것은 제2 부분에 인용된 명문의 해석이다. 예상한 대로 삼계교가 금압을 받은 후에 찬술되었다고 결론을 내려도 좋을까 어떤가는 의문이다. 이 부분은 James Hubbard도 단정하고 있는 대로, 상반대정常盤大定의 해석을 그대로 이어받은 것인데,[21] 구체적으로 어느 부분으로부터 그 결론을 얻었는가는 분명하지 않다. 오히려 James Hubbard가 제5의 근거 부분에서 서술하고 있는 것같이 금압의 영향을 느끼게 하지 않는 문장은 아닐까 하고 생각된다. 다시 말하면 신행의 사후, 임장林葬되고 수골收骨한 때에 세워졌던 탑명으로 조각된 명문은 아닐까라고 생각된다. 또 근거의 제2에 인용한 명문을 둘러싼 또 하나의 의문은 "장래에 있어 유식자로 하여금 사리가 여기에 있음을 알리노라."라고 하는 부분에 관해서이다. "자玆"라는 것은 신행의 유해가 옮겨져 사신공양捨身供養된 종남산終南山 치명부鴟鳴埠의 시다림尸陀林의 아래일 것이다. 그렇다면 이 명문은 본래는 종남산에 세워졌던 탑명에 조각되었던 명문이었다고 하는 것이 된다. 그리하여 종남산에 세워졌던 비명과 같은 것이 그 후 탕음에 다시 세워졌던 것은 아닐까.

이상 「고대신행선사명탑비」를 둘러싼 연구사를 회고한 것에 의하여 밝혀지게 된 점과 여전히 불분명한 점을 정리해 두겠다. 중요한 것은, 현재 유통되고 있는 탁본을 채취한 비가 어디에 있었는가 하는 문제와 이 비가 최초에 세워졌던 곳이 어디였던가 하는 문제를 구별하여 생각하는 것이다. 우선 이 비명은 신행의 장례가 치러진 종남산에 세워졌던

---

21 常盤大定(1925)에, 앞의 글을 인용하고, 이어서 "비비碑가 삼계교 금단 후 교도배장教徒培葬의 앞에 세워졌음을 증명함."(110쪽)이라고 서술되어 있다.

탑명을 위해서 찬술된 것이고, 종남산에 비가 건립된 시기는 신행이 죽은 594년, 혹은 그것에 멀지 않은 시기이다. 찬술자는 분명하지 않지만, 『속고승전』의 「신행전」이 말한 바와 같이 배현증裵玄証일 가능성도 부정하지 못한다. 한편 오늘날 유포되고 있는 「고대신행선사명탑비」의 탁본은 종남산의 탑비에서 채용된 것은 아니고, 탕음의 탑비에서 채택된 것이다. 탕음에 종남산과 같은 명문의 비가 세워진 이유 및 건립의 연원일은 분명하지 않지만, 현존하는 탁본의 원비는 탕음에 존재했던 것으로 정원貞元 20년(804)에 재수再修되고, 융경隆慶 원년(1567)에 중수重修되었던 것이다.[22]

그런데 필자의 당면한 목적은, 「고대신행선사명탑비」의 명문이 신행전의 자료로서 채용될 수 있는 것인가 어떤가를 검토해 보는 것이다. 이 점에서 명문의 내용에 관해서 새로이 몇 가지 점을 보충해 두자. 하나는 명문에 "휘신행諱信行, 위주위국인야魏州衛國人也"라고 되어 있는 것에 대해서이다. 『순원금석문자발미循園金石文字跋尾』는 『수서지리지隋書地理志』에 근거해서 "위국衛國"이라고 하는 지명은 신행이 살아 있었던 개황 6년(586)의 시점에서 이미 "관성觀城"으로 바뀌어졌다고 서술한다.[23] '위주魏州'라고 하는 호칭과 '위국衛國'이라고 하는 호칭이 사용되었다고 하는 것은, 신행이 죽은 개황 14년에서 그리 멀지 않은 시기에 이 명문이 찬술되어졌다는 하나의 근거라고 할 수 있을 것이다. 다른 하나는 명문에 "法師淨名, 禪師僧邕, 徒衆等300余人… 遂依林葬之法, 敬收舍利, 起塔於屍陀林下"라고 서술한 바와 같이, 기탑起塔에

---

22 중수重修에 관한 정보는 조금 전 인용한 『循園金石文跋尾』에 의한다.
23 『新編』2~20, 14477쪽.

참여한 인물, 사람 수 등이 리얼하게 묘사되어 있는 것이다. 이것도 이른 시기의 것이라는 것을 나타내고 있다.

이상 「고대신행선사명탑비」의 내용을 종합적으로 검토한 결과, 이 비의 비명은 신행의 사후, 이른 시기에 찬술된 것이라고 판단하고, 신행의 전기를 고찰하는 데에 제1 자료로서 사용해갈 것으로 한다.[24]

다음으로 (4)의 「수대선지식신행선사흥교지비병서隨大善知識信行禪師興教之碑幷序」에 대해서 서술한다. 『금석록金石錄』5[25]에 의하면,

第八百六十六 唐信行禪師碑上 越王貞撰, 薛稷正書, 神龍二年
八月
第八百六十七 唐信行禪師碑下 並碑陰在長安縣西北八里

라고 되어 있다. 비碑를 세운 것은 신룡神龍 2년(706)이지만, 비문을 찬술한 월왕정(越王貞: 태종太宗의 여덟 번째 아들)은 수공垂拱 4년(688)에 난을 일으켰다 패하여 자살했으므로[26] 비문이 찬술된 것은 그 이전의 일로서, 신행이 죽은 후 약 100년이 지난 시기의 전기 자료라고 할 수 있다. 또 이 비문은 나진옥羅振玉의 『설당금석문자발미雪堂金石文字跋尾』4에서는, 송대宋代의 탁본에 대해서 "문이부전文已不全. 태흠하반殆欠下半, 중간흠십여행中間欠十余行"[27]이라고 서술한 것과 같이 극히

---

24 木村清孝(1984)에도 "현존한 전기자료 중에서는 가장 신빙성이 높다고 생각한다."(172쪽)라고 서술되어 있다.

25 『新編』1~12, 8826쪽.

26 矢吹 『研究』 69쪽, Antonino Forte(1990) 240쪽.

난독難讀이고, 게다가 현존하는 부분도 삼계교의를 선양하는 것에 중점을 두고 있고, 신행의 전기 자료로서 사용할 수 있는 부분은 거의 없는 것이 실상이다. 종래의 신행전 연구에 있어서도 이 비문은 전기 자료로서의 유효성에 문제가 있다고 되어 있고, 본서의 신행전 연구에도 이용하지 않겠다.

3. 경록經錄과 승전 자료僧傳資料

경록과 승전 자료 중에서 신행의 전기로서 중요한 자료를 제공하고 있는 것은 주로 다음 3가지 자료이다.

(1) 『역대삼보기歷代三寶紀』권12[28]

(2) 『속고승전』권16 「신행전」[29]

(3) 『명보기冥報記』권상卷上 「신행전」[30]

우선, (1)의 『역대삼보기』권12에서도 신행의 저작 및 사적을 간략히 기술하고 있다. 『역대삼보기』는 신행의 사후 멀지 않은 597년에 기본적으로 성립했다고 되어 있다. 권12의 이 부분에서는 개황 20년(600)에 칙금勅禁된 것이 할주割註로 첨가되어 있고, 후에 가필도 되었다고 하지만, 어쨌든 「고대신행선사명탑비」와 함께 이른 시기의 자료의

---

27 『新編』3~38, 319쪽.

28 大正 49. 105中~下.

29 大正 50. 559下~560上.

30 大正 51. 788上~下. 『冥報記』의 「신행전」에 최초로 주목한 것은 神田前揭 논문이다.

하나인 것은 틀림없고, 전기 자료로서의 가치도 높다고 생각된다.
덧붙여서 말하면, 도선道宣의 『대당내전록大唐內典錄』권5(664년)에서
는, 『역대삼보기』의 신행의 전기에 관한 부분을 일부 생략하면서 거의
그대로 전재하고 있다.[31]

　(2)의 『속고승전』권16 「신행전」은 『속고승전』이 645년에 저술되
었다고 하니까, 신행 사후 50년 정도의 사이에 전해온 정보를 정리한
것이다. 『역대삼보기』와 내용적으로 공통되는 부분도 있지만, 그 외에
정보원이 없으면 쓸 수 없는 내용이다. 예를 들면 『역대삼보기』에서는
신행이 일찍이 250계戒를 버렸다고 기술할 뿐이지만, 『속고승전』에서
는 상주相州 법장사法藏寺에서 구족계具足戒를 버렸다고 기술하고 있으
므로, 분명히 『역대삼보기』이외의 정보가 흘러들어가고 있었던 것이
다. 전기 중에는 배현증이 찬술한 종남산의 신행탑비의 일 등도 기술되
어 있으므로 이러한 몇 개의 비문과 전문을 참고로 하여 저술된 것이다.
다만, 현존하는 「고대신행선사명탑비」의 내용과는 예를 들면 몰沒
연대 등에 관해서도 일치하지 않는 점이 있으므로, 이 비문만을 정보원
으로 했다고 하는 추측은 성립하기 어렵다. 이와 같이 『속고승전』이
의거한 정보원은 반드시 확실하다고 할 수 없지만, 어쨌든 신행 사후
50년 정도 사이에 전해졌던 정보를 정리한 것이고, 다른 전기 자료에서
발견할 수 없는 자세한 정보도 담겨져 있으므로, 신행전으로서는 가장
바람직한 상태로 정리된 것이다.

　(3)의 『명보기冥報記』권상卷上 「신행전」은 『명보기』의 첫머리(冒

---

31 大正 55. 277下~278上.

頭)에 놓여 있다. 그리고 「신행전」 다음에는 신행의 제자 혜여慧如의
전기가 놓여 있다. 저자인 당림(唐臨, 600~659)은 신행을 장안에 영접
했던 좌복야左僕射 고경高熲의 외손外孫이고, 일찍이 화도사化度寺에
자주 놀러갔던 일, 화도사의 노승老僧과 외삼촌에게서 이야기를 들었던
일 등을 「신행전」과 「혜여전慧如傳」에 부기付記하여 두고, 삼계교에
대해서 상당히 공감을 가지고 있었던 것으로 추측된다.[32] 『명보기』의
성립은 650년대 중반이라고 추정되므로,[33] 이 「신행전」은 신행 사후
약 60년 후에 기록된 것이 된다. 「신행전」의 내용은 삼계교의 공감자共
感者라고 하는 입장에서 신행의 사적事跡을 상당히 호의적으로 전하고
있고, 사실史實과 전설이 분명히 혼재하고 있다. 예를 들면 신행이
좌선 중에는 항상 청의靑衣의 동자 4명이 꽃을 들고 서 있는 것을
발견할 수 있다든가, 화불化佛이 공중으로부터 와서 신행에게 마정수기
摩頂授記를 했다는 등의 이야기는 신행에 대한 숭경崇敬이 높아진 가운
데에서 창작된 전설이라고 생각된다. 한편 신행이 처음에는 상주相州
법장사法藏寺의 승僧이었다고 하는 점, 『인집록人集錄』36권, 『삼계법
三階法』4권을 녹출錄出했다고 하는 점, 개황開皇 초에 좌복야 고경이
그 명성을 듣고 문제文帝에게 아뢰어 장안에 영입하여 고경이 건립한
진적사眞寂寺에 머물도록 한 점 등은 다른 여러 자료와 공통되는 점이고
사실로 간주해도 좋겠다. 또 『삼계법』4권의 대지大旨는 "권인보경인악
勸人普敬認惡, 본관불성本觀佛性, 당병수약當病授藥, 돈교일승頓敎一乘"

---

32 矢吹 『硏究』 5쪽, 본서 제2장 179쪽 참조.
33 『冥報記』卷上 「僧徹傳」에는, 승철僧徹은 영휘永徽 2년(651)에 죽었고, "至今三年"
   (大正 51. 789上)이라고 서술하였다.

이었다고 하는 점, 신행은 일찍이 "두타걸식頭陀乞食, 육시예배六時禮
拜, 노력정심努力定心, 공형실지空形實智"라고 하는 바의 수행을 하여
왔다고 하는 점 등도 신행의 전기와 사상을 고려하는 점에서 일정한
자료가 될 수 있을 것이다.

그 외 승전 자료僧傳資料 중에서 신행의 전기를 고찰하는 데에 중요한
정보를 제공하여 준 것은『속고승전』권19「승옹전僧邕傳」이다.[34] 승옹
은 신행의 직제자로서 신행 사후의 교단을 통솔한 중심인물의 한 사람으
로 간주되고 있다.「승옹전」에는 개황 초기, 산중에서 수행하고 있던
승옹에게 신행이 하산해서 함께 수행하도록 권했고, 그 후 개황 9년에는
함께 장안에 들어갔던 것(長安入京)이 기록되어 있다. 장안 입경의
연차年次는 이「승옹전」에 의해서 확정된 것이다.

〈付〉 **신행信行의 전기 자료 대조표**

신행의 전기 자료로는 자료적 가치가 높다고 생각되는「고대신행선사
명탑비」,『역대삼보기』권12의「신행전」에 관한 부분,『속고승전』권
16「신행전」,『명보기』권상「신행전」의 4종류의 전기 자료를 대조하
고, 아래에 적는다.

「고신행선사명탑비」	『역대삼보기』	『속고승전』 「신행전」	『명보기』 「신행전」
	對根起行雜錄 32卷三階位別		

---

34 大正 50, 583下~584上. 승옹僧邕에 대해서는 矢吹『研究』37~39쪽, 본서 제2장
155쪽 참조.

	集錄3卷 右二部合35卷，眞寂寺沙門釋信行撰.		
茫茫佛海壯矣，大聖之雄，浩浩法池至哉，波若之力. 世界窮□莫盡，物性派以無辺，淨土穢土之奇蹤，一乘三乘之妙理，巍巍叵測，蕩蕩難名，苞括有無，牢籠生□，□□□資十聖，德被三賢，伝授有期，住持無隙. 至如垂芳五濁，播跡千季，紹佛日而不﨟，扇玄風而不滅者，其惟我大師信行禪師矣.			
禪師姓王，諱信行，魏州衛國人也.	行，魏州人.	釋信行，姓王氏，魏郡人.	隋京師大德沙門，釋信行，本相州法藏寺僧.
俗世豪宗，茂葉於堀之上，釋門貴種，槃根於三界之中，備之經史之文，載之□□之藏，盛哉不逮，可得詳焉. 惟禪師苻山岳之靈，膺人天之福，殖善因於往業，託嘉運於今生，故能體含至蹤，父如來以入道，性壤靈□，母智慧以歸眞. 生始沖季，志逾成德，慈悲被物，解行超群. 大人見日之奇，實珪璋之本質，象王入水之操，□金石之性然. 但王不易堅丹無改色. 鴻鵠遠志，則自抱匈襟，菩薩大名，則生懷懿德，於是披雜華之	少而落采，博綜群經，	其母久而無子，就佛祈誠，夢神擎兒告云，我今特[36]以相與. 寤已，覺異常日，因卽有娠. 及行之生也，性殊恒准. 至年四歲，路見牛車沒泥牽引，因悲泣不止，要轉乃離，或值犢母分離，或有侵欺之事，生知平分，不憙愛憎. 八	初其母無子 久以爲憂. 有沙門遇[38]之，勸念觀世音菩薩. 母日夜祈念，頃之有娠，生信行. 幼而聰慧，博學經論，識達過人，以爲佛所說經，務於濟度. 或隨根性，指人示道. 或逐時宜，因事判法. 今去聖久遠，根時亦[39]異. 若以

文, 起菩提之行 感波崙之志氣, 慨童子之精誠, 誓欲洞達十二之文, 和會百家之說. 斯則鵬翼未成, 已有沖天之勢, 龍潛勿用, 不無飛漠之能. 體事道眞, 心亡情習, 旣非自善, 方慕師門, 遂能獨拔恩愛之纆, 孤遊信謗之域, 追未聞於慧苑, 訪奇行於禪林, 身處檀那之門, 踐有爲而成業, 志居波若之宅, 履無相以安心, 苦行苦而不被, 惡名惡而不畏, 思賢翼翼, 慕道虔虔, 不以譽毀易心, 豈以存亡改節. 斯實體和至德, 性符玄道, 優遊經緯之菀, 歷奉賢智之莚, 遂能披奧入微, 出異端於人情之外, 尋詮悟旨, 洞奇理於聖典之中. 但世遭五滓之邦, 時屬千季之下, 抓塵取喩, 地□爲倫, □□惟常沒之言, 卓爾怪生盲之句. 於是以法驗人, 以時言敎. 邪正旣別, 善惡區分, 信知學不當根, 甘露以之成毒, 藥應其□, □寶所以名珍. 愍玆常倒之流, 啓玆普眞之路, 開生盲之眼目, 殖定死之根機, 使識賢聖之法門, 令知凡夫之行處, 遂於十二部經中, 撰對根起行之法三十余卷, 又出三階佛法4卷, 並行之於世, 斯則理出情外, 義超文表. 附骨間而起慮, 並血字而成章, 雨甘露於儉法之辰, 拔狗賊於斷常之世. 然智燈於長昏之夜, 導盲聾於鬪諍之邦. 不

蘊獨見之明, 顯高蹈之跡, 與先旧德解行弗同. 不全[35]聲聞, 兼菩薩行.

歲旣臨, 標據淸敏, 懁慧奇拔. 嘗有書生問曰, 爾今何姓, 外家何姓. 答曰, 此王彼孫. 生因調曰, 何不氏飯乃姓孫. 行應聲曰, 飯能除饑不除渴, 孫能饑渴兩相除, 故氏孫而非飯也. 其隨機謔對, 皆此之類.

及履道弘護[37], 識悟倫通, 博涉經論, 情理遐擧. 以時勘敎, 以病驗人, 蘊獨見之明, 顯高蹈之跡. 先旧解義, 翻對不同. 未全聲聞, 兼揚菩薩. 而履涉言敎, 附行爲功. 且如據佛之宗, 敬無過習, 由見起慢怠, 卽懷厭離, 便爲邊地下踐之因. 今雖聞眞告, 心無奉敬. 自知藥輕病重, 理加勸苦, 竭力治之. 所以隨遠近處, 凡有影

下人修行上法. 法不當根, 容能錯倒. 乃鈔集經論, 參驗人法所當學者, 爲三十六卷, 名曰人集錄.

說而說，則聞其未聞，不言而言，則到其未到．超一乘之體法，出三階之相文，救邪錯之迷情，息譏訕之謗口，可謂智慧方便，言辭應機，優曇可逢，斯實難遇者也．然禪師解有比聖之能，智有如愚之異，故能辯四乘之性習，驗三世之根機，斷惡於無始之源，集善於有生之際．於是不識二果，棄而俱甘，於已莫知双寶，珍而並爲．坐如如之宅，處浩浩之季，超違順之林，越怨親之境．可謂一乘取決，聲聞慧而是盲，四依驗人，菩薩凡而有眼．名超九地，響振三邦．行德既分，是非斯及．

捨250戒，居大僧下，在沙彌上，門徒悉行方等結淨，頭陀乞食，日止一湌，在道路行，無問南女，率皆禮拜，欲似法華常不輕行．夫涅槃一理，趣有万途，譬若帝京，八方奔湊．涅槃亦爾，十方皆歸．但路有艱夷，或迂或直，意迷其遲，解翻成惑，心醒其途，惑卽爲解．所以經言，衆生未成佛，以菩提爲煩惱．衆生若成佛，以煩惱爲菩提．信行此途，亦是万

開皇之初，被召入京．僕射高穎，激延住眞寂寺，立院處之．乃撰對根起行三階集錄及山東所制衆事諸法，合四十余卷．援引

塔，皆周行禮拜，遶旋翹仰．因爲來世敬佛之習，用斯一行，通例余業．其克覈詳據，率如此也．

後於相州法藏寺，捨具足戒，親執勞役，供諸悲敬，禮通道俗．單衣節食，挺出時倫，冬夏所擬，偏過恒習．故四遠英達者皆造門而詰問之．行隨事直陳，曾無曲指．諸聞信者莫不頂受其言．通捨章疏，從其化及，稟爲父師之禮也，未拘之以法歲．

開皇初，左僕射齊公聞其盛名，秦文帝，徵詣京師，住公所造眞寂寺．信行又據經律，錄出三階法四卷．其大旨，勸人普敬認惡，

本觀佛性, 當病授藥, 頓教一乘. 自天下勇猛精進之士, 皆宗之. 信行嘗頭陀乞食, 六時禮拜, 努[40]力定心, 空形實智而已. 每坐禪說法, 常見靑衣童子四人持花立侍. 嘗與徒衆在當中坐禪, 衆人忽聞奇香, 光照堂內, 相共怪異, 詣問信行. 信行令問弟子僧邕慧如. 邕曰, 向見化佛從空中來, 至禪師前, 摩頂授記. 如云, 亦摩邕頂授記, 余狀與邕說同.

文據, 類叙顯然, 前後望風, 翕成其聚.
又於京師置寺五所, 卽化度, 光明, 慈門, 慧日, 弘善等是也. 自爾余寺贊承其度焉. 莫不六時禮旋, 乞食爲業, 虔慕潔誠, 如不及也.

衢之一術也. 但人愛同惡異, 緣是, 時復致譏. 此錄並引經論正文, 面其外題無定准的. 雖曰對根起行幽隱, 指體標牓, 於事少潛. 來哲懱詳, 幸知有據. 〈開皇二十年, 勅斷不聽流行. 想同箴勗.〉

後邕與[41]其徒衆, 隱太白山. 一旦謂衆僧曰, 當與師等還京. 衆敬邕, 皆從之, 卽下山. 夜宿武功, 未明便發. 謂衆曰, 師等努力, 今暝必須入城. 日沒至漕上, 聞鼓音

末病甚, 勉力佛堂, 日別觀像, 氣漸衰弱, 請像入房, 臥視至卒. 春秋五十有四. 卽十四年正四日也. 其月七日, 於化度寺送屍終南山鴟鳴之阜. 道俗号泣, 聲動

哀善人之不遇, 怨聖道之無時. 菩薩得道之秋, 羅漢亡身之日, 雖欲泣血於荊山之下, 投軀於矢石之間, 吐世界之無常, 噫人生之難保, 嗚呼哀哉, 春秋五十有五, 以開皇十四季正月四日卒於眞寂寺. 卽以其月七日送柩於雍州終南山鴟鳴埠屍陀林所, 捨身血肉, 求無上道. 生施死施, 大士有苦行之蹤, 內財

歎曰, 城門閉矣,
遂宿於逆旅. 至
昏時, 悲泣曰, 無
所及矣. 衆問其
故, 不答. 明早入
城, 至眞寂寺, 而
信行昨夜昏時
氣絶. 寺僧怪問
邕來. 答曰, 在山
遙見多人持香
花幡蓋, 從西來
入開遠門, 向眞
寂寺. 邕疑禪師
欲去, 故來也. 昨
夜昏時, 見禪師
道從西去, 顧與
邕別, 故知不及
也. 初京城諸師
有疑信行法者,
至是相與議, 據
付法藏經, 若人
通身, 過去聞正
法故. 於是共觀
信行頭骨, 兩耳
正通, 乃皆慚悔
信服. 初信行徒
衆居京城五寺,
後雖侵廣, 今猶
号五禪師. 〈老
僧及臨舅說云
爾.〉

京邑. 捨身, 收
骨, 兩耳通焉. 樹
塔立碑在于山
足. 有居士逸民
河東裵玄證製
文.

外財, 至人有爲善之跡. 嗚呼
哀哉, 無常力大, 賢智以之難
免, 有生多累, 今古所以同然.
慧日翳於重雲, □燈沒於長夜,
嗟世間之眼滅, 痛聖道之梁摧,
情深廢社之悲, 志切崩城之哭.
至如素幢含煙以輪路, 霜車轉
珮以從風, 遠悲天竺之名僧, 近
歎王城之貴族, 於是, 悽傷朝
市, 留連塗路, 有識無識, 如盲
失道之哀, 若見若聞, 如子亡親
之痛. 悲連地岳, 怨動京畿. 善
人既矮, 吾將安放. 於是法師
淨名, 禪師僧邕, 徒衆等三百余
人, 夙以禪師爲善知識, 三業隨
逐二十余年, 俱懷出世之基, 共
結菩提之友. 恒欲碎骨於香城
之下, 投身於雪嶺之間, 生事莫
由, 死將爲禮, 遂依林葬之法,
敬收舍利,　起塔於屍陀林下.
禪師生平之日曾遊此處, 地連
山路, 依然羊子之碑, 塔枕荒
塗, 髣髴騰嬰之墓, 唯恐世移季
改, 身沒名沈. 古老或於訛言,
童稚絶於聞見, 故略其行德, 寄
之金石, 使將來有識知舍利之
在玆焉. 迺爲銘曰, 淵乎佛海
至矣大人　慈悲起行　智慧生身
居迷辯正　處僞能眞　智飛影投
形亡道新

---

35 知恩院本에 의해서 大正藏原本(高山寺本)의 "過"를 "遇"로 고쳤다.

36 高麗本에 의해서 大正藏原本의 "持"를 "特"으로 고쳤다.

제2절 신행의 전기

본 절에서는 제1절에서 검토한 전기 자료에 의거하여 신행의 전기를
1. 출생 및 유년 시대, 2. 출가와 사승, 3. 신행이 목표로 한 수행,
4. 삼계교단의 성립, 5. 장안 입경, 6. 시적示寂이라고 하는 6개의
단계로 나누어 고찰하면서 삼계교의 성립과정을 해명하려 한다. 또
신행의 저작에 관해서는 제3장에서, 신행의 사상에 관해서는 제4장에
서 상세히 검토하겠다.

1. 출생과 유년시대幼年時代

신행의 출생년도에 관해서는 여러 자료가 다 같이 분명하지 않다.
따라서 죽은 해로부터 역산하는 도리밖에 없다. 그의 죽은 해에 관해서
「고대신행선사명탑비」(이하 「신행탑비信行塔碑」로 약칭)는 "춘추春秋
오십유오五十有五. 이개황以開皇 14계季(594) 정월사일졸正月四日卒 어
진적사於眞寂寺"라고 기록하고 있다. 594년에 55세로 죽었다고 한 것에
서 출생년도를 역산하면 신행은 동위東魏의 효정제孝靜帝의 시대 흥화
興和 2년, 즉 540년에 태어난 것이 된다. 한편『속고승전』「신행전」(이

---

37 知恩院本에 의해서 大正藏原本의 "久"를 "亦"으로 고쳤다.

38 송宋, 원元, 명明 3본에 의해서 大正藏原本의 "誼"을 "護"로 고쳤다.

39 원元, 명明 양본에 의해서 大正藏原本 "令"을 "全"으로 고쳤다.

40 知恩院本에 의해서 大正藏原本의 "勞"를 "努"로 고쳤다.

41 知恩院本, 大日本續藏經底本에 의해서 大正藏原本의 "典"을 "與"로 고쳤다.

하 「신행전」이라 약함)에 의하면 "춘추春秋 오십유사五十有四. 즉 십사년
十四年 정월사일야正月四日也"라고 서술되어 있다. 죽은 해는 「신행탑비
信行塔碑」와 일치하고 있지만 죽은 해의 연령은 54세로 1세 젊다.
여기서 역산하면 신행은 541년에 태어난 것이 된다. 이 양자의 시적연령
示寂年齡의 다름은, 시취矢吹가 찾아낸 돈황사본 『신행유문』(S2137)에
의해서 해결하였다. 이 유문遺文은 신행 자신이 주지사州知事 앞으로
보낸 전도서간傳道書簡을 주로 한 내용이다. 개황 7년(587)의 서간에
의하면 "자사십칠이래구선지식自徒十七以來求善知識, 지금사십팔세至
今四十八歲, 적만삼십이년積滿三十二年"이라고 적고 있다.[42] 587년에
48세이었다고 한 것은 죽은 해인 594년에는 55세였던 것이 된다.
이 자료의 발견에 의해서 신행은 594년 55세에 사망했고 동시에 역산해
서 540년에 출생했던 것이 확정되었다.

　출신에 관해서는 「신행탑비」에는 "선사성왕禪師姓王, 휘신행諱信行,
위주위국인야魏州衛國人也"라 하고, 「신행전」에는 "석신행釋信行, 성왕
씨姓王氏, 위군인魏郡人"이라고 한다. 왕씨王氏 일족一族으로 태어난
것은 일치하고 있다. 「신행탑비」에는 "속세호종俗世豪宗, 무기어구구
지상茂棄於九堀之上, 석문귀종釋門貴種, 반근어삼계지중槃根於三界之
中"이라고 서술하고 있는 것으로부터 이 왕씨성王氏姓은 이 지방의
명문이었을 가능성이 있지만 구체적인 정보를 전하지 않는다. 587년의
서간에서 신행이 선지식으로서 추앙했던 4명 중에 위주魏州의 왕선행王
善行과 조주趙州의 왕선성王善性이라고 하는 2명의 왕씨성의 재속자在

---

42 『敦煌寶藏』16. 453下(矢吹 『研究』別篇 7쪽).

俗者의 이름이 열거되고 있다. 시취矢吹는 이 2명이 동족일 가능성도 있다고 추측하고 있다.[43]

출신지에 관해서는 두 자료는 위주魏州와 위군魏郡이라 하여 호칭이 일치하지 않는다. 시취矢吹의 고증에 의하면 수隋의 문제文帝는 583년에 군郡을 주州로 변경했고, 그 후 양제煬帝의 대업大業 3년(607)에 이르러서 다시 주州에서 군郡으로 개칭했다고 한다. 따라서 「신행탑비」의 "위주魏州"라고 하는 호칭은 수대隋代의 한 시기의 호칭이고(이 정보는 탑비의 건립연대의 고증으로도 유효하다) 「신행전」의 "위군魏郡"이라고 하는 호칭은 도선道宣 시대의 것이다. 또 『역대삼보기』(597)도 역시 수隋의 문제文帝시대의 호칭을 사용하여 "행行, 위주인魏州人"이라고 서술하였다. 그래서 위국衛國이라고 하는 지명을 찾으면 북위北魏의 태화太和 21년(497) 시점의 지도에서는, 상주相州 돈구군頓丘郡 돈구頓丘의 동북동東北東으로 약 10킬로미터 정도의 곳(현재 하남성河南省 청풍현清豊縣 위성衛城 부근)에 위치하고 돈구군에 속해 있었다.[44] 이 땅은 당시의 도都이었던 상주相州 위군魏郡 업현鄴縣(현재의 하남성 안양시安陽市 북쪽 약 25킬로미터)에서는 남동南東으로 약 80킬로미터 떨어진 지역에 해당한다. 한편 수隋 대업大業 8년(612)의 지도에서는,[45] 전에 위국衛國 땅은 위군魏郡의 동린東隣 무양군武陽郡 관성觀城에 해당한다. 수대隋代 초두初頭의 지도는 필자의 손이 미치는 범위가 아니지

---

43 矢吹 『研究』 9~10쪽.

44 『中國歷史地圖集』4, 51쪽, ⑧-3. 『中華人民共和國地名詞典河南省』(商務印書館, 1993) 299쪽.

45 『中國歷史地圖集』5, 16쪽, ⑦-3.

만, 『순원금석문자발미循圜金石文字跋尾』하下의 〈수신행선사비발隋信
行禪師碑跋〉의 항에, "후주後周, 위주魏州를 둔다. 대업초大業初, 무양군
武陽郡을 둔다. 또 관성觀城, 옛날엔 위국이라 하였다. 개황6년, 바로
고치다."[46] 하는 기사가 참고가 된다. 이것에 의하면 신행의 생전 중
개황 6년(586)에 위국은 관성이라고 개칭改稱된 것을 알 수 있다.
따라서 「신행탑비」에 기록된 "위주위국魏州衛國"이라고 하는 출생지의
호칭은 신행의 생전 중인 586년 이전의 호칭이다. 그리하여 신행이
입적한 해인 594년의 시점에서는 "위주관성魏州觀城"이라는 지명, 607
년 이후는 "무양군 관성武陽郡觀城"이라고 하는 지명이 공식적으로 사용
되어 온 것이다. 호칭의 변천은 있지만, 어쨌든 신행의 출생지는 현재의
하남성河南省 청풍현淸豊縣 부근이라고 할 수 있고, 「신행탑비」에 적힌
출생지는 신행의 생전 중의 호칭이었다는 것이 된다.

그런데 출생에 대해서 「신행전」은 다음과 같이 기술하고 있다.

其母久而無子, 就佛祈誠, 夢神擎兒告云, 我今特以相與. 寤已,
覺異常日, 因卽有娠.[47]
그 어머니는 오랫동안 아들이 없었다. 부처님께 마음으로 기도를
올리고 있을 때, 신神이 어린아이를 들어 올리며 "내가 지금 특별히
이 아이를 하사 하겠다."라고 알리는 것을 꿈에서 보았다. 잠에서
깨어 본즉 평상시와 다른 느낌이 들었는데 그때 임신하여 있었던
것이다.

---

46 『新編』2~20, 14477쪽.
47 大正 50. 559下.

도선道宣이 무엇을 정보원으로 해서 이 일화를 기록했는가는 분명하
지 않지만, 어쨌든 「신행전」에 이러한 일화가 기록되어 있다고 하는
것에서, 7세기 중반의 시점에서 삼계교도를 비롯한 당시의 사람들의
신행에 대한 견해가 이미 신성화된 상황이었던 것을 엿볼 수 있다.
덧붙여서 말하면 7세기 후반에 성립한『명보기冥報記』권상卷上의「신
행전」에서도 역시

初其母無子, 久以爲憂. 有沙門遇之, 勸念觀世音菩薩. 母日夜祈
念, 頃之有娠.[48]

처음에 그 어머니는 자식이 없어 오랫동안 고민하였다. 마침 그때
우연히 어떤 사문이 이를 알고, 관세음보살에게 의지하기를 권하
여 그 어머니가 밤낮 기도하던 중 이윽고 임신하였다.

라고 비슷한 에피소드를 전하고 있다.
유년시대의 행장에 대하여는『속고승전』의「신행전」만이 다음과
같은 일화를 소개하고 있다.

至年四歲, 路見牛車沒泥牽引. 因悲泣不止, 要轉乃離. 或値犢母
分離, 或有侵欺之事, 生知平分, 不憙愛憎. 八歲旣臨, 標據淸敏,
懷慧奇拔. 嘗有書生問曰, 爾今何姓, 外家何姓. 答曰, 此王彼孫.
生因調曰, 何不氏飯乃姓孫. 行應聲曰, 飯能除飢不除渴, 孫能飢

渴兩相除, 故氏孫而非飯也. 其隨機譎村, 皆此之類.[49]

즉 1. 4세 때 우거牛車가 진흙 구렁텅이에 빠져 소가 끌어올리려고
고생하고 있는 것을 보고, 불쌍히 여겨 울음을 그치지 않고 굴러서
빠져 나오도록 하여 구하였다.

2. 송아지가 어미 소와 이별하는 장면을 마주치거나 혹은 능숙하게
속일 것 같은 일이 있으면, 나면서부터 평등인 것을 알고 애증의 생각을
일으키는 것을 좋아하지 않았다.

3. 8세 때, 어떤 서생書生이 부모의 성을 물었다. 신행이 아버지
쪽의 성은 왕王, 어머니 쪽의 성은 손孫이라고 답한 즉, 서생은 "어찌하여
반飯을 성姓으로 하지 않고, 손孫을 성姓으로 했는가." 하고 조롱하였다.
신행이 즉각 "반은 굶주림을 해결할 수 있지만 갈증은 풀지 못한다.
손孫(飱〈茶漬〉과 同音)은 굶주림과 갈증의 양쪽을 해결한다. 그러므로
손을 성姓으로 하고 반을 성씨로 하지 않는 것이다."라고 대답하였다.
임기응변의 재치가 있는 응답은 이미 이러하였다. 이러한 일화도 사실
인가 어떤가는 의심스럽다. 신행 숭배가 고조되는 가운데 신행이 이미
어린 시절부터 뛰어난 재능과 감수성을 가진 사람이었다는 것을 나타내
기 위해 창작된 일화라고 해석하는 쪽이 옳을 것이다. 어쨌든 도선道宣
자신의 창작이었던 것은 아니고, 삼계교도 사이에 전해져온 일화 혹은
신행의 비문 등에 적혀 있는 것이었을 것이다. 소가 괴로워하는 모습을
보고서 울었다고 하는 것은 자비의 마음이 깊었다는 것을 나타내는

---

49 大正 50. 559下.

것이고, 애증의 감정을 품는 것을 좋아하지 않았다는 것은 '순정의
대상을 사랑하고 위정의 대상을 미워한다.'라는 마음의 움직임을 철저
히 초극超克하려고 한 삼계교의 가르침을 반영한 것일 것이다. 또
8세 때의 일화 중에 볼 수 있는 "수기隨機"라고 하는 말도, 근기에
대응하여 가르침을 설한다(對根起行)고 하는 삼계교의 교화방법을 의
식한 것이라고 할 수 있겠다.

2. 출가出家와 사승師承

1) 출가

신행의 출가에 관한 사정은, 여러 자료 모두 명확하지 않다. 유일하게
『역대삼보기歷代三寶紀』에 "소이락채少而落釆, 전종군경傳綜群經"[50]이
라고 기술할 뿐이다. 어려서부터 출가했다고 하는 것이지만, 몇 세
때에 어떠한 사정으로 출가한 것인가는 불분명하다. 『신행유문信行遺
文』의 개황 7년의 서간에 의하면 17세 때부터 선지식을 찾기 시작했다고
한다.[51] 이것이 출가한 연령인가, 혹은 문자 그대로 선지식을 구하여
발심한 연령인가는 결정하기 어렵지만, 어느 것이라도 17세인 해에
해당하는 556년 혹은 그 이전에 출가한 것은 확실한 것이다.

17세 이후의 수행 생활에 있어서 다음에 연대가 특정할 수 있는
것은 『신행유문』의 개황 3년(583)의 서간이다. 이 서간의 시점에서는
이미 사상의 골격이 형성되어 있는 것을 짐작할 수 있는데, 그 내용에

50 大正 49. 105中.

51 S2137, 『敦煌寶藏』16. 453下.

94

관해서는 나중에 검토하기로 하고, 그 이전의 문제 즉 사승師承, 수행생
활修行生活, 사상형성思想形成의 과정 등에 대해서 좀 더 살펴보도록
하겠다.

2) 사승師承

사승에 관해서는「신행탑비信行塔碑」,「신행전」모두 명확하지 않다.
단서가 되는 것은『속고승전』권18「혜찬전慧瓚傳」[52]이다. 이것에 의
하면

> 沙彌信行, 重斯正業, 從受十戒, 瓚不許之. 乃歸瓚之弟子明胤禪
> 師, 遵崇行法. 晚還鄴相, 方立部衆.
> 사미 신행沙彌信行은 정업正業을 중시하고 십계十戒를 좇아 받으려
> 고 하였지만, 혜찬慧瓚은 그것을 허락하지 않았다. 그래서 혜찬의
> 제자 명윤선사明胤禪師에 귀의하여 행법을 따르고 존중하였다.
> 후에 업상鄴相에 돌아가 부중部衆을 수립하였다.

고 적혀 있다. 후에 상주업相州鄴에 돌아가 부중部衆을 세웠다고 하는
것에서, 여기서 말하는 사미 신행은 삼계교의 신행과 동일인물이라고
생각된다.[53] 신행은 사미 때에 혜찬(慧瓚, 536~607)의 아래에서 10계를

---

52 大正 50. 575上~中.
53 좌좌목佐佐木(1934→1980) 114~130쪽. 山本佛骨(1958) 229~231쪽. 도단道端은,
　　신행이 십계를 받으려고 하여 혜찬慧瓚을 방문한 시기를 개황開皇 원년(581)에서
　　개황 3년(583) 사이가 아닐까 추정하고 있지만, 필자는 577년에 북제北齊에 폐불廢

받으려 했지만 혜찬은 허락하지 않았다. 그래서 신행은 혜찬의 제자 명윤明胤 밑에서 10계를 받았던 것이다. 혜찬이 신행의 수계를 허락하지 않았던 이유 또 스승이 허락하지 않았던 수계를 제자인 명윤이 인정한 경위는 명확하지 않지만,[54] 결과적으로 신행이 수행생활 초기 단계에 있어서 혜찬에게서 명윤 계통의 사상, 수행방법 등의 영향을 받은 것은 틀림없다. 혜찬의 행장으로서 "大小經律互談文義, 宗重行科, 以戒爲主", "身則依附頭陀行蘭若法, 心則思尋念慧, 識妄知詮", "至於黑白布薩, 要簡行淨之人, 知有小愆, 便止法事. 重過則依方等, 輕罪約律治之. 必須以敎驗緣, 片欠則經律俱捨" 등이 적혀 있다. 이들의 기록에서 혜찬은 대승大乘・소승小乘 경전과 계율을 함께 중시하는 입장에 섰던 점, 수행을 진전하는데 당하여 극히 엄격하게 계율을 준수시키려고 했던 점, 두타행을 수행하고 있었던 점 등 신행의 삼계교 사상의 실천과 크게 공통점이 있었던 것을 알 수 있다. 또 가르침에 의거하여 기연(機緣: 사람마다의 능력)을 증명한다고 하는 사상도 삼계교가 이어받았던 것이 된다. 또 혜찬의 제자에는 혜진慧進, 지초志超, 정토교淨土敎의 도작道綽 등이 있다고 하지만, 예를 들면 「지초전志超傳」에서는 "志超潔正身心, 勤履衆務, 僧徒百數, 供雜五行, 兩食恒備, 六時無欠, 每有苦役, 必事身先", "創立禪林, 曉夕勤修, 定慧双啓, 四儀託於戒節, 二行憑於法依", "禮佛五百, 禪結四時"[55] 등이라고 전하여

佛이 파급되어 혜찬이 남방의 진陳으로 향한 이전의 훨씬 이른 시기는 아닐까 생각한다.

54 명윤明胤에 관해서는, 이것 이외의 전기 자료를 볼 수 없다.

55 『續高僧傳』권20, 大正 50. 592上.

역시 고행의 실천, 육시예배六時禮拜, 좌선과 계율의 중시 등의 점에서
삼계교와 공통된 점이 있다.

한편 상반대정常盤大定은 보산寶山의 현지조사에서 얻어진 자료에
의거해서 영유(靈裕, 518~605)와 신행(540~594)의 교류 가능성을
지적하고 있다. 상반常盤은 "삼계교조三階教祖 신행선사信行禪師가 지
론학地論學 계통의 사람이 되었다는 일, 더 한층 검토한다면 신행이
자란 땅은 업도鄴都이고, 그리고 그 보불신앙普佛信仰을 길러준 사람은
영유靈裕인 것이 아닐까."[56]라고 서술하고 다음과 같은 계보를 게재하고
있다.

즉 지론종 남도파地論宗南道派 도빙道憑에서 영유 계통에 신행을
자리매김 하고 있는 것이다.[57] 이 근거로서 영유가 수隋의 개황 9년(589)
에 조립造立한 보산寶山의 대주성굴大住聖窟에는 (1)『대집경大集經』
월장분月藏分의 오오백년설五五百年說 부분의 경문이 새겨져 있는데,
신행도 이 경문을 깊이 그 종교의식 가운데 받아들여 시기상응의 불교를

---

56 常盤大定(1927→1938, 1974再刊) 182쪽.

57 도빙道憑과 영유靈裕의 전기에 관해서는, 鎌田茂雄「靈泉寺石窟의 思想史的 意義」
   (塩入良道先生追悼論文集『天台思想과 東亞細亞文化의 研究』〈山喜房佛書林, 1991〉
   477~488쪽) 참조.

수립하려고 하였다. (2) 삼계교가 육시六時에 예배했던 칠계불명七階佛
名이 새겨져 있다고 하는 점을 들었다. 게다가 영유는 신행보다 22세
연상이고 영향 관계를 추정하면 필시 영유에서 신행에게로 전해졌음에
틀림이 없다고 하는 것이다. 칠계불명은 『결정곤니경決定毘尼經』에서
35불佛을, 『관약왕약상이보살경觀藥王藥上二菩薩經』에서 53불佛을 취
하는 등 여러 가지 경전에서 불명을 채취하여 구성되어 있어, 우연의
일치라고 하는 것은 대체로 생각할 수 없다. 그렇다면 상반常盤의
설과 같이 영유에서 신행에게로 전해졌다고 보는 것이 역시 자연스런
견해라고 할 수 있을 것이다.

　신행의 사승師承에 관해서 자료적으로 더듬어 갈 수 있는 것은,
혜찬에서 명윤에 이르는 계통과 지론종 남도파의 혜광慧光, 도빙道憑,
그리고 영유에게로 이어지는 계통이다. 그러나 신행이 실제로 영향을
받았던 사람들 혹은 사상적 계통은 이들뿐만 아니라 업鄴을 중심으로
한 북조불교北朝佛敎의 여러 가지 영향도 받아왔을 것이다. 북위北魏가
동위(東魏, 534~550)와 서위(西魏, 535~557)로 나뉘어져서 동위東魏
의 고환高歡은 도읍을 낙양洛陽에서 업鄴으로 이전하였다. 여기에 동반
해서 적지 않은 승니僧尼가 업鄴으로 이동하였다. 업鄴은 동위 및 북제
(北齊, 550~577)의 도읍으로서 40년 이상이나 북조北朝에 있어서의
정치·문화의 중심으로서 번영했고 불교도 더없이 융성하였다. 『속고
승전』권10 「정숭전靖嵩傳」에 의하면, 북제의 시대, 도읍 업鄴의 대사大
寺는 약 4천, 승니는 약 8만, 강석講席은 200이 넘었고, 청중은 항상
1만 이상이었다고 한다.[58] 신행은 출생지도 업鄴과 가깝고, 출가 후에는
업鄴을 중심으로 한 지역에서 수행을 행했다고 추정되므로, 신행의

사상형성 혹은 종교적 실천은 당시의 업鄴을 중심으로 북지北地의
불교자들의 실천 혹은 사상 조류의 영향을 받으면서 형성된 것이라고
생각된다.

3. 신행이 목표했던 수행

1) 기본적 수행

신행의 수행에 관한 기술을 전기 자료 중에서 찾아 살펴보면, 『역대삼보
기』에서는 문도門徒의 행장으로서

門徒悉行方等結淨, 頭陀乞食, 日止一飡. 在道路行, 無問男女,
率皆禮拜, 欲似法華常不輕行.[59]
문도는 모두 방등의 결정을 행하고, 두타걸식하고, 1일 1회 식사를
한다. 길을 걸으면서 남녀를 불문하고 모든 사람에게 예배한다.
『법화경法華經』의 상불경보살常不輕菩薩의 실천을 계승하려 한
것이다.

라고 적고 있다. 문도의 행장으로서 서술되어 있지만, 『신행유문』
등 다른 문헌의 기술과 서로 대조해 보면 원래는 신행 자신의 실천이었
다고 보아도 무방할 것이다. "방등方等의 결정結淨을 행한다."고 한
것은, 「혜찬전慧瓚傳」에도 "중과重科는 곧 방등方等에 의한다. 경죄輕罪

---

58 大正 50. 501中.
59 大正 49. 105中.

는 율律에 의거해서 이를 다스린다."[60]라고 되어 있는 것처럼, 중죄를
범한 때에 방등참회법方等懺悔法에 의해서 죄를 참회한다고 하는 의미
일 것이다. 방등참회법은 천태天台의 참회법으로서 특히 유명하지만,[61]
당시의 불교자 사이에서 상당히 일반적으로 사용되었던 것으로 생각된
다. 다음의 두타걸식은 남북조시대의 수행자 특히 습선자習禪者들에게
공통으로 보이는 특징이다. 그들은 두타걸식의 고행을 하면서 동시에
선관禪觀을 닦았던 것이다. 『속고승전續高僧傳』에서는 남북조시대부
터 수隋·당唐대에 걸쳐서, 두타걸식의 수행을 중시해서 실천했던 승려
의 전기를 다수多數 기재하고 있다.[62] 특히 「습선편習禪篇」에 열거된
승려 중에는 두타걸식을 실천했던 자가 많다. 이러한 당시의 습선자들
의 일반적인 수행경향을 신행도 답습했을 것이다. 삼계교에 있어서의
두타걸식의 구체적인 내용은 『대근기행법對根起行法』에 있어서 제3계
의 「수선修善」의 부분에 보인다. 그중의 "득고선得苦善(고苦를 얻는
선善)"이라고 하는 항은 다시 말하면 12두타행에 관한 것이지만, 구체적
으로는 상걸식常乞食, 차제걸식次第乞食, 일좌식一坐食, 절량식節量食,
과중불음장過中不飲漿, 상좌불와常坐不臥, 수부좌隨敷坐, 총간좌塚間
坐, 수하좌樹下坐, 노좌露坐, 납의納衣, 단삼의但三衣의 12를 들고 있
다.[63] 또 「신행전」에는

---

60 大正 50. 575中.

61 小林正美 『六朝佛教思想의 研究』(創文社, 1993) 358~363쪽.

62 『唐高僧傳索引』下(上海書店, 1989)에 의하면 "두타頭陀"의 용례(1231~1233쪽), "걸
식乞食"의 용례(1000~1001쪽) 모두 30 이상을 셀 수 있다.

63 S2446, 『敦煌寶藏』19. 516下~518下(矢吹 『研究』別篇 121~124쪽).

單衣節食, 挺出時倫, 冬夏所擬, 偏過恒習.[64]

단의單衣를 입고 조말粗末한 식사를 한다고 하는 점에서, 당시의
수행자 중에서 뛰어났다. 겨울에 여름과 같이 얇은 옷을 입고
완전히 일반적인 행위를 초월하였다.

라고 서술하여 참으로 신행이 철저한 두타걸식의 실천자였던 것을
전하고 있다. 두타걸식의 고행은 삼계교 독자의 특징은 아니지만,
삼계교의 실천으로서도 빠뜨릴 수 없는 기본적 수행 방식이었던 것은
확실하다.

한편 삼계교의 독자적인 실천으로서 주목되는 것은, 『법화경』의
상불경보살의 실천을 배워 익힌 인간예배행人間禮拜行이다. 이것은
삼계교사상의 커다란 근간이라고 할 수 있는 보경사상普敬思想의 실천
적 구체화이다. 『법화경』은 남북조시대의 불교자 가운데에서 일관되
게 높은 위치를 차지하고 있었지만, 실제로 상불경보살의 인간예배행
을 실천했다고 전해지고 있는 것은 신행뿐이다. 이 실천은 다른 수행자
와의 비교에서 삼계교 실천의 특징으로서 주목될 뿐만 아니라, 바로
삼계교의 중심사상으로 직결한다고 하는 점에서 중요한 실천이라고
할 수 있다.[65] 12두타행과 상불경보살의 실천의 두 가지는 『신행유문』
가운데에서도 주지사에게 허가를 구한 4개의 실천항목 중에도 포함되
어 있는 것이다. 동시에 『신행유문』 중에 개황 3년과 개황 7년 사이에
서사書寫된 서간書簡에서는 좌선과 예불의 방법을 다음과 같이 설하고

---

64 大正 50. 560上.
65 본서 471~472, 482~483쪽 참조.

있다.

若能禮佛坐禪者, 復須知行之法用. 坐禪者, 常坐, 莫問晝夜, 一向
不得臥. 禮佛者, 各各須得淨衣, 一日一夜三時洗浴, 莫問晝夜,
常禮不息, 除半夜一時臥晝日一時食之多少. 坐禪禮佛一種, 唯得
一食.[66]

예불禮佛과 좌선을 실천할 수 있는 자, 또 수행의 법용法用을 알아야
한다. 좌선을 하는 자는 항상 앉아 있고, 주야를 불문하고 전혀
옆으로 누워서 쉬지는 못한다. 예불하는 자는 각각 정의淨衣를
입고, 하루 낮밤에 3회씩(6회) 세욕洗浴하고, 낮밤을 불문하고
항상 예배하고 쉬어서는 안 된다. 한밤중에 한때 드러눕는 경우와
낮에 한때 어느 정도 먹는 경우는 예외로 한다. 좌선과 예불 중
일종을 수행하는 경우에는, 일식一食만을 먹는 것으로 한다.

이렇게 지극히 엄한 좌선과 예불의 수행을 행하고 있었던 것을 알
수 있다. 또 『명보기』권상 「신행전」에서는 신행의 수행 내용 및 좌선을
하고 있던 때의 에피소드를 다음과 같이 전하고 있다.

信行嘗頭陀乞食, 六時禮拜, 努力定心, 空形實智而已. 每坐禪說
法, 常見靑衣童子四人持花立侍. 嘗與徒衆在堂中坐禪, 衆人忽聞
奇香, 光照堂內, 相共怪異, 諮問信行. 信行令問弟子僧邑慧如.

---

66 『敦煌寶藏』16. 453上(矢吹『硏究』別篇 6쪽).

邑曰, 向見化佛從空中來, 至禪師前, 摩頂受記. 如云, 亦摩邑頂授
記, 余狀與邑說同.[67]

신행은 일찍이 두타걸식을 하고, 육시예배六時禮拜하고 힘을 다하
여 선정을 행하고, 형形을 공空으로 하여 지혜를 얻도록 하였다.
좌선하고 설법을 하는 때에는, 언제나 청의靑衣의 동자 4인이
꽃을 들고 서 있는 것을 볼 수 있었다. (어느 때) 도중徒衆과
당堂의 가운데에서 좌선을 하고 있던 때 모두가 돌연히 진기한
향내를 맡고, 당내堂內가 환하게 빛나서 서로 불가사의하게 생각하
여 신행에게 물었다. 신행은 제자 승옹僧邑과 혜여慧如에게 질문에
대답하도록 하였다. 승옹은 "화불化佛이 공중에서 내려와서, 선사
의 앞에 이르러 두정頭頂에 수기하는 것이 보였다"고 대답하였다.
혜여도 "승옹의 두정에도 수기했고, 다른 것은 승옹이 말한 것과
같다"고 대답하였다.

이 에피소드는 신행의 사후 신행의 신격화 과정에서 만들어진 것이겠
지만, 결국은 두타걸식과 육시예배의 실천과 함께 좌선이 삼계교단의
수행 중에서 중시되고 있었던 것을 이야기하는 것이다. 또 앉아서
행하는 좌선에 한하지 않고, 넓게 관법觀法 혹은 삼매三昧라고 불리는
실천이 행해지고 있었던 것을 나타내는 자료도 남아 있다. 즉『대근기행
법對根起行法』의 최후의 부분에서는

---

67 大正 51. 788中.

明上來五門觀分時學法位判. 一日作如來藏等四佛觀. 乞食來往
作認盲及應佛觀. 入家次第乞食作普親觀. 入家未食已前作食不
淨觀. 日沒初夜作空無相觀. 臥時作無常觀. 半夜已後先 作不淨五
門觀等, 次作認多惡觀. 始終常定. 五觀次第章門從首至末, 十四
日十五日緣一遍.[68]

위에서 서술한 오문관五門觀에 대해서 시時를 분별하여 법法을
배우는 것의 규정을 밝힌다. 1일을 통해서 여래장如來藏 등 사불四
佛의 관관觀觀을 하시오. 걸식을 하러 갈 때에는 인맹認盲과 응불應佛의
관관觀觀을 하시오. 입가차제걸식入家次第乞食은 보친관普親觀을 하시
오. 입가미식入家未食 이전은 식부정관食不淨觀을 하시오. 일몰초
야日沒初夜에는 공무상관空無相觀을 하시오. 누웠을 때는 무상관
을 하시오. 반야半夜 이후에는 먼저 부정오문관不淨五門觀 등을
하고 다음에 인다악관認多惡觀을 하시오. 언제나 끊임없이 선정禪
定에 드시오. 오관五觀의 차제次第는 장문章門의 수首보다 말末에
이르시오. 14일, 15일에 일편一遍하시오.

라고 서술하고 있다. 그중에는 삼계교에 한하지 않고 당시의 일반에서
행해지고 있던 부정관不淨觀과 무상관無常觀 등의 관법도 있지만, 여래
장 등의 사불관四佛觀·인맹관認盲觀·인다악관認多惡觀 등은 삼계교의
중심적 교의에 기초를 둔 삼계교 독자의 관법이라고 할 수 있다.[69]

---

68 S2446, 『敦煌寶藏』19. 538上~下(矢吹 『硏究』別篇 152쪽).
69 여래장如來藏 등 4불관四佛觀이란, 일체중생을 여래장불·불성불·당래불·불상불
의 4불로서 관관觀觀하는 것으로서, 삼계교의 중심적 사상인 보경普敬 중에 설해진

따라서 좌선, 혹은 관법이라고 하는 수행 방식과 일부 내용에 관해서는 남북조시대의 수선자修禪者가 실천하고 있었던 것을 이어받았다고 할 수 있지만, 동시에 삼계교로서의 독자성이 일관되어 있는 점, 그 위에 독자적獨自的 실천이 삼계교 교의의 구체화로서 명확하게 내세워져 있다고 하는 점은 간과해서는 안 된다.

또 당시의 보편적인 수행 방식을 계승하면서 그중에 삼계교의 독자성이 관철되어 있다는 점에서는 예불, 즉 육시예배도 마찬가지다. 도안道安으로부터 비롯되었다고 말해지고 있는 육시예배의 수행은, 남북조시대로부터 수·당대에 걸쳐서 불교 각파에서 성행했던 실천이지만, 천태는 천태, 정토는 정토, 삼계는 삼계의 독자적인 예배 방식, 예배의 대상이 있었던 것이다. 삼계교에 관해서 말하면, 그것은 삼계교의 예배행의문禮拜行儀文『칠계불명七階佛名』에 근거하여 53불佛, 35불, 25불 등을 예배하는 실천이었던 것이다.[70]

그 외 신행이 행했던 실천으로서 「신행전」에서는

今雖聞眞告, 心無奉敬. 自知藥輕病重, 理加勸苦, 竭力治之. 所以隨遠近處, 凡有影塔, 皆周行禮拜, 遶旋翹仰.[71]

금일에는 진실의 가르침을 들어도 마음에 존경하는 기분이 일어나

것이다. 또 인악認惡도 보경과 함께 삼계교에 있어서 특히 중요한 사상이다. 상세한 내용은 본서 제4장 461쪽 이하 참조. 또 삼계교의 관법을 설한 문헌으로서는 『三階觀法略說』(假題)(P2268)이 있다. 본서 제3장 322~326쪽 참조.

70 矢吹『硏究』512~536쪽, 廣川堯敏(1982) 참조.

71 大正 50. 560上.

지 않는다. 스스로가 약의 효력이 약하고 병은 중함을 안다면,
도리로서 근면하게 고행을 하고 힘을 다하여 병을 다스리지 않으면
안 된다. 따라서 멀어도 가까워도 불탑이 있으면 모두 나가서
예배하고, 탑의 둘레를 돌면서 우러러보는 것이다.

라고 서술하고 있다. 예배의 행行은 관불당觀佛堂에서의 예불에 그치지
않고, 노두路頭에서는 상불경보살의 예배행, 그리고 여기에 설해져
있는 탑의 예불 등 모두 물物에 대한 예배가 이루어지고 있었던 것이다.
이러한 실천의 근저에 있었던 것은 불佛, 법法, 승僧, 중생衆生의 모든
것을 경신敬信한다고 하는 삼계교의 보경普敬사상이었다고 할 수 있을
것이다.

　삼계교의 수행생활 전반에 관해서는 신출新出의 삼계교단규율三階敎
團規律『제법制法』(P2849R1)에 근거해서 제5장에서 더욱더 상세하게
검토를 하겠다.[72]

2) 무진장행의 실천

신행의 수행생활과 사상형성의 궤적을 탐구하는 데에 귀중한 자료를
제공하는 것은, 『신행유문』(S2137)[73]이다. 이 유문에는 개황 3년(583)
과 개황 7년(587)에 쓴 전도서간傳道書簡이 수록되어 있다. 개황 3년,
신행이 44세 때 서간의 첫머리에는 다음과 같이 적혀 있다.

72 본서 제5장 594쪽 이하 참조.
73 『敦煌寶藏』16, 451下~453下(矢吹 『硏究』別篇 3~7쪽).

106

開皇三年, 歲次癸□□□□(相)州光嚴寺僧信行, 普爲過去未
來現在皇帝陛下□□□諸師 父母乃至一切衆生, 頓捨命財, 屬十
六種常樂我(淨)等一切法.[74]

이것에 의하면 신행은 개황 3년 44세 때 상주相州 광엄사光嚴寺의
승僧이고, 모든 시대 모든 사람을 위해서 몸도 목숨도 재산도
모두를 바쳐서, 16종의 상락아정常樂我淨의 일체법의 실천에 전념
하는 서약을 세웠던 것을 알 수 있다. 이 '16종상락아정등일체법十
六種常樂我淨等一切法'은 간단히 '상락아정행常樂我淨行'이라고 하
고, 또 『무진장법약설無盡藏法略說』(S190)에서는 상락아정무진
장常樂我淨無盡藏 · 16종무진법 · 무진장이라고도 한다. 또 신행의
사후에 저작된 『대승법계무진장법석大乘法界無盡藏法釋』(S721V)
에서는 '무진장행無盡藏行'이라고도 한다.[75]

그리고 이 유문遺文이 이어지는 부분에서는 5단으로 나누어서 그
내용을 설명하고 있다. 그 제1에서는, "상락아정의 행行을 배워 행하는
것의 다소多少를 밝힌다."라고 하여, 다음과 같은 16종의 시施의 실천을
설하고 있다.

---

74 同 451下(矢吹『研究』別篇 3쪽).
75 무진장행無盡藏行을 논한 논문으로는 矢吹『研究』619~637쪽, 塚本善隆(1926→
1975), 兼子秀利(1959), 佐佐木(1983), James Hubbard(1986) 118~170쪽, 方榮善
(1987), 早川道雄(1991) 등이 있다. 또 James Hubbard(1986) 261~319쪽에는 『無盡
藏法略說』(S190) 및 『大乘法界無盡藏法釋』(S721V)의 영역英譯이 있다.

一者願施禮佛無盡, 日日不斷, 乃至成佛. 二者願施轉經無盡, 日日不斷, 乃至成佛. 三者願施衆僧無盡, (日日不斷, 乃至成)佛. 四者願施衆生無盡, 日日不斷, 乃至成佛. 五者(願施離惡)無盡, 日日不斷, 乃至成佛. 六者願施十二頭陀無盡, 日日不斷, 乃至成佛. 七者願施飮食無盡, 日日不斷, 乃至成佛. 八者願施食器無盡, 日日不斷, 乃至成佛. 九者願施衣服無盡, 日(日不斷, 乃至成)佛. 十者願施房舍無盡, 日日不斷, 乃至成佛. 十(一者願施床)坐無盡, 日日不斷, 乃至成佛. 十二者願施燃燈燭無盡, (日日不斷,) 乃至成佛. 十三者願施鍾鈴無盡, 日日不斷, 乃至成佛. 十(四者)願施香無盡, 日日不斷, 乃至成佛. 十五者願施柴(炭無盡, 日) 日不斷, 乃至成佛. 十六者願施洗浴無盡, 日(日不斷, 乃)至成佛.[76]

이것에 의하면 16종의 상락아정의 일체법의 실천이라는 것은 시예불施禮佛, 시전경施轉經, 시중승施衆僧, 시중생施衆生, 시리악施離惡, 시12두타施十二頭陀, 시음식施飮食, 시식기施食器, 시의복施衣服, 시방사施房舍, 시상좌施床坐, 시연등촉施燃燈燭, 시종령施鐘鈴, 시향施香, 시시탄施柴炭, 시세욕施洗浴이라고 하는 16종의 보시의 실천인 것을 알 수 있다.

신행의 사후에 저작된 무진장법의 주석서註釋書『대승법계무진장법석』에서는,

---

76 『敦煌寶藏』16. 451下~452上(矢吹 『硏究』別篇 3~4쪽).

大以寬長深遠不退爲義. 乘以運載爲名. 小乘法中唯明自利, 大乘
法內自利利他, 是故菩薩依大悲心, 立無盡藏(法). 六波羅蜜, 檀
度初. 四攝行中, 布施爲首.[77]

"대大"라는 것은 관寬, 장長, 심원深遠, 불퇴不退를 의미내용으로
한다. "승乘"이라는 것은 운반하려 싣는 것을 의미한다. 소승小乘의
가르침에 있어서는 다만 자리自利만을 밝히지만, 대승大乘의 가르
침에 있어서는 자리自利와 이타利他이다. 따라서 보살은 대자비의
마음에 의거하여 무진장의 가르침을 수립하였다. 육바라밀六波羅
蜜에서는 단도檀度를 제1로 하고, 사섭행四攝行에서는 보시布施를
제1로 한다.

라고 설명을 가하고 있지만, 신행 자신도 대승의 이타행의 출발점이고
근간으로서 보시행布施行을 매우 중요시하고 있는 것이다. 게다가
이 16종의 내용에는 단지 가르침을 베푸는 법시와 물物을 베푸는 재시만
이 아니고 예불禮佛, 전경轉經, 이악離惡, 12두타 등 일반적으로 불교의
실천에 관계하는 모든 내용이 포함되어 있는 점이 중요하다. 신행은
모든 불교적 실천을 보시행에 집약시켜 보시행을 통해서 성불로 돌파하
는 길을 걸으려 한 것이다. 그리고 이러한 16종의 행이 무진이라고
하는 것은 베풀어지는 대상인 불佛·법法·승僧·중생衆生이 무진無盡이
고, 베푸는 측의 실천이 "일일보시日日布施, 상속부진相續不盡"이라고
하는 것이고,[78] 그 행의 실천은 "시시시時時施"가 아니고, "상시常施"일

---

77 S721, 『敦煌寶藏』6. 92上(矢吹 『硏究』別篇 164쪽).
78 『無盡藏法略説』(S190), 『敦煌寶藏』2. 190上(矢吹 『硏究』別篇 157~158쪽).

필요가 있고,[79] 확실히 "신身·명命·재財를 돈사頓捨해서", "일일부단日
日不斷"으로 실천되지 않으면 안 되었던 것이다.

신행은 개황 3년의 서간에서 상락아정의 모범적 실천자를 소개하고
있다.

第五明常樂我淨行能行人者, 令見有四人. 一者相州人光嚴寺僧
慧定, 二者相州嚴淨寺僧道進, 三者魏州貴鄕縣党孫浪彪下俗人
王善行□□, 四者趙州瘦(陶)縣党王鳳邑下俗人王善性年十九.
此(四)人, 普爲一切衆生, 頓捨身命財, 屬十六種常樂我淨等一切
法, 日日不斷, 乃至成佛.[80]

즉 광엄사光嚴寺 승僧 혜정慧定, 엄정사嚴淨寺 승僧 도진道進, 위주魏州
의 재가자 왕선행王善行, 조주趙州의 재가자 왕선성王善性의 4인의 이름
을 열거하고 있는데, 이 중에서 혜정은 신행과 같은 사원의 승이고,
왕선행과 왕선성은 재속자였다. 특히 왕선성은 19세라고 하는 젊은이
였던 점이 주목된다.

또 개황 7년(587) 신행 48세 때의 서간에서도,

開皇七年正月十日, 相州光嚴寺沙門信行, 白州知事檀越. 信少小
患心勞損, 由是不堪坐禪, 亦不堪講誦. 自從十七以來求善知識,

---

79 『敦煌寶藏』6. 93上(矢吹『硏究』別篇 166쪽)에는 『열반경』을 인용해서 "若修常施是
　則名爲檀波羅蜜, 若時時施是 名爲施非波羅蜜"에 서술하였다.

80 『敦煌寶藏』16. 452下(矢吹『硏究』別篇 5쪽).

至今四十八歲, 積滿三十二年, 唯得相州光嚴寺僧慧定, 相州嚴淨
寺僧道進, 魏州貴鄉縣党孫浪彪下王善行, 趙州癭陶縣党王鳳邑
下王善性等四人. 誓願頓捨身命財, 直到成佛, 修行上事, 相續不
斷. 此旣有助王國饒益群生, 乞爲奏聞, 賜垂聽許. 謹白.[81]

라고 서술하고 개황 3년의 시점과 같은 4인을 선지식으로 소개하고
있다. 17세에서 48세까지 선지식을 계속 구하여 32년간 중에서 겨우
4인의 선지식을 찾을 수 있었지만, 48세의 신행에 있어서의 선지식
혹은 이상적 수행자라는 것은 연령과 출가·재가에 관계없이 16종의
무진장행을 목숨을 걸고 실천하는 자였던 것이다. 그리하여 이러한
16종의 무진장행의 실천은 국가를 살리고 사람들에게 이익을 주는
것이므로 허가해 주도록 황제에게 상주上奏해 주기를 요망한다고 주지
사에게 부탁하고 있다. 개황 7년은 후에 기술할 개황 9년 장안으로
입경하기 2년 전이다. 이미 교단이라고 부를 수 있는 상황이었던 것으로
추측되지만, 이 서간에서는 그 규모 및 구체적 상황 등은 보이지 않는다.
또 선지식 4인이 교단 가운데에서 어떠한 위치에 있었던 것인지, 신행과
함께 장안에 들어갔는지 등 모두 불분명하다. 적어도 16종의 무진장행
의 실천집단을 최종적으로 총괄하고 있었던 것은 신행이었고, 신행이
선지식이라고 숭상하는 4인은 아니었던 것이 확실하다. 그리고 신행이
쓴 두 번의 서간 외에는 이 4인의 이름을 기술한 자료는 발견할 수
없다.

---

81 同 453下(矢吹 『研究』別篇 7쪽).

그리하여『신행유문』중에는 개황 3년과 개황 7년의 상주문上奏文
사이에 서사書寫된 상주문 중에서 4종류의 실천을 특별히 들어서 허가
를 구하고 있다. 즉

一乞聽行四種無盡行, 一乞聽隨喜助施, 一乞聽依十二頭陀常乞
食, 一乞聽依法華經, 學行不輕行.[82]

一, 사종四種의 무진행無盡行을 행하는 것을 허락해 주십시오.
一, 수희隨喜하여 조시助施하는 것을 허락해 주십시오. 一, 12두타
에 근거하여 항상 걸식하는 것을 허락해 주십시오. 一,『법화경』에
근거하여 상불경보살의 예배행을 배우고 행하는 것을 허락해
주십시오.

라고 하는 것이다. 우선 제1의 4종의 무진행이라고 하는 것은 이어지는
부분에서 "일체불一切佛을 예배한다", "일체경一切經을 외운다", "일체
중승一切衆僧을 공양한다", "일체중생一切衆生을 공양한다"의 4종의 행
이라고 서술하고 있다.[83] 이 4종의 무진행은 16종 상락아정행의 처음
4개에 상당한다. 16종의 행이란 것은, 이 4종의 무진행 외 제5에는
이악離惡, 제6에는 12두타(修善)[84]를 들고 있다. 지금 4종류의 실천의
제3에도 12두타 상걸식이 열거되고 있다. 또 16종의 행의 제7에서

---

82 同 453上~下(矢吹『研究』別篇 7쪽).

83 同上.

84 『無盡藏法略說』(S190),『敦煌寶藏』2, 189上(矢吹『研究』別篇 156쪽)에는 "六者總
明修一切善盡"에 서술하였다.

제16까지는 보시해야 할 재물이고, 이것은 4종류의 실천의 제2의 수희
조시에 대응한다. 따라서 16종의 상락아정행이라고 하고, 4종류의
실천이라고 하고, 분류의 방법은 달라도 각각에 짜 넣어져 있는 실제의
수행 항목은 대체로 일치하고 있다고 할 수 있다. 또 보경普敬의 구체적
실천으로서 중시한『법화경』의 상불경보살을 배운 불경행의 실천도
4종류의 실천 중에 짜 넣고 있다.

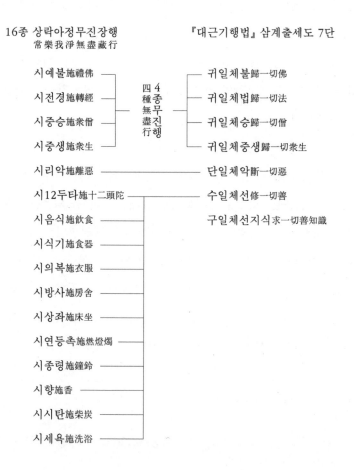

이와 같이 보면 개황 3년(583)에서 개황 7년(587)에 걸친 시기, 즉 44세에서 48세 무렵에 삼계교가 중시했던 실천 내용은 기본적으로 정비되었다는 것이 된다. 이것을 신행이 장안에 들어와서 만년晩年에 정리한『대근기행법對根起行法』에 있어서 삼계출세三階出世의 도道의 구성과 비교해 보겠다.

이와 같이『대근기행법』의 기본적 짜임새는 이미 상주相州시대에 완성되었던 것을 알 수 있다.『대근기행법』에서 삼계출세의 도는 귀일체불歸一切佛·귀일체법歸一切法·귀일체승歸一切僧·귀일체중생歸一切衆生·단일체악斷一切惡·수일체선修一切善·구일체선지식求一切善知識의 7단으로 나뉘어져 있는데, 그중 최초의 6단은 16종 상락아정행과 거의 대응한다. 또 제7의 선지식을 구한다고 하는 것은 개황 3년과 개황 7년의 서간에서 밝힌 바와 같이 신행이 인생을 걸고서 계속 추구했던 것이었다.

3) 사계捨戒

신행의 수행생활에서 잊어서는 안 될 또 하나의 사적은 사계捨戒를 행했다고 하는 점이다. 이것에 대해서『역대삼보기』에서는,

捨二百五十戒, 居大僧下, 在沙彌上.[85]
250계를 버리고, 대승大僧의 아래(下), 사미沙彌의 위(上)에 머물렀다.

---

85 大正 49. 105中.

114

라고 서술하고, 또『속고승전』권16 「신행전」에서는,

後於相州法藏寺, 捨具足戒, 親執勞役, 供諸悲敬, 禮通道俗.[86]
후에 상주相州의 법장사法藏寺에서 구족계具足戒를 버리고, 스스
로 노역에 종사하여 비전悲田과 경전敬田에 공양供養하고 출가자
도 재가자도 함께 예배하였다.

라고 서술한다.

우선 이 사계를 행했던 시기에 관해서인데,『신행유문』에 의하면
개황 3년(583)의 서간에서는 "상주광엄사승신행相州光嚴寺僧信行"이라
고 자기 신분을 말하고, 개황 7년(587)의 서간에서는 "상주광엄사사문
신행相州光嚴寺沙門信行"이라고 자칭하고 있다. 머물고 있던 절은 모두
광엄사이면서 스스로의 신분에 대한 호칭이 "승僧"에서 "사문沙門"으로
변화하고 있다. 그렇지만 이 호칭의 변화 자체에는 특별히 깊은 의미는
없는 것이라고 생각된다. 그런데 이 4년간의 수행생활을 생각하기
위한 자료로서, 다음의 자료가 주목된다. 왕중민王重民의『돈황유서총
목색인敦煌遺書總目索引』에 수록된 바의『이씨감돈황사본목록李氏鑒
敦煌寫本目錄』No.537에는『인집록명제경중대근천심발보리심법人集
錄明諸經中對根淺深發菩提心法』1권[87]이라고 하는 문헌이 들어 있다.『인
집록人集錄』이라고 하는 명칭은 삼계교 문헌의 일반적 호칭이므로,
이 문헌도 삼계교 문헌임에 틀림없는 것이라고 생각되는데, 목록의

86 大正 50. 560上.
87 王重民『敦煌遺書總目索引』(商務印書館, 1962) 323쪽.

주기注記에 의하면, 말미에 "수개황隋開皇 6년(586) 세차병오歲次丙午 4월 15일 재상주在相州 법장사찬法藏寺撰"이라 하고 있다고 한다. 현재 이 사본의 소재는 분명하지 않지만, 주기注記가 사실이라고 하면 신행은 586년 당시 상주의 법장사에 머물러 있었던 것이 된다. 『신행유문』의 기사와 대조하여 고찰해 보면 583년에 광엄사, 586년에 법장사, 587년에 다시 광엄사에 머물렀던 것이 된다.[88] 이것은 한 곳의 절에 장기간 머무르는 것을 의도적으로 피하고 있었던 것이라고 생각되는데, 「신행전」의 법장사에서 구족계를 버렸다고 하는 기술을 고려하면 583년에서 587년 사이에 법장사에서 구족계를 버렸다고 하는 추측도 성립될 것이다.[89]

그러면 사계의 목적은 대체 무엇 때문이었을까? 「신행전」에서는 "스스로 노역에 종사하고 비전悲田과 경전敬田에 공양한다."라고 되어 있으므로, 가난하여 풍족하지 않은 사람들과 삼보에 공양하는 것을 목적으로 하여 노동에 종사하기 위해서였다는 것이 예상된다. 구족계

---

[88] 이 밖에 신행과 상주相州의 사찰을 관계 지은 자료로서, 「慈潤寺故大靈琛禪師灰身塔銘文」(『安陽縣金石錄』3-1 (『新編』1-18, 13840쪽))에 붙여진 안어(案語: 淸의 武億 著)로서 "信行卽隋龍興寺傳法者也, 寺在彰德府北關古寺坊東"이라고 하는 일부분이 있지만, 이 자료는 채용하지 않는다. 그 이유는, 무武는 『河朔訪古記』에 越王貞撰, 張廷珪書의 「信行禪師傳法碑」가 용흥사龍興寺 앞에 건립되어 있다고 하는 기사에서 신행선사는 용흥사의 전법자傳法者라고 즉단한 것이겠지만, 이 비碑는 장안에도 세워져 있고, 신행의 용흥사에서의 전법을 기념해서 세워진 것은 아니기 때문이다.

[89] 또 하나의 가능성으로서, 북주北周의 폐불과의 관련으로 스스로 계戒를 버린 것이라는 추측도 성립된다.

에서는 노동은 금지되어 있으므로 노동에 종사하기 위해서는 파계의 길을 선택한 것은 아니고, 스스로 적극적으로 노동의 장해가 되는 계를 버렸을 것이다. 이것은 신행이 계율을 경시하고 있었기 때문이 아니다. 오히려 계율을 지키는 것을 중시했기 때문에 계율에 위반하는 노동에 종사하기 위해서는 계를 버리지 않을 수 없었던 것이다. 이미 본 바대로 신행의 사승師承 관계에는 혜찬에서 명윤이라고 하는 흐름이 존재하고, 그들은 정말로 계를 주로 하는 입장에 서 있었다. 이러한 계율 중시의 자세는 신행에도 역시 계승되어 갔다고 보아야 할 것이다.[90]

그런데 이러한 사계의 행동은 신행 이외에도 볼 수 있는 것이다. 『고승전高僧傳』 등을 보면 수는 많지 않지만, 삼계교도 이외에도 사계를 행했던 인물이 몇 사람인가 있었던 것을 알 수 있다.[91] 『고승전』권12 「담칭전曇稱傳」에 의하면, 5세기 초에 담칭이라고 하는 승僧은 80세나 된 노부부를 보고, 계를 버리고 노복(奴僕: 종)이 되어 몇 년 간이나 집역執役했다고 한다.[92] 『고승전』권13 「도경전道敬傳」에 의하면 도경이라고 하는 승僧은 중승衆僧에 공양供養하기 위해서 구족계를 모두 버리고, 오로지 10계를 지켰다고 한다.[93] 또 『속고승전』권26 「명어전明馭傳」에 의하면, 인수仁壽 연간(601~604)에 명어明馭라고 하는 승僧이 칙勅에 의해서 제주濟州의 숭범사崇梵寺에 불사리佛舍利를 보내주러

---

90 삼계교의 초기 교단규율 『制法』(P2849R1)에서는 계율의 엄수와 사계捨戒의 금지를 설한다. 본서 제5장 661~662쪽 참조.

91 池田魯參 『摩訶止觀研究序說』(大東出版社, 1986) 271~272쪽 참조.

92 大正 50. 404上.

93 大正 50. 410下.

갔을 때 기이한 상서로운 조짐이 일어나, 사문沙門 5인이 그것을 보고 계를 버리고 노복이 되어 삼보에 공양했다고 한다.[94] 이러한 사계인捨戒 人의 전기를 보면, 사계의 동기는 노동에 종사하여 비전悲田과 경전敬田 에 공양하기 위한 것임을 알 수 있다. 즉『속고승전』의 「신행전」에 설해진 신행의 사계의 동기와 동일한 경향이 있다고 할 수 있다.[95]

이러한 사계환속捨戒還俗의 행동은 그 후의 삼계교도 중에서도 일부 찾아볼 수 있다. 우선 신행의 제자 중에서 배현증이라는 인물이 꼽힌 다.[96]『속고승전』권17의 「신행전」의 부전附傳에 의하면, 배현증은 신

---

94 大正 50. 674下.

95 신행을 비롯해서 삼계교도가 계를 버리고 환속한 것의 사상적 근거 혹은 동기에 대해서 생각해 보자. 矢吹는『續高僧傳』의 「信行傳」의 사계捨戒의 기술에 관해서 "사계집역捨戒執役은 말세 파계자가 다른 사람으로부터 공양을 받을 가치가 없는 것을 의미한다고 서술하고 있다. (『硏究』 7쪽) 확실히 矢吹의 지적을 뒷받침하는 기술이 신행 자신의 저작 중에서 발견된다. 즉 일본본『三階佛法』권3에는 다음과 같이 쓰여 있다.
모든 범부와 보살은 모든 악을 받고, 고품를 받아야 한다. (중략) 경문에는 500인의 비구들이 있어, 계를 범한 것을 각각이 자각하고, 타인의 신시信施를 받지 않도록 하기 위해서 계를 반납하고 환속하며 그 이후 항상 佛을 만나, 드디어 깨달음을 얻었다고 하고 있다. 『보량경寶梁經』 설한 바와 같다. (矢吹『硏究』別篇 364쪽)
이것에 의하면 파계자인 것을 자각하고 타인의 보시를 받을 자격이 없으므로, 계를 반납하고 환속한다고 하는『보량경』의 경문을 교증으로 하고 있는 것을 알 수 있다. 말세의 제3계인은 지계持戒도 모두 파계에 속하고, 선악을 불문하고 악이라고 하는 사상이 기본이 되고, 자신의 악에 대한 깊은 자각 혹은 반성(認惡의 實踐)이 계를 반납하고 환속하는 행동을 취한 것이라고 생각된다.
동시에『속고승전』에 말한 바와 같이, 비경이전悲敬二田에 대한 공양을 행한다고 하는 더 적극적 동기도 놓쳐서는 안 된다. 『신행유문』에서는 583년의 유문과 587년의 유문에 있어서 어느 쪽에도 16종의 공양을 행하는 것이 설해져 있다.

118

행이 진적사眞寂寺에 입사한 후의 제자이고, 신행의 저술은 모두 필기했다고 되어 있고, "후에 속복俗服에 따른다."고 서술되어 있는 것으로 보아, 그 후 환속한 것을 알 수 있다. 다만 환속의 목적은 서술되어 있지 않다. 또 점점 시대가 내려가 7세기 중반에 지금의 산서성山西省 근처를 중심으로 활동했던 삼계모선사三階某禪師(구체적인 이름은 분명하지 않다)의 행장을 기술한 문헌에도[97] 모선사는 최초는 승형僧形을 하고 있었지만 후에는 청신사清信士로서 거사태居士態를 했다고 하고, 그의 제자에도 반계환속返戒還俗의 무리가 많은 수가 있었다고 기술하고 있다. 즉 "제승십유여인諸僧十有余人이 신시信施의 중요함을 설하는 것을 듣고, 계戒를 반환하고 환속하였다."라고 하는 기술이 여러 부분에 보인다.[98]

어쨌든 신행이 행한 사계는 총괄하면 『신행유문』에서 볼 수 있는 16종 상락아정 무진장행을 실천하기 위하여 행해진 것이라고 할 수 있겠다.

---

96 신행의 제자에는 그 외에 승옹僧邕, 본제本濟, 혜여慧如, 혜료慧了 등이 있는데, 그들의 전기 중에는 사계환속捨戒還俗의 기사는 발견되지 않는다.

97 P2550, 『敦煌寶藏』122. 58上~62下. 이 사본은 大谷勝眞에 의해서 삼계교 문헌이라는 것이 특정되어 『三階某禪師行狀始末』이라고 가제목을 붙였다. 大谷勝眞 「삼계모선사행장시말에 관해서」(『京城帝國大學文學會論纂』7 〈岩波書店, 1938〉 247~302쪽)에 연구와 번각(翻刻. 이하, 大谷翻刻이라 약칭)이 실려 있다.

98 인용기사는 大谷翻刻 131행 이외에 93행, 144행, 212행에도 같은 기사가 있다. 그 사본에 있어서의 삼계교도의 사계捨戒의 기사에 주목한 논문으로서 M. E. Lewis(1990)가 있다. Lewis는 삼계교단 특색의 하나로서 승려와 재가신자의 구별이 애매하다고 파악하고 있다(221쪽).

4. 삼계교단三階教團의 성립

신행을 중심으로 한 수행집단이 성립成立한 것은 어느 때쯤이었을까?
「신행탑비信行塔碑」는 신행의 시적示寂에 관련해서,

> 法師淨名禪師僧邕徒衆等三百余人, 夙以禪師爲善知識, 三業隨
> 逐二十余年, 俱懷出世之基, 共結菩提之友.[99]
> 법사 정명法師淨名과 선사 승옹禪師僧邕을 비롯하여 도중徒衆 300
> 인 정도는 이전부터 선사를 선지식으로 하고, 신구의身口意의
> 삼업三業을 따르기를 20수년, 함께 출세간出世間에 다다를 교의를
> 소중히 가슴에 품고, 함께 보리菩提의 벗으로서 결속되어 있었다.

라고 서술하고 있다. 이 비문에서, 정명법사와 승옹선사가 신행의
제자의 중심인물이었던 것, 삼계교단의 규모가 300인 이상에 달하여
있었던 것 등을 알 수 있는데, 지금 삼계교단의 성립이라고 하는 점에서
중요한 것은 20여 년에 걸쳐서 신행을 선지식으로 추앙해서 수행을
해온 제자가 있었다고 하는 부분이다. 가령 20년으로 해서 역산하면
574년, 신행 35세경부터가 된다. 이 시점에서 신행의 "삼계三階"의
사상 혹은 16종무진장행의 사상이 확립되어 있었던가 어떤가는 확실하
지 않지만 적어도 이러한 기사가 비문에 기록되어 있는 이상, 가령
소규모의 집단이었다 해도 같은 이상을 품은 동행 집단이 형성되기

120

시작했던 것으로 생각된다. 정명淨名과 승옹僧邕의 서열에도 무엇인가
의미가 있다고 생각되는데, 어쩌면 정명淨名은 꽤 이른 시기의 제자였
을지도 모른다.

그러면 삼계교의 중심이 된 제1계, 제2계, 제3계라고 하는 3단계
불법, 즉 삼계불법의 교의敎義가 성립된 것은 어느 무렵이었을까?
『속고승전』권18「본제전本濟傳」에서는,

開皇元年, 時登十八. (中略) 會信行禪師創開異部, 包括先達, 啓
則後賢. 濟聞欽詠欣然, 北面承部. 寫甁非喩, 合契無差. 以信行初
達集錄山東, 旣無本文, 口爲濟述, 皆究達玄奧.[100]

개황 원년, 이때 (本濟는) 18세가 되었다. (中略) 때마침 신행선사
가 이부異部를 처음으로 열고 선배를 포괄하여 후현을 가르쳐
인도하게 되었다. 본제는 그것을 듣고 경모敬慕의 염念을 일으켜
기꺼이 북면北面해서 부부를 받아들였다. 바로 병甁의 물을 붓는
것같이 깜짝 놀랄 만한 이해는 일치하여 다를 일이 없었다. 신행은
처음에 산동山東에서『삼계집록三階集錄』을 정리하고 있었는데,
주변에 본문本文이 없었으므로 본제를 위해서 구술하였다. 가르침
의 모두가 심오한 경지에 도달해 있었다.

라고 서술하고 있다. 즉 본제는 개황 원년(581) 18세 때 신행선사가
이부異部를 창제했다는 것을 듣고, 북면해서 부부를 삼가 받아들여

___
100 大正 50. 578上.

가르침을 그대로 계승하였다. 이전 산동山東에서 집록된 것은 본문이
가까이 없었으므로 신행은 새로이 본제를 위해서 구술했다고 한다.
신행의 주저主著『삼계불법三階佛法』은『삼계집록三階集錄』이라고도
『삼계위별집록三階位別集錄』이라고도 불리는데, 산동山東의 집록이라
하는 것도 아마 삼계의 가르침에 관한 집록이었던 것이라고 추정된다.
어쨌든「본제전本濟傳」에 의하면 삼계의 교의는 581년 이전에 모두
성립되어 있었던 것이 된다.

한편『속고승전』권19「승옹전僧邕傳」에 의하면, 승옹은 북주北周
무제武帝의 폐불廢佛을 당하여 백록산白鹿山의 산림에 들어가 수행을
계속하고 있었는데, 개황開皇 초에 신행이 사자使者를 보내어 "수도입행
修道立行, 의이제도위선宜以濟度爲先. 독선기신獨善其身, 비소문야非所
聞也. 의진홍익지방宜盡弘益之方, 소시유속昭示流俗"[101]이라고 알린즉,
승옹은 산에서 내려와 신행과 행동을 함께 하였다고 한다. 개황 초라고
하는 것이 개황 원년의 일인가 어떤가는 분명하지 않지만, 581년에서
그다지 멀지 않은 시기였던 것은 틀림이 없다. 따라서「승옹전」이
설한 것으로부터도 하나의 새로운 종교집단으로서 공공연하게 포교를
시작했던 것은 개황 초 무렵이었다고 추정된다.[102]

그러면 신행이 시작한 새로운 집단의 성격은 어떤 것이었을까?
「신행탑비」에서는 신행이 입적했을 때 300여 사람의 집단을 '도중徒衆'
이라고 부르고 있다. 또 삼계교의 초기의 교단규율『제법制法』에서도

---

101 同 584上.

102 교단성립의 시기를 矢吹는 583~587년 무렵(矢吹『硏究』17쪽), 좌좌목佐佐木(1934
    →1980) 125쪽에는 583년 이후로 추정하고 있다.

규칙이 적응된 집단을 '도중徒衆', '대중大衆' 혹은 간단히 '중衆'이라 부르고, 그 집단의 자기규정으로서 '아양승중癡羊僧衆'이라고 호칭을 사용하고 있다.[103] 더구나 조금 시대가 아래로 내려가지만 654년에 입적한 화도사의 승해선사僧海禪師의 「방분기方墳記」에서는, 승해僧海를 묘에 옮긴 사람들을 '선중禪衆'이라 부르고 있다.[104] 당시의 이러한 호칭으로 보면, 신행이 개창한 '삼계'의 가르침을 실천하는 집단은 '중衆'이라 부를 수 있는 성질의 집단이었던 것을 알 수 있다.[105] 또 「본제전」에서는 신행이 "이부異部를 개창했다"고 하고 또 그 집단을 "별부別部"라고도 한다. 따라서 7세기 중반의 도선道宣의 시대에는 삼계교라고 하는 종교 집단을 하나의 부部로서 받아들였던 것도 된다. 다만 이 '부部'라고 하는 호칭은 「본제전」에서 사용되고 있는 것 이외에는 발견할 수 없다.

그러면 신행이 시작한 신흥불교집단을 '삼계교三階敎'라고 부르기 시작한 것은 어느 무렵이었을까? 7세기 후반에 저술된 회감懷感의 『석정토군의론釋淨土群疑論』에서는 삼계교도三階敎徒를 '삼계사三階師', '삼계학자三階學者', '삼계선사三階禪師' 등이라고 부르고 있고,[106] 7세기 말의 『대주간정중경목록大周刊定衆經目錄』권15에서는 '유학삼계자有學三階者'라고 하는 용례가 있다.[107] 또 8세기 전반에 현종玄宗이

---

103 『制法』(P2849R1), 『敦煌寶藏』124. 466下. 본서 제5장 597쪽 참조.
104 「化度寺僧海禪師方墳記」, 矢吹 『硏究』54쪽, 또 본서 제2장 161쪽 참조.
105 衆의 성립에 관하여는 眞野正順(1964) 255~264쪽.
106 大正 47. 44中, 47上, 47中.
107 大正 55. 475上.

내린 조칙詔勅 중에도 '삼계승三階僧', '삼계원三階院'이라고 하는 용례가
있다.[108] 그러나 '삼계교'라고 하는 용례가 보이기 시작한 것은 더욱
시대가 아래로 내려간 9세기 전반, 신행의 묘소에 건립된 무가서無可書
의 『불정존승다라니경佛頂尊勝陀羅尼經』의 경당經幢 중의 '삼계교대선
조다비림반三階教大禪祖茶毘林畔'이라고 하는 용례에서이다.[109] 이 경우
도 '삼계교라고 하는 종파(sect)'의 의미로서 받아들여도 좋을까 어떨까
미묘하지만, 결국은 '삼계교'라고 하는 호칭은 이 시대까지 내려온
것이다. 따라서 신행이 개시한 신흥의 불교집단을 간단히 '삼계三階'
혹은 '삼계중三階衆', '삼계부三階部'라고 불렀을 가능성은 있지만, '삼계
교'라고 하는 호칭이 얼마만큼 널리 퍼졌던가는 실은 정확하게 말할
수 없다. 중국에서 하나의 종파를 '○○교教'라고 부르는 습관은 반드시
정착하고 있었던 것은 아니었다고 생각된다.[110]

---

108 본서 216~217쪽 참조.

109 矢吹 『研究』 96쪽, 본서 제2장 174쪽 참조.

110 그러면 일본에 있어서 "삼계교"라고 하는 호칭이 정착된 것은 언제인가 하면,
실은 이것도 비교적 최근의 일이다. 矢吹慶輝의 『三階教之研究』(1927)에 의해서
완전히 정착했는데, 그 이전에 있어서는 佐佐木月樵가 1913년에 지은 『支那淨土
教史』 중에 "정토교와 삼계교"라고 하는 항이 발견되는 정도였다. 이 경우에도
佐佐木月樵은 "정토교"라고 하는 단어에 대해서 "삼계교"라고 하는 단어를 사용했
던 것이었고, 명확한 근거가 있었던 것은 아니라고 생각된다. 이렇게 보면 신행이
개창한 신흥불교집단을 "삼계교"라고 부르기 시작한 것은, 일본의 근대 불교학에
있어서라고 할 수 있겠다. 矢吹慶輝의 연구에 의해서 신행이 개창한 신흥불교집
단에 대한 호칭이 "삼계교"로서 완전히 정착되었기 때문에, 본서에서도 "삼계교"
라고 하는 호칭을 그대로 사용하고 있다.

124

5. 장안長安 입경入京

신행이 개창한 삼계교는, 신행이 상주相州에서 활동하고 있었던 때에
기본적인 교의는 확립되었고, 신행의 가르침에 따르는 수행자 혹은
신자도 어느 정도의 규모에 달해 있었다고 생각된다. 따라서 상주
시대에 이미 삼계교단이 성립되어 있었다고 결론지어도 좋을 것이라고
생각된다. 실제로 신행이 장안으로 이주한 후에도, 상주의 삼계교도는
상주에서 활동을 계속하고 있었던 예를 찾아볼 수 있다.[111] 그렇지만
삼계교단의 활동 중심은 신행의 장안 이주에 동반하여 장안으로 이주했
다고 하는 것도 틀림없는 사실일 것이다. 그리하여 이 장안 이주에
의해서 삼계교단은 그 후 크게 발전하기 위한 인적, 물적 기반을 획득하
게 된 것이다. 「신행탑비」는 입경入京의 사정에 대해서 아무것도 기록
하고 있지 않다. 한편 『속고승전』권16 「신행전」은 다음과 같이 적고
있다.

開皇之初, 被召入京. 僕射高熲, 邀延住眞寂寺, 立院處之.[112]
개황 초에 부름을 받고 장안에 들어왔다. 복야僕射 고경高熲은
진적사에 맞아들여 거주하게 하고 원院을 세워서 신행을 머물게
하였다.

---

111 『安陽縣金石錄』3-1 「慈潤寺故大靈琛禪師灰身塔銘文」(『新編』1-18, 13840쪽)에
   의하면, 영침선사靈琛禪師는 신행선사를 만나서 당근불법當根佛法을 배우고, 정
   관貞觀 3년(629)에 자윤사慈潤寺에서 입적할 때까지 상주相州에서 활동하였다.
112 大正 50. 560上.

이것에 의하면 입경한 것은 개황(581~600)의 초기라고 했는데 언제였는지는 밝히지 않았다. 어쨌든 수조隋朝의 공신功臣으로 당시의 권력자 좌복야左僕射 고경高潁이 진적사에 원(院: 三階院)을 세워서 거주토록 한 것이다.[113] 이 진적사는『양경신기兩京新記』에 의하면,[114] 개황 3년 고경高潁이 사저私邸를 희사喜捨해서 건립한 것이다. 따라서 신행이 입경한 개황의 초라고 하는 것은 적어도 개황 3년 이후가 된다. 입경의 연차에 관해서 보다 구체적인 정보를 제공하고 있는 것은『속고승전』「승옹전」이다. 그것에 의하면

開皇九年, 行被召入京, 乃與邕同來至止, 帝城道俗莫匪遵奉.[115]
개황 9년 신행은 입경을 칙명으로 받고, 승옹과 함께 들어갔다. 제도帝都 장안長安의 도속道俗은 누구든 이 교화를 받아들여 실천 하였다.

라고 적고 있어 신행의 입경은 개황 9년이 된다. 신행의 사후 교단을 통솔하게 된 승옹도 거기에 동행했던 것이다. 도선은 개황 9년이라고 하는 연차를 어떠한 자료에 근거해서 특정했는가 하면, 정관 5년(631) 승옹의 사후에 세워진 승옹의 탑명塔銘 '화도사탑명化度寺塔銘'[116]에 따랐던 것이다. 아마 승옹이 생전에 말하고 있던 사실에 근거해서

---

113 矢吹『研究』45~48쪽 참조.

114 『叢書集成新編』96(台北. 新文豊出版公司. 1985) 418쪽上.

115 大正 50. 584上.

116 『八瓊室金石補正』30(『新編』1-6, 4472~4473쪽).

이 비명이 쓰인 것일 테니까, 신행의 입경연차는 개황 9년이라고 확정해도 틀림이 없겠다.

『변정론辯正論』권4에 의하면, 고경은 혜숭선사慧崇禪師, 도언법사道彦法師 등의 명승名僧도 진적사에 초빙했다고 기록하는데, 신행에 대해서는 특별히 선원을 세워서 주하도록 했다고 한다.[117] 이 사실은 단지 고경이 신행의 가르침을 높이 평가하고 어쩌면 귀의하고 있던 것을 나타내 보일 뿐만 아니라, 신행을 중심으로 한 삼계교단이 그 당시 정부의 최고 권력자가 일부러 선원을 세워서 맞아들였을 정도의 규모에 달해 있었던 것, 혹은 충분한 명성을 얻고 있던 것을 증명하는 것이라고 할 수 있을 것이다. 당연히 기본적 교의의 확립은 이것들의 전제 조건이다.

그리고 장안에서의 삼계교의 활동상황으로『속고승전』권16「신행전」은 다음과 같이 적고 있다.

又於京師置寺五所, 卽化度, 光明, 慈門, 慧日, 弘善等是也. 自爾余寺贊承其度焉. 莫不六時禮旋, 乞食爲業, 虔慕潔誠, 知不及也.[118]

또 장안에 절 5개소를 설치하였다. 즉 화도사, 광명사, 자문사, 혜일사, 홍선사 등이 그것이다. 그 외의 절도 그 법도法度를 받아들이고 있다. 6시에 예배하고 걸식을 행하고 경건하게 부처님을 경모敬慕하고 결성재계潔誠齋戒하는 등 참으로 철저하였다.

---

117 大正 52. 519中.
118 大正 50. 560上.

이들의 5개의 절이 신행 존명存命 중에 삼계 오사五寺라고 알려져
있었던가 어떤가는 정확하지 않다. 다만 7세기 전반에서 중반에 걸쳐서
이들이 각 사원에서 활동하고 있던 삼계교승의 기록이 발견된 것으로부
터,[119] 도선의 시대에는 이들 5개의 절이 삼계교의 중심사원으로서
자리 잡고 있었던 것을 알 수 있다.

6. 신행의 시적示寂

이미 출생년도의 부분에서 검토한대로, 신행의 시적의 해는 개황 14년
(594)이고 적년寂年은 55세였다. 이것은 「신행탑비」에 기술된 바이다.
이 「신행탑비」에서는 시적示寂에 관해서 다음과 같이 적고 있다.

嗚呼哀哉, 春秋五十有五, 以開皇十四季正月四日卒於眞寂寺. 卽
以其月七日迻柩於雍州終南山鵄鳴埠屍陀林所, 捨身血肉, 求無
上道.[120]
아아 슬프도다. 춘추 55세 개황 14년 정월 4일 진적사에서 입적하였
다. 그 달 7일에 시신을 종남산 치명부鵄鳴埠의 시다림屍陀林으로
옮겨 혈육을 사신공양하고 무상도를 구하였다.

이것에 의하면 589년의 입경 이래 계속 주했던 진적사에서 개황
14년 정월 4일에 몰했다는 것을 알 수 있다. 장안에서의 생활은 5년도

119 본서 제2장 204쪽 참조.
120 矢吹 『研究』 9쪽.

채 안 된다. 유해는 같은 달 7일, 장안에서 남으로 50리 정도 떨어진 종남산의 치명부의 시다림으로 옮겨져 사신공양 되었다. 말하자면 임장林葬이다.『신행유문』과『무진장법약설』등의 신행의 저작에서는 성불에 이른다고 하는 목적을 위해서 신명재身命財를 돈사頓捨하여 16종의 상락아정의 무진장행(즉 16종 보시행)을 행한다고 하는 실천이 제기되어 있다. 그 제4에 일체중생에 공양한다고 하는 항목이 있는데, 사신공양捨身供養은 이 중생공양에 해당된다. 사신공양은 바로 이 세상에 있어서 최후의 무진장행의 실천이라고 하고 있는 것이다.

실은 이 사신공양의 실천은 남북조시대 이후 수선자修禪者들 사이에 행해지고 있던 실천이다. 예를 들면 무덕武德 3년(620) 73세로 자문사慈門寺에서 몰한 보광普曠은 유언으로 산로山路에 사신捨身하도록 했다고 한다.[121] 제자들은 유골을 수습하여 종남산 용지龍池의 봉봉峰에 탑을 세웠다고 한다. 이와 같이 종남산에서는 신행 이외에도 수행자들이 사신공양을 하고 있고, 「신행탑비」에 "시다림소屍陀林所"라고 기록되어 있는 것 자체가 그 땅이 그러한 장송의 장소였던 것을 알 수 있다. 종남산 이외에도 수隋의 인수仁壽 원년(601)에 졸卒한 강남江南 팽성사彭城寺 혜융慧隆도 역시 유언으로 죽은 후에 금충禽蟲에 보시하도록 말을 끝내고 종명終命했다고 한다.[122] 또 당唐의 정관貞觀 4년(630)에 78세로 몰한 양주揚州 정견사正見寺의 법향法嚮도 종명 시終命時에 몸을 조수鳥獸에게 베풀어 주라고 제자들에게 고했다고 한다.[123] 또 그밖에도

---

121 『續高僧傳』권11 「普曠傳」, 大正 50. 512中.

122 『續高僧傳』권12 「慧隆傳」, 大正 50. 515下.

123 『續高僧傳』권20 「法嚮傳」, 大正 50. 606上.

『속고승전』권27 「유신편遺身篇」에는 12인의 사신공양을 한 스님의
전기가 소개되어 있다. 이와 같이 사신공양은 남북조시대에서 당대에
걸쳐 수행자들 사이에 행해졌던 종명終命 시에 최후의 구극적究極的
실천으로 여겨졌다.

삼계교사에서는, 신행의 사신공양은 그 자신의 실천으로서 의미를
가지고 있을 뿐만 아니라 그 후의 삼계교도 혹은 삼계교단에 있어서
커다란 의미를 가졌던 것이다. 상세한 것은 다음 장에서 언급하게
되겠지만 삼계교도는 신행의 실천에 따라 사신공양을 행하는 풍습이
정착되어간 것이다. 그리고 「신행탑비」는 계속해서

法師淨名禪師僧邕徒衆等三百余人, 夙以禪師爲善知識, 三業隨
逐二十余年, 俱懷出世之基, 共結菩提之友. 恒欲碎骨於香城之
下, 投身於雪嶺之間, 生事莫由, 死將爲禮, 遂依林葬之法, 敬收舍
利, 起塔於屍陀林之下.[124]

법사 정명과 선사 승옹을 위시하여 도중 300여 인人은 이전부터
선사를 선지식으로 하고, 신구의身口意의 삼업三業을 따르도록
하기를 20여 년, 함께 출세간에 다다를 교의를 소중하게 가슴에
품고, 함께 보리의 친구로서 맺어져 있다. 언제나 장안의 남쪽에서
쇄골되어 설령雪嶺 사이에 몸을 던지는 것을 원하여왔다. 생자生者
로서 봉사하는 것을 할 수 없게 되고, 사자死者로서 예禮를 다하는
것으로 되어 드디어 임장林葬의 방법에 의해, 삼가 유골을 수습하

124 矢吹 『硏究』 9쪽.

여 시다림 아래에 탑을 세우다.

라고 서술하고 있다. 이 비문에서 정명법사와 승웅선사가 신행의 제자의 중심인물이었던 것, 삼계교단의 규모가 300인 이상에 달했던 것 등을 엿볼 수 있다. 또 신행이 생전부터 종남산 땅에 장례되기를 바랐던 것, 「신행전」의 내용과 같게 임장되어 수골해서 탑이 세워진 것 등을 알 수 있다.

그런데 신행의 유골이 수습되어 탑이 세워진 것은 다음에 소개하는 「신행전」이 기술한 바와 같이 종남산의 치명부이다. 「신행전」은 다음과 같이 서술한다.

末病甚, 勉力佛堂, 日別觀像, 氣漸衰弱, 請像入房, 臥視至卒. 春秋五十有四. 卽十四年正月四日也. 其月七日, 於化度寺送屍終南山鴟鳴之阜. 道俗号泣, 聲動京邑, 捨身, 收骨, 兩耳通焉. 樹塔立碑在于山足. 有居士逸民河東裵玄証製文.[125]

만년晩年 병이 악화되어도 불당에서 수행에 힘쓰며 매일 관불했는데, 기력이 점차로 쇠약해져 갔으므로 불상을 방에 들여 모시고 누워서 보면서 입적하였다. 춘추는 54세. (개황) 14년 정월 4일의 일이었다. 그 달 7일에 화도사에서 망해亡骸를 종남산 치명부로 옮겼다. 도속道俗은 소리쳐 울었고, 그 소리는 장안까지 울렸다. 사신공양을 하고, (그 후) 유골을 수습하여 본즉, 양 귀(耳)가

---

125 大正 50, 560上.

통하여 있었다. 탑비를 건립했는데 그것은 종남산의 산기슭에
있다. 일민逸民 배현증이 비문을 썼다.

이 중에서 "춘추오십유사春秋五十有四"라고 있는 것은 제1항에서 서
술한 바와 같이 「신행탑비」 등에 의해서 "춘추오십유오春秋五十有五"로
고쳐져야 한다. 신행의 가르침을 공경한 도속들이 신행의 죽음을 탄식
하며 슬퍼했던 것을 상상하는 것은 어렵지 않지만, 역사의 현실을
객관적으로 받아들이면 신행이 죽음으로 인해서 신행의 존재는 보다
신성화되고, 삼계교가 '신행교'로서 신행의 재세중보다도 더욱 발전해
간 것이 된다. 입적한 "정월사일正月四日"은 그 후 화도사의 무진장
활동이 번성하게 되었을 때 신행의 명일命日에 신행과 같이 무진장
보시의 실천을 하면 공덕이 있다고 하여, 사람마다 앞을 다투어 무진장
원에 보시하게 되었다. 또 망해가 매장된 종남산의 치명부는 신행의
옆에 묻히는 것을 희망한 삼계교도들이 무수히 매장되어 갔다. 삼계교
도들은 무진장행이나, 사신공양이나, 그 외 실천으로서도 실천 그것
자체의 의미와 동시에, 아니 오히려 그 이상으로 위대한 보살신행과
동행한다는 것에 의미를 찾아가는 것이다. 이러한 신행의 카리스마성性
을 비약적으로 높인 것은 신행의 제자들 즉 제2세대의 활약에 의한
것이 컸던 것이라고 생각된다. 그들은 신행의 생전 중에도 물론 신행을
숭경했던 것은 틀림없지만, 신행이 입적한 것으로 인해 사모의 생각을
더해서 드디어 신행을 신성화해 갔던 것이다. 「신행전」 중에서 유골의
양 귀가 통하여 있었다고 하는 기술은 『명보기』권상의 「신행전」에서도
소개되고 있지만, 『부법장경付法藏經』에 근거한 것으로 생전에 바른

가르침을 들은 자는 유골의 양 귀가 통하여 있다고 하는 이야기를
본뜬 에피소드이다. 처음 장안의 제사諸師 중에도 신행의 가르침의
올바름을 의심하는 자가 있었지만, 이 소식에 의해서 평가를 회복했던
것이라고 한다.[126] 신행의 시적示寂이라고 하는 사태는 제2세대에 있어
서 커다란 시련이었다. 신행의 가르침이 타他의 가르침과 다르기 때문
에 그것을 의심하는 소리와 부정하려고 하는 힘이 고조되어 있었음에
틀림없다. 신행이 몰한 6년 후의 금압도 그중의 하나였다. 이러한
역풍 중에서 제2세대의 삼계교도는 신행이 설한 가르침을 소중하게
확실히 계승해감과 동시에, 신행을 신성화하는 것에 의해서 신흥교단
으로서 불교계에 독자적 지위를 확립하고 7세기 중반에 걸쳐서 크게
발전시켜 갔던 것이다.

결어結語

신행의 전기를 살피며, 삼계교의 성립과정을 고찰하였다. 이미 본
바와 같이 신행은 55년의 생애 동안, 42세까지를 남북조시대에 살았다.
따라서 삼계교의 사상과 실천의 형성기반 혹은 배경은 바로 남북조라고
하는 시대, 그중에서도 특히 그 시대의 불교계의 동향 중에서 발견될
수 있는 것은 아닐까 하는 추측이 든다. 이러한 시점에서 삼계교의
성립문제를 정면에서 논했던 사람은 탕용동湯用彤이다. 탕용동은『한
위양진남북조불교사漢魏兩晉南北朝佛教史』에서 "삼계교창자내위군신

---

126 大正 51. 788中~下.

행선사三階敎創者乃魏郡信行禪師. 기교수흥어수대其敎雖興於隋代, 연실
북조유행지신앙소산생지결정품然實北朝流行之信仰所產生之結晶品"이
라고 서술하고,[127] 구체적으로는 1. 삼계교 이전에 법멸경전法滅經典이
번역되어 유행하여 사람들도 말세末世의 도래를 믿고 있었다.[128] 2.

---

127 湯用彤, 『漢魏兩晉南北朝佛教史』下(中華書局, 1938→1983) 588쪽.

128 법멸사상法滅思想을 설한 주요한 경전은 삼계교의 성립 이전에 이미 번역이
   완료되었다. 즉『大集月藏分經』(566년), 『十輪經』(北涼失譯, 412~439년), 『佛藏
   經』(405년), 『迦葉經』(6세기 전반?), 『摩訶摩耶經』(5세기 후반?), 『薩遮尼乾子
   經』(531년) 등의 경전은 삼계교가 악시惡時·악세계惡世界·악중생惡衆生이라고
   하는 제3계시대의 교증으로서『三階佛法』과『對根起行法』등의 삼계교 문헌에
   서 즐겨 인용해온 경전이다. 또『像法決疑經』(6세기 중엽 성립?), 『最妙勝定經』(6
   세기 중엽 이전 성립), 『淨度三昧經』등의 위경僞經도 제3계시대의 교증으로서
   중시하는 것인데, 이들 경전도 이미 성립되어 있었다. 법멸경전法滅經典의 번역은
   불교인들 사이에 법멸을 예감케 했고, 드디어 엄밀한 의미에서의 말법사상,
   즉 정법正法·상법像法·말법末法이라고 하는 3개의 시대를 거쳐서 불법이 차례로
   멸해간다고 하는 사상을 성립시켰던 것이다. 이 삼시三時사상은 남악혜사(南岳慧
   思, 517~577)의『입서원문立誓願文』(558년)이 현존하는 문헌으로서는 최초가 된다
   고 하고, 그 후『대집월장분경大集月藏分經』의 역출譯出과 북주北周의 폐불廢佛의
   영향도 있고, 수隋·당唐 시대에 걸쳐서 불교인의 사상에 일정한 영향을 주어
   왔다. 도작(道綽, 562~605)과 선도(善導, 613~681) 등은 말법시대에 태어난 자신의
   범부성凡夫性을 자각하고, 정토교의 법문에서 구제의 도를 찾아냈다. 또 교법敎法
   의 구주久住를 원하는 불교인 중에는 영유(靈裕, 518~605)처럼 보산석굴寶山石窟
   에서『대집월장분경』등을 각경刻經하는 사람도 있었다. 제2절에서 영유와 신행
   의 교류 가능성에 대해서 언급했듯이, 신행의 사상도 법멸사상의 영향을 강하게
   받고 있었다고 하는 점에서는 넓은 의미의 말법사상을 설한 불교인에 들어간다고
   할 수 있다. '넓은 의미'라고 하는 것은, 삼계교가 설한 제1계·제2계·제3계라고
   하는 단계가 정법·상법·말법의 삼시三時에 엄밀하게 대응되고 있는 것은 아니기
   때문이다. 예를 들면『상법결의경像法決疑經』중의 상법의 기술에 관해서도,

삼계교의 교의教義와 계행戒行의 대부분은 북조시대에 이미 유행하고 있었다.[129] 3. 무진장無盡藏의 경영은 삼계교의 사회적 실천으로서 특징적이었는데, 보시행布施行을 중시하고 또 특히 빈민구제에 힘을 기울이는 사상은 남북조시대에 이미 유행하고 있었던 것이다 라고 하는 3가지

법멸을 설한 것에 대해서는 제3계의 교증이라고 하는 것이다. 다만 제3계의 중생은 압도적 다수가 악이 되고, 법이 멸하여 간다고 하는 사상은 말법사상의 본질적 이해에 근거한 것이라고 할 수 있다.

한편 탕용동湯用彤은 언급하지 않았지만, 법멸경전과 함께 삼계교사상을 형성하는 데에서 핵이 되는 것은 불성佛性, 여래장사상을 설한 경전이다. 『열반경』(421년), 『승만경』(436년), 『능가경』(443년) 등의 경전은 삼계교의 중심사상인 보경普敬사상이 형성되어 가는 데에 불가결의 경전이다. 또 『법화경』(406년)도 보경사상의 실천적이고 구체적인 예로서 상불경보살常不輕菩薩의 이야기가 설해져 있고, 삼계교사상 중에서 중요한 위치를 차지하고 있다. 또 『화엄경』(60권, 420년)도 여래장 등 사불四佛 중에 불상불佛想佛의 교증으로서 「명법품明法品」의 1절이 열거되어 있는 외에, 보살행을 밝히는 경전으로서 중요시 되고 있다.

129 북지北地의 진면목인 불교인 중에는 두타걸식을 엄격하게 지키는 수행생활을 보내고, 계율을 엄수하고, 선관禪觀의 실천에 전념하는 사람이 적지 않았다. 보제달마의 제자인 혜가慧可는 두타걸식생활을 기본으로 했다고 하며, 상주相州의 제자들도 일좌일식一座一食, 엄격한 두타걸식의 수행생활을 했다고 한다. 삼계교가 1일1식, 두타걸식의 수행을 중시한 것도 당시의 북지北地의 수행자들의 수행생활에 근거한 것이었다고 생각된다. 또 습선자習禪者 중에서는 사념처관四念處觀을 중심으로 수행했다고 하는 승조(僧稠, 480~560) 등의 계통(系統: 大小乘 공통의 禪觀實習)과 보제달마에서 혜가로 이어지는 『능가경』 등에 근거한 대승선大乘禪의 계통이 존재했었다고 되어 있다. 삼계교에 있어서도 넓은 의미에서의 좌선은 실천 방법으로서 매우 중요시 되었다. 그중에서는 사념처四念處, 오문관五門觀 등의 선관禪觀과 여래장·불성佛性을 관觀하는 대승적인 선관의 양쪽이 포함되어 있다. 당시의 업鄴을 중심으로 한 선관사상禪觀思想의 경향을 반영하고 있는 것이라고 생각된다.

점을 들고 있다. 또 제2의 점에 대해서 구체적으로는 (1) 수정修定, 선법禪法의 장려, (2) 당시의 사람을 생맹인生盲人이라고 규정, (3) 두타걸식의 고행의 실천, (4) 사신공양의 실천, (5) 근기根機에 대응하는 가르침의 제창이라고 하는 5가지 점을 지적했고, 이들 모두 북조의 불교계에서 유행하고 있던 사상과 실천이었다고 서술하고 있다. 탕용동의 관점은 남북조시대의 불교계의 사상과 수행방법의 영향 아래 삼계교가 성립되었다고 하는 것이고, 포착된 개개의 특징도 실로 정확하다. 탕용동은 시취경휘矢吹慶輝가 해명한 삼계교의 사상 및 활동의 특징을 일단 남북조시대의 불교라는 커다란 짜임새 속에서 고쳐 받아들이는 작업을 진척했던 것이다. 탕용동의 관점은, 필자 나름대로의 말로 표현하면 삼계교 중에 그것을 잉태시켰던 시대에서 물려받았던 보편성이 관철되어 있었다고 하는 점, 혹은 동시대적 보편성이 일관되어 있었다고 하는 점, 그것을 탐색하는 시도라고 할 수 있다. 이러한 포착의 방법은 다이내믹한 사상 이해에 빠질 수 없는 것이다. 탕용동의 지적에서 누락된 점으로서 삼계교가 여래장如來藏·불성사상佛性思想을 중요한 사상적 짜임새로서 취하고 있다는 점, 육시예배의 실천을 받아들였다는 점 등도 주의해둘 필요가 있을 것이다.

그러면 탕용동이 채용한 파악 방법에 의해서 삼계교의 성립이라고 하는 문제 혹은 삼계교란 어떤 것인가 하는 문제를 전면적으로 해명할 수 있는 것일까? 만약 임시로 삼계교의 특징이라고 간주되는 여러 요소가 남북조시대에 유행했던 불교의 사상 및 활동의 여러 특징 속으로 환원할 수 있는 것이라면 새로운 불교집단으로서 성립한 삼계교는 대체 어떠한 것인가 하는 것이 새삼스레 문제가 될 것이다. 그래서 그 문제에 대응하기 위해서 부가해야 될 다른 하나의 파악 방법은, 삼계교의 독자성·개별성은 어떤 것인가 하는 관점일 것이다. 미리 사전에 말해 두지만 보편성과 독자성이라고 하는 문제는 공통점과 상이점이라고 하는 문제와는 질적으로 상위하다. 만일 공통점과 상이점이라고 하는 시점에서 고찰을 해 나가면 공통점 중에 상위점이 포함되어 있다고 하는 모순된 결론을 도출하는 것은 불가능하다. 한편 보편성과 독자성이라고 하는 시점에서 보면 그것이 가능하게 된다. 아니 오히려 보편성은 개별의 사상事象 중에서 비로소 찾아내는 것이 가능하고, 개별성은 보편성의 지지를 받아 비로소 만들어지는 것이다. 예를 들어 말법사상에 관해서 말한다면 삼계교가 만들어낸 제1계·제2계·제3계라는 삼계의 개념, 이것은 넓은 의미에서의 말법사상의 영향을 강하게 받아 성립한 것이지만 정법正法·상법像法·말법末法이라고 하는 삼시三時와 엄밀히 대응하는 것은 아니다. 따라서 이 문제에 대해서 연구를 진척하는 경우에는 삼계라고 하는 개념이 어떻게 말법사상의 영향을 강하게 받고 있는가 하는 점에서 사상의 보편성을 파악하는 동시에, 삼계의 사상의 독자성이 어디에 있는가 하는 방향에서도 고찰을 진전할 필요가 있다. 이 문제에 관해서 James Hubbard도 뛰어난 연구를 행하고 있고,[130] 필자도 제4장에서 상세하게 고찰할 예정이다. 또 선관사상禪觀思想의 문제에 관해서도 마찬가지다. 탕용동이 지적한 대로 북조의 선관중시禪觀重視의 경향이 삼계교에 반영된 것은 틀림이 없다. 삼계교는 승조僧稠에 의해서 널리 퍼지게 된 사념처관四念處觀을

---

130 James Hubbard(1996) 참조.

중심으로 한 소위 소승선小乘禪의 계통과 보리달마菩提達磨에 의해서
시작되었다고 하는 여래장·불성사상을 근저根柢에 의거한 대승선大乘
禪의 계통, 그 양자의 영향을 이어받고 있는 것이다. 그러나 이들
선관사상을 기반으로 설치하면서 여래장 등 사불관(四佛觀: 普敬의
사상)과 인악관認惡觀 등의 독자적인 선관의 방식도 만들어 나가는
것이다. 여기에는 보편성을 계승하면서 새로운 독자성을 만들어 가는
사상전개의 움직임이 있다. 삼계교란 어떠한 것인가 하는 문제는 바로
이러한 움직임 중에 포착되지 않으면 안 될 것이다. 근기의 문제,
여래장·불성사상의 문제, 무진장의 활동과 육시예배의 문제 등에 관해
서도 마찬가지다. 제2장 이하에서 이들 문제를 논술할 때에도, 그리하
여 금후의 연구에 있어서도 이 보편성과 독자성의 포착이라고 하는
문제를 중시하여 다루려 한다.

제2장 삼계교의 전개

서序

본 장에서는, 개조開祖 신행의 제자들, 즉 제2세대 이후의 삼계교도의 활동에 초점을 맞추어 삼계교의 전개의 자취를 더듬으려 한다.

우선, 제1절에서는 삼계교의 관계자에 관해서 신행의 직제자直弟子, 그 후의 삼계교도, 삼계교의 공명자共鳴者, 삼계교의 비판자 등으로 분류해서 총람한다. 제2절에서는 신행 사후의 삼계교의 결집축이 어디에 있었는가 하는 각도에서 삼계교도의 활동을 검증해간다.

제3절에서는 삼계교가 쇠퇴해간 원인을 삼계교에 대한 금압 및 비판 등의 점에서 검토한다.

제1절 삼계교 관계자 총람總攬

이제, 여기서 사용하는 '삼계교三階敎 관계자關係者'라고 하는 말은 삼계교도와 삼계교에 공감을 품고 있던 자들만이 아니고, 역으로 삼계교를 비판하고 있던 자 등도 포함하여 어쨌든 삼계교와 무엇인가 관련을 가진 자를 모두 포함시키는 것으로 한다. 다만 신행의 사승師承관계에 대해서는 이미 검토를 마쳤으므로 생략한다.

삼계교도에 관한 자료의 수집은 전전戰前에 주로 시취경휘矢吹慶輝, 신전희일랑神田喜一郎, 총본선륭塚本善隆 세 사람에 의해서 행해졌다. 시취矢吹는 『고승전』 등의 전기 자료 및 삼계교 문헌 중에서 자료를 수집했던 것에 대해서,[1] 신전神田은 석각자료에 착안해서 시취矢吹의 수집에서 누락된 수 명의 삼계교도를 특정하였다.[2] 총본塚本 역시 석각자료를 활용하고, 신행이 장안에 이주하여 머물기 이전에 활동했던 상주지방에서의 삼계교도 수 명을 특정하였다.[3] 그들의 연구를 시작으로 하여 금일까지 밝혀진 삼계교도는 신행의 직제자라고 할 수 있는 자가 10명(출가자 8명, 환속자·재속자 각 1명), 그 후의 삼계교도는 실제로 40명 가까이(재속자 10여 명) 된다.

---

1 矢吹慶輝「三階敎三百年誌(1)史傳」(『硏究』 34~112쪽).

2 神田喜一郎(1922a→1986), 同(1922b→1986), 同(1922c→1986), 同(1923→1986).

3 塚本善隆(1937a→1975), 同(1937b→1975).

1. 삼계교도의 판별규준

우선, 삼계교도란 도대체 어떠한 사람들을 가리키는가를 미리 임시로 규정해둘 필요가 있을 것이다. 선학先學이 수집한 자료를 소개할 뿐만 아니라 새로운 자료를 수집하려고 하는 경우, 어떠한 규준으로서 삼계 교도를 특정할까가 극히 중요하기 때문이다. 물론 이 규준은 어디까지 나 임시인 것이고, 자료 수집을 할 때에는 새로운 규준설정의 가능성을 염두에 두지 않으면 안 된다.

삼계교도의 자료 수집을 꾸준히 해온 시취矢吹, 신전神田, 총본塚本 등은 삼계교도를 특정하는 규준을 엄밀히 정했던 것은 아니지만, 결과 적으로 그들이 수집한 자료를 종합해서 삼계교도의 판별 규준을 설정한 다면 대략 다음의 5항목 정도로 요약할 수 있겠다.

(1) 신행에게 사사師事했다(교조와의 직접적인 사제관계).

(2) 삼계불법三階佛法을 배웠다(삼계교의 독자적인 교의를 학습).

(3) 상불경보살常不輕菩薩의 실천에 따른 민중예배행民衆禮拜行, 두 타걸식의 고행, 육시예배 등을 행했다(삼계교의 특징적인 실천).

(4) 화도사化度寺 삼계원三階院 등 삼계교 사원의 승僧이다(교단敎團 사원에 소속).

(5) 사후 종남산 치명부 시다림에 운구되어 사신공양이 행해졌다. 그 후 신행의 묘소(시다림 아래) 옆에 묻혔다(사신공양 및 교단묘지에 매장).

우선 (1)의 규준은 삼계교도를 판별할 때에 가장 확실한 규준이라고 할 수 있을 것이다. (2) 이하는 신행의 직제자들의 특징의 추출에 의하여 얻어진 규준이라고 해도 과언이 아니다. 다만 제자라고 해도 (2) 이하의 특징을 모두 갖추고 있는 것은 아니다. 예를 들면, 상주相州시대의 제자의 경우 (5)의 규준은 의미를 가지지 않는다.

(2)의 중요 교의의 학습에 관해서는 삼계불법을 배운다고 하는 이외에도, 삼계교의 독자적인 교의인 보경普敬과 인악認惡의 가르침을 배웠다고 하는 경우 등도 포함된다.

(3) 상불경보살의 실천에 따랐던 민중예배행은 삼계교의 특징적인 실천이라고 할 수 있다. 두타걸식의 고행과 육시예배 등의 실천은 삼계교가 매우 중시한 실천이기도 하지만, 단지 삼계교에 한하지 않고 남북조시대에서 수·당대에 걸쳐서 불교자 사이에서 이런 실천을 행했던 예는 많이 볼 수가 있으므로 그것만으로는 삼계교도라고 판정하는 규준이 될 수 없다.

(4)의 규준에 관해서는, 예를 들면 '화도사 삼계원'이라고 하면 전혀 문제가 되지 않지만, 단지 '화도사'라고 하는 경우에는 어디까지나 삼계교승이었을 가능성에 그친다. 다만 화도사는 교조 신행이 주했던 사찰이고, 말하자면 삼계교의 총본산 같은 사찰이기도 하고, 또 삼계교승 이외에서 화도사 출신의 저명한 승僧은 발견할 수 없으므로, 단지 '화도사'라고만 기술되어 있는 경우에도 삼계교승이었을 확률이 상당히 높은 것은 아닐까 하고 생각된다. 또 장안에 설치되었다고 하는 삼계三階 5사五寺는 사찰 전체가 삼계교 사원이었던 것은 아니고 절의 일부에 삼계원이 설치되었던 것이므로, 이 5사에 거주했다는 것만으로는 삼계교도라고 특정할 수는 없다.

(5)는 신행의 사후 교조숭배가 고조된 중에서 유행했던 삼계교의

특징적인 현상이다. '신행탑원信行塔院'이라고 하는 명칭 외에 '종남산 편재곡終南山楩梓谷', '종남산신행탑終南山信行塔', '종남산지상사북암 신행묘소측終南山至相寺北巖信行墓所側', '종남산지상사편재곡신행선 사탑원終南山至相寺楩梓谷信行禪師塔院', '치명부선사림鵄鳴埠禪師林' 등 의 지명으로 동일한 장소를 나타내는 경우도 있다.[4] 이곳은 대력大曆 2년(767)에 백탑사百塔寺라고 개명되기에 이르렀다.[5] 즉 이 시기까지에 신행의 묘소 둘레에 장사를 지낸 삼계교도의 수가 적지 않았다는 것을 나타내고 있다. 송대宋代 이후의 금석자료의 안어案語에서는 묘비가 있는 장소를 백탑사라고 기술한 경우도 있지만, 묘비의 명문 자체 중에 "백탑사百塔寺"라고 새겨진 자료는 존재하지 않는다. 또 신행탑원 에 기탑起塔되기 이전에 '종남산 치명부'에 사신공양을 했다고 적혀 있는 경우도 여러 개 발견할 수 있다.

어쨌든 삼계교도에 관한 새로운 자료를 수집하는 경우에는 (1)에서 (5)의 규준에 의거하면서 삼계교의 독자성·특수성을 특히 의식하여 조사를 진행할 필요가 있겠다. 다른 종파의 특징과 공통되는 특징만을 포함한 자료는 넓은 의미에서는 삼계교도일 가능성을 남긴 자료라고 할 수 있을지도 모르지만, 삼계교도라고 특정할 수 있는 명확한 규준이 포함되어 있지 않은 이상 그것은 어디까지나 가능성의 경지에 머물러 있는 것이다.

더욱이 자료에 기재된 내용의 신빙성에 관해서도 충분한 주의를

---

4 본 절 「3. 신행의 직제자」 및 「4. 삼계교도와 그 주변」에 게재한 일람표 참조.
5 『陝西通志』에 "百塔寺本唐僧信行塔院, 大歷二年間, 慕信行者皆窆于信行塔之左 右, 故名百塔"이라고 기록되어 있다.

기울일 필요가 있다. 다분히 미화된 묘비의 명문과 삼계교의 공감자가 저술한 삼계교도의 전기 등에 있어서는 사실과 각색이나 전설과의 구별은 지극히 곤란한 경우도 많다. 이러한 문제는 역사학 일반에 공통된 과제이지만 현 단계에서는 삼계교도였다고 하는 사실을 확정하는 것에 최대의 노력을 기울여야 한다.

2. 삼계교 관계 소개되지 않은 석각자료

오늘날에는 석각자료 중의 많은 수가 총서 중에 수록되어 있어서 석각자료를 이용한 불교사 연구는 수십 년 전에 비하여 현격하게 진행하기 쉽게 되었다. 두세 개의 총서를 소개하면, 우선 1989년에 간행된 『북경도서관장중국역대석각탁본회편北京圖書館藏中國歷代石刻拓本匯編』(이하 『북경회편北京匯編』이라고 약칭) 전 100권[6]을 들 수 있다. 그중에는 북경도서관에 소장되어 있는 탁본을 중심으로 전국시대에서 근현대에 이르기까지의 탁본 약 2만 점이 수록되어 있다. 특히 수隋·당唐 및 5대10국五代十國 시대의 탁본은 수가 많고, 제9권에서 제36권까지 28책冊에 약 5천 점의 탁본이 수록되어 있다. 또 당대唐代의 묘석자료를 모은 것으로서는 「당대묘지휘편唐代墓誌彙編」(상하 2권)[7]이 있고, 여기에는 3,600여 점의 묘지가 번각되어 수록되어 있다. 또 『석각사료신편石刻史料新編』(이하 『신편新編』이라 약칭) 전 90책[8]은 석각자료연구의

6 北京圖書館金石組編, 中州古籍出版社, 1989. 관련된 목록에는 『北京圖書館藏墓誌拓片目錄』(中華書局, 1990)이 있다.

7 上海古籍出版社, 1992.

집대성이라고 할 수 있는 총서로서 송宋, 원元, 명明, 청淸, 민국民國의
시대에 편집된 석각자료가 모두 수록되어 있다. 그 외, 대만의 중앙연구
원역사어언연구소도서관中央研究院歷史語言研究所圖書館에는 2만 점
이상의 탁본이 수장收藏되어 있고, 수·당대의 묘석탁본도 풍부하다.[9]

이들 여러 자료에 대해서 조사를 진행한 결과, 다음 몇 점의 삼계교
관계 소개되지 않은 석각자료를 발견하였다.

① 대당숭의사사언선사大唐崇義寺思言禪師(탁본 존재)

② 대당선화사고비구니견행선사大唐宣化寺故比丘尼堅行禪師(탁본
존재)

③ 대당고영주도독상주국어양군개국공손관후大唐故營州都督上柱
國漁陽郡開國公孫管後 (在俗)(탁본 존재)

④ 주화도사도감법사周化度寺道感法師

⑤ 화도사삼계원존승다라니경석주化度寺三階院尊勝陀羅尼經石柱
(정원貞元 16년 및 회창會昌 2년)

1) 대당 숭의사 사언선사

「대당숭의사사언선사탑명병서大唐崇義寺思言禪師塔銘并序」의 탑비는
『북경회편北京匯編』제21책, 17쪽에 탁본의 영인이 게재되어 있다.
같은 쪽에는 "청광서초년협서서안출토淸光緖初年陝西西安出土. 탁편고
40리미拓片高四十厘米, 관42리미寬四十二厘米. 정서正書. 차탁위요경정
구장此拓爲姚景庭旧藏"이라고 부기付記되어 있다. 즉 광서光緖 초년

---

8 제1집30책, 제2집20책, 제3집40책, 新文豊出版公司, 1977~1986.

9 목록은 공간公刊되어 있지 않지만, 12책册의 손으로 쓴 목록이 본 도서관에 있다.

(1875)에 서안에서 출토된 것이고, 그 이전의 금석자료에는 수록되지 않았던 탑명이다. 전문은 다음과 같다.

大唐崇義寺思言禪師塔銘并序

夫法尙應權, 言貴稱物, 無違於俗, 有利於人, 所以不捨凡流而登覺路, 未階十地便入一乘者, 其惟禪師乎. 禪師法諱思言, 俗姓衡氏, 京兆櫟陽人也. 幼標定慧, 早悟眞空, 戒珠明朗, 心田獨王. 四分十誦, 自得地靈, 三門九法, 物攝天口. 無解而解, 善惡俱亡, 非空自空, 物我齊泯, 不現身意, 行住涅槃, 雖仮言談, 長存波若. 由是隨緣起念, 自關洛而徂遊, 應物虛□, 經海沂而演授. 昭化煩惑, 濟盪塵冥, 法侶雲趨, 俗徒霧委. 請益無倦, 屢照忘疲, 董以香焚, 膏緣明盡. 因茲不途, 遂遘清羸, 日居月諸, 奄光朝露. 以延和元年五月二十二日, 捨化於浚郊大梁之域, 遂就闍維. 嗚呼哀哉, 春秋六十有九, 四十夏. 祥河輟潤, 慧炬潛光, 井邑生悲, 風雲改色. 卽以開元二年歲次甲寅閏二月己未朔十二日庚午, 姪沙門哲及道俗等敬收舍利, 於終南梗梓谷大善知識林後本師域所起塔供養. 俯臨寶刹, 仍從梵衆之遊, 却背皇居, 尙起杜多之行. 緇素如失, 道俗生哀. 嗚呼, 蓮華會上, 空聞說法之名, 荊棘林中, 獨結哀歌之恨. 梁摧道逝, 涕實何依, 氣竭恩深, 敢爲銘曰, 本有之有, 三千大千, 人超佛地, 法証眞天. 智飛一覺, 神亡二边, 弗住而住, 雖牽不牽, 參羅萬像, 愚智皆賢, 悲深性域, 化俗情田. 形隨物弊, 身將劫遷, 哀纏沒後, 痛結生前, 變通誰察, 起現何年.

이 탑명에 의하면 사언선사思言禪師는 연화延和 원년(712) 5월 22일, 69세로 입적하였다. 하랍夏臘은 40세였다. 유골은 개원 2년(714) 윤2월 12일, 사언선사의 조카였던 사문철沙門哲을 비롯한 도속이 종남산 편재곡楩梓谷 대선지식大善知識의 임지林地 뒤편, 본사本師의 구역에 탑을 세워서 장사 지낸 것을 알았다. 종남산 편재곡이란 것은 신행의 묘소를 말한다. 신행의 묘역에 장사 지냈다는 사실에서 사언선사 및 기탑起塔했던 사문철 등도 삼계교가 아니었을까 하고 추측되는 바이다. 7세기 중에 같은 묘소에 세워졌던 삼계교도의 묘비에는 장소를 특정하는 문구로서 '신행선사탑원信行禪師塔院', '선사림禪師林', '신행묘소信行墓所' 등의 말이 사용되고 있는데, 8세기 초두에 세워진 이 탑명에는 '대선지식大善知識'이라는 말이 쓰여 있는 것이 특징이다. 이 사언선사의 탑명은 탑명 중에 적힌 기탑장소에 의해서 삼계교도였던 것을 특정할 수 있는 탑명으로서는 최후의 것이다. 탑명에 기록된 사언선사의 행장에는 삼계교도였던 것을 특정할 수 있는 명증은 발견되지 않지만, 첫머리의 "속俗에 어긋나는 것은 아니고, 사람을 이롭게 하는 것이 있고, 그러므로 범류凡流를 버리지 않고 게다가 각로覺路에 오르고, 십지十地에 오르지 않고서 충족된 일승一乘에 들어간 자는, 그이 단지 선사禪師뿐이네."라고 하는 부분은 혹 삼계교도였기 때문에 붙여진 일문이었을지도 모른다.

2) 대당 선화사 고 비구니 견행선사大唐宣化寺故比丘尼堅行禪師

『장안현지長安縣誌』214 「금석지金石誌」7에 "비구니견행선사탑명比丘尼堅行禪師塔銘 개원開元 21년 윤3월 정서재백탑사正書在百塔寺」라고

148

하는 기사가 있다.[10] 신행선사 묘소인 백탑사에 장사 지냈다고 하는
것에서 비구니 견행堅行은 삼계교 승三階教僧이었던 것은 아닐까 하는
추측이 성립된다. 실은 그 탑명의 번각은 『금석췌편金石萃編』78-21~
22에 게재된 것인데,[11] 거기에는 "견행선사탑명堅行禪師塔銘(石高八寸,
廣六寸七分, 十二行, 行十三字, 正書, 在西安府城南)"이라는 부기付記가
붙어 있는 것으로부터, 이 묘소가 장안의 남쪽 백탑사에 세워졌던
것임이 확실해진다.

그래서 탑명의 내용을 검토해 보자. 전문은 아래와 같다.[12]

大唐宣化寺故比丘尼堅行禪師塔銘
禪師, 諱堅行, 俗姓魯氏, 京兆府櫟陽人也. 惟師貞行苦節, 精懃厥
志, 捐別修而遵普道, 欽四行而造眞門. 豈茶[13]晨霜易晞, 夕露難
久. 寢疾牀枕, 藥餌無徵. 嗚呼哀哉, 以開元十二 年十月廿一日,
遷生於本院. 春秋七十有六, 夏四十矣. 臨命遺囑, 令門人等造空
施身. 至開元廿一年, 親弟大雲僧志叶, 弟子四禪, 賢道, 法空,
淨意等, 收骨葬塔, 以申仰答罔極之志, 閏三月十日.

---

10 『新編』3-31, 496쪽.

11 『新編』1-2, 1331쪽.

12 번각은 『북경회편北京匯編』23, 96쪽 게재의 탁본의 영인에 의한다. 『금석췌편金石
萃編』의 번각문과 탁본을 비교해보면, 일치하지 않는 부분이 있기 때문이다.
본서 모두 구회口繪 10 참조.

13 『平津讀碑三續』上「比丘尼堅行禪師塔銘」(『新編』1-26, 19485쪽)의 안어案語에 "茶
卽圖假借字"라고 되어 있다.

이 명문銘文에 의하면 견행堅行의 속명은 노魯씨, 경조부 역양京兆府
櫟陽(서안西安의 북동쪽 약40킬로미터) 출신이었다. 견행이 삼계교도였
던 것의 유력한 근거가 되는 것은 "별수別修를 버리고 보도普道를 따랐
다."라고 하는 부분이다. 삼계교의 기본적인 주장은, 제3계에 있어서는
별법別法을 닦아야 하는 것이 아니고, 보법普法을 수행해야 한다고
하는 점에 있다. 따라서 명문銘文의 이 부분은 견행 비구니가 삼계교선
사였다고 하는 것을 말해주고 있다고 할 수 있다.[14] 드디어 병에 걸려,
개원 12년(724) 10월 21일 선화사宣化寺에서 입적하였다. 향년 76세,
하랍夏臘은 40년이었다. 유언에 따라서 사신공양을 했다고 하는데,
이 사신공양도 당시 삼계교도 사이에서 성행했던 관습의 하나였다.
개원 21년(733) 윤3월 10일 아우인 대운승 지협大雲僧志叶, 제자인
사선四禪, 현도賢道, 법공法空, 정의淨意 등이 탑을 세워 장사 지냈다.
여기에 이름을 열거한 지협志叶 등도 삼계교도였을 가능성이 높다.

견행堅行의 활동시기를 생각해보니, 출가한 것은 684년 측천무후則
天武后의 시대이다. 그 때 36세였다. 그 후의 40년간은 측천무후 및
현종의 삼계교금압의 움직임이 보이고 있던 시대였다. 그런데도 불구
하고, 삼계교도는 확실히 명맥을 유지하며 계속하고 있었던 것을 알
수 있다. 명탑이 세워졌던 733년으로 말하면 여러 절의 삼계원三階院의
격장隔障이 강제 제거되고 『삼계집록三階集錄』이 금단(禁斷: 금하여
못하게 함)되었던 725년에서 그리 멀지 않은 시기였다. 또 730년에는
지승 찬智昇撰의 『개원석교록開元釋敎錄』에서 삼계교 전적은 위경목록

---

14 여기에 계속해서 "4행을 신중하게 행하고, 진문眞門을 만들다."라고 하는 부분의
   교리적 의미가 확실하지 않다.

150

에 편입되었다. 이러한 시기에 새로이 삼계교도의 묘비가 건립되었던
것이다. 다만 견행 이후, 신행의 탑원塔院인 백탑사에 건립된 묘비는
현존하지 않는다. 이렇게 보면 삼계교도가 신행의 묘소에 장사 지낸다
고 하는 습관은 7세기에 특히 성행했던 것이라 생각되고, 8세기에
들어와 현종玄宗의 치세治世 하에 삼계교금압 움직임과 함께 서서히
사라져갔던 것이라고 추정된다.[15]

3) 관준管俊

『북경회편北京匯編』에는 신행의 묘소에 이장된 인물로서, 종래의 연구
에서 지적되지 않았던 재가자의 묘비탑본으로서 관준의 탁본을 수록하
고 있다. 『북경회편』제16책, 112쪽에 수록된 묘지탁본의 전문은 다음
과 같다.

大唐故營州都督上柱國漁陽郡開國公孫管俊墓誌
諱俊, 城陽人也, 乾封二年五月卄日, 終於私第, 春秋一十有三.
以調露元年十月十四日, 於鵡鳴埠禪師林左起塔.

이것에 의하면, 관준管俊은 성양城陽 사람으로 영주도독상주국어양
군개국공營州都督上柱國漁陽郡開國公의 손자이고, 건봉乾封 2년(667)
5월 20일에 13세의 젊은 나이에 죽었고, 12년 후 조로調露 원년(679)

---

15 현종玄宗의 치세가 끝난 8세기 중반부터 9세기 전반에 걸쳐서는 죽은 사람을
   칭송하고, 백탑사百塔寺에 『존승다라니경尊勝陀羅尼經』의 경당을 세웠던 예가
   약간 보인다.

10월 14일에 "치명부瑪鳴埠 선사림禪師林 좌左"에 기탑起塔된 것을 알았다. 죽은 나이가 13세였으므로 관준 자신이 삼계교를 신앙했는가, 어떤가는 의문이다.

실은 관준의 묘지가 기탑된 바로 같은 날에 관진管眞과 관균管均이라고 하는 2인의 관管을 성姓으로 하는 인물이 신행의 묘소에 장사 지내져 있는 것이다. 이 2인에 대해서는 이미 총본선륭塚本善隆의 연구가 있다.[16] 관진 및 관균의 묘지 전문은 다음과 같다.

管眞墓誌

大□□□□都督上柱國□□郡開國公孫管眞墓誌

諱眞, 城陽人也. 顯慶四年八月廿日, 終于私第. 春秋三十有二.

以調露元年十月十四日, 收骨於瑪鳴埠禪師林左起塔.[17]

管均墓誌

大唐故錦州萬安縣令管府君之墓誌

公諱均, 城陽人也. 乾封元年正月十二日遘疾, 薨於私第, 春秋六

十有九. 以調露元年十月十四日, 息弘福寺僧嗣泰, 收骨起塔於終

南山瑪鳴埠禪師林左.[18]

관진管眞도 관균管均도 관준管俊과 같이 성양城陽 사람이다. 관진은 관준과 같은 영주도독상주국어양군개국공의 손자이다. 현경顯慶 4년

---

16 塚本善隆(1937b→1975) 240~241쪽 참조.

17 『八瓊室金石補正』39-2 (『新編』1-6, 4621쪽).

18 『八瓊室金石補正』39-1 (『新編』1-6, 4621쪽). 탁본 영인은 『北京匯編』16, 107쪽.

(659) 8월 20일, 32세로 사망하였다. 또 관균은 건봉乾封 원년(666) 정월 12일, 69세로 세상을 떴다. 2인 모두 조로調露 원년 10월 14일에 종남산 치명부 선사림의 왼쪽에 수골기탑收骨起塔되어 있다. 관균의 묘지에 의하면, 관균의 유골을 수습하고 탑을 세운 것은 관균의 아들 홍복사승사태弘福寺僧嗣泰라고 기록되어 있는 것으로 미루어 보아, 다른 2인의 탑도 역시 사태嗣泰가 세웠을 것이라고 생각된다. 3인 관씨管氏의 묘지에서 추정되는 것은 관씨 일족이 삼계교와 관계가 깊었을 것이고, 그래서 관씨 일족의 묘지를 건립했던 홍복사의 사태嗣泰가 삼계교승이었던 것은 아닐까 하는 점이다.

4) 도감법사道感法師

『보각총편寶刻叢編』7-22에 "주화도사도감법사탑명周化度寺道感法師塔銘, 당은조찬병정서唐殷祚撰幷正書, 만세통천이년팔월십오일건萬歲通天二年八月十五日建〈復齊碑錄〉"[19]이라고 하는 기사가 게재되어 있다. 화도사에 주했던 것으로부터, 삼계교승이었을 가능성이 있다. 측천무후시대 만세통천 2년(697) 또는 그 이전에 입적했던 스님이다.

5) 화도사 삼계원 존승다라니경석주化度寺三階院尊勝陀羅尼經石柱

8세기 초두에 화도사 삼계원에 존승다라니경석주尊勝陀羅尼經石柱가 2주柱 건립되어 있었다. 둘 다 종래 주목되지 않았던 자료이다. 우선 하나는, 『보각총편寶刻叢編』7-32의 "당화도사삼계원존승다라니경석

---

19 『新編』1-24, 18207쪽.

주唐化度寺三階院尊勝陀羅尼經石柱 당방완唐方琬 찬찬서병서撰贊序幷書, 정원십육년貞元十六年〈京兆金石錄〉"[20]이라고 하는 기사이다. 정원貞元 16년(800)은 원조円照에 의해서 『정원석교록貞元釋敎錄』이 찬술撰述되어 그중 삼계교 전적이 입장入藏된 해이다. 그 권28에는 화도사 승僧 선재善才 등의 장狀에 대해서 같은 해 4월 13일 첩牒이 내려진 일도 실려 있다.[21] 이 석주石柱는 이것을 기념해서 건립되었을 가능성도 있다. 두 번째는 『보각총편』7-36의 "당화도사삼계원존승다라니경석주唐化度寺三階院尊勝陀羅尼經石柱 승회칙찬서병서僧惟則撰序幷書, 회창이년會昌二年〈京兆金石錄〉"[22]이라고 하는 기사이다. 회창會昌 2년(842)은 무종武宗에 의한 회창폐불會昌廢佛(845년)이 일어나기 겨우 3년 전이다. 이 기사는 이 시기에 이를 때까지 화도사에 삼계원이 존재했던 것을 뒷받침하는 중요한 자료라고 할 수 있다. 종래의 연구에 의해서 명확하게 된 「담대사경당湛大師經幢」(825년) 및 총정摠靜의 사적事蹟을 기리기 위해 세워진 무가서無可書의 경당經幢(831년)과 함께 『존승다라니경尊勝陀羅尼經』의 경당經幢이고, 9세기 전반에 삼계교도에 의해서 이러한 종류의 경당의 건립이 활발히 행해졌던 것을 알 수 있다. 또 화도사에 관해서도 보력寶歷 원년(825)에 경종敬宗으로부터 화도경원化度經院에 금문액金文額을 하사 받고, 9세기 전반의 삼계교의 활발한 활동상황을 엿볼 수 있다. 그 후 845년의 회창폐불로 삼계교도 상당한 타격을 입었을 것이라고 생각된다. 폐불의 다음해 회창 6년

20 『新編』1-24, 18212쪽.
21 塚本善隆(1957→1975) 384쪽.
22 『新編』1-24, 18214쪽.

(846)에 화도사는 숭복사崇福寺로 바뀌지만, 그 후의 삼계교도의 궤적은 묘비명 등에 근거하는 한은 그 길이 완전히 끊어졌다.

3. 신행의 직제자直弟子

신행에게서 직접 사사師事했다고 하는 점은 삼계교도의 판별 규준 중에서 가장 확실한 규준이다. 또 삼계교단의 계보의 작성이 가능하다고 하면 맨 먼저, 게다가 그 외의 삼계교도와는 구별하여 꼽아야 하는 사람들일 것이다. 여러 자료 가운데에서 이제까지 신행의 제자로서 소개되어 온 것은 다음의 10인이다[남북조시대에 태어난 인물의 생년(生年: 태어난 해)은 출신지가 분명하지 않은 경우 원호元號를 특정할 수 없어 서력西曆만을 기재한다].

1) 본제[本濟, 562~대업大業 11년(615) 54세]

신행의 직제자. 개황開皇 원년(581) 18세 때, 신행선사가 이부異部를 창개했다는 것을 듣고 북면北面해서 부를 승계하여 가르침을 그대로 이어받았다. 이전에 신행이 산동山東에서 집록集錄했던 것은 본문이 자기 주위에 없었으므로, 새로이 본제本濟를 위해서 구술하였다. 신행이 입적 후 집록을 강의하여 널리 펴서, 오중별부五衆別部는 그를 공경하고 중요시 여겼다. 대업大業 11년(615) 9월12일, 장안長安의 삼계5사三階五寺의 하나인 자문사慈門寺에서 54세로 입적하였다. 제자인 도훈道訓과 도수道樹가 종남산에 탑비를 세우고 유골을 장사지냈다. 저서로는 『십종불감짐량론十種不敢斟量論』6권이 있다. (典據, 『속고승전』권18

「본제전」[23])

2) 승옹〔僧邕, 543~정관貞觀 5년(631) 89세〕

신행의 제자. 13세 때, 업鄴의 서운사西雲寺 승조僧稠의 밑에서 출가하여 선법(禪法: 五停四念)을 전수 받았다. 북조北周 무제武帝의 폐불廢佛 때 백록산白鹿山 삼림에 들어갔다. 개황開皇 초, 신행이 심부름꾼을 보내어 "수도입행修道立行, 의이제도위선宜以濟度爲先. 독선기신獨善其身, 비소문야非所聞也. 의진홍익지방宜盡弘益之方, 소시류속昭示流俗"이라고 한즉, 산에서 내려와 신행과 함께 수행하였다. 개황 9년(589), 신행이 부름을 받고 장안長安에 들어갈 때 동행하였다.

신행 입적 후 도중徒衆을 총령總領하였다. 정관貞觀 5년(631) 11월 16일 화도사 삼계원에서 입적하였다. 향년 89세. 유언에 따라 같은 달 22일 종남산 신행의 탑 옆에 매장되었다. (「화도사고승옹선사사리탑명化度寺故僧邕禪師舍利塔銘」[24], 『속고승전』권19 「승옹전」[25])

---

23 大正 50. 578上~中. 矢吹『硏究』35~37쪽 참조.『속고승전』에는 개황開皇 원년에 18세였고, 대업大業 11년에 54세에 몰했다고 쓰여 있는데, 적년寂年·적년령寂年齡이 확실하다면 개황 원년에는 20세였을 것이다. 또 개황 원년에 18세였던 것이 사실이라면, 몰한 대업 11년에는 52세였을 것이다.

24 『金石萃編』43(『新編』1-1, 744~745쪽) 또는 『全唐文』143(中華書局, 1987, 1446上~1447쪽). 본서 앞부분 구회口繪2 참조. 神田喜一郎前揭論文, 矢吹『硏究』37~43쪽, James Hubbard(1986) 255~256쪽 참조. 또 이 비는 구양순의 해서로서 서법상 매우 주목되어 왔던 것이다. 中田勇次郎 「歐陽詢化度寺邕禪師塔銘에 대해서」(『書道全集』7〈平凡社, 1955〉9~15쪽), 同 「化度寺碑解題」(聽氷閣黑寶原色法帖選38 『化度寺碑(詒晉齋本)』〈二玄社, 1990〉2~14쪽) 참조. 中田勇次郎의 해제에는 비명의 한문을 일본말 어순으로 고친 문장도 게재되어 있다.

3) 정명〔淨明, ?~무덕武德 3년(620) 이전〕

신행의 제자. 사적事蹟의 상세함은 분명하지 않지만 신행의 탑비에 의하면, 신행이 입적 시 정명淨明과 승옹 등 300여 명의 도중이 있었다고 기록한다. 신행의 제자 중에서 중심적인 존재였음을 추정할 수 있다. 송宋 진사陳思 찬찬撰의 『보각총편寶刻叢編』7에, 무덕武德 3년(620) 당唐 배현증裵玄証 찬찬撰의 「당화도사정명법사사리탑비唐化度寺淨明法師舍利塔碑」의 비목碑目만 열거해 있고 비문碑文은 현존하지 않는다.[26] 다만 이 자료에 의해서 정명의 죽은 해는 620년 혹은 그 이전이었던 것을 알 수 있다. (「고대신행선사명탑비故大信行禪師銘塔碑」[27])

4) 고경〔高熲, 555?~대업 3년(607)〕

신행의 만년에 있어서 최대의 외호자外護者. 개황 9년(589) 신행을 장안에 영접하여 자신이 건립한 진적사(후의 화도사)에 원院을 세워 머물도록 하였다. 이 일은 그 후 삼계교의 발전에 있어서 지극히 중요한 의미를 가지고 있다. 왜냐하면 그 후의 삼계교는 장안 특히 이 진적사를 중심으로 발전해 간 것이기 때문이다. 그는 수隋 왕조의 공신功臣으로 고조高祖의 신임을 얻어 좌복야左僕射가 되었지만, 개황 19년(599) 황후의 투기妬忌를 받아서 제명되었다. 이 사건과의 관련은 정확하지 않지만, 다음 해(600) 삼계교는 최초의 칙금勅禁을 받게 된다. 문제文帝의 사후에 복권했지만, 대업 3년(607) 양제煬帝에 의해 살해된다. (『속

---

25 大正 50. 583下~584上.

26 矢吹 『硏究』 35쪽 참조.

27 『寶刻叢編』7-19(『新編』1-24, 18206쪽). 塚本善隆(1937b→1975) 232쪽.

고승전』권16 「신행전」[28], 『변정론辯正論』권4[29], 『수서隋書』41 「별전列
傳」6[30])

5) 배현증〔裴玄証, ?~정관 8년(634) 이전〕

신행의 제자. 출가하여 화도사에 머물다 신행이 화도사에 들어온즉,
이를 스승으로 삼았다. 신행의 저술은 모두 배현증의 붓(筆)에 맡겨졌
다. 후에 환속하였다. 스스로 도려徒侶를 결속하여 과강科綱을 세웠다.
죽은 해는 정관 8년(634) 혹은 그 이전이다.[31] 종남산 지상사至相寺
북암北巖의 신행의 묘소 주위에 장사지냈다. (『속고승전』권16 「신행
전」 부전付傳[32])

6) 혜여〔慧如, ?~무덕(618~626) 초〕

신행의 제자. 어렸을 무렵부터 정근고행하고 신행에게 사사하였다.
신행의 입적 후 그의 법法을 봉존(奉遵: 받들어 지킴)하였다. 전설에
의하면 수隋의 대업연간大業年間(605~616)의 어느 날 좌선하여 선정에
든 채로 7일간 움직이지 않았다 한다. 무덕武德(618~626)의 초, 진적사
에서 입적하였다. 『법화경전기法華經傳記』권3[33]에, 『명지기冥志記』의

---

28 大正 50. 560上. 矢吹 『研究』 45~48쪽 참조.

29 大正 52. 519中.

30 上海古籍出版社, 1986, 3389~3390쪽.

31 大正 50. 560上~中. 矢吹 『研究』 43~44쪽 참조.

32 『金石錄』3-10(『新編』1-12, 8816쪽)에 "唐逸民裵高士碑, 正書, 無書撰人姓名, 貞觀
八年正月"이라고 적혀 있다.

33 矢吹 『研究』 45쪽 참조.

기사를 인용해서 혜여가 신행선사의 사설邪說을 버리고 법화法華에
귀의했다고 전한다. 다만 주기注記에 『명보기冥報記』의 기사와 일치하
지 않는 것을 덧붙이고, "저기소문부동著記所聞不同"이라고 끝맺는다.
(『명보기』권상[34])

7) 영침[靈琛, 555~정관 3년(629) 75세]

신행의 제자. 상주 사람. 어려서 출가하여 대품경론大品經論을 배웠다.
신행을 만나 당근불법當根佛法을 배웠다. 정관貞觀 3년(629) 3월 6일
자윤사慈潤寺에서 결가부좌結跏趺坐한 채로 입적하였다. 향년 75세.
망해亡骸는 사신공양을 하였다. (「자윤사고대영침선사회신탑명비문
慈潤寺故大靈琛禪師灰身塔銘碑文」, 정관 3년 4월 15일 조造[35])

8) 혜료[慧了, ?~현경顯慶 원년(656)]

신행의 제자. 삼계5사의 하나인 광명사光明寺의 승僧. 7세 때 출가하여
13세에 신행의 제자가 되었다. 신행은 혜료를 보고, "삼보三寶를 소륭紹
隆하는 사람이 불자가 아니고 누구랴."라고 감탄하여 말했다고 한다.
혜료의 외호자에는 폐불론자廢佛論者 전변傳變과의 논쟁에서 유명한
송국공宋國公 소우蕭瑀가 있었다. 경원顯慶 원년(656) 8월 5일 광명사

---

34 續藏乙7, 346右.

35 『安陽縣金石錄』3-1(『新編』1-18, 13840쪽). 본서 앞부분 구회口繪3 참조. 塚本善隆
(1937a→1975) 225~228쪽에 초출, Hubbard(1986) 257쪽 참조. 塚本論文에 의하
면 徐炳昶『唐王峧及寶山調査報告』(北平研究院院務彙報七卷四期)에서는 입적한
해를 정관貞觀 2년으로 하고 있다고 한다. 그러나 『北京匯編』11, 19쪽에 소재의
탁본의 영인에서 "三年"의 글자를 확실하게 읽을 수 있다.

선방禪坊에서 입적하였다. 『금석속편金石續篇』5에 재록된 비문의 향년
은 "□+四歲"로 확실하지 않지만, 신행이 입적한 594년에 22세였던
것으로 해도 향년은 84세였던 것이 된다. 현경 2년 2월 15일 종남산
편재곡의 신행선사 묘소에 탑을 세우고 장사지냈다. (「대당광명사고
대덕승혜료법사명大唐光明寺故大德僧慧了法師銘[36]」)

9) 선지〔善智, ?~대업 3년(607)〕

본제本濟의 아우. 신행을 조사祖師로 받들고, 신행도 또한 선지를 공경
하였다. 대업 3년 입적, 신행의 묘소 오른편에 묻혔다. 저서에 『돈교일
승頓教一乘』20권이 있다. (『속고승전』권18 「본제전」[37])

10) 도선〔道善, 미상〕

제자에는 묵선사默禪師가 있고, 또 그 제자에 덕미德美가 있다. "선준승
신행보공덕주善遵承信行普功德主, 절약형심節約形心, 불의피백不衣皮
帛"이라고 말한다. 도선道善, 묵默, 덕미德美의 3인은 삼계교도에 더해
져야 한다.[38] (『속고승전』권29 「덕미전德美傳」[39])

---

36 『金石續篇』5-5(『新編』1-4, 3093쪽), 『金石萃編補遺』1-87~88(『新編』2-2, 1538쪽).
　　일본에서는 神田(1922c→1986) 293~295쪽에 초출. 矢吹 『硏究』50~52쪽 및
　　Hubbard(1986) 256~257쪽 참조.

37 大正 50. 578中. 矢吹 『硏究』 37쪽 참조.

38 大正 50. 697上.

39 矢吹 『硏究』 633~634쪽. 顏尙文(1980) 231쪽 참조.

4. 삼계교도와 그 주변

삼계교의 관계자 중에는 현존하는 자료에서 삼계교도였던 것이 확실하게 특정될 수 있는 자, 명확하고 결정적인 단서는 없지만 삼계교도였을 가능성을 지적할 수 있는 자, 더욱이 삼계교도는 아니지만 삼계교의 사상 및 활동에 공명하고 있었던 자 등 여러 가지 단계를 상정할 수 있다. 그중에서 우선은 신행의 직제자 이외에서 삼계교도로 특정할 수 있는 사람들의 일람을 게재하도록 하겠다.

1) 삼계교도

(1) 묵묵默(미상)

신행의 직제자인 도선선사道善禪師의 신족神足이었다. (『속고승전』권 29 「덕미전」[40])

(2) 덕미〔德美, 575~정관 11년(637) 63세〕

19세에 삭발 출가하여 태백산太白山에서 승웅선사를 스승으로 삼았다. 장안에 돌아와서 혜운사慧雲寺에 머물렀다. 묵선사默禪師를 만나 10여년에 걸쳐서 가르침을 받았다. 묵묵默의 입적 후 보복전普福田의 업업業을 이었다. 무덕 원년(618) 회창사會昌寺를 창건創建하였다. 반주般舟를 행하고 일하좌一夏坐하지 않고, 지과止過를 배워 3년간 묵언默言, 불경不輕을 배워 칠중七衆을 통례通禮하고, 절량식節量食을 행하여 4분의

---

40 大正 50. 697上.

1을 먹었다. 오로지 서방西方에 상상을 떠올리고 입으로 미타彌陀를 염송하였다. 정관 12년(637) 회창사에서 합장칭불合掌稱佛한 채로 입적하였다. 향년 63세, 유해를 종남산 치명부로 보내어 임장林葬하였다. 유해를 거두어 편재곡梗梓谷에 탑을 세우고, 제자들은 회창사에 비碑를 세웠다. (『속고승전』권29 「덕미전」[41])

(3) 승순〔僧順, 555~정관 13년(639) 85세〕

7세에 출가, 제법諸法을 구하기를 40여 년 하여 당근불법當根佛法을 만난다. 인악추선認惡推善, 걸식두타, 도량관불道場觀佛 등의 수행에 힘썼다. 정관 13년(639), 85세에 입적, 제자에 의해 임장林葬되었다. (「보산광천사승순선사탑명寶山光天寺僧順禪師塔銘」[42])

(4) 승해〔僧海, 589~영휘永徽 5년(654) 66세〕

화도사의 승僧. 영휘永徽 5년(654) 11월 8일 66세로 입적하였다. 선중禪衆은 현경顯慶 2년(657) 4월 8일, 신행의 묘소에 방분方墳을 세우고, 현경 3년 2월 25일에 비碑를 세웠다. (「화도사승승해선사방분기化度寺僧僧海禪師方墳記」[43])

---

41 大正 50. 696下~697下. 삼계교는 일반적으로 보불普佛을 공경하는 것을 근본사상으로 하는 중에, 덕미德美의 실천은 정토교인의 실천을 상기시키는 일면을 포함하고 있다. 삼계교도의 실천의 다양성을 나타내는 것으로 이해하고 싶다.

42 『北京匯編』11, 82쪽. 본서 모두 구회4 참조. 塚本善隆(1937a→1975) 228~231쪽에 초출.

43 毛鳳技 『關中金石文字存逸考』3-18(『新編』2-14, 10428쪽). 본서 모두 구회5 참조. 神田喜一郎(1922c→1986) 295~297쪽에 초출. 矢吹 『研究』 54~55쪽, Hubbard

(5) 도훈(道訓, 미상)

본제本濟의 제자. 본제가 자문사慈門寺에서 입적했을 때 제자인 도훈道訓과 도수道樹가 종남산 아래에 탑명塔銘을 세웠다. 분략分略의 재능이 있었다고 한다. 도선道宣이 『속고승전』을 짓던 당시(645년경)도 두 사람의 교화教化는 왕성하게 행해졌고 강의講義를 열 때마다 도속道俗이 구름같이 모였다. (『속고승전』권18 「본제전」[44])

(6) 도수(道樹, 미상)

본제의 제자. 본제가 자문사에서 입적했을 때 제자인 도훈과 도수가 종남산 아래에 탑명을 세웠다. 도인導引의 설을 풍부하게 하였다. 도선이 『속고승전』을 짓던 당시(645년경)도 두 사람의 교화는 왕성하게 행해졌고 강의를 열 때마다 도속道俗이 구름같이 모였다. 『궁사변혹론窮詐辯惑論』권하(P2115)에서는 『경미론警迷論』의 작자作者로서 도수법사道樹法師를 비판하고 있다. 또 『삼계모선사행장시말三階某禪師行狀始末』(P2550)에서는 "서경도수지도西京道樹之徒를 사선지계邪善持戒라고 이름 붙였다."고 비판하고 있다.[45] (『속고승전』권18 「본제전」[46])

(1986) 258쪽 참조. 『존일고存逸考』는 몰한 날을 "8월 11일"로 하지만, 『北京匯編』13, 68쪽의 탁본영인에 의해 "11월 8일"로 고쳤다. 덧붙여서 말하면 『擁州金石記』2-9(『新編』1-23, 17136쪽)도 "11월 8일"로 기록하고 있다.

44 大正 50. 578中. 矢吹 『研究』 37쪽 참조.

45 同上.

46 이 2개의 자료에 있어서 비판되고 있는 도수道樹와 『속고승전』에서 본제本濟의 제자라고 되어 있는 도수道樹가 동일인물인가 아닌가는 확실치 않다. 만일 다른

(7) 신의(信義, 미상)

선禪을 익히고, 삼계三階를 업업으로 하였다. 무덕연간武德年間(618~626)에 화도사에 무진장을 두었다. 정관貞觀(627~649) 이후, 보시적집布施積集된 전백금옥錢帛金玉은 헤아릴 수 없을 정도였다. 〔『태평광기太平廣記』493. 잡록雜錄1 「배현지裵玄智」(『변의지弁疑志』를 전거典據로 삼다)[47]〕

(8) 배현지(裵玄智, 미상)

정관(627~649) 중의 사람. 계행정근戒行精勤으로 10여 년 간 화도사에서 청소를 하고 있었다. 사찰 내 도중徒衆의 신뢰를 얻어 무진장원無盡藏院의 관리를 맡았는데, 그 후 몰래 황금을 훔쳐 달아나기에 이르렀다. 〔『태평광기』493. 잡록1 「배현지」(『변의지』를 전거로 삼다)[48]〕

(9) 왕거사〔王居士, 개황開皇 4년(584)~현경顯慶 원년(656) 73세〕

현경 원년(656) 11월 29일 장안의 부제府第에서 죽었다. 향년 73세. 현경 3년 10월 12일, 종남산終南山 편재곡楄梓谷에 영탑靈塔을 세워서 장사지냈다. (「왕거사부탑명王居士搏塔銘」[49])

사람이라고 하면 거의 동시대에 장안長安에 도수법사道樹法師가 2인이었다는 것이 된다. 즉 한 사람은 본제의 제자이고 삼계교의 가르침을 널리 편 도수이고, 또 한 사람은 삼계교에서 비판 받았던 도수이다.

47 『太平廣記』493(台北, 明倫出版社, 1971, 4047~4048쪽). 『金石萃編』57-19 「道安禪師塔記」의 주기注記(『新編』1-2, 965쪽)에도 『太平廣記』에 근거해서 신의信義의 이름을 들고 있다. 矢吹 『研究』48쪽 참조.

48 矢吹 『研究』48쪽 참조.

(10) 고적씨(庫狄氏, 미상)

예부상서禮部尙書 배행검裴行儉의 처妻. "백탑사百塔寺, 본本의 신행선
사탑원信行禪師塔院, 산반山畔에 당배행검처고적씨唐裴行儉妻庫狄氏의
장탑葬塔 역시 존재한다."〔명조전明趙搏『유성남기游城南記』(「대당태
상협률랑배공고처하란씨묘지명/大唐太常協律郎裴公故妻賀蘭氏墓誌銘」
안기按記에 관련기사로서 인용된다)[50]〕

(11) 관진〔管眞, 정관 2년(628)~현경 4년(659) 32세〕

현경顯慶 4년(659) 8월 20일 죽었다. 향년 32세. 조로調露 원년(679)
10월 14일, 치명부 선사림禪師林의 왼편에 유골을 수습하여 탑을 세웠
다. (「대□□□□도독상주국□□군개국공손관진묘지大□□□□
都督上柱國□□郡開國公孫管眞墓誌」[51])

---

49 『金石萃編』51-27~28(『新編』1-2, 865쪽). 矢吹『硏究』55~56쪽 참조. 矢吹의 고증에
따르면 삼계교도이었던 명문明文은 없지만, 영탑靈塔이 신행의 묘소에 세워졌던
점, 명문銘文 중에 "초수십륜超修十輪"의 말이 있는 것, 비문의 행장 등에서 "삼계교
도인 것을 추호도 의심하지 않는다."라고 설하고 있다. 탁본의 영인은 『北京匯
編』13, 87쪽.

50 『游城南記』14(『叢書集成新編』9, 327쪽), 『隋唐石刻拾遺』上(『新編』2-14, 10316~
10317쪽). 矢吹『硏究』57~58쪽 참조. 裴行儉은, 貞觀(627~649)에서 麟德(664~
666)에 걸쳐서 政治에 관여했던 인물이고, 三階教徒를 많이 배출한 河東裴氏
一族의 出身(『旧唐書』84, 列傳34「裴行儉傳」).

51 『八瓊室金石補正』39-2(『新編』1-6, 4621쪽). 본서 모두 구회6 참조. 塚本善隆(1937b
→1975) 240~242쪽 참조.

(12) 양군 처 성숙〔梁君妻成肅, 정관 17년(643)~인덕隣德 원년(664) 22세〕

인덕麟德 원년(664) 12월 2일 22세의 젊은 나이에 죽었고, 같은 달 11일에 종남산 편재곡의 언덕에 장사 지냈다. (「대당공조참군량군고 부인성씨묘지大唐功曹參軍梁君故夫人成氏墓誌」[52])

(13) 관균〔管均, 개황 18년(598)~건봉乾封 원년(666) 69세〕

휘諱는 균均, 성양城陽 사람이다. 건봉乾封 원년(666) 정월 12일에 죽었다. 향년 69세. 조로調露 원년 10월 14일, 즉 관진管眞과 같은 날 종남산 치명부 선사림의 왼쪽에 유골을 수습하여 탑을 세웠다. 관진과 관균은 동족으로 삼계교의 신봉자였던 것으로 생각된다. 관균 묘지의 건립자는 관균의 아들 홍복사弘福寺 승僧 사태嗣泰라고 되어 있다. (「대당고면주만안현령관부군지묘지大唐故綿州万安縣令管府君之墓誌」[53])

(14) 관준〔管俊, 영휘永徽 6년(655)~건봉 2년(667) 13세〕

휘諱는 준俊, 성양 사람이다. 건봉 2년(667) 5월 20일 죽었다. 향년 13세. 조로 원년 10월 14일, 치명부 선사림의 왼쪽에 탑을 세워 장사 지냈다고 하였다. (「대당고영주도독상주국어양군개국공손관준묘지大唐故營州都督上柱國漁陽郡開國公孫管俊墓誌」[54])

---

52 『北京匯編』14, 127쪽, 『唐代墓誌彙編』上(上海古籍出版社, 1992) 414~415쪽. 본서 모두 구회7 참조. 矢吹 『研究』62쪽.

53 『八瓊室金石補正』39-1(『新編』1-6, 4621쪽). 塚本善隆(1937b→1975) 240~242쪽 참조. 탁본 영인은 『北京匯編』16, 107쪽.

54 『北京匯編』16, 112쪽.

(15) 도안〔道安, 대업 4년(608)~총장總章 원년(668) 61세〕

옹주雍州 위남渭南 사람. 동자 때에 출가하여 두타고행하고, 『삼계집록』을 배웠다. 총장總章 원년(668) 10월 7일, 조경공사선원超景公寺禪院에서 죽었다. 향년 61세. 총장 3년 2월 25일, 종남산 치명부의 신행탑 뒤쪽에 탑이 세워졌다. (「도안선사탑기道安禪師塔記」[55])

(16) 사태(嗣泰, 미상)

관균의 아들로, 관균의 유골을 종남산 치명부의 신행선사림信行禪師林의 왼쪽에 수습하여 탑을 세웠다. 홍복사의 스님이다. (「대당고면주만안현령관부군지묘지大唐故綿州万安縣令管府君之墓誌」[56])

(17) 삼계모선사〔三階某禪師, ~함형咸亨 3년(672)〕

성명 미상의 삼계교 스님. 『삼계모선사행장시말三階某禪師行狀始末』(P2550)에 그 행장을 상술詳述하였다. 두타걸식하고 돈사오욕재색頓捨五欲財色을 가르치고, 12시행도예시時行道禮施를 행하였다. 삼계불법을 행하는 것이 과거의 신행선사와 같다. 하동포주河東蒲州 비전사悲田寺에 살았고, 후에 백제산百梯山으로 옮겼다. 함형 3년(672) 6월 15일 입적하였다. 〔『삼계모선사행장시말三階某禪師行狀始末』(P2550)[57]〕

---

55 『金石萃編』57-19(『新編』1-2, 965쪽), 『陶齊藏石記』17-20(『新編』1-11, 8149쪽). 神田喜一郞(1922c→1986), 297쪽, 矢吹『研究』56~57쪽, Hubbard(1986) 258쪽 참조. 석각石刻 영인은 『北京匯編』15, 107쪽.

56 塚本善隆(1937b→1975) 240~242쪽 참조.

57 『敦煌寶藏』122 .58上~62下. 大谷勝眞(1938) 참조.

(18) 지달(智達, 미상)

숭정사강섭론대덕지달법사崇靜寺講攝論大德智達法師. "달사達師, 상사相師 등 수십여 인數十余人의 승僧, 개皆, 명문名聞, 도중徒衆을 버리고 사사돈사四事頓捨, 삼업수수三業隨遂하다.", 삼계모선사의 제자가 되었다. 〔『삼계모선사행장시말』(P2550)[58]〕

(19) 아상(阿相, 미상)

안읍현섭론니아상사安邑縣攝論尼阿相師. "달사, 상사 등 수십여 인의 승僧, 개皆, 명문, 도중을 버리고 사사돈사, 삼업수수하다.", 삼계모선사의 제자가 되었다. 〔『삼계모선사행장시말』(P2550)[59]〕

(20) 상직〔尚直, 인수仁壽 3년(603)~조로調露 원년(679) 77세〕

조로 원년(679) 8월 19일 죽었다. 향년 77세. 같은 달 25일, 종남산 운거사雲居寺 시다림屍陀林에서 사신혈육捨身血肉하고, 유골을 수습하였다. 장안長安 3년(703), 선사의 임소林所에 전분塼墳을 세웠다. 건립자는 弘福寺 스님 정지定持이고, 상직尚直의 외손이다. (「대주고거사노주소현령식상군지명大周故居士蘆州巢縣令息尚君之銘」[60])

·

---

58 『敦煌寶藏』122. 59上 大谷勝眞(1938) 271쪽 참조.

59 同上. 大谷勝眞(1938) 271쪽 참조.

60 『金石續編』6-22(『新編』1-4, 3123쪽). 矢吹『硏究』60~61쪽 참조. 탁본의 영인은 『北京匯編』19, 74쪽.

168

(21) 정지(定持, 미상)

상직尙直의 외손이며, 홍복사의 스님. 장안 3년(703), 상직의 전분을
선사의 임소林所에 세웠다. (「대주고거사노주소현령식상군지명」[61])

(22) 양사梁寺, 부인 당씨夫人唐氏〔정관 22년(648)~수공垂拱 4년(688) 41세.
영휘 4년(653)~ 36세〕

양사梁寺는 수공垂拱 4년(688) 10월 5일, 장안長安 회덕리제懷德里第에
서 죽었다. 향년 41세. 또 부인인 당씨唐氏는 이보다 앞서 같은 해
9월 27일, 장수리제長壽里第에서 죽었다. 향년 36세. 두 사람의 망해亡骸
는 같은 해 11월 17일 종남산 편재곡의 신행선사림信行禪師林 곁에
합장合葬하였다. (「대당고조의랑행택왕부주부상주국양부군병부인
당씨묘지명병서大唐故朝議郎行澤王府主簿上柱國梁府君幷夫人唐氏墓誌
銘幷序」[62])

---

61 同上

62 『古誌石華』7-8~10(『新編』2-1, 1207~1208쪽). 神田喜一郎(1922c→1986) 299~300
쪽 참조. 다만 神田喜一郎은 "명문銘文에는 종남산 편재곡구의 수신행선사의
산림 곁에 장사지냈다는 것 이외에는 조금도 양사梁寺인 자와 신행선사 또는
삼계교와의 관계는 보이지 않는 것이다. 따라서 과연 양사가 삼계교도였던가
아닌가는 일체불명이다."(299쪽)이라고 엄밀한 입장에서 고증을 진행하는 한편,
"아마 택왕부주부양사澤王府主簿梁寺 및 그의 처 당씨唐氏라 하고, 이 배공裵公의
처 하란씨賀蘭氏 모두 삼계교의 교도였던 것은 아니었을까 하고 상상한다."(300
쪽)라고 서술하고 있다. 씨는 주목되어 있지 않지만, 후에 열거한 양사량梁師亮의
비碑에 관한 『古誌石華』권7-15의 안어案語(『新編』2-1, 1211쪽)에 의하면, 이 양사
는 양사량의 형이다. 따라서 형제가 모두 신행의 탑원塔院에 장사지내졌고
이 양씨 일족은 삼계교와 관계가 깊었던 것을 알 수 있다.

(23) 신방〔神昉, ?~증성證聖 원년(695)?〕

『석정토군의론탐요기釋淨土群疑論探要記』권6[63]에, 삼계측三階側의 설
說을 소개할 때에 신방법사神昉法師의 『십륜경초十輪經鈔』를 인용하였
다. 이 신방은 현장玄奘 문하에서 『십륜경十輪經』의 역장譯場 대열에서
역경譯經이 끝난(651년) 뒤, 경서經序를 작성한 신방과 동일인이라고
추정된다. 또 『석문자경록釋門自鏡錄』권상[64]에 자비사慈悲寺 승僧 신방
의 기사를 싣고, "정근고행精勤苦行하는 것 특히 상인常人과 다르다,
분소의糞掃衣를 입고, 육시예참六時禮懺하고, 걸식을 업業으로 한다.
매일 『십륜경』을 강의하고, 항상 중생에게 대승경大乘經을 독송하지
말라, 독송하는 자는 지옥에 떨어진다고 설한다. 결국 종명終命하는
때에 이르러, 생신生身으로 지옥의 불구덩이에 든다."라고 하였다.
이 신방도 아마 동일인물일 것이다.[65] 『보각총편寶刻叢編』7에 "당자은
사신방법사탑명唐慈恩寺神昉法師塔銘, 당무삼사찬唐武三思撰. 정서正
書, 무성명無姓名. 증성証聖 원년 5월 '금석록金石錄'[66]"이라고 하는 기사
가 있다.

(24) 심(諗, 미상)

『삼계불법밀기三階佛法密記』권상에 심법사諗法師의 설설說로서, 『열반
경涅槃經』에서 제1계, 제2계, 제3계의 교증을 10개소씩 들었다. (『삼계

63 『釋淨土群疑論探要記』권6~7(『淨土宗全書』6, 297, 299, 306, 312쪽).

64 大正 51, 806中.

65 矢吹 『研究』 102~103쪽 참조.

66 『寶刻叢編』7-22(『新編』1-24,18207쪽).

불법밀기』권상[67])

(25) 양사량[梁師亮, 영휘 원년(650)~만세통천萬歲通天 원년(696) 47세]

만세통천 원년(696) 7월 2일 죽었다. 향년 47세. 다음 해 3월 6일, 종남산 지상사至相寺 편재곡의 신행선사탑원의 동쪽에 장사 지냈다. (「대주고진주영덕현승량군묘지명병서大周故珍州榮德縣丞梁君墓誌銘 幷序」[68])

(26) 사언[思言, 정관 18년(644)~연화延和 원년(712) 69세]

연화 원년(712) 5월 22일, 69세로 죽었다. 하랍夏臘 40세. 유골은 개원開 元 2년(714) 윤2월 12일, 조카 사문철沙門哲 등이 종남산 편재곡 대선지 식림大善知識林 뒤편, 본사本師의 역소域所에 탑을 세워 장사 지냈다. (「대당숭의사사언선사탑명병서大唐崇義寺思言禪師塔銘幷序」[69])

(27) 법장[法藏, 정관 11년(637)~개원 2년(714) 78세]

12세 때 정역사淨域寺 흠선사欽禪師에게 사사師事하였다. 여의如意 원년 (692) 측천무후의 제制를 받들어 동도東都 대복선사大福先寺의 무진장 원無盡藏院을 감독하고, 장안연중長安年中(701~703), 다시 제制를 받들어 화도사 무진장원을 감독하였다. 또 같은 해, 제制를 받들어 천복사

---

67 P2412(『敦煌寶藏』120,268上~269上). 矢吹『研究』99~100쪽 참조.

68 『金石萃編』62-8~10(『新編』1-2, 1052~1053쪽), 『古誌石華』7-12~14(『新編』2-1, 1209~1210쪽). 矢吹『研究』61~62쪽 참조. 탁본의 영인은『北京匯編』18, 100쪽.

69 『北京匯編』21, 17쪽 또는 본서 145쪽 참조.

薦福寺 대덕大德이 되었다. 개원開元 2년(714) 12월 19일 입적하였다.
향년 78세. 사후 종남산 편재곡 시다림에 사신공양하고, 사리舍利는
신행선사탑의 오른편에 장사 지냈다. 개원 4년 5월 27일, 제자 전휴광찬
명田休光撰銘의 탑이 건립되었다. 화엄華嚴의 제3조 법장(法藏, 643~
712)과 동시대이지만 동명이인同名異人이다. (「대당정역사고대덕법
장선사탑명병서大唐淨域寺故大德法藏禪師塔銘幷序」[70])

(28) 사리(師利, 미상)

경룡景龍 원년(707), 삼계교의 교의를 선양하기 위해, 위경僞經인『상
법결의경像法決疑經』 등을 개변改變하고『불설시소범자유가법경경佛
說示所犯者瑜伽法鏡經』을 위작僞作해 유행시켰다. 그 후 현종玄宗에 의
해서 강제로 환속還俗되었다. 또 바로 같은 시기에『불설교량수주공덕
경佛說教量數珠功德經』이라는 위작僞作도 지어 내었다. (『불설시소범
자유가법경경佛說示所犯者瑜伽法鏡經』발문『개원석교록開元釋教錄』권
18[71]『불설교량수주공덕경佛說教量數珠功德經』발문[72])

---

70 『金石萃編』71-1~3(『新編』1-2,1206~1207쪽), 神田喜一郎(1922c→1986) 299~300쪽
에 초출. 矢吹『研究』69~73쪽, Hubbard(1986) 259쪽 참조. 탁본의 영인은『北京匯
編』21, 55쪽. 본서 모두 구회8 참조.

71 同 經拔文(S2422,『敦煌寶藏』19. 310下)에 의하면, 경룡景龍 원년(707) 12월 23일에
삼장법사 실리말다室利末多가 숭복사崇福寺에서 이 경전을 번역하고, 대흥선사번
경대덕사문사리大興禪寺翻經大德師門師利가 필수철문筆受綴文했다고 하지만, 실
제로는『개원석교록開元釋教錄』권18에 "景龍元年三階僧師利僞造"(大正 55. 672
下)라고 쓰여 있는 것처럼 사리師利의 위조이다. 矢吹『研究』81~85쪽, 木村淸孝
(1974) 1~15쪽, Antonino Forte(1990) 239~249쪽 참조.

172

(29) 하란씨〔賀蘭氏, 함형咸亨 4년(673)~개원 4년(716) 44세〕

대당태상협률랑大唐太常協律郎 배공裵公의 처. 병세가 악화되자, 제법
사濟法寺의 방장方丈으로 이침移寢되었다. 다음 해, 즉 개원 4년(716)
12월 10일 죽었다. 향년 44세. 같은 달 19일, 신행선사의 탑소塔所인
치명부鴟鳴埠에 장사 지냈다. (「대당태상협률랑배공고처하란씨묘지
명병서大唐太常協律郎裵公故妻賀蘭氏墓誌銘幷序」[73])

(30) 견행〔堅行, 정관 23년(649)~개원 12년(724) 76세〕

별수別修를 버리고 보도普道에 따랐다. 개원 12년(724) 10월 21일,
선화사宣化寺에서 죽었다. 졸년卒年 76세. 하랍夏臘 40년. 유언에 따라
서 사신공양하고, 개원 21년(733) 윤3월 10일, 아우인 대운승大雲僧
지협志叶, 제자 사선四禪·현도賢道·법공法空·정의淨意 등이 탑을 세워
장사 지냈다. (「대당선화사고비구니견행선사탑명大唐宣化寺故比丘尼
堅行禪師塔銘」[74])

---

72 S2926裏, 『敦煌寶藏』24. 487下~488上. 발문에 의하면, 신룡神龍 원년(705) 정월
  23일 "北天竺三藏寶思惟譯, 翻經大德僧尸利抹多(『法鏡經』의 譯者) 證梵本義, 翻
  經大德興禪寺僧師利證義"이라고 기록되어 있다. 더욱이 경운景雲 2년(711) 3월
  13일 주상奏上, 태극太極 원년 4월 봉진奉進, 연화延和 원년 6월 20일 입록유행入錄流
  行 등의 일시와 관계된 10여 명의 인명 등, 모두 『법경경』 발문의 기사와 일치하고
  있다. 施萍亭(1993) 참조.
73 『金石萃編』71-5~6(『新編』1-2, 1208쪽), 『隋唐石刻拾遺』上(『新編』2-14, 10316~
  10317쪽), 神田喜一郎(1922c→1986) 300쪽에 초출. 矢吹 『研究』85~87쪽 참조.
  탁본의 영인은 『北京匯編』21, 59쪽, 본서 구회9 참조.
74 『北京匯編』23, 96쪽 또는 본서 구회10 및 147쪽 참조.

(31) 명관(明觀, 미상)

「담대사경당명湛大師經幢銘」에 "천복사대덕명관화상薦福寺大德明觀和
尙, 삼계三階의 오리奧理를 열다."라고 되어 있다. (「담대사경당명湛大
師經幢銘」[75])

(32) 담〔湛, ?~정원貞元 14년(798)?〕

경당명經幢銘 중에 "천복사대덕 명관화상薦福寺大德明觀和尙, 삼계三階
의 오리奧理를 열다."라고 되어 있다. 담대사湛大師는 명관明觀의 제자
로, 정원 14년(798)에 죽은 것은 아닐까 하고 추정된다. 종남산 편재강梗
梓崗 곁에 장사 지냈다. 경당은 보력寶曆 원년(825) 4월 2일, 문인門人들
에 의해 건립되었다. 또 경당명에는 20여 명의 문인門人의 이름이
기록되어 있다. (「담대사경당명湛大師經幢銘」[76])

(33) 선재(善才, 미상)

화도사의 스님. 일본에 현존하는 고사본『정원석교목록貞元釋敎目錄』
권28에, 화도사化度寺 승僧 선재善才가 장狀을 보냈던 일에 대한 정원貞
元 16년(800) 4월 13일의 첩牒이 소개되어 있다. (일본소전日本所傳
『정원석교목록貞元釋敎目錄』권28)[77]

---

75 『金石萃編』66-36~37(『新編』1-2, 1133~1134쪽), 矢吹『硏究』94~96쪽 참조.

76 同上

77 塚本善隆(1937b→1975) 249쪽, 同(1957→1975) 384~385쪽 참조.

174

(34) 총정〔摠靜, 대력大曆 13년(778)~태화太和 5년(831) 54세〕

삼계의 법을 배웠다. 태화太和 5년(831) 정월 26일, 장안현長安縣 군현
리群賢里 직심사直心寺에서 입적하였다. 향년 54세. 대사大師의 사적事
蹟을 칭송받았다. 삼계교三階敎 대선조다비림반大禪祖荼毘林畔에 태화
太和 6년 4월 10일, 불정존승다라니경당佛頂尊勝陀羅尼經幢이 건립되었
다. 무가無可의 서書에서 경당명은 비구예천찬比丘叡川撰, 문인門人
원증願證 등의 이름을 기록하였다. (무가서無可書「불정존승다라니경
당명佛頂尊勝陀羅尼經幢銘」[78])

(35) 삼계대덕선사(三階大德禪師, 미상)

『옹주금석기雍州金石記』10에 "삼계선사비액三階禪師碑額, 정서正書.
지금은 서안부성 남쪽 3리 천복사내(西安府城南三里薦福寺內)에 있다.
액액은 '황당삼계대덕선사비皇唐三階大德禪師碑'의 9자를 정서正書하였
다. 비문은 모두 없어졌다. 액액은 사찰 내에 있다."라고 쓰여 있다.
천복사의 삼계승三階僧으로서는 천복사薦福寺 대덕大德 법장선사法藏
禪師, 천복사 대덕 명관화상明觀和尙 등이 알려져 있지만, 비액碑額의
삼계대덕三階大德이 누구였던가는 분명하지 않다. (『옹주금석기雍州
金石記』10)[79]

---

78 『金石萃編』66-41~42(『新編』1-2, 1136쪽). 본서 구회11 참조. 矢吹『硏究』96~97쪽
참조. 또는 高雄義堅은 『支那佛敎史學』1-1권두에 서본원사西本願寺 소장의 탁본
사진과 해설을 싣고, 『金石萃編』의 오독誤讀의 부분을 지적하고 있다.

79 『擁州金石記』10-12(『新編』1-23,17179쪽). 본서 구회12 참조. 矢吹『硏究』99쪽
참조. 矢吹는 『關中金石記』4를 인용한다.

(36) 효자(孝慈, 미상)

어린아이 때 이래로 신행선사의 삼계불법의 가르침에 의해서 고행을 닦았고, 삼계불법을 설하였다. 후에 기주岐州에서 우바이優婆夷들에게 『법화경』의 지송持誦은 근기根機에 맞지 않는다고 설하였다. 어느 우바이는 『법화경』을 버리니 참을 수 없어서 대제일大齊日에 발원發願한 바, 효자孝慈와 다른 5인의 노선사는 벙어리가 되었다. (『석문자경록釋門自鏡錄』권상[80])

(37) 승정(僧靜, 미상)

신도복선사神都福先寺의 승승僧 모을某乙이 죽음에 이르렀을 때, 업도業道 중에서 신행선사가 대사신大蛇身으로 되었음을 보았다. 삼계三階를 배운 자는 죽으면, 이미 그의 사구蛇口에 들어가 있다. 그 후 다시 태어나 승정僧靜에게 보고했지만, 승정은 그 이야기를 믿지 않았다. (『석문자경록釋門自鏡錄』권상[81])

(38) 승행(僧行, 미상)

강주絳州 고산서하도량孤山西河道場에 두 사람의 스님이 있었다. 한 사람은 승행僧行이라는 이름으로 삼계불법을 배우고, 또 한 사람은 승법僧法이라는 사람인데 법화삼매法華三昧를 닦았다. 평소부터 먼저 죽는 쪽이 다시 태어난 곳을 알려 주기로 약속하였다. 승행이 먼저 죽었는데, 3년이 지나도 소식이 없었으므로 승법은 관음觀音에 원願을

---

80 大正 51, 806中. 矢吹『研究』101쪽 참조.
81 大正 51, 806下. 矢吹『研究』103~104쪽 참조.

드려 승행의 행방을 물었다. 승행은 지옥에서 맹화猛火에 구워져 숯이
되어 업보를 받고 있었다. 승법은『법화경』을 서사書寫해서 승행의
지옥고地獄苦를 구하여 주었다. (「강주고산서하도량승絳州孤山西河道
場僧13」『법화경전기法華經傳記』권8)[82]

2) 삼계교 관계자

삼계교도라고 특정할 수 있는가 어떤가는 별도로 하고서라도, 삼계교
와 밀접한 관련을 가진 인물이나 삼계교의 사상 및 활동에 공명共鳴하고
있었을 사람들은 적지 않았을 것이다. 이하에 열거한 것은 그러한
사람들의 일람이다. 종래의 연구 중에서 삼계교도일 가능성이 지적된
인물들도 포함하여 게재해 둔다.

(1) 혜환〔慧歡, 542~대업大業 6년(610) 69세〕

속성俗性은 관씨管氏이다. 청선사淸禪寺 숭공崇公에게서 선정禪定의
방법을 배웠다. 대업大業 6년(610) 2월, 대선정도량大禪定道場에서 죽
었다. 향년 69세. 임장林葬하도록 유언하고, 제자들은 종남산 편재곡으
로 보냈다. (『속고승전續高僧傳』권18「혜환전慧觀傳」[83])

(2) 소우〔蕭瑀, 천보天保 14년(575)~정관 22년(648) 74세〕

무덕武德 9년(626), 불교의 외호자外護者로서 도교道敎 측의 전변傳變도

---

82 續藏136. 375左下~376右上. 塚本善隆(1937b→1975) 243~244쪽 참조.
83 大正 50. 577上~中. 湯用彤(1982) 199~200쪽에서 삼계교승이었다는 가능성을
    지적하였다

궁정宮廷에서 논의한 인물이다. 태종太宗의 시대, 칙勅을 받아서 3인의
고승高僧을 선발할 때, 광명사光明寺 혜료慧了를 선택하였다. 혜료를
무착無著, 세친世親을 만나는 것처럼 대하였다. (「대당광명사고대덕승
혜료법사명大唐光明寺故大德僧慧了法師銘」[84], 『구당서舊唐書』63[85] 등)

(3) 정연〔靜淵, 544~대업大業 7년(611) 68세〕

영유靈裕에게 사사師事하고, 그 후 영유의 복시卜示에 의해서 종남산에
절(至相寺)을 세웠다. 혜광慧光-도빙道憑-영유靈裕-정연靜淵-지정智
正-법림法琳-지엄智儼이라고 하는 지론종地論宗 남도파南道派의 계보
에 위치를 차지하는 것이 일반적이지만,[86] 대곡승진(大谷勝眞, 1938)은
『속고승전』권11 「정연전」의 "몸(身)에 추소麤素를 입고, 경景을 말연末
筵에 최摧하고, 눈(目)은 글(文)을 찾지 않고(尋), 입(口)은 의義를
말하지 않고, 문인門人을 몽류蒙類로 삼다.", "와발瓦鉢을 봉지奉持하고,
한 번 받으면 죽을 때까지 행주신行住身에 따르다." 등의 기사에 근거하
여 삼계교도였다고 추측한다. 대업大業 7년(611) 지상사至相寺에서
68세로 입적하였다. (『속고승전』권11 「정연전靜淵傳」[87])

---

84 『金石續編』5-5(『新編』1-4, 3093쪽). 矢吹『研究』52~53쪽 참조. 矢吹는 "소우蕭瑀의
　혜료慧了에 있어서는 마치 고경高熲의 신행에 있어서와 같다."(53쪽)고 적고 있다.
85 上海古籍出版社, 1986, 3764~3765쪽.
86 大正 50. 511中~512上. 大谷勝眞(1938) 266쪽.
87 石井公成(1996) 184쪽 참조.

(4) 법림(法琳, 미상)

정연靜淵의 제자. 정연의 유골을 흩뜨린 땅에 사리탑을 세웠다. 또
「신행선사전법비信行禪師傳法碑」[88](개황 14년)를 찬撰한 법림法琳도 동
일인물로 추정된다.[89] (『속고승전』권11 「정연전」의 부전付傳 「법림전
法琳傳」[90])

(5) 지엄〔智儼, 인수仁壽 2년(602)~총장總章 원년(668) 67세〕

화엄종華嚴宗 제2조祖. 『화엄경오십요문답華嚴經五十要問答』 중에서,
삼계교 문헌 『대근기행법對根起行法』의 보경普敬·인악認惡의 부분을
거의 완전한 형태로 인용하고 있는 것으로 보아, 삼계교에서 사상적
영향을 받았고, 삼계교사상에서 일정의 공감을 품고 있었다는 것을
알 수 있다. (『화엄오십요문답華嚴五十要問答』[91])

(6) 혜정〔慧靜, 573~정관 15년(641) 69세〕

삼계교도를 많이 배출한 하동문희河東聞喜의 명문名門 배씨裵氏 출신.
14세에 출가하고 널리 삼장三藏을 배우고 특히 『십지경十地經』에 능통
하였다. 수말隋末, 불상경권佛像經卷이 비바람에 씻겨서 잔망殘亡함을
한탄하고, 교의敎義 연구에서 전환하여 오로지 불상경권의 보호 수리에

---

88 『寶刻叢編』7-19(『新編』1-24, 18206쪽)에 "隋信行禪師傳法碑 僧法綝撰. 開皇十四
　年正月京兆金石錄"라고 기록되어 있다.

89 Hubbard(1986) 245~248쪽. 『破邪論』,『辯正論』의 저자 법림(法琳, 572~640)과
　거의 동시대라고 추정되지만, 다른 사람이다.

90 大正 50. 511下~512上. 大谷勝眞(1938) 266쪽에서는 삼계교도라고 한다.

91 大正 45. 532中~534上. 矢吹 『硏究』 105쪽, 木村淸孝(1978), 동(1984) 참조.

전심하였다. 정관 15년(641) 4월 23일, 69세로 죽었다. (「당고혜정법사
영탑문명唐故慧靜法師靈塔文銘」[92])

(7) 승철[僧徹, 575~영휘永徽 2년(651) 77세]

하동河東 만천萬泉 사람. 『명보기冥報記』 「승철전僧徹傳」에 "승僧[徹],
오로지 권선勸善을 임무로 하여 스스로 선업禪業을 닦다. 원근遠近의
숭경崇敬하는 것이 부父와 같다."고 전한다. 또 토혈土穴 속에서 고통스
러워하는 나병인癩病人에게 의식衣食을 주고, 『법화경』을 읽도록 하게
했더니 병이 나았다고 한다. 함천사陷泉寺의 승주寺主가 되고, 당림唐臨
의 귀의歸依를 받았다. 영휘永徽 2년(651) 정월, 77세에 입적하였다.
(『속고승전』권20[93], 『명보기冥報記』권상[94])

(8) 당림[唐臨, 개황 20년(600)~현경顯慶 4년(659) 60세]

신행의 외호자外護者 고경高熲의 외손. 『명보기』를 짓고, 첫머리에
진적사眞寂寺 노승老僧과 외삼촌에게서 들었던 이야기를 모아서 신행

---

92 塚本善隆(1937b→1975) 238~240쪽 참조. 塚本善隆이 어떠한 탁본을 참조했는가
는 명확하지 않지만, 『北京匯編』11, 93쪽에 「唐故慧靜法師靈塔之銘」의 탁본영인
이 게재되어 "(비)석은 하남河南 안양安陽 보산寶山에 있고, 탁편拓片의 높이 68cm,
넓이 90cm"라고 부기되어 있다. 塚本善隆은 삼계교도인 명증明證은 없지만, 그
행장은 삼계교도와 공통된 것이 있고, 상주지방에서 삼계교가 성했던 시기에
활동했던 승려로서 주목해야 할 것이라고 한다.

93 大正 50. 595中~下. 大谷勝眞(1938) 266~267쪽 참조. 다만 삼계교도이었다고
하는 결정적인 증거는 발견되지 않는다.

94 大正 51. 788下~789上.

의 전기를 쓰고, 신행의 직제자 혜여慧如의 전기를 게재, 이어서 하동河
東의 만천현萬泉縣 승丞에 있을 때 귀의하고 있던 승철僧徹의 전기를
게재하였다. 고종高宗 초기 어사대부御史大夫에 나아가 병兵・형刑・탁
지度支・리吏의 각부各部 상서尙書를 역임하지만, 현경 4년(659) 60세일
때, 일에 연루되어 물러나서 죽었다. (『명보기』권상[95], 타他)

(9) 법계法界와 무급無及(미상)

상원上元 3년(676)에 필사된 『법화경』의 사본발문寫本跋文에 교정자校
正者로서 화도사 법계法界(S1450)와 자문사慈門寺 무급無及(S2637)의
이름이 발견된다. 시취矢吹는 화도사도 자문사도 삼계5사三階五寺의
하나였던 것이므로 법계와 무급이 삼계교승이었을 가능성이 있다고
한다. 〔『법화경』 사본발문寫本跋文(S1450, S2637)[96]〕

---

95 大正 51. 788上~789上.『唐書』113. 列傳38,『舊唐書』85. 列傳35,『續高僧傳』권20
「僧徹傳」(大正 50. 595下) 참조. 大谷勝眞(1938) 267쪽에는 당림唐臨이 하동河東의
만천현萬泉縣 승丞이었던 때에 귀의해 있던 승철僧徹과 함께 삼계교도는 아니었을
까 추측하고 있다.

96 矢吹는, 당대唐代에 상원上元 3년은 676년과 762년의 2회 있고, 그 어느 것인가
모른다고 기술하고 있다(『研究』60쪽). 그런데 이 양 사본의 상열자詳閱者에 이름을
올리고 있는 태원사의 신부神符, 가상嘉尙, 혜립慧立, 도성道成 등은 함형咸亨
2년(671)(S3079), 의봉儀鳳 2년(677)(S3094)에 필사된『법화경』의 상열자에도 이름
을 올리고 있는 것이므로, 矢吹가 문제로 한 상원 3년은 676년인 것으로 확정된다.
여담이지만 상원 3년에 필사된 사본은 이 밖에 S3348, S4168, S4353 등 다수가
현존하고, 이 무렵 국가적으로『법화경』의 사경이 추진되고 있었던 것을 이야기
한 것이다.

(10) 이정〔李貞, 수공垂拱 4년(688)〕

태종太宗의 여덟 번째 아들. 「수대선지식신행선사흥교지비병서隨大善知識信行禪師興敎之碑幷序」의 찬자撰者. 비문에서 정貞이 삼계교의三階敎義를 깊이 이해하고, 신행을 숭경崇敬하고 있었던 것을 엿볼 수 있다. 수공垂拱 4년(688), 기병起兵했다가 실패하고 자살하였다(越王貞事件). (『구당서舊唐書』72)[97]

(11) 도감〔道感, ?~만세통천萬歲通天 2년(697) 이전〕

"주화도사도감법사탑명周化度寺道感法師塔銘 당은조찬병정서唐殷祚撰幷正書. 만세통천萬歲通天 2년 8월 15일 건建 「복제비록復齊碑錄」"의 기사에 근거한다. (『보각총편寶刻叢編』7-22)[98]

(12) 광교〔光敎, ?~대력大曆 11년(776)?〕

『보각총편寶刻叢編』7-30에 "당화도사상좌광교선사익호칙唐化度寺上座光敎禪師謚號勅 대력大曆 11년, 병승대제표비답幷僧大濟表批答 「경조금석록京兆金石錄」[99]의 기사 및 「당화도사보적선사광교탑명唐化度寺普寂禪師光敎塔銘, 승원조찬僧円照撰, 대력大曆 11년 「경조금석록」[100]"의

---

97 矢吹 『硏究』 69~79~80쪽 참조.
98 『新編』1-24, 18207쪽.
99 『新編』1-24, 18211쪽.
100 同上. 덧붙여 탑명의 찬자撰者 원희円熙는 『貞元釋敎錄』(800년)의 찬자로서 『三階集錄』을 입장入藏시킨 원조円照와 동일인물이라고 생각된다. 원조에게는 『大唐再修隋故傳法高僧信行禪師塔碑表集』5권의 저작이 있고, 삼계교에 대해서 상당히 공감을 품고 있었던 인물이었음이 틀림없을 것이다.

기사가 있다.[101] 이 2개의 기사에서 '보적普寂'은 광교선사光敎禪師에게 부여된 시호로 추정되었다. 대력 11년(776), 혹은 그 이전에 죽었던 것을 알 수 있다.

(13) 원조[円照, 8세기 전반~9세기 초, 82세]

『정원석교록貞元釋敎錄』(800)의 찬술자이고, 『개원석교록開元釋敎錄』에서 의위경疑僞經이라고 된 『삼계집록三階集錄』을 다시 입장시켰다. 원조円照에게는 「대당재수수고전법고승신행선사탑비표집大唐再修隋故傳法高僧信行禪師塔碑表集」5권의 저작著作이 있고, 삼계교에 대해서 상당히 공감을 갖고 있었던 인물이었다고 추정된다.[102]

이들 중에는 삼계교와의 관계를 확실하게 특정할 수 있는 사람도 있지만, 아주 관계가 애매한 사람도 있다. 종래의 연구에 있어서 삼계교도일 가능성이 지적되고 있는 인물, 삼계교에 공명하고 있다고 하는 인물 등을 널리 발탁하여 소개한 것이다. 한 사람 한 사람의 인물이 삼계교와 어느 정도 관련이 있었던 것인가 혹은 전혀 없는 것인가에 대한 더욱 엄밀한 고증을 진행할 필요가 있다. 또 그 외에도 시취矢吹는 삼계교사 잡록으로써 삼계교 관계 사원에 머물고 있었던 승려를 열거하고 있다.[103] 진적사(화도사)의 담량曇良(『속고승전』권26), 전명轉明(同書권

---

101 Hubbard(1986) 259쪽 주기注記에, 광교光敎의 탑명에 주목하고 있지만, 삼계교도 였던 명증明證은 보이지 않는다고 하고 있다.

102 矢吹 『研究』23쪽, 30쪽 참조. Hubbard(1986) 259쪽 주기에서는, 원조는 아마 삼계교도였을 것이라고 말한다.

25), 법언法彦(同書권10), 담수曇邃(同書권26)와 홍선사弘善寺의 지교智敎(同書권26), 법광法曠(同書권27) 등이다. 이들 승려는 사찰 내에 삼계원에 거주했는지 어떤지는 분명하지 않고 삼계교와의 관련도 확실하지 않지만, 삼계교승이었을 가능성이 남겨져 있다고 하는 점에서 주의해 둘 필요가 있다. 또 일본에 있어서는 행기行基와 혜심惠心에게서 삼계교의 영향이 발견된다고 하는 설도 있지만,[104] 이 문제에 관해서는 금후 연구 과제로 하겠다.

5. 삼계교 비판자·개종자

삼계교의 비판자로서는 『석정토군의론釋淨土群疑論』(이하 『군의론群疑論』이라 약칭) 권3~4에 있어서 삼계교를 엄하게 비판하고 있는 회감懷感, 『염불경念佛鏡』의 저자 도경道鏡과 선도善道(共集), 『정토십의론淨土十疑論』의 저자(不明), 『서방요결西方要決』의 저자(不明), 『석문자경록釋門自鏡錄』의 저자 회신懷信 등이 열거될 수 있지만[105] 이들 외에 승전자료僧傳資料 중에 삼계교 비판자 혹은 삼계교에서 정토교로의 개종자改宗者로서 약간 명이 검출될 수 있다.

---

103 矢吹 『硏究』 129~131쪽 참조.

104 행기行基와 삼계교의 관계에 대하여는, 吉田靖雄(1986), 同(1988), 혜심惠心과 삼계교사상의 관계에 대해서는 八木昊惠(1942), 同(1943) 참조.

105 정토교에서의 삼계교비판에 관해서는 矢吹 『硏究』 547~582쪽, 본 장 제3절 218~226쪽 참조.

1) 선심(善諶, 51세)

포주蒲州 사람. 신선信禪(信行禪師인지 의문)의 문하門下에 들어와서 삼
계불법을 지극히 닦았다. 처음에는 정토교淨土敎를 믿지 않았다가,
후에『관경觀經』을 보고 깊은 신심을 내어 개종改宗하여 서방정토西方
淨土의 신앙에 귀의하였다. 크게『관경觀經』을 강의하고, 소1권疏一卷
을 저술하였다. 원화元和(806~820) 말년경의 8월 15일, 51세로 입적하
였다. 〔계주집戒珠集『왕생정토전往生淨土傳』(擬)(眞福寺藏建長6年乘
忍書寫)[106]〕

2) 담행(曇行, 미상)

『삼계모선사행장시말三階某禪師行狀始末』에 "서경西京에 일사선지계
승一邪善持戒僧이 있고, 담행曇行이라고 이름한다."라고 기록되어 있
고, 담행曇行의 행장行狀을 통렬히 비판하고 있다. 〔『삼계모선사행장
시말三階某禪師行狀始末』(P2550)[107]〕

3) 대행(大行, 미상)

『염불경念佛鏡』의「염불대삼계문念佛對三階門」의 최후의 부분에 "대행
화상大行和尙의 살아 있던 날, 여러 삼계三階 사람이 있다. 삼계의
법을 버리고 화상和上의 염불에 귀의하였다."고 쓰여 있다. (『염불
경』[108])

---

106 塚本善隆(1937b→1975) 244~246쪽 참조.
107 大谷勝眞(1938) 274쪽 참조.
108 대행大行의 생존연대에 관해, 송宋의 계주戒珠『정토왕생전淨土往生傳』에는 당

제2절 삼계교의 전개

1. 삼계교의 계보

제1장에서 고찰한 신행의 전기 및 제2장 제1절에서 개관한 신행의 제자와 그 후의 삼계교도의 일람을 근본으로 하여 삼계교의 계보를 작성하면 다음과 같이 된다. 또 혜찬慧瓚, 혜진慧進, 지초志超, 명윤明胤 및 도빙道憑, 영유靈裕, 정연靜淵은 신행의 사승師承에 관련하는 인물이 었고 삼계교도는 아니다. 또 재속자在俗者, 환속자還俗者에는 *의 기호를 붙였다.

이 계보를 보면 개조開祖 신행信行과 직제자들과의 사제師弟관계는 분명히 확립되었던 것을 알 수 있다. 신행의 직제자들, 이들을 삼계교단의 제2세대라 부르면 삼계교단의 발전은 바로 이 제2세대의 활약에 의해서 보증되었다고 해도 과언이 아니다. 그중에서도 승옹선사僧邕禪師가 한 역할은 지극히 컸던 것임에 틀림없다. 신행은 개황의 초, 산중에서 수행하고 있던 승옹을 자기와 함께 수행하도록 불러서 교단의 일원으로 가입시켰다. 개황 9년에 신행이 장안에 들어갈 때에도 동행하였고, 신행의 사후에는 삼계교의 총본산이라고도 할 수 있는 화도사에

희종(唐僖宗, 873~888 재위) 시대의 사람이라고 하고 있다. 望月信亨은 정원貞元 10년 이전, 중당中唐의 사람이라고 한다(「唐大行化上과 道鏡等의 念佛鏡」, 『淨土學』10). 塚本善隆(1937b→1975) 246~249쪽에는 개원開元 26년(738) 2월에 건립된 「唐罔極寺大行禪師元德幢銘」(『寶刻叢編』6, 『新編』1-24)의 대행大行은 아닐까 하고 추정한다. 필자도 塚本善隆의 고증을 채용한다.

서 도중徒衆을 총령總領하였다. 631년 화도사에서 입적할 때까지 실로 30여 년 간에 걸쳐서 교단을 통솔했던 것이다.

정명법사淨名法師는 「고대신행선사명탑비故大信行禪師銘塔碑」에서 신행이 입적한 때에 정명淨名과 승용僧邕 등 300여 명의 도중徒衆이 있었다고 하며 맨 앞에 이름이 거론되고 있는 인물이다. 정명의 자세한 사적事跡은 분명하지 않지만, 620년경까지 살아 있었다고 추측되고 역시 신행의 입적 후 20여 년 간 교단 안에서 중요한 역할을 다하고 있었음에 틀림없다. 본제本濟는 개황 초 신행이 이부異部를 열었다는 것을 듣고 북면北面해서 부부를 받았다. 신행보다도 약 20년 오래 살았고, 615년에 54세로 자문사慈門寺에서 입적할 때까지 『삼계집록三階集錄』을 강의하여 널리 퍼지게 하고, 오중별부五衆別部는 그를 경중敬重했다고 한다. 또 배현증의 존재도 중요하다. 『속고승전』「신행전」에 의하면, 신행의 저술은 모두 이 배현증의 붓(筆)에 위탁되었다고 한다. 바로 천태天台 지의智顗의 저술을 기록 편찬한 관정灌頂과 같은 역할을 삼계교단에서 담당했으므로, 배현증이 없었다면 삼계교 문헌의 유포는 있을 수 없었다고 해도 좋을 것이다. 그 후 환속했다고 전해지며, 스스로 도려徒侶를 맺어 과강科綱을 세웠다고 한다. 승용僧邕이 거느리는 교단과 타협하지 않고 분파했다고 하는 설도 있지만, 어쨌든 630년대까지 활약하고 있었던 것으로 추정된다. 이와 같이 신행의 직제자들은 신행의 사후 대다수가 20년 이상 살아 있었고, 삼계교단을 궤도에 올려놓은 것은 제2세대의 활약에 의한 바가 지극히 크다고 할 수 있을 것이다.

〈삼계교의 계보〉

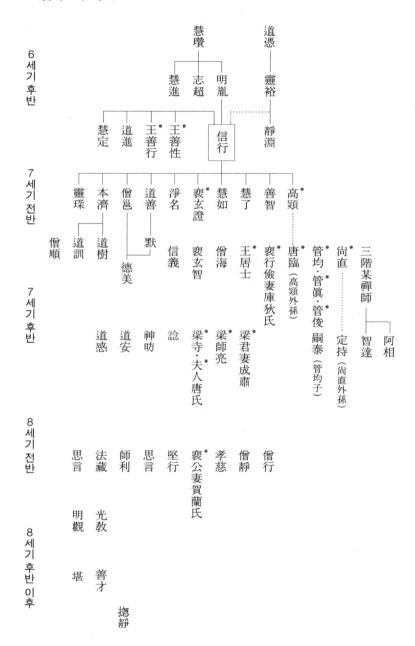

6세기 후반

道憑──靈裕

慧瓚

│
├─慧進
├─志超
└─明胤

道憑──靈裕──靜淵

信行

7세기 전반

慧定──道進──王善行──王善性

靈琛──本濟──僧邕──道善──淨名──裵玄證──慧如──慧了──善智──高頴

三階某禪師──智達

阿相

尙直……………定持（尙直外孫）

管均・管眞・管俊 嗣泰（管均子）

唐臨（高頴外孫）

7세기 후반

僧順──道訓──道樹──德美──默──信義──僧海──王居士──裵行儉妻庫狄氏

論──神昉──道安──道感

梁寺・夫人唐氏──梁師亮──梁君妻成鼐

8세기 전반

思言──法藏──師利──思言──堅行──裵公妻賀蘭氏──孝慈──僧靜──僧行

8세기 후반 이후

明觀──光敎──善才──惣靜

堪

물론 교단의 통솔, 교의의 포교에만 제2세대의 역할이 있었던 것은 아니다. 장안長安으로 들어간 후 진적사에 삼계원을 세워서 신행을 영입하고, 삼계교단에 물질적 지원을 아끼지 않았던 좌복야左僕射 고경高熲의 역할도 빠뜨릴 수 없다. 그의 지원이 없었다면 삼계교단은 장안에 뿌리를 내릴 수 없었을 것이다. 그 외 상주相州에서는 영침선사靈 琛禪師가 신행의 직제자로서 이름을 남기고 있다. 그가 75세로 입적한 것은 629년이다. 신행이 상주에서 장안으로 이주한 것은 589년이었으 므로 그 후 30년간에 걸친 상주에서의 삼계교의 활동에서 중요한 역할을 다했던 것이라고 생각된다.

그런데 앞의 계보를 보면, 제2세대와 제3세대의 관계가 사제師弟의 관계로서는 확실하게 부각되어 있지 않다. 이 경향은 제3세대 이후도 마찬가지다. 이것은 선종禪宗의 각 파派가 사자상승師資相承을 중시하 고, 혈맥이 몇 세대에 걸쳐서 계승되어 있었던 것과 비교하면 커다란 차이가 있다. 게다가 제3세대에서 제5세대 부근에 걸쳐서, 즉 8세기의 전반 부근까지의 시대는 삼계교단이 쇠퇴하는가 했는데 오히려 점점 교세를 확장하고 있는 것이다. 그럼에도 불구하고 이러한 사승師承이 분명하지 않은 상황을 만들어낸 원인은 대체 어디에 있는 것인가. 그 이유는 제3세대에 이르러서도 삼계교단의 구심점은 여전히 개조 신행에 있었던 것이라고 생각된다. 아니 오히려 세대를 경과함에 따라 서 개조 신행의 존재성은 점점 고조되어 가고 있었던 것이다. 제3세대의 삼계교도에 있어서 중요한 것은 제2세대의 누구누구로부터 가르침을 받았다고 하는 것이 아니고 개조 신행의 가르침을 이어서, 개조 신행이 행했던 실천과 같은 실천에 참가하고 있었다고 하는 것이었다.

2. 개조 신행의 신격화

개조開祖 신행信行에 대한 숭경崇敬의 염念은 신행의 사후 점점 높아지
고 드디어 신격화되기에 이르렀다. 삼계교단의 결집의 축은 여전히
신행이었던 것이다. 신행이 입적한 직후에 세워진 비문에 기초하여
정원貞元 20년 재수再修된 비의 탁본이라고 추정되는 「고대신행선사명
탑비故大信行禪師銘塔碑」에서는 『대근기행법對根起行法』 30여 권, 『삼
계불법三階佛法』 4권의 찬술에 관련해서,

> 禪師解有比聖之能, 智有如愚之異, 故能辯四乘之性習, 驗三世之
> 根機, 斷惡於無始之源, 集善於有生之際.[109]
> 선사禪師의 이해는 성인聖人의 능력에 필적할 정도이고, 지혜는
> 범우凡愚와는 다르기 때문에 능히 사승四乘의 습성을 변별하고
> 삼세三世의 근기根機를 증험하여, 악惡을 무시無始의 원源에서
> 끊고, 선善을 유생有生의 때에 모았다.

라고 기술하여, 신행의 지혜가 성인에 비교될 수준에 있었다고 칭송하
고 있다.

또 신행이 죽은 지 112년 후인 신룡神龍 2년(706)에 세워진 월왕정찬
越王貞撰 「수대선지식신행선사흥교지비병서隨大善知識信行禪師興敎之
碑幷序」에서는 첫머리에,

---

109 矢吹 『研究』 8쪽.

揚末法之幽鍵, 獨步一人, 功侔十力, 惟我大善知識信行禪師矣.[110]
말법末法의 유건幽鍵을 올려서 다만 1인 혼자 나아가고, 그 공덕功
德이 십력十力과 같은 것은, 다만 우리 대선지식신행선사大善知識
信行禪師이다.

라고 하는 일문이 있다. 월왕정越王貞은 신행에 대해서 십력十力을
갖춘 부처(佛)와 같은 공덕을 인정했던 것을 알 수 있다. 월왕정은
태종의 여덟 번째 아들이고, 삼계교에 대한 신앙 혹은 상당히 깊은
공감을 품고 있던 인물이다. 당시 상류계층 사람들 사이에서도 삼계교
가 일정한 교세를 얻고 있었던 것을 엿볼 수 있다.

또 7세기 후반, 신행이 죽고 약 100년 정도 지난 시점에서 저술된
정토교자淨土教者 회감懷感의『군의론』권3에서는 신행을 다음과 같이
비판하고 있다.

諸余大德容可誤解經文, 信行禪師說是四依菩薩, 寧容於此聖教
亦有錯解.[111]
다른 대덕大德이라면 경문을 오해하는 것도 있을 수 있지만, 신행
선사는 사의四衣의 보살菩薩이라고 불리어지고 있는데, 어째서
이 성교聖教에 대하여 오해하는 것이 있을 수 있는가.

이것은 당시 삼계교도가 신행을 십지十地의 초지初地 또는 그 이상의

110 同. 2~3쪽.
111 大正 47. 44中.

자리에 상당하는 사의四依의 보살로서 높이 평가하고 있었던 것을
이야기하는 자료라고 할 수 있을 것이다. 또 다른 부분에서는,

> 禪師智慧廣弘, 慈悲厚愍, 此第三階沈淪穢土受生故, 開普眞普正
> 法門, 接引純邪純惡之輩, 使學當根佛法, 皆令生彼西方. 此乃法
> 藏之所不論, 釋迦之所不說. 禪師獨開此教, 拔彼第三階人. 故曰,
> 說諸佛不說之經, 度諸佛不度之者. 我等欣聞集錄, 頂載受持, 更
> 不讀誦衆經.[112]

선사禪師는 지혜가 광대하고 자비가 두터우며, 이 제3계에 속하고
예토穢土에 생을 받은 사람들을 위해서 보진보정普眞普正의 법문
을 열고, 순사순악純邪純惡의 무리들을 접인接引하여 당근불법當
根佛法을 배우게 하고 모든 자를 서방에 태어나도록 하였다. 이것은
법장보살法藏菩薩이 논하지 않았던 것이고, 석가釋迦가 설하지
않았던 것이다. 선사는 혼자 이 가르침을 열고, 저 제3계인을
빠져나가도록 하였다. 그러므로 제불이 설하지 않았던 경을 설하
고 제불이 구원하지 않았던 자를 구했다고 말할 수 있는 것이다.
우리들은『삼계집록』을 기꺼이 듣고, 받아서 수지하고 전혀 다른
경은 독송하지 않는다.

라고 삼계교도의 말을 소개하고 있다. 이것에 의하면 삼계교도는 삼계
의 가르침을 설한 신행을 석가보다 뛰어난 존재로 보고, 그 저서『삼계집

---

112 同. 45上.

192

록』에 경전 이상의 평가를 부여하고 있었던 것이라고 추정된다.

정토교 측의 자료에 소개된 삼계교도의 신행 숭배라고도 해야 할 신행에 대한 숭경崇敬은 신행 입적 후에 저술된 삼계교 문헌 중에서도 명확하게 표현되고 있다.『삼계불법三階佛法』(돈황본)의 주석서이고, 7세기 중반 이후에 성립된『삼계불법밀기三階佛法密記』권상에서는,

第一明能起敎人者, 卽信行是. 謂當一乘菩薩, 六住已去, 通凡及 聖俱是. 由能發願受善惡種身故, 能入六道, 隨類應生. 由不仮人 法, 卽自開解故, 能爲他起敎. 故下文言, 唯除一乘根機諸佛菩薩 已外, 終無有能得一人於佛滅度後獨自學出世間一人一行無人無 行五種不干盡八種佛法徹到成就者.[113]

첫째로, 가르침을 일으킨 사람을 밝히면 즉 신행이 그 사람이다. 일승의 보살에 상당한다고 말할 수 있다. 육주六住 이후는 범성凡聖 을 통하여 모두 일승보살一乘菩薩이다. 발원하여 선악 양종의 몸을 받을 수가 있으므로, 육도六道에 들어와 각각의 종류에 따라서 화생化生하는 것이 가능하다. 다른 사람의 가르침을 빌리지 않고 스스로가 개해開解했으므로, 남을 위해서 가르침을 세울 수가 있다. 그러므로 아래의 글(文)에 말하기를, 일승근기一乘根機의 제불보살 이외에는 한 사람도 불佛 멸도 후에 독자적으로 출세간의 1인1행, 무인무행無人無行, 오종불간진五種不干盡, 팔종불법八種 佛法을 철저하게 완성한 자는 없다.

---

113 P2412,『敦煌寶藏』120. 267下(矢吹『研究』別篇 79쪽).

라고 서술하고 있다. 여기에 있어서도 역시 가르침을 세운 신행을 일승보살이라고 받들고, 신행은 삼계의 가르침을 설하기 위해서 스스로 발원하여 육도六道에 태어났다고 하고 있다.

이러한 자료를 통해서 엿볼 수 있는 것은 7세기에 있어서의 삼계교의 교세 확장은 바로 개조 신행의 신격화, 혹은 신행 숭배의 고조 가운데에서 진전되었다고 할 수 있다. 물론 대승의 이타사상을 철저하게 추구한 삼계교사상의 매력, 그리고 실천적으로 구체화한 삼계교의 여러 활동, 이것들에 대한 사람들의 공감 없이는 삼계교의 교세 확대는 있을 수 없었겠지만 그들을 최종적으로 통합하여 대중에 어필하여 간 주축은 역시 개조 신행의 존재였다고 할 수 있다.

3. 화도사 무진장원의 활동

신행의 입적 후 삼계교도의 활동으로써 그중에서도 특히 중요하고, 바로 신행 숭배의 고조 가운데 활황을 나타내 보인 것은 화도사 무진장원의 활동이다.[114] 이것에 관해서 『태평광기太平廣記』493 「배현지裵玄智」의 항에서는,

> 武德中, 有沙門信義習禪, 以三階爲業. 于化度寺置無盡藏. 貞觀
> 之後, 捨施錢帛金玉, 積聚不可勝計. 常使此僧監當, 分爲三分.
> 一分供養天下伽藍增修之備, 一分以施天下饑餒悲田之苦, 一分

---

114 화도사化度寺의 무진장無盡藏에 관한 연구는 矢吹『硏究』115~118쪽, 619~637쪽, 塚本善隆(1926b→1975), Hubbard(1986) 142~170쪽 참조.

194

以充供養無碍. 士女禮懺闐咽, 捨施爭次不得. 更有連車載錢絹捨
而棄去, 不知姓名.[115]

무덕연간武德年間(618~626) 사문 신의沙門信義는 선禪을 배우고,
삼계三階의 가르침을 실천하며 화도사에 무진장을 두었다. 정관
(貞觀, 627~649) 이후에는 사시捨施된 전錢, 면, 금, 옥이 이루
다 셀 수 없을 정도로 모였다. 언제나 이 승僧에게 감독하게 하여,
3등분하고 1등분은 나라 안의 가람伽藍의 증수增修에 쓰도록 대비
하고, 1등분은 굶주림과 빈곤으로 고통 받는 사람들에게 베풀고,
1등분은 무차회無遮會에 공양하는 것으로 배당하였다. 남자도
여자도 예배, 참회하는 사람으로 가득 찼고 앞을 다투어 사시捨施
하였다. 또 몇 대나 되는 수레에 돈과 비단을 싣고 와, 그것을
사시하고 이름도 밝히지 않고 가버리는 사람도 있었다.

라고 적고 있다. 이것에 의하면 화도사의 무진장원이 시작된 것은
신행의 사후 20여 년을 경과한 무덕연간武德年間이라고 하는 것이다.
무진장원의 창시를 말하는 자료는 이것 외에는 없고 보다 구체적인
사정도 확실하지 않다. 당시 화도사에는 신행의 직제자인 승옹僧邕
등도 있었으므로 일시 신의信義가 담당자였던 것일 테고, 신의信義
한 사람의 생각으로 시작되었던 것이라고는 생각하기 어렵다. 대저
무진장의 실천은 이미 제1장에서 본 바와 같이 개조 신행 자신이 특히
중시했던 실천이고, 『신행유문信行遺文』에도 16종 상락아정常樂我淨

---

115 『太平廣記』(台北, 明倫出版社, 1971, 4047쪽).

의 무진장행無盡藏行으로서 설해지고 있는 것이다. 따라서 신행의 사
후, 무진장행의 실천이 중단되고 20여 년을 경과해서 돌연히 재개되었
다고는 생각하기 어렵다. 신행의 사후에도 어떠한 형태로든 계속되어
갔던 무진장행의 실천을 보다 조직화해서 일반 대중도 참가할 수 있는
형태로 정비해 갔을 것이다. 이에 즈음하여 중요했던 것은 무진장의
활동에 참가하는 것에 의해서 얻어지는 이익을 부각시키는 것이었다.
물론 대승大乘의 이타利他의 정신을 구체화한 것이라고 함은 이론적으
로는 중요한 점이지만, 대중의 마음을 사로잡아 폭발적으로 퍼져갔던
것은 무진장의 활동에 참가하는 것이 자기의 구제에 있어서 큰 이익이
된다고 하는 점일 것이다. 신행의 저작으로 추정되는 『무진장법약설無
盡藏法略說』(S190)이 있는데 이에 대한 주석서 『대승법계무진장법석大
乘法界無盡藏法釋』(仮題S721V)에서는,

云何發菩提心, 同菩薩行, 作得度因緣者. 謂, 共信行禪師及一切
國界一乘菩薩, 同其一行, 作得度因緣. 但一切國界一乘菩薩, 於
念念中有福德智慧二行滿足, 成佛放光, 召集有緣. 假使自身造
罪, 墮三惡趣, 下至阿鼻地獄, 由同此無盡藏一行, 與諸佛菩薩有
緣, 故蒙佛光照, 拔出三塗, 生人天中, 受化生身, 聞法, 得果利益
者是.[116]

어떻게 해서 보리심菩提心을 발하고, 보살의 행行에 동참해서 득도
의 인연을 만드는 것인가. 신행선사와 일체 국계國界의 일승보살一

---

116 S721V, 『敦煌寶藏』6. 91下~92上(矢吹 『研究』別篇 164쪽).

乘菩薩과 함께, 일행一行을 함께하여 득도의 인연을 만들 수가 있는 것이다. 오직 일체 국계의 일승보살만이 염념念念의 중에 복덕과 지혜의 이행二行을 만족하고, 성불하여 빛을 발하며 유연有 緣을 소집하는 것이다. 만약 자신이 죄를 지어서 삼악취三惡趣에 떨어지고, 심지어 아비지옥阿鼻地獄까지 이르렀다 해도, 이 무진 장의 일행一行을 같이하여 제불보살과 연이 맺어지는 것에 의해서 부처(佛)의 빛을 받아서 삼도三塗에서 빠져나오고, 인천人天 중에 태어나 화생의 몸을 받아 법을 듣는다. 과보果報로서 얻어지는 이익이란 이러한 것이다.

라고 서술하고 있다. 당시의 사람들에게는 윤회의 공포, 지옥에 떨어지는 공포가 깊게 침투되어 있었을 것이다. 이 공포를 없애고 구제를 얻기 위한 방법으로서 무진장행이 추천 장려되었던 것이다. 그리하여 그것을 실천하는 것에서 대중에게 안도감을 주었다는 것은 위대한 존재와 함께 실천을 하고 있다고 하는 감각이었다. 복덕과 지혜의 이행二行을 만족하신 불보살과 다름없는 신행과 함께 실천하고 있는 것이야말로 본래 무력하고 자신으로서는 구제를 받을 수 없는 존재임에도 불구하고 구제에의 도道를 걷고 있다고 삼계교단은 선전하는 것이고 일반대중도 그 선전의 내용에 현실성을 느끼게 되므로 앞을 다투어 희사하는 상황이 벌어졌던 것이다. 동시에『대승법계무진장법석大乘 法界無盡藏法釋』의 다른 부분에서도,

問. 如今化作無盡藏人皆未有解眞行深病輕三義, 若爲相應. 答.

但施無盡藏者,　悉應教云入信行禪師法界普無盡藏.又非直信行

禪師同行, 亦共一切過去未來現在十方虛空法界等一切國土一切

一乘菩薩同此一行. 由信行禪師等一切菩薩正故, 但同行隨喜見

聞等四階人並正. 如蛇入竹筒, 筒直蛇亦直. 然共信行禪師等同此

無盡藏行故, 由所同正, 故能同亦正, 不畏邪錯.[117]

묻는다. 금일 무진장을 행하고 있는 사람은 모두 아직껏 해진解眞,
행심行深, 병경病輕의 삼의三義를 잘하지 못하는데 어떻게 해서
상응하는 것일까. 답한다. 다만 무진장에 시주하는 것만으로 모두
신행선사의 법계보무진장法界普無盡藏에 들어간다고 해야 한다.
또 신행선사와 동행하는 것뿐만 아니라 일체의 과거·현재·미래의
시방허공법계十方虛空法界와 같은 일체국토의 일체의 일승보살一
乘菩薩과 함께 이 행을 같이 한다. 신행선사 등의 일체의 보살이
바르기 때문에 다만 동행同行, 수희隨喜, 견見, 문聞 등의 사계四階
뿐인 사람도 모두 바르게 된다. 뱀이 대나무 통에 들어가면, 통이
곧바르니까 뱀도 또한 바르게 되는 것과 같다. 따라서 신행선사
등과 함께 무진장행을 같이 하는 것 때문에 행해지는 것이 바르므
로, 행하는 측도 바르고 사착邪錯을 두려워하지 않는 것이다.

라고 서술하고 있다. 신행의 사후, 7세기 중반에서 8세기 초두에 걸쳐서
융성이 극에 달한 화도사 무진장의 성공에 있어서 신행과의 동행이
그중에서도 특히 중요한 사상적 근거로서 자리하여 있었던 것이다.

---

117 S721V, 『敦煌寶藏』6. 94下(矢吹 『硏究』別篇 171~172쪽).

바꾸어 말하면 무진장의 성행은 신행 숭배가 고조된 가운데에서 얻어진 것이라고 할 수 있을 것이다.

그 외 화도사의 무진장원의 활동성황에 대해서는 송대宋代의 위술韋述의 『양경신기兩京新記』3에도 소개되어 있다.

寺內有無盡藏院, 卽信行所立. 京城施捨, 後漸崇盛, 貞觀後錢帛金繡積聚不可勝計. 常使名僧監藏, 供天下伽藍修理. 藏內所供天下伽藍修理, 燕涼蜀趙咸來取給. 每日所出亦不可勝數. 或有擧便, 亦不作文約, 但往至期還送而已.[118]

화도사 내에 무진장원이 있었는데 그것은 신행이 세웠던 것이다. 장안 사람들의 보시희사布施喜捨도 후에 점차 성행해갔고, 정관貞觀 이후에는 돈·비단·금·수예 등 모인 재물이 셀 수 없을 정도였다. 항상 명승을 감독케 하고 전국 가람의 수리에 바쳤다. 무진장에 전국 가람의 수리를 위해 바쳐진 것은 연燕, 양涼, 촉蜀, 조趙 등에서도 모두 와서 공급을 구하였다. 매일 나가는 재물도 수를 헤아릴 수 없었다. 어느 경우에는 대출할 때 대부증문貸付証文도 작성되지 않았지만 반제기일이 되면 반환되었다.

이 기사 가운데에서 무진장원을 신행이 세웠다고 하는 것은, 앞의 『태평광기』에 있어서의 신의信義가 시작했다고 하는 기사와 상위하지만, 이미 서술한 바와 같이 신행에 의해서 행해졌던 무진장행의 활동이

---

118 『叢書集成新編』96, 418上~中.

신행의 입적 후에도 계속되어 무덕연간武德年間에 신의信義 등에 의해서 조직화되었던 것일 것이라고 생각한다. 또 연(燕: 河北省), 양(凉: 甘肅省), 촉(蜀: 四川省), 조(趙: 山西省) 등에서 빌리러 왔다고 하는 것으로부터, 무진장원의 활동은 전국적으로 알려져 영향력을 가지고 있었던 것도 알 수 있다. 『양경신기兩京新記』는 이 기사에 이어서, (1) 정관貞觀 중에 배현지裵玄智라고 하는 인물이 도중徒衆의 신뢰를 얻어 무진장을 지킨 것으로 되었지만, 그 후 자주 황금을 도둑질하기도 하여 드디어 "장군견랑함將軍遣狼頷, 방치구전두放置狗前頭, 자비아라한自非阿羅漢, 수능면작투誰能免作偸"라는 시詩를 남기고 절을 나와서 행방불명이 되었다는 것이다. (2) 측천무후가 무진장을 동도東都 낙양洛陽의 복선사福先寺로 이주했지만, 잘 모여들지 않아서 다시 처음의 화도사에 이주했다는 것, (3) 개원開元 9년(721), 현종玄宗의 칙령에 의하여 무진장은 폐쇄되고, 그 재물은 장안의 여러 절의 수선비용으로 분배되었던 것 등이 기록되어 있다. (1)의 배현지의 사건은 첫머리에 소개한 『태평광기』493 「배현지裵玄智」의 항에도 소개되어 있는 것이다. 또 (2)의 무진장원의 이전에 대해서는 「대당정역사고대덕법장선사탑명병서大唐淨域寺故大德法藏禪師塔銘幷書」 가운데에 더욱 상세하게 그 경위가 서술되어 있다.[119] 그것에 의하면 정역사淨域寺 법장(法藏, 637~714)은 측천무후의 뜻을 받들어서 여의如意 원년(692)에 동도東都의 복선사福先寺의 무진장을 검교(檢校: 사찰의 사무를 감독하는 일)하고, 장안연간長安年間(701~704)에 다시 화도사의 무진장을 검교檢校했

---

[119] 『金石萃編』71(『新編』1-2, 1206쪽).

200

다고 한다. 그 후 현종시대에 폐지될 때까지 화도사의 무진장의 활동은 계속되고 있었던 것 같다.『불조통기佛祖統紀』권40에 의하면 중종中宗의 신룡神龍 4년(?)에 화도사에 조칙詔勅을 내려 무차대회無遮大會를 마련했다고 하고,[120]『구당서舊唐書』7에 의하면 경룡景龍 4년(710)에 역시 화도사에서 무차대회를 열었다고 한다.[121] 또 (3)의 현종시대에 무진장의 폐지에 관해서는 제3절에서 삼계교에 대한 금압을 논할 때에 상세하게 살펴보겠지만,『양경신기兩京新記』에 개원開元 원년이라고 서술되어 있는 것은 잘못이고, 개원 9년(721)이 바르다고 되어 있다.[122]

어쨌든『태평광기』에 기술한 바와 같이, 화도사의 무진장원의 활동이 무덕연간武德年間(618~626)에 시작되었다고 하더라도, 약 100년간 그 활동은 계속된 것이 된다. 그 활동은 객관적으로 보면 경제적 활동 이외의 어떠한 것도 아니다. 삼계교의 교세가 가장 번성했던 이 100년간이 동시에 화도사의 무진장원의 활동이 성황이었던 시기와 일치하고 있다고 하는 것도 우연은 아니다. 사원경제를 유지하고 활성화시켰다고 하는 것이 삼계교단의 발전에 불가결한 물질적인 요소였다는 것은 말할 것도 없는 것이다. 동시에 이러한 경제활동의 사상적 근거로서, 신행이 목표로 한 대승의 이타적 실천의 구체화로서의 무진장행의 사상과 신행의 사후에 고조되어 갔던 신행 숭배, 그리고 신행과의 동행의 사상이 중요한 역할을 하였던 것은 간과할 수 없는 일이다.

---

120 大正 49, 372下. 신룡神龍이라고 하는 원호元號는 3년(707)으로 끝났다.『佛祖統紀』의 "神龍四年"이라고 하는 기술은 아마도 오기일 것이다.
121 上海古籍出版社, 1986, 3501쪽.
122 본 장 「제3절 쇠퇴에의 길」 216쪽 참조.

4. 신행 묘소로의 삼계교도의 매장埋葬

개조 신행의 신격화, 신행 숭배의 고조 중에서 신행이 행했던 실천과 같은 실천을 하는 것, 즉 신행과의 동행이 추천 장려되어 갔다. 전前항의 무진장원의 활동과 함께, 신행과의 동행의 실천으로서 주목되는 것은 사신공양과 신행의 묘소로의 유골의 매장이다.

이미 제1장에서 본 바와 같이, 신행은 '종남산 치명부 시다림소所'(「고대신행선사명탑비故大信行禪師銘塔碑」)에 사신공양되어, 유골은 '시다림의 아래'(同上)에 탑을 세워서 수습되었다. 사신공양은 신행에 있어서 상락아정常樂我淨의 상태에 달하기 위한 16종의 무진장행의 최후 실천이었던 것이다. 이 신행의 최후 실천을 좇아서 그 후의 삼계교도도 죽은 후에 사신공양을 행하여 유골을 신행의 묘소에 장사 지내게 되었다.

오늘날 남은 자료에 한에서는, 사신공양을 했다고 기록되어 있는 인물은 그렇게 많지 않다. 신행의 직제자 중에서는 상주相州의 제자였던 자윤사慈潤寺의 영침靈琛이 상주 땅에서 사신공양을 했다고 탑명에 기록되어 있을 뿐이다. 또 그 후의 삼계교도 중에서는 덕미德美·상직尙直(在俗)·법장法藏의 3인이 종남산의 시다림에서, 승순僧順이 상주에서 사신공양을 했다고 탑명에 기록되어 있을 뿐이다. 그러나 그 밖의 삼계교도의 경우에도 죽자 곧 신행의 묘소에 장사 지낸 것은 아니고, 사망 후 1년 이상 경과해서부터 신행의 묘소에 장사 지냈다고 기록되어 있는 경우가 적지 않게 있으므로 사신공양을 행한 후에 신행의 묘소에 장사 지내진 삼계교도는 기록에 남아 있는 이상으로 많을 것이라고 추정된다.

그런데 탑명에 기록된 신행의 묘소의 호칭인데, 실로 많은 호칭이 사용되고 있다. 종남산이라고 하는 지명을 첫머리로 시작하는 것이 많지만, 그 외에 '신행의 탑', '지상사북암至相寺北巖의 신행의 묘소', '편재곡', '편재곡의 신행선사의 묘소', '지상사 편재곡 신행선사탑원', '편재곡 대선지식림大善知識林', '치명부선사림鵄鳴埠禪師林' 등의 호칭으로 불리고 있다. 또 예를 들면 「덕미전德美傳」에서는 '치명부'에서 임장하고, '편재곡'에서 기탑起塔했다고 구별하고 있다.

그리고 삼계교도 중 신행의 묘소에 장사 지내진 것이 여러 자료에 의해서 확인할 수 있는 자는 다음과 같다. 〔( ) 속은 기탑起塔되어진 연차이다.〕

신행의 직제자: 선지(善智, 607?), 본제(本濟, 615), 승옹(僧邕, 631), 배현증(裴玄証, 634?), 혜료(慧了, 657), 이상 5명.

그 외 僧僧: 덕미(德美, 637 以降), 승해(僧海, 657), 도안(道安, 670), 사언(思言, 714), 법장(法藏, 716), 견행(堅行, 733), 담(湛, 825), 총정(惣靜, 832) 이상 8명.

재속자在俗者: 왕거사(王居士, 658), 배행검 처 고적씨(裴行儉妻庫狄氏, 7세기 중엽), 양군 처 성숙(梁君妻成肅, 664), 관진(管眞, 679), 관균(管均, 679), 관준(管俊, 679), 양사梁寺 및 처妻 당씨唐氏(688), 양사량(梁師量, 697), 상직(尙直, 703), 배공 처 하란씨(裴公妻賀蘭氏, 716), 이상 11명.

합계 24명.

이 중에서 담대사湛大師가 798년에 입적하여 경당經幢이 825년에 건립되고, 양정대사揚靜大師가 831년에 입적하여 832년에 경당이 건립되어 있지만, 이 2개는 8세기 중반 이후 삼계교에 한하지 않고 당시 번성하고 있었던 『존승다라니경尊勝陀羅尼經』의 경당이었고, 순수한 탑은 아니다. 따라서 이 2개를 제외하면 그 외는 모두 8세기 전반까지 탑비가 세워진 것이 된다. 그 최후는 724년에 입적하여 733년에 탑이 건립된 견행堅行의 탑이다. 현존하는 자료에 근거하여 보면, 신행의 묘소로 삼계교도의 매장의 풍습은 8세기 전반까지의 시기가 가장 활발했었다고 할 수 있을 것이다. 그리하여 이 8세기 전반까지의 시기라고 하는 것은 무진장원을 위시하여 삼계교의 여러 가지 활동이 활황을 보였던 시기와 거의 일치하는 것이다. 뒤에서 상세하게 살펴보겠지만 현종의 시대인 721년에 화도사의 무진장원이 폐지되고, 725년에는 활동이 금지되었다. 이러한 삼계교에 대한 금압의 움직임과 거의 일치하는 모습으로 신행의 묘소로 삼계교도의 매장의 풍습은 쇠퇴해갔던 것이다.

현종의 치세가 끝나고 10여 년을 경과한 대력大曆 2년(767), 신행의 탑원은 '백탑사百塔寺'라고 호칭이 변경되었다고 한다.[123] 이것은 그 시대까지의 수많은 삼계교도가 신행의 묘소에 장사 지냈던 것을 이야기하고 있다. 8세기 후반에서 9세기 전반의 시기는 삼계교가 한 번 더 활동을 활성화 한 시기였지만 현존하는 묘비 등의 상황으로 미루어 보면 역시 7세기의 활황을 웃도는 시대는 두 번 다시 오지 않았다고 생각된다.

---

123 矢吹 『研究』 120~122쪽.

5. 삼계교 관계 사원

삼계교와 관계가 깊었던 사원의 역사에 관해서는 시취경휘矢吹慶輝의
연구에 의해서 거의 모두 밝혀졌으므로 다시 설명하지 않겠다.[124] 또
삼계교 사원에 머문 승려가 어떠한 규율에 근거하여 어떠한 수행 생활을
보내고 있었는가에 대해서는 제5장 '삼계교 교단규율'의 부분에서 상세
하게 서술할 예정이다. 여기서는 삼계교도에 관한 여러 자료에 근거해
서 삼계교와 관계가 있었던 사원과 거기서 활동했던 승려를 소개하는
것으로 그치겠다.

우선 『속고승전』권16 「신행전」에서 "경사京師에 절 5곳을 두었다.
즉 화도化度, 광명光明, 자문慈門, 혜일慧日, 홍선弘善 등이 그것이다."[125]
라고 서술되고 있는 장안長安의 소위 삼계5사三階五寺에서 활동하고
있던 승려는 다음과 같다.

진적사(화도사): 신행信行, 승옹僧邕, 혜여慧如, 배현증(裴玄証, 後還
俗), 승해僧海, 신의信義, 배현지裴玄智, 법계法界(?), 법장法藏, 선재善
才, 도감道感, 광교光敎

광명사光明寺: 혜료慧了

자문사慈門寺: 본제本濟, 자효孝慈, 무급無及(?)

혜일사慧日寺

홍선사(弘善寺: 超景公寺): 도안道安

이것만 보더라도 화도사가 삼계교의 중심사원이었던 것을 충분히

---

124 同. 112~126쪽.
125 大正 50. 560上.

알 수 있다.

또 장안에 있어서 그 외의 삼계교 관계 사원으로서는 다음의 8개 사원을 들 수 있다.

회창사會昌寺	덕미德美
자비사慈悲寺	신방神昉
선화사宣化寺	견행堅行
홍복사弘福寺	사태嗣泰, 정지定持
정역사淨域寺	법장法藏
숭의사崇義寺	사언思言
천복사薦福寺	명관明觀
직심사直心寺	총정摠靜

삼계교승三階敎僧은 삼계5사에 한하지 않고, 장안長安의 절에 거주하며 삼계의 실천을 쌓아가고 있었던 것을 알 수 있다. 각각의 절에 삼계원이 있었는지 어떤지는 확실하지 않지만, 장안에 있어서의 삼계교도의 활동의 범위확대의 일단을 짐작해 알 수 있다. 한편, 장안 이외의 각지에서 활동하고 있던 삼계교승의 자료는 반드시 많다고는 할 수 없다. 신행이 장안으로 들어가기 이전에 활동하고 있던 상주에서는 자윤사慈潤寺의 영침靈琛과 광천사光天寺의 승순僧順의 2인이 확인될 수 있을 뿐이다. 또 포주蒲州에서는 비전사悲田寺에서 삼계를 학습한 선사가 활동하고 있었던 것, 지역은 분명하지 않지만 숭정사崇靜寺에 지달智達이라고 하는 삼계교승이 있었던 것을 알 수 있을 뿐이다.

그러면 오늘날, 자료적으로 더듬어 갈 수 있는 삼계교 관계의 사원이 장안에 집중해 있다고 하는 상황은 무엇을 의미하는 것인가. 신행은

만년에 상주에서 장안으로 이주하여 살았고, 입적할 때까지의 5년간
(589~594), 장안에서 포교활동을 하였다. 신행의 사후에도 신행의
직제자들은 장안의 각 사원에서 활동하고 있었고, 삼계교 관계의 사원
이 장안에 집중하여 있었다고 하는 상황은 극히 당연한 일인지도 모른
다. 다만 잊지 않아야 할 것은 삼계교단이 이 대도시에서 활동한다고
하는 것은 삼계교의 교의 상으로도 필연적으로 도출해 낼 수 있는
것이었다고 하는 점이다. 이미 신행의 전기 부분에서 서술했던 바와
같이 개황의 초, 신행은 산림에서 수행하고 있던 승옹에게 심부름꾼을
보내어 수행에 있어서는 사람들을 구제하는 것을 우선으로 해야 하고,
자기의 몸만이 구제된다고 하는 것은 부처님의 가르침에 반反한다고
설득한 결과, 승옹은 산에서 내려와 신행과 함께 도시(업鄴이라고 추정
된다)에서 활동했다고 한다. 이것은 신행이 목표로 하는 불교적 실천은
산림 가운데에서 오로지 자기의 깨달음만을 위해서 수행을 하는 것은
아니라는 것을 나타내고 있다. 신행의 저작이라고 보는 『대근기행법對
根起行法』에서도 다음과 같이 설하고 있다.

第三階空見有見衆生出世處者, 唯得在聚落, 不合在山林閑靜. 何
以故. 由從無始已來, 與如來藏佛佛性佛形像佛最有緣故, 唯得在
聚落, 不得在山林修道.[126]
제3계의 공견空見 유견有見의 중생이 출세간出世間에 이르는 수행
을 하는 장소는 단지 취락聚落만에 있어야 하고 산림한정山林閑靜

126 『敦煌寶藏』19. 519上(矢吹 『研究』別篇 125쪽), 또 삼계교의 이상으로 하는 수행장
소에 관한 교리적인 문제는 본서 제4장 452쪽 참조.

에 있어서는 안 된다. 무슨 까닭인가? 무시이래無始以來, (제3계의 중생은) 여래장불如來藏佛, 불성불佛性佛, 형상불形像佛과 가장 인연이 있으므로 취락聚落만에 있어야 하고, 산림 가운데에서 수행해서는 안 된다.

삼계교의 중심적인 사상인 보경사상普敬思想이라고 하는 것은 자기 이외의 타자를 여래장불, 불성불로서 철저하게 공경한다고 하는 것이다. 왜 그렇게 하지 않으면 안 되는가 하면, 제3계의 사람들은 자기를 오로지 사랑하는 한편으로 타자를 오로지 경시한다고 하는 본질적 결점을 안고 있기 때문이다. 이 결점을 제거하기 위해서는 자기의 신身·명命·재財를 모두 내던져서 타자를 공경하고 타자에게 정성을 다한다고 하는 대승적 실천을 행하는 이외에는 없다고 생각하는 것이다. 따라서 가장 이타적 실천이 쌓이는 장소는 사람들이 가장 많이 사는 대도시라고 하는 것이다. 요컨대 장안에서 삼계교 사원이 가장 번성했다고 하는 상황은 단지 역사적 경위에서만 받아들일 것이 아니라 삼계교의 기본 교의와의 관계라고 하는 점에서도 파악해둘 필요가 있다. 그러한 이해에 입각해서 비로소 화도사의 무진장원의 활동이나 상불경보살常不輕菩薩의 실천을 본받은 민중예배 등과 같은 여러 활동이 도시형 불교로서의 삼계교의 활동으로서 의미를 지녀온 것이다.

208

제3절 쇠퇴에의 길

1. 삼계교의 금압禁壓

삼계교는 수隋의 개황開皇 20년(600)에서 당唐의 개원開元 13년(725)에 달하는 126년간에 전후 5회에 걸치는 금압禁壓을 받았다고 한다. 그리고 이들의 금압은 모두 삼계교에 대해서만 가해졌던 것이다. 우선 삼계교의 5회에 걸친 금압을 정리하면 다음과 같다.

제1회 금압: 문제文帝 개황 20년(600). 금단禁斷하여 유행이 허락되지 않게 되었다. (『역대삼보기歷代三寶紀』권12)

제2회 금압: 측천무후 증성証聖 원년(695). 삼계교는 이단이다. 삼계교 전적은 위경僞經·잡부록雜符錄이 극도에 달한 것이다. (『대주간정중경목록大周刊定衆經目錄』권15)

제3회 금압: 측천무후 성력聖曆 2년(699). 삼계교도의 활동은 걸식, 장재長齋, 절곡絶穀, 지계持戒, 좌선에 한정한다. 다른 활동은 위법이다. 삼계교 전적을 목록에서 삭제한다. (同上)

제4회 금압: 현종玄宗 개원開元 9년(721). 화도사, 복선사福先寺의 무진장을 해체하여 없애버리고, 재물을 분산하다. (『책부원귀冊府元龜』권159)

제5회 금압: 현종 개원 13년(725). 활동이 금지된다. 삼계원의 격장隔障을 제거하고, 삼계교 이외의 승려와 함께 거주하도록 시킨다. 『삼계집록三階集錄』을 금단禁斷하고 훼손하여 없애버린다. (『개원석교록開元釋敎錄』권18)

　이들 금압의 원인과 구체적인 상황에 대해서는 반드시 상세하게
밝힌 것은 아니다. 당시의 정치와 불교의 관계, 삼계교의 사상 및
활동 등에서 어느 정도 추측할 수 있을 뿐이다.

1) 문제文帝의 금압

삼계교에 대한 최초의 금압은 신행의 사후 6년을 경과한 수隋의 개황
20년(600) 문제의 치세에 행해졌다. 『역대삼보기』권12에 삼계교 전적
2부를 들어 그 할주割註에는,

> 開皇二十年, 勅斷不聽流行. 想同箴勗.[127]
> 개황開皇 20년에 조칙에 의하여 금지되어 유행이 허락되지 않게
> 되었다. 같은 경우에 빠지는 것을 상상하여 행동을 억제하고 불도
> 佛道 닦기에 힘쓰라.

라고 서술하고 있다. 이 글을 보는 것만으로는 칙금勅禁의 상세한
내용과 원인을 확실하게 알 수 없다. 혹은『역대삼보기』권12에 열거한
『대근기행잡록對根起行雜錄』32권, 『삼계위별집록三階位別集錄』3권,
합계 2부 35권을 비롯한 삼계교 전적의 유행이 금지되었던 것이라고
생각된다. 문제問題는, 숭불가崇佛家로서 유명하고 게다가 개황 9년
(589)에 신행의 장안 영입을 허가한 문제文帝가 왜 삼계교를 칙금勅禁
했나 하는 점이다. 신행은 입경하면서부터 개황 14년(594)에 입적할

---

127 大正 49. 105下.

때까지의 5년간, 장안에서 삼계교를 널리 펼치고 있었다. 가령 신행의 사상과 활동이 국가에 있어서 문제였다면 금압은 신행의 재세 중에 마땅히 이루어졌어야 하였다. 신행의 사후 6년을 경과해서 비로소 금압이 이루어졌다고 하는 점에 제1회 금압의 원인을 해명할 열쇠가 있다고 할 수 있을 것이다. 시취경휘矢吹慶輝는 "생각건대 삼계교가 칙금勅禁을 만난 것은 개황 20년으로, 실은 고경高熲 제명除名의 다음 해에 당한다. 고경의 제명은 암암리에 삼계교의 실세와 관계 있는 것일 것이다."[128]라고 그 원인을 추정하고 있다. 고경은 개황 초에 신행을 장안에 초빙하여 진적사〔무덕 2년(619) 화도사라 개칭〕에 원院을 세워서 신행을 머물도록 한 인물이다. 바로 삼계교에 물질적 활동기반을 구축한 인물이라고 할 수 있겠다. 수隋왕조의 공신功臣이고 좌복야左僕射의 지위에 있었지만, 599년에 황후의 시기를 받아서 제명되었다. 가령 이 사건이 삼계교의 금압을 가져온 것이라면, 최초의 탄압은 순전히 정치적 요인에 의한 것이라고 할 수 있겠다. 지금으로서는 그렇게 된 원인을 찾을 방법이 없지만, 결국은 604년에 문제文帝는 살해되고, 고경도 복권했으므로 금압 자체는 오래 계속되지 않았던 것이라고 생각된다.

2) 측천무후시대의 금압

제2회와 제3회 금압은 측천무후의 시대에 이루어졌는데, 제1회에서 제2회에 이르기까지에는 실로 100년 가까이 간격이 있고, 게다가 그

---

128 矢吹 『研究』 47쪽.

간격이야말로 삼계교가 가장 번성했던 시대였다는 것을 깊이 기억해둘 필요가 있겠다. 무덕연간武德年間(618~626)에 설치되었다고 하는 화도사의 무진장은 멸죄를 위해서 재물의 보시를 권장했다는 불교적 집금集金 조직이고, 모아진 재물은 사탑의 보수와 빈곤자에의 보시, 무차회無遮會 등에 사용되었다. 정관貞觀(627~649) 후에는 모아진 전백금옥錢帛金玉은 계산도 할 수 없을 정도였다고 한다(『태평광기太平廣記』권493). 또 도선찬道宣撰(664년)의 『대당내전록大唐內典錄』권5에서도 『역대삼보기』의 할주割註기사를 답습하고, 더하여 "그렇지만 이 흐름에 속하는 것은 광해육고廣海陸高이다."[129]라고 서술하고 있다. 개황 20년의 금압에 의해서 유행이 금지되고 일시적으로 삼계교의 활동이 약해졌다고 해도 교세를 회복하는데 그리 많은 시간이 걸리지 않았다고 생각된다. 그리하여 7세기 중반에는 삼계교가 가장 번영했던 시기를 맞이했던 것이다.

이러한 번영의 시기를 거쳐서 측천무후의 시대에 제2회와 제3회의 금압이 행해졌다. 그 금압에 관해서 『대주간정중경목록大周刊定衆經目錄』권15에서는,

奉証聖元年恩勅, 令定僞經及雜符錄等遣送祠部進內, 前件敎門旣違背佛意, 別構異端, 卽是僞雜符錄之限. 又准聖歷二年勅, 其有學三階者, 唯得乞食長齋絶穀持戒坐禪, 此外輒行皆是違法. 幸承明勅, 使革往非, 不敢妄編. 在於目錄, 並從刊削, 以示將來.[130]

---

129 大正 55. 278上.
130 同. 475上.

증성証聖 원년에 은칙恩勅을 받들어 위경僞經 및 잡부록雜符錄
등을 정하도록 시켜 사부祠部로 보내어 궁중에 올리게 하였다.
전에 거론했던 (삼계교의) 교문은 이미 불의佛意에 위배되고 있다.
(불의佛意와) 달리 이단을 지어내는 것은 위경僞經·잡부록雜符錄
의 극도이다.
또 성력聖曆 2년 칙령에 의하면 삼계를 학수學修하는 자가 있는
경우에는 다만 걸식乞食, 장재長齋, 절곡絶穀, 지계持戒, 좌선坐禪
만을 하는 것이 가능하고, 그 외의 행은 모두 위법이라고 하였다.
다행히 명칙明勅을 받아서 과거의 잘못을 고치게 하여 함부로
목록에 편입하는 일은 하지 않고, (삼계교 전적을) 모두 삭제하여,
그럼으로써 장래를 보여주도록 하였다.

고 서술하였다. 우선 증성証聖 원년(695)에는 『대주간정중경목록大周
刊定衆經目錄』의 찬정撰定에 즈음하여 삼계교는 이단으로 하고, 삼계교
전적은 위경·잡부록으로 간주하기에 이르렀다. 비장방費長房의 『역대
삼보기』, 도선道宣의 『대당내전록大唐內典錄』에서는 삼계교를 이단시
하는 생각은 보이지 않지만, 이 목록에서 처음으로 '이단異端'의 오명이
덮어 씌워졌고, 전적典籍은 위경·잡부록으로 가입된 것이다. 이어서
성력聖曆 2년(699)의 칙勅에서는 삼계교 전적을 목록에서 삭제시키고,
더욱 삼계교의 활동에 제한이 가해지게 되었다. 다만 이들 금압도
측천무후가 실권을 장악한 당초에서 행해졌던 것은 아니고, 또 걸식,
장재, 절곡, 지계, 좌선이라고 하는 삼계교의 가장 기본적인 활동은
보증되어 있는 점 등을 고려하면 어느 정도 철저한 금압이었는지 의문이

다. 게다가 삼계교승인 정역사淨域寺 법장法藏은 여의如意 원년(692)에
제制를 받들어 낙양洛陽 대복선사大福先寺(武后의 母 楊氏의 舊宅)의
무진장을 검교檢校하고, 장안년長安年(701~704)에는 다시 제制를 받들
어 화도사 무진장을 검교하고 있다. 삼계교의 교단 유지에 중요한
역할을 다하는 무진장에 대한 이러한 조치를 보아도, 무후조武后朝에
있어서의 삼계교 정책은 불가해한 점이 많다. 금압의 원인으로서는
목록의 교경목승校經目僧으로서『군의론群疑論』의 저자 회감懷感도
이름을 늘어놓고 있는 점 등에서 정토교를 비롯한 불교 제파諸派로부터
의 이단시를 생각할 수 있다. 회감은 천복사千福寺 대덕大德의 지위에
있었는데, 그 천복사는 장안의 북서北西 경요문景耀門의 곁에 위치하고
있었다. 삼계교의 중심사원이었던 화도사도 역시 도都의 북서에 위치
하고, 천복사와는 극히 가까운 거리였다. 따라서 회감이 삼계교가
번영하는 모양을 피부로 느끼고 있었을 것은 쉽게 추측할 수 있다.
정토교도 삼계교도 신자의 대부분은 일반 민중이었을 것이다. 신자의
획득에 있어서 서로의 권익은 충돌하고 있었음에 틀림없다. 회감을
중심으로 한 정토교측이『군의론』등의 저작에 의해서 삼계교에 대한
사상적 비판을 왕성하게 계속 진척시켜, 타방에서 왕권에 아첨하여
정치적 탄압을 획책했을 가능성도 있다. 만일 그랬다고 하면 측천무후
시대의 금압은 정토교측에 의한 삼계교의 이단화의 일환이었다고 할
수 있다. 그러나 제파諸派에서의 이단시가 즉시 금압에 연결되는 것은
아니다. 불교 제파와 권력, 삼계교와 권력과의 결부 정도의 강약에
의해서 결과적으로 삼계교가 금압을 당하게 되었을 것이다. 태종太宗의
여덟 번째 아들인 월왕정越王貞은「수대선지식신행선사흥교지비병서

隨大善知識信行禪師興敎之碑幷序」를 찬술한 인물로 열성적인 삼계교도였는데, 688년에는 무후武后에 대하여 난을 일으켰다가 실패하자 자결하였다. 이 사건이 삼계교의 금압에 직접 관계가 있는지 어떤지는 확실하지 않지만, 강력한 외호자의 부재는 금압의 원인遠因이 되었을 가능성은 부정할 수 없다.

측천무후의 사후, 중종中宗의 신룡神龍 4년(?)과 경룡景龍 4년(710)에 칙勅에 의해서 화도사에서 무차대회가 개최되었다. 또 삼계교승 사리師利가 지은 위경僞經『유가법경경瑜伽法鏡經』을 목록 중에 넣어서 유행시켜 두었기 때문에 양제兩帝 시대는 삼계교에 있어서는 활동하기 쉬운 시대였음에 틀림없다. 이 시대에는 권력의 중추에 삼계교의 외호자가 있었던 것이 삼계교의 활황을 받쳐주었다고 생각된다. 구체적으로는 황문시랑 설직黃門侍郎薛稷과 중서령 최식中書令崔湜이었는데 모두가 현종玄宗 즉위 다음해 713년에 태평공주사건太平公主事件에 관련되어 사형되었다. 그리하여 현종에 의한 철저한 금압이 개시되었다.

3) 현종시대의 금압

우선 제4회의 금압은 화도사와 복선사의 무진장을 금단禁斷하고, 무진장의 재물을 분산시켰다고 하는 것이었다.『전당문全唐文』28「금사여시전불사조禁士女施錢佛寺詔」에 의하면,

聞, 化度寺及福先寺三階僧創無盡藏, 每年正月四日, 天下士女施錢. 名爲護法, 稱濟貧弱, 多肆奸欺, 事非眞正, 卽宣禁斷.[131]

들은 바에 의하면, 화도사와 복선사의 삼계승이 무진장을 시작했

기 때문에 매년 정월 4일이 되면 천하의 사녀士女는 금전을 보시한
다고 한다. 호법을 위해서라고 하고 빈약을 구제한다고 말하고
있지만, 많은 간기奸欺를 늘어놓고 있고, 그 일(無盡藏)은 진정眞正
은 아니다. 즉시 금단을 명한다.

라고 서술되어 있어, 화도사와 복선사의 무진장에 금전을 보시하는
것이 금지된 것을 알 수 있다. 또 『전당문全唐文』28 「분산화도사무진장
재물조分散化度寺無盡藏財物詔」에 의하면,

化度寺無盡藏, 財物田宅六畜, 並宣散施京城觀寺. 先用修理破壞
尊像堂殿橋梁, 有余入常住, 不得分與私房. 從貧觀寺給.[132]
화도사의 무진장의 재물, 전택田宅, 육축六畜은 모두 장안의 도관道
觀, 불사佛寺에 분산해서 베풀어져야 한다. 우선 파괴된 존상尊像
·당전堂殿·교량橋梁의 수리에 사용하고, 남은 것은 상주常住에
넣고, 사방私房에 나누어 주는 것은 안 된다. (그리하여 우선)
가난한 도관道觀, 불사佛寺부터 재물을 공급하라.

고 서술한다. 또 위술韋述의 『양경신기兩京新記』3에 화도사무진장원化
度寺無盡藏院을 기기記하여,

開元元年, 勅令毀除, 所有錢帛供京城諸寺修緝毀壞, 其事遂

---

131 欽定 『全唐文』1, 匯文書局, 1961, 380쪽.
132 同. 382쪽.

廢.[133]

개원開元 원년, 칙勅에 의해서 (무진장원無盡藏院을) 훼제毁除시켜
모든 전백錢帛을 경성京城의 제사諸寺에 공급하여 훼괴毁壞를 수리
시켰다. 그 일(무진장원)은 드디어 폐지되었다.

고 서술하고 있다. 이와 같이 제4회째 금압은 삼계교의 물질적인 뒷받침
이 되어온 무진장원의 금지였다. 이 금압은 시취矢吹 이래,『양경신기兩
京新記』의 기사에 근거해서 개원 원년(713)이라고 해왔지만, 려파호礪
波護는『책부원귀冊府元龜』권159에 근거해서 개원 9년(721)으로 정정
하였다.[134] 현종은 팽창 일로에 있는 경제의 인체引締와 검약을 취지로
해서 제위에 오른 황제이므로 일사원一寺院의 경제활동의 한도를 넘는
화도사의 무진장은 금압의 대상으로 지목되었을 것이다. 현종은 개원
2년에 승니僧尼의 위람자僞濫者, 1만 2천 명을 환속시켰다고 한다.
혹은 이러한 움직임과 무관하지 않게 확대 팽창한 사원 경제의 규제의
일환이었을지도 모른다. 경제탄압의 다음에 이어서 개원 13년(725)에
는 제5회 금압이 행해졌다. 개원 18년(730) 지승찬智昇撰의『개원석교
록開元釋敎錄』권18에는 수개황隋開皇 20년 및 측천무후시대의 두 번에
걸친 금압에 이어서 개원 13년(725)의 금압을 열거하고 있다.

知彼反眞構妄, 出制斷之. 開元十三年乙丑歲六月三日, 勅諸寺三

133 『叢書集成新編』96, 418쪽中.

134 礪波護,「唐中期의 佛敎와 國家」, 福永光司編『中國中世의 宗敎와 文化』, 京都大
　　學人文科學硏究所, 1982.

階院, 並令除去隔障, 使與大院相通, 衆僧錯居, 不得別住. 所行集
錄悉禁斷除毀. 若網維縱其行化誘人而不糾者, 勒還俗.[135]

(현종은) 저(삼계교)가 진실에 반하여 허망을 꾸며냄을 안다고
제조制詔를 내고 금압하였다. 개원 13년 을축년乙丑年 6월 3일,
제 사찰의 삼계원에 칙령을 내려 모든 격장隔障을 제거케 하여
대원大院과 통하게 하고, 중승衆僧과 섞여서 거주하게 하고 따로
거주할 수 없게 하였다. 행한 바의 집록集錄(『삼계집록三階集錄』)
을 모두 금단禁斷하고 훼손하여 없앴다. 강유綱維가 교화활동 및
권유활동을 마음대로 하도록 하고, 단속되지 않는 경우에는 환속
시켰다.

이와 같이 삼계교는 진실에 반하고 허망을 꾸며낸다는 이유로 금압되
어, 모든 절의 삼계원은 모두 격장을 제거하고 대원과 통하도록 하고,
중승衆僧과 서로 섞여서 거주토록 하며 『삼계집록』도 모두 금단禁斷하
고 훼손하여 없앴다. 제4회의 금압은 삼계교를 떠받쳐 왔던 경제활동에
대한 최초이며 최후의 금압이고, 제5회 금압은 삼계교의 수행 방식
그 자체를 뒤흔든 금압과 삼계교 전적에 대한 금압을 겸했던 것이었다.
현종기玄宗期의 삼계교 금압은 그 이전의 금압과는 질을 달리한 철저한
금압이었다고 할 수 있다.

---

135 大正 55. 679上.

4) 그 후의 삼계교

현종기玄宗期의 철저한 금압에도 불구하고, 삼계교는 멸망하지 않았다. 7세기 중반 활황을 되찾았는지 어떤지는 확실하지 않지만, 800년에는『정원신정석교목록貞元新定釋教目錄』권30에 삼계교 전적이 다시 입장入藏되고, 825년에는 경종敬宗은 화도사에 화도경원化度經院의 금문액金文額을 하사하였다. 그 후도 10세기 말경까지 삼계교의 활동이 기록되어 있다. 따라서 삼계교는 금압에 의해서 큰 타격을 입고, 그것이 쇠망의 원인이 되었던 것은 틀림이 없지만, 그것이 직접적인 원인이 되어 멸망했다고 보는 것은 정확한 것이 아니다. 불교佛敎 제파諸派가 송대宋代에 걸쳐서 크게 변용變容해간 중에서 삼계교도 독립된 종파로서의 체제를 상실해 갔던 것이라고 생각된다.

2. 정토교와의 논쟁

삼계교의 교세가 가장 번성했던 시기에, 특히 정토교와의 사이에 격렬한 사상적 대립이 있었던 것은 정토교자 회감懷感의『군의론群疑論』을 비롯하여, 여러 개의 정토교 관계의 논서論書에 삼계교 비판이 전개되어 있는 것으로부터 짐작하여 알 수 있다.[136] 본 항에서는『군의론』에 있어서의 삼계교 비판을 채택하여 삼계교와 정토교의 사상적 대립의 중심문제가 어떠했던가 하는 점에 대해서 검토해보려 한다.

『군의론』「당근불법장當根佛法章」에서는, 오늘날의 중생은 대부분

136『念佛鏡』,『淨土十疑論』,『西方要決』등에 삼계교에 대한 비판이 전개되고 있다.

이 제3계의 중생인데 어떻게 제2계의 가르침인『관경觀經』등을 학수學
修하여 정토에 태어날 것을 구할 수가 있겠는가, 라고 하는 삼계교측의
질문에 대해서 회감懷感은 다음과 같이 반론을 가하고 있다.

按禪師立敎之意, 以當根佛法爲宗. (中略) 禪師以其三義尋敎,
知是當根法門. 一依時, 二約處, 三准人. (中略) 然禪師自立其義,
而自乖其趣. 何者, 觀經言, 如來今日敎韋提希及未來世一切凡夫
爲煩惱賊之所害者, 說淸淨業. 及未來世, 惡時也. 爲煩惱賊之所
害者, 惡人也. 此敎化玆穢土, 惡處也. 然此經具斯三義, 計是當根
佛法. 禪師言不當根, 何意也.[137]

(신행)선사가 가르침을 열었던 의도를 생각건대, 당근불법當根佛
法(근기根機에 대응한 불법佛法)을 종宗으로 하고 있다. (중략) 선사
는 삼의三義를 가지고 교敎를 찾아서 당근법문當根法門을 안다.
1은 시時에 의한다. 2는 처處에 집약한다. 3은 인人에 준한다.
(중략) 그런데도 선사는 스스로 그 뜻을 세워서 스스로 그 취지에
반反하고 있다. 어째서인가 하면『관경觀經』에는 "여래如來·금일
今日·교위제희급敎韋提希及 미래세일체범부위번뇌적지소해자未
來世一切凡夫爲煩惱賊之所害者, 설청정업說淸淨業"이라고 서술되어
있다. '급미래세及未來世'라는 것은 악시惡時이다. '위번뇌적지소
해자爲煩惱賊之所害者'라는 것은 악인惡人이다. 이것(『관경觀經』)
은 예토穢土에서 교화된 악처惡處이다. 따라서 이 경이 이 삼의三義

---

137 大正 47, 50中~下.

를 갖추고 있는 것으로 헤아리니, 당근불법이다. 선사가 (『관경觀經』을) 당근이 아니라고 하는 것은 무슨 뜻인가.

이것에 의하면, 회감懷感이 인식한 삼계교의 당근불법의 규준은 시時・처處・인人의 삼의三義라고 할 수 있다. 돈황본『삼계불법三階佛法』권2(S2684)의 최대호세계最大好世界・호시好時・호중생好衆生의 교敎는 제1계불법第一階佛法, 최대악세계最大惡世界・악시호시惡時好時・부정중생不定衆生의 교敎는 제2계불법第二階佛法, 최대악세界最大惡世界・악시惡時・악중생惡衆生의 교敎는 제3계불법第三階佛法이라고 규정하고 있는 부분[138]과 삼계교의 교단규율을 정한『제법制法』(P2849R1)의 "말법악시하근지류末法惡時下根之流, 사다정소邪多正少"및 "명악세계악시악중생출세행법明惡世界惡時惡衆生出世行法…"등의 표현에서[139] 회감懷感이 소개한 삼계교의 규준은 삼계교의 규준을 대체로 정확하게 소개한 것임을 알 수 있다. 회감은 그 세(三) 규준을 당근불법當根佛法의 규준으로서 완전히 용인한 위에,『관경觀經』의 가르침은 악시惡時・악인惡人・악처惡處라고 하는 세 규준을 만족하고 있으니 당근불법이라고 반론하고 있는 것이다. 따라서 쟁점은 당근불법의 규준 자체에 있었던 것이 아니고, 스스로가 당근불법이라고 생각하는 불법이 그 규준에 적합한가의 여부 혹은 상대의 불법이 그 규준에 적합한가 아닌가라고 하는 점에 있었던 것을 알 수 있다.

그러면 양자가 제기한 당근불법이라는 것은 어떠한 것이었는가.

---

138 『敦煌寶藏』22. 241上.
139 『敦煌寶藏』124. 467下.

『군의론群疑論』「지주백세장止住百歲章」에서는『무량수경無量壽經』의
"어미래세於未來世, 경도멸진經道滅盡, 아이자비애민我以慈悲哀愍, 특
류차교特留此敎, 지주백년止住百年"의 개소를 둘러싸고 당근불법에 관
한 논쟁이 벌어지고 있다. 회감은 우선 삼계교측의 주장을 소개한다.

如三階禪師等, 咸以信行禪師是四依菩薩. 於諸大乘經中, 撰集三
階集錄言, 今千年已後第三階衆生, 唯合行普眞普正佛法, 得生十
方佛國. 若行別眞別正佛法, 及讀誦大乘經等, 卽是不當根法, 墮
於十方地獄. 今無量壽經等, 卽是別眞別正, 是第二階佛法. 千年
已前合行此法, 千年已後旣無此機, 斯敎卽廢.[140]

삼계교의 선사 등과 같은 이들은 모두 신행선사를 사의四依보살이
라고 한다. (신행은) 제대승경諸大乘經 중에서 『삼계집록三階集
錄』을 찬집撰集하여 말한다. "지금(佛滅 후) 천년 이후의 제3계중생
은 다만 보진보정불법普眞普正佛法을 행하는 것에 의해서만 시방
불국十方佛國에 태어날 수 있다. 만약 별진별정불법別眞別正佛法을
행하고 또 대승경전大乘經典을 독송하면 곧 당근불법은 아닌 것이
므로 시방지옥十方地獄에 떨어진다."라고. 지금『무량수경』등은
곧 별진별정別眞別正이고 제2계불법이다. 천년 이전은 이 법을
행했어도 천년 이후는 이미 이 기機가 없어져, 이 교敎는 멸망하게
된다.

---

140 大正 47. 48上.

이것에 의하면 삼계교에서는 보진보정불법인가 별진별정불법인가가 제3계불법과 제2계불법을 구분하는 규준인 것을 알 수 있다. 현존하는 삼계교 문헌에도 이들의 용어는 자주 보이고, 약略하여 보법普法·별법別法이라고 하는 경우도 있는데, 회감懷感은 삼계교측의 주장을 대체로 정확히 소개하고 있다고 말할 수 있다. 보법이라고 하는 것은 모든 교법에 가치평가를 가하는 일 없이 널리 실천하는 것이고, 별법이라고 하는 것은 가치평가를 가하여 특정의 교법에 우위를 부여하여 그것을 중심으로 실천하는 것이다. 이 보법과 별법이라고 하는 규준에 의해서 삼계교측은 염불을 중심으로 한 정토淨土의 교법은 시대에 뒤떨어진 별법別法이고, 지옥에 떨어진다고 선언했던 모양이다.

그런데 양자는 같은 당근불법의 규준에 의하면서, 왜 한쪽은 종합적 불교로서의 보법普法을 당근불법으로 규정하고, 다른 쪽은 염불念佛의 실천에 집약된 개별적 불교를 당근불법이라고 규정한 것일까? 이미 양자의 악세계惡世界·악시惡時·악중생惡衆生이라고 하는 공통의 정세인식情勢認識을 확인한 것이지만, 실은 언뜻 보기에 공통하고 있는 것같이 보이는 기근인식機根認識이 질적으로 다른 것은 아닐까 하는 생각이 든다. 우선 삼계교는 제3계의 기근機根은 공견空見·유견有見·사견邪見 성취중생成就衆生이라고 하는 인식이 근저에 있다. 혹은 아견我見·증상만(增上慢: 有見)과 여래장如來藏·불성佛性을 부정하는 견해(空見)에 사로잡혀서 정확한 견해를 가질 수 없다고 하는 것이 제3계에 대한 기본적인 능력인식이다. 바꿔 말하면, 제3계의 중생은 어떤 교법教法이 자기에게 맞는 교법인가를 판별하는 능력을 갖추지 못한 것이다. 그 능력을 갖추지 못한 채로 감히 판단을 내리면 그것은 사견邪見에 근거한 판단이 되고, 잘못된 판단을 기초로 하는 실천은 방불諺佛로 이어져서, 지옥의 인因이 된다. 따라서 그러한 판별을 가하지 않고 모든 불법에 똑같은 가치를 두는 실천을 하는 것이 삼계교가 말하는 보법普法이고, 제3계의 중생에게 적합한 당근불법인 것이다. 이러한 불법은 생맹불법生盲佛法이라고도 말해지는 것같이 판단력의 결여가 열기劣機의 구체적인 내용이 되어 있는 것이다. 한편 정토교의 경우는, 적합한 교법을 판별하는 능력은 문제도 되지 않는다. 적합한 교법 여하의 문제는 이미 불佛에 의해서 처리되고 있는 것이다. 정토교에 있어서의 열기劣機의 구체적인 내용은 이행도易行道와 난행도難行道, 정토문淨土門과 성도문聖道門이라고 하는 교판이 존재하는 것과 같이, 기본적으로는 교법의 실천 능력이 주요한 관심사가 되고 있다. 조금 전 문답問答에 있어서 회감懷感의 풀이(釋)에도 그 특징은 표현되고 있다.

> 先隱沒不行於世, 唯有念佛易修易學. 淺識凡愚猶能修習, 拔濟苦難, 利益弘深. 尙有此機, 堪行斯法. 大聖悲怨, 特留百年.[141]
> 앞서 다른 대승경전이 은몰隱沒하여 세상에 행해지지 않게 되고, 다만 염불만이 있어 행하기 쉽고 배우기 쉽다. 지혜가 얕은 범우凡愚라도 아직 수습修習이 가능하고, 고난을 제거하며 그 이익은 넓고 깊다. (지혜가 천박한) 이 근기根機라도 이 법의 실천은 감당할 수 있다. 따라서 대성(大聖: 釋尊)은 자비애민慈悲哀愍을

---

141 同. 49上.

가지고 이 교敎만을 100년간 (이 세상에) 머물게 하셨던 것이다.

　이와 같이 정토교에서는 실천능력의 결여가 염불을 중심으로 한
정토의 교법에 수렴해가는 전제로 되어 있는 것이다. 요컨대 일견一見
하면 열기劣機라고 하는 점에서 공통인 것처럼 보이는 양자의 근기인식
機根認識도 실은 교법의 판별능력의 결여인가, 실천능력의 결여인가라
고 하는 점에서 근기인식의 질을 달리하고 있다고 할 수 있다. 그리하여
기근인식의 상위相違가, 실천해야 하는 불법으로서는 삼계교의 용어를
빌리면 보법普法과 별법別法이라고 하는 형태로 갈라져 갔다고 할
수 있을 것이다. 당근불법을 둘러싼 양자의 대립은, 그 자체로서는
정통과 이단으로 분별할 수 있는가 여부가 의문이다. 다만 자신은
종합적인 실천을 높이 쳐들면서, 그 구성요소가 될 수 있는 개개의
교법을 집중적으로 실천하는 자에 대해서는 타지옥墮地獄의 위협도
포함해서 공격을 하는 것과 같은 자세는 독존적獨尊的·배타적이고,
특히 정토교에 있어서는 용인할 수 없었던 것은 확실하다.

　각설하고 삼계교와 정토교의 쟁점은 당근불법을 둘러싼 문제였던
것은 이미 확인되었다. 또 삼계교가 정토교를 비판하는 논리도 어느
정도 해명되었다. 남은 것은 정토교측의 삼계교비판의 논리의 해명이
다. 대체 비판의 무기는 무엇이었던 것일까. 회감은「십륜멸죄장十輪滅
罪章」에서『십륜경十輪經』의 "십악윤죄十惡輪罪를 지으면 일체제불一
切諸佛이 구제해 주지 않는 바이다."라고 하는 경문經文에 대한 삼계교의
해석을 비판해서,

禪師以何道理, 言此十惡輪罪二救三不救二生三不生. 經文無簡,
旣許俱爲, 何意言救偏言第二. 此乃人解佛語, 非大聖敎. 添意釋
經, 不當聖旨.[142]

선사는 어떠한 도리道理에 근거해서 십악윤죄十惡輪罪를 지은 자
중에서 제2계중생은 구제되고 제3계중생은 구제되지 않으며, 제2
계중생은 정토에 태어나고 제3계중생은 정토에 태어나지 못한다
고 하는 것인가. 경문에서는 제2계중생과 제3계중생을 구별하고
있는 것이 아니고, 양자 모두 십악윤죄를 짓는 것을 인정하고
있다. 어떤 이유에서 구제라고 하는 점에 관해서 일방적으로 제2계
중생만을 구제하는 것으로 하는가. 이러한 해석은 사람이 불어佛語
를 해석한 것이고 대성大聖의 가르침이라고는 말할 수 없다. 자기
의 뜻을 더해서 경문을 해석하고 있는 것뿐이고 아무리 해도
성교聖敎의 취지에 맞지 않는다.

라고 서술하고 있다. 비판의 논점은 지극히 명료하다. 『십륜경』에는
제2계·제3계 등의 말이 없는데도 불구하고, 일방적으로 제3계중생이
정토淨土에 태어나지 못한다는 것을 경증經證으로 하고 있는 점을
비판하고 있고, 게다가 깊이 추궁해서 말하면 제1계·제2계·제3계라고
하는 삼계교사상의 기본적 짜임새를 지시하는 용어가 경문에 없는
삼계교 독자의 용어였다고 하는 점에 삼계교사상의 결정적 약점을
간파하고 있는 것이다. 이러한 비판의 방법은 「방법왕생장謗法往生章」

226

(大正 47, 50上~中),「반난삼계장反難三階章」(同 47中~下) 등 많은 문답
에서도 사용되고 있다.

그러면 다음의 문장을 검토해 보자.

一切三階佛法, 唯除第一階第二階第三階九字是人語已外, 余者
悉是經文. 與一切章疏問答, 由安人語故, 始得廣說, 一種相似.[143]
일체의 삼계불법은 제1계·제2계·제3계의 아홉 자字만은 인간의
말(人語)이지만, 그것을 제외한 나머지 부분은 모두 경문이다.
일체의 장소문답章疏問答이 인어人語를 두는 것에 의해서 비로소
광설廣說하는 것이 가능하게 되는 것과 같은 것이다.

이 하나의 구절은 돈황본『삼계불법三階佛法』권2의 인용이다. 따라
서 아홉 자字만은 경문의 문장은 아니고 인간의 말인 것을 삼계교의
문헌 자신이 표명하고 있는 것이다. 물론 그것이 사상적 약점이라는
것의 인식은 없고, 오히려 삼계불법은 대부분이 경문인 것을 강조하려
고 한 것이다. 경문과 인어人語를 엄밀히 구별하고, 경문을 절대시하는
자세는『삼계불법』전체를 통해서 엿볼 수 있다. 개조 신행의 단계에서
는 스스로의 사상이 경전보다 위에 위치한다고 하는 것 같은 불손한
생각은 없고, 3단계의 불법이야말로 불의佛意라고 하는 인식이 엄연히
존재하고 있었던 것은 아닐까. 신행의 사후 신행 숭배의 급속한 고조
속에서, 예를 들면『삼계불법밀기三階佛法密記』권상과 같이, 신행은

---

[143] S2684,『敦煌寶藏』22. 230上(矢吹『研究』別篇 12쪽).

일승一乘의 보살이고 불佛이 충분히 설할 수 없었던 제3계불법을 광설廣
說한다고 하는 인식이 생겨나, 그것이 대외적으로도 공공연하게 주장
되기에 이르렀고, 타 종파他宗派에서의 비판을 초래한 것은 아닐까
하고 생각된다.

결어

삼계교의 역사를 대충 파악하여 성립기·전개기·쇠퇴기라고 하는 세
시기로 나누어 보면, 594년에 신행이 사망하기까지의 시기를 성립기,
신행 사망 후부터 8세기 전반에 현종玄宗의 금압禁壓이 개시되기까지의
120년 남짓한 시기를 전개기, 그 이후를 쇠퇴기라고 구분할 수 있는
것이 아닐까 생각한다.

　우선 성립기는 개조 신행에 의해서 종래의 가르침의 구성과는 다른
새로운 구성으로서의 '삼계'의 가르침이 제창되었고, 또 무진장행無盡
藏行과 상불경보살常不輕菩薩의 예배행禮拜行 등의 실천이 제기되었으
며, 그러한 새로운 가르침과 실천에 매료되어서 신행을 중심으로 한
독자의 교단이 확립되어 갔던 것이다. 상주相州에서 장안長安으로 활동
의 거점을 옮김에 따라 삼계교라고 하는 신흥 불교교단은 그 후 발전의
확고부동한 기초를 구축하게 되었다. 기초란 구체적으로는 인적 기초,
문헌적·교의적 기초, 물질적 기초 등이다. 인적 기초는 승옹僧邕과
정명淨名을 비롯하여 300명이 넘는 삼계교단이고, 문헌적·교의적 기
초는 신행이 구술하고 그 후 집록했다고 하는『삼계불법三階佛法』
및『대근기행지법對根起行之法』등의 삼계교 문헌의 성립이고, 물질적

기초는 진적사眞寂寺 즉 후일의 화도사化度寺를 비롯한 장안에서의
활동거점의 획득이다. 그리고 이러한 기초를 확립하는 데 중심적인
역할을 담당했던 사람은 말할 것도 없이 개조 신행이었다고 할 수
있을 것이다.

　삼계교의 전개기는 공교롭게도 신행의 죽음으로 인해서 시작되었다
고 하겠다. 바꿔 말하면 신행의 존재성을 그때까지와는 다른 형태로
정립할 필요가 절박했으므로, 삼계교가 새로운 전개기를 맞이했던
것이다. 전개기에 있어서 중요한 역할을 했던 이들은 신행의 제자들,
즉 제2세대의 삼계교도들이다. 화도사 승옹(僧邕, 543~631)·정명(淨
名, ?~620?), 자문사慈門寺 본제(本濟, 562~615)·배현증(裵玄証, ?~
634?), 진적사眞寂寺 혜여(慧如, ?~620년경), 광명사光明寺 혜료(慧了,
?~656) 등, 지금 기록에 남아 있는 신행의 직제자들은 모두 신행의
사후, 20년 이상이나 오래 살아 있었다. 이 기간 동안에 거점으로
되어 있던 각각의 사원에서 직제자들이 교단을 이끌었고, 삼계의 가르
침을 실천하여 널리 퍼지게 한 것이 그 후의 삼계교의 전개에 있어서는
무엇보다도 중요하였다. 삼계교의 전개는 신행 없이는 있을 수 없었지
만, 그것과 똑같은 전개는 제2세대의 활약 없이는 있을 수 없었던
것이다. 그러면 제2세대가 이행한 역할이란 어떤 것이었을까? 물론
삼계교단을 운영하기 위해서 여러 가지 활동을 이끌어간 것은 말할
나위도 없다. 문제는 교단을 통솔해 가는 선상에서의 결집축을 어디에
서 찾아냈나 하는 점이다. 즉 제2세대는 스스로가 교단의 결집축이
되는 그러한 역할을 담당했는가의 여부이다. 답은 아니다 이다. 제2세
대가 이행한 중요한 역할은 신행의 존재성을 신행의 생전과는 다른

형태로 높이는 일, 즉 신행의 신격화를 적극적으로 추진했던 것이었다
고 할 수 있겠다. 그들은 신격화된 신행이 설한 가르침으로써『삼계집록
三階集錄』을 성전화聖典化하고 널리 폈으며, 신격화 된 신행도 행했던
실천이라고 하는 것에서 무진장원의 활동을 부각시켰으며, 입적한
후에도 신행이 행했던 사신공양과 신행 묘소로의 매장埋葬의 관습을
정착시켜 갔던 것이다. 이렇게 제2세대는 삼계교를 말하자면 '신행교'
라고 하는 형태로 전개시키는 것에 성공했던 것이다. 삼계교의 계보를
작성하여 보면, 신행과 제자들의 사제관계는 확실히 하고 있지만 제2세
대와 제3세대 또 그 이후의 세대에 있어서는 사제관계가 명확한 예는
극히 드물다. 이것은 세대를 거쳐도 삼계교단의 집결축이 여전히 신행
에게 있었다고 하는 것을 나타내고 있는 것은 아닐까. 삼계교단은
스승에게서 제자에게로 차례차례로 법계法系를 전한다고 하는 방법이
아니고, 시대를 경과해도 개조 신행과 동행한다고 하는 형태로 직접으
로 성스러운 자와 연결되어 있다고 하는 것을 부각시키는 것에 의해서
화도사 무진장원의 활동 같은 폭발적 유행을 이룩해 갔던 것이다.
이러한 교조의 신격화에 의해서 신흥 종교교단을 발전시켜 갔던 예는
동서고금東西古今에서 수많이 볼 수 있는 종교현상이지만, 중국에 있어
서의 당시의 불교계에서는 이러한 형식은 극히 드문 것이었다. 삼계교
단이 자기규정自己規定으로서도 또한 타자他者로부터의 규정으로서도
'이단異端'으로 된 것도, 이러한 사정과 깊은 관계가 있는 것이라고
생각된다.

각설하고 쇠퇴기에 관해서인데, 정치적 금압이 교단의 쇠퇴 요인이
된 것은 상상하기 어렵지 않다. 현종玄宗에 의한 무진장원無盡藏院의

폐지는 교단의 재정적 기반을 자르는 것이었다. 또 사원 중에서 다른 승려와 별주別住하는 것이 금지되고, 삼계교 독자의 활동을 행하기 어렵게 된 것도 쇠퇴로 이어지는 요인이었을 것이다. 그러면 쇠퇴로 이어지는 내적인 요인은 없었던 것일까. 이 점에 관해서는, 지금으로는 분명한 견해는 제시할 수 없다. 혹시 전개기에 원동력이 되었던 신행의 존재성이 점차로 희박하게 되어갔던 것은 아닐까 하고 막연하게 생각하고 있다. 즉 제2, 제3, 제4 세대 정도까지는 신격화되긴 했지만 한편으로 생신生身의 인간으로서의 신행의 존재성도 전해졌던 것이었는데, 8세기 이후가 되면 신행이라고 하는 존재는 신격화되었기 때문에 먼 존재가 되기 시작하여 드디어 희박하게 되고, 신행교로서 교단이 내부에서 붕괴해갔던 것은 아닐까. 또 다른 견해도 있다. 당대唐代 사회의 전개와 쇠망衰亡의 시기를 삼계교단의 전개와 쇠망의 시기와 대조해 볼 때, 의외로 일치하고 있는 점이다. 이렇게 말하는 것도 삼계교단과 귀족과의 관계가 삼계교사 전체를 통해서 어른거리고 있기 때문이다. 신행을 장안에 영입한 고경高熲, 하동河東의 명문名門 배씨裵氏 일족, 광명사光明寺 혜료慧了의 외호자外護者였던 소우蕭瑀, 신행의 홍교비문興敎碑文을 찬술撰述한 태종太宗의 여덟 번째 아들 월왕정越王貞, 위경僞經『유가법경경瑜伽法鏡經』의 유행에 관련한 설직薛稷과 최식崔湜 등, 때때로 유력한 귀족이 삼계교단의 활동에 깊이 관계하고 있었던 것이다. 또 신행의 묘소에 묻힌 재가자들의 묘비도 비碑를 세울 수 있는 재력을 가지고 있던 귀족의 자제와 처들의 것이 대부분이다. 이러한 상황을 고려하면 귀족사회가 크게 변용해간 8세기 중반 이후, 삼계교단도 약간의 굴곡이 있었지만 서서히 쇠퇴해갔다고 말할 수 있는 것이라고 생각한다. 이 문제는 단지 삼계교단만의 범위로 고찰해 나가는 것은 어려울 것이다. 당대唐代 전반前半에 성행하고, 그 후 쇠퇴해갔던 다른 불교 제파諸派의 전개도 살펴보면서 새삼스럽게 검토를 해볼 필요가 있겠다.

귀족과의 관계를 문제제기했는데, 민중과의 관계에 대해서도 한마디 언급해 두겠다. 당대唐代 전반에 번영했던 불교 각파 중에서 일반민중과의 관계가 특히 강했던 것은 삼계교와 정토교일 것이다. 그 사상적 근거는 양 교教 모두 그 시대에 살았던 사람들 모두가 열기劣機인 것을 주장했던 것에 의해서, 오히려 모든 사람의 종교적 구제의 평등성이 실현되었다는 점에 있었다고 생각된다. 제4장에서 자세하게 보게 되겠지만 삼계교에서는, 말하자면 열기劣機야말로 뛰어났다고 하는 듯한 주장이 보이고, '인주人主와 법주法主' 등 사람의 위에 군립하는 것을 철저하게 거부하려고 하는 자세, 말하자면 계층적 하위下位에 몸을 두고 그렇게 하는 것에 의해서 최고의 구제를 획득하려고 하는 사상을 발견할 수 있다. 그리고 이러한 사상이 실천적으로 구체화되어 갈 때, 사람들에게는 모두 불성佛性이 있다고 보아서 모든 사람을 예배하는 민중예배행民衆禮拜行으로 이어갔고, 또 삼보三寶에 공양하는 것보다도 가난하고 행복하지 않은 사람들(悲田)에게 공양하는 편이 이익이 있다고 하는 무진장의 실천이 폭발적 공감을 가져온 것이다. 민중의 모습은 삼계교의 경우에도 구체적 인명人名으로서는 알려지기 어렵다. 묘석墓石 등 역사연구의 자료로 될 수 있는 것을 남기는 물질적 조건이 정비되어 있지 않았기 때문이다. 그렇지만 삼계교사三階教史는 인명人名을 확인할 수 있는 겨우 수십 명의 사람들이 짊어졌던 역사로서

가 아니라, 그 배후에 모였던 팽대한 수의 삼계교도 및 열심인 신자와
다소간의 공감을 품었던 일반 사람들도 포함되어 눈에 보이지 않는
민중의 참여에 의해서 비로소 성립할 수 있었던 종교운동의 역사였다는
것을 인식해둘 필요가 있겠다.

제3장 삼계교의 제 문헌

서序

본 장에서는 삼계교의 제 문헌에 대해서 종합적 검토를 하려 한다. 우선 제1절에서는 비문碑文, 경록經錄, 『고승전高僧傳』등의 제 자료에 열거되어 있는 삼계교 문헌을 개관하고, 삼계교 문헌의 성립과 전파에 대해서 검토한다. 제2절에서는 현존하는 삼계교 관계의 사본의 문헌명과 소재, 발견자 등에 대해서 망라하여 소개한다. 또 필자가 돈황사본 중에서 새로이 발견해낸 삼계교 사본들에 대해서도 취급하겠다. 제3절에서는 현존하는 삼계교 문헌 중에서 종래 연구가 충분히 행해져 오지 않았던 문헌, 필자의 독자적인 견해를 제시할 수 있는 문헌, 새로이 조사하여 알아낸 문헌 등에 관해서 사본의 특징, 문헌의 내용과 성립의 문제를 검토한다.

우선 작업의 전제로, '삼계교 문헌'이란 어떤 것인가 하는 점을 확인해

234

둘 필요가 있겠다. 시취矢吹는 삼계교 문헌의 찬술자에 따라서 ①
신행의 직작直作, ②신행의 구술口述 및 문하門下의 필록筆錄, ③문하의
술작述作의 세 종류로 분류하고 있다.[1] 이 중에서 ①의 신행의 직작과
②의 신행의 구술 및 문하의 필록의 양자를 엄밀히 구별하는 것은
실제로는 대단히 어렵다. 다만 극히 일부의 문헌에 관해서는 문헌의
내용이나 제명題名에서 ①이나 ②의 어느 것인가로 확실히 구분할
수 있는 것도 있다. 예를 들면『신행유문信行遺文』(假題)(S2137)은
신행이 개황 3년(583)과 개황 7년에 주지사州知事 단월檀越 등에게
보냈던 서간을 모았던 것이니 분명히 신행의 직작이고,『신행구집진여
실현信行口集眞如實現』(中題)(S212)은 제목 이름에 '구집口集'이라고 되
어 있어서 아마도 신행의 구술을 문하가 정리한 것으로서 분류할 수가
있을 것이다. 또『속고승전續高僧傳』권16의「신행전信行傳」의 부전付
傳으로서 실려 있는「배현증전裴玄証傳」에서는, "대저 (신행의) 저술하
는 바, 모두 (裴玄)증証의 붓(筆)에 위탁한다."[2]라고 되어 있는 것에서,
상주에서 장안으로 옮긴 이후 신행이 구술하고 배현증이 필록筆錄한
문헌이 상당수 있었던 것을 엿볼 수 있다. 신행은 좌복야佐僕射 고경高熲
의 외호外護 하에 진적사에 머물게 되었던 것이므로, 필록하기 위해서
필요한 종이 등도 충분히 공급되었을 것이라고 추측할 수 있다. 또
『속고승전續高僧傳』권18「본제전本濟傳」에서도 "신행信行, 초달初達
하고, 산동山東에서 집록한 본문이 지금 없으므로 본제를 위해서 구술
로 신행이 직접 강의한다. 모두 깊은 뜻에 도달한다."[3]고 쓰여 있고,

---

1 矢吹『硏究』143쪽.
2 大正 50. 560上.

신행의 사후, 「집록集錄」이 이르렀던 때에는 "(本)제濟, 문文을 보고 즉시 강의하고, 즉 체탁滯託이 없다. 아직 후사後嗣를 보지 못했다 하더라도 그럼에도 전에 명회冥會를 전한다."라고 되어 있다. 이 「본제전」에 의하여, 신행은 자신이 찬집撰集한 『(三階?)집록』의 원문이 주위에 없었기 때문에 구술에 의해 다시 본제에게 전했을 것이라는 점, 본제는 신행이 구술한 내용을 암기하고 있었을 것이라는 점, 『집록』을 필사한 것도 유포되고 있었을 것이라는 점 등을 짐작할 수 있다. 본제처럼 신행의 구술을 필록하지 않고서 그대로 머리에 기억하는 것 같은 형태도 종이가 귀중한 시대에는 지극히 일반적으로 행해졌을 것이다. 그리하여 신행의 사후, 그 가르침을 후세에 남겨두기 위해서 제자의 머리에 기억되어 있던 신행의 가르침을 다시 종이에 써서 보관하기도 했을 것이다. 이러한 경우도 고려해서 분류하면 상기의 3종류보다도 더욱 자세하게 분류할 수 있겠지만, 현 단계에서는 이러한 자세한 분류가 의미를 가질 정도의 연구 수준에 도달되어 있지 않다. 우선은 (1) 신행의 저술인가 문하의 저술인가를 분별하고, (2) 각각의 문헌의 성립연대를 고찰한다고 하는, 2가지 사항을 우선하여 진행할 필요가 있겠다. 본 장에서도 주요한 고찰의 방향은 이 2가지 사항이다. 그리하여 이 2가지 사항을 검토하기 위해서는 신행의 저작이라고 확정할 수 있는 문헌, 더욱이 성립 시기가 어느 정도 추정되는 문헌을 하나의 규준으로 해서, 그 문헌에 나타난 사상과의 거리에 의해서, 신행의 저술이라면 그 전인가 그 후인가를 판별하고 나아가서 인용문헌 등의

---

3 同, 578上.

조사도 더해서 신행 이후의 삼계교도에 의한 저술인가, 또 성립 시기도 고찰해 가는 것이 가능하게 될 것이다. 현 시점에서 신행의 저작인 것이 확정되고, 다른 문헌과의 사상적 거리를 측정할 수 있는 규준이 될 수 있는 문헌이라고 볼 수 있는 것은 일본에 전래된 일본본『삼계불법三階佛法』과 돈황본『삼계불법』그리고『대근기행법對根起行法』(假題)(S2446)의 세 문헌이다. 이들 문헌에 대해서는 제3절에서 상세하게 논할 예정이지만, 모두가 신행의 만년에 저술된 문헌(구술필기를 포함)이라고 생각된다. 또 시취矢吹의『연구研究』에서는 일본에 전래된 『삼계불법』과 돈황본『삼계불법』의 구별도 애매한 채로 남아 있는데, 양자는 완전히 다른 문헌으로 취급하려 한다.

제1절 제 자료에 나타난 삼계교 문헌

제 자료에 나타난 삼계교 문헌에 관한 연구는 이미 시취矢吹에 의해서 전면적으로 행해져 있다.[4] 또 그 후도 목촌청효木村清孝[5]와 James Hubbard[6]에 의해 검토되어 왔다. 본 절의 목표는 이들 선학先學의 연구 성과에 근거하여 제 자료에 나타난 삼계교 문헌을 한 번 정리하여 확인해 두는 것에 있다. 이것은 계속해서 제2절 이하에서 현존하는 삼계교 사본寫本의 재검토를 해 나가기 위해서는 빼놓을 수 없는 작업이다.

---

4 矢吹『研究』141~181쪽.

5 木村清孝(1984) 169~174쪽

6 James Hubbard(1986) 172~190쪽.

우선 신행 저작著作의 제목題目을 게재하고 있는 비문碑文,『고승전』,
경록經錄 등의 자료에 대해서 성립한 연대와 지역에 따라 정리하면서
검토해 보겠다.

(1)「고대신행선사명탑비故大信行禪師銘塔碑」(594년?)

遂於十二部經中, 撰『對根起行之法』三十余卷, 又出『三階佛法』四
卷, 並行之於世.[7]

(2)『역대삼보기歷代三寶記』권12(597년 성립)

『대근기행잡록對根起行雜錄[8]』32권

『삼계위별집록三階位別集錄[9]』3권

右二部合三十五卷, 眞寂寺沙門釋信行撰.[10]

(3)『속고승전續高僧傳』권16「신행전信行傳」(645년 성립)

開皇之初, 被召入京. 僕射高熲, 激延住眞寂寺, 立院處之. 乃撰『對
根起行』,『三階集錄』及『山東所制衆事諸法』, 合四十余卷. 援引文
據, 類叙顯然.[11]

(4)『대당내전록大唐內典錄』권5(664년 성립)

『대근기행잡록집對根起行雜錄集』36권

『삼계위별집록三階位別集錄[12]』4권

---

7 矢吹『研究』8쪽. 이 비碑에 대해서는 제1장 제1절「2 석각자료石刻資料」(26~31쪽)
  참조.

8 송宋·원元·명明 삼본三本과 궁본宮本은 "錄"을 "錄集"으로 하였다.

9 송·원·명 삼본과 궁본은 "集錄"을 "錄集"으로 하였다.

10 大正 49. 105中.

11 大正 50. 560上

12 矢吹『研究』144쪽에서는 "錄集"을 "集錄"으로 하였다.

右二部四十卷, 眞寂寺沙門釋信行撰.[13]

(5)『명보기冥報記』권상,「신행전信行傳」

今去聖久遠, 根時亦異. 若以下人修行上法, 法下當根, 容能錯倒.
乃鈔集經論, 參驗人法所當學者, 爲三十六卷, 名曰『人集錄』. 開皇初,
左僕射齊公聞其盛名, 秦文帝, 徵詣京師, 住公所造眞寂寺. 信行又據
經律, 錄出『三階法』四卷. 其大旨, 勸人普敬認惡, 本觀佛性, 當病授
藥, 頓敎一乘.[14]

이상 5개의 자료는 모두 신행(540~594)이 입적한 직후에서 7세기
중반에 이르는 비교적 이른 시기에 성립된 것이므로, 이들 문헌에
열거되어 있는 저작은 신행의 진찬眞撰으로 보아도 틀림이 없다. 권수
에 관해서도 분권의 상위相違와 확인한 문헌수에 따라서 약간의 상위가
생겼지만, 전체적으로 30여 권에서 40여 권의 분량이었다고 생각된다.
이 5개의 자료를 비교하는 한에서는 신행의 저작에는「고대신행선사명
탑비故大信行禪師銘塔碑」에서『삼계불법』이라고 불린 문헌의 계통과,
『대근기행지법對根起行之法』이라고 불린 문헌계통의 2종류가 있었던
것으로 예상된다. 다만『삼계불법』에 관해서는 현존하는『삼계불
법』도 일본본과 돈황본의 두 종류의 계통이 있는데, 내용은 크게 다르므
로『삼계三階○○』이라고 이름 붙여 있지만, 내용이 다른 문헌이 복수
저술되어 있는 것이라고 생각된다.[15] 또『대근기행지법』의 계통은
30여 권으로 되어 있지만 체계적인 내용을 가진 하나의 문헌은 아니고,

---

13 大正 55. 277下.

14 大正 51. 788中.

15 『삼계불법』에 관한 문제는 본 장 제3절「2『삼계불법』」의 항(274~288쪽)을 참조.

다음의『대주간정중경목록大周刊定衆經目錄』이후의 자료에서 거론되어지고 있는 문헌을 종합하여『대근기행지법』등으로 불렀던 것이라고 생각된다.[16] 저술한 시기 및 장소에 대해서는 자세히 알 수 없지만,『속고승전』에『산동소제중사제법山東所制衆事諸法』이 실려 있는 것으로 보아, 589년에 장안長安에 들어와서 진적사에 머물기 이전, 상주에서 수행하고 있던 시기의 저작도 포함되어 있었던 것임을 알 수 있다. 현존하는 문헌 중에도, 예를 들면『신행유문信行遺文』(S2137)이라고 하는 문헌은 583년과 587년에 상주 광엄사光嚴寺에서 수행하고 있던 때의 서간을 볼 수 있는 것이다. 다만 현존하는 주요한 문헌인 일본본『삼계불법』, 돈황본『삼계불법』,『대근기행법』등은 모두 만년 진적사에 머물기 시작한 이후의 문헌으로 추정된다. 장안에 거주했던 기간은 짧았지만, 고경高熲 등의 권력자의 보호도 얻어 교단의 활동이 본격적으로 궤도에 올랐던 시기여서, 제자들을 교화할 활동도 충실하게 했었음에 틀림없다. 제자인 배현증의 전기에 의하면, "대저 저술하는 바, 모두 증證의 붓(筆)에 위탁하였다."[17]라고 하고 있는데, 이것은 진적사에 있어서의 신행의 강의를 배현증이 모두 필록筆錄했다고 하는 의미일 것이다. 신행의 저술이라고 하는 것에는 신행이 직접 붓을 잡고 저술한 것뿐만 아니라, 제자들의 필수에 의한 강의록 같은 것이 많이 포함되어

---

16 矢吹가 S2446에 대한 가제로 한『對根起行法』과 지금 문제되어 있는『對根起行之法』과는 일치하지 않는다. 다만 현존하는『對根起行法』이『對根起行之法』의 일부였다는 가능성은 분명히 있다.『對根起行法』에 관해서는 본 장 제3절「1『對根起行法』」의 항(261~266쪽)을 참조.

17『續高僧傳』권16, 大正 50. 560上.

있는 것으로 추정된다.[18]

(6) 『대주간정중경목록大周刊定衆經目錄』권15(695년 성립)

『삼계집록三階集錄』1부4권

『삼계집록』1부2권

(중략)

『대중제大衆制』1권

右三階雜法二十二部二十九卷.[19]

이미 제2장 제3절의 삼계교의 금압의 항에서 본 바와 같이, 삼계교 문헌은 그 목록에 있어서 「위경목록僞經目錄」 중에 편입되어 처음으로 위경으로 취급되었던 것이다. 이 경록經錄의 특징은 그 이전의 경록과 전기에서는 『대근기행지법對根起行之法』30여 권 등으로서 일괄하여 거론되었는데, 이 목록에서 처음으로 하나하나의 문헌명이 거론되었다고 하는 점에 있다. 다만 전후의 자료와 비교하면 부수와 권수가 적고, 문헌의 수집이 불충분했다고 할 수 있다. 이 목록에 열거된 문헌은 모두 『개원석교록開元釋敎錄』에 게재되어 있다.

(7) 『개원석교록開元釋敎錄』권18(730년 성립)

『삼계불법』4권〈內典錄云 『三階別集』4卷者, 卽此是〉*

『십대단명의十大段明義』3권〈長房錄云 『三階別集』3卷者, 卽此是〉

『근기보약법根機普藥法』2권〈大周錄中除此之外更有 『三階集錄』2卷者, 誤〉*

---

18 木村清孝도 "신행의 저작으로 된 것이 원래 대부분 강의 노트 같은 모양이었다."[木村清孝(1984) 172~173쪽]라고 추측하고 있다.

19 大正 55. 474下~475上.

『36종대면불식착법三十六種對面不識錯法』1권〈明一切三十六種對面不識錯〉

右三階法都有四部. 初是四卷三階, 次是三卷三階, 三是兩卷三階, 後是一卷三階. 後之三本入『集錄』數.

『대승험인통행법大乘驗人通行法』1권

『대근천심발보리심법對根淺深發菩提心法』1권〈上加明諸經中4字〉

『대근천심동이법對根淺深同異法』1권〈同前加4字〉

『말법중생어불법내폐흥소유법末法衆生於佛法內廢興所由法』1권〈上加明諸經中對根淺深8字〉

『학구선지식발보리심법學求善知識發菩提心法』1권〈明世間五濁惡世界, 末法惡時, 十惡衆生, 福德下行, 於此四種具足人中, 謂當三乘器人, 依諸大乘經論學求善知識學發菩提心1卷〉

『광명법계중생근기법廣明法界衆生根機法』1권〈廣明法界衆生根機上下起行淺深法〉

『약명법계중생근기법略明法界衆生根機法』1권〈略明法界衆生根機上下起行淺深法〉

『세간출세간양계인발보리심법世間出世間兩階人發菩提心法』1권〈明諸大乘修多羅內, 世間出世間兩階人發菩提心同異法〉

『세간십종악구족인회심입도법世間十種惡具足人迴心入道法』1권〈明十種惡具足人內, 最惡人迴心入道者斷惡修善法也〉

『행행동이법行行同異法』1권〈明世間出世間人行行同異法〉

『당근기소행법當根器所行法』1권〈明佛滅度第二五百年以後, 一切最大顚倒最大邪見最大惡衆生當根器所行法〉

『명선인악인다소법明善人惡人多少法』1권〈明佛滅度一千五百年以後善人惡人多少法〉[20]

『취불법내명일체불법일체육사외도법就佛法內明一切佛法一切六師外道法』2권〈就一切佛法內, 明一切佛法六師外道法同異〉

『명대승무진장법明大乘無盡藏法』1권*

『명제경중발원법明諸經中發願法』1권

『약발원법略發願法』1권

『명인정행법明人情行法』1권

『대중제법大衆制法』1권*

『경삼보법敬三寶法』1권〈明諸經中對根起行淺深敬三寶法〉

『대근기행법對根起行法』1권〈明一切衆生對根上下起行法, 於內有五段〉*

『두타걸식법頭陀乞食法』1권〈依諸經論略抄頭陀乞食法〉*

『명걸식팔문법明乞食八門法』1권*

『제경요집諸經要集』2권

『십륜의의입명十輪依義立名』2권〈大方廣十輪經學依義立名〉

『십륜약초十輪略抄』1권〈大方廣十輪經[21]人集錄略抄出〉

『대집월장분의의입명大集月藏分依義立名』1권〈大集月藏分經明像法中要行法人集錄抄依義立名〉

『대집월장분초大集月藏分抄』1권〈大集月藏分經明像法中要行法人

---

20 송나라본에 의거해서 「소법少法」을 보충하였다. 『貞元錄』에 열거된 문헌명도 송나라본과 일치한다.

21 송·원·명 삼본에 의거해서 大正藏本의 "入"을 "人"으로 고쳤다.

集錄略抄出〉

『월등경요략月燈經要略』1권

『가섭불장초迦葉佛藏抄』1권〈明一切出家人內最惡出家人斷惡修善法, 如迦葉佛藏經說〉

『광칠계불명廣七階佛名』1권〈觀藥王藥上菩薩經佛名1卷〉*

『약칠계불명略七階佛名』1권〈已上三階法等, 於中多題人集錄字, 其廣題目具如脚注〉*

右三階法及雜集錄, 總三十五部四十四卷, 隋眞寂寺沙門信行撰〈長房錄云總三十五卷, 內典錄云都四十卷, 大周僞錄但載二十二部二十九卷, 並收不盡. 其三階興教碑云四十余卷, 而不別列部卷篇目, 今細搜括, 具件如上〉.[22]

이들 삼계교 문헌은 「별록중의혹재상록別錄中疑惑再祥錄」 중에 열거되어 있는 것으로, 『개원록開元錄』에는 삼계교 문헌으로 정식 입장목록入藏目錄에 올라 있지 않은 것이다. 35부部44권의 문헌명을 열거한 후에 지금까지의 자료 중에서 가장 완비되어 있다고 하고 있는 바와 같이, 삼계교 적록籍錄으로서는 가장 완비된 것이다. 이 중에 신행이외의 저작이 포함되어 있을 가능성도 없다고 할 수 없지만, 신행이 사망한 직후의 자료에서도 30여 권이라고 서술되어 있으므로, 대부분은 신행 자신의 찬술에 의한 것이라고 생각해도 문제가 없을 것이다. 또 여기에 열거되어 있는 35부의 문헌 중에서 확실하게 현존한다고 하는 것은 약간이다. 그것은 현존하는 문헌의 대부분이 단편이어서

---

22 大正 55. 678中~679上.

244

제명을 확인할 수 없기 때문이다. 자세한 내용은 제3절에서 검토하겠지만, 현존하는 문헌과의 관계가 예상되는 문헌명에 대해서는 *표를 붙여 두었다.

(8) 『정원신정석교목록貞元新定釋教目錄』권30(800년 성립)[23]

錄云, 三階集錄四十四卷三十五部, 隋沙門信行撰.

『삼계불법三階佛法』4권

『십대단명의十大段明義』3권

(중략)

『약칠계불명略七階佛名』1권

삼계교의 문헌을 열거한 이 부분은 용곡대학도서관龍谷大學圖書館 소장의 영구永久 3년(1115) 3월 7일 서사書寫의 고사본에 근거한 것이다. 『정원록貞元錄』은 삼계교에 공감을 품고 있었다고 추정되는 원조円照가 찬술한 목록이고, 『개원록開元錄』에서는 「별록중의혹재상록別錄中疑惑再詳錄」이라고 되어 있던 삼계교 문헌은 이 목록에 이르러 다시 입장入藏되게 되었다. 덧붙여서 말하면 『신수대장경』(고려장본)에서는 이 부분이 삭제되어 있지만, 이것은 후대에 삭제한 것이다. 이 목록에 게재되어 있는 문헌은 『개원록』의 그것과 일치하고 있다.

(9) 『인집록도목人集錄都目』1권(P2412R2)

『관약왕약상보살경불명觀藥王藥上菩薩經佛名』1권

『명대승무진장법明大乘無盡藏法』1권

(중략)

矢吹 『研究』 146~150쪽 및 별편 227~229쪽. 塚本善隆(1957→1975) 371~387쪽 참조.

『인집록명십종악구족인사정다소급행행분제법人集錄明十種惡具足
人邪正多少及行行分齊法』3권

『도목都目』1권[24]

『인집록도목人集錄都目』에 열거된 전적典籍의 수는 합계 35부44권이
다.『개원록開元錄』과『정원록貞元錄』의 부수 및 권수와 일치하고,
대부분의 전적명典籍名도 일치하지만[25] 순서는 일치하지 않는다. 전적
명이 거의 일치한다고 하는 것은, 어느 쪽인가가 참조했었을 가능성이
있다고 하는 것이다. 문제는『개원록』과『인집록도목』중 어느 쪽의
성립이 앞섰는가 하는 것이지만, 필자는『인집록도목』쪽이 더 일찍
성립했던 것이 아닐까 하고 생각하고 있다. 그 근거는 삼계교도 이외의
사람이 삼계교도 보다도 앞서 삼계교 문헌의 목록을 작성했을 가능성은
희박할 것이라고 생각되는 것,『인집록도목』은『삼계불법밀기三階佛
法密記』권상(P2412R1)에 이어서 동일 필적으로 필사되어 있지만, 그
사본의 필사연대가 8세기 초까지의 것이라고 추정되는 것에 따른다.[26]

---

24 P2412R2,『敦煌寶藏』120. 279下~280上.

25 矢吹『硏究』175쪽에『開元錄』,『貞元錄』,『人集錄都目』으로 게재되어 있는
삼계교 문헌의 순서를『開元錄』의 순서를 규준으로 해서 대조시켰던 표가 있다.
『開元錄』과『貞元錄』의『明乞食八門法』1권을『人集錄都目』에는 빠뜨렸다.『人
集錄都目』의 최후에 열거된『都目』1권을『開元錄』과『貞元錄』에는 빠뜨렸다.
또『開元錄』과『貞元錄』의『十大段明義』3권을『人集錄都目』의『人集錄明十種
惡具足人邪正多少及行行分齊法』3권에 대응시키고 있다.

26 한 장의 크기는 세로 25.5~26.8cm, 가로 50.3~50.7cm, 종이질은 상질로 얇고,
서체도 단정하고 말쑥한 해서체로 되어 있다. 이면에는 담광曇曠『大乘起信論廣
釋』이 필사되어 있다. 上山大峻『敦煌佛敎의 硏究』(法藏館, 1990) 77쪽에는 이면의
필사연대가 763, 4년경으로 되어 있다.

(10) 『용록내무명경론율龍錄內無名經論律』(P3202)

『삼계三階』4권

『사기록私記錄』1권

『우사기又私記』권제3, 5

『양계발심兩階發心』1권

『대근기천심對根機淺深』1권

『동이천심同異淺深』1권

『인집록십이단일배전도법人集錄十二段一陪顚倒法』1권

『삼계불법밀기三階佛法蜜(密)記』상중하3권

『폐흥소유廢興所由』1권

『회심입도廻心入道』1권

『대방광불화엄경총목大方廣佛花嚴經惣目』1권

『수라비구경首羅比丘經』1권, 중重

『욕상공덕경浴像功德經』1권, 중重

『수구다라니경隨求陀羅尼經』1권, 중重

『약술선사본말略述禪師本末』1권

『불설금강단광대청정다라니경佛說金剛壇廣大淸淨陀羅尼經』

『대승기신론약술소大乘起信論略述疏』권하[27]

　『용록내무명경론율龍錄內無名經論律』(P3202)이라고 하는 사본은 세로 29.8cm×가로 43.2cm의 종이에 필사된 사본으로, 8세기 후반 이후에 돈황에서 쓰인 것으로 추정된다. 17부의 경전과 논서가 열거되어 있지

만 이 전부가 삼계교적인 것은 아니다. 우선『개원석교록開元釋敎錄』
소재의 문헌과 대응해서 검토하면, 이 목록의『삼계三階』4권은『개원
록開元錄』의『삼계불법』4권에,『양계발심兩階發心』은『세간출세간양
계인발보리심법世間出世間兩階人發菩提心法』에,『대근기심천對根機淺
深』은『대근천심발보리심법對根淺深發菩提心法』에,『동이천심同異淺
深』은『대근천對根淺 심동이법深同異法』에,『폐흥소유廢興所由』는『말
법중생어불법내폐흥소유법末法衆生於佛法內廢興所由法』에,『회심입도
廻心入道』는 『세간십종악구족입회심입도법世間十種惡具足入廻心入道
法』에 대응하는 것이라고 생각된다.『사기록私記錄』과『우사기又私
記』에 관해서는, 시취矢吹는『삼계불법』4권의 주석과 같은 것이라고
추정하고 있지만,[28] 혹시『개원록』에서『삼계법三階法』에 4부가 있다
고 한 중에 어느 것인가와 대응하고 있었던 가능성도 생각할 수 있다.
또『인집록십이단일배전도법人集錄十二段一陪顚倒法』,『삼계불법밀
기』,『약술선사본말略述禪師本末』등의 문헌은 다른 경록의 문헌과의
대응관계를 추정할 수 없는 것이지만,『삼계불법밀기三階佛法蜜(密)
記』상중하3권에 대해서는 시취矢吹가 돈황사본 중에서 권상의 일부
(P2412R)를 발견해서 내용이 밝혀졌다.

(11)『신편제종교장총록新編諸宗敎藏總錄』권3(高麗, 義天錄, 1090년
성립)

『입도출세요법入道出世要法』2권 혹 1권

『삼계집록三階集錄』4권

---

28 矢吹『研究』177쪽.

已上, 信行述.²⁹

이 경록에서는 이른 시기의 조선朝鮮에서의 삼계교적 유포 상황을 짐작할 수는 없지만, 11세기에 있어서도 여러 권의 삼계교 문헌이 전해져 왔다고 하는 점에서는 귀중한 정보를 제공하고 있다.

(12) 정창원正倉院 문서

『명삼계불법明三階佛法』2권〔天平 19년(747)〕

『삼계율주부三階律周部』9권(天平 19년)

『삼계율三階律』3권(天平 20년)

『약명법계중생근기천심법略明法界衆生根機淺深法』(天平 19년)³⁰

(13) 『동역전등목록東域傳燈目錄』(1094년 성립)

『십륜경의의입명十輪經依義立名』3권〈隋沙門信行撰〉

『동경략초同經略抄』1권〈同上〉³¹

『두타걸식법頭陀乞食法』 幷 『명걸식팔문법明乞食八門法』각1권〈隨沙門信行撰, 集入三階集部〉³²

일본에 있어서의 삼계교 문헌의 전승은 정창원正倉院 문서 중의 천평天平 19년(747)의 『명삼계불법明三階佛法』 등의 문헌이 최초이다. 삼계교는 7세기 말에 측천무후의 시대와 8세기 전반의 현종玄宗대에 금압되었다. 그 때문에 일본에는 극히 일부밖에 전해지지 않았을 것이

---

29 大正 55. 1178中.

30 「奈良朝現在一切經疏目錄」94쪽[石田茂作『사경寫經으로 본 나라조(奈良朝) 불교의 연구』, 東洋文庫, 1930].

31 大正 55. 1150中.

32 同. 1155中.

다. 정창원正倉院 문서 중에『명삼계불법明三階佛法』2권은 현존하는
일본본『삼계불법』4권 또는 5권에 해당하는 것이라고 생각된다.[33]

또 도충(道忠, ?~1281)의『석정토군의론탐요기釋淨土群疑論探要
記』에는『삼계집록三階集錄』4권과『법계중생근기천심법法界衆生根機
淺深法』1권의 2부가 인용되어 있다. 전자는 현존하는 일본본『삼계불
법』과 동일한 문헌이다. 또 후자는『개원록』의『광명법계중생근기법
廣明法界衆生根機法』혹은『약명법계중생근기법略明法界衆生根機法』에
상당하는 것이라고 생각된다. 정창원 문서에『약명법계중생근기천심
법』이 열거되어 있는 것으로 보아, 일본에 유전했던 것은 이 계통이었을
지도 모른다. 또 신행 이외의 저작으로서는 신방神昉의『십륜경초十輪
經鈔』도 인용되어 있다.

최후에 신행 이외의 저서에 의한 삼계교 문헌인데, 경록과 전기
등의 자료에서 확인할 수 있는 것은 아래와 같이 극히 적다.

본제本濟 『십종불감짐량론十種不敢斟量論』6권[34]
선지善智 『돈교일승頓敎一乘』20권[35]
신방神昉 『십륜경초十輪經鈔』[36]
작자미상 『삼계불법밀기三階佛法密記』상중하[37]

그러나 실제로는 신행 이외의 삼계교자에 의해서 저술된 문헌은

33 본 장 제3절「2『삼계불법』」의 항(285쪽)을 참조.
34 『續高僧傳』卷18,「本濟傳」大正 50. 578中.
35 同上.
36 道忠『釋淨土群疑論探要記』(『淨土宗全書』6, 299上).
37 『龍錄內無名經論律』(『敦煌寶藏』126,573上).

수많이 있었다고 추정되고, 사실 제2절 이하에서 보는 것처럼 돈황사본 중에는 명확하게 7세기 중반 이후에 저술된 것으로 보이는 문헌이 여러 개 발견되고 있는 것이다.

제2절 삼계교사본寫本의 현상

20세기 초, 스타인(Aurel Stein, 1862~1943)과 펠리오(Paul Pelliot, 1878~1945)를 비롯한 돈황한문사본의 수집과 그 후의 공개는 중앙아시아에서 동아시아에 걸쳐서의 불교사 연구를 비약적으로 진전시켰다.[38] 그 팽대한 돈황사본에 대해서 하나하나의 내용을 조사해서 그중에서 삼계교의 문헌을 찾아낸 사람은 일본의 시취경휘矢吹慶輝이다. 오늘날 삼계교 문헌으로 소개된 것의 대부분은 시취矢吹가 찾아낸 것이고, 삼계교 문헌연구에 있어 시취矢吹의 공적은 지극히 위대하다. 그 후 시취矢吹 이외의 연구자에 의해서도 시취矢吹의 수출搜出에서 누락된 삼계교사본이 여러 개 소개되어 연구가 진척되어 왔다. 본 절에서는 시취矢吹 및 그 후의 연구자에 의해서 발견된 삼계교 사본을 총망라하여 소개하고, 삼계교 잔존문헌의 현황을 밝히려 한다. 또 필자가 새로이 발견한 삼계교사본에 대해서도 아울러 소개하겠다.

---

38 吳其昱(1992) 참조.

1. 시취矢吹 발견의 삼계교사본

시취矢吹가 발견해낸 삼계교의 돈황사본은 전부 20단편斷片이다. 그중 14단편은 대영도서관大英圖書館 소장의 스타인본이고, 5단편은 파리국립박물관 소장의 펠리오본이며, 1편은 경도京都의 부강가富岡家 소장이라고 하는 돈황본이다. 이들 20단편사본에 관해서는 이미 시취矢吹의 『연구硏究』에 상세하게 해설되어 있다.[39] 그러나 현재 시취『연구』에 근거하고 있는 이들 단편사본의 연구를 진척하려고 하는 경우에는 여러 가지 문제점이 있다. 제1은 시취矢吹가 특정한 단편의 사본번호가 함函·포包·호號라고 하는 구舊 번호로 열거되어 있고, 현재의 스타인 번호가 표시되어 있지 않은 단편(제6단편, 제11단편, 제12단편)이 있다는 것이다. 제2는 시취矢吹가 표시한 스타인 번호와 현재의 스타인 번호가 다른 단편(제5단편, 제10단편, 제13단편)이 있다는 것이다. 제3은 시취矢吹의『연구』중에서 사본번호가 혼란한 단편(제15단편)이 있다는 것이다. 이들 7본의 사본에 대해서는 시취矢吹가 열거한 사본번호에 근거하는 한에는 접근하기 어려운 상황이었다. 특히 제6단편은 관동대지진에서 시취矢吹의 필사본이 소실되었기 때문에 별편에서는 그것 이전에 논문에서 인용하고 있던 부분만이 전재되고, 전체 내용은 알

---

39 矢吹『硏究』182~192쪽 및 별편의 각 사본에 관한 해설 참조. 吳其昱(1992) 73쪽에도 矢吹가 소개한 단편斷片의 문헌명과 문헌번호를 열거하고 있지만, 문헌을 망라하고 있지 않는 것, 矢吹의 문헌번호 등을 그대로 답습하고 있는 것 등의 난점이 있어서, 矢吹가 소개한 단편에 관한 吳其昱의 기술과의 차이점은 생략한다.

수 없는 채로다. 이러한『연구』의 문제점을 처리하기 위해서는 일단 시취矢吹의 성과를 제쳐놓고, 스타인본·펠리오본을 전부 다시 조사하여 삼계교사본을 선발하는 작업을 새로이 행할 필요가 있었다. 그 결과를 시취矢吹의 성과와 대조하는 것에 의해서 7본의 단편사본에 관한 현재의 번호가 확정되고, 사본에의 접근이 가능하게 되었다. 또 제6단편에 관해서는 시취矢吹는 표리表裏를 이용한 3엽葉의 지편紙片으로 이루어져 있다고 했지만,[40] 이번 조사 결과, 새로운 8엽을 추가한 합계 11엽의 지편으로 된 단편으로 수록되어 있는 것, 또 전혀 다른 번호에 동일 사본의 다른 부분 1엽이 수록되어 있는 것도 밝히게 되었다.[41]

그래서 시취矢吹가 소개한 단편의 순서에 따르고, 사본번호 등에 관한 새로운 정보를 보탠 일람을 이하에 열거해 둔다. 또 문헌의 열거에 있어서 개조 신행의 저작은 아닌 것이 명백한 문헌에는 *표를 붙였는데, 이 표시가 없는 것이 반드시 모두 신행의 저작이라고 하는 것은 아니다.

1) 대영도서관(British Library) 소장 스타인본(Stein本)

시취矢吹가 대영도서관 소장의 스타인본 중에서 찾아낸 삼계교 관계 사본은 다음의 14본本이다.

    1   제1단편   『대근기행법對根起行法』(假題)   S2446[42]

---

40 矢吹『研究』187쪽.

41 본 장 제3절의 「7『第三階佛法廣釋』」의 항(310~318쪽) 참조.

42 『敦煌寶藏』19, 509上~538下. 본서 모두 구회14, 15 참조. 矢吹『研究』別篇 110쪽에는, No.25의 용대사본龍大寫本의 미제尾題가『人集錄於十二部經修多羅內驗出對

2 제2단편 『대근기행법對根起行法』(假題)   S832[43]

3 제3단편 『삼계불법三階佛法』권2(假題)   S2684[44]

4 제4단편 『칠계불명경七階佛名經』(S59尾題) S59, S236, S1306, S2360 등[45]

5 제5단편 『신행구집진여실관信行口集眞如實觀』(中題) S212[46]

6 제6단편 『제삼계불법광석第三階佛法廣釋』(假題)* S5668[47]

7 제7단편 『신행유문信行遺文』(假題)S2137[48]

8 제8단편 『무진장법약설無盡藏法略說』(尾題) S190[49]

根起行法』1권이라는 것으로부터, 『對根起行法』이라고 가제목을 붙였다.

[43] 『敦煌寶藏』7. 60上~下. 본서 구회16 참조.

[44] 『敦煌寶藏』22. 229下~248下.

[45] 矢吹는 칠계불명七階佛名에 관하여 몇 개인가의 사본을 정리해서 제4단편이라고 부르고 있다. 矢吹 『研究』 107쪽, 186쪽, 512~536쪽, 별편 178~188쪽 참조. 더욱이 북경본北京本 등도 포함된 칠계불명의 연구는 廣川堯敏(1982)이 상세하다. 廣川堯敏에 의하면, 칠계불명에 관한 돈황사본은 127점에 달한다고 한다.

[46] 『敦煌寶藏』2. 276상~280상. 矢吹 『研究』別篇 190쪽의 번호는 S677이다. 이 제5단편과 다음의 제6단편 및 제10단편부터 제13단편까지의 6단편의 현재의 스타인 번호는, 필자가 스타인 사본 중의 삼계교 문헌을 밝혀낸 작업 중에서 뽑아낸 사본을 矢吹의 해설 혹은 별편의 번각과 대조시켜서 확정했던 것이다.

[47] 『敦煌寶藏』44. 292하~298상. 본서 구회19 참조. 矢吹가 붙인 가제목은 『普法四佛』이었지만, 내용에 근거해서 다시 가제목을 붙였다. 矢吹 『研究』191쪽에서는 스타인 번호는 매겨 있지 않다. 구 번호는 제83함函 제6포包 제1호였다.

[48] 『敦煌寶藏』16. 451下~453下.

[49] 『敦煌寶藏』2. 188下~190下.

9 제9단편 『대승법계무진장법석大乘法界無盡藏法釋』(假題)*
    S721V[50]

10 제10단편 『여래신장론如來身藏論』1권(尾題)* S4658[51]

11 제11단편 『제법制法』1권 S1315[52]

12 제12단편 『대근기행법對根起行法』(假題)   S5841[53]

13 제13단편 『명악법明惡法』   S3962[54]

14 제14단편 『시소범자유가법경경示所犯者瑜伽法鏡經』(尾題)*
    S2423[55]

이 중에서 제명題名 등에 관해서 이번 연구로 새로이 밝혀진 점은
제11단편이 신출新出의 삼계교 문헌 『제법制法』1권(P2849R1)의 일부
인 것, 제12단편은 시취矢吹가 가제한 『대근기행법對根起行法』이라고
하는 문헌의 일부이고, S2446의 직전 부분인 것(양 사본의 찢어진 곳이
일치) 등을 들 수 있다. 또 개개의 단편의 내용과 성립 등에 관한

---

50 『敦煌寶藏』6. 91上~97下

51 『敦煌寶藏』37. 264下~265下. 矢吹 『硏究』別篇 208쪽의 번호는 S576이다.

52 『敦煌寶藏』10. 76하. 본서 구회23 참조. 矢吹 『硏究』184쪽에는 "失題(零片)"로
   되어 있지만, P2849R1의 『制法』1권의 일부와 일치하는 것에서, 이 단편은 『制
   法』의 단편斷片이라는 것을 확정하였다. 矢吹 『硏究』192쪽의 번호는 제83함
   제11포반영 제5호이다. 또 이 제11단편과 다음의 제12단편 및 제6단편은 矢吹
   『硏究』別篇에 번각되어 있지 않다.

53 『敦煌寶藏』44. 503上~下. 본서 구회13 참조. 矢吹 『硏究』192쪽의 번호는 제72함
   이다. 矢吹 『硏究』184쪽에는, "失題(零片)"라고 되어 있지만, S2446과 동일사본의
   다른 부분인 것이 판명되었고, 『對根起行法』이라고 가제를 붙였다.

54 『敦煌寶藏』32. 587上~589下. 矢吹 『硏究』192쪽, 별편 208쪽의 번호는 S526이다.

55 『敦煌寶藏』19. 297上~310下.

문제에 대해서는 새로운 연구 성과가 얻어진 단편에 대해서만 본 장
제3절 각항에서 취급하려 한다.

2) 파리국립도서관(Bibliothèque Nationale de Paris) 소장 펠리오본

시취矢吹가 파리국립도서관 소장의 펠리오본 중에서 찾아낸 삼계교
관계 사본은 다음의 5본이다.

　　15　제15단편　『삼계불법三階佛法』권3(尾題)　　　　P2059[56]

　　16　제16단편　『삼계불법밀기三階佛法密記』(首題, 尾題)*
　　　　P2412R1[57]

　　17　제17단편　영편零片(失題)　　　　　　　　P3412R2[58]

　　18　제18단편　『인집록도목人集錄都目』(首題, 尾題)*
　　　　P2412R2[59]

　　19　제19단편　『용록내무명경론율龍錄內無名經論律』(首題)*
　　　　P3202[60]

3) 경도京都 부강가富岡家 소장 돈황본

시취矢吹는 경도 부강가富岡家 소장 돈황본으로서 다음의 1본을 소개하
고 있다.

---

56 『敦煌寶藏』113. 313上~321上. 矢吹『硏究』191쪽의 번호는 Chien2059이고,
　　별편 50쪽의 번호는 259호이지만, 전자가 옳다.

57 『敦煌寶藏』120. 265上~279上.

58 『敦煌寶藏』128. 243下~244上.

59 『敦煌寶藏』120. 279下~280上.

60 『敦煌寶藏』126. 573上.

20 제20단편 『화엄장華嚴章』(假題)[61]

이 사본은 시취矢吹가『화엄장華嚴章』이라고 가제假題를 붙인 바와
같이 삼계교의 입장에서 『화엄경』(60권본)의 문의文義를 12단계로
나누어 분명하게 한 것이라고 하는데, 시취矢吹가 소지하고 있던 사본
부본副本은 관동대지진에서 소실되고, 현재는 시취의『연구』676~
682쪽의 「제20단편에 대해서」라고 하는 일절에 의해서 겨우 그 개요를
알 수 있을 뿐이다.

2. 일본 소장의 삼계교사본

일본에 소장되어 있는 삼계교 관계의 사본은 다음의 5종류이다.

21 『삼계불법三階佛法』권1, 권2(法隆寺本)

22 『삼계불법』권2, 권3(首欠), 권4(聖語藏本)

23 『삼계불법』권1(首欠), 권2(首欠), 권3, 권4, 권5(興聖寺本)[62]

24 『삼계불법』권1, 권2, 권3(首欠), 권4, 권5(首次)(七寺本)[63]

---

61 矢吹『硏究』676~682쪽에 제20단편의 해설이 있지만, 원문은 번각되어 있지
않다.

62 흥성사본興聖寺本은 성어장본聖語藏本과 분권分卷을 달리한다. 즉 성어장본의
권3에는 흥성사본의 권4의 도중까지의 내용을 포함하고, 권4에는 흥성사본의
권4의 후반과 권5의 내용이 필사되어 있다. 大屋德城(1925) 해제 26쪽에 자세하게
나와 있다. 법륭사본法隆寺本, 성어장본, 흥성사본의 3본을 대조한 영인본은 大屋
德城(1925)으로서 출판되었고, 또 矢吹『硏究』別篇 257~415쪽에 있어서도 3본을
교정하여 번각하고 있다.

63 필자는 아직 보지 못하여 상세한 것은 분명하지 않지만, 「尾張資料, 七寺一切經目

　25　『인집록어십이부경수다라내험출대근기행법人集錄於十二部
　　　經修多羅內驗出對根起行法』 1권(尾題)(龍谷大學藏敦煌寫本)[64]

이 중에서 21~24는 일본에 전래되어 있는 『삼계불법』의 고사본古寫
本이다. 24는 근년 칠사일체경七寺一切經 중에서 얻어진 것이 낙합준전
落合俊典에 의해서 밝혀진 것이고, 현재 칠사연구회七寺研究會를 중심
으로 해서 연구가 진척되고 있다고 한다. 이 칠사사본은 홍성사본興聖寺
本 계통에 속하는 것이라고 추정되고, 홍성사본에서 수부首部가 빠져
있는 권1과 권2가 완본으로서 남아 있다고 하는 점에서 중요한 의미를
지닌 사본이다. 25의 용곡대학龍谷大學 소장본은 대곡탐험대大谷探險隊
가 수집한 돈황본이고, S2446과 동일 문헌이다.

録」(七寺一切經保存會, 1968) 126쪽에 권1에서 권4까지의 제명題名과 필사자 영준
榮俊의 이름 등이 기재되어 있다. 더욱이 127쪽의 서명불상書名不詳書의 하나에
"卷尾「開皇十二□□京禪師眞寂寺撰」"라고 기재된 사본이었고, 필사자는 역시
영준榮俊이다. 이 서명이 자세하지 않은 책은 『三階佛法』권5에 해당되는 것이라
고 생각된다. 그 근거는 홍성사본의 권5의 권미卷尾에도 역시 "大隋開皇十二年在
京師眞寂寺撰"이라고 기재되어 있는 것, 칠사연구회七寺研究會의 낙합준전보고자
료落合俊典報告資料(「第三次七寺一切經調査 主要經典資料」, 1991년 5월 2일) 중에
『三階佛法』권1의 권말부분이 소개되어 있지만, 그 내용은 법륭사본보다도 홍성사
본과 일치하는 부분이 많기 때문에 칠사본七寺本은 홍성사본의 계통에 속하는
사본은 아닐까 하고 추정되는 것 등에 의한다.
64 龍谷大學圖書館의 장서번호는 021.1-16-1이다. 내용은 제1단편S2446의 후반부분
　 에 해당한다. 본서 모두 구회17, 18 참조.

3. 시취矢吹 이후에 발견된 사본

시취矢吹 이후에 발견된 삼계교 관계의 사본은 다음과 같다.

26 『삼계모선사행장시말三階某禪師行狀始末』(假題)* P2550[65]

27 『궁사변혹론窮詐辯惑論』권하(首題)* P2115R[66]

28 『발보리심법發菩提心法』(假題) P2283[67]

29 『삼계관법약석三階觀法略釋』(假題)* P2268[68]

30 『수팔계법受八戒法』 신행선사찬撰(首題) P2849R3[69]

31 『인집록명제경중대근천심발보리심법人集錄明諸經中對根淺
深發菩提心法』1권(소재 불명)[70]

---

65 『敦煌寶藏』122. 58上~62下. 大谷勝眞(1938)에 원문의 번각과 연구가 되어 있다.
이 사본 중에 상술되어 있는 모선사某禪師는 672년에 입적했으니까, 신행과는
직접의 사제관계가 없었다고 생각된다. 하동군河東郡 포주蒲州와 강주(絳州: 현재
의 산서성 남부)의 일대에서 활동했던 삼계교승이다. 이 사본에 관해서는 M.
E. Lewis(1990) 중에서도 취급되고 있다. 당대唐代 중반의 삼계교승의 사상과
활동을 알 수 있는 귀중한 자료다.

66 『敦煌寶藏』114. 554上~567下. 본서 구회27 참조. 27~29까지의 세 문헌에 관한
정보는 吳其昱(1992) 73쪽에 의해서 얻었다. 吳其昱은 Jacques Gernet(1970)의
정보에 근거해서 문헌명과 번호만을 들고 있다. Gernet(1970) 76쪽 참조. 이
세 문헌에 관한 연구는 필자의 좁은 소견으로는 찾아낼 수 없다.

67 『敦煌寶藏』118. 450上~452下. 본서 구회28 참조.

68 同. 287下~305下. 본서 구회22 참조.

69 同. 474上~476上. 본서 구회26 참조.

70 『李氏鑒敦煌寫本目錄』No.0537(李盛鐸, 1858~1935) [王重民(1962) 323쪽]에 의하
면, 말미에 "隋開皇六年歲次丙午四月十五日在相州法藏寺撰"라고 되어 있다. 이
미 塚本善隆(1957→1975) 387쪽의 주(9)에 羽田亨의 채록에 의해서 같은 지적이

이들 6사본은 모두 돈황사본이다. 우선 26의 『삼계모선사행장시말』은 대곡승진大谷勝眞이 전전戰前에 발견했던 것으로, 대곡(大谷 1938)의 해설과 번각이 되어 있다. 27에서 29의 3개의 사본은 Jacques Gernet(1970)에 의해서 삼계교 문헌으로 밝혀졌다. 30의 『수팔계법受八戒法』은 이도덕웅里道德雄이 돈황문헌 중 팔관제八關齊 관계문서를 수집하여 연구한 논문 중에 소개되어 있다.[71] 31은 『이씨착돈황사본목록李氏鑿敦煌寫本目錄』 중에 그 이름이 보이는 것인데, 소재는 불명이다.

4. 신출新出 삼계교사본

다음에 열거하는 삼계교사본은 모두 필자가 돈황사본 중에서 새로이 발견한 것이다. 이 중에서 32에서 37에 이르는 5개의 사본 6문헌은 『돈황보장敦煌寶藏』에 수록되어 있는 스타인사본(7599본), 펠리오사본(4038본), 북경사본(8738본)을 모두 훑어보고, 그중에서 종래의 수출搜出에서 누락된 삼계교 관계사본이라고 생각되는 것을 골라낸 새로운 성과이다.

되어 있다. 제명題名은 같지만, "隋"를 "大隋"로 하였다. 이 문헌은 『人集錄都目』, 『大周刊定衆經目錄』卷15, 『開元釋敎錄』卷18 및 『貞元新定釋敎目錄』卷30 등에 게재되어 있다. 『明諸經中對根淺深發菩提心法』 혹은 『對根淺深發菩提心法』인 삼계교적三階敎籍과 동일의 문헌은 아닐까 생각된다. 또 李盛鐸의 목록에 게재되어 있는 사본은 매각 등에 의하여 산일散佚되고, 소재불명인 것이 대부분이고, 이 사본도 행방을 알 수 없다.

71 里道德經(1983) 83쪽.

32	『제법制法』1권(首題)	P2849R1[72]
33	『걸식법乞食法』(假題)	P2849R2[73]
34	『불성관佛性觀』(假題)*	S1004[74]
35	『제3계불법광석第三階佛法廣釋』(假題)	S6344[75]
36	『제3계불법광석』(假題)	北8725R(菜40)[76]
37	『□□관수선법觀修善法』1권(尾題)*	北8386(制79)[77]

또 대만국립중앙도서관 소장의 돈황사본의 조사에 의해서, 다음의
1본을 삼계교사본으로 찾아냈다.

| 38 | 『불성관佛性觀』(假題)* | 대만99[78] |

또 러시아 소장의 돈황사본 중에서는 다음 삼계교사본의 쇄편碎片이
포함되어 있는 것이 밝혀지게 되었다.

| 39 | 『악관惡觀』1권 | µx92[79] |

이 신출사본들에 대해서는 다음 제3절의 각항에서 자세하게 설명하
여 말한다.

---

[72] 『敦煌寶藏』124. 466下~472下. 이번에 수출搜出된 사본 중에서, 특히 이『제법』1권
은 삼계교의 교단규율에 관한 것으로 귀중한 자료이다. 제5장 제1절(408~459쪽)에
서 이 문헌의 내용을 거론한다. 본서 모두 구회24, 25 참조.

[73] 『敦煌寶藏』124. 472下~474上. 본서 구회24, 25 참조.

[74] 『敦煌寶藏』8. 202上~203上. 본서 구회30 참조.

[75] 『敦煌寶藏』45. 249下. 본서 구회20 참조.

[76] 『敦煌寶藏』111. 308下~313上. 본서 구회21 참조.

[77] 『敦煌寶藏』110. 146下~151下. 본서 구회29 참조.

[78] 『國立中央圖書館藏 敦煌卷子』5(台北. 石門圖書公司, 1976, 以下『敦煌卷子』라 약칭)
1003上~1008下. 본서 구회31, 32 참조.

[79] 『俄藏敦煌文獻』⑥(上海古籍出版社, 1996) 71쪽.

제3절 삼계교사본의 재검토

위에 열거한 39개의 문헌이 현존하는 또는 현존하고 있다고 생각되는 삼계교사본의 전부이다. 그중에는 동일한 문헌이 몇 개인가의 사본으로 중복되어 있는 것도 있으므로, 그들을 정리하면 문헌 수는 29개의 완본 또는 단편이 삼계교 문헌으로서 현존하고 있는 것이 된다. 대부분 단편이기 때문에 단순히 비교하기는 어렵지만, 『개원록開元錄』과 『정원록貞元錄』의 35문헌 44권에 비해도 결코 적은 수라고는 할 수 없다. 거듭되는 금압에 의해서 소실되었던 삼계교의 문헌들이 돈황사본의 발견에 의해서 여기까지 되살아난 것은 참으로 놀라운 일이다. 그중에 대부분은 제명題名이 분명하지 않기 때문에 경록에 기재되어 있는 문헌의 어디에 상당하는가를 거의 확정할 수 없다. 또 분명히 경록에 기재되어 있는 문헌과는 다른 문헌이라고 생각되는 문헌도 몇 개인가 존재한다.

아래의 각항에서는 새로이 발견된 사본, 삼계교 문헌인 것이 확인되었는데도 종래 연구가 충분히 이루어지지 않은 사본, 새로운 연구 성과가 얻어진 사본 등 12문헌에 대해서 검토를 해보도록 하겠다.

1. 『대근기행법對根起行法』

『대근기행법』의 현존하는 사본은 다음 4본이다.

    1   『대근기행법』(假題)   S2446

    2   『대근기행법』(假題)   S832

12 『대근기행법』(假題)   S5841

25 『인집록어십이부경수다라내험출대근기행법人集錄於十二部
     經修多羅內驗出對根起行法』1(용곡대학 소장 돈황사본)

이들 4본의 사본에 더하여 지엄智儼의『화엄오십요문답華嚴五十要問
答』(이하,『五十要問答』이라 약칭)에는『대근기행법』중의 보경普敬과
인악認惡의 부분이 장문長文에 걸쳐 충실히 인용되어 있다.

1) 각 사본의 특징

시취矢吹가『대근기행법對根起行法』이라고 가제假題를 붙인 문헌에
관해서 이번의 사본조사 과정에서 밝혀진 새로운 사실은, 단편사본으
로서 가장 긴 부분이 필사되어 있는 S2446의 첫머리부분의 자투리
토막이 S5841로서 현존하고 있었다는 점이다. S5841은 시취矢吹의
『연구』184쪽에서는, "실제(失題:「零片」)"라고 되어 있던 사본이다.
시취矢吹의『연구』별편에도 번각되어 있지 않고, 사본번호도 구 번호
(제72함)가 열거되어 있을 뿐 스타인 번호도 명확치 않기 때문에 어떠한
사본인가 종래 밝혀지지 않았었다. 시취矢吹는 "제12단편 실제失題
스타인본 단편으로서 심하게 훼손되어 있다. '第三段明所學法普別不
同, 第四段明能學人普別不同'의 2단段만이 완비되어 있다. 다만 제2단
은 표목標目을 빠뜨리고 내용만 존재한다."(189쪽)라고 서술한 한편,
"제7단편에서 말한다."(489쪽)라고 서술하여 제2단의 문장을 소개하고
있고, 단편의 번호에도 혼란을 일으키고 있다.[80]

---

80 박사논문『三階教의 研究』가 관동대지진으로 소실되고, 그 후『三階教之研究』가
   집필되었다. 그 과정에서 단편번호에 혼란이 생긴 것이라고 생각되는데, 별편에서

S5841은 27행이 채 안 되는 사본이고, 1행의 글자 수는 대개 17자로 일정하다. 시취矢吹의 지적대로 제2단은 후반만 존재하고, "第三段明 所學法普別不同"과 "第四段明能學人普別不同"의 2단은 거의 전문이 완비되어 있다. 게다가 최후의 2행은 최하부의 몇 개 문자만이 남아 있다. 최후로부터 2번째 행은 "第五段明一"의 5문자, 최후의 행은 "二 (?)三(?)乘"의 3문자이다. Lionel Giles(1957)는 (본문 중에서는 자일 스 목록이라고 약칭) "연속된 2단으로 된 단편, 대단히 잘 쓴 사본, 매끄러운 얇은 황갈색의 종이, 27×49cm"[81]라고 기록하고 있다. 한편 S2446도 1행의 문자수는 거의 17자로 일정하고, 한 장에는 28행이 분명한 해서체로 필사되어 있는 양호한 사본이다. 자일스 목록에는, "미미완尾未完? 수결首缺. 능숙한 해서체로 쓰인 7세기의 사본. 매끄러 운 얇은 색의 종이"[82]라고 해설하고 있다. 종이의 크기는, 세로는 S5841 과 동일하여 약 27cm이다. 7세기 후반의 사본이라고 추정된다. 최초의 2행은 일부밖에 남아 있지 않고, 첫째 행은 가운데쯤의 "□禪師", 둘째 행은 행두行頭에서부터 "師律師亦如是類以可知"의 10문자[83]만을 확인 할 수 있다. 셋째 행은 행말行末의 1문자만이 빠져 있고, 그 위의 2문자는 "二(?) 三(?)"이라고 하는 문자의 자투리 토막이 남아 있다. 이 3문자 분을 제외한 14문자는 "乘三乘普別不同者有二種——乘"이

번각된 제7단편은 『信行遺文』(S2137)이니까, 지금 문제의 사본은 제12단편으로 통일해야 한다.

81 Lionel Giles(1957) 135쪽, No.4592.
82 Giles(1957) 135쪽, No.4590.
83 "사율사師律師"의 세 문자는 사진판에서는 나타나 있지 않지만, 실제의 사본에서는 확인할 수 있다.

264

다. 그리하여 2개의 사본을 연결하여 보면, S5841의 최후의 행과 S2446의 세 번째 행의 하부의 문자의 잘라진 부분이 놀랍게도 일치해서 "二三"이라고 확실하게 된 문자가 된다. 이 2문자에 한하지 않고 양자의 자투리 토막을 연결하면 거의 일치한다. 필적은 S2446의 사진판은 초점이 맞지 않기 때문에 언뜻 보면 다른 사본같이 보이지만, 실물의 사본에 의해서 공통되는 문자를 비교하면 동일하다는 것을 알 수 있다. 게다가 내용적으로도 S5841의 제3단, 제4단에서 S2446의 모두(冒頭: 사본에서는 3행에서 12행)의 제5단("第五段, 明一乘三乘普別不同者, 有二種")으로 연속하는 것이 된다. 이상과 같은 이유로 S2446의 모두冒頭부분의 자투리 토막이 S5841인 것이 명백하게 되었다.[84] 종래 S2446의 모두부분(사본에서는 12행분)은 단편의 모두이기 때문에 의미를 이해하기 어렵고, 바로 뒤인 제2대단 내용과의 회통도 곤란했지만 S2446에 선행하는 부분의 내용이 다소라도 명확하게 되고, 해독을 진행하는 과정에서 이익을 주는 것이 많다. 또 S5841은 제1대단 제2단의 도중부터 현존하고 있는 것이므로, 거기에 선행하는 결락부분은 제1대단 제1단부터 제2단의 도중에 걸쳐서 비교적 적은 부분이라고 추정된다.

이제 그 외의 사본에 대해서 약간 언급해 두려 한다. S832는 37행이 조금 못 되는 영편零片이고, 1행의 문자수는 26자에서 31자 정도이다. S2446과 비교하면 현존 부분이 짧기 때문에 결코 선본善本이라고 말할 수 없지만, 자일스 목록은 "능숙하고 작은 문자로 씌어진 6세기의 사본. 얇은 지질로 황색의 종이"[85]라고 해설하고 있다. 실제로 지질은

---

84 1997년 9월의 대영도서관에서의 원사본의 조사결과, 양 사본의 찢어진 자리가 약간 결락된 부분을 제외하고는 딱 일치하였다. 본서 모두 구회13, 14 참조.

매우 얇은 상질의 종이이고, 7세기 중반『법화경法華經』등의 궁정宮廷
사본의 종이보다도 더욱 얇고, 황색의 유지油紙 같은 종이이다. 필자는
6세기 말에서 7세기 초에 수대隋代의 사본으로 간주해도 되지 않을까
생각하고, 필사의 시기는 현존하는 4개의『대근기행법對根起行法』의
사본 중에서 가장 이른 것은 아닐까 하고 추정한다. 가령 6세기 사본이라
고 하면,『대근기행법』의 성립(593년, 이유는 후술) 직후의 사본이라는
것이 되어 중요한 의미를 갖는다. 내용은 S2446 전반부분의 제3계의
단악斷惡을 밝힌 부분의 일부와 일치한다.

용곡대학본本은 S2446의 후반부분의 약 3분의 1에 상당한다. 세로
23.5cm, 전체 길이 6m30cm의 권자본卷子本이다. 말미에『인집록어12
부경수다라내험출대근기행법人集錄於十二部經修多羅內驗出對根起行
法』1권이라는 제명을 갖추고 있다.[86] 이 미제尾題에 의해 시취矢吹는
S2446을 비롯한 이 문헌을『대근기행법』이라고 가제를 붙인 것이다.
1행의 문자수는 20자 전후이고 확고한 해서楷書로 씌어 있는 선사본善寫
本이다. S2446과 비교하면 글자체도 닮았고, 문자도 크게 다름이 없고,
어느 것이 선본善本인가는 결정하기 어렵다. S2446과 같이 7세기의
사본이라고 추정된다.

다음에『오십요문답五十要問答』의 인용문은 S2446의 중간부분의
약 8분의 1에 해당하고, 보경과 인악의 부분이 인용되어 있다.『오십요
문답』의 인용문은 S2446보다도 더욱 의미가 통하는 부분이 많고,

85 Giles(1957) 134쪽, No.4585.
86 龍大本에 관해서는 高雄義堅(1924), 同(1958) 208~209쪽, 矢吹『硏究』170~171쪽
    및 별책 110쪽 참조.

인용의 근본이 된 저본은 S2446보다도 선본이었다고 추정된다. 『오십요문답』은 659년 이후 수년간에 성립되었다고 하니[87] 7세기 중반에 『대근기행법』이 유포되고 있었다는 것을 뒷받침 하는 것이다.

2) 『대근기행법』의 개요와 성립시기

시취矢吹에 의해서 상세한 과문科文이 작성되었지만,[88] S5841의 부분도 더하여 다시 개요를 제시해 두려한다. 현존하는『대근기행법』의 전체 구성은 다음과 같다.

A〔　　?　　〕

　a〔第一大段〕

第一段 (欠)

第二段 (後半만 存)

第三段 所學法普別不同

第四段 能學人普別不同(以上, S5841)

第五段 一乘三乘普別不同(以下, S2446)

　b〔第二大段〕橫說爲三階. 於上三階內, 明對根起行法. 於內有五
　段.

第一段 三階出世道不同所由義, 於內有三段(제2단 이후도 3단으로 나누어진다)

一. 第一階, 於內有七段.(제2계, 제3계도 7단으로 나누어진다)

87 木村淸孝『初期中國華嚴思想의 硏究』(春秋社, 1977) 405쪽.

88 矢吹『硏究』305~335쪽에『對根起行法』의 상세한 과문科文이 실려 있다.

一者歸一切佛盡, 二者歸一切法盡, 三者歸一切僧盡, 四者歸一切

衆生盡, 五者斷一切惡盡, 六者修一切善盡, 七者求一切善知識盡

二. 第二階

三. 第三階

第二段 三階出世處不同所由義

第三段 三階藉伴不藉伴不同所由義

第四段 三階斷障不同所由義

第五段 三階六法具不具所由義

B 又明就『三階』四卷內, 總有二義. 一者五名. 二者三字.

C 又明依修多羅內, 學發菩提心見法行法分齊義. 於內, 有兩段.

　a 第一大段 能行人, 於內兩子段.

第一段 能行人普別兩根分齊義

第二段 能行人見所行法及時節分齊義

　b 第二大段 所行法, 於內有四段.

第一段 所行法之次第, 於內有八.

　1 先學第三階佛法, 於內有三種. 一者普敬, 二者認惡, 三者空觀.

　2 先學普佛法, 後學別佛法.

　3 先學體佛法, 後學相佛法.

　4 先學根本佛法, 後學枝條佛法.

　5 先學生盲衆生佛法, 後學有眼衆生佛法.

　6 先學世間菩薩所行佛法, 後學出世間菩薩所行法.

　7 先學自利行, 後學利他行.

　8 先學得苦得惡佛法, 後學得好得樂佛法.

268

第二段 損益

第三段 淨土因果

第四段 三佛因果

D 又末世時、邪多正少……

　　六種의 問答

　　(6종 문답 뒤, 용곡대학본本에는『人集錄於十二部經修多羅內驗出
　　對根起行法』1권이라고 하는 尾題가 있다.)

E 又明上來五門觀分時學法位判

　　시취矢吹는 A-b의 부분은 "틀림없이『개원록開元錄』의 '『대근기행법
對根起行法』1권, 明一切衆生對根起行法於內 有五段'에 해당된다."라
고 적고, A-a 및 B 이후는 "당초부터 존재했는지 아닌지 자세하지
않다."[89]라고 하였다. 그러나 A-a의 부분은 S5841의 존재에 의해서
A-b와 같게 5단으로 이루어진 제1대단의 후반부인 것이 확정되었다.
즉 A-a와 A-b는 동일 문헌 중의 제1대단과 제2대단의 관계가 되기
때문에, A-a도 당초부터 존재하고 있었다고 생각해야 할 것이다. 문제
는 A와 B 이후와의 관계이다. 우선 A와 C에는 각각 제1대단과 제2대단
이 있는 것으로부터, 양자는 다른 문헌인 것을 알 수 있다. 삼계교
문헌에 있어서는 가장 큰 단락의 단위가 '대단大段'이기 때문이다.
또 그 사이에 놓여진 B의 부분은 사본의 행수가 겨우 7행 가량의
단문이고, 돈황본『삼계불법三階佛法』의 구성에 대해서 서술하고 있지

---

89 同. 170쪽.

만, A와 C와도 내용적인 연결성은 없다. 다만 다른 문헌의 일부가 잘못 섞여든 것 같은 엉뚱한 내용은 아니고, 짧은 문장이지만 B자체에서 내용이 완결되어 있는 것이다. 그러면 A, B, C는 후대의 사람이 우연히 이 순서대로 필사한 것인가 하면 그렇지는 않다. C에는 A의 내용을 염두에 두고 저술했다는 것을 뒷받침하는 부분이 남아 있다. 즉 C-b의 제1단 소행법의 차제次第에 8이 있는 가운데 제1에서 제3계불법을 밝히는 중의 세 번째에 공관空觀이 거론되어 있는데, 그 부분에는 다음과 같이 서술되어 있다.

第三段, 明空觀者, 從上來所學解行皆從本來畢竟不可得. 此空觀, 上三階七法內廣已說.[90]

제3단, 공관空觀을 밝힌다고 하는 것은, 이상 배워온 수득修得해야 할 이해理解와 수행修行의 내용은 모두 본래적으로는 필경 불가득이라는 것이다. 이 공관은 상술한 삼계칠법三階七法의 부분에서 이미 상세하게 풀어서 이야기했다

이 중에서 '상삼계칠법내광이설上三階七法內廣已說'이라는 것은, A-b의 제1단의 제3, 제3계의 출세의 도를 밝힌 칠법七法 중의 6번째 단악부분 제21에 사념처악四念處惡이 설해져 있는데 그중 신념처身念處 부분을 가리키고 있다고 생각된다. 이 신념처의 부분은 매우 상세하게 설해져 있고, 각각의 관찰을 수행하면서 '종본래필경불가득從本來畢竟不可得'

임을 아는 것의 중요성이 반복하여 설해져 있다.[91] 또 같은 C-b 제3단의
정토淨土의 인과因果를 밝히는 중 제2단의 정토의 인과에 관한 부분에서
도 "공관사념처空觀四念處, 상이광설上已廣說"[92]이라고 있는데, 역시
이 부분도 A-b의 사념처의 부분을 상정하고 있는 것이라고 생각된다.
따라서 C-b는 A-b의 내용을 염두에 두고 저술되어 있는 것임을 알
수 있다. 다음의 D부분은 첫머리에서 말세에는 사邪가 많고 정正이
적고, 생맹生盲의 중생은 보법普法을 배워야 한다고 서술하고, 이어서
보법과 별법別法의 문제를 중심으로 한 6종의 문답을 설정하였다.
D에는 단락을 표시하는 말은 없고, 내용적으로 보아도 C의 일부라고
하는 것은 약간 무리일 것이다. 다만 "專學普敬, 認惡, 空觀, 七一,
五不干佛法者, 可生淨土"[93]라는 부분과 같이 A-b(三階七法)와 C-b(普
敬, 認惡, 空觀, 五種不干盡佛法)의 관계를 예상시키는 것 같은 부분이
발견되므로 전혀 관계가 없다고 할 수도 없다. 또 용대본龍大本은
C-b의 도중부터 존재하는 사본인데, 그 사본 D의 최후 부분에 미제尾題
로서 『인집록어십이부경수다라내험출대근기행법人集錄於十二部經修
多羅內驗出對根起行法』1권이라고 기재되어 있는 것으로부터, 적어도
용곡대학본의 필사자는 C와 D를 1개의 문헌으로 포착하고 있는 것을
알 수 있다. 용곡대학본이 필사되었던 당시 A와 B의 부분을 포함하고
있었는지 어떤지는 확실하지 않지만, 제명에 포함된 『대근기행법』의
문자가 본문 중에서 쓰이고 있는 것은 A-b의 모두冒頭의 한 부분뿐이고,

---

91 同. 513下~514下.
92 同. 531上.
93 同. 538上.

내용상으로도 A-b의 부분이야말로 『대근기행법』에 걸맞은 것이므로 용곡대학본에도 당초에는 A, B의 부분이 포함되어 있었던 것이라고 생각하는 것이 자연스러운 것은 아닐까.

이상을 요약하면 A에서 D까지는 각각의 독립된 내용을 갖추면서 동시에 일정한 연관도 가지고 있으며(A-b와 C-b), 하나의 사본 중에 서사된(S2446) 하나의 문헌명이 부여되고 있는 것(용곡대학본)이다. 이들 사실을 통일적으로 해석하는 것은 반드시 용이한 것은 아니지만, 하나의 방법으로서 시취矢吹가 『대근기행법』이라고 가제를 붙인 문헌 (S5841~S2446)은 신행의 강의를 제자가 필수筆受한 것의 일부라고 하는 해석이 성립되지 않을까 생각된다. 강의라고 하면 A와 C의 사이에 B와 같은 짧은 삽입을 넣는 것도 이상한 것은 아니고, 이미 설한 내용에 대해서 앞의 것을 참조하도록 지시하는 것도 자연스러울 것 이다.

그러면 E의 부분은 어떤가? E의 첫머리에는 "상래오문관上來五門觀" 이라고 하는 말이 있다. 이것으로부터 곧 앞에서 오문관에 대해서 설한 부분이 있고, 그것을 받아서 E의 부분이 설해진 것이 되는데, A에서 D의 부분에는 오문관이라고 하는 말은 없고, 오문관에 관한 내용을 정리해서 설명한 부분도 보이지 않는다. 또 E의 부분은 S2446에 만 존재하고, 용곡대학본에는 D의 맨 끝에 미제가 붙어 있어 E의 부분을 결缺하고 있다. 따라서 이 부분은 다른 강의노트의 내용이 잘못 섞여든 것이라고 생각된다.

『대근기행법』의 구성에 관한 제 문제가 어느 정도 밝혀졌으므로, 다음에는 성립 시기에 관해서 고찰해 보겠다. 결론부터 말하면 『대근기행법』은 신행의 가장 만년에 저술된 것, 더욱 시기를 한정하면 신행이 입적하기 전해인 593년에 저술된 것은 아닐까 하고 추측한다. 『대근기행법』 중에 돈황본 『삼계불법』의 구성에 대해서 설명한 부분(B의 부분)이 있는 것으로부터 돈황본 『삼계불법』의 성립을 이어받아서 저술된 문헌이라는 것을 알 수 있다. 다음의 '2. 『삼계불법』'의 부분에서 돈황본 『삼계불법』의 성립에 대해서 검토하겠지만 결론만을 말해두면 593년에 성립된 것이라고 추정된다. 신행이 입적한 것은 594년 정월이니까 『대근기행법』도 593년에 저술된 것이라고 생각된다. 이 추측은 『대근기행법』이 신행의 저술이라고 하는 전제를 기초로 한 것이다. 다만 이 점에 대해서도 실은 결정적인 증거가 있는 것은 아니다. 몇 개인가의 요소를 종합하여 판단한 바탕 위에서 성립하는 추측이다. 이 근거를 말하면 아래와 같다.

(1) 사본에 필사된 연대가 S832는 6세기 말에서 7세기 초, S2446과 S5841은 7세기라고 추정되므로 6세기 말 성립이 거의 확실하다.

(2) 7세기 중반에 성립한 지엄智儼의 『오십요문답』에도 『대근기행법』의 보경普敬과 인악認惡의 부분이 인용되고 있다.

(3) 돈황본 『삼계불법』에 있어서의 보경과 인악에 관한 설명 등을 비교하면 내용도 용어도 비슷하고, 큰 사상적 전개는 발견되지 않는다.

(4) 용곡대학사본도 7세기의 것으로 추정되지만, 미제尾題에는 『인집록어십이부경수다라내험출대근기행법人集錄於十二部經修多羅內驗出對根起行法』1권이라고 적혀 있다. 신행이 입적한 직후에 세워졌다고 생각되는 「고대신행선사명탑비故大信行禪師銘塔碑」에 신행의 저작으로 『대근기행지법對根起行之法』30여 권이라고 있으므로, 그 일부라고

추정되는 것이다. 마찬가지로『역대삼보기歷代三寶紀』권12에서는『대근기행잡록對根起行雜錄』32권,『속고승전續高僧傳』권16에서는『대근기행對根起行』,『대당내전록大唐內典錄』권5에서는『대근기행잡록집對根起行雜錄集』36권 등이 열거되고 있다. 따라서 신행의 저작 중에 "대근기행對根起行"을 목적으로 한 저작이 다수 존재하고 있었던 것은 확실하고, 그 일부였다고 생각된다.

(5) 그 후의 경록經錄에서는 30여 권의 잡록의 제명을 각각 열거하고 있는데, 그중에는『대근기행법』1권이라고 한 문헌을 비롯하여 "대근기행對根起行", "대근천심對根淺深", "당근기소행當根器所行" 등을 제명에 붙인 문헌이 다수 포함되어 있다. 용곡대학본과 완전히 같은 제명의 문헌을 발견할 수 없는데, 이들 저술은 잡록이고 전승 과정에서 몇 개인가의 호칭이 사용되어 왔기 때문일 것이다.

(6) 가령 신행 이외의 사람이 저술한 것이라면, 유포流布연대부터 신행의 직제자들 중 누군가가 저술했을 가능성이 있지만 제자들의 신행에 대한 존경의 생각은 거의 숭배의 수준에 달하여 있으므로, 신행의 주된 저서에 포함된 "대근기행對根起行"이라는 말을 그대로 제명에 언급할 가능성은 낮다. 따라서 제자들에 의한 저술일 가능성은 낮다.

이상의 근거로부터 종합적으로 판단해서 필자는『대근기행법』은 신행의 저작(신행이 구술한 것을 제자가 필기하여 정리했을 가능성을 포함한다)인 것이 틀림이 없다고 생각한다. 본서의 전체의 기술에 있어서도『대근기행법』을 신행의 진찬眞撰으로 취급하겠다.

2. 『삼계불법』

『삼계불법三階佛法』의 사본으로서는 다음과 같은 것이 현존한다.

　　　(3)　『三階佛法』卷2　　　　S2684(돈황본『삼계불법』의 계통)

　　　(15)『三階佛法』卷3　　　　P2059(돈황본『삼계불법』의 계통)

　　　(21)『三階佛法』卷1, 卷2(法隆寺本)

　　　(22)『三階佛法』卷2, 卷3(首欠), 卷4(聖語藏本)

　　　(23)『三階佛法』卷1(首欠), 卷2(首欠), 卷3, 卷4, 卷5(興聖寺本)

　　　(24)『三階佛法』卷1, 卷2, 卷3(首欠), 卷4, 卷5(首次)(七寺本)

또 삼계불법의 주석서로서 다음 사본이 현존한다.

　　　(16)『三階佛法密記』卷上　　　　　　P2412R1

『삼계불법』에는 3 및 15로서 현존하는 돈황본『삼계불법』의 계통과 21, 22, 23, 24로서 일본에 현존하는 일본본『삼계불법』의 2종류의 계통이 있다. 시취矢吹를 비롯한 종래의 연구에 의해서 해명되지 않은 점은 돈황본『삼계불법』의 성립시기, 현존하는 2종류의『삼계불법』과 제 경록 중의『삼계불법』과의 관계, 일본본『삼계불법』의 구성·성립시기·저자 등의 점이다. 본 항에서는 종래『삼계불법』에 관한 연구의 성과를 정리하면서 이들의 문제점에 관해서도 검토하려 한다.

1) 돈황본 『삼계불법』

『삼계불법밀기三階佛法密記』권상(P2412R1)의 「석의釋義」의 부분에는 『삼계불법』의 대단大段의 과문科文이 다음과 같이 열거되어 있다.

(1) 제1대단: 과거의 습기習氣에 대해서 삼계三階의 근기根機의
뜻을 밝힌다(권1).

(2) 제2대단: 현재인의 행에 대해서 삼계의 사정邪正의 뜻을 밝힌
다(권2).

(3) 제3대단: 소품所稟의 경교經教에 대해서 삼계의 법法에 상중하
경중천심上中下輕重淺深이 있는 뜻을 밝힌다(初의 三段)(권3~
권4).

비경이전悲敬二田에 대해서 삼계인三階人의 의경기행손익다소
소유依境起行損益多少所由의 뜻을 밝힌다(제4단)(권4).[94]

또 『대근기행법對根起行法』(S2446)에도 『삼계三階(佛法)』4권의 내
용과 분권에 관해서 "第一卷根機, 第二卷邪正, 第三卷輕重淺深"[95]이라
고 서술한 부분이 있고, 『삼계불법밀기』(이하 『밀기密記』로 약칭)의
과문科文과 일치하고 있는 것이다. 그래서 『밀기密記』권상과 『대근기
행법』에 표시된 과문을 현존하는 돈황본 『삼계불법』(이하 돈황 『삼
계』라 약칭) 및 일본본 『삼계불법』(이하 일본 『삼계』라 약칭)의 내용과
대조해 보면, 돈황 『삼계』의 내용과 일치하는 것을 알 수 있다. 현존하는
돈황 『삼계』는 권2의 일부(S2684)와 권3의 일부(P2059)뿐이지만, 권2
의 현존부분은 『밀기』의 과문에 있어서의 제2대단의 제1단의 후반부분

---

94 『敦煌寶藏』120. 265下. 더 상세한 과문科文은 「指文」의 부분(266下~267下)에
설해져 있다. 矢吹 『硏究』 297~300쪽에는 「指文」에 근거한 과문이 열거되어
있다.

95 『敦煌寶藏』19. 520上.

과 제2단의 전반부분에 상당하고, 권3의 현존부분은 제3대단 제3단의
제2자단의 후반부분과 제3자단의 전반부분에 상당하는 것이다.[96]

이상의 것으로부터 돈황『삼계』의 주석서가『밀기』인 것,『대근기행
법』은 돈황『삼계』이후에 성립된 문헌인 것이 확실하다.

그러면 돈황『삼계』는 언제 성립한 것인가. 돈황『삼계』권2의 일천제
一闡提에 대해서 설한 부분의 활주에 다음과 같이 쓰여 있다.

經文道, 信不具足名一闡提. 從年廿得聞大乘經, 至年五十四, 唯
見道俗利根解佛法者, 信大般涅槃經所說最大多善, 自言, 我信涅
槃, 我信佛性, 故知, 非是一闡提. 不見有一箇道俗利根解佛法者,
信大般涅槃經所說最大多惡, 自言, 我是一闡提. 以一闡提多少分
齊, 驗之, 即是信不具足, 故名爲一闡提, 如十方世界所有地土.[97]
경문에, "신信이 갖추어져 있지 않은 자를 일천제一闡提라고 이름
한다."라고 한다. 20세 때부터 대승경大乘經을 듣기 시작하여 54세
에 이르렀다. (그 사이에) 보아온 것은 이근利根의 도속道俗으로

---

96 이미 矢吹에 의해서 명확하게 되어 있는 점이고 자세한 대조는 생략한다. 矢吹의
권2에 관한 해설(『硏究』別篇 10쪽) 및 권3에 관한 해설(別篇 50쪽) 참조. 다만
矢吹도『연구』의 본론을 집필하는 단계에서는 敦煌『三階』와『密記』의 관계에
대해서는 확실한 결론에 도달하지 못했던 것과 같다. 즉 "파리국립도서관소장에
삼계불법제삼의 미제尾題를 갖고 있는 사본(P2059)이 있고, 이것은 역시 상술한
4권 삼계(일본『三階』)의 제3권이 아닌 것은 물론, 밀기密記의 중요한 사항과도
일치하지 않는다."(괄호 안은 필자 보충)(『硏究』162쪽)라고 말하고,『密記』에서
표시된 과문과 敦煌『三階』卷3의 내용의 불일치를 지적하고 있는 것이다.
97 『敦煌寶藏』22. 245下.

불법을 해석하는 자로서 『대반열반경大般涅槃經』에 설해진 최대
다선最大多善을 믿고, 자신부터 "나는 열반을 믿고 있다. 나는
불성을 믿고 있다. 그러므로 일천제는 아닌 것을 알 수 있다."라고
하는 자뿐이었다. 한 사람도 이근의 도속으로서 불법을 해석하는
자로서 『대반열반경』에 설해진 최대다악最大多惡을 믿고, 자신부
터 "나는 일천제이다."라고 하는 자를 본 일이 없다. (경문에 설해
진) 일천제의 다소의 분량을 가지고 이(상황)를 검토한즉, 바로
'신불구족信不具足'이므로 일천제라 이름하고, (그것은) 시방세계
十方世界의 모든 지면의 흙과 같이 다수이다.

이 부분의 직전에는 "유인언有人言"으로서 다른 사람의 해석이 인용
되어 있고, 그것에 대해서 신행이 자신의 수행생활에 있어서의 견문見聞
에 의해서 일천제란 무엇인가를 논한 부분이다. 이 중에서 "20세부터
대승경을 듣기 시작하여 54세에 이르렀다."라고 하는 부분이 주목된다.
신행은 594년에 55세로서 입적했으니까, 이 한 문장은 그 전년에 기술된
것임을 알 수 있다. 즉 현존하는 돈황 『삼계』는 신행의 가장 만년晚年,
593년에 설해진 것이라 할 수 있다. 또 돈황 『삼계』의 성립시기가
확정된 것에 의해서 돈황 『삼계』 분권에 대해서 언급하고 있는『대근기
행법』도 역시 593년에 성립했다고 할 수 있다.

2) 일본본 『삼계불법』

일본 『삼계』의 과문科文에 대해서는 이제까지 검토해온 것이 없다.[98]
시취矢吹는 『삼계불법』에 일본 본과 돈황본의 2종류가 있다고 하면서

도, 돈황본의 과문을 『삼계불법밀기』권상에 근거하여 열거할 뿐 일본본의 전체의 과문에 관해서는 언급하고 있지 않다.[99] 일본본의 과문은 이하에서 보는 바와 같이 복잡해서 파악하기 어렵고, 겸창시대鎌倉時代에 응연凝然도 "장경藏經의 가운데 『삼계집록』5권이 있고, 제 경론의 정문正文을 인용하여 교의敎義를 성립시켜도 전후가 뒤섞여 어지럽고 (雜亂), 시종始終이 혼동混同하고, 의의義意를 보기가 어렵고, 종지宗旨를 얻기 어렵다."[100]라고 서술하고 있는 것이다. 확실히 전후가 뒤섞이고 시종이 혼동하고 있지만, 그 혼란한 상황을 명확하게 해두는 것이 금후 더욱이 일본『삼계』의 연구를 진행해 가는 데에 필요한 일일 것이다. 현재까지 해명할 수 있었던 일본『삼계』의 과문科文은 다음과 같다.

(1) 總說(권1) (시취矢吹『研究』別篇 257~261쪽. 이하, 쪽수만 열거한다)

(2) 第一大段明驗, 一切第三階佛法內, 一切利根空見有見衆生多

---

98 矢吹는『三階佛法』의 과문을 제시하는 데 당해서 "『삼계불법』4권의 내용은 편의상, 『삼계불법밀기 권상 소전』에 의거한다. 생각건대, 『일본소전삼계불법日本所傳三階佛法』4권(5권)은 위『삼계불법밀기소전』과 다르고, 동시에 아직 완본을 얻지 못했기 때문이다."(『研究』 292쪽)라고 적고 있다.

99 "지금 이 체재내용(『三階佛法密記』卷上의 科文)에 의해서 상술한 현존『삼계불법』4권(日本『三階』)의 내용과 대조하니 전혀 부호符號하지 않다."(괄호 안은 필자의 보충) (矢吹『研究』161쪽)라고 서술하고 있다.

100 大正 72, 384上. 일본으로 전해진『삼계불법』은 일본본의 계통이다. 그중에서 응연凝然이 본 것은 홍성사본(5권본)이라고 생각된다.

少分齊義.(권1)（261~265）

（3）第二大段明驗, 一切第三階佛法內, 佛滅度後時節分齊義.(권1~권3)（265~330）

（4）第一大段明驗, 一切第三階佛法內, 一切利根空見有見衆生多少分齊義. 與十方世界所有 地土一種相似義. 如余卷第一大段內廣說.(권3~권4, （5） 이하 모두 권4)（330~397）

（5）卷一의 第一大段의 敎證의 典據(261~265의 전거)（397~399）卷一의 第二大段의 敎證의 典據의 一部(265~266의 전거)（399）

（6）第三大段明敎, 一切第三階佛法內, 一切利根空見有見衆, 亦名敎一切利根空見有見邪見成就顛倒九種人. …… 如余卷初廣說, 自驗自知, 如是一切利根空見有見衆生等非是一切利根空見有見衆生等所由義.（399~402）

（7）第四大段明敎, 一切第三階佛法內, 一切利根空見有見衆生, 歸一切三寶, 度一切衆生, 斷一切惡, 修一切善, 解行等淺深分齊義. 如余卷第二大段內廣說.（402）

（8）第二大段의 敎證의 典據에 이어서(266~269의 전거)（402~404）

（9）第四大段에 이어서(404~405)

（10）第二大段의 敎證의 典據에 이어서(266~304의 전거)（405~414）

（11）結文(414~415)

이 과문을 보면, 얼마나 전후 뒤섞인 내용이 되어 있는가가 명백할

것이다. 우선 대단大段의 구성에만 착안하면 (2) 제1대단, (3) 제2대단,
(4) 제1대단, (6) 제3대단, (7)과 (9) 제4대단이라고 하는 구성으로
되어 있다. 그중의 (4) 제1대단은 (2) 제1대단의 내용에 대해서 경문
등을 인용하면서 더욱 상세하게 재설再說하려고 한 것이라고 생각된다.
다만 (2)의 내용과 완전히 일치하고 있는 것은 아니다. 이들 대단의
분량을 비교하면 (3) 제2대단과 (4) 제1대단의 2단에서 전체의 8할
이상을 차지하고 있고, 이 2단이 중심이 되어 있는 것을 알 수 있다.
또 (5), (8), (10) 등은 권1의 제1대단 모두에서 권2의 제2대단의 중도까지
의 전거를 열거했던 것이다. 대단과 대단의 사이에 분산해서 교증이
열거되어 있고, 이미 논한 부분의 전거인 것도 알기 어려운 구성으로
되어 있다. 이렇게 분산시켜서 전거를 표시한 이유, 권2의 제2대단의
도중까지의 전거밖에 열거하지 않은 것의 이유 등에 대해서는 분명하지
않아서 새로이 엄밀하게 과문의 작성을 진행하는 중에서 이런 점도
검토해갈 필요가 있겠다.

  그러면 일본『삼계』는 전체의 구성도 정해지지 않은 채 무질서하게
저술이 진행되어 있는가 하면 그렇지 않다. 이 점은 현존하는 4권본
혹은 5권본의 일본『삼계』가 당초부터 4권 혹은 5권이었는지 아닌지도
관계되는 문제이다. 실은 (1) 총설에 있어서 이미 전체의 구성이 거의
확정되어 있었던 것을 엿볼 수 있는 몇 가지 근거가 발견되고 있는
것이다. 즉 (1) 중에서는 "여권내광설余卷內廣說", "하제이대단내설下第
二大段內說", "하제일대단석下第一大段釋", "하제이대단말제이하이고
下第二大段末第二何以故 일체이십사단등일체별진별정불법내설一切二
十四段等一切別眞別正佛法內說" 등과 같이 단락구성과 분권이 이미 확정

되어 있는 것을 나타내는 말이 발견되고 있는 것이다. 이러한 말은 총설부분에 한하지 않고, 일본『삼계』의 전 권을 통해서 자주 나타나는 것이다. 게다가 동일 권 내의 어느 부분을 나타내는 경우에는, '상제이대단上第二大段'과 '하제일대단下第一大段'과 같이 '상上' 또는 '하下'라는 말에 의해서 장소를 나타내고 있는 것에 대해서, 다른 권의 어느 부분을 나타내는 경우에는 "余卷第一大段第十五段內五部經等說"과 같이 '여권余卷'이라는 말에 의해서 장소를 나타내고 있는 것이다. 가령 일본『삼계』가 현존하는 사본과 같이 당초에는 4권본 혹은 5권본이었다면, '여권余卷'이라고만 설해서 장소를 지시하지는 않았을 것이다. 어느 대단의 어느 부분인가에 대해서는 상세히 지시하고 있는데, 권수만은 '여권'이라고 애매한 형태로 표시하는 것은 생각할 수 없다. 따라서 '여권'이라는 표현이 의미를 가지기 위해서는 일본『삼계』는 당초에는 2권이었다고 생각하는 것이 적당할 것이다. 일본『삼계』전체의 이와 같이 장소를 지시하는 말을 자세히 검토해가면, 현존하는 홍성사본(興聖寺本: 5권본)의 권1과 권2의 부분이 당초는 상권이라고 되어 있고, 권3과 권4와 권5의 부분이 하권으로 되어 있었던 것이 명백하게 된다.[101]

그런데 권4의 말에는 다시 다음과 같은 말이 있는 것이다.

又明人集錄, 亦名驗一切第三階佛法得通所由法一卷, 一者明, 由兩卷共作一卷故[102]….

---

101 矢吹『硏究』別篇에는 성어장본聖語藏本의 분권分卷을 바탕으로 홍성사본의 권4후반과 권5를 합치고 권4로서 하고, 전체를 4권본으로 하고 있다. (『硏究』別篇 388쪽 참조)

또 밝힌다. 『인집록』은 『험일체제3계불법득통소유법驗一切第三
階佛法得通所由法』1권이라고도 이름한다. 1에 밝힌다. 양 권을
합해서 1권이라고 하므로….

이 일문一文은 일본 『삼계』가 구성상 양 권으로 되어 있다는 것을
밝히고 있는 동시에, 이 양 권을 합해서 1권으로 간주한다고도 말할
수 있는 것이다. 또 권4의 최후의 문장에서도 "此一卷人集錄經文
內[103]…"라고 서술되어 있는 것에서 역시 1권의 저작으로 간주할 수
있는 것을 짐작할 수 있다.

그러면 일본 『삼계』는 경록 등에 열거된 어떤 문헌에 상당하는
것인가. 돈황 『삼계』도 포함하여 검토해 보자. 『개원석교록開元釋敎
錄』에 이르기까지의 제 자료에서 『삼계불법』과 관계있다고 생각되는
문헌의 게재는 아래와 같다.

(1) 「故大信行禪師銘塔碑」(594년?)

『三階佛法』4권[104]

(2) 『歷代三寶紀』권12(597년 성립)

『三階位別集錄』3권[105]

(3) 『大唐內典錄』권5(664년 성립)

『三階位別錄集』4권[106]

---

102 矢吹 『硏究』別篇 414쪽.

103 同. 415쪽.

104 神田喜一郎(1922b→1986) 283쪽.

105 大正 49. 105中.

(4) 『大周刊定衆經目錄』권15(695년 성립)

　　『三階集錄』1부4권

　　『三階集錄』1부2권

　　『根機普藥法』2권(宋・元・明. 3본에는 1권이라고 씀)[107]

(5) 『開元釋教錄』권18(730년 성립)

　　『三階佛法』4권〈內典錄云 『三階別集』4卷者, 卽此是〉

　　『十大段明義』3권〈長房錄云 『三階別集』3卷者, 卽此是〉

　　『根機普藥法』2권 〈大周錄中, 除此之外更有『三階集錄』2卷

　　者, 誤〉

　　『三十六種對面不識錯法』1권〈明一切三十六種對面不識錯〉

　　右三階法都有四部. 初是四卷三階. 次是三卷三階. 三是兩卷三

　　階. 後是一卷三階. 後之三本入集錄數.[108]

　시취矢吹는 "일본에 현존하는 『삼계불법』4권 혹은 5권은 수당제록隋唐諸錄의 4권 삼계불법에 해당하고[109]…."라고 단정하고 있지만, 이것은 일본 『삼계』가 당초부터 4권본이었다는 억측에 근거한 것이다. 그러나 일본 『삼계』가 당초는 1권 혹은 분권하여 2권으로 되어 있던 것이 밝혀지게 된 이상, 시취矢吹의 설은 근거가 부족한 것이 된다. 게다가 현존하는 돈황 『삼계』는 『밀기密記』와 『대근기행법』의 과문에서 『삼계불법』4권이었던 것이 확정되고 있는 것이다. 그래서 우선 돈황 『삼

---

106 大正 55. 277下.

107 同. 474下~475上.

108 同. 678中.

109 矢吹 『硏究』 162쪽.

계』4권에 대해서 제 자료 중에 어느 문헌에 상당하는가 하면, 「고대신행선사명탑비故大信行禪師銘塔碑」의 『삼계불법』4권, 『대당전내록大唐內典錄』의 『삼계위별록집三階位別錄集』4권, 『대주간정중경목록大周刊定衆經目錄』의 『삼계집록三階集錄』일부 4권, 『개원석교록開元釋教錄』의 『삼계불법』4권 등이 그것에 해당한다고 생각된다. 『개원석교록』의 게재 문헌을 그대로 이어받았던 『정원신정석교목록貞元新定釋教目錄』에는 지수紙數가 기록되어 있는데, 그것에 의하면 『삼계불법』4권의 지수紙數는 160지紙[110]이다. 현존하는 돈황 『삼계』의 분량으로부터 추정하여 타당한 지수紙數라고 할 수 있다. 그러면 일본 『삼계』는 제 자료 중 어느 문헌에 상당하는 것인가. 『개원석교록』에는 4종류의 『삼계』가 있다고 하고 있는데 『삼계불법』4권 이외의 3종류의 문헌에 대해서 『정원록貞元錄』에서 지수紙數를 조사해 보니, 3권 『삼계』는 67지紙, 2권 『삼계』는 135지紙, 1권 『삼계』는 19지紙라고 기재되어 있다.[111] 현존하는 일본 『삼계』의 분량은 100지紙를 넘는 것이라고 추정되므로, 2권 『삼계』 즉 『근기보약법根機普藥法』2권이 그것에 상당하는 것은 아닐까 생각된다. 또 『대주록大周錄』에서는 『삼계집록』2권과 『근기보약법』2권을 다른 문헌으로 열거하고 있지만 『개원록』이 지적하는 바와 같이 양자가 동일한 문헌이라고 한다면 일본 『삼계』는 『삼계집록』2권이라고도 할 수 있게 된다. 그리고 그 이전의 자료에서는 『대근기행잡록對根起行雜錄』32권(『역대삼보기歷代三寶紀』) 등의 잡록의 일부에 포함되어 있던 것이라고 생각된다.

---

110 矢吹 『研究』別篇 227쪽.

111 同上.

그러면 일본『삼계』가 4권본 혹은 5권본이라고 하도록 된 것은
언제부터일까? 이 문제를 생각하기 위해서는 삼계교 문헌이 일본으로
전래된 경위를 살펴볼 필요가 있다. 무릇 일본『삼계』는 일본에 전해진
문헌이라는 것을 잊어서는 안 된다. 일본에서 삼계교 문헌을 처음
볼 수 있었던 것은 정창원正倉院 문서였는데, 그중 천평天平시대의
문서를 정리한즉

『明三階佛法』2권〔天平 19년(747)〕

『三階律周部』9권(天平 19년)

『三階律』(天平 20년)

『略明法界衆生根機淺深法』(天平 19년)

이라고 하는 4개의 문헌이 전해져 있는 것을 알 수 있다.[112] 그중에
『명삼계불법明三階佛法』이 일본『삼계』에 상당하는 것은 아닐까라고
추정한다. 즉 일본에 전해진 단계에서는 종전 그대로 2권본이었다고
생각된다. 그 면영面影을 전하는 사본으로서는 홍성사본興聖寺本이
있다. 홍성사본은 평안平安 말기의 사본인데 5권으로 되어 있고, 각
권의 제목 부분에는 제1에서 상본上本, 제2에는 상말上末, 제3에는
하상下上, 제4에는 하중下中, 제5에는 하하下下라고 기재되어 있는
것이다. 따라서 5권으로 되어 있지만, 크게 나누면 상과 하의 2권(正倉院
문서에는 二局이라고도 기록한다)으로 되어 있는 것을 알 수 있다. 또
성어장본聖語藏本은 홍성사본의 권4 후반과 권5를 합해서 권4로 하고
있지만, 이러한 분권의 방법도 일본에 전승된 것 중에서 비롯된 것이라

112 「奈良朝現在一切經疏目錄」94쪽(石田茂作『寫經에서 본 奈良朝佛敎의 硏究』所收)

고 생각된다.[113]

이상을 요약하면 현존하는『삼계불법』은 돈황본도 일본본도 4권의 체제를 취하고 있지만, 중국에서는 현존하는 돈황『삼계』가 4권으로 전승되고 일본『삼계』는 2권본으로 전승되고 있는 것, 일본『삼계』는 일본으로 전해진 시점에도 2권본이었던 것, 4권본 혹은 5권본이 된 것은 그 이후인 것 등의 여러 점을 명확하게 할 수 있었다고 생각한다.

최후로 일본『삼계』의 성립시기에 관해서 검토해 두자. 결론부터 말하면 일본『삼계』는 신행 자신의 진찬眞撰이고 그 성립은 592년경이며 돈황『삼계』와『대근기행법』에 앞서서 성립된 것이라고 생각된다. 그 근거는 이하와 같다.

(1) 일본『삼계』의 홍성사본 권5말에 "대수개황大隋開皇12년(592) 재경사진적사찬在京師眞寂寺撰"이라고 오서奧書가 있다.

(2) 신행의 제자 본제本濟의 전기[114]에 "신행信行 초달初達하여 산동에서 집록集錄한 본문이 지금 없으므로 본제를 위해서 구술로 신행이 직접 강의한다. 모두 깊은 뜻에 도달하라."라고 하는 부분 등을 고안하면, 찬술시기가 다른 복수의 집록이 존재했을 가능성이 있다.

(3) 제자인 배현증의 전기[115]에는, "대저 저술하는 바, 모두 증証의

---

113 大屋德城(1925)은 일본으로의 전래가 2권본이었던 것에 주목하고, 또 홍성사본의 분권分卷이 대별大別하면 상하 이국二局이 되는 것에 따라서,『삼계불법』의 영인본을 상하 2권으로 하여 간행한 것이다. 그러나 같은 책의 해제에 있어서도 矢吹와 같이,『개원석교록開元釋教錄』 등에 있어서의『삼계불법』4권이 일본『삼계』에 해당한다고 보고 있다. [大屋(1925) 解題33쪽].

114 『續高僧傳』권18, 大正 50. 578上~中.

115 『續高僧傳』권17, 大正 50. 560上~中.

붓(筆)에 위탁한다."라고 진술하고 있으므로 신행의 저작으로 된 것은 구술필기 형태로 저술된 것이 많았다고 생각할 수 있다. 구술필기 또는 강의 노트라고 하는 체재의 경우 일시, 장소, 필기자의 상위相違에 의해서 구성과 내용의 차이는 생길 수 있다고 생각된다.

(4) 제자가 신행의 주저主著와 동일한 제명을 자기 저작에 붙이는 것은 생각하기 어렵다.

(5) 다른 일부의 삼계교 문헌에 볼 수 있는 것 같은 7세기 이후에 번역된 경론의 인용은 볼 수 없다.

(6) 일본『삼계』의 내용은, 돈황『삼계』와『대근기행법』과 같이 충분히 체계화되어 있지 않다. 예를 들면 보경과 인악의 사상이 아직 체계화되어 있지 않고, 보경普敬의 제1의 여래장如來藏·불성佛性·당래불當來佛·불상불佛想佛에 대해서도 사불四佛을 하나의 세트로 해서 파악하는 방법에 도달해 있지 않다.

(7) 일본『삼계』권4 말의 문장은[116] 삼계교의 초기의 교단규율인 『제법制法』의 제5조「학제불보살구선지식도중생법學諸佛菩薩求善知識度衆生法」의 전문과 거의 일치한다. 이『제법』의 성립의 하한은 589년부터 그리 내려가지 않는 시기라고 추정된다.[117]

이상의 근거에 의거하여 종합적으로 판단하면 일본『삼계』는 신행의 진찬이고, 592년경에 성립된 것이라고 생각된다. 본서 전체를 통해서 일본『삼계』를 신행의 진찬서로서 취급하려 한다.

---

116 矢吹『研究』別篇 414쪽~415쪽.
117 본 장 제3절의「3『제법』」의 항 및 제5장 제1절 참조.

3. 『제법』

『제법制法』의 사본은 다음의 두 가지가 현존한다.

   11. 『制法』 1권(第11斷片)   S1315

   32. 『制法』 1권   P2849R1

   시취矢吹는 제11단편에 관해서 "제11단편 실제失題 스타인본 단편"[118]이라고 소개할 뿐 내용에 관해서는 언급하고 있지 않다. 수출搜出한 20단편 중에서 내용에 전혀 언급하고 있지 않는 것은 이 단편뿐이다. 한편 『연구硏究』 부도附圖14에 "삼계교적영편三階敎籍零片"으로서 1편의 사본의 사진이 게재되어 있다. 이 사본의 내용은 나머지 19단편의 어느 것의 내용과도 합치하지 않기 때문에 유일하게 내용이 소개되어 있지 않은 제11단편이 그 사본에 해당한다고 판단하였다. 제11단편의 번호는 구 번호로서 "第83函第11包第五號"[119]라고 기재되어 있을 뿐이었는데 금회의 조사에서 현재의 스타인 번호에서는 S1315로서 수록되어 있는 것이 밝혀지게 되었다. 게다가 신출新出사본인 P2849의 제1문헌 『제법』1권의 제4행 하부에서 제26행 상부에 걸쳐서의 내용과 일치하는 것이 확인되어, 이제까지 실제失題로 되어 있던 제11단편은 『제법』1권의 일부인 것이 밝혀지게 되었다.[120] 전체가 22행 정도의 영편零片

---

118 矢吹『硏究』188쪽.

119 同. 192쪽, 783쪽.

120 王重民(1962) 134쪽에는 "佛經"으로 기재하고, 또 『敦煌寶藏』10. 76下 및 黃永武 (1986) 46쪽에는 "佛經戒律別二衆法第一人法第二"라고 기록하고 있지만, P2849 의 표제에 따라서 『제법』1권으로 고쳤다.

이지만, 1행의 문자수가 적은 예외를 빼고 17문자로 거의 일정하고,
또렷한 해서楷書로 필사되어 있다. 자일스 목록에서는, "수미결손首尾
缺損. 표제, 별이중(別二衆: 第一), 인법(人法: 第二). 7세기의 선사본善
寫本. 1.25feet"[121]라고 해설하고 있다. 또 세로의 길이는 25.3cm이다.
지질紙質은 매우 얇고 매끄러우며, 황벽黃蘗으로 물들인 황색을 하고
있고, 자일스가 6세기의 사본은 아닐까 하고 추정하고 있는 S832 등과
동질이다. P2849보다도 필사 연대가 더 오래된 것이라고 추정하고
있는데, 이 목록의 추정대로 7세기의 사본이라고 한다면 『제법』이
삼계교의 초기의 문헌에 속할 가능성이 높게 되는 것이고, 영편零片이
라고 해도 중요한 의미를 갖고 있다. 또 P2849의 결락되어 있는 부분
중의 10여 문자분分에 대해서도, 이 영편에서 더 보충하는 것이 가능하
게 되었다. 또 자일스 목록에서 표제의 제2를 "인법人法"이라고 하고
있는 것은 사본의 제12번째 행이 "인법제이人法第二"라고만 쓰여 개행改
行되어 있기 때문일 것이지만, 정확히는 제11행 후부를 받아서 "아양승
중간택인법제이癡羊僧衆簡擇人法第二"라고 해야 할 것이다.

다음으로 P2849에 대해서 검토한다. P2849는 금회의 조사에서 수출
搜出한 삼계교 사본 중에서 가장 주목해야 할 내용을 포함한 사본이다.
세로 26.5cm, 1지紙에 26행이 필사되었고, 전체 447행에 달하는 권자본
卷子本이다. 지질은 얇고 상질의 것이지만, 7세기의 궁정사경宮廷寫經
등에 비하면 종이에 약간의 얼룩이 있다. 8세기의 사본은 아니라고
추정되는 선사본善寫本이다. 모두冒頭의 "제법制法1권"이라는 문자의

오른쪽부분은 약 14cm 정도 길이의 두껍고 빳빳한 종이로 뒤에서
보수되어 있고, 보수 부분의 뒤에 "제법1권"이라고 기재되어 있다.
이것은 보수한 자가 쓴 문자일 것이다. 본문은 1행의 문자수가 17문자에
서 21문자로 일정하지 않지만, 대체적으로 17문자에서 19문자이다.
또 제2행에서 제6행까지의 하부 약 3분의 1이 심하게 손상되어 있고,
제18행의 하부 3문자가 난독難讀인 이외는 거의 완결하고, 삼계교의
사상과 실천을 아는 데 극히 귀중한 사본이라고 할 수 있다.

　P2849는, 다음의 3부분으로 구성되어 있다.

　제1문헌　제1행～제276행　　『제법制法』1권

　제2문헌　제278행～제340행　　『걸식법乞食法』

　제3문헌　제341행～제447행　　『수팔계법受八戒法』(信行禪師撰)

　이들 3개의 부분은 내용적으로는 각각 독립된 문헌이고, 필사한
사람이 동일한 권자卷子에 이들의 문헌을 정리하여 필사한 것이다.

　그중의 제1문헌은 표제表題에 "제법일권制法一卷"이라고 게재되어
있다. 이『제법』은 서문과 20항목에 걸친 교단규율로 구성되어 있다.
항목을 열거하면 다음과 같다.

序文
別二衆法, 第一
癡羊僧衆簡擇人法, 第二
依法不依人, 第三
惡世界惡時惡衆生學出世行法, 第四
學諸佛菩薩求善知識度衆生法, 第五

坐禪, 第六

觀佛堂內靜默, 第七

觀佛堂內一時出入, 第八

點檢法, 第九

禮佛法, 第十

乞食法, 第十一

次第尊卑坐法, 第十二

不聽在衆捨戒, 第十三

息諍訟, 第十四

不聽說他人法長短, 第十五

不得闇用他澡灌水, 第十六

維那知事, 第十七

謹愼小胆, 第十八

安置客僧法, 第十九

總制, 第廿

　이 중에서 서문은『제법』을 제정하기에 이른 경위,『제법』전체를
꿰뚫는 사상이 간결하게 서술되어 있다고 생각되지만, 유감스럽게도
사본의 일부가 결락되어서 문의文意를 충분히 파악할 수 없다. "말대기
행末代起行", "하근下根", "아양瘂羊", "하류下流" 등의 말이 주목된다.
제1조에서 제5조는 교단의 구성과 실천의 요점 등이 총론적으로 서술되
어 있는 부분이다. 편의상 총론이라고 부르고 싶은데, 이 총론의 부분을
검토하는 것에 의해서 문헌 전체의 성격을 밝힐 수 있다고 생각된다.

제6조에서 제19조까지는 각론에 해당하고 행주좌와行住坐臥에 관한 규율과 벌칙이 구체적으로 서술되어 있다. 제20조는 말문末文이고, 『제법』에 규정되어 있지 않은 사항에 대해서는 뜻을 짐작하여 대처해야 하는 일, 더욱이 대중의 합의에 있어서 자치自治, 자벌自罰해야 하는 일이 적혀 있다.

그러면 『제법』은 어떠한 교단의 규율일까? 결론을 미리 말하면 『제법』은 삼계교 교단규율이라고 말할 수 있다. 개개의 조항에 의거한 상세한 내용의 검토는 제5장 제1절에 미루기로 하고, 필자가 삼계교의 교단규율이 아닐까 하고 추정하기에 이른 이유를 간략히 제시해 두려 한다.

(1) 아양승중癡羊僧衆과 지혜승중智慧僧衆의 이중二衆으로 나누어, 항상 아양승중에 의한 것을 주主로 하고 양자가 교류하는 것을 금지하고 있다. (別二衆法, 第一)

(2) 아양승을 판별하는 방법에 대해서 상세하게 적혀 있고, 그 내용은 『대근기행법』 등의 삼계교 문헌의 내용과 일치한다. (癡羊僧衆簡擇人法, 第二)

(3) 말법악시末法惡時에는 사邪가 많고 정正은 적다고 하는 인식認識, 의법불의인依法不依人을 강조하는 점 등이 삼계교의 근기인식根機認識과 실천의 규준과 일치한다. (依法不依人, 第三)

(4) 악세계악시악중생惡世界惡時惡衆生이라고 하는 인식은 삼계교에 있어서의 제3계의 정세인식과 일치한다. 또 그 인식에 의거한 출세의 행법의 내용이 『대근기행법』, 『삼계불법』 등의 내용과 일치한다. (惡世界惡時惡衆生學出世行法, 第四)

(5) 선지식善知識을 구한다고 하는 부분에서 설해진 지계持戒 등의 동행에 관한 문장은 일본본 『삼계불법』권4말의 문장과 거의 일치한다. (學諸佛菩薩求善知識度衆生法, 第五)

(6) 주야육시晝夜六時의 예불禮佛의 법法이 삼계교의 예불참회법禮佛懺悔法을 설한 『칠계불명경七階佛名經』의 내용과 일치한다. (禮佛法, 第十)

이 밖에 12두타걸식행을 중시하는 점, 자기악自己惡과 타자선他者善의 인식에 철저한 것을 중시하는 점, 『법화경』의 상불경보살常不輕菩薩의 예배행禮拜行에 대해서 언급하고 있는 점 등 모두가 삼계교의 문헌에서 특징적인 점이라고 할 수 있다.

그래서 삼계교 교단규율이라고 생각되는 문헌을 경록 등에서 검색해서 『제법』과의 관계를 고찰해 보려 한다. 경록 등에 보이는 삼계교의 교단규율에 관한 것이라고 생각되는 문헌은 다음과 같다.

『山東所制衆事諸法』(『續高僧傳』卷十六「信行傳」)[122]

『大衆制』1卷(『大周刊定衆經目錄』卷十五)[123]

『大衆制法』1卷(『開元釋教錄』卷十八)[124]

『大衆制法』1卷 11紙(『貞元新定釋教目錄』卷三十)[125]

『大衆制法』1卷 13紙(『人集錄都目』一卷)[126]

---

122 大正 50. 560上

123 大正 55. 475上

124 同. 678下.

125 矢吹 『硏究』別篇 228쪽. 일본에 현존하는 『貞元新定釋教目錄』에 관해서는 塚本善隆(1957→1975) 및 Hubbard(1986) 180~188쪽 참조.

126 『敦煌寶藏』120. 279下. 矢吹 『硏究』 169쪽 및 별편 221쪽에 있어서 『大乘制法』이

294

시취矢吹는『대중제법大衆制法』에 관해서 "무주록武周錄에「대중제
大衆制1권」이라고 하는 것은 아마 이 책일 것이다. 내용은 삼계교단제규
의 일종인가."[127]라고 서술하고 있다. 필자도 이 점에 관해서는 같은
의견이다. 더하여『대중제』또는『대중제법大衆制法』이라고 제목이
붙여진 문헌이 P2849R1의『제법制法』이 아닐까 생각된다. 경록에
기재되어 있는 교단규율에 관한 것이라고 생각되는 문헌은『대중제』
혹은『대중제법』뿐인 것, 필사할 때에 '대중大衆' 두 자를 생략했을
가능성은 충분히 있는 것, 경록에 열거되어 있는 규율 이외에『제법制
法』이라고 제목이 붙여진 교단규율이 따로 존재하여 유행했다고는
생각하기 어려운 것 등이 그 이유이다. 또 사본은 1지紙에 26행이
필사되어 있고 지수紙數는 P2849R1의『제법』의 부분에 한해서 말하면
11지와 1행이고『정원록貞元錄』의 지수紙數와 일치한다. S1315의『제
법』은 P2849에 비해 1행의 문자수가 적으므로 전체의 행수는 늘어날
것으로 예상되고『인집록도목』의 13지紙와 지수紙數가 거의 일치하고
있는 것은 아닐까 하고 생각한다. 이상의 이유로『대중제법』1권과
『제법』1권이 동일한 문헌이었을 가능성이 극히 높다고 생각된다.

더욱이『속고승전』에 신행의 저술로서 열거되고 있는『산동소제중
사제법山東所制衆事諸法』도 589년에 장안에 들어가기 이전에 산동山東
에서 제정한 중사衆事에 관한 제법의 뜻일 것이므로 삼계교 최초기의
교단규율에 관한 문헌은 아닐까 하고 생각한다.[128] 그렇다면 현존하는

라고 하고 있지만, 사본에 따라서『大衆制法』으로 고쳤다.
127 矢吹『研究』169쪽.
128 矢吹『研究』145쪽에는『山東所制衆事諸法』을 교단규율로 한 것은 아니고,

『제법』이『산동소제중사제법』일 가능성도 있다고 할 수 있다. 어쩌면 만약『제법』이 장안에 들어가 진적사에 거주하기 시작한 이후에 새로이 제정된 규율이라고 해도 입사入寺 후 그리 멀지 않은 시기에『산동소제 중사제법』의 내용을 계승해서 제정된 것이라는 것은 틀림이 없다. 그 이유는 입경 이전에 교단규율이 이미 존재하고 있었으므로, 입경 후는 규율의 제정을 지연했다는 상황은 생각하기 어렵기 때문이다. 따라서『제법』제정의 하한은 늦어도 589년에서 그리 내려가지 않은 시기에 설정될 수 있는 것은 아닐까 하고 생각한다.

또『제법』의 "학제불보살구선지식도중생법學諸佛菩薩求善知識度衆 生法" 제5문장은[129] 일본『삼계』권4의 후반 문장[130]과 거의 일치하는 것이 밝혀지게 되었다. 홍성사본에서는 분권이 상위하여 권5의 후반에 상당하는데, 이 권말에는 "대수개황大隋開皇 12년(592) 재경사在京師 진적사찬"(시취矢吹『연구』별편 415쪽)이라고 쓰여 있다. 일본『삼 계』라고 하는 문헌은 이미 다른 문헌의 존재를 전제로 하는 듯한 내용과 문세로 저술되어 있고, 게다가『제법』의 제5조와 일치하는 부분의 문장은 명확히 규율로서의 문장 형식을 가지고 있으므로『제 법』이 먼저이고 일본『삼계』가 후에 만들어진 것이 된다. 따라서 일본 『삼계』의 찬술연도가 확실한 것이라면『제법』은 592년 이전에는 존재 했다는 것이 된다. 그러나 이 양자의 문장의 일치에서 도출된 결론으로 서 중요한 것은 찬술연도의 하한이 아니고, 무엇보다도『제법』이 일본

『三階集錄』과 유사한 것으로 간주하고 있다.

129 『敦煌寶藏』124. 467下~468쪽.

130 矢吹『研究』別篇 414~415쪽.

『삼계』보다도 먼저 존재하고 있었다는 사실, 즉『제법』이 신행 사후가 아니고, 신행이 세상에 살아 있는 동안에 이미 존재해 있었다고 하는 사실이다. 이 사실로 인하여 비로소『산동소제중사제법』과 관련해서 추측한 찬술연도의 하한이 의미를 갖는 것이다. 제자들이 제정한 규율은 아닐까 하는 의심을 불식하는 데에 중요한 점이라고 할 수 있다.

그리고 내용에 관한 더욱 상세한 고찰은 「제5장 삼계교의 교단규율」의 제1절에서 다루겠다.

4. 『걸식법』

『걸식법乞食法』이라는 가제假題를 붙인 사본으로서 다음의 1본本이 존재한다.

33. 『乞食法』 P2849R2

P2849의 제278행에서 제340행까지의 부분을 제2문헌이라 하면 거기서는 3개의 경론에서 걸식에 관한 법을 필요한 부분을 골라서 뽑아내고 있다.

제278행~제295행　依解脫道論第二卷抄出乞食法[131]

제297행~제329행　依大般涅槃經第三十八卷抄出厭離食想法[132]

제331행~제340행　教乞食比丘乞食法(『佛藏經』)[133]

세 번째의 경론에 관해서는 "우교걸식비구걸식법又教乞食比丘乞食

---

131 『解脫道論』권2 「頭陀品第三」 大正 32. 405上.

132 『大般涅槃經』권38 「迦葉菩薩品」 大正 12. 589上~中.

133 『佛藏經』권하 「了戒品」 大正 15. 802上~中의 초출抄出.

法"이라 적혀 있고 할주割註의 "이상인어已上人語, 이하경문已下經文"에
이어서 "사리불舍利佛, 걸식비구乞食比丘" 운운하는 경문이 인용되어
있다. 걸식법을 설한 경전류를 조사해 본 결과『불장경佛藏經』에서
필요한 부분을 골라서 뽑아낸 것임이 밝혀지게 되었다.

　이 제2문헌은 전후의 제1문헌과 제3문헌이 함께 명확한 삼계교
문헌인 것, 세 번째 경론의 할주의 "이상인어已上人語, 이하경문已下經
文"이라고 하는 용어는 다른 삼계교 문헌에도 자주 나오는 용어인
것 등에서 역시 삼계교의 문헌이라고 생각된다. 그래서 걸식에 관한
삼계교 문헌이라고 생각되는 문헌을 경록에서 검색해 보면

　　『頭陀乞食法』1卷(『開元釋敎錄』卷18)[134]
　　『明乞食八門法』1卷(『開元釋敎錄』卷18)[135]

의 2개의 문헌이 주목된다. 그리고『두타걸식법』의 할주에는 "의경논
략초두타걸식법依經論略抄頭陀乞食法"이라고 하고 있다. 또『정원신정
석교목록貞元新定釋敎目錄』권30[136]에서도 이 2개의 문헌명이 발견되고
지수紙數는 전자가 11지紙, 후자가 10지紙라고 기재되어 있다. 또『인집
록도목人集錄都目』1권에는

　　『依經律論略抄出頭陀乞食法』1卷　12紙[137]

라고 기술되어 있고, 이것은『개원록』,『정원록』의『두타걸식법』에
상당하는 것이라고 생각된다. 더욱이『동역전등목록東域傳燈目錄』에

134　大正 55. 687下.
135　同上.
136　矢吹『研究』別篇 229쪽.
137　同. 223쪽.

도 "두타걸식법병명걸식팔문법각일권頭陀乞食法幷明乞食八門法各一卷"[138]이라고 하고 있고, 할주에 "수사문신행찬隋沙門信行撰, 집입삼계집부集入三階集部"라고 하고 있으며 일본에의 유전流傳도 확인된다. 제2문헌이 『두타걸식법』의 일부인가 『명걸식팔문법明乞食八門法』의 일부인가는 결정하기 어렵지만, 어느 쪽인가의 일부일 것이라고 가정하여 『걸식법』이라고 가제를 붙였다.

5. 『수팔계법』

『수팔계법受八戒法』의 사본은 다음의 1본本이 현존한다.

   30. 『受八戒法』信行禪師撰　　P2849R3

   P2849의 제3문헌은 제341행에서 제447행(사본의 권말)까지이고, "『受八戒法』信行禪師撰"이라는 수제首題가 있고, 미제尾題에는 "『受戒法』一卷"이라고 되어 있다. 재가신자在家信者에게 팔계八戒를 줄 때 행의작법行儀作法에 관한 문헌이다. 전체의 구성은 다음과 같다.

   서序(受戒前의 諸注意)

   예불禮佛

   참회懺悔

   삼귀三歸

   팔계八戒

---

138 大正 55. 1155中.

발원發願

이 문헌이 삼계교 문헌이라는 것의 근거는 우선 수제首題의 다음에
"신행선사信行禪師 찬撰"이라고 되어 있는 것을 들 수 있는데 그 밖에는
예불에 있어서의 불명은 모두 삼계교의 『칠계불명경七階佛名經』(S59
등)에 의거하고 있는 것(제351행~제359행), 개별의 참회를 하는 부분의
내용은 삼계교가 제3계의 교증으로서 중시하는 『살차니건자경薩遮尼
乾子經』의 5종의 근본중죄(大正 9. 336中)를 기초로 하여 구성된 것은
아닐까 하고 생각되는 것(제366행~제395행), 참회의 최후의 총참회의
문장이 『칠계불명경』의 참회의 문장에서 전용인 것(제406~417행 등)
의 여러 점이 지적될 수 있다. 경록 등에는 신행 찬撰이라고 된 『수팔계법
受八戒法』의 이름은 보이지 않지만, 삼계교의 『수팔계법』에 관한 문헌
인 것은 틀림이 없다. 『수팔계법』에 관해서 상세한 연구는 「제5장
삼계교의 교단규율」의 제2절에서 다루겠다.

6. 『발보리심법』

『발보리심법發菩提心法』이라고 가제를 단 사본으로서 다음의 1본本이
현존한다.

    28. 『發菩提心法』   P2283

이 문헌은 펠리오 수집의 돈황 한문 사본(2001번~2500번)의 목록
제르네(Gernet, 1970)에 삼계교 사본의 하나로서 소개된 것이다.[139]
이 사본은 시취矢吹의 삼계교 사본의 수집에서 누락되어 있는 것이고,

이 목록에 의해서 비로소 삼계교 문헌인 것이 확인되었던 사본이다. 그렇지만 같은 목록에 간단한 설명이 붙어 있는 것 이외에는 종래 거의 연구가 된 흔적이 없다. 그래서 문헌의 기본적 성격 및 사상적 특징에 대해서 검토해보려 한다.

1) 『발보리심법』의 문헌적 성격

제르네(Gernet, 1970)가 제공하고 있는 주된 정보는 P2283이 (1) 삼계교의 문헌인 것, (2) 『삼계불법밀기』(이하 『密記』라고 약칭) 권중卷中 혹은 권하卷下의 부분은 아닐까 하고 추정된 것, (3) P2268과 필적이 같으므로 동일의 사본(즉 『密記』)의 다른 부분이라고 추정되는 점 등이다.[140]

우선 (1)에 관해서는, P2283에는 삼계교 문헌의 특유한 용어가 자주 나오는 것으로부터 삼계교의 문헌이라고 간주하여 틀림이 없다. 구체적으로는 "생맹인불법生盲人佛法", "사견전도생맹중생邪見顚倒生盲衆生", "걸식보행乞食普行", "보법普法"과 "별법別法", "대근기행對根起行", "삼계三階" 등의 말이 보인다.

(2)와 (3)에 관해서는 『밀기』권상이 P2412R1로서 존재하는 것, 시취矢吹 『연구』별편73~108쪽에 권상의 번각이 게재되어 있는 것 등의 정보가 덧붙여져 있다. 그러나 P2283과 P2268을 『밀기』권중

139 Gernet(1970) 180쪽. P2283은 『敦煌寶藏』118. 450上~452下.

140 Gernet(1970) 180쪽. 또 P2268을 해탈한 부분(172쪽)에도 P2268은 삼계교의 문헌이고, 『三階佛法密記』권중 혹은 권하의 일부라고 추정되는 것, P2283과 필적이 같고, 동일 사본의 다른 부분이라고 추정되는 것 등이 서술되어 있다.

혹은 권하의 일부라고 추정한 근거에 대해서는 아무것도 말하고 있지 않다.[141] 그래서 새로이 (2)와 (3)의 추정에 대해서 검토해 보려 한다. 우선 제르네(Gernet, 1970) 172쪽 및 180쪽에 기재된 양 사본의 특징을 정리하면 다음과 같다.

	P2268(『密記』)	P2283(『發普提心法』)
1행의 문자수	14 ~ 21	16 ~ 20
1지紙의 행수	28	28
행수	937	122
지수紙數	34	6
지폭(紙幅: cm)	24.8 ~ 26.8	24.5 ~ 26.3
1지紙 길이(cm)	45.3 ~ 46.1	46.3 ~ 47.1
상부여백(cm)	3 ~ 3.8	2.2 ~ 3.4
하부여백(cm)	2.7 ~ 3.4	1.8 ~ 3.7

양 사본 모두 선사본善寫本이고, 종이는 상질로 엷은 차색(茶色)이 도는 색이라고 한다. 아마 양자 모두 7세기 후반~8세기 초의 사본이 아닐까 하고 추정된다. 위의 정보에 의거해서 양 사본을 비교하면 1지紙의 행수와 지폭紙幅이 거의 같은 반면 1행의 문자수, 1지紙의 길이, 상하의 여백 등 몇몇의 다른 점도 지적할 수 있다. 결국 이들 정보에 의거하는 한에서는 결론은 발견해 갈 수 없는 것이다. 그래서

---

141 『敦煌寶藏』118. 450 및 黃永武(1986) 649쪽에도, P2283의 제명題名을 『三階佛法密記』로 하고 있다. 吳其昱(1992) 73쪽에도, P2268과 P2283의 제명을 『三階佛法密記』권중 혹은 권하로 하고 있다.

다시 양자의 문자를 비교해 보니 언뜻 보면 아주 비슷하여 필적이 같은 것같이 보이지만 자세히 검토하니 "행行", "법法", "여与(與)", "최最"의 몇몇 문자가 확실하게 상위하고, 사람인(亻)변과 중인(重人)변, 삼수변 등의 필적도 다르다. 또 P2268이 해서체인 것에 대해서 P2283은 행서체에 가까운 문자도 포함되어 있다. 이러한 상위 점에서 양 사본의 필적은 다른 것이 확인된다. 다만 필적이 달라도 동일 문헌의 다른 부분일 가능성은 남겨져 있는 것이므로 내용과 문체를 비교하지 않으면 안 된다.

그래서 P2283 및 P2268이 『밀기』권중 혹은 권하의 일부인가 어떤가 하는 문제를 검토해 보자.

『밀기』권상의 사본은 상술한 대로 P2412R1로서 존재한다. 또 삼계교 문헌을 중심으로 열거된 목록인 『용록내무명경론율龍錄內無名經論律』에 『삼계불법밀기』상중하3권[142]이라고 되어 있으므로, 중권과 하권이 존재해 있었던 것은 확실하다. 그러나 P2283 및 P2268이 그 중권 또는 하권의 일부라고 하는 것은 내용적으로도 문체적으로도 다소 무리가 있는 것같이 생각된다. 그 이유는 다음과 같다.

一. 『밀기』는 돈황본 『삼계불법』4권[143]의 주석서이고, 권상에는 돈황본 『삼계불법』의 단락구성이 비교적 상세하게 서술되어 있다(『돈황보장』120·226下~267下). 가령 P2283과 P2268이 『밀기』의 일부라면 돈황본 『삼계불법』의 어느 단락의 내용과 대응해야 하는데, 그러한 대응관계는 찾아볼 수 없다.

---

142 『敦煌寶藏』126. 573下.

143 敦煌本 『三階佛法』은 권2의 일부(S2684)와 권3의 일부(P2059)가 현존한다.

二.『밀기』권상에 있어서의 주석 형식은 예를 들면 "二又一句,〈又此段下〉, 喻說兼合,〈准前兩階〉"(277下)의 부분과 같이 돈황본『삼계불법』의 본문을 하나하나 발췌하지는 않았지만 그것을 전제로 해서 쓰여 있고 주석만을 읽어서는 의미를 알 수 없다. 한편 P2283은 그것 자체가 독립된 논서의 체재를 취하고 122행 중에 주석서로서의 형식을 전혀 느끼게 하지 않는다. 또 P2268은 확실하게 어떤 문헌의 주석서인데, 주석의 형식이『밀기』와는 완전히 다르게 되어 있다. 즉 P2268의 경우 주석대상의 본문을 제시하면서 주석이 더해지고 있는 것이다.

三. 돈황본『삼계불법』의 호칭에 관해서『밀기』권상에서는『삼계불법』이라 부르고 있지만, P2268에서는『사권삼계집록四卷三階集錄』이라 부르고 있다.

이상의 이유로 P2283 및 P2268은『밀기』와는 다른 문헌이라는 것, 또 P2283과 P2268도 완전히 다른 문헌인 것이 밝혀지게 되었다.

그러면 P2283은 어떠한 문헌의 일부인 것인가? 그것을 고찰하기 위해서 주된 단락명 혹은 그 내용을 열거하면 다음과 같다.

• 能具此者, 是名四種惡具足人發菩提心法. 四種惡具足者, 一五濁惡世界, 二末法惡時, 三十惡惡衆生, 四福德下行, 此是四種惡具足. (本書第二部III『發菩提心法』翻刻〈以下, 翻刻III과 略稱〉51~54行)

• 十惡未除衆生發菩提心法, 於中有三段. (55行)

• 十種惡具足人發菩提心法, 於中有四段. (70行)

• 發菩提心淺深法, 於內有四段. 第一發菩提心寬狹淺深法, 第二發菩提心因淺深法, 第三發菩提心能受根機淺深法, 第四對根起行淺深法. (83~86行)

이와 같은 단락에 공통하는 것은 어느 것이나 발보리심법이 설해져 있는 점이다. 그래서 임시로 이 문헌을『발보리심법』이라고 제목을 붙였다. 경록 등에서 관련 있다고 생각되는 삼계교 문헌명을 검색하니 다음과 같다.

『明諸經中對根淺深發菩提心法』一卷 (『人集錄都目』等)[144]

『明諸經中對根淺深同異法』一卷 (『人集錄都目』等)

『明世間五濁惡世界, 末法惡時, 十惡衆生, 福德下行, 於此四種具足人中, 謂當三乘器人, 依諸大乘經論, 學求知識, 學發菩提心』一卷 (『人集錄都目』等)

『明諸大乘修多羅內世間出世間兩階人發菩提心同異法』一卷 (『人集錄都目』等)

『明十種惡具足人內最惡人廻心入道者斷惡修善法』一卷 (『人集錄都目』等)

『人集錄明十種惡具足人邪正多少及行行分齊法』三卷〔『人集錄都目』)(『歷代三寶紀』)의『三階位別集錄』三卷,『開元錄』의『十大段明義』三卷에 相當)

이들 중에서 P2283이 어느 문헌의 일부인가 특정한 단서는 찾을 수 없다. 혹시 최초의『명제경중대근천심발보리심법明諸經中對根淺深發菩提心法』1권에 상당하다고도 생각되지만 확실하다고 단정할 수는 없다. 삼계교의 문헌은 어떻게 하면 말세의 중생이 보리심을 발하여

---

144 『人集錄都目』(P2412,『敦煌寶藏』120. 279下~280上) 이외에『開元釋教錄』권18(大正 55. 678中~679上)과『貞元新定釋教目錄』권30(矢吹『研究』別篇 227~229쪽)에도 검색된다. 이하의 문헌도 동일하다.

출세의 도에 들어갈 수 있을까 하는 일관된 문제의식 하에 저술되어 있고, 몇 개인가의 문헌에서 설해진 내용이 중복되어 있는 것이 추찰推察되었다.

2) 『발보리심법』의 사상적 특징

『발보리심법發菩提心法』의 현존부분에서 문헌 전체의 사상적 특징을 예상하는 것은 곤란하지만 남아 있는 부분을 보는 한에서는 개조 신행(540~594)의 만년의 대표적 저작인 일본『삼계』, 돈황『삼계』, 『대근기행법』 등에 설해진 사상과 공통점이 많다고 생각한다. 신행 이후에 저술된 『삼계불법밀기』 등의 저작에서 볼 수 있는 것 같은 새로운 사상적 전개는 보이지 않고, 또 인용 경전도 신역은 끌어들이고 있지 않으므로, 신행 자신의 저작이라고 보아도 문제가 없을 것이라고 생각된다. 본 항에서는『발보리심법』의 사상적 특징에 대해서 2개 정도 지적해 두고자 한다.

하나는 "사인불법死人佛法"이라고 하는 개념에 대해서이다. 삼계교의 중심사상의 하나로 보경普敬사상이 있다. 타인을 여래장如來藏・불성佛性으로서 철저하게 공경하고 자기를 일천제一闡提로서 철저하게 참회하는 것이 그 중요한 내용인데, 『대근기행법』에는 보경의 실천을 "사인불법"이라고 설하고 있는 부분이 있다.[145] 그러나 이 부분에서는 보경은 "사인불법"의 뜻이 있다고만 서술되어 있을 뿐이고, 설명은 일체 생략되어 있다. 기타의 삼계교 문헌에 있어서도 "사인불법"의

---

[145] S2446, 『敦煌寶藏』19. 524下.

306

의미를 짐작할 수 있는 기술은 찾아낼 수 없었던 것이다. 그런데 이
『발보리심법』 중에는 그 의미를 해명하는 단서가 되는 기술이 발견되었
다.『발보리심법』에서는 수행을 추진하기 위한 가장 중요한 점(要事)으
로서 다음과 같은 점을 들고 있다.

何等爲要事. 一者, 眼常不得見人是見人非見人長見人短見人善
見人惡, 乃至邪正眞僞大小亦如是, 如似死人眼一種. 二者, 耳常
不得聞人是非長短等, 亦如似死人耳一種. 三者, 口常不得說人是
非長短等, 如似死人口一種. 四者, 心常不得知人是非長短等, 不
得嫌他是非長短等, 不得瞋人是非長短等, 如似死人心一種. 五
者, 身常不得治罰人是非長短等, 如似死人一種. 唯常得自見自聞
自說自知自瞋自治罰是非好惡長短等不在其限, 如似活人身口意
等一種.

무엇을 요사(要事: 중요한 일)라고 하는가. 첫째는 눈은 어떠한
때에도 타인의 시(是: 옳음)를 보거나, 타인의 비(非: 그름)를
보거나, 타인의 장(長: 장점)을 보거나, 타인의 단(短: 단점)을
보거나, 타인의 선善을 보거나, 타인의 악惡을 보거나 하면 안
된다. 사정邪正, 진위眞僞, 대소大小에 대해서도 또한 같다. 마치
사인死人의 눈처럼 있어야 한다. 둘째는 귀는 어떠한 때에도 타인
의 시비, 장단 등을 들어서는 안 된다. 마치 사인死人의 귀처럼
있을 뿐이다. 셋째는 입은 어떠한 때에도 타인의 시비, 장단 등을
말해서는 안 된다. 마치 사인死人의 입처럼 있을 뿐이다. 넷째는
마음은 어떠한 때에도 타인의 시비·장단 등을 알아서는 안 되고,

타인의 시비·장단 등을 싫어해서는 안 되고, 타인의 시비·장단 등을 화내서는 안 된다. 마치 사인死人의 마음처럼 있을 뿐이다. 다섯째는 몸은 어떠한 때에도 타인의 시비, 장단 등을 벌을 주어서는 안 된다. 마치 사인死人처럼 있을 뿐이다. 예외로서 (자기에 관해서는) 오로지 시비·호오·장단 등을 스스로 보고, 스스로 듣고, 스스로 말하고, 스스로 알고, 스스로 화내고, 스스로 벌을 주는 것에 철저해야 하고 마치 살아 있는 사람의 신구의身口意 등과 같이 해야 한다. (翻刻Ⅲ 30~40行)

이것에 의하면 타인의 시비, 장단, 선악, 사정邪正 등에 대해서 안眼, 이耳, 구口, 심心, 신身 활동에 의거해서 보는 것, 듣는 것, 말하는 것, 아는 것, 벌을 주는 것의 5개의 사항을 엄하게 금지하고 있고, 사인死人이야말로 이 요사要事를 체득한 상태라고 하고 있는 것이다. 역으로 자기의 시비, 호오, 장단 등에 관해서는 철저하게 보고, 듣고, 말하고, 알고, 벌을 주어야 한다고 하고, 이때에는 살아 있는 사람의 신구의身口意 등과 같아야 한다고 하고 있다. 보경普敬이라는 것은 타인을 여래장·불성으로서 철저하게 공경하고, 자기를 일천제로서 철저하게 참회하는 것이므로, 여기에 설해진 요사要事는 보경의 사상이 실천적으로 구체화되었던 것이라고 할 수 있다. 그리하여 요사의 실천에 있어서 사인死人과 같이 해야 한다고 하는 것은 『대근기행법』에 있어서 보경의 의義의 하나로써 "사인불법"을 들었던 바로 그 내용에 상당하는 것이다. 이러한 "사인불법"의 해석에 의거해서 『대근기행법』 등의 삼계교 문헌을 새삼스럽게 다시 읽어보면, 실은 상술한 『발보리심법』의 요사와 같은 내용이 곳곳에 설해져 있는 것을 알아차리게 된다. 즉 『대근기행법』과 일본 『삼계』권4에서는 공견유견의 전도의 중생의 특징으로서 타인의 악사惡事는 오로지 일념으로 보고, 듣고, 알고, 말하고, 벌을 주고, 자기의 악사惡事에 관해서는 타인이 보고, 듣고, 알고, 말하고, 벌을 주는 것을 받아들이지 않는다고 하는 점이 열거되어 있다.[146] 이것은 『발보리심법』에 설해진 요사要事와는 완전히 정반대의 모습이 제3계의 범부의 모습이라고 하는 것에 다름 아니다. 그 모습을 깊이 자각하고 요사要事를 실천하는 것이 보리심을 일으키는 데 가장 중요한 일인 것이다.

지금 하나의 특징으로서 유교나 도교에 대한 태도가 상당히 명확하게 나타내어져 있는 점이 주목된다. 다음 부분은 그 일례이다.

凡夫生盲, 動心起意, 若欲見他是非長短等, 卽常有一倍顚倒, 不覺不知作阿鼻地獄因緣. 於一切經律論及儒敎道敎等, 亦不得說其好惡長短大小內外等亦如是.[147]

범부凡夫는 생맹生盲과 같고, 마음을 움직여서 뜻을 일으키어 타인의 시비와 장단 등을 보려고 하면 항상 더 많은 전도顚倒를 만들어내게 되고, 깨닫지 못하고 알지 못하여 아비지옥阿鼻地獄에 인연因緣을 짓게 된다. 일체의 경율론經律論 및 유교와 도교에 관해서도 그 호오好惡, 장단, 대소, 내외 등을 말해서는 안 된다는 것도

---

146 『對根起行法』에서는 『敦煌寶藏』19. 520下의 부분에, 일본본 『三階佛法』에서는 권4의 제3대단(矢吹 『硏究』別篇 400~401쪽)에 설해져 있다.

147 『敦煌寶藏』118. 451上.

또한 마찬가지다. (翻刻Ⅲ 43~47行)

이것에 의하면 단지 불교 내부의 경율론에 한하지 않고 유교와 도교의 가르침에 대해서도 호오 등의 평가를 가해서는 안 된다고 설하고 있는 것을 알 수 있다. 삼계교 문헌에서 유교와 도교라고 하는 구체적 이름을 제시하여 외도에의 태도를 명확하게 한 것은 매우 드문 일이다. 또 사상적으로 더욱 깊이 진전하여 "내경內經과 외서外書를 불문하고, 능설能說하는 사람에는 모두 불상佛想을 이루고, 소설所說의 법에는 모두 불법의 뜻을 이룬다."(翻刻Ⅲ 75~76行)라고 서술한 부분도 보인다.[148] 삼계교는 일체의 불佛, 법法, 승僧을 두루 널리 공경한다고 하는 보경의 실천을 제기하지만 그 공경해야 할 대상에는 불교 내부의 사람과 사상뿐만이 아니고 외도의 사람과 사상도 포함되어 있는 것을 알 수 있다. 외서外書마저도 불법으로 간주하고 그 저자에 불상을 이루어야 한다고 하는 사상은 당시의 불교사상 중에서도 극히 참신한 것이라고 할 수 있다. 이와 같은 외도에 대한 보경의 사상은 유불도의 삼교교섭사 三敎交涉史 중에서도 새롭게 자리매김해야 할 것이라고 생각한다.

---

148 『對根起行法』에도 같은 사상이 발견된다. 귀의해야 할 법의 하나로 '보상대승법普想大乘法'을 들고, 거기에 설명을 가하여 "보상대승법普想大乘法은 외경外經과 내경內經을 불문하고, 고하高下의 마음을 내는 일없이, 분별分別의 병을 없애기 위해서 대승(의 경)으로서 포착한다."(『敦煌寶藏』19. 510上)라고 설하고 있다.

7. 『제삼계불법광석』

『제삼계불법광석第三階佛法廣釋』이라고 가제를 붙인 문헌의 사본으로서는 다음의 3본本이 현존한다.

6. 『第三階佛法廣釋』　　　　S5668
35. 『第三階佛法廣釋』　　　　S6344
36. 『第三階佛法廣釋』　　　　北8725R(菜40)

1) S5668에 대해서

S5668의 일부분에 대해서 시취矢吹가 붙인 가제假題는 『보법사불普法四佛』이었다. 시취矢吹의 『연구硏究』 191쪽에서 표시한 구 번호는 제83함函 제6포包 제1호이다. 시취矢吹가 제1회 영국에 갔을 때에 찍은 사진 및 필사본은 관동대지진에서 소실되었다. 또 제2회 영국에 갔을 때에는 다시 볼 기회를 얻지 못했다고 한다. 결과적으로 시취矢吹가 번각하여 소개한 것은 『철학잡지哲學雜誌』에 인용했던 여래장 등 사불四佛의 부분〔시취矢吹(1917~1918)〕뿐이었다. 시취矢吹는 『연구』의 연구후기에서 "한 번 대진재(大震災: 큰 지진으로 인한 재해)를 당한 이후, 적어도 전해지지 않는 자료의 연구발표는 졸속하게 된 것도 오히려 자료의 인멸보다 낫다는 것을 통감하였다."(786쪽)고 서술하고 있고, 그 후 이 사본의 행방은 불명이 되어 있었다. 그런데 금회 스타인사본 중의 삼계교사본을 수출搜出하는 작업 중에 다시 그 사본의 소재가 밝혀지게 되었다.

시취矢吹는 이 사본이 표리表裏를 이용한 3엽葉의 지편(紙片, 129행)

으로 이루어졌다고 하고 있지만(시취矢吹『연구』187쪽), 금회의 조사에서 확인된 사본은 새로이 8엽의 지편이 추가되어 모두 11엽의 표리로서 된 사본이고, 시취矢吹가 소개했던 내용보다 훨씬 광범위한 내용을 포함하고 있다. 자일스 목록은 "불교의 교리서, 중심에 끈을 꿰는 구멍이 나 있고, 쪽이 모두 흩어진 패엽형貝葉型의 소책자 7~10쪽, 12~14쪽(필적이 다르다), 36~39쪽, 작은 단정한 문자. 매끈매끈한 황색의 종이. 13×16.5cm"[149]라고 해설되고 있다. 자일스가 표시한 쪽수는 패엽의 좌우에 한문 숫자로 작게 기록된 것이다. 이 숫자는 사본의 필사자가 기록했던 것은 아니고, 순서가 뿔뿔이 흩어진 시점에서 내용을 고려하지 않고 기록한 것이다. 한가운데에 꿰뚫은 구멍이 나 있는 이 사이즈의 패엽형 사본은 돈황한문사본 중에서도 비교적 진기한 것이다. 8세기 이후의 사본이라고 추정된다. 시취矢吹가 본 3엽은『돈황보장』44의 사진판에서는 제8엽에서 제10엽의 3엽이다. 따라서 제1엽부터 제7엽과 제11엽이 완전히 새로운 삼계교 사본이라고 할 수 있다. 시취矢吹가 본 것은 제3계불법의 하나의 기둥(柱)인 보경普敬의 제1의 여래장 등 사불四佛과 제2의 보진보정불법普眞普正佛法의 부분뿐이었기 때문에 이 사본을『보법사불普法四佛』이라고 가제를 붙였다. 그러나 현재 S5668로서 수록된 사본은 보경에 관해서는 제1에서 제8까지의 모든 내용을 포함하고, 동시에 보경의 앞에는 인악에 상당한다고 생각되는 부분이 놓여 있다. 따라서 전체의 내용은 짐작할 수 없지만, 적어도 보경과 인악이라고 하는 제3계불법의 중심사

---

[149] Giles(1957) 185쪽, No.5938.

상에 관한 내용은 모두 포함하고 있었다고 생각된다. 그래서 내용을 보다 정확하게 반영시켜서『제삼계불법광석第三階佛法廣釋』이라고 가제를 붙였다. "광석廣釋"이라고 한 것은 시취矢吹도 지적하고 있는 바와 같이 이 문헌은 7세기 후반에 지바하라地婆訶羅가 번역한『밀엄경密嚴經』을 인용하고 있으므로 적어도 그 일부는 7세기 후반의 저작이고, 신행의 저작은 아닌 부분도 포함되어 있는 것이 분명하기 때문이다.

더욱더 조사를 진행한 결과, S5668에 관해서 몇 개의 흥미진진한 사실이 밝혀지게 되었다.

첫 번째는, S5668의 주석서라고 생각되는 사본의 존재가 명확하게 된 것이다. 이 사본은 P2268이다. 이 사본이 삼계교 문헌이 아닐까 하는 정보를 최초로 제공한 것은 왕중민王重民(1962) 260쪽에서이다. 제르네(Gernet, 1970) 172쪽에서는『삼계불법밀기』권중 또는 권하의 일부가 아닐까 하고 추정하였다. 어느 것도 목록 중의 기술이기 때문에 자세한 설명은 없다. 따라서 P2268에 관한 연구는 이제까지 전혀 행해지지 않았다고 해도 좋을 것이다. 필자는 P2268은『삼계불법밀기』와는 다른 문헌이라고 생각되었는데, 금회의 S5668의 발견에 의해서 P2268이『삼계불법밀기』가 아닌 것이 확정되었다. 상세한 고찰은『삼계관법약석三階觀法略釋』(P2268)의 항에 미루기로 하고, 필요한 점만 서술해 두면 S5668의 제2엽에서 제4엽까지의 문장의 주석이 P2268에서 되어 있는 것이다. P2268은 S5668의 문장을 단락마다 발췌하여 쓰고, 그것에 대하여 주석을 가한 형식을 취하고 있다. 한편, 현존하는『삼계불법밀기』권상(P2412R1)의 주석 형식은 원문을 하나하나 발췌하여 쓰지 않고 주석을 실시하고 있으므로 동일문헌이 아닌 것은 명확하다.

두 번째는, 『돈황보장』44에 수록된 11엽의 순서 및 표리(원 사본도 같은 순서·표리)는 완전히 뿔뿔이 흩어진 것이라는 것이다. 이것은 사진촬영의 단계에서 순서가 엇갈린 것이 아니고, 펠리오가 사본을 수집하는 단계에서 바뀐 것도 아니다. 사본 그것은 적어도 천년 이상 전부터 순서가 바뀌어 있었다고 추정된다. 그 근거는 후술하는 北8725R이라고 하는 사본에는 S5668의 바뀐 순서에 따라서 그대로 필사되어 있는 것이다.

그래서 우선 『돈황보장』의 순서에서 각 엽의 표(表: R)와 이(裏: V)의 주된 내용을 열거해보면 이하와 같다. 손으로 쓴 번호는 각 엽의 좌측 위에 작은 문자로 기록된 안내번호이다. 이 번호는 순서·표리가 바뀐 후에 버려졌지만, 어느 시대에 기입되었는지가 분명하지 않다.

		돈황보장엽(쪽)단	손으로 쓴 번호
1R	四階惡의 第二〔12顚倒惡(1)〕	292下左	7
1V	四階惡의 第二〔12顚倒惡(2)〕	293上右	
2R	合觀(2)		
	四階惡의 第一(十子句金剛惡)		
	四階惡의 第二〔12顚倒惡(1)〕	293上左	8
2V	四階惡의 第二〔12顚倒惡(2)〕	293下右	
3R	三身(2)		
	攝入一乘觀		

	佛性佛(1)	296下右	
9R	佛性佛(2)	296下左	37
9V	佛性佛(3)		
	當來佛		
	佛想佛(1)	297上右	
10R	佛想佛(2)		
	普眞普正佛法(1)	297上左	38
10V	普眞普正佛法(2)	297下右	
11R	普眞普正佛法(3)		
	無名想佛法		
	斷一切諸見根本佛法(1)	297下左	39
11V	斷一切諸見根本佛法(2)		
	斷一切諸語言道佛法		
	一人一行佛法		
	無人無行佛法		
	五種不干盡佛法	298上右	

이 순서로 사본을 읽어 나가 보면, 전혀 의미가 통하지 않는다. 그래서 몇몇 단서를 바탕으로 S5668의 순서를 재구성하여 보겠다.

우선 P2268의 주석의 순서에 따라 제2엽부터 제4엽까지의 순서를 재구성한다면 다음과 같이 된다.

4R	人法二空觀

316

1R과 1V는 2R과 2V에서 항목만 열거한 12전도악十二顚倒惡 가운데 제7의 후반에서 제8의 전반을 교증을 들면서 상세하게 서술한 것이다. 따라서 1R~1V와 4R~2V는 다른 문헌이고, 4R~2V의 주석서가 1R~1V일 가능성도 생각할 수 있다. 4R~2V는 매우 간결한 문장이고, 항목만을 열거한 부분도 있다. 1R~1V와 동일한 문헌이라고 가정하면,

어떠한 구성이 되어 있었던 것인가 이해할 수 없는 것이다. 또 1R~1V는 P2268의 12전도의 부분과 비교해도 훨씬 상세한 내용으로 되어 있다. 따라서 1R~1V는 P2268의 일부인 것도 아닌 것이 된다. 즉 4R~2V를 포함한 문헌의 주석서로서, 1R~1V를 그 일부라고 하는 주석서와 P2268을 그 일부라고 하는 주석서의 2가지의 주석서가 존재한다고 추정되는 것이다.

다음으로, 5R에서 7V는 7엽과 6엽의 사이에 결락된 엽이 있다고 생각되지만, 이裏와 표表도 엽의 순서도 완전히 거꾸로 열거되어져 있는 것을 알 수 있다

7V	五科惡觀의 第三(十二因緣惡)		
	五科惡觀의 第四〔七漏惡(1)〕	296上右	
7R	五科惡觀의 第四〔七漏惡(2)〕		
	五科惡觀의 第五〔十想惡(1)〕	295下左	14
	(缺落)		
6V	五科惡觀의 第五〔十想惡(4)〕	295下右	
6R	不淨觀(1)	295上左	13
5V	不淨觀(2)	295上右	
5R	不淨觀(3)		
	無常觀	294下左	12

다음으로, 시취矢吹가 소개한 8R~10V에 새로운 1엽을 덧붙인 8R~11V는 열거된 순서로서 의미가 통하므로 문제는 없다. 그래서

그룹 간의 관계를 고찰해 보겠다. 우선 확실한 것은 4R~2V 주석서가 P2268이라고 하는 것이다. 이 4R~2V의 부분은, 이미 말한 바와 같이 꽤 간결한 문장으로 구성되어 있고 인용도 전혀 포함되어 있지 않다. 따라서 이른 시기의 삼계교의 관법에 관한 문헌일 가능성이 있다. 그 외에 1R~1V, 7V~5R, 8R~11V의 그룹은 대개가 빈번히 경론을 인용하면서 꽤 상세하게 기술되어 있다. 또 8R에서 7세기 후반 (676~688년)에 지바하라地婆訶羅가 번역한 『밀엄경密嚴經』이 인용되어 있는 것으로부터 이 이후의 저작인 것을 알 수 있다. 다만 이들의 그룹에는, 무언가의 주석서인 것을 나타내는 것 같은 기술은 보이지 않는다. 가령 이 세 그룹이 동일한 문헌이라고 가정한 경우에 P2268과 동일한 순서로 저술되었다고 하면, 8R~11V→(缺落)→1R·1V→ (缺落)→7V·7R→(缺落)→6V~5R이라고 하는 순서로 재구성될 수 있다. 그래서 그것과는 별도로 P2268이라는 주석서가 존재해 있다는 것이 된다.

2) S6344에 대해서

S6344는 겨우 1매의 패엽으로 되어 있고, 그 표리에 문자가 필사되어 있다. 종이의 크기는 S5668과 거의 같은 크기(세로 13cm×가로 16.5cm) 이고 좌측 위에는 "제11"이라고 하는 번호가 매겨져 있다. 한가운데를 꿰뚫는 구멍이 뚫려 있다고 하는 사본의 형식도 일치하는 것에서 S5668 과 동일한 사본의 다른 부분이 S6344로서 수록되어 있었다고 봐서 틀림이 없을 것이다. S5668에 매겨져 있는 일련번호에서는 4R가 "제10", 5R가 "제12"이므로 일련번호가 매겨진 단계에서는 S6344의 지편紙片은

그 사이에 들어가 있던 것이라고 생각된다. 자일스 목록은 "능숙하고 단정한 사본, 황색의 종이. 일지一紙. 끈을 꿰는 구멍이 나 있고 표리에 필사되어 있다."[150]고 해설하고 있다.

S6344의 내용은 "보공양관普供養觀"에 관해서 인재認財와 정재淨財와 공양供養이라고 하는 3개로 나누어서 설한 부분 등이 포함되어 있고 이것은 S5668의 제3엽의 표의 내용을 더욱더 상세하게 설한 것이다. S5668 자체에도 같은 내용에 대해서 간결하게 설한 부분(제2엽의 표와 리)과 상세하게 설한 부분(제1엽의 표와 리)의 2가지가 함께 포함되어 있는데 S6344는 제1엽의 계통에 속한다고 생각된다.

3) 북8725R에 대하여

북8725의 현물사본은 미견未見이지만 권자본으로 표면에는 전체가 206행으로 된 삼계교의 문헌이 필사되어 있다. 9세기 이후의 사본이라고 추정된다. 이면에는 "무구칭경외도대사명성無垢稱經外道大師名姓"의 티베트문자가 18행 필사되어 있다. 이 삼계교 사본의 특징은 S5668에 관해서 지편紙片의 순서와 표리가 뿔뿔이 흩어진 상태의 것을 내용을 고려하지 않고 그대로 필사한 사본이라는 점이다. 필사의 순서는 S5668이 뿔뿔이 흩어진 상태에서 매겨진 일련번호의 순서에 따른 것이라고 추정된다. 이 특징을 확인하기 위해서 북8725R의 내용을 개관해보겠다. (『돈황보장』Ⅲ의 쪽·단·행수를 제시하였다.)

---

150 Giles(1957) 183쪽, No.5902.

320

308下1〜309上11　　　四階惡觀의 第二(十二顛倒惡의 第八, 四部經說出顛倒의 第三『勝鬘經』의 後半부터 十二顛倒惡의 第十一, 三二種顛倒의 전반까지)

309上11〜309下14　　　五科惡觀의 第一(四念處惡觀의 後半)부터 第三(十二因緣惡의 前半)까지

309下14〜311上2　　　四階惡觀의 第二(十二顛倒惡의 第三, 內外四種顛倒의 後半부터 十二顛倒惡의 第五, 七種最大別惡顛倒의 第四, 恒河七種人의 前半까지)

311上2〜311下18　　　四階惡觀의 第一(十子句金剛惡의 後半) 및 四階惡觀의 第二(十二顛倒惡의 第一, 其心顛倒常錯謬부터 十二顛倒惡의 第三, 內外四種顛倒의 前半까지)

311下18〜312下6　　　四階惡觀의 第二(十二顛倒惡의 第七, 十一部經說邪盡顛倒의 第七『涅槃經』의 後半부터 十二顛倒惡의 第八, 四部經說出顛倒의 第三『勝鬘經』의 前半까지) (S5668의 1R〜 1V와 일치)

312下6〜313上9　　　四階惡觀의 第一(十子句金剛惡의 略說)부터 第二(十二顛倒惡의 略說의 途中)까지 (S5668의 2R〜2V와 일치)

이 내용을 보면 S5668과 같이 완전히 뿔뿔이 흩어진 상태에 필사되어 있는 것을 알 수 있다. 또 이 사본의 후반부분은 S5668의 제1엽과 제2엽의 문장과 일치하고 있는 것으로부터 2개의 사본은 동일한 문헌인 것이 확실하다. 이것을 내용에 따라서 바꿔 놓으면 다음과 같이 된다.

1. 311上2～311下18(?) 四階惡觀의 第一(十子句金剛惡의 後半?) 및 四階惡觀의 第二(十二顚倒惡의 第一, 其心顚倒常錯謬부터 十二顚倒惡의 第三, 內外四種顚倒의 前半까지)

2. 309下14～311上2 四階惡觀의 第二(十二顚倒惡의 第三, 內外四種顚倒의 後半부터 十二顚倒惡의 第五, 七種最大別惡顚倒의 第四, 恒河七種人의 前半까지)

3. (缺落)

4. 311下18～312下6 四階惡觀의 第二(十二顚倒惡의 第七, 十一部經說邪盡顚倒의 第七『涅槃經』의 後半부터 十二顚倒惡의 第八, 四部經說出顚倒의 第三『勝鬘經』의 前半까지)(S5668의 1R～1V와 일치)

5. 308下1～309上11 四階惡觀의 第二(十二顚倒惡의 第八, 四部經說出顚倒의 第三『勝鬘經』의 後半부터 十二顚倒惡의 第十一, 三十二種顚倒의 前半까지)

6. (缺落)

7. 309上11～309下14 五科惡觀의 第一(四念處惡觀의 後半)부터 第三(十二因緣惡의 前半)까지

이상 1부터 7은 S5668과 4의 부분이 일치하는 이외는 다른 내용이다. 현존하는 사본 가운데에서는 인악의 사상을 그 교증도 포함하여 가장 상세하게 설한 것이다.

한편 다음 부분은 S5668의 제2엽의 표表부터 리裏의 문장과 완전히 일치하고 있다.

312下6~313上9   四階惡觀의 第一(十子句金剛惡의 略說)

부터 第二(十二顚倒惡의 略說의 도중)까지

북8725R은 뿔뿔이 흩어진 상태의 S5668을 보고, 그 순서를 내용적으로 정리하지 않고 그대로 권자卷子에 필사한 것이 이 부분에서 명확하게 된다. 어쨌든 북8725R에 대해서는 현물을 아직 보지 못했기 때문에, 확실하지 않은 점도 많다. 금후 현물사본의 조사 등에 의해서 필사의 시대 등에 대해서 더욱더 상세하게 연구를 진행할 필요가 있다.

8. 『삼계관법약석』

『삼계관법약석三階觀法略釋』이라는 가제목을 붙인 사본으로 다음의 1본本이 거론된다.

29. 『三階觀法略釋』   P2268

이 사본이 삼계교 문헌은 아닐까 하는 정보를 최초로 제공한 것은 왕중민(1962) 260쪽이다. 그중에서 왕중민은 "2268 殘佛經. 不知名. 有注, 疑係三階敎中著作"이라고 기술하고, 왕중민 이전의 누군가가 삼계교의 저작과 관계가 있는 것은 아닐까 하고 추정했던 사실을 지적하고 있다. 그 후 제르네(1970) 172쪽은 『삼계불법밀기』권중 혹은 권하의 일부가 아닐까 하고 추정했으며 황영무黃永武(1986) 648쪽, 오기욱吳其昱(1992) 73쪽에서도 그 제명을 답습하고 있다. 그러나 지금은 P2268이 P2412R1의 『삼계불법밀기』권상을 받았던 권중, 권하라고 한 추정은 채용하지 않고 새로이 『삼계관법약석』이라고 가제를 붙였다. 그 이유는 아래와 같다.

一. 『삼계불법밀기』권상卷上에는 『삼계불법』4권의 전체의 구성이 설명되어 있지만(『돈황보장』120. 266下~267下), P2268에 설해진 순서와 합치한다고 예상되는 부분은 찾을 수 없다.

二. 『삼계불법밀기』는 돈황본 『삼계불법』의 주석서이다. 현존하는 권상(P2412R1)의 주석 형식은 예를 들면, "二又一句,〈又此段下〉. 喩説兼合.〈准前兩階〉"(277下) 등과 같이 주석대상의 본문을 열거하지 않고 주석하고 있다. 따라서 주석서만을 읽어서는 의미가 터득되지 않는 부분이 다수 존재한다. 한편 P2268도 주석서의 형식을 가지고 있지만 그 형식은 『삼계불법밀기』권상과는 다르고, 주석대상의 본문을 하나하나 들어서 그것에 이어서 할주에서 주석을 하고 있다.

三. 이 사본에는 10자구금강악十子句金剛惡을 열거하여 "此十子句義. 四卷『三階集録』中, 第二卷中廣説義"라고 설했던 부분(『敦煌寶藏』118·304下)과 12전도에 관해서 "…『삼계집록』중구명인中具明因"이라고 설한 부분(305上)이 있지만, 『삼계불법밀기』권상에서는 주석대상을 『삼계불법』이라 부르며 『삼계집록』이라는 호칭은 사용하고 있지 않다. 또 주석할 때 다른 부분을 참조하는 경우에는 권수 혹은 대단수大段數부터 언급하고, 주석대상의 서명은 특별히 언급하지 않았다. 부언하면 10자구금강악에 관한 기술은 확실히 돈황본 『삼계불법』권2말(『돈황보장』22·244 이하)에 있지만, 『삼계불법밀기』권상에서 이 부분을 지적하는 경우에는 "如第二卷, 第二大段. 第二段 第三子段末. 第十子句金剛廣釋"(『돈황보장』120·269下)이라는 표현을 사용하고 있다.

이상의 점에서 P2268은 『삼계불법밀기』권중 혹은 권하의 일부는 아닌 것이 분명하다. 그러면 P2268은 어떠한 성격의 문헌인가, 이미

324

S5668의 부분에서 말한 바와 같이 S5668의 제2엽에서 제4엽 부분을
주석한 것이라는 것이 밝혀지게 되었다. 그리고 그 결과 S5668의 제2엽
에서 제4엽의 순서는 제4엽표리 → 제3엽표리 → 제2엽표리라고 하는
순서로 바꿔 놓아야 한다는 것이 해명되었다.

　　나머지 부분의 내용은 삼계교에 있어서의 여러 가지 관법에 관한
기술이 대부분을 차지하고 있지만, 경록 등에 삼계교의 관법을 중심으
로 서술했다고 생각되는 문헌명은 검색되지 않는다. 그래서『삼계관법
약석』이라고 가제假題를 붙였다. 남은 부분은 990행에 걸쳐서『삼계불
법』권2(S2684)의 785행과『삼계불법밀기』권상의 782행보다도 길고
『대근기행법』(S2446)의1085행의 다음 가는 길이이다. 삼계교의 선관
사상을 짐작할 수 있는 지극히 귀중한 문헌이다. 상세한 연구는 금후의
과제로 남겨놓고 여기서는 단락명 혹은 단락 중의 중요어구를 차례로
열거하고 본 사본의 개요를 나타내 보고자 한다.

　人法二空觀
　別見觀
　摠見觀
　七子句觀
　明佛性作而不作觀
　明四喩喩佛性眞僞同異觀
　三眞觀
　眞空妙有
　常無常觀

次明四種相對空有義

次明三無性

次明三身

次明敬簡

於前境上, 以體收相, 敬一向見他八種佛法善

已下明攝入一乘觀

普親觀

佛性供養觀

認惡觀

合觀

四階惡觀(第一十子句金剛惡, 第二十二顚倒惡, 第三輪轉生死惡, 第四生身法身惡)

五科惡觀(第一四念處惡觀, 第二明苦集二諦惡觀, 第三明十二因緣惡觀, 第四明七濁惡觀〈五科惡觀第五의 名稱以下를 缺〉)

관법의 대부분은 반드시 삼계교 독자의 것은 아니고 일반적으로 행해져왔던 것이지만, 8종불법八種佛法에 관한 부분과 12전도에 관한 부분 등은 삼계교 독자의 관법이다. 삼계교의 관법의 총체를 바로잡아 받아들이는 데에 귀중한 자료라고 할 수 있다.

더욱이 이 사본의 내용에 대해서 흥미진진한 것은 화엄사상華嚴思想의 용어가 사용되고 있는 점이다. 섭입일승관攝入一乘觀을 밝힌 부분에 "10세격법부동문十世隔法不同門", "제법상즉자재문諸法相卽自在門" 등의 용어[151]가 보인다. 설명이 간략한데다, 먹(墨)이 번져 있어 문의文意

를 충분히 파악할 수 없지만, 지엄智儼의 『일승십현문一乘十玄門』의 "10세격법이성문十世隔法異成門", "제법상즉자재문"이라고 하는 용어[152]와의 공통성을 지적할 수 있다. 지엄 이후의 화엄교학華嚴敎學의 영향을 받고 있었던 것이 예상된다. 또 사지四智에 관해서 대원경지大圓鏡智, 평등성지平等性智, 성소작지成所作智, 묘관찰지妙觀察智라고 하는 호칭이 사용되어 있다.[153] 이것은 현장 역玄奘譯의 『성유식론成唯識論』 등의 용어인 것이므로, P2668은 7세기 중반 이후에 성립된 것임을 알 수 있다.

9. 『불성관』

『불성관佛性觀』이라고 가제假題한 사본은 다음의 2본本이 현존한다.

   34. 『佛性觀』   S1004

   38. 『佛性觀』   臺灣99(8790號)

S1004의 『불성관』은 겨우 45행의 단편사본이고, 통독通讀해도 의미가 연결되지 않는 부분이 몇 군데나 발견된다. 이것은 탈문脫文이 매우 많이 포함되어 있기 때문이다. 자일스 목록은 "평범한 사본. 황갈색의 종이. 2.25피트(feet)"[154]라고 해설하고 있다. 세로의 길이는 26.7cm이다. 지질은 두껍고 빳빳하며 필사된 연대는 9세기 이후라고

---

151 『敦煌寶藏』118. 299下.

152 大正 45. 515中.

153 『敦煌寶藏』118. 298上.

154 Giles(1957) 135쪽, No.4586.

추정된다.

한편 대만99의 『불성관』은 S1004의 탈문脫文한 군데를 모두 포함하고, 게다가 S1004에 비해서 전후에 약 60행 가까운 문장이 더해진 사본으로 전체는 156행으로 되어 있다. 황갈색의 약간 두꺼운 종이로, 세로 길이는 약 27.5cm, 전체 길이는 약 3m 31cm의 사본이다. S1004와 글자체도 비슷하고, 역시 9세기 이후에 필사된 것일 것이다. 2개의 사본 모두 수제首題, 미제尾題를 결결缺하고, 수미首尾가 결락된 단편사본이기 때문에 전체의 내용은 확실하지 않지만, "작불성관作佛性觀", "차불성관此佛性觀"이라고 하는 말이 반복하여 사용되고 있고, 현존부분의 내용은 불성관佛性觀이란 무엇인가를 해설한 것인 것이므로, 『불성관』이라고 가제假題를 붙였다.

이 『불성관』이 삼계교 문헌이라고 확정하는 근거가 되는 것은, 대만99사본으로 말하면 다음의 3군데의 기술내용에 의한다.

(1) 又禪師『集錄』云, 作此如來藏佛八種佛法觀者, 卽得無始已來一切惡頓斷, 永與生死別, 卽得入菩薩位, 從一佛國至佛國, 乃至成佛.[155]

(2) 又裴公云, 頓除往惡入大位, 遍遊淨刹, 遠結菩提.[156]

(3) 以上經論文義驗之, 故知, 故作佛性觀, 功德利益不可思議. 既有如(此)損益, 應永應學. 此就一往讚其佛性功德利益如是. 若據能破第三階邪見顚倒衆生金剛偏病, 此之利益更何可論.[157]

---

155 『敦煌卷子』5. 1008上.

156 同. 1008上.

157 同. 1008下.

우선 (1)에서 "팔종불법八種佛法"이라고 하는 것은 삼계교의 제3계불법의 중심적 내용인 보경普敬에 관한 것이다. 또 신행선사의『삼계집록』을 인용하고 있으므로, 확실히 신행 이후의 삼계교도가 저술한 서적이다.[158] 또 (2)의 "배공裴公"이란, 신행의 직제자로서 신행의 구술을 모두 필록했다고 하는 배현증裴玄証을 가리키는 것이라고 생각된다. 배현증의 말이 인용된 문헌은 현존하는 삼계교 문헌 중에서는 여기뿐이고, 귀중한 자료를 남기고 있는 것이다. 또 (3)에서 "제3계사견전도중생第三階邪見顚倒衆生"이라고 하는 표현은 이『불성관』이 삼계교 문헌인 것을 잘 나타내고 있다고 할 수 있다.

내용은『불성관』이란 무엇인가, 그 실천에 있어서 주의해야 할 점은 무엇인가, 어떠한 손익이 있는지 등의 점에 대해서 문답을 삽입해서 설한 것이다. 결국『불성관』이란 신행이『대근기행법』과 돈황본『삼계불법』등에서 설한 보경의 실천, 즉 일체중생을 여래장불如來藏佛・불성불佛性佛・당래불當來佛・불상불佛想佛로서 두루 공경하는 것을 중심으로 한 "여래장 등 팔종불법如來藏等八種佛法"의 실천으로 포착하고 있다.

또 신행의 현존하는 저작에서『열반경涅槃經』,『승만경勝鬘經』,『능가경楞伽經』 등의 경전을 이론적 근거로 해서 "보경"의 실천을 설하고 있지만, 이『불성관』에서는 이들의 경전 외에『기신론起信論』,『불성론佛性論』,『십지론十地論』 등의 논서가 인용되고 있는 것이 특징이다. 신행의 저작에서는 경문에 의거한다고 하는 자세를 강하게 내세우고

---

158 현존하는 삼계교 문헌에서는 이『집록』과 일치하는 문장은 눈에 띄지 않지만, "從一佛國至一佛國, 乃至成佛"이라고 하는 표현은 돈황본『三階佛法』권2(S2684, 『敦煌寶藏』22. 244上, 矢吹『研究』別篇 38쪽)에 보인다.

있기 때문에 논서의 인용은 극히 드물다. 따라서『불성관』에서와 같이 논서가 적극적으로 인용되었다고 하는 경향은, 신행의 제자들 이후에 있어서 두드러지게 나타나고 있는 것이다.

10. 『□□관수선법』

『□□관수선법□□觀修善法』이라고 제목이 붙여진 사본으로서, 다음 1본本이 거론된다.

　37. 『□□觀修善法』一卷　　　　　　　　北8386(制79)

　수결(首欠), 미완尾完, 현존부분은 243행(할주는 2행으로 1행)이다. 미제尾題의 최초의 1문자 혹은 2문자는 결락(欠落)해 있어서 확실하지 않다.「관수선법1권」의 6문자만을 확인할 수 있다. 이 제자題字는 본문보다 약간 큰 크기의 문자로 쓰여 있는데 본문에 사용되고 있는 문자와 비교해 보면 필적이 다르게 되어 있는 것을 알 수 있다. 특히 "수修"의 글자의 변(부수)이 본문에서는 사람인(亻)변인데 제자題字에서는 다닐행인(行人)변이다. 따라서 이 미제尾題는 후세 사람에 의해서 덧붙여 쓰였고, 게다가 그 후 그 일부가 결락된 것이라고 생각된다. 현존부분의 내용과 제목과의 관계에 대해서 본문에서 "수선修善"의 말이 사용되고 있는 것은 최초의 부분뿐이고 수선이 전체의 테마는 될 수 없다는 것에서도 이 제명題名이 후에 부가된 것을 뒷받침해주고 있다고 생각된다. 한편 본문의 필사의 연대는 필적으로 보아 8세기 이후의 것으로 추정된다. 행서체로 1행 30자 이상의 작은 문자로 쓰여 있다. 실물은 아직 보지 못했지만,『돈황보장敦煌寶藏』의 영인판에서는 판독이 어려운 부분도 있다.

문헌성격의 판정을 용이하게 하기 위해 단락과 중요하다고 생각되는 용어와 인용된 경론명을 열거해 보겠다.

(一) 斷惡修善?(후반부만 있음) (『敦煌寶藏』110. 146下1～20)

"戒見俱破", "如來拱手, 諸佛不治", "十方諸佛不救", "定死難度之人", "斷惡修善"

(二) 明體學相反一倍顚倒(146下20～147下23)

"善星解行不救", "生盲之人", "不輕敬闡提四衆", "牛王精懃求佛, 返受羅刹之身", "末世凡夫", "生盲之觀", "法身之觀", "普親之觀", "先師旣爾, 弟子應然"

(三) 明如來藏觀明所行方法(147下23～149下20)

"如來藏觀者, 於內有三. 一者明所觀境界, 二者明能觀之心, 三者明頓入一乘, 頓出生死",

"第一所觀境界者, 於內有二. 一者明緣體義同, 二者明見之方法及不見所由", "涅槃經", "寶性論", "起信論", "覺有三種, 一者本覺, 二者始覺, 三者了覺", "勝鬘經", "占察經",

"第二能觀之心者, 亦有二種. 一明入觀方法, 二明照性起行寬狹長短",

"第三頓入一乘, 頓出生死者, 但見眞如"

(四) 明法身觀(149下20～151下12)

"第一法身觀, 略有二種. 第一就體以明法身. 第二法身觀者, 約緣以明法身", "寶性論", "六根聚經", "法報兩身同異義", "起信論", "勝鬘經",

"第二就體以明報應法身","寶雲經說如來九種無窮無盡功德","涅槃
經",

"明法身同異義",

"明三種法身同異義","起信論","寶性論","六根聚經",

"明心寂"

이 중에서 삼계교 문헌에 빈번히 나오는 용어가 쓰이고 있는 것은
(一)과 (二)의 단락이다.

(一)은 후반만 존재하지만, "戒見俱破", "如來拱手, 諸佛不治", "十方
諸佛不救", "定死難度之人" 등의 말은 제3계의 공견유견의 중생을 규정
할 때에 빈번히 사용된 말이다. (二)에 있어서도 『열반경』의 선성비구
의 이야기는 지옥에 떨어져 갈 제3계인의 예로서, 또 『법화경』의 상불경
보살의 이야기는 제3계의 중심적인 수행의 교증으로서 중시된다. "생맹
지인生盲之人", "말세범부末世凡夫" 등의 말도 제3계의 중생의 대체어로
서 많이 사용되고 있다. (一)과 (二)의 부분은 합해서 73행이지만,
그중에 이만큼의 삼계교 문헌에 특징적인 내용이 설해져 있으므로,
이 문헌은 삼계교 문헌의 하나라고 결론지어도 문제가 없다. 다른
종파에서 이와 같은 내용이 이렇게 집중해서 설해지고 있는 문헌은
있을 수 없는 것으로 생각된다.

그러면 이 사본이 삼계교 문헌이라 하고, 그 성립은 어느 때쯤으로
추정할 수 있을까. 유감스럽게도 인용문 등에서 성립의 상한을 정할
결정적인 단서는 보이지 않는다. 다만 (二)에 "禪師旣爾, 弟子應然"라
고 하는 문구로부터 개조 신행의 저작은 아니라고 추정된다. 인용

경전에 관해서는 수대隋代 성립의 위경僞經이라고 하는『점찰경占察經』
이 (三)의 2군데에 인용되어 있는 점, 그『점찰경』이 초출抄出되었다고
하는『육근취경六根聚經』에서의 인용이 (四)에 2군데 발견되고 있는
점 등이 주목된다. 또 (三)과 (四)에서는 경전에 더하여 논서가 빈번히
인용되어 있는 것도 신행의 저작이 아닌 것을 뒷받침해주고 있다.
신행의 저작이라고 하는『삼계불법』과『대근기행법』등은 경문만에
의거하려고 하는 자세가 매우 엄격히 관통하고 있다. 더하여, 인용되고
있는『기신론起信論』과『보성론寶性論』은 여래장사상을 설한 논서이
고, 특히 (三)과 (四)에 있어서는『기신론』을 중심으로 한 여래장사상
이 입론의 기본으로 되어 있는 것도 커다란 특징이라고 할 수 있다.
삼계교에 있어서도 여래장사상은 중요한 위치를 차지하고 있지만,
논서의 사상적 영향은 초기의 삼계교 문헌에는 거의 볼 수 없다. 또
(三)에 있는 '조성기행照性起行', '돈입일승頓入一乘' 등의 말은 당대唐代
에 들어와서부터의 화엄사상의 영향은 아닐까라고 생각되지만, 한편
으로는 신행의 제자인 선지善智도『돈교일승頓敎一乘』20권이라는 저
작이 있었다고 전해지고 있어서[159] 수대隋代에 이미 이러한 문헌이
신행의 제자에 의해서 저술되었을 가능성도 부정할 수 없다. 또 (三)에
는 "각覺에 3종이 있다. 첫째는 본각本覺, 둘째는 시각始覺, 셋째는
요각了覺"이라고 하는 하나의 글귀가 발견된다.『기신론』의 각의 사상
을 요각을 더해서 3개의 각覺으로 분류하는 방법이 어느 시대의 어떠한
학파의 것인가가 분명하지 않지만, 이 점에 대해서도 이후 조사를

---

159 『續高僧傳』권18, 大正 50. 578中.

진행함에 의해서 새로운 사상적 영향관계가 밝혀지게 될지도 모르
겠다.

11. 『궁사변혹론』

『궁사변혹론窮詐辯惑論』이라고 제목이 붙여진 사본은, 다음의 1본이
현존한다.

27. 『窮詐辯惑論』卷下　　P2215R

이 사본은, 세로 27.8~28.2cm, 종이 한 장의 길이 36.7~38.1cm,
33지紙를 잇대어 연결한 권자본卷子本으로 전체 길이 1290.9cm, 528행
으로 되었다.[160] 종이 질이 비교적 거친 종이를 사용하고 있다. 글자체
등에서 8세기 중반 이후의 사본이라고 추정된다.

제목은 표제도 미제尾題도 모두『궁사변혹론窮詐辯惑論』권하이다.
표제의 아래에는 「답경미론答警迷論」이라고 쓰여 있어, 이것이『경미
론警迷論』에 대한 반론의 글인 것을 알 수 있다. "사詐를 궁窮하고,
혹惑을 변辯하는 논"이라고 하는 제명대로, 논란하는 사람들이 "사왈詐
曰", "혹왈惑曰", "문왈問曰"로서 논란과 의문을 제시함에 대해서 응답하
는 사람들이 "궁왈窮曰", "변왈辯曰", "답왈答曰"로서 반론과 응답을 서술
하는 형식을 취하고 있다. 하권 전체는 28개 문답으로 성립되어 있다.
응답자는 논란자를 "법사法師"라 부르고 있어,『경미론』의 작자는 법사
였던 것을 알 수 있다. 논란의 내용은 인악認惡과 보경普敬의 문제,

---

160 Gernet(1970) 78~77쪽.

334

신행의 근기根機의 문제, 둔근아양승鈍根痼羊僧의 문제, 삼계교가 중시하는 경문의 해석에 관한 문제,『삼계집록』의 정당성의 문제 등 여러 갈래에 걸쳐서 있고, 논란자는 삼계교의 교의를 상당히 깊게 공부한 법사였다고 추정된다. 대론對論은 오로지 삼계교의 교의를 둘러싸고 하고 있고, 논란자의 사상적 계보는 확실하지 않지만, 어쩌면 논란자도 삼계교단의 일원이었던 것은 아닐까 하고 생각한다. 그 근거로서 권하의 최후가 "道樹法師人倫鑿悟深愛法者, 猶不爲說膚淺疏〔도수법사는 사람의 거울(鏡)이고, 깨달음이 깊고 법을 사랑하는 자이면, 더구나 천박한 장소章疏를 설하는 것은 하지 않을 것이니〕"라고 끝맺고 있는 점을 들 수 있다. 이것은 천박한 장소인『경미론』을 쓴 것에 대한 빈정거림이라고 해석되고,『경미론』을 저술한 자는 도수법사인 것을 알 수 있다. 수隋에서 당唐 초에 걸쳐서 도수道樹라고 불린 자는 신행의 제자 본제本濟가 615년에 자문사慈門寺에서 입적했을 때, 제자이었던 도훈道訓과 도수道樹가 망해(亡骸: 유골)를 종남산에 장사 지냈다고 하는 사람 한 사람뿐이다.[161] 따라서 삼계교의 내부에서의 의견의 상위 혹은 대립이『경미론』과『궁사변혹론』같은 저작으로서 표면화한 것은 아닐까 추측된다. 또『궁사변혹론』중에는 "친광불지親光佛地", "호법유식護法唯識" 등의 표현으로 현장玄奘의『불지경론佛地經論』(649년 譯)과『성유식론成唯識論』(659년 譯) 등의 이름이 열거되어 있는 것으로 보아, 7세기 중반 이후 성립된 것을 알 수 있다. 이 문헌의 상세한 연구는 금후의 과제로 하겠다.

---

161 大正 50. 578中.

12. 『악관』

러시아 과학아카데미 동양학 연구소 상트페테르부르크 분소에 소장되어 있는 사본번호 ДХ92는 『악관惡觀』 1권의 첫머리 상부의 쇄편(碎片: 부서진 조각)이다. 잔존부분의 전문은 다음과 같다.[162]

惡觀一卷
依大善知識故信行禪(以下缺)
大歲在庚戌正月內在□(以下缺)
□□□啓請(以下缺)

겨우 24문자 정도가 판별 가능한 파쇄破碎사본이 삼계교 문헌의 일부는 아닐까 하는 추측을 할 수 있는 근거가 되는 것은 "依大善知識故信行禪"이라고 하는 9문자가 포함되어 있기 때문이다. "대선지식大善知識"이라고 하는 표현법은, 신룡神龍 2년(706) 거비据碑의 월왕정 찬越王貞撰 「수대선지식신행선사흥교지비隋大善知識信行禪師興敎之碑」에서도 사용되었던 것이고, 신행 사후에 신행의 경칭으로서 통용되고 있던 표현법인 것이다. 이 쇄편碎片에서도 "의依…고신행故信行"이라고 되어 있는 것에서, 아마 이 문헌도 594년에 신행이 입적한 후에 필사 혹은 편집된 것일 것이다. 다만 "경술庚戌"은 신행이 입적한 전후에서는 590년에 상당하므로 신행이 장안에 들어간 다음해에 해당된다. 즉

590년에 신행이 구술했던 것이었다는 추측도 성립된다. 『악관』이라는 제명은 삼계교의 문헌명을 게재한 경록 등에서는 발견되지 않는다. 다만, 예를 들면 『삼계관법약석三階觀法略釋』(P2268)에서는 사계악관 四階惡觀으로서 제일第一. 십자구금강악十子句金剛惡, 제이第二. 십이 전도악十二顚倒惡, 제삼第三. 윤전생사악輪轉生死惡, 제사第四. 생신법 신악生身法身惡의 4개의 악惡을 들고, 이어서 오과악관五科惡觀으로서 제일第一. 사념처악관四念處惡觀, 제이第二. 명고집이체악관明苦集二諦 惡觀, 제삼第三. 명십이인연악관明十二因緣惡觀, 제사第四. 명칠탁악관 明七濁惡觀(第五는 缺落)의 5개의 악惡을 관觀하는 것을 설했던 문헌이 있으므로, 어쩌면 이러한 문헌과 관련이 있는 문헌이었던 것일지도 모른다.

결어

종래 연구가 진행되고 있던 문헌에 대해서도 사본 상호의 관계, 문헌의 제명, 내용의 구성, 성립 등의 점에 관해서 몇 개인가의 새로운 사실이 밝혀지게 되었다고 생각한다. 또 새로이 발견한 사본에 대해서는 사본 의 특징과 내용의 개관에 머무르고 있는 문헌도 있어, 연구의 여지가 아직도 남아 있다. 특히 『삼계불법광석』, 『삼계관법약석』, 『궁사변혹 론』, 『□□관수선법』 등의 문헌에 대해서는 본격적인 연구는 이제부터 이다.

　현시점에서의 삼계교 문헌의 연구의 도달에 의거하여 현존하는 삼계 교 문헌의 성립사의 일람(試)을 작성하면 다음과 같이 된다.

〈현존 삼계교 문헌 성립사成立史 일람一覽〉

『信行遺文』(583년, 587년)　　　　　　　『無盡藏法略說』
　　　　　　　　　　　　　　　　　　　　『信行口集真如実観』
　　　　　　　　　　　　　　　　　　　　『制法』
일본본『三階佛法』(592년)　　　　　　　『発菩提心法』
돈황본『三階佛法』(593년)　　　　　　　『第三階佛法廣釈』(原形)
『對根起行法』(593년)　　　　　　　　　『受八戒法』
　　　　　　　　　　　　　　　　　　　　『乞食法』
　　　　　　　　　　　　　　　　　　　　『七階佛名經』
　　　　　　　　　　　　　　　　　　　　『惡観』

↑ 신행의 저작(구술, 제자의 편집 포함)

↓ 신행 이후의 저작

　　　　　　　　　　　　　　　　　　　　『佛性観』
　　　　　　　　　　　　　　　　　　　　『大乘法界無盡藏法釈』

『窮詐辯惑論』(7세기 중반 이후)
『三階佛法密記』(7세기 중반~8세기 초두)　　『□□観修善法』
『人集錄都目』(7세기 중반~8세기 초두)
『三階観法略釈』(7세기 중반 이후)
『第三階佛法廣釈』(註釋部分)(7세기 후반 이후)
『示所犯者瑜伽法鏡經』(8세기 초두)　　　『如來身蔵論』

　　　　　　　　　　　　　　　　　　　　『龍録內無名經論律』

　　점선보다 상부가 구술과 제자의 편집도 포함하여 신행의 저작으로
간주되는 문헌이고, 점선보다 하부가 신행 이후의 삼계교도에 의한
저작이다. 또 표의 좌측에 열거된 문헌은 어느 정도 성립의 연대가

짜 맞춰진 문헌이고, 우측은 현시점에서는 성립연대가 분명하지 않은 문헌이다.

또 사본을 단순한 문헌자료로써만 취급하지 않고 유포했던 시대·지역 등에도 주목하여 보면 몇 개의 삼계교사본은 삼계교가 쇠퇴해 가는 9세기 이후에 필사되었다고 추정되며, 게다가 돈황지방에서 필사된 사본도 포함되어 있다고 생각된다. 삼계교 사본이 어떠한 사정으로 필사되었는가 하는 문제에 대해서도 금후 더욱더 연구를 진행할 필요가 있겠다.

제4장 삼계교사상의 기본구조

서序

본 장은 삼계교란 무엇인가 하는 문제를 사상적인 측면에서 해명하는 것을 목적으로 한다. 특히, 개조 신행의 사상을 밝히는 것에 중점을 두고 고찰해 나가려 한다. 신행 이외의 삼계교도에 의해서 후에 저술된 문헌은 신행의 사상을 이해하는 데에 필요하다면 참고하는 것에 그치겠다.[1] 현존하는 신행의 주된 저작으로서는 일본본『삼계불법』, 돈황본『삼계불법』,『대근기행법』의 3개를 들 수 있다. 이들은 모두 만년에 저술된 문헌이고, 신행의 사상의 최종적인 도달점을 보여주는 것이다. 이들 자료들을 사용해서 삼계교사상을 구조적으로 파악해 보려 한다.

---

1 矢吹의 연구에서는 양자의 구별이 뚜렷하지 않다. 또 주요 저작에 있어서의 사상의 미묘한 변화라는 점에도 주의가 덜 되어 있다.

제1절 "삼계"란 무엇인가?

본 절에서는 삼계교가 다른 불교적 여러 조류에서 갈라져 독자의 사상적 조류를 확립하기에 이른 기본이 된 사상은 무엇인가를 고찰하려 한다. 필자는 그것이 "삼계"라는 개념이라고 예상하고 있다. 당시, '3개의 단계'라는 의미에서 일반적으로 사용되었던 말이 신행에 의해서 독자적인 개념이 부여됨에 따라, 삼계교는 문자 그대로 "삼계"교로서 성립한 것이다. 본 절은 크게 세 항목으로 나누어진다. 제1항에서는 주요 문헌에서의 "계階"라는 말의 용법에 대해서 검토하고자 한다. "삼계"라는 말이 어떠한 단계적 구별을 나타내려고 한 것인가에 대해서 어느 정도 전망해보는 것이 목표다. 제2항에서는 "삼계"의 분계分階는 신행이 완전히 독자적으로 창안한 것인가, 아니면 무언가 사상적 권위에 입각해서 설정된 것인가 하는 점을 검토해 보겠다. 제3항에서는 "삼계"의 분계를 규정하는 제 요인에 대해서 고찰하려 한다. 특히 신행 자신이 자기 존재의 귀속범주로 한 제3계의 중생이란 무엇인가 하는 점을 상세히 검토할 것이다.

1. 삼계교 문헌에 의한 "계階"의 용법

원래 "계"라는 말은 사물의 단계적 구별을 나타낼 때에 사용되는 용어로서, 남북조시대의 불교문헌에서도 널리 쓰이고 있었다. 일례를 들면, 유규劉虬는 『무량의경서無量義經序』에서 "根異敎殊, 其階成七"[2]이라고 했고, 또 "오시칠계五時七階"의 교판敎判을 제창했던 것은 잘 알려진

사실이다. 또 신행과 동시대의 정영사淨影寺 혜원慧遠의 저작에도 "人有
五階. 所謂凡夫聲聞緣覺菩薩及佛"[3]이라는 용례와 "第三段中三階論
之. 九地一階. 六七八地爲第二階. 五地至初爲第三階"[4]라는 용례가
있다. 이들 용례는 "계"라는 말이 근기根機나 교敎의 단계적 구별을
표시할 때에 쓰였던 용례였지, 어느 특정한 근기나 교를 나타내기
위해서 "제□계"라는 말이 사용되었던 것은 아닌 것이다.

그런데 삼계교는 사물의 단계적 구별을 나타내는 경우에 일반적으로
사용되어 왔던 "제1계", "제2계", "제3계" 등의 용어에 특수한 의미를
부여하여, 이 삼계를 사상적 짜임새로 한 완전히 새로운 불교사상을
탄생시켰던 것이다. 그래서 본 항에서는 삼계교 제 문헌에 쓰인 "계"라는
용어의 용법을 검토하여 삼계교에 있어서 "삼계"라는 용어가 어떠한
개념적 요소들에 근거하여 성립되었는가를 밝히려고 한다.

취급할 문헌은 개조 신행의 만년의 저술로 되어 있는 일본본『삼계불
법』, 돈황본『삼계불법』,『대근기행법』(이상, 성립순)의 3개의 문헌에
한하기로 하고, 신행의 입적 수십 년을 경과해서 저술된『삼계불법밀
기』는 삼계교사상의 성립에는 관계되어 있지 않으므로 취급하지 않
겠다.

1) 일본본『삼계불법』에 있어서 "계階"의 용법

일본본『삼계불법』(이하 일본『삼계』라 약칭)에 있어서 "계"란 말의

---

2 大正9. 383中.

3 『大乘義章』권12, 大正 44. 697上.

4 『涅槃經義記』권9, 大正 37. 869中.

주된 용례를 들어가면서, 필요한 검토를 덧붙여 보겠다. (용례는 검토하기 쉬운 순서로 바꾸어서 엮었다.)

(1)『人集錄』明, 一切第三階佛法內, 唯除一切最大鈍根衆生兩種癡羊僧已外, 一切利根衆生皆悉普是一切利根空見有見衆生, 何以故. 明知『大般涅槃經』說, 文當, 世間之義, 爲一切第三階佛法內一切利根空見有見斷一切善根皆悉普盡一闡提衆生說, 以此文驗, 所以得知.[5] (卷一)

(1)은 일본『삼계』권1의 첫머리의 문장인데, 일본『삼계』전제의 총론에 해당한다. 지금부터 설명하려는『인집록人集錄』의 중요한 범위가 제3계의 불법佛法이고, 그중의 공견空見 유견有見의 중생에 초점이 맞춰져 있는 것을 알 수 있다. 즉 일본『삼계』전체가 제1계의 불법과 제2계의 불법이 아니고, 제3계 불법에 중점을 두고 있는 것을 첫머리의 일문에서 살필 수 있다.

(2) 第一大段明, 驗一切第三階佛法內, 一切利根空見有見衆生多少分齊義.[6](卷一)

(3) 第二大段明, 驗一切第三階佛法內, 佛滅度後時節分齊義.[7](卷一)

(4) 第三大段明, 教一切第三階佛法內, 一切利根空見有見衆生, 亦名教一切利根空見有見邪見成就顚倒九種人, …, 如佘卷初廣說, 自驗自知, 知是一切利根空見有見衆生等非是一切利根空見有見衆生等所

---

5 矢吹『研究』別篇 257쪽.

6 同. 261쪽.

7 同. 265쪽.

由義.[8](卷四)

(5) 第四大段明, 教一切第三階佛法內, 一切利根空見有見衆生, 歸一切三寶, 度一切衆生, 斷一切惡, 修一切善, 解行等淺深分齊義.[9](卷四)

(2)에서 (5)는 일본『삼계』의 대단락의 명칭이다. 일본『삼계』는 제1대단에서 제4대단까지로 구성되어 있는데, 모든 대단은 제3계의 불법佛法에 범위가 설정되어 있는 것을 알 수 있다. 이 단락구성에서도, 제3계불법의 중요성이 짐작된다. 게다가 제2대단에서 불멸佛滅 후의 시대가 문제로 되어 있는 것 외에는, 모두 공견空見 유견有見의 중생에 관한 문제가 취급되어 있는 것이 주목된다.

(6) 第一大段明, 驗一切第三階佛法內, 一切利根空見有見衆生多少分齊, 與十方世界所有地土一種相似義, 如朶卷第一大段內廣說.[10](卷三)

(7) 第一段明, 一切第三階佛法內, 一切利根空見有見衆生內位判, 常唯一種衆生.[11](卷三)

(8) 第二段明, 一切第二階佛法內, 一切利根衆生位判, 常有一切兩種衆生.[12](卷四)

(9) 第三段明, 一切第一階佛法內, 一切利根衆生位判, 常有一切兩

---

8 同. 399~400쪽.

9 同. 402쪽.

10 同. 330쪽

11 同. 332쪽.

12 同. 377쪽.

種衆生.[13](卷四)

(6)은 권1의 제1대단을 권3에서 권4까지에서 다시 언급한 부분의 단락명이다. (7)에서 (9)는 그 제1대단 중의 3개의 단락명이다. 각각의 단락에서는 각 불법 내의 중생에 대해서 설하고 있다. 이에 의하면, 제3계의 불법에 있어서는 다만 한 종류의 중생뿐이고,[14] 이것은 공견유견의 중생이라고 설해져 있고, 경문에서 발췌한 공견유견의 17종의 이명異名이 거론되어 있다. 제2계의 두 종류의 중생은 계견구불파戒見俱不破와 파계불파견破戒不破見의 중생이고, 양자 모두 삼승근기三乘根機의 중생이라고 한다. 제1계의 두 종류의 중생은 계견구불파와 파계불파견의 중생이고, 양자 모두 일승근기一乘根機의 중생으로 되어 있다.

(10) 又明, 若就一切根機說, 一者明, 唯除一切第一階佛法內, 一切利根眞聖眞善正見成就凡夫一切一乘根機菩薩, 莫問凡聖, 一種相似, 爲住持一切佛法等故, 俱得驅一切破戒比丘還俗, 俱得打一切道俗, 乃至亦得殺一切修道人, …. 二者明, 一切第二階佛法內, 一切利根眞聖眞善正見成就凡夫一切三乘根機衆生, 莫問凡聖, 一種相似, 唯得驅一切破戒比丘還俗, 皆悉普不得打一切出家人, 亦不得殺一切修道人, …, 三者明, 一切第三階佛法內, 一切利根空見有見衆生, 一向不得驅一切出家人還俗, 亦不得打一切出家人, 亦不得殺一切出家人,[15] ….

---

13 同. 388쪽.

14 (1)의 용례에서는, 제3계의 불법에 있어서의 중생의 예외로서 양종의 아양승이 거론되어 있는데, 아양승은 불과 얼마 안 되는 예외적인 존재이다. 제3계불법에 있어서 중생이라고 하는 경우에는 일반적으로 공견유견 중생이라고 하는 일종의 중생만이 거론된다.

15 矢吹『硏究』別篇 278~279쪽.

(卷一)

(10)은 출가인의 상벌을 설한 부분이지만, 일체의 근기에 대해서 설한 것으로서 제1계의 불법에 있어서는 일승의 근기, 제2계의 불법에 있어서는 삼승의 근기, 제3계의 불법에 있어서는 공견유견의 중생을 들고 있다. 각 불법과 근기의 대응관계는 (7)부터 (9)까지의 대응관계와 일치하고 있다. 이와 같은 대응관계는 일본『삼계』중에서 고정하여 사용되고 있는 것이다.

(11) 一切第一階佛法內, 一切利根正見成就一乘根機諸佛菩薩位判, 常不屬一切第二第三階兩佛法內, 一切利根正見邪見成就一切三乘根機衆生.[16](卷四)

(11)에 의하면, 제1계불법에 있어서의 일승의 근기는 항상 제2계와 제3계의 불법에 있어서의 삼승의 근기와 명확하게 구별된 존재라는 것을 알 수 있다. 제2계와 제3계의 불법에 있어서의 중생의 근기가 모두 삼승이라고 되어 있는 점은 (10) 등의 용례와 다른 것으로서 받아들일 위험이 있지만, 실제로는 다음과 같은 회통會通이 가능하다. 즉 제2계의 불법에 있어서의 중생은 정견正見의 삼승의 근기인데 대하여, 제3계불법에 있어서의 중생은 사견邪見의 삼승의 근기이고, 일반적으로는 전자를 삼승의 근기라고 부르고, 후자를 공견유견의 중생이라고 부르는 것이다. 양자의 결정적인 차이는 정견인가 사견인가라는 점이다. 제3의 불법에 있어서의 공견유견의 중생이 삼승의 근기라고 하는 것은 공견유견의 중생은 반드시 지옥에 떨어지고, 지옥에서 생사

---

16 同. 389쪽.

를 반복하다가 겨우 지옥에서 나왔을 때는 삼승의 초위初位부터 시작한
다는 의미이다. 이것에 대해서 제2계의 불법에 있어서의 삼승의 근기는
지옥에 떨어지는 일이 없이 직접 삼승의 과果를 얻을 수 있는 중생이라는
의미이다.

(12) 又明, 一切第一階佛法, 唯有大乘名字, 無小乘名字. 一切第二
階佛法亦有大乘名字亦有小乘名字. 一切第三階佛法, 一者明有世間
名字, 二者明有人天名字, 三者明有大乘小乘名字, 如下第四大段內廣
說.[17](卷三)

(13) 又明, 由學一切第一階佛法內一切甚深大乘佛法故, 一切佛法
皆悉普得常住不滅者.[18](卷一)

(12)는 각 계의 불법의 특징을 설한 부분의 용례이다. 이것에 의하면
제1계의 불법에는 대승大乘의 문자만 있을 뿐 소승小乘의 문자는 없고,
제2계의 불법에는 대승의 문자도 소승의 문자도 있고, 제3계의 불법에
는 세간世間의 문자, 인천人天의 문자, 대승과 소승의 문자가 있다고
하는 것을 알 수 있다. 게다가 상세하게 설해져 있다고 되어 있는
제4대단에 있어서는 제2계와 제3계의 불법에 있어서의 대승과 소승의
문자가 있다고 하는 부분은 삼승의 문자가 있다고 바꿔 말하고 있다.[19]
또 (13)의 용례를 대조해서 고찰해 보면, 제1계의 불법이라고 하는
것은 소승의 가르침을 전혀 포함하고 있지 않는 순수한 대승, 즉 심심대
승甚深大乘이 그 내용으로 되어 있는 것을 알 수 있다.

---

17 同. 335쪽.

18 同. 267쪽.

19 同. 404~405쪽.

이상 (1)에서 (13)까지의 용례는 모두 "제1계", "제2계", "제3계"란 용어가 "불법佛法"이라는 용어와 결부되어 쓰이고 있는 용례이다. "근기根機"나 "중생"이라는 용어를 쓰는 경우에도 반드시 "第□階佛法內… 根機"라는 형태로 우선 어느 계의 불법인가를 표시한 다음에 근기가 제시되어 있다. 이와 같이 "계"의 용어가 불법의 단계적 구별을 나타내는 용어로서 쓰이고 있는 용법이 일본『삼계』에 있어서 가장 일반적인 용법이라고 할 수 있다.

(14) 一切三階根機衆生若學一切三階佛法, 一一階根機衆生各各皆 悉普須學一切三階佛法盡. 若一切第一階根機衆生學一切三階佛法, 一 切三階佛法皆悉普得最大深行之. 若一切第二階根機衆生學一切三階 佛法, 一切三階佛法皆悉普得次深行之. 若一切第三階根機衆生學一 切三階佛法, 一切三階佛法悉皆普唯得最大淺行之.[20](卷四)

(14)의 용례에서는 "근기"라는 말이 직접 "계"라는 말과 결부되어 "第□階根機衆生"이라는 형태로 쓰이고 있다. 이러한 용례는 가짓수로 말하면 결코 많은 것이 아니지만, "계"라는 말이 직접 "근기"의 구별을 나타내는 말로서 쓰이고 있는 용례로서 주목된다.

일본『삼계』에 있어서의 "계"라고 하는 말의 용법을 정리하면 대체로 다음과 같은 점이 지적된다.

①일본『삼계』에 있어서의 "계"라고 하는 말은 "第□階佛法"이라는 형태로 "불법"이라는 말과 결부되어 쓰이고 있는 경우가 일반적이다. 근기의 구별을 나타내는 경우에도 "第□階佛法內…根機"라는 형태로

---

20 同. 405쪽.

표시된 경우가 많다.

②용례가 많은 것은 아니지만 "第□階根機衆生"이라는 형태로 직접 근기의 구별을 표시하는 경우에도 "第□階"라는 말이 쓰이는 경우가 있다.

③근기와 불법의 대응관계는 대체로 정해져 있다. 즉 일승의 근기는 제1계의 불법, 삼승의 정견正見의 근기는 제2계의 불법, 공견유견의 사견邪見의 근기는 제3계의 불법과 대응한다.[21] "대응한다"는 의미는 이 대응관계에 근거해서 불법을 실천하지 않으면 삼계교가 목표로 하는 수행의 성과를 얻을 수 없다는 의미이다.

④각 계의 불법의 구체적인 내용은 제1계의 불법은 소승의 가르침을 포함하지 않는 순수한 대승(甚深大乘)이고, 구체적으로는 『화엄경華嚴經』의 7처8회七處八會의 설법이 일승의 중생에 대해서만 설해진 것과 같은 경우를 상정想定하고 있다. 제2계의 불법은 성문승聲聞乘, 연각승緣覺乘, 대승의 삼승을 근기에 따라서 별수別修하는 경우를 상정하고 있다. 제3계의 불법은 세간, 인천人天, 대승과 소승 등의 가르침이라고 하는데, "계"의 용례를 검토하는 것만으로는 내용을 충분히 밝힌다고 할 수 없다. 이 점은 제2절 이후의 과제로 남긴다.

---

21 다음 용례는 일반적인 대응관계가 성립되어 있지 않은 용례이다. "一切第一第二兩階衆生, 唯由學一切第一階佛法內一切甚深大乘佛法故, 得住持一切佛法常住不滅. 一切第三階衆生, 唯由學一切第三階佛法內一切大乘佛法一切小乘佛法故, 得住持一切佛法不滅."(卷一) (矢吹『研究』別篇 269쪽) 이 경우 제2계중생에 대해서도 제1계불법에 있어서의 심심대승불법이 대응되고 있지만, 기본적인 용례에 의하면 제2계의 중생에 대해서는 제2계불법에 있어서의 삼승법이 대응되어야 한다. 이러한 통일되지 않음이 생기는 이유는 분명하지 않다.

2) 돈황본 『삼계불법』에 있어서 "계"의 용법

돈황본『삼계불법』(이하, 돈황『삼계』라 약칭)은 전 4권이었지만
제2권의 일부와 제3권의 일부밖에 현존하지 않는다. 이 점을 염두에
두고서 현존 부분에 있어서의 주된 "계"의 용례를 검토해 보기로 하겠다.

(1) 諸佛菩薩, 若爲最大好世界好時好衆生起教, 卽是一切第一階佛
法一乘根機菩薩合學. 若爲最大惡世界惡時好時不定衆生起教, 卽是
一切第二階佛法三乘根機衆生合學. 若爲最大惡世界惡時惡衆生起
教, 卽是一切第三階佛法九十六種道… 空見有見衆生… 合學.[22](卷
二)

(2) 第二段, 就一切道俗賞罰輕重不同所由義, 以明三階. 第一, 一切
一乘根機衆生, 一切一乘世界. (中略) 第二, 一切三乘根機衆生, 得驅
出家人還俗, 不得打出家人, 不得殺出家人. (中略) 第三, 一切利根邪
見成就常沒顚倒空見有見衆生, 乃至未得法忍已來, 常不得驅出家人
還俗, 不得打出家人, 不得殺出家人.[23](卷二)

(1)의 "第一階佛法一乘根機菩薩"이라는 용례 등은 일본『삼계』에
있어서 늘 사용되었던 "第□階佛法內…根機衆生"이라는 용법 중의
"내內"라는 문자를 생략한 용법이라고 생각된다. (2)는 일본『삼계』의
용례 (10)의 부분의 내용과 같이 각 계의 근기에 대한 상벌의 경중
등에 대해서 설한 부분이다. 삼계를 밝힘으로써 제1(계)에서는 일승의
근기, 제2(계)에서는 삼승의 근기, 제3(계)에서는 공견空見 유견有見의
중생에 관해서 각각 상벌의 경중을 설하고 있다. 근기에 의한 분계分階

---

22 S2684, 『敦煌寶藏』22. 241上.
23 同. 230上~235上.

의 대응관계는 일본『삼계』와 일치하고 있다. 일본『삼계』의 용례
(10)에서는 "第□階佛法內…根機衆生"이라는 용법이 사용되고 있지
만, (2)에서는 "第□階佛法內"라고 하는 부분은 생략되었고 근기만이
표시되어 있다. 돈황『삼계』에서는 (1)과 (2)와 같은 용례가 일반적이
다. 이것을 일본『삼계』의 용례와 비교한 경우, 꽤 간략화되어 있다고
말할 수 있다. 이러한 변화는 구술필기한 사람이 달랐기 때문에 필연적
으로 생긴 문체의 다름에 의한 것인지, 혹은 일본『삼계』의 후에 돈황
『삼계』가 서술되었기 때문에 생긴 생략인지, 이유는 확실하지 않다.
다만 이러한 변화는 있어도 근기와 불법의 대응관계는 근본적으로
일치한다고 하는 점은 유념해둘 필요가 있을 것이다.

　(3) 又於最大惡世界惡時一切空見有見衆生內, 學一切第三階佛法,
眞善刹利輔相大臣眞善沙門眞善婆羅門眞善居士亦名灌頂刹利王亦
名行法行王等, 卽是此第三子段上第一第二兩子段一切第一第二兩階
佛法一乘三乘根機衆生攝,　非是一切第三階佛法空見有見衆生攝.[24]
(卷三)

　(1)과 (2)가 권2에 있어서의 용례였던 것에 대해서 (3)은 권3에
있어서의 용례이다. 이 용례에 있어서 근기와 불법의 대응관계도,
이제까지 보아온 대응관계와 일치되어 있는 것을 알 수 있다. 또 (1)이나
(3)에 있어서는 불법을 규정하는 요인으로 세계(處), 시時, 중생이라고
하는 3가지 요소의 호오好惡가 영향을 주고 있는 점도 주목된다.

　(4) 又一切三階佛法, 唯除第一階第二階第三階九字是人語已外, 余

---

24 P2059,『敦煌法藏』113. 314下.

者悉是經文. 與一切章疏問答, 由安人語故, 始得廣說, 一種相似.[25] (卷二)

(4)의 용례는 삼계교 문헌에 있어서의 "계"라는 말의 자리매김을 나타낸 것으로 중요하다. 즉 "제1계", "제2계", "제3계"라고 하는 9글자는 인어人語 즉 인간의 말이고, 부처님이 설하신 경문에는 없는 것을 인정하고 있다는 것이다. 9글자는 삼계교의 사상적 짜임새에 있어서 불가결의 말이지만, 그 9글자를 인간의 말이라고 삼계교 자신이 인식하고 있는 것은 주목할 점이다.

3) 『대근기행법』에 있어서 "계"의 용법

『대근기행법對根起行法』은 현존하는 신행의 저작 중에서 가장 만년에 저술된 것으로 추정되는 문헌이다. 삼계교에 있어서의 "계"의 용법을 검토하는 데 빼놓을 수 없는 문헌이다. 주된 용례를 들어가면서 고찰해 보기로 하겠다.[26]

(1) 第一大段, 橫說爲三階者, 一一乘根機凡夫菩薩常無六種偏病, 故竪說爲一階. 二三乘及空見有見衆生等, 常有六種偏病, 竪說爲一階. 以邪正不同故, 復分爲兩階. 一三乘, 二空見有見衆生. 於上三階內, 明對根起行法者, 於內有五段. (中略) 第一段, 明三階出世道不同所由義者, 於內有三段. 一者第一階, 於內有七段. 一者歸一切佛盡, 二者歸一切法盡, 三者歸一.切僧盡, 四者度一切衆生盡, 五者斷一切

---

25 S2684, 『敦煌寶藏』22. 230上.

26 "육계六階"와 "구계九階" 등의 용례는 "삼계三階"의 짜임새와는 관계가 없는 것이므로 생략한다.

惡盡, 六者修一切善盡, 七者求一切善知識盡. (中略) 第二段, 明三乘
根機對根起行出世道者, 於內有七段. (中略) 第三段, 明第三階空見有
見顚倒邪見成就九種人對根起行出世道者, 於內有七段.[27]

(2) 第二段, 明三階出世處所不同所由義者, 於內有三段. 一者第一
階一乘根機凡夫菩薩等入道處, 莫問聚落山林靜亂俱得道. 何以故. 由
從無始已來學普行故. 二者第二階三乘根機衆生入道處者, 唯在靜處,
不得在聚落. 何以故. 由從入佛法以來, 常學禪定根機唯有靜處能長道
故. 三者明第三階空見有見衆生出世處者, 唯得在聚落, 不合在山林閑
靜. 何以故. 由從無始已來, 與如來藏佛佛性佛形像佛最有緣故. 唯得
在聚落, 不得在山林修道.[28]

(1), (2)는『대근기행법』의 전반부분에 있어서의 삼계의 각각의
근기에 대해서 "대근기행(對根起行: 근기에 대응하여 출세간出世間에 다
다르기 위한 행을 일으킨다)"법을 설명한 부분의 일부이다. (1), (2)에
의거해서 계와 근기의 관계를 중심으로 정리하면 다음과 같이 된다.

第一階	一乘根機凡夫菩薩	無六種偏病	正見
第二階	三乘根機有	六種偏病	正見
第三階	空見有見衆生	有六種偏病	邪見

(1)의 설명으로부터 분계分階는 근기의 상위相違에 의해서 생기고
있는 것이 분명하다. (1), (2)에 있어서 근기를 이끌어 낼 때 사용된
"第□階…根機"라고 하는 표현은『대근기행법』의 전반부분에 있어서
의 일반적인 용법이다. 이것을 일본『삼계』, 돈황『삼계』에 있어서

---

27 S2446,『敦煌寶藏』19. 509上~511下.

28 同. 519上.

근기를 이끌어 낼 때의 일반적인 용례와 비교해 보겠다.

   日本『三階』   第□階佛法內… 根機(例外, 第□階根機)

   敦煌『三階』   第□階佛法… 根機

   『對根起行法』   第□階… 根機

이것에 의하면 일본『삼계』와 돈황『삼계』에 있어서의 분계分階는 불법을 규준으로 해서 행해지고 있는 것에 대해서,『대근기행법』에서는 근기 그 자체를 규준으로 해서 분계가 행해지고 있는 것을 알 수 있다.『대근기행법』에 있어서 "第□階…根機"라는 표현이 "第□階佛法內…根機"를 생략한 것이 아닌 것은 (1)의 내용에서 분명하다. 이렇게 용법의 상위가 생긴 이유는 어디에서 발견할 수 있는 것인가. 생각건대 근본적으로는 저술할 때에 의식의 상위에서 유래하는 것은 아닐까. 일본『삼계』와 돈황『삼계』에서는 각 계의 불법(넓은 의미에서의 佛法) 중에 근기도 시절도 처소도 수행의 방법(좁은 의미에서의 佛法)도 모두 포함되어 있고, 이것들을 종합한 가르침의 총체로서 "第□階佛法"이 상정되어 있는 것이다. 따라서 "第□階佛法"의 일부인 근기에 대해서 논술할 때에는 "第□階佛法內…根機"라고 하는 표현이 극히 자연스러운 쓰임이라고 생각된다. 일본『삼계』와 돈황『삼계』에 있어서도, 원래는 각 계의 불법을 분계시킨 가장 중요한 요인이 근기에 있다는 것은 확실하지만, 완성된 불법의 체계에 있어서는 각 근기도 각 계의 불법에 포함된다고 간주되었을 것이다. 그것에 대해서『대근기행법』의 주된 목표는 근기에 대응한 실천을 설명하는 것에 있었다. 출발점은 근기의 상위에 있는 것이고, 근기도 "第□階佛法"의 일부라고 하는 의식은 약했음에 틀림없다. 이러한 의식의 상위가 각 텍스트에 있어서

354

의 표현의 상위가 되어 나타나고 있는 것은 아닐까 생각된다.

(3) 但使一切經教內嘆學別法利益者, 唯是第一第二兩階一乘三乘
人是別根當位學法, 由稱根故, 淳益無損.[29]

(4) 第三段, 明淨土因果, 於內有三段. 一者第一階淨土因果, 二者第
二階淨土因果, 三者第三階淨土因果.[30]

(3)은 『대근기행법』의 권말 가까이에 있는 문답 중에서의 용례인데,
역시 "계"가 근기의 구별을 나타내는 경우에 사용되고 있다. (4)에서는
"계"가 근기의 구별을 나타내는지 어떤지가 명확하지 않지만, 내용상
정토의 인因을 닦아 과果를 얻는 주체는 각 계의 근기이므로, 역시
근기의 구별을 나타내고 있는 것은 아닐까 하는 생각이 든다.

(5) 第一段, 明所行法之次第者, 於內有八. 一者先學第三階佛法,
於內有三種. 一者普敬, 二者認惡, 三者空觀.[31]

(5)의 용례에서는 "제3계불법"이라는 말이 사용되고 있다. "계"라는
말이 불법의 구별을 표시하는 것으로서 쓰이고 있는 예이다. 그러나
이 경우 "제3계불법"이라는 말은 내용이 수행에 한정되어 있고, 일본
『삼계』와 돈황 『삼계』에 있어서 근기를 이끌어 낼 때 쓰였던 "第□階佛
法"이라는 말의 의미보다 좁은 의미로 사용되고 있는 것이다. 상술한
바와 같이, 근기에 대응해서 법을 설명한다고 하는 『대근기행법』의
저술목적이 용어가 지시하는 범위에도 반영하고 있다고 생각된다.

(6) 五者七種別惡顚倒. 一者三階, 名第三階. 二者三聚, 正定聚不定

---

29 同. 536上~下.

30 同. 529下.

31 同. 523下.

聚邪定聚. 三者法說, 爲諸菩薩說甚深大乘義, 爲諸聲聞說淺近之義, 爲一闡提說世間之義. 四者喩說, 一如定受不死, 二死活不定, 三定死, 醫藥所不能救. 五者無慚愧僧. 六者恒河第一人名常沒. 七者最多阿鼻地獄果.[32]

(6)은 제3계불법 중 인악認惡의 제5부분이다. 그중의 "제3계"라는 말은 삼취三聚 이하의 내용으로 판단하여 역시 제3계의 중생을 의미하고 있다고 추정된다. 이 부분은 제3계의 중생이 경문 중의 어떠한 중생과 동일한 것으로 받아들여지고 있는가를 알기 위해서 참조해야 할 부분이다.

(7) 第五段, 明一乘三乘普別不同者有二種. 一一乘, 二三乘. 第一段, 一乘衆生者, 從入佛法已來, 唯學第三階普佛法, 不學第一第二兩階別佛法. 恒以普攝別, 別而常普. 何以故. 由畏罪小胆畏錯謬故, 於僧衆生斷惡修善, 求善知識, 具足行學盡. 第二段, 三乘衆生者, 從入佛法已來, 唯學第一第二兩階別佛法. 恒以別攝普, 普而常別. 何以故. 由大胆不畏罪不畏錯謬故, 於七法內, 唯偏行一行兩行, 卽得出世, 未能具足行盡.[33]

(7)은 (1)의 부분에 선행하는 부분이고, 제1대단의 최후의 부분이라고 추정된다. S2446은 이 부분으로부터 시작되고 있고, 게다가 선행하는 부분에 대해서는 S5841에 의해서 제2단의 후반부터 제4단까지의 내용을 알 수가 있다. 제1대단은 보편와 별별의 부동不同을 일승중생一乘衆生과 삼승중생三乘衆生에 관해서 밝히려고 한 것이라고 추정되지

---

32 同. 525上~下.

33 同. 509上. 빠져 있는 부분은 S5841, 『敦煌寶藏』44. 503下에 의해서 보완하였다.

만, 제1대단의 첫머리에 어떠한 조건이 부여되어 있는가는 알 수 없는 것이다. 따라서 정확한 의미를 이해하는 것은 곤란하지만, 어쨌든 이 제5단에 있어서는 "제3계보불법第三階普佛法"은 일승중생이 배우고, "제1제2양계별불법第一第二兩階別佛法"은 삼승중생이 배운다고 서술되어 있고, 이 대응관계만을 보면 (1)의 대응관계와 완전히 반대라고 할 수 있다.

(7) 제1대단 제5단의 용법　　(1) 제2대단의 용법

一乘衆生 第三階普佛法　　　第一階　一乘根機　第一階佛法

三乘衆生 第一第二兩階別佛法　第二階　三乘根機　第二階佛法

　　　　　　　　　　　　　　第三階 空見有見衆生 第三階佛法

　　양자의 모순을 최종적으로 해소하는 데에는 제1대단 첫머리 부분의 발견에 의하지 않으면 안 되지만, 현 단계에서의 필자의 추측으로서는 제1대단은 모두 제3계에 관해서 설한 내용이고, 제3계의 공견유견의 중생이 불법佛法을 배우는 것에 의해서 정견으로 전환해서 일승중생 혹은 삼승중생으로 되어 불법을 배울 때에 어떠한 불법을 배울까 하는 것이 설해져 있는 것은 아닐까 하는 생각이 든다. 일승의 중생과 삼승의 중생이 거론되고 있을 뿐이고, 공견유견의 중생에 대해서는 언급되어 있지 않은 것이 문제를 해결하는 단서가 된다고 생각한다. 한편 제2대단에서는 불법에 들어오기 이전의 각 계의 근기에 대해서 각 계의 불법이 설해져 있는 것은 아닐까 하는 생각이 든다. 유감이지만 이 문제에 관해서는 현시점에서는 명확한 결론을 낼 수가 없다. 금후 더욱 깊이 검토할 필요가 있겠다.

2. 3단계의 짜임새의 사상적 권위

제1항에서 3개의 삼계교 문헌에 있어서의 "계"라는 말의 용법을 검토한 결과, 이 세 문헌이 공통으로 하고 있는 사상적 짜임새로서 부각된 것은 제1계, 제2계, 제3계라는 3단계三段階의 짜임새이다. 이 3단계의 짜임새는 구체적으로는 일승의 근기(第一階衆生)와 제1계불법, 삼승의 근기(第二階衆生)와 제2계불법, 공견유견의 중생(第三階衆生)과 제3계 불법이라는 3단계의 대응관계로 구성되어 있다고 할 수 있다. 대체 이러한 짜임새는 개조 신행이 완전히 독창적으로 만들어낸 것일까, 아니면 무언가의 경문 중에서 이러한 짜임새를 찾아낼 수 있었을까? 또한 다음과 같은 의문도 일어난다. 예를 들면 일본 『삼계』는 대부분이 경문에서 인용하여 구성되었다고 말해도 좋은데, 경전의 인용횟수는 대략 750군데에 달한다. 이들 경문의 하나하나가 "제1계", "제2계", "제3계"라는 특정한 계의 교증敎證으로 된 것이지만 어느 경문이 어느 특정한 계의 교증으로 될 필연성이 있는 것인가?

흥미롭게도 이런 종류의 문제의식은 삼계교가 매우 번성했던 당대唐 代 초두에 이미 정토교의 회감懷感에 의해서 삼계교 비판의 일환으로서 제기되었던 것이다. 『석정토군의론釋淨土群疑論』권3에는 『십륜경十輪 經』의 "십악윤죄十惡輪罪를 짓는 것은 일체 제불諸佛의 구원을 받을 수 없는 점이다."라는 경문에 대한 삼계교측의 해석, 즉 제불諸佛에 의해서 구원 받을 수 없는 자는 제3계의 공견유견의 중생이라는 해석을 비판해서,

358

禪師以何道理, 言此十惡輪罪, 二救三不救, 二生三不生. 經文無
簡, 旣許俱爲, 何意言救偏 言第二. 此乃人解佛語, 非大聖敎. 添意
釋經, 不當聖旨.[34]

(신행)선사는 어떠한 도리에 근거해서 이 십악윤죄十惡輪罪에
관해서 제2계중생들은 구제될 수 있고, 제3계중생들은 구제될
수 없으며, 제2계중생들은 (정토에) 태어나고, 제3계중생들은
태어나지 않는다고 말하는가. 경문에서는 (제2계중생들과 제3계
중생들을) 구별하지 않고, 함께 (십악윤죄를) 짓는 것을 인정하고
있다. 무슨 이유로 구한다고 하는 경우는 일방적으로 제2계중생들
만을 말하는 것인가. 이것은 사람이 부처님 말씀을 해석한 것에
지나지 않고, 대성大聖의 가르침은 아니다. 자기의 뜻을 덧붙여서
경문을 해석했을 뿐으로, 대성의 취지에는 맞지 않는다.

라고 논술하고 있다. 『십륜경』에는 제2계나 제3계 등의 말은 없는데도
불구하고, 일방적으로 제3계인은 정토에 태어나지 않는다고 교증하고
있는 점을 비판하고 있는 것이다. 경문에 "제1계", "제2계", "제3계"라는
말은 보이지 않는데도, 삼계교의 해석에 의하면 어떤 경문은 제2계의
것을 논술한 경문이 되고, 다른 경문은 제3계의 것을 논술한 경문이
되는 것이다. 삼계교의 경문해석은 사람이 부처님 말씀을 자의적으로
해석한 것이라고 한 회감의 비판은 경문인용의 필연성의 문제를 예리하
게 제기하고 있다고 할 수 있다.

---

34 大正 47. 49中.

본 항에서는 삼계교가 3단계의 짜임새의 사상적 권위로 한 교증이 존재하는가, 존재한다면 그 교증은 성립된 삼계교사상과 어느 정도 내용적으로 일치하고 있는 것인가 등의 점에 대해서 고찰해 보기로 한다.

1) 삼계교 문헌에 있어서의 경문經文과 인간의 말(人語)

그러면 우선 삼계교가 경문에 설해진 부처님의 말씀과 경문을 해석한 인간의 말, 즉 인어의 문제를 어떻게 포착하고 있는가를 검토해 보겠다. 일본『삼계』권4에는 다음과 같이 서술되어 있다.

> 又明, 此一卷人集錄經文內, 唯除減五十字是人語已外, 余者皆悉 普是經文. 或有人語引經說者, 或有唯是經文說者.[35]
> 또 밝힌다. 이 1권의『인집록人集錄』의 경문 중에서 단지 50자字 미만이 인어人語인 이외에 나머지는 전부 경문이다. 인어에 의해 경문을 인용해 설한 경우도 있고, 완전히 경문만으로 설한 경우도 있다.

이것에 의하면, 삼계교 문헌 자체가 경문과 인어를 명확히 구별하려 하고 있고, 게다가 대부분이 경문인 것을 강조하려고 하고 있는 것을 알 수 있다.

더욱이 돈황『삼계』권2에는 다음과 같이 서술되어 있다.

---

35 矢吹『研究』別篇 415쪽.

又一切三階佛法, 唯除第一階第二階第三階九字是人語已外, 余
者悉是經文. 與一切章疏問答, 由安人語故, 始得廣說, 一種相
似.[36]

또 모든 삼계불법은 다만 "제1계", "제2계", "제3계"의 9글자가
인어인 이외는, 나머지는 모두 경문이다. 모든 장소문답章疏問答
이 인어를 사용함에 의해서 비로소 널리 설할 수가 있는 것과
마찬가지다.

이것에 의하면, 삼계불법을 설한 위에 기본적인 짜임새인 9글자가
인어란 것을 삼계교 자신이 자각하고 있는 것을 알 수 있다. 이 점은
극히 중요하다. 주관적으로는 신행에 있어 이 9글자는 경문 위에 위치하
는 것이 아니고, 어디까지나 인어에 지나지 않는 것이다. 자기의 사상을
형성해 가는 과정에서 여러 가지의 경문의 내용을 정리하고, 재구성하
기 위해서 새로운 개념장치를 도입할 필요성에 맞닥뜨린 결과, 인어라
고 자각하면서 이 9글자를 사용했던 것이다. 그러나 객관적으로 보면,
새로운 개념 장치가 인어였다는 것은 삼계교에 있어서 행幸과 불행不幸
의 양방을 초래한 것이 되었다. 행幸이라면 삼계교사상이 독자적 사상
으로서 강한 인상을 가질 수 있게 되었다는 것이다. 신행의 사후,
제자들은 신행이 삼계교라고 하는 석가불설釋迦不說의 교敎를 설했다
고 하면서, 신행 숭배를 공고히 해간 것이다. 불행이라면 이 9글자의
인어가 경문의 상위 개념에 해당한다고 비판받고 이단시되게 된 점이

다. 비판자의 입장에서는 "어느 경문이 특정한 계階의 교증敎證일 필연성"은 "없다"라고 하는 것으로 용이하게 매듭지은 것이다. 그러나 이 결론은 삼계교 비판자의 논리를 해명할 뿐이었고, 삼계교사상 자체의 성립을 해명하는 것에는 연결되지 못하였다.

2) 3단계의 근기의 짜임새와 『열반경』

이미 말했던 바와 같이, "계"라는 말은 남북조시대의 불교문헌 속에서도 널리 사용되어졌던 말이다. 그 말에 독특한 의미가 부여되어 그것을 기초로 새로운 불교 사상이 형성되어갔던 사실은 주목할 필요가 있다. 그리고 그때에 문제로 해야 하는 것은 '필연성'의 유무가 아니다. 삼계교가 "계"라고 하는 말에 어떠한 의미를 부여했는가, 어떤 경문이 특정한 "계"의 교증일 필연성을 어디서 찾았는가, 어느 수준에 설정했는가 하는 것이다. 그러므로 검토하고 싶은 것은, 3단계의 짜임새는 완전히 신행의 독창적인 것인가 아니면 경전 내에서, 동시에 가급적 권위가 높은 경전 내에서, 될 수 있으면 한 군데서 3단계의 짜임새가 될 수 있는 경문이 발견되는가 하는 점이다. 가령, 제1계의 교증을 어느 경전에서, 제2계의 교증을 다른 경전에서, 제3계의 교증을 또 다른 경전에서 구한 것이라면, 삼계의 짜임새가 인위적으로 설정되어 거기에 근거를 두고 형편이 좋은 교증을 인용했다고 하는 비판을 면할 수가 없다. 그런데 어느 권위가 높은 경전의 어느 부분에서 3단계의 짜임새가 발견된다면, 비록 "제1계", "제2계", "제3계"라고 하는 9글자는 인어라고 해도 경문의 권위에 힘입고 있다고 할 것이다.

『대근기행법』에서는 돈황 『삼계』의 구성을 해설한 부분에 다음과

362

같이 서술되어 있다.

又明, 就三階四卷內, 揔有二義. 一者五名, 二者三字. 第一五名
者, 復有二種. 一者經說, 有二. 二者義說, 有三. 經說有二者,
一一乘三乘空見有見衆生, 二菩薩聲聞緣覺一闡提. 義說有三者,
一三根, 就根機行位說, 二普眞普正別眞別正, 就體性解說, 三就
處說三根. 第二三字者, 第一卷根機, 第二卷邪正, 第三卷輕重深
淺.[37]

또 밝힌다. 『삼계(불법)』4권 중에 대체로 2가지 내용이 있다.
첫 번째는 5명五名, 두 번째는 3자三字이다. 첫 번째 5명이란 것에는
또 2종류가 있다. 하나는 경설로서 둘이 있고, 다른 하나는 의설로
서 셋이 있다. 경설에 둘이 있다는 것은, 하나는 일승一乘과 삼승三
乘과 공견空見 유견有見 중생衆生이고, 둘은 보살菩薩과 성문聲
聞·연각緣覺과 일천제一闡提이다. 의설義說에 셋이 있다고 한 것
중 하나는 3개의 근기이고, 근기의 행위行位에 대해서 해설한다.
둘은 보진보정普眞普正과 별진별정別眞別正, 체성體性에 대해서
해설한다. 셋은 처處에 대해서 3개의 근기를 해설한다. 두 번째
3자라는 것은 제1권은 근기根機, 제2권은 사정邪正, 제3권은 경중
심천輕重深淺이다.

이에 따르면 일승과 삼승과 공견유견, 혹은 보살과 성문 연각과

---

37 『敦煌寶藏』19. 520上.

일천제라고 하는 근기의 분별이 경설에 의하여 된 것임을 알 수가 있다.

또 일본 『삼계』권1의 첫머리는 다음과 같이 시작하고 있다.

人集錄明, 一切第三階佛法內, 唯除一切最大純根衆生兩種癡羊僧已外, 一切利根衆生皆悉普是一切利根空[38]見有見衆生. 何以故. 明如大般涅槃經說, 文當世間之義, 爲一切第三階佛法內一切利根空見有見[39]斷一切善根皆悉普盡一闡提衆生說. 以此文驗, 所以得知.[40]

『인집록』에 밝힌 것은 모든 제3계불법 중에서 다만 일체 최대 둔근의 중생인 두 종류의 아양승癡羊僧 이외에는 일체의 이근利根의 중생은 모두 이근利根 공견空見 유견有見 중생이라고 하는 것이다. 왜 그런가? 분명히『대반열반경大般涅槃經』에 설한 바와 같다. 경문에는 "세간의 의義를 일체의 제3계불법 내의 일체의 이근 공견유견의 일체의 선근善根이 끊어진 모든 일천제를 위해서 설한다."고 기술되어 있다. 이 경문을 잘 조사해 보면 알 수 있다.

이 첫머리의 문장에는 일본 『삼계』전체의 요지가 간결하게 표현되어

---

38 법륭사본 『三階佛法』권1에서는 "공空"의 글자가 빠졌는데, 지금 글의 뜻에 따라서 보완하였다. 矢吹의 교정도 같다.

39 법륭사본 『三階佛法』권1에는 유견의 글자가 빠졌는데 지금 글의 뜻에 따라서 보완하였다. 矢吹의 교정도 같다.

40 矢吹 『研究』別篇 257쪽.

364

있다. 이 부분에 의하면 적어도 짜임새의 하나인 공견유견, 혹은 일천제
와 그것에 대한 가르침에 관해서는 『열반경』을 교증으로 하고 있는
것을 알 수 있다. 게다가 이것은 첫머리의 일문이기 때문에, 이 『열반
경』의 교증이 지극히 중요시되어 있다는 것도 추측할 수 있다.

더욱이 일본 『삼계』권4에는 다음과 같이 기술되어 있다.

大般涅槃經通上及下, 說明一切三階佛法, 文義最大具足. 第三十
三卷過半已後, 就六種喩廣說. (已上人語引經說, 已下唯是經文
說) 如十二部經修多羅中微細之義, 我先已爲諸菩薩說. 淺近之
義, 爲聲聞說. 世間之義, 爲一闡提五逆罪說. 現在世中雖無利益,
以憐愍故, 爲生後世諸種子.[41]

『대반열반경』은 처음부터 끝까지 일체의 삼계불법을 해설하고
있는 점에서 경문도 의미 내용도 가장 잘 구비되어 있다. 제33권의
후반에는 6종의 비유에 대해서 상세하게 설명되어 있다. (이상은
인어에 의해서 경을 인용해 설명하였다. 이하는 다만 경문만으로
설명하겠다.) 12부경수다라十二部經修多羅 중의 미세한 내용을,
나는 우선 처음에 보살을 위해 설하고, 얕은 내용을 성문을 위해서
설하고, 세간적인 내용을 일천제와 오역죄인을 위해 설한다. 현재
세에서 이익이 없어도 연민의 마음에 의해서 후세에서 선의 종자를
일으키게 하기 위해서이다.

---

41 同. 402~403쪽.

이것에 의하면, 삼계불법을 밝힌다고 하는 점에서도 글(文)도 뜻(義)도 최대로 구족하고 있는 경전은 『열반경』이라는 인식이 엿보인다. 『열반경』은 인용횟수도 『대근기행법』에서는 최다이고, 일본 『삼계』에서는 『십륜경』에 이어서 2번째인데,[42] 여기서 말하는 바와 같이 삼계불법의 성립에 지대한 역할을 하였음을 알 수 있다. 그래서 특히 권33의 6종의 비유의 부분이 거론되고 있는 것이다.

권33의 6종의 비유란, 선성비구善星比丘에 관한 이야기 중에서 설해진 비유이다. 선성비구는 석가가 태자였던 시절에 아이였고, 출가해서 12부경을 늘 독송하고, 사선四禪을 획득했지만, 1게偈 1구句 1자字의 뜻도 이해하지 못했고, 나쁜 친구를 가까이 하여 사선四禪에서 퇴실한 비구였다. 석가는 이 선성비구는 일천제이고, 지옥겁주地獄劫住의 불가치인不可治人이라고 쓰고, 그 이유를 6종의 비유를 들어 설하고 있는 것이다. 그 첫 번째 비유에 관한 부분은 다음과 같다.

譬如父母唯有三子, 其一子者有信順心, 恭敬父母, 利根智慧, 於世間事能速了知. 其第二子不敬父母, 無信順心, 利根智慧, 於世間事能速了知. 其第三子不敬父母, 無信順心, 鈍根無智. 父母若欲教告之時, 應先教誰, 先親愛誰, 當先教誰知世間事. 迦葉菩薩白佛言, 世尊, 應先教授有信順心恭敬父母利根智慧知世事者, 其次第二, 乃及第三. 而彼二子雖無信心恭敬之心, 爲愍念故, 次復教之. 善男子, 如來亦爾. 其三子者, 初喻菩薩, 中喻聲聞, 後喻一

---

42 矢吹 『研究』 595쪽에 의하면 『十輪經』의 인용이 120회, 『열반경』이 87회라고 되어 있다.

闡提. 如十二部經修多羅中微細之義, 我先已爲諸菩薩說. 淺近之
義爲聲聞說. 世間之義, 爲一闡提五逆罪說. 現在世中雖無利益,
一憐愍故, 爲生後世諸善種子.[43]

"예를 들어 어떤 부모에게 세 아들이 있다고 하자. 첫째 아들은
신순信順의 마음이 있고, 부모를 공경하고, 이근利根으로 지혜가
있으며, 세간의 일을 빠르게 인식할 수 있다. 둘째 아들은 부모를
공경하지 않고, 신순의 마음도 없지만, 이근으로 지혜가 있고,
세간의 일을 빠르게 인식할 수 있다. 셋째 아들은 부모를 공경하지
않고, 신순의 마음도 없으며, 둔근鈍根으로 지혜도 없다. 부모가
가르침을 알려 주려고 할 때 우선 누구에게 가르치고, 우선 누구를
친애하고, 우선 누구에게 세간사를 가르쳐야 할 것인가?" 가섭보
살迦葉菩薩은 부처에게 아뢰었다. "세존世尊이시여, 우선 먼저 신
순의 마음이 있고, 부모를 공경하고, 이근으로 지혜가 있고, 세간
사를 아는 자에게 가르쳐야 하겠지요. 다음에 제2, 제3(의 아들에게
가르쳐야 하겠지요) 그 두 아들은 신심이나 공경의 마음은 없지만,
연민의 마음에 의해서 그 다음에 가르치는 것입니다." "선남자여,
여래도 또한 마찬가지이다. 그 3명의 아들 중에서 첫째를 보살에
비유하고, 중간은 성문에 비유했으며, 막내를 일천제에 비유한
것이다. 12부경수다라 중에 미세한 내용을 나는 우선 처음으로
보살을 위하여 설하고, 얕은 내용을 성문을 위해서 설하고, 세간적
인 내용을 일천제와 오역죄인을 위해서 설한다. 현재세現在世의

---

43 大正 12. 560中~下.

이익이 없어도 연민의 마음에 의해서, 후세에서 선善의 종자를 일으키도록 하기 위해서이다."

이에 의하면 3명의 자식이 있고, 부모가 가르침을 설하는 순서를 됨됨이가 좋은 자식부터 순서대로 하여 각각 보살, 성문, 일천제에게 대응하고 있다. 그리고 12부경수다라 중의 미세한 뜻을 보살에게, 얕은 뜻을 성문에게, 세간의 뜻을 일천제에게 설한다고 하였다. 이 최후의 부분이 조금 전의 일본『삼계』권4에 인용되어 있는 것이다. 여기서는 직접적으로 제1계, 제2계, 제3계라는 말은 없지만, 삼계교가 제1계의 근기, 제2계의 근기, 제3계의 근기라고 규정한 보살菩薩·성문 聲聞·일천제一闡提라고 하는 3종류의 근기가 거론되어 있다. 결론적으로 말하면, 삼계교는『열반경』의 이 부분을 삼계의 근기의 짜임새의 권위로서 가장 중시하고, 즐겨 인용한 것이다.

부언하면『열반경』의 이 부분에 대한 다른 불교인의 관심은 반드시 높다고 할 수는 없다.『열반경집해涅槃經集解』나 혜원慧遠의『열반경의 기涅槃經義記』등 현존하는『열반경』의 주석서에 있어서는 이 부분의 주석은 중시되어 있지 않다.[44] 또 남북조시대에서 수·당대에 이르는 불교학자의 현존하는 저서에 있어서도, 이 부분의 3종의 근기와 그것에 대한 가르침의 대응관계를 중시한 것은 내 좁은 소견으로는 발견할 수 없다. 그러므로 삼계교의 이 부분에 대한 착안은 가히 독자적인 것이라고 할 수 있다.

---

44 『涅槃經集解』권63, 大正 37. 572下.『涅槃經義記』권9, 大正 37. 858上.

3) 제3계불법은 세간世間의 법인가 출세간出世間의 법인가

삼계교가 『열반경』권33의 6종의 비유의 제1 부분을 교증으로 중시하고
있는 것이 확인되었다. 그러면 삼계교는 그 교증에서 어떠한 진실을
찾아낸 것일까. 또 거기서 설해진 근기와 가르침의 대응관계는 삼계교
가 의도한 짜임새와 완전히 일치해 있었던 것일까. 그래서 그 부분의
근기와 설해진 가르침의 대응관계를 한 번 정리해 보려고 한다.

	근기根機	불법佛法
제1계	보살(菩薩: 一乘)	미세한 뜻(第一階佛法)
제2계	성문(聲聞: 三乘)	얕은 뜻(第二階佛法)
제3계	일천제(一闡提: 空見有見)	세간의 뜻(?)

근기에 있어서는 『열반경』의 보살, 성문, 일천제와 삼계교의 제1계
근기, 제2계근기, 제3계근기가 완전히 일치한다. 또 제1계근기에는
미세한 뜻, 제2계근기에는 얕은 뜻이 설해져 있는 점도 삼계교의 교의와
일치한다. 미세한 뜻은 심심대승甚深大乘의 뜻이라고 바꿔 말한 곳도
있고, 제1계불법에 해당한다고 할 수 있을 것이고, 얕은 뜻은 삼승三乘
의 교법敎法, 그중에서도 소승小乘의 교법을 상정하고 있다고 생각되
며, 제2계불법에 해당한다고 할 수 있겠다. 이 2단계의 불법은 모두
출세간出世間의 법이라고 여겨진다. 문제는 제3계의 근기와 세간의
뜻의 대응관계이다. 세간의 뜻이 그대로 제3계불법과 대응하는 것이라
면, 『열반경』의 이 부분은 삼계교사상의 짜임새 전체를 포괄할 수
있는 교증이라고 할 수 있을 것이다. 그러나 『대근기행법』 전반에서는

제3계의 근기에 대해서도 출세간에 이르는 도가 설해져 있는 것이다. 과연 『열반경』의 교증의 진실성은 삼계교에 있어서는 일부 상실된 것일까. 만약 그렇다면 왜 삼계교 문헌에 있어서 이 교증이 그토록 중시되고 있는 것인가?

우선은 이 문제에 대한 삼계교도의 견해를 살펴보자. 『삼계불법밀기』는 돈황 『삼계』의 주석서이고, 개조 신행이 594년에 입적하고서 적어도 60년을 경과한 뒤에 저술된 것이지만, 그중에서 경문에서 삼계불법을 초출抄出했다고 하는 것에 관해서 다음과 같은 문답이 실려 있다.

問. 抄出三階佛法, 爲經中有故抄出. 爲無故抄出. 若爾何失. 若經已有, 何須抄出, 若經中無, 何得抄出.

答. 有同而異. 同故得抄出, 異故須抄出. 異有三義, 一者所爲人不同, 二者所說法不同, 三者爲人說法廣略兼正不同. 佛, 爲第一第二階上根人說出世義, 微細淺近眞身應身一乘三乘大乘小乘普別俱說. 爲第三階位上邪見成就不可轉人, 說世間義, 不爲說眞實法出世義. 今正爲第三階位前人說出世義, 兼爲第一第二階下根人同說普眞普正佛法. 又廣略不同. 佛廣說第一第二階, 略說第三階. 今廣說第三階, 略說第一第二階故, 須別爲第三階人抄略, 爲廣說普眞普正出世義. 依諸甚深大乘經者, 謂大般涅槃經大方廣佛華嚴經. 此明所依甚深大乘大部廣教究竟了義, 顯非己見人語妄說. 此兩部經俱具足明三階佛法, 涅槃經中對三階根說三階法, 華嚴經中對第一階人說三階法.[45]

묻는다. 삼계불법을 초출하는 것은 경 가운데 있으니까 초출하는 것인가, 없으므로 초출하는 것인가. 만일 그렇다면 어떠한 실책이 있는가. 만일 경에 이미 있는 것이라면 어째서 초출해야만 하는가? 만일 경에 없다면 어떻게 초출할 수 있는 것인가?

답한다. "같기도 하고 다르기도 하다. 같기 때문에 초출할 수 있다. 다르기 때문에 초출해야 한다. 다름에는 삼의三義가 있다. 첫째는 대상이 되는 사람이 부동不同이다. 둘째는 설해진 법이 부동이다. 셋째는 사람을 위해서 법을 설한 때의 광략廣略, 겸정兼正이 부동이다." 부처님은 제1계, 제2계의 상근인上根人을 위해서 출세의 뜻을 설하였다. 미세와 천근淺近, 진신眞身과 응신應身, 일승一乘과 삼승三乘, 대승大乘과 소승小乘, 보普와 별別을 함께 설하였다. 제3계위第三階位의 사견성취邪見成就의 불가전인不可轉人을 위해서 세간의 뜻을 설하고, 진실의 법인 출세出世의 뜻을 설하지 않았다. 지금은 바로 제3계위의 그러한 사람을 위해 출세의 뜻을 설한다. 겸하여 제1계, 제2계의 하근인下根人을 위해서 같이 보진보정불법普眞普正佛法을 설한다. 또 광략廣略이 부동이다. 부처님은 폭넓게 제1계·제2계를 설하고, 간략하게 제3계를 설하였다. 지금은 폭넓게 제3계를 설하고, 간략하게 제1계·제2계를 설한다. 그러므로 별도로 제3계중생을 위해서 초략抄略하고, 보진보정출세普眞普正出世의 뜻을 설하지 않으면 안 되는 것이다. 모든 심심대승甚深大乘의 경經에 따르는 것은 『대반열반경大般涅槃經』,

---

45 『三階佛法密記』권상, P2412, 『敦煌寶藏』120. 267下~268上.

『대방광불화엄경大方廣佛華嚴經』의 경우이다. 이들은 의거하는 바(所依)의 심심대승甚深大乘, 대부광교大部廣敎에 있어서의 구경요의究竟了義를 밝히고, 기견己見·인어人語·망설妄說이 아닌 것을 알린다. 이 양 부의 경經은 함께 구족하여 삼계의 불법을 밝힌다. 『열반경』에서는 삼계의 근根에 대해서 삼계의 법을 설하고, 『화엄경』에서는 제1계중생에 대해서 삼계의 법을 설한다.

이 문답에 있어서는 부처님은 제3계중생에게 세간의 뜻을 설했지만, 이제 신행에 의해서 제3계중생에 대해서도 출세의 뜻이 설해졌다라고 해석하고 있다. 신행의 입적 후, 신행은 일승의 보살로서 숭배되었다. 그 시기의 주석서에 있어서의 견해이며, 신행에 대한 숭배가 고조된 중에서 이러한 해석이 이루어진 것이다. 사실 『열반경』의 교증에는 일천제를 위해서 세간의 뜻을 설한다고 진술되어 있을 뿐이기 때문에, 이러한 해석이 근거 없는 것이라고 결코 말할 수 없다.

그러나 이 해석에 있어서는 『열반경』의 교증으로서의 진실성의 문제에는 충분한 관심이 기울어져 있지 않은 것으로 생각된다. 즉 신행의 사상형성 과정의 어느 시점에서 『열반경』의 교증이 진실로서 받아들여졌는가 하는 점에 대한 관심이 기울어져 있지 않은 것이다. 일천제에 대해서 세간의 법밖에 설해지지 않았다고 하는 『열반경』의 교증은, 삼계교의 사상체계가 확립된 후에 읽으면 진실성의 일부가 소실되어 있는 것 이외에는 보이지 않고, 그것을 완성한 것이 신행이라고 하는 해석밖에 할 수 없는 것이다. 그러나 신행이 사상을 형성해가는 과정에 있어서는 『열반경』의 교증은 전면적으로 진실이고, 일천제에 대해서는 세간의 법밖에 설해져 있지 않다고 하는 점이야말로 그 진실의 중심적 내용이었던 것은 아닐까 생각된다. 신행에 있어서 『열반경』의 교증에 대한 진실의 발견은 일천제란 부처님의 연민에 의해서조차도 세간의 뜻밖에 설할 수 없는 근기라고 하는 점이었다. 어쩌면 출세간의 가망이 완전히 끊어진 존재라고 하는 점이었다. 그리고 이 일천제란 바로 자기 자신에 다름 아닌 것을 『열반경』을 통해서 자각한 것이다. 그러나 일천제라고 자각하는 것은 출세의 가능성이 단절된 것을 자각하는 것이므로 이 수준에 머무는 한은 절망할 수밖에 없다. 또는 아비지옥에 떨어져 갈 것을 기다릴 수밖에 없는 것이 된다. 여기서는 종교적 구제는 있을 수 없는 것이다.

따라서 신행은 일천제에 대한 출세의 법을 모색하기 시작했던 것이다. 그러나 부처님이 자비에 의해서도 설할 수 없는 일천제에 대한 출세의 법을 발견하는 것은 당연히 쉽지 않았다. 출세의 법은 제1계의 일승의 근기를 위해서 일승의 법이, 제2계의 삼승의 근기를 위해서 삼승의 법이 존재할 뿐이다. 일승과 삼승 이외에 출세의 법은 존재하지 않는 것이다. 게다가 그 법을 받을 근기는 확정되어 있는 것이다. 원래 출세의 법이 설해질 수 없는 일천제를 위해서 출세의 법을 찾는다고 하는 것은 논리적으로는 성립할 수 없는 것이다. 일승과 삼승이라고 하는 예전부터 내려오는(舊來) 출세의 법의 짜임새를 부정하는 것은 법을 비방하는 것으로 이어진다. 이것을 부정하지 않고서 게다가 새로운 짜임새를 도입하려고 하고 있는 것이다.

이 새로운 짜임새는 보普와 별別이라고 하는 짜임새였다. 이것은 일승과 삼승이라는 종래의 짜임새와는 다르다. 일천제의 출세를 가능

하게 하는 짜임새인 것이다. 신행이 어떠한 사상적 경위를 더듬어서
보普와 별別에 다다를 수 있었을지는 남겨진 문헌을 읽어 보는 것으로는
명확히 드러나 있지 않다. 이것은 필자의 추측에 지나지 않지만 일천제
의 본질, 제3계중생의 본질을 주시해 봄으로써 도출할 수 있었던 것은
아닐까 하는 생각이 든다.

그래서 다음 항에서는 삼계교가 인식한 제3계중생은 구체적으로
어떠한 중생인가 하는 점을 중심으로 하고, 아울러 제1계와 제2계의
중생에 대해서도 검토를 가하고 더욱 삼계를 규정하고 있는 시時와
처處라고 하는 다른 요소에 대해서도 고찰해 보기로 하겠다.

3. 삼계를 규정하는 인人·시時·처處

제1항과 제2항의 고찰을 통해서 삼계교의 사상은 삼계의 근기에 대한
삼계의 출세의 가르침이라고 하는 짜임새를 축으로 해서 성립하고
있다는 것이 밝혀졌다. 그래서 제3항에서는 우선 삼계의 근기에 대해서
한층 더 깊게 검토를 가하려 한다. 특히 제3계의 중생은 무엇인가라는
문제를 밝히는 것은, 제3삼계중생의 출세의 법을 발견하기 위해서도
꼭 필요한 과제이다. 이어서 제1계와 제2계의 중생에 대해서 고찰한다.
삼계의 짜임새의 일부를 구성하고 있는 이상, 당연히 검토되어야 할
사항임과 동시에 제3계의 중생이란 무엇인가를 보다 깊게 이해하기
위해서도 제1계, 제2계의 중생에 대해서 아는 것은 의미가 있다. 그리고
최후로 광의의 삼계불법에 포함된 근기와 출세의 법 이외의 중요한
요소, 즉 시時와 처處에 대해서 검토한다.

1) 제3계의 중생

삼계교 문헌 중에서는 제1계의 일승의 근기, 제2계의 삼승의 근기를 밝히는 것에는 그다지 관심을 기울이지 않는다. 일승의 근기와 삼승의 근기는 제3계에 있어서는 기본적으로 무연無緣의 존재인 것이다. 한편, 제3계의 공견空見 유견有見의 중생이라는 것은 무엇인가 하는 문제는, 삼계교 사상의 출발점에 위치하는 중요한 문제이다. 이미 제2항에서 진술한 바와 같이, 일승의 근기도 아니고 삼승의 근기도 아닌 제3계의 중생이 필요로 하고 있던 것은 세간의 법이 아니고, 출세간의 법法이었다. 그런데 이 요구에는 2개의 해결해야 할 문제가 가로놓여 있다. 첫 번째는 제3계중생이라고 하는 것은 출세의 가능성이 끊어진 존재라고 하는 점이었다. 출세의 가능성이 단절된 존재가 출세를 구한다고 하는 모순이다. 두 번째는 출세의 법은 일승과 삼승 이외에는 존재하지 않는다고 하는 점인데, 양자는 일승의 근기와 삼승의 근기에 소위 독점되어 있다고 하는 점이었다. 이 2개의 문제를 해결하지 않는 한에는 제3계의 중생에 대한 구제의 길은 열리지 않는 것인데, 양자는 쉽게 해결할 수 있는 문제가 아니었다.

삼계교 문헌에서 가장 상세하게 설명되어져 있는 것은 제3계의 중생이란 무엇인가라고 하는 점이다. 출세의 법을 찾아내기 위해서는 출세의 법을 필요로 하고 있는 중생의 본질은 무엇인가, 출세를 방해하고 있는 장애는 무엇인가를 우선 알 필요가 있다. 장애를 밝히면 그것을 제거해 버리는 것이 곧 출세의 법이 될 것이다. 따라서 제3계중생이란 어떤 것인가를 밝히는 것은 신행에게 있어서는 필수적인 과제였던 것이다. 본 항에서는 제3계중생의 본질을 탐구하기 위해서 제3계중생

의 여러 가지 다른 호칭(異名)에 대해서 교증에 맞춰가면서 검토해
보겠다.

돈황『삼계』에서는, 제3계의 악중생惡衆生을 가리키는 말로서 항상
사용하고 있는 것은 "一切利根邪見成就常沒顚倒空見有見衆生" 또는
단지 "一切空見有見衆生"이라는 말이고, 일본『삼계』에서는, "一切利
根空見有見衆生"이라는 말이 일반적으로 사용되고 있었는데, 공견유
견 중생이라는 것은 구체적으로 어떠한 중생을 상정하고 있는 것일까?
일본『삼계』에는 공견유견 중생을 "一切空見有見衆生行壞體壞戒見俱
破顚倒九種人一切十七種等一切最大惡衆生"[46]이라고 바꿔 말하고 있
는 곳이 있다. 그중에 "행괴체괴계견구파行壞體壞戒見俱破", "전도顚倒",
"구종인九種人", "일체십칠종一切十七種", "일체최대악중생一切最大惡衆
生" 등의 말은 모두 공견유견 중생을 다르게 부르는 이름이다. 이들
이명 중에서 가장 다방면으로 공견유견 중생의 실태를 밝히고 있는
것은 "일체십칠종"이다. "십칠이명十七異名"이라고 불리는 경우도 있는
데, 경문에서 공견유견의 다른 호칭을 17종 추출한 것이다. 이 17종
중에는 공견유견 중생, 행괴체괴계견구파, 전도, 구종인 등도 포함되어
있다. 이 17종의 다른 호칭은 일본『삼계』뿐만 아니라 현존하는 모든
삼계문헌 중에서 가장 상세하게 제3계의 중생에 대해서 설명해 놓은
것이라고 할 수 있다. 따라서 이 17종의 중생을 잘 검토함으로써 삼계교
가 제3계의 중생을 어떻게 포착하고 있으며, 제3계중생이란 무엇인가
를 해명할 수 있을 것이라고 생각된다.

---

46 矢吹『研究』別篇 373쪽.

일본 『삼계』 권3에는 제3계불법 내의 일체의 이근 공견유견 중생의 위位를 판별한 부분이 있고 거기에는 다음과 같이 서술되어 있다.

一切第三階佛法內, 一切利根空見有見[47]衆生內, 位判, 常唯一種衆生, 莫問一切善惡持戒破戒[48]歸一切三寶度一切衆生斷一切惡修一切善解行等多少等,[49] 余名一空見有見衆生, 二九種人, 三九十六種道, 四世間根機, 五邪見成就, 六顚倒, 七阿鼻地獄, 八誹謗正法毀呰賢聖, 九煩惱牢固如金剛, 十行壞體壞三乘根機, 十一非是三乘器及涅槃善根, 十二是三世諸佛怨家速滅佛法, 十三一切世間天人中大賊, 十四一切世間怨家, 十五一切諸佛大賊, 十六一切佛一切經皆悉普不能救得, 十七擾亂一切諸佛.[50]

일체의 제3계불법 중에서 일체의 이근利根의 공견空見 유견有見의 중생의 위위를 판별하면, 늘 단지 1종의 중생만 있다. 일체의 선악善惡, 지계파계持戒破戒, 귀일체삼보歸一切三寶, 도일체중생度一切衆生, 단일체악斷一切惡, 수일체선修一切善의 이해와 실천의 다소 등은 문제가 되지 않는다. 다른 호칭으로는 ①空見有見衆生, ②九種人, ③九十六種道, ④世間根機, ⑤邪見成就, ⑥顚倒, ⑦阿鼻地獄, ⑧誹謗正法毀呰賢聖, ⑨煩惱牢固如金剛, ⑩行壞

---

47 사본에는 "견見"자가 빠졌지만, 본래는 있었던 "견見"의 글자가 필사될 때 결락된 것으로 보인다. 전후의 용례는 모두 "공견유견"이다.

48 사본은 "지파계계持破戒戒"인데 "지계파계持戒破戒"로 바꾼다.

49 사본은 "다등소多等少"인데 "다소등多少等"으로 바꾼다.

50 矢吹 『硏究』別篇 332쪽.

體壞三乘根機, ⑪非是三乘器及涅槃善根, ⑫是三世諸佛怨家速減佛法, ⑬一切世間天人中大賊, ⑭一切世間怨家, ⑮一切諸佛大賊, ⑯一切佛一切經皆悉普不能救得, ⑰擾亂一切諸佛이다.

이에 의하면 17종의 이명異名이란 무엇인가를 알 수 있다. 아래에 다시 열거해 보겠다.

(1) 공견유견중생空見有見衆生

(2) 구종인九種人

(3) 구십육종도九十六種道

(4) 세간근기世間根機

(5) 사견성취邪見成就

(6) 전도顚倒

(7) 아비지옥阿鼻地獄

(8) 비방정법훼자현성誹謗正法毀呰賢聖

(9) 번뇌뢰고여금강煩惱牢固如金剛

(10) 행괴체괴삼승근기行壞體壞三乘根機

(11) 비시삼승기급열반선근非是三乘器及涅槃善根

(12) 시삼세제불원가속멸불법是三世諸佛怨家速滅佛法

(13) 일체세간천인중대적一切世間天人中大賊

(14) 일체세간원가一切世間怨家

(15) 일체제불대적一切諸佛大賊

(16) 일체불일체경개실보불능구득一切佛一切經皆悉普不能救得

(17) 요란일체제불擾亂一切諸佛

이들 이명의 총체가 제3계의 중생이라는 것이 되는데, 명칭만으로는 구체적인 내용이 판단되지 않는 것도 많다. 더구나 하나하나의 다른 호칭이 모두 어떤 경문에 의거하고 있는가를 알지 못하는 것이다.

실은 일본『삼계』권1에도 공견유견의 중생의 이명이 열거된 곳이 있다. 그것은 일본『삼계』첫머리의, 일체의 제3계불법 가운데에서 두 종種의 아양승을 제외한 이외의 것은 모두 공견유견의 중생이라는 내용의 일문으로 시작되는 총론부분 바로 모두에서 얼마 떨어지지 않은 곳에[51] 열거되어 있다. 거기서는 각각의 명칭뿐만 아니고 그것이 설해지고 있는 경전명도 열거하고 있으며 게다가 열거된 이명의 순서는 두세 가지의 다름은 있지만 대체로 17종의 이명異名의 순서와 일치한다. 즉 17종의 이명이 일본『삼계』의 가운데에서 꽤 중요한 위치를 차지하고 있는 것을 알 수 있는 것이다. 그 외 일본『삼계』권3의 별別의 부분에도[52] 17종의 이명의 교증이 열거되어 있다. 그렇지만 어느 부분에 있어서도 대강의 전거는 알 수 있지만, 각각의 내용에 관해서는 충분한 이해를 할 수 없다. 결국 17종의 이명의 내용을 이해하기 위해서는 전거典據인 경문을 찾아서, 각각의 이명이 경전 중에서 어떻게 쓰인 말인가를 우선 검토하지 않으면 안 된다. 이 작업을 진행해 나가는 동안에 제3계의 중생은 무엇인가가 발견될 것이다. 이하 17종의 이명의 하나하나에 대해서 교증과 대조하면서 그 내용을 확인해 가고자 한다.

---

51 同. 258~260쪽.
52 同. 327~330쪽.

(1) 공견유견 중생

일본『삼계』, 돈황『삼계』,『대근기행법』등 주요한 삼계문헌에 있어서
제3계중생을 규정하는 말로서 가장 빈번히 사용되는 것이 "공견空見
유견有見"이라는 말이다. 제3계중생을 이해하는 데 있어서 가장 중요한
말인 것이다.

일본『삼계』의 첫머리는 다음과 같이 시작되고 있다.

人集錄明, 一切第三階佛法內, 唯除一切最大純根衆生兩種癡羊
僧已外, 一切利根衆生皆悉普是一切利根空見有見衆生. 何以故.
明如大般涅槃經說, 文當, 世間之義, 爲一切第三階佛法內一切利
根空見有見斷一切善根皆悉普盡一闡提衆生說. 以此文驗, 所以
得知.[53]

『인집록』에 분명하게 밝혀 놓은 것은 일체의 삼계불법 중에서
일체의 최대 둔근鈍根의 중생인 두 종種의 아양승 이외의 일체의
이근利根의 중생은 모두 일체의 이근 공견유견의 중생이라고 한다.
어째서인가? 분명히『대반열반경』에 설한 바와 같다. 경문에는
"세간의 뜻을 일체의 제3계불법 내의 일체의 이근 공견유견의
일체의 선근善根이 단절된 모든 일천제를 위해서 설한다."라고
기술하고 있다. 이 경문을 조사해봄으로써 알 수가 있다.

이것에 의하면 공견과 유견의 중생은 단선근斷善根이고 일천제라고

380

포착하고 있는 것을 알 수 있다.[54] 교증으로서 꼽히는『열반경』의
경문은 이미 제2항의 (2)에서 보여준 대로이고, 권33의 선성비구善星比
丘가 일천제인 것의 이유는 6종의 비유를 들어 설명한 곳의 제1비유
부분에 보인다. 3명의 자녀가 있는데, 부모가 가르침을 설하는 순서를
됨됨이가 좋은 아이부터 차례로 설하기로 하여 각각 보살, 성문, 일천제
에 대응한다고 하고 있다. 그리고 "12부경수다라 중의 미세한 내용을
나는 우선 처음에 보살을 위해서 설하고, 얕은 내용을 성문을 위해서
설하고, 세간적인 내용을 일천제와 오역죄인을 위해서 설한다."[55]라고
진술하고 있는 것이다. 경문에는 세간의 뜻을 일천제와 오역죄인을
위해서 설한다고 진술되어 있지만, 삼계교 문헌에서는 상기의 부분처
럼 일천제에 한정하여 인용된 경우가 많다.『대근기행법』에 있어서도
역시 일천제에 한정하여 인용하고 있다.[56] 경문에서도 제2비유 이하에
서는 오역죄라는 말은 보이지 않고, 애초부터 이것들의 비유는 선성비
구가 일천제인 것을 설명하기 위한 비유이므로, 삼계교가 세간적인
내용이 설해진 대상을 일천제에 중점을 두고 해석하고 있는 것은 어느
의미에서는 경의 취지에 따른 해석이라고 할 수 있다.

그러면 공견유견의 중생을 밝히기 위해서 이 일천제의 교증을 맨

---

54 일천제에 관한 문제를 취급한 논문으로서는 水谷幸正「一闡提攷」(『佛敎大學硏究
紀要』40, 1961), 小林正美「竺道生의 大乘小乘觀과 一闡提成佛義」(『Philosophi
a』67, 1979), 木村淸孝「元曉의 闡提佛性論」(『古田紹欽博士古稀記念論集』, 1981),
下田正弘「『大乘涅槃經』의 思想構造 - 一闡提의 問題에 대해서」(『佛敎學』27,
1989) 등을 참조.
55 大正 12. 560中~下.
56『敦煌寶藏』19. 525下.

먼저 인용했던 것은 무슨 까닭인가? 그것은 경전에 설해진 일천제는 공空과 유有의 견해에 사로잡힌 존재라는 이해가 있었기 때문임이 틀림없다. 돈황『삼계』권3에는 일천제와 공견유견의 중생의 관계를 살필 수 있는 다음과 같은 부분이 있다.

佛道我亦常爲善星空見衆生說眞實法者, 實不爲一切第三階佛法 內恒河第一人常沒顚倒空見衆生第二人常沒顚倒有見衆生說眞 實法. 唯爲除衆生道佛不平等誹謗故, 爲一闡提說眞實法, 而實不 爲一闡提說眞實法.[57]

(經文에) 부처님이 "나는 또 항상 선성善星, 공견空見의 중생을 위하여 진실의 법을 설하여 왔다."고 하고 있지만, 실제에는 일체의 제3계불법 중 항하의 제1인人인 상몰전도常沒顚倒의 공견空見의 중생과 제2인인 상몰전도의 유견의 중생을 위해서 진실의 법을 설했던 것은 아니다. 다만 중생이 부처님은 불평등이라고 비방하는 일이 없도록 하기 위하여 "일천체를 위하여 진실의 법을 설한다." 고 했지만 실제로는 일천제를 위하여 진실의 법이 설해진 것은 아니다.

이것은『열반경』권20의 "如來爲一闡提而演說法"[58]이라는 경문을 중심으로 해석한 부분이지만, 여기서는 항하恒河의 제1인인 공견空見 의 중생과 제2인인 유견有見의 중생을 합해서 일천제라고 해석하고

---

57 『敦煌寶藏』113. 316下.

58 大正12. 482中.

있는 것을 알 수 있다. 항하의 7종인種人의 비유는 『열반경』권32와 권36에 설해진 이야기이다. 제1인은 항상 물(三惡道)에 빠져 있는 자이고, 제2인은 잠시 물에서 나와도 다시 빠지는 자이다. 우선 제1인에 대해서 권32에서는 삼사三事가 있으니까 삼악도에서 빠짐으로써 "첫째는, 여래如來는 무상無常하여 영멸永滅한다고 한다. 둘째는, 정법正法은 무상하여 변천한다고 한다. 셋째는, 승보僧寶는 괴멸壞滅한다고 한다."[59]는 3가지를 들고 있다. 권36에도,

所言沒者, 有人聞是大涅槃經如來常住, 無有變易, 常樂我淨, 終不畢竟入於涅槃, 一切衆生悉有佛性…, 聞是語已, 生不信心, 卽作是念, 是涅槃典卽外道書非是佛經.[60]

몰沒이라는 것은, 어떤 사람이 이 『대열반경』의 여래如來는 상주常住하고 변이하는 일 없이, 상락아정常樂我淨으로 드디어 필경畢竟에는 열반에 들어가는 일 없고, 일체중생은 모두 불성佛性이 있다라고 듣고…, 이 말을 듣고 나서 불신의 마음을 내서 다음과 같은 생각을 품는다. '이 『열반경전』은 외도外道의 책이지 부처님의 경經은 아니다.'

라고 진술되어 있다. 이와 같이, 일천제는 『열반경』에 설해진 가르침을 믿지 않는 자, 부정하려는 자로서 묘사되어 있다. 구체적으로는 여래의 상주성常住性을 믿지 않는 자, 중생이 모두 불성을 갖고 있다는 것을

---

59 同. 554下.
60 同. 574下~575上.

믿지 않는 자이다. 삼계교는 이러한 사람을 일천제라고 규정하고, 그런 관점에서 보아 공견중생空見衆生이라고 부르는 것이다. 일본『삼계』권4에서 "공견중생은『대반열반경』의 일부 상하에 설해져 있는 것과 같다."[61]라고 진술되어 있는데, 이것은 일천제가『열반경』의 상하를 통해서 설해지고 있다는 의미와 거의 같은 뜻으로 간주해도 지장이 없다. 권33의 선성비구善星比丘의 부분에 있어서도 여래가 일천제라고 단정한 선성비구에 관해서, "그는 전혀 신수信受의 마음이 없다."[62]고 하고, "악사견惡邪見을 일으키고, 이와 같은 설說을 내고 불佛 없고 법法 없고 열반에 드는 일도 없다."[63]라고 설해져 있어 선성善星은 공견에 사로잡혀 있는 것을 알 수 있다. 권9와 권26 등에 일천제에 대해서 널리 설해진 부분에서도, "일천제의 악비구惡比丘 무리… 여래는 무상의 법이라고 설하고, 정법正法을 훼멸毀滅하고, 중승衆僧을 파괴한다.",[64] "일천제의 무리는 불성을 보지 못한다."[65]고 설하여, 여래의 상주성과 불성을 부정하는 견해를 가진 자로서 일천제가 묘사되고 있는 것이다.

또 유견有見의 일천제의 교증으로 사용되는 항하의 제2인에 대해서는『열반경』권36에 다음과 같이 진술되어 있다.

---

61 矢吹『研究』別篇 397쪽.

62 大正12. 561下.

63 同上.

64 同. 419上.

65 同. 519中.

有四善事獲得惡果. 何等爲四. 一者爲勝他故讀誦經典, 二者爲利
養故受持禁戒, 三者爲他屬故而行布施, 四者爲於非想非非想處
故繫念思惟. 是四善事得惡果報. 若人修習如是四事, 是名沒已還
出出已還沒. 何故明沒. 樂三有故. 何故名出. 以見明故. 明者卽是
聞戒施定. 何故還沒. 增長邪見生驕慢故.[66]

선사善事가 악과惡果를 획득하는 4가지 경우가 있다. 4가지란
어떠한 것인가. 첫째는 남한테 이기기 위해서 경전을 독송한다.
둘째는 이양利養을 위해서 금계禁戒를 수지受持한다. 셋째는 남을
소속시키기 위해서 보시布施를 행한다. 넷째는 비상비비상처非想
非非想處를 위해서 계념사유繫念思惟한다. 이 4가지 선사는 악과보
惡果報를 받는다. 만일 사람이 이러한 4가지 일을 수습修習하면,
이것은 "몰沒해서 끝나도 또 나오고, 나오면 또 몰沒한다."라고 명명
한다. 왜 몰하는가 하면 삼유三有를 원하기 때문이다. 왜 나오는가
하면 명明을 보기 때문이다. 명이라고 하는 것은 문聞·계戒·시施
·정定의 일이다. 왜 몰하는가 하면 사견을 증장시켜 교만驕慢을
일으키기 때문이다.

이러한 사람은 유有에 집착하고, 사견을 증장시키고, 교만을 일으킨
다고 하는 점에서 유견有見의 일천제라고 하는 것이다. 단지 항하의
제2인의 부분은, 유견이라는 것이 충분하게는 설해져 있지 않았다고
생각한다. 따라서 삼계교 문헌에서는 유견에 대한 교증은 『열반경』보

다『마하연경摩訶衍經』,『불장경佛藏經』,『사익경思益經』을 중요시하고 있고, 일본『삼계』권1의 첫머리에서는 이들 경전은 "有見衆生, 文義最廣最大具足한다."[67]라고 기술하고 있다. 이들 경전의 중심적인 테마는 "諸法實相 畢竟空無所有",[68] "一切諸法無生無滅無相無爲"[69]를 설한 것이고, 이러한 입장에서 유소득인有所得人, 증상만인增上慢人, 부정설법자不淨說法者 등을 격렬하게 비판한 곳이 많음을 볼 수 있다. 그렇지만 유적有的인 견해만을 비판하고 있는 것은 아니고, "是人卽是我見衆生見有見無見常見斷見, 皆是魔民, 非佛弟子"[70]라고 하는 것처럼 치우친 견해를 모두 비판하면서, 그중에서 특히 유견有見, 증상만增上慢이 비판되고 있는 것이다.

공견유견의 중생이 제3계중생의 이명異名으로서 가장 중시되는 것은, 제3계중생의 본질이 이 2개 유형의 중생에 집약되어 있기 때문일 것이다. 공견空見의 중생은 정면에서 불설佛說을 부정하는 자인 것이다.『열반경』의 일천제가 공견중생의 전형典型이라고 상정되어 있으니까, 여래如來의 상주성常住性과 일체중생실유불성一切衆生悉有佛性 등의 사상을 비방하는 자가 공견중생으로 간주되고 있다는 것을 알 수 있다.

제2절 제2항에서 상세하게 검토할 것인데, 제3계불법의 지주支柱 중에 하나는 보경普敬의 사상이다. 이 보경의 사상은 한마디로 말하면,

---

67 矢吹『研究』別篇 257쪽.

68 『佛藏經』권상, 대정 15. 785中.

69 同. 782下.

70 『佛藏經』卷中, 대정 15. 791上~中.

여래장如來藏·불성佛性을 믿고 공경하는 것이다. 이 실천이 제기된
것은 제3계중생의 본질이 공견空見이고, 이 병을 제거하는 방법이
보경普敬이었다고 말할 수 있지 않을까. 또 유견有見의 중생이란, 언뜻
보면 선사善事를 행하고 있는 것같이 보이지만 실은 불순한 동기와
이양을 위해서 불도에 종사하고 있는 자인 것이고, 그들은 사견을
증장시켜 교만하게 뽐내는 것이 되기 때문에 결과적으로는 부처님의
가르침에 위배되는 것이다. 삼계교에서는 어느 특정한 가르침만을
배우는 법을 별법別法이라고 하고, 제3계중생이 별법을 수행하는 것은
지옥의 인因이 된다고 한다. 그것은 자기의 교만심을 야기하는 것뿐만
아니라, 부처님의 가르침을 비방하는 것으로 이어지기 때문이다. 제3
계불법의 다른 하나의 지주로서 인악認惡이 설해진 것은 유견의 병을
제거하기 위한 실천이라고 할 수 있을 것이다.

(2) 구종인九種人

17종 이명의 두 번째인 구종인九種人은 공견중생空見衆生, 유견중생有
見衆生, 악적惡賊, 구보살狗菩薩, 육사외도六師外道, 악마惡魔, 전다라旃
陀羅, 무참괴승無慚愧僧, 이려유구려보살以驢唯狗驢菩薩이라는 9종의
다른 호칭의 총칭이다. "一切空見有見衆生行壞體壞戒見俱破顚倒九
種人一切十七種等一切最大惡衆生"[71] 등의 표현에서 '구종인九種人'이
여기에 해당된다. 구종인은 일본『삼계』에 쓰인 제3계인의 다른 호칭이
지만, 돈황『삼계』권2에서는 공견과 유견을 하나로 정리하고, 악마를

---

71 矢吹『研究』別篇 373쪽.

신神과 귀鬼와 마魔로 나누었으며, 그 위에 96종도種道와 증상만增上慢을 더하여 합계 12종 이명으로 하고, "12종최대사견전도중생十二種最大邪見顚倒衆生"[72]이라고 부르고 있다. 또 『대근기행법』에도 거의 같다. 구종인 중 공견과 유견을 일천제로 하고, 악마를 신과 귀와 마로 나누고, 95종외도와 증상만을 더하여 12종으로 하고, "12종전도중생十二種顚倒衆生"[73]이라 부르고 있다. 돈황『삼계』나『대근기행법』에서는 "십칠종이명十七種異名"은 쓰이지 않고, 제3계중생의 다른 호칭을 합쳐서 부를 경우에는 "구종인九種人"이나 "12종전도중생" 등의 말이 쓰이고 있다.

① 공견중생空見衆生

② 유견중생有見衆生

공견유견의 중생은 17종 이명(異名: 다른 호칭)의 첫 번째로 열거되어 있지만, '구종인'이 17종 이명에서 독립하여 쓰이고 있는 경우도 있어 새삼스럽게 공견유견의 중생이 열거되어 있는 것이라고 생각된다. 이 양자가 제3계인을 규정하는 중요한 요소인 것을 이 점에서도 엿볼 수 있다. 또 '구종인'을 '12종전도중생'으로 펼친 경우에 돈황『삼계』권2와『대근기행법』을 비교하면, 돈황『삼계』권2에서는 "일천제"로 되고, 『대근기행법』에서는 "공견유견의 중생"으로 되어 있다. 이 점으로부터도 삼계교에 있어서의 일천제와 공견유견의 중생의 동의성을 확인할 수 있다.

---

72 『敦煌寶藏』22. 241上.

73 『敦煌寶藏』19. 521上. 제3계불법의 기둥의 하나인 인악認惡은 12종 전도로부터 구성되어 있기 때문에 돈황『삼계』권2 등에서 "十二種顚倒"(『敦煌寶藏』22. 240下 등 여러 부분)라고 불리고 있는데, 여기서 말하는 "十二種顚倒衆生"과는 다르다.

388

③ 악적惡賊

악적惡賊의 교증은『가섭경迦葉經』권1(『大寶積經』권88「摩訶迦葉會」)
의 다음 부분에 의거했다고 생각된다.

沙門賊有四種. 何等爲四. 迦葉. 若有比丘, 整理法服, 似像比丘,
而破禁戒, 作不善法, 是名第一沙門之賊. 二者於日暮後, 其心思
惟不善之法, 是名第二沙門之賊. 三者未得聖果, 自知凡夫, 爲利
養故, 自稱我得阿羅漢果, 是名第三沙門之賊. 四者自讚毁他, 是
名第四沙門之賊.[74]

사문沙門의 적賊에 사종四種이 있다. 사종이란 무엇인가? 가섭迦葉
아, 어느 비구가 법복法服을 단정히 입고 비구를 가장하면서,
금계禁戒를 파하고, 불선不善의 법을 행하는 것을 제1의 사문沙門
의 적이라고 이름한다. 둘째는 해가 진 후에 마음에 불선의 법을
사유하는 것을 제2의 사문의 적이라 이름한다. 셋째는 아직 성과聖
果를 얻지 못하고, 자기도 범부임을 알면서도 이양을 위해서 아라
한과阿羅漢果를 얻었다고 자칭하는 것을 제3의 사문의 적이라고
이름한다. 넷째는 자기를 찬탄하고 타인을 비방하는 것을 제4의
사문의 적이라고 이름한다.

그 외『불장경佛藏經』권중(大正 15. 792上~中)이나 권하(同. 803中~
下)에도 "악적惡賊"이라는 말이 보인다. 『불장경』권하에는 다음과 같이

---

74 大正 11. 502上.

설해져 있다.

若人誦持是經, 所得功德無量無辺. 所以者何, 破戒比丘尙不能信
讀誦敎人, 況於是中得歡喜心. 何以故. 阿難. 譬如惡賊於王大臣,
不敢自現盜他物者, 不自言賊. 如是, 阿難, 破戒比丘成就非沙門
法, 尙不自言是惡, 況能向余人說自言罪人. 阿難. 如是經者, 破戒
比丘隨得聞時, 能自降伏則有慚愧.[75]

어떤 사람이 이 경을 수지 독송하면 얻는 공덕은 무량무변無量無邊
이다. 어째서인가? 파계破戒의 비구比丘는 믿음을 갖는 것, 독송하
는 것, 남에게 가르치는 것조차 할 수 없다. 더구나 그들 중에
환희심歡喜心을 얻는 것 등은 있을 수 없다. 왜 그런가. 아난阿難아,
예를 들어 악적은 왕이나 대신 앞에서 감히 자기가 훔친 남의
물건을 보여 주지 않고, 자기가 도둑이라는 것은 말하지 않는다는
것과 같다. 이와 같이 아난아, 파계의 비구는 사문이 아닌 법을
성취하고서도 스스로 나쁘다고 하는 것조차 말하지 않는다. 하물
며 다른 사람을 향하여 내가 죄인이라고 말하는 것 등 있을 수
없다. 아난아, 이 경은 파계의 비구가 듣는다면 스스로 항복시킬
수가 있고, 참괴심慚愧心을 일으키게 될 것이다.

이와 같이 『가섭경』이나 『불장경』에서는 파계의 비구라고 하는
것, 자기의 악을 인정하여 참회하려고 하지 않는 것, 이양을 위해서

---

[75] 大正 15. 803中.

아라한과를 얻었다고 자칭하며 자기를 찬탄하는 한편으로 다른 사람을 비방하는 것 등의 행장이 악적의 내용으로서 설해져 있는 것을 알 수 있다.

④ 구보살狗菩薩

구보살은 『가섭경』에 설해져 있다. 불멸도佛滅道 후 500년에 자칭 보살菩薩, 자칭 사문沙門이 횡행橫行한다고 하는 부분에 있어서, 그것을 개에 비유하고 있는 것이다. 즉 『가섭경』권1(『大寶積經』권88「摩訶迦葉 會」)에는 다음과 같이 기술되어 있다.

當來末世後五百歲, 有諸衆生自稱說言, 我是菩薩. 彼諸惡欲, 我 今說之. 彌勒, 俱四法者自稱菩薩. 何等爲四. 一者求利養, 二者求 名聞, 三者諂曲, 四者邪命. (中略) 譬如有狗, 前至他家, 見後狗 來, 心生瞋嫉, 哇喋吠之, 內心起想謂是我家. 佛告彌勒. 當來末世 後五百歲, 亦復如是. 自稱菩薩, 行於狗法, 至他施主家中, 生已家 想, 旣起此想, 便生貪著, 前至他家, 見後比丘, 瞋目視之, 心生嫉 恚, 而起鬪諍, 互相誹謗, 言某甲比丘有如是過, 某甲比丘有如是 過. 汝莫親近某甲比丘. 汝若親近某甲比丘, 則爲衆人之所輕賤, 增長罪垢.[76]

다가올 말세의 500년을 경과한 때에 한 중생이 있어서, 자칭하여 내가 보살이라고 한다. 악욕의 자에 대해서 나는 지금 설하려고

---

76 大正 11. 504上.

한다. 미륵彌勒아, 4개의 특성을 갖추고 있는 자는 보살을 자칭한
다. 무엇이 4개인가? 첫째는 이양을 구한다. 둘째는 명성(名聞)을
구한다. 셋째는 첨곡諂曲, 넷째는 사명邪命이다. (중략) 예를 들면
어떤 개가 먼저 타인의 집에 가서, 뒤에 개가 온 것을 보고 마음에
노하여 질투를 일으키고 달려들어 물고 짖으며 내심으로는 이것은
자기 집이라고 생각하고 있는 것이다. 부처님은 미륵에게 고하였
다. "다가올 말세의 500년을 경과한 때에도 또 이러한 상태이다.
스스로 보살이라 칭하면서 개처럼 행동하고 타인인 시주施主의
집에 가서 자기 집이라는 기분이 들어서 이와 같은 생각을 하면서
탐착貪着을 일으킨다. 먼저 타인의 집에 가서, 후에 비구가 오는
것을 보고 화난 눈으로 그것을 보고, 마음에 질투와 분노를 내고
다툼을 일으켜 서로 비방하고 다음과 같이 말한다. 이 비구는
이러한 과실이 있고 저 비구는 그러한 과실이 있으니 너는 그러한
비구에게 가깝게 친하면 안 된다. 네가 만약 그러한 비구와 가까이
해서 친하게 되면, 사람들에게 업신여김을 받고 죄를 증장시키는
것이 될 것이다."

이양이나 명성을 구하고, 첨곡諂曲·사명邪命이라는 특성을 갖추고,
자기의 생활과 의복을 위해서 스스로 보살이라 칭하고 여래의 지혜
공덕을 찬탄하여 타인에게 신앙을 일으키게 하는 한편, 안으로는 스스
로 계를 범하고, 악욕惡欲·악행惡行하고 다른 비구를 비방하는 자들을
구보살이라 하는 것이다.

⑤ 육사외도六師外道

"육사외도"라는 말은 널리 여러 경전에 보이지만, 그중의 하나로서
일본 『삼계』권3[77]에서는 『불장경』권3(권중)을 들고 있다. 단 경문에는
"육사외도"란 말은 없고, "외도外道"라는 말이 널리 사용되고 있다.
외도와 불제자의 사상적 상위를 간략하게 설명한 곳으로서 다음 부분을
들 수 있다.

> 諸外道人多有我見人見衆生見壽命見斷見常見. 舍利弗. 我諸弟
> 子無有我見人見衆生見壽命見斷見常見, 我諸弟子但說空無相無
> 願無所得忍.[78]
> 외도外道들은 아견我見, 인견人見, 중생견衆生見, 수명견壽命見,
> 단견斷見, 상견常見이 많다. 사리불舍利佛아, 나의 제자들에는 아
> 견, 인견, 중생견, 수명견, 단견, 상견은 있지 않다. 나의 제자들은
> 다만 공空, 무상無相, 무원無願, 무소득無所得의 법인法忍을 설할
> 뿐이다.

『불장경』은 유소득有所得·유견有見·증상만增上慢 등의 과실을 설하
고, 공空·무소득의 사상을 선양하는 경전이다. 이 부분은 그러한 입장
에서 외도란 무엇인가를 간략하게 설한 부분이다. 유견有見만이 아니고
모든 사견에 빠진 자를 외도라고 부르고 있다.

---

77 矢吹 『硏究』別篇 327쪽.
78 大正 15. 796中.

⑥ 악마惡魔

악마의 교증으로서는 『불장경』과 『열반경』을 들 수 있다. 우선 『불장경』권중에는 다음과 같이 기술되어 있다.

當來之世, 惡魔變身作沙門形, 入於僧中, 種種邪說, 令多衆生入於邪見, 爲說邪法. (中略) 爾時, 惡魔說如是等邪貪著事. 如是事者, 非諸佛及佛弟子所說. 爾時, 惡人爲魔所迷, 各執所見, 我是彼非. 舍利弗. 如來予見未來世中, 有如是等破法事故, 說是深經, 悉斷惡魔諸所執著. 舍利弗. 當爾之時, 閻浮提內多是增上慢人, 作小善順, 便謂得道, 命終之後, 當墮惡趣.[79]

미래세에 악마는 변신하여 사문의 모습이 되고, 승가僧伽에 들어와 여러 가지 사설邪說을 한다. 많은 중생을 사견에 빠뜨리려고 하여 사법邪法을 설하는 것이다. (중략) 그때 악마는 이러한 바르지 못한 탐착貪着의 일을 설한다. 이러한 일은 부처님이나 불제자가 설하는 바는 아니다. 그때 악인惡人은 마魔에 빠져서 자기는 바르고 다른 사람은 그르다는 견해에 사로잡힌다. 사리불이여, 여래는 미래세를 예견하고 이러한 가르침을 깨뜨리는 일이 있기 때문에 이 깊은 내용의 경전을 설하고, 모든 악마의 집착을 단절하는 것이다. 사리불이여, 이때에 염부제閻浮提에서는 대부분이 증상만인增上慢人이고, 얼마 안 되는 선행으로 곧바로 도를 얻었다고 말하며, 숨을 거둔 후에는 악취惡趣에 떨어지게 된다.

---

79 同. 790上~中.

또 권중의 다른 부분에도 다음과 같이 설해져 있다.

當來比丘好讀外經, 當說法時, 莊校文辭, 令衆歡樂. 惡魔爾時助
惑衆人, 障礙善法. 若有貪著音聲語言巧飾文辭, 若復有人好讀外
道經者, 魔皆迷惑, 令心安隱. 若有比丘修佛法者, 令生疑惑, 咸使
衆人不復供養. 或有比丘若二若三已讀佛經, 便使令求外道經法,
先自看者讚言善好. 是諸人等, 爲魔所惑, 覆障慧眼, 深貪利養,
看諸外書. 猶如群盲爲誑所欺, 皆使令墮深坑而死. 舍利弗. 諸生
盲人卽是比丘, 捨佛無上道, 求外道經書. 誑人是惡魔. 深坑是邪
道. 舍利弗. 如群盲人捨所得物, 欲詣大施, 而墮深坑, 我諸弟子亦
復如是. 捨麤衣食而逐大施, 求好供養. 以世利故, 失大智慧, 而墮
深坑阿鼻地獄.[80]

미래세의 비구는 외도의 경經을 좋아하여 읽고, 설법說法할 때에는
문사文辭를 수식하고 사람들을 즐겁게 한다. 악마는 그때에 사람들
을 유혹하는 일을 거들고 선법善法을 방해한다. 소리로 낸 말이나
기교에서 화려하게 꾸민 문구에 탐착하기도 하고, 외도의 경을
좋아하여 읽는 자가 있으면 악마는 미혹에 헤매게 하고 마음을
안온安穩케 한다. 불법佛法을 수행하는 비구가 있으면 의혹을 일으
키게 하고, 사람들에게 공양供養하지 않도록 시킨다. 2, 3의 비구가
불경을 읽고 있으면 외도의 경법經法을 구하도록 시키고, 먼저
(外道의 經法을) 본 사람에게는 선호하고 찬탄하도록 한다. 이

---

80 同. 793下~794上.

사람들은 악마 때문에 현혹되어 지혜의 눈이 가려지고, 깊이 이양을 탐내고, 외도의 책을 읽는다. 맹인들이 속임을 당해 속아 넘어가서, 모두 깊은 구멍에 떨어져서 죽는 것 같은 것이다. 사리불아, 태어날 때부터의 맹인들이라고 하는 것은 이들 비구들이다. 그들은 부처님의 무상無上의 도를 버리고, 외도의 경서를 구한다. 속이는 사람들은 악마이다. 깊은 구멍은 사도邪道이다. 사리불아, 맹인들이 소지한 것을 버리고 위대한 시물을 얻으려 하여 깊은 구멍에 떨어지는 것같이, 나의 제자들도 또한 마찬가지다. 조의조식粗衣粗食을 버리고 대단한 시물을 추구하여 좋은 공양을 구한다. 세간적인 이양에 의해서 위대한 지혜를 잃고, 깊은 동굴인 아비지옥阿鼻地獄에 떨어진다.

또 『열반경』권7 「사정품邪正品」(南本)에는 다음과 같이 진술되어 있다.

我般涅槃七百歲後, 是魔波旬漸當壞亂我之正法. 譬如獵師身服法衣. 魔王波旬亦復如是, 作比丘像比丘尼像優婆塞像優婆夷像, 亦復化作須陀洹身, 乃至化作阿羅漢身及佛色身. 魔王以此有漏之形作無漏身, 壞我正法.[81]

내가 열반에 든 지 700년 후, 마왕魔王 파순波旬은 점차로 나의 바른 가르침을 파괴하게 될 것이다. 예를 들면 사냥꾼의 몸에

법의法衣를 입은 것과 같다. 마왕 파순도 또한 마찬가지이다. 비구의 모습, 비구니의 모습, 우바새優婆塞의 모습, 우바이優婆夷의 모습이 되고, 또 수다원須陀洹의 몸으로 바꾸며, 더욱이 아라한阿羅漢의 몸이나 부처님의 색신色身으로 가장한다. 마왕은 유루有漏의 신체이면서 무루無漏의 신체로 변신하여 나의 바른 가르침을 파괴한다.

이들 여러 경전에서 공통으로 하고 있는 것은, 악마가 비구 등의 호감이 가는 형태로 모양을 바꾸어 재가, 출가인들의 마음을 현혹시키고 불법이 아닌 것을 불법이라고 여기게 하고, 정법을 멸한다고 하는 점이다. 또 악마에 정신을 빼앗긴 중생의 모습으로서 자기만이 바르고 타인은 그르다고 하는 견해에 사로잡혀 증상만이 되고, 깊이 이양을 탐하는 것 등이 설해져 있다.

⑦ 전다라旃陀羅

전다라에 대해서는 『십륜경』권4의 다음 부분을 시작으로 하여 권4 전체에서 폭넓게 설명하고 있다.

於末來世, 殺利旃陀羅乃至婆羅門旃陀羅, 善根微少, 無有信心, 欺詐諂曲. 是諸愚癡現智慧相, 不隨善知識語, 實是愚癡, 現爲智慧. 心常疑悔, 不畏後世, 而無禁戒, 作諸殺生, 乃至邪見, 欺誑於他, 於諸世間常行誹謗語. 殺利旃陀羅婆羅門旃陀羅壞亂佛法, 於我法中而得出家, 常毀破戒, 作諸惡行.[82]

미래세에서는 찰리전다라刹利旃陀羅 내지 바라문전다라婆羅門旃 陀羅까지 선근善根은 아주 적고 신심은 없으며 속이기도 하고 아첨하기도 한다. 이 바보 같은 자들은 지혜가 있는 것처럼 가장하 고, 선지식의 말을 따르지 않고 실제로는 어리석은 데도 지혜가 있는 것처럼 보이게 한다. 마음은 항상 의심이나 후회뿐이고 후세 를 경외하는 일도 없고, 금계禁戒도 없고, 살생을 행하고, 게다가 사견으로 타인을 속이고, 세간 중에서 항상 비방의 말을 입 밖에 낸다. 찰리전다라, 바라문전다라는 불법을 파괴하고, 나의 가르침 에 의해서 출가해도 항상 계戒를 파하고 악행을 한다.

그리고 또한 이들 전다라들의 파계破戒와 악행惡行의 구체적인 양상 을 열거하면,

悉具於此十種惡輪, 殺利旃陀羅, 婆羅門旃陀羅, 沙門旃陀羅, 大 臣旃陀羅, 先修善根今悉消滅, 乃至墮於阿鼻地獄.[83]
모두 이 10종의 악륜惡輪을 갖춘 찰리전다라, 바라문전다라, 사문 전다라沙門旃陀羅, 대신전다라大臣旃陀羅는 앞서 선근善根을 닦았 어도, 지금은 모두 소멸하여 결국 아비지옥에 떨어진다.

라고 서술하고, 더욱이

---

82 大正 13. 696下.

83 同上.

若成就如是十種惡輪不善衆生, 難得人身, 況復能成聲聞辟支佛
果, 乃至成就具足大乘. 一切諸佛所不能救.[84]

만약 이러한 10종의 악륜惡輪을 갖춘 불선不善의 중생이라면 사람
몸을 받기가 어렵다. 더구나 성문과聲聞果와 벽지불과辟支佛果를
이루는 것, 게다가 대승大乘의 과과를 성취하는 것은 더욱더 어렵
다. 일체제불이 구제하는 것은 불가능한 사람이다.

라고 진술되어 있다. 이 최후의 부분이 17종의 다른 호칭의 제16의
"일체불불능구一切佛不能救"의 교증이기도 한다.

⑧ 무참괴승無慚愧僧

"무참괴승"이란 『십륜경』권5의 다음 부분을 교증으로 한다.

云何名無慚愧僧. 若有人爲自活命, 來入佛法, 而受波羅提木叉
戒, 悉皆毀犯, 破和合僧, 無有慚愧, 不畏後世, 內懷臭穢, 其聲如
貝, 言辭堅鞭, 常懷嫉妒, 愚癡憍慢, 棄捨三業, 但爲利養, 放恣六
情, 貪著五欲色聲香味觸, 誹謗正法, 如是等人, 依止我法, 心無慚
愧, 是故名爲無慚愧.[85]

어떠한 사람을 무참괴승이라 하는가. 어떤 사람이 자기의 생활을
위해 불법佛法에 들어가서 바라제목차계波羅提木叉戒를 받아도
모두 파하고, 화합승和合僧을 깨뜨리고, 참괴慚愧하는 일 없고,

---

84 同. 699下.
85 同. 703中.

후세를 경외하지 않고, 안으로는 오염된 생각을 하며, 소리는 조개와 같이 언사는 견고하고 엄하고, 항상 질투심을 품고, 바보스럽고 오만불손하며, 삼승업三勝業을 버리고, 이양을 위해서만 살아가고, 육근六根을 하고 싶은 대로 하고, 오욕五欲은 색色·성聲·향香·미味·촉觸에 탐착하고 정법正法을 비방한다. 이러한 사람은 나의 가르침을 받아도 마음에 참괴가 없으므로 무참무괴라고 이름한다.

『십륜경』의 이 부분에는 사종四種의 승려로서 제일의승第一義僧, 정승淨僧, 아양승瘂羊僧, 무참괴승無慚愧僧이 설해져 있고 그중에서 삼계교는 이 무참괴승을 제3계의 대부분 승려의 모습으로 규정하고 있다.

⑨ 이려유구려보살以驢唯拘驢菩薩

"이려유구려보살"의 교증은 『십륜경』권6의 다음과 같은 부분에 의거한다.

譬如有驢著師子皮, 自以爲師子, 有人遠見亦謂師子. 驢未鳴時無能分別, 旣出聲已, 遠近皆知非實師子. 諸人見者皆悉唾言, 此弊惡驢非師子也. 我今所說亦如是等. 若造十惡, 燒滅人種, 非諸聲聞辟支佛器, 敗壞種子. 如是愚癡誑惑他言, 我是大乘.[86]

---

86 同. 708上.

예를 들면 당나귀가 사자의 가죽을 뒤집어쓰고 자기가 사자라고 작정하고, 다른 사람도 멀리서 보고 사자라고 말한다. 당나귀가 울지 않을 때에는 구별을 할 수 없지만, 일단 소리를 내어 버리면 먼 데서나 가까운 데서나 모두 실은 사자가 아니었음을 안다. 본 사람들은 모두 토해버리듯이 말한다. 이 나쁜 당나귀란 놈은 사자가 아니었다고. 내가 지금 설하고 있는 것도 똑같은 것이다. 십악十惡을 짓는 자는 인종을 소멸하고 성문聲聞과 벽지불辟支佛의 그릇이 아닌 종자가 패하여 무너진 자이다. 이러한 어리석은 자는 타인을 교묘히 속여서 나는 대승이라고 말한다.

이 부분의 앞뒤에 있어서 삼승을 함께 믿는 일의 필요성이 설명되어 있고, 이 부분도 대승의 그릇은 결코 아닌 십악十惡을 행하려는 자가 자신은 대승이라고 칭하는 것의 그릇됨을 설하고 있는 것이다. 삼계교 는 이 부분에 의해서 제3계중생이 제1계와 제2계의 불법을 배우는 것의 그릇됨을 주장하려고 한 것과 같다.

(3) 96종도九十六種道

"96종도"의 교증으로서는 『마하마야경摩訶摩耶經』권하의 경문을 들 수 있다. 즉 마하마야摩訶摩耶가 아난阿難에게 정법은 언제 멸하는 것인가를 물었던 것에 대해서 아난은 불멸도 후, 차례로 멸해가는 모습을 연대마다 분명히 하고 있다. 그중에서,

六百歲已, 九十六種諸外道等, 邪見競興, 破滅佛法. 有一比丘名

曰馬鳴, 善說法要降伏一切諸外道輩.[87]

600년이 경과해서 96종의 여러 외도가 경쟁해서 사견을 주장하여
불법을 파멸시킨다. 마명馬鳴이라는 이름의 한 사람의 비구가
있어서 선법의 요점을 설하고 일체의 외도의 무리를 항복시킨다.

라고 하는 부분이 96종 외도의 교증으로 되어 있다. 여기에 설해진
96종 외도는 사견에 가득 차고 불법을 파멸시킨다고 하는 점에서 제3계
중생의 이명異名으로 된 것일 것이다.

(4) 세간근기世間根機

세간의 근기의 교증은 이미 제1의 이명인 공견유견의 중생의 부분에서
열거한 것과 같이『열반경』권33의 선성비구가 일천제인 것을 밝힌
6종의 비유의 제1의 비유 부분에 의거한다. 또 이 부분이 삼계교의
사상적 짜임새의 중요한 교증이 되어 있는 것에 대해서도, 제2항의
(2)에서 진술한 바와 같다. 새삼스럽게 여기서 "세간世間의 근기根機"로
서 거론되어 있는 것으로부터 삼계교가 이 부분을 교증으로서 얼마나
중시하고 있었던가를 엿볼 수 있다. 삼계교에 있어서 이 교증의 의미는
제3계중생은 세간의 가르침밖에 받을 수 없고, 출세간에 이르는 가망이
없는 근기인 것을 분명하게 하는 것이었던 것이다.

---

87 大正 12. 1013下.

402

(5) 사견성취邪見成就

일본 『삼계』권3에는

大方廣十輪經,[88] 文當邪見成就. 第四卷減[89]半已後, 說明一切佛
皆不能廻得, 所以得知邪見成就.[90]

『대방광십륜경大方廣十輪經』의 경문에는 "사견성취邪見成就"라는
말이 있다. 제4권 후반부에 일체의 부처님은 모두 구제하려고
힘을 쏟는 것은 불가하다고 설해져 있다. 따라서 사견성취라는
것을 알 수 있다.

라고 설해져 있다. 이 설명에서 보면 이미 구종인의 제7의 전다라의
부분에 거론한 『십륜경』권4의 "一切諸佛所不能救"[91]라고 하는 경문이
"사견성취"의 교증으로 되어 있는 것이라고 생각된다. 실제는 이 부분에
는 "사견성취"라는 말이 없지만, 같은 권4 첫머리의 전다라의 양상을
설명한 부분에는 "사견邪見"[92]이란 말도 쓰여 있고, 또 권4의 후반에서
권5에 걸쳐서도 "사견"이란 말은 자주 나타나고 있다. "一切諸佛所不能
救"의 부분은 전다라를 설했던 부분을 종합한 곳에 놓인 말이니까,
삼계교는 이 경문을 가지고 "사견성취"의 교증으로 한 것일 것이다.

사본은 "경륜經輪"으로 되어 있지만 "윤경輪經"으로 고친다.
사본은 "멸滅"이지만 "감減"으로 고친다.
矢吹 『研究』別篇 328쪽.
大正 13. 699下.
同. 696下.

다만 삼계교가 제3계중생의 교증으로 하는 경전에는 널리 "사견"의
말이 보이는 까닭으로, 이 부분만을 사견성취의 교증이라고 생각하고
있었던 것은 아닐 것이다.

(6) 전도顛倒

전도의 교증은『승만경勝鬘經』,『살차니건자경薩遮尼乾子經』,『열반
경涅槃經』의 3개의 경전에 의거하고 있다. 우선『승만경』에는 이견二見
의 전도에 대해서 다음과 같이 설해져 있다.

> 凡夫識者, 二見顛倒. 一切阿羅漢辟支佛智者, 則是淸淨. 邊見者,
> 凡夫於五受陰我見妄想計著生二見, 是名邊見, 所謂常見斷見. 見
> 諸行無常, 是斷見, 非正見. 見涅槃常, 是常見, 非正見. 妄想見故,
> 作如是見.[93]

범부凡夫의 인식認識은 2개의 전도顛倒된 견해이다. 일체의 아라한
阿羅漢이나 벽지불辟支佛의 지혜는 청정하다. 편견에 빠진 범부는
오수음五受陰을 아견我見으로 망상妄想하고 집착해서 2개의 견해
를 일으킨다. 이것을 편견偏見이라 한다. 즉 상견常見과 단견斷見이
다. 제행은 무상이라고 보는 것은 단견이고 정견은 아니다. 열반은
상常이라고 보는 것은 상견이고, 정견은 아니다. 망상의 생각
때문에 이와 같은 생각을 하는 것이다.

---

93 大正 12. 222上.

404

다음에 『살차니건자경』권4에는 3종의 전도顚倒에 대해서 다음과
같이 설하고 있다.

於末世時, 轉輪聖王隱沒不現, 正法不行, 邪法競興, 衆生心惡,
起三種過. 一者樂於非法貪心, 二者起於顚倒貪心, 三者邪法羅網
纏心. (中略) 云何名爲樂於非法貪心. 答言. 大王. 於十不善惡業
道中, 生於樂心, 是名樂於非法貪心. 云何名爲顚倒貪心. 自己手
力得諸資生, 依時節得, 依正法得, 依如法得, 不生足心, 更求他
財, 如是名爲顚倒貪心. 王言. 大師. 云何名爲邪法羅網之所纏心.
答言. 大王. 於諸外道非義論中起義論想, 於無益論生利益想, 於
非法中生是法想. 於末世時, 非是智者所作論中, 以爲正論, 生於
信心, 熏修邪見, 以爲福德. 是名邪法羅網纏心.[94]

말세에 전륜성왕轉輪聖王은 숨어서 나타나지 않고, 정법正法은
행해지지 않고 사법邪法은 경쟁하여 흥하고, 중생의 마음은 악으로
3종의 과오를 일으킨다. 첫째는 비법非法을 즐기는 탐심, 둘째는
전도를 일으키는 탐심, 셋째는 사법邪法이 나망羅網같이 짝 달라붙
은 탐심이다. (중략) "어째서 비법을 즐기는 탐심이라고 이름
붙인 것인가?" 답하기를, "대왕大王이시여, 십불선十不善의 악업惡
業 가운데 즐거운 마음을 일으키는 것을 비법을 즐기는 탐심이라고
이름한다." "어째서 전도의 탐심이라고 이름 붙인 것인가?" "자기의
힘으로 생활물자를 탈취해도 시절에 따라 얻고, 정법에 의해서

94 大正 9. 332下~333上.

얻고, 여법如法에 의해서 얻었다 해도 충분하다는 마음이 생겨나는
일이 없이 더 타인의 재물을 구한다. 이러한 상태를 전도의 탐심이
라고 이름한다." 왕은 말하였다. "대사여, 어째서 사법邪法이 나망
羅網과 같이 짝 달라붙는 마음이라고 이름한 것인가?" 답하여
말하기를, "대왕이시여, 외도의 비의非義의 논론에 대해서 의義의
논론이라는 생각을 일으키고 무익無益의 논론에 이익利益의 논론의
생각을 일으키며, 비법非法 중에 시법是法의 생각을 일으킨다.
말세 시, 지자智者가 아닌 자의 논을 정론正論이라고 하고, 신심을
일으켜 사견에 훈습薰習되는 것을 복덕으로 한다. 이것을 사법邪法
이 나망羅網같이 짝 달라붙은 마음이라 이름한다."

다음에 『열반경』권18에는 다음과 같은 전도가 설해져 있다.

善男子. 若有衆生, 我見無我, 無我見我, 常見無常, 無常見常,
樂見無樂, 無樂見樂, 淨見不淨, 不淨見淨, 滅見不滅, 不滅見滅,
罪見非罪, 非罪見罪, 輕罪見重, 重罪見輕, 乘見非乘, 非乘見乘,
道見非道, 非道見道, 實是菩提見非菩提, 實非菩提謬見菩提, 苦
見非苦, 集見非集, 滅見非滅, 實見非實, 實是世諦見第一義諦,
第一義諦見是世諦, 歸見非歸, 非歸見歸, 以眞佛語名爲魔語, 實
是魔語以爲佛語, 如是之時, 諸佛乃說大涅槃經.[95]
선남자여, 중생이 있어 아我에서 무아無我를 보고, 무아에서 아我

를 보며, 상常에서 무상無常을 보고, 무상에서 상常을 보며, 낙樂에
서 무락無樂을 보고, 무락에서 낙樂을 보며, 정淨에서 부정不淨을
보고, 부정에서 정淨을 보며, 멸滅에서 불멸不滅을 보고, 불멸에서
멸滅을 보며, 죄罪에서 비죄非罪를 보고, 비죄에서 죄를 보며,
경죄輕罪에서 중죄重罪를 보고, 중죄에서 경죄를 보며, 승乘에서
비승非乘을 보고, 비승에서 승乘을 보며, 도道에서 비도非道를
보고, 비도에서 도를 보며, 실제로는 보리菩提인데 비보리非菩提를
보고, 실제로는 비보리인데 보리를 보며, 고苦에서 비고非苦를
보고, 집集에서 비집非集을 보고, 멸滅에서 비멸非滅을 보고, 실實
에서 비실非實을 보고, 실제로는 세제世諦인데 제1의제第一義諦를
보고, 제1의제에서 세제를 보고, 귀歸에서 비귀非歸를 보고, 비귀
에서 귀歸를 보며, 진眞의 불어佛語를 마어魔語라 이름하고, 실제로
는 마어인데 불어佛語라 한다. 이러한 때에 제불諸佛은『대반열반
경』을 설한다.

(7) 아비지옥阿鼻地獄
(8) 비방정법훼자현성誹謗正法毁呰賢聖
(9) 번뇌뢰고여금강煩惱牢固如金剛

일본『삼계』권1, 권3에서는 이 3개의 이명異名의 교증은『대집월장분
경大集月藏分經』권10의 일체의 게송偈頌 이후라고 하고 있다.[96] 이 부분
이란 석가모니여래釋迦牟尼如來가 가장 수승한(最勝) 원願을 발하고,

---

96 矢吹『研究』別篇 258, 329쪽.

청정국淸淨國을 버리고 오탁세계五濁世界에 이르렀다고 진술했던 것에
이어서,

以大慈悲因緣力故, 爲無間業, 誹謗正法毀呰賢聖, 一切不善惡業
纏縛十方一切淸淨佛土所棄衆生, 爲諸煩惱之所縛者, 成熟如是
諸衆生故, 於此娑婆世界求阿耨多羅三藐三菩提, 於一切菩薩道
修最勝行. 是人今於五濁世界, 於阿耨多羅三藐三菩提而成正覺.
此無間業諸衆生等, 種種罵辱誹謗如來, 輕賤毀呰, 勤加逼惱. 彼
等以嫉妒因緣故, 種種方便心欲殺害.[97](『大方等大集經』卷五十
六「月藏分第十二法滅盡品」)

대자비大慈悲의 인연력因緣力에 의해서 무간업無間業을 짓고, 정법
을 비방하고, 성현을 헐뜯고, 일체불선의 악업이 휘감겨 있고,
시방의 모든 청정불토로부터 미련 없이 버려진 중생으로서 번뇌에
결박된 자, 이러한 중생을 성숙시키기 위해 이 사바세계에서 아뇩
다라삼먁삼보리阿耨多羅三藐三菩提를 구하고 일체의 보살도 중에
서 최승의 행을 닦았다. 이러한 사람은 이제 오탁세계五濁世界
중에서 아뇩다라삼먁삼보리에 있어서 정각을 성취하였다. 이 무
간업의 중생들은 여러 가지로 여래를 매도하고, 비방하고, 가벼이
여기고, 나쁘게 말하고, 어떻게 해서라도 고통을 주려 하였다.
그들은 질투의 인연에 의해서 여러 가지 방법으로 살해하려고
생각하였다.

---

[97] 大正 13. 380下.

408

고 진술한 부분이다.

우선 "아비지옥"이란 말은 경문 중에는 없지만, "무간업無間業"에 해당한다고 생각된다. "아비지옥"이란 말을 다른 제 경전 중에서 발견하는 것은 용이한 작업이겠지만, 지금은 굳이 다른 2개의 이명異名과 같은 부분을 든 것일 것이다. 일본 『삼계』권3에서는 널리 지옥에서 고통 받는 시절의 다소를 서술한 부분이 있고, 거기에는 『열반경』, 『십륜경』, 『마하연경』, 『불장경』, 『대집월장분경』 등의 교증이 두루 열거되어 있다.[98] 또 「번뇌뢰고여금강煩惱牢固如金剛」은 이 부분에서는 "爲諸煩惱之所縛者"라고 있지만 다른 부분에서는 "如金剛堅固煩惱"[99] 라고 하는 표현 등이 사용되고 있으니 그러한 표현을 염두에 두고 있었던 것이라고 생각된다.

(10) 행괴체괴삼승근기行壞體壞三乘根機

"행괴체괴삼승근기"라는 것은 '삼승의 근기가 행의 점에서도 체의 점에서도 무너진 것'이라는 의미일 것이다. 그 교증은 『십륜경』권5의 다음 부분이다.

若有人行壞體壞, 於此二乘悉不成器. 爲如是衆生故, 如來便爲說布施法.[100]

만약 행도 체도 무너진 자가 있다면 (聲聞과 辟支佛의) 이승二乘에

---

98 矢吹 『硏究』別篇 367~370쪽.

99 大正 13. 354下.

100 同. 702下.

있어서 완전히 그 기(器: 根機)가 될 수 없다. 이러한 중생을 위해서 여래는 보시의 법을 설하였다.

"행괴체괴行壞體壞"라는 말이 어떠한 의미일까? 경문에는 확실하지 않고, 삼계교 문헌에 있어서도 즐겨 쓰이는데 비해서 예상 외로 그 말을 해석한 부분은 발견되지 않는다. 신역『대승대집지장십륜경大乘大集地藏十輪經』에는,

若有補特伽羅戒見俱壞, 彼於聖法亦不成器. 如來爲益彼, 讚說布施.[101]

만약 계戒도 견見도 모두 무너진 사람이 있으면 그 사람은 성법聖法에 있어서 기器가 될 수 없다. 여래는 그에게 이익을 주기 위해서 보시를 찬탄해서 설한다.

고 되어 있다. 신행의 시대에는 신역新譯은 존재하지 않았지만 임시로 "행괴체괴行壞體壞"를 "계견구괴戒見俱壞"라고 규정했다고 하면 제3계의 중생을 다른 계의 중생과 구별하는 "계견구파戒見俱破"의 교증이라고 파악하고 있었던 것이 된다.

(11) 비시삼승기급열반선근非是三乘器及涅槃善根

"비시삼승기급열반선근"의 교증은『십륜경』권5의 다음 부분에 의거

---

101 同. 749中.

410

한다.

復於未來世, 若有刹利旃陀羅乃至婦女旃陀羅, 以愚癡故自謂爲
智, 多惡麤獷不畏後世, 作諸殺生, 乃至邪見嫉妬慳貪, 隨惡知識,
又於三乘不成法器. 於聲聞乘得少聞已, 於辟支佛乘乃至大乘一
切諸佛之所護持, 而生誹謗, 覆障不令顯現. 若於摩訶衍得少聞
者, 於諸聲聞辟支佛乘諸佛神力之所護持, 而生誹謗, 毀呰不信我
大乘及能分別說大乘者, 若言我聽大乘不受聲聞辟支佛乘.[102]

또 미래세에 있어서 찰리전다라 내지 부녀전다라婦女旃陀羅는 우
치愚癡에 의해서 스스로 지智가 있다고 생각하고, 많은 악으로
매우 거칠고, 후세를 경외하지 않고 살생을 하고 이에 사견邪見에
이르러 질투嫉妬·간탐慳貪투성이가 되어 악지식을 따르는 것이
다. 또 (그들은) 삼승의 법기法器는 될 수 없다. 성문승聲聞乘을
조금 들었으면 벽지불승辟支佛乘이나 대승大乘이라는 제불이 보호
하여 지니는 바에 대해서 비방을 하고 숨어서 나타나지 않도록
시킨다. 마하연(大乘)을 조금 들었으면 성문승이나 벽지불승이라
고 하는 제불의 신력이 보호하여 지니는 바에 대해서 비방을
하고, 나는 대승 및 대승을 잘 분별하여 설하는 자를 믿지 않는다고
해서 비방하고, 혹은 나는 대승을 들었으므로 성문승과 벽지불승
을 받아들이지 않는다고 말한다.

---

102 同. 704中~下.

이 부분에서는 삼승의 어느 것인가에 집착하고 다른 가르침을 비방하는 자는 삼승의 법기法器는 아니라고 설하고 있다. 제3계중생이 하나의 가르침(別法)만에 집착하면 다른 가르침을 비방하는 것이 된다고 하는 것의 교증으로서 이 경문을 사용했던 것이라고 생각된다.

(12) 시삼세제불원가是三世諸佛怨家 속멸불법速滅佛法

"是三世諸佛怨家, 速滅佛法"이라는 이명異名은 『상법결의경像法決疑經』의 다음 부분을 교증으로 하고 있다.

像法中, 諸惡比丘不解我意, 執己所見, 宣說十二部經, 隨文取義, 作決定說. 當知, 此人三世諸佛怨, 速滅我法.[103]
상법의 시時, 악비구들은 나의 뜻을 이해하지 못하고 자기의 견해에 집착하여 12부경(의 가르침)을 설하고 문자의 표면적 의미를 이해하고 그것을 결정적인 설이라고 한다. 마땅히 알라. 이 사람은 삼세의 제불이 원망하는 자이고 신속히 나의 법을 멸한다.

(13) 일체세간천인 중 대적一切世間天人中大賊
(14) 일체세간원가一切世間怨家
(15) 일체제불대적一切諸佛大賊
이들 3가지 이명異名은 모두 『불장경佛藏經』권하의 다음 부분에 의거한다.

---

103 大正 85. 1337上.

412

有所得者, 於我法中, 即是邪見, 是名大賊, 一切世間天人中賊, 是名一切世間怨家, 諸佛大賊. 舍利佛. 是邪見人, 我則不聽出家受戒. 舍利弗. 一切法無我, 若人於中不能生忍, 一切法空無我無人無衆生無壽命不能信解, 於我法中所受供養, 名爲不淨. 是人則是不供養佛, 不供養法, 不供養僧, 强入我法, 形是沙門, 心是外道, 爲盜法人.[104]

유소득의 사람은, 나의 법 가운데에서는 바로 사견이다. 이것을 대적, 일체세간의 천인 중의 적이라고 이름하고, 이것을 일체세간의 원가怨家, 제불의 대적大賊이라고 이름한다. 사리불이여. 이 사견의 사람이 출가수계出家受戒하는 것을 나는 허락하지 않는다. 사리불이여. 일체법은 무아無我이다. 만약 사람이 나의 법을 바르다고 인정하지 않고, 일체법공一切法空·무아無我·무인無人·무중생無衆生·무수명無壽命을 신해信解할 수 없다면 나의 법 중에서 받는 공양은 부정이라고 이름한다. 이 사람은 불佛에 공양하지 않고, 법法에 공양하지 않고, 승僧에 공양하지 않고, 강인强引하게 나의 법에 끌려들어가 있다. 형상은 사문이지만, 마음은 외도이고 법을 훔치는 사람이다.

『불장경』의 중심적인 주제는 제법諸法의 실상은 무생無生·무멸無滅·무상無相·무위無爲의 무소득無所得인 것, 즉 제1의공第一義空을 설하는 것에 있다. 이 가르침을 믿지 않고, 유소득有所得에 탐착하여

---

104 大正 15. 799上~中.

출가자로서 이양을 탐하는 자를 "대적大賊", "일체세간천인중적一切世間天人中賊", "일체세간원가一切世間怨家", "제불대적諸佛大賊" 등이라고 비유적으로 표현하고 있다. 삼계교는 당시의 출가자들의 불교이해, 그리고 그것에 의거해서 실천하는 모습을 『불장경』의 기술을 통해서 비판적으로 대처했던 것이라고 생각된다.

(16) 일체불一切佛 일체경一切經 개실보불능구득皆悉普不能救得

우선 "일체불불능구一切佛不能救"의 교증은 이미 구종인九種人의 제7전다라 부분에서도 열거했던 『십륜경』권4의 다음 부분이다.

> 若成就如是十種惡輪不善衆生, 難得人身, 況復能成聲聞辟支佛果, 乃至成就具足大乘. 一切諸佛所不能救.[105]
> 만약 이러한 10종의 악륜을 갖춘 불선의 중생이라면, 인신을 얻기가 어렵다. 하물며 성문과와 벽지불과를 이루는 것, 그 위에 대승大乘의 과를 성취하는 것은 그보다 더 어렵다. 일체의 제불이 구제하는 것은 불가능한 사람이다.

10종의 악륜을 갖춘 전다라는 불佛에 의해서 구제 받을 수 없다는 경문을, 제3계중생이 부처님에 의해서 구제될 수 없다는 것의 교증으로 삼은 것이다.

또 "일체경불능구一切經不能救"의 교증으로서는 『열반경』권9, 권33

---

[105] 大正 13. 699下.

을 들고 있다. 권9에서는 일천제一闡提란 무엇인가에 대해서 여러 가지 비유를 가지고 설하고 있는데 그중에는,

是大乘典涅槃經亦復如是. 若有衆生犯四重禁五無間罪, 悉能消滅, 令住菩提. (中略) 唯除大龍一闡提輩.[106]
이 대승경전大乘經典인 『대열반경』도 또한 마찬가지다. 만약 어떤 중생이 사중금죄四重禁罪와 오무간죄五無間罪를 범해도 전부 소멸시키는 것이 가능하고, 보리에 안주시키는 것이다. (중략) 다만 대룡大龍과 같은 일천제의 무리는 제외한다.

라고 되어 있고, 이러한 내용이 되풀이하여 진술되고 있다. 이것을 가지고 "일체경불능구一切經不能救"의 교증으로 한 것이다. 이 경우 구제되지 않는 대상은 일천제이므로 삼계교는 일천제를 제삼계인으로 포착하고 있었던 것을 알 수 있다. 권33의 교증은 선성비구에 관한 이야기에 의거하고 있다. 우선 가섭보살迦葉菩薩이 부처님께 다음과 같이 질문한다.

善星比丘是佛菩薩時子, 出家之後, 受持讀誦分別解說十二部經, 壞欲界結, 獲得四禪. 云何如來記說善星是一闡提廝下之人, 地獄劫住不可治人. 如來何故不先爲其演說正法, 後爲菩薩.[107]
선성비구는 부처님이 보살이었을 때 어린아이였고 출가 후 십이부

---

106 大正 12. 420上.
107 同. 560中.

경을 수지하고 독송했으며, 분별하고 해설하여 욕계欲界의 번뇌를 끊고 (色界의) 사선四禪을 획득했습니다. 어째서 여래께서는 선성은 일천제의 천한 몸이고 지옥에 겁의 기간 동안 살아야 하는 불가치인不可治人이라고 수기한 것입니까? 여래께서는 어찌하여 먼저 그를 위해서 정법을 설하고, 후에 보살을 위해서 설하시지 않으셨습니까?

이러한 가섭의 질문에 대해서 부처님은 이제까지 선성비구에 대해서 진실한 가르침을 설해왔지만 그에게는 신수信受의 마음이 없었던 것으로, 거듭 다음과 같이 진술하였다.

善星比丘雖復讀誦十二部經, 獲得四禪, 乃至不解一偈一句一字
之義. 親近惡友, 退失四禪. 失四禪已, 生惡邪見. (中略) 爾時如來
卽與迦葉往善星所. 善星比丘遙見如來, 見已卽生惡邪之心, 以惡
心故, 生身陷入墮阿鼻獄.[108]
선성비구는 십이부경을 독송하여 사선四禪을 획득했지만 1게一偈, 1구一句, 1자의 의미도 이해하고 있지 않다. 나쁜 친구와 가까이 지내고 사선에서 퇴실하였다. 사선을 잃고 악사견惡邪見을 일으켰다. (중략) 그때, 여래는 가섭과 선성이 있는 곳으로 향하였다. 선성비구는 멀리서 여래를 보고서 악사惡邪의 마음을 일으켰다. 악심惡心 때문에 현신現身 그대로 아비지옥에 떨어지고 말았다.

---

108 同. 561下.

416

12부경十二部經의 독송에 의해서도 구제되지 못하고 아비지옥에 떨어진 선성비구의 이야기를 "일체경불능구一切經不能救"의 교증으로 한 것이다. 이 경우도 역시 일천제가 구제 받지 못한 대상이 된 것을 알 수 있다.

(17) 요란일체제불擾亂一切諸佛

"요란일체제불"의 교증은 『십륜경』권6의 다음 부분이다.

若有衆生, 不聞聲聞辟支佛乘, 諸行不具, 善根不熟微, 少精進. 若此人前有所說法, 二俱得罪, 亦是擾亂一切諸佛. 以是義故.[109]
어떤 중생이 성문聲聞(乘)이나 벽지불승辟支佛乘을 듣지 않고, 제행諸行을 갖추지 않고, 선근은 무르익지 않고, 약간의 정진밖에 하지 않는 경우에 만약 이 사람에게 앞서 (大乘의) 법이 설해졌다면 (설한 사람과 들은 사람의) 두 사람 모두 죄를 얻고, 또 일체의 제불을 혼란시킨 것이 된다. 이런 이유로 (大乘의) 법을 받아서 감당하기 어렵다.

그중에서 "二"는 신역에 의하면 "설청2인說聽二人"[110]이다. 또 전후의 문맥에서 "以是義故"의 뒤에 "不堪受大乘法" 혹은 "不任大乘之器"가 생략되어 있는 것이라고 생각된다. 성문이나 벽지불의 기량인 자가 미묘심심微妙甚深의 대승의 법을 설하기도 하고 듣기도 하는 것이

109 大正 13. 706中.
110 同. 754中.

죄가 되고, 제불을 소란스럽게 하는 것이 된다고 설한 부분이다. 삼계교
는 이 부분에 의해서 대승의 근기가 아닌 자가 대승에 망집하는 잘못을
지적하고 성문승·벽지불승을 배척하는 일없이, 삼승을 똑같이 공경하
고 실천하는 것을 설한 것이라고 생각된다. 즉 제3계중생은 제1계나
제2계의 불법佛法을 배울 근기가 아니고, 보법普法인 제3계불법을 배워
야만 할 것을 주장하는 것이다.

정리

제3계의 중생이란 무엇인가 하는 문제를 17종의 이명에 대해서 교증을
확인하면서 검토해 나갔다. 여러 가지 이명의 특징과 교증을 정리해
보면 다음과 같다.

	주된 교증敎証	특징
(1) 空見有見衆生	『涅槃經』, 『佛藏經』	一闡提
(2) 九種人		
①空見衆生	『涅槃經』	一闡提(如來藏佛性 不信心)
②有見衆生	『涅槃經』, 『佛藏經』	一闡提(有所得, 增上慢)
③惡賊	『迦葉經』, 『佛藏經』	破戒, 無慚愧, 利養
④狗菩薩	『迦葉經』	自称菩薩(名利, 諂曲, 邪命)
⑤六師外道	『佛藏經』	邪見
⑥惡魔	『涅槃經』 『佛藏經』	化作好身, 迷惑衆生
⑦旃陀羅	『十輪經』	破戒, 邪見
⑧無慚愧僧	『十輪經』	破戒, 無慚愧, 利養, 誹謗正法
⑨以驢唯狗驢菩薩	『十輪經』	自称大乘

(3) 九十六種道	『摩訶摩耶經』	邪見, 破滅佛法
(4) 世間根機	『涅槃經』	一闡提
(5) 邪見成就	『十輪經』	邪見
(6) 顚倒	『勝鬘經』, 『薩遮尼乾子經』, 『涅槃經』	常見, 斷見, 種種見顚倒
(7) 阿鼻地獄	『大集月藏分經』	誹謗正法毁呰賢聖, 煩惱
(8) 誹謗正法毁呰賢聖	『大集月藏分經』	誹謗正法毁呰賢聖, 煩惱
(9) 煩惱牢固如金剛	『大集月藏分經』	誹謗正法毁呰賢聖, 煩惱
(10) 行壞體壞三乘根機	『十輪經』	破戒, 破見
(11) 非是三乘器及涅槃善根	『十輪經』	三乘의 하나를 盲信하고, 他의 가르침을 비방함
(12) 是三世諸佛怨家速滅佛法	『像法決疑經』	己見에 집착하고 經文을 說하고 佛法을 滅함
(13) 一切世間天人中大賊	『佛藏經』	有所得의 邪見
(14) 一切世間怨家	『佛藏經』	有所得의 邪見
(15) 一切諸佛大賊	『佛藏經』	有所得의 邪見
(16) 一切佛一切經皆悉普不能救得	『十輪經』, 『涅槃經』	不善衆生, 一闡提
(17) 擾亂一切諸佛	『十輪經』	三乘을 共信하지 않고 大乘만 믿음

이것을 종합한 곳에 성립한 인간상이 제3계중생이라고 말할 수 있다. 몇몇 사항에서 그 특징을 정리해 보면 다음과 같다.

(1) 삼계교 문헌에 있어서 제3계중생의 이명으로서 가장 많이 사용되고 있는 것은 "공견유견의 중생"이다. 이것이 어느 의미에서는 제3계중생의 본질적인 특징이라고 말할 수 있다. 공견유견은 바꿔 말하면 사견邪見, 파견破見, 전도견顚倒見이다. 그리고 구체적으로는 공견유견

을 『열반경』에 설해져 있는 일천제라고 하는 존재로서 규정하고 있다. 공견의 일천제는 여래장 불성에 대한 불신심의 중생이고, 유견의 일천제는 유소득, 증상만의 중생이다. 제3계중생과 제1계, 제2계의 중생의 본질적 상위는 사견과 정견이라고 하는 견해의 상위함에 두고 있다고 할 수 있을 것이다.

　(2) 사견은 마음의 문제이지만, 그것이 행동이 되어 나타나는 경우에는 여러 가지 형태를 취한다. 공견의 중생이라도 유견의 중생이라도 자기 견해와 다른 가르침이나 그것을 실천하는 자를 비방하는 것이 된다. 즉 타자他者, 타교他敎의 공격이다. 그 한편에서 자기 견해는 절대라고 굳게 믿고, 증상만을 내고 자기와 자기의 사상을 익찬翼贊한다. 이러한 사견이 행동에 옮겨지는 과정에서 자기의 절대긍정과 타자의 절대부정이 아주 명료하게 표현되어 올 것이다. 이양, 명성 등을 추구하는 행위도 필연적으로 생겨난다.

　(3) 지금 하나의 특징은 파계이다. 그러나 다음에 보는 바와 같이 파계 행위 자제는 제3계중생과 제1계, 제2계 중생과의 분수령은 되지 않는다. 문제는 파계를 한 후의 처리를 어떻게 하느냐이다. 제3계의 경우는 파계를 하고도 전혀 참회하지 않고 파계를 반복하면서 살아가기에 이른다. 제1계, 제2계에도 파계자는 있지만 그들은 파계한 후에 깊이 참괴慚愧의 마음을 일으키고, 다시 파계를 반복하지 않는다.

　(4) 이러한 사견과 사행의 주체인 제3계의 중생은 제불, 제법에 의한 구제가 부정되고 지옥에 떨어지는 결과를 받게 된다. 또 실천대상인 불법도 파멸로 향한다. 이상과 같은 제3계중생의 특징에 의거해서 제3계의 불법이 제기되게 된 것이다.

2) 제1계와 제2계의 중생

일본『삼계』권4에는 제1계와 제2계의 중생에 관한 설명이 되어 있다. 일본『삼계』권3에 있어서의 제3계중생의 설명은 시취矢吹의『연구硏究』별편의 행수로는 635행 정도인 것과 비교하면 제1계중생의 설명은 133행, 제2계중생의 설명은 169행이고, 분량 면에서 확연히 제3계와 제1계, 제2계와의 다름을 발견할 수 있다. 하지만 삼계불법은 삼계의 체계인 이상 제1계, 제2계의 중생의 검토를 피할 수 없다. 또한 제1계, 제2계의 중생에 대해서 검토해보는 것에 의해, 이미 살펴본 제3계중생의 특징이 더욱 분명해질 것으로 생각한다.

(1) 제1계중생

일본『삼계』권4에서는 "일체의 제1계불법 내의 일체의 이근의 중생의 위를 판단하면, 항상 일체의 두 종류의 중생이 있다."[111]라 하여 제1계중생을 두 종류로 나누고 있다. 그 제1의 중생에 관해서는 다음과 같이 설해지고 있다.

> 一者明, 莫問一切凡聖俱一種相似, 皆悉普是一切一種戒見俱不破一切利根正見成就一切一乘根機諸佛菩薩. 如上第二段一切第二階佛法內, 明一切釋種少分護戒淺深分齊. 大般涅槃經聖行品, 明護戒淺深分齊五行等具足. 勝鬘經十受章內, 明護戒時節長短分齊十受等具足. 摩訶衍經初品戒度, 明空有具足戒六波羅蜜等

111 矢吹『硏究』別篇 388쪽.

具足. 大方廣佛華嚴經十地品第二地, 明十善戒三聚戒等具足. 乃
至余一切甚深大乘經內明一切戒見俱不壞亦如是類以可知.[112]

1에 밝힌다. 일체의 범성凡聖을 불문하고 한 종류이고, 모두 한
종류의 계와 견을 파하지 않는 이근이고 정견을 지닌 일승근기의
제불諸佛과 보살이다. 위의 제2단의 일체 제2계불법의 부분에서
일체 석가족釋迦族 사람들의 이야기를 예로 들어 극히 간단하게
호계護戒의 깊음과 얕음(深淺)의 구분을 밝힌 것과 같다.[113] 『대반
열반경』「성행품聖行品」에서는 호계의 심천의 구분에 대해서 오
행五行 등을 갖춘 것을 밝히고 있다. 『승만경』「십수장十受章」에서
는 호계의 시절의 장단의 구분에 대해서 십수十受 등을 갖춘 것을
밝히고 있다. 『마하연경』「초품初品」의 계도戒度에서는 공유空有
의 구족具足, 계육바라밀戒六波羅蜜 등의 구족을 밝히고 있다.
『대방광불화엄경大方廣佛華嚴經』「십지품十地品」의 제2지에서는
십선계十善戒나 삼취계三聚戒 등의 구족을 밝히고 있다. 내지 다른
모든 심심甚深한 대승경大乘經에 있어서도 일체의 계견구불괴戒見
俱不壞를 밝히고 있는 것이고 같은 방법으로 알 수가 있다.

제1계 제1유형의 중생의 특징은 (1) 일승一乘일 것, (2) 계견구불파戒
見俱不破일 것이다. 따라서 교증으로는 삼계교에서 깊고 깊은 대승大乘

---

112 同上.

113 제2계불법 내의 계견구불파戒見俱不破의 중생에 대해 설한 부분에『增壹阿含經』
권26의 석가족釋迦族과 유리왕流離王의 싸움의 이야기가 교증으로 열거되어
있다.

경전으로 간주하는『열반경』,『승만경』,『화엄경』등 가운데 중생(一乘의 正見衆生)이고, 게다가 계戒를 지키는 중생(不破戒의 衆生)에 대해서 설한 부분이 거론되고 있다. 이들의 교증은 제1계 제2유형(破戒不破見)의 중생과의 다름을 표시하는 것에 목표가 있는 것이다.

우선『열반경』권11「성행품聖行品」에서는 첫머리에 있어서 보살마하살은 성행聖行·범행梵行·천행天行·영아행嬰兒行·병행病行의 오행五行을 닦아야 한다고 설하고, 계속해서 호계護戒에 대해서 "보살마하살은, 이 미소한 제 계율 중에서도 호지護持하고 견고히 하여 마음은 금강과 같이, 보살마하살의 사중금四重禁 및 돌길라突吉羅를 지키는 일이 경중敬重 견고堅固하고, 한결 같아서 차별 없다."[114] 등이라고 설해지고 있다. 다음『승만경』「십수장十受章」에서는 부처님으로부터 수기授記를 받은 승만부인勝鬘夫人이 십종의 커다란 맹세(十受)를 세웠다. 그중 제1은 "세존이시여, 나는 금일부터 보리에 이르기까지 받은 바의 계에 있어서 범심犯心을 일으키지 않겠습니다."[115]라고 하는 것이다. 승만부인을 제1계의 정견의 일승인一乘人으로 규정하고, 계를 파하지 않겠다는 서원을 세운 것을 가지고 불파계不破戒의 교증으로 하고 있는 것이다.『마하반야바라밀경摩訶般若波羅蜜經』「초품初品」에는 보살마하살이 육바라밀 특히 반야바라밀을 배워야 하는 중요성이 설해져 있고, 계에 관해서도 "보살마하살이 간심(慳心: 인색한 마음), 파계심破戒心, 진에심瞋恚心, 해태심懈怠心, 난심亂心, 치심(癡心: 어리석은 마음)을 일으키지 않을 것을 바라면 반야바라밀을 배워야만 할 것이다."[116]라

---

114 大正 12. 432下.

115 同. 217中.

고 설해져 있다. 또 『화엄경』권24 「십지품十地品」의 제2지에서는 이구지離垢地에 주하는 보살은 "십불선도十不善道를 떠나, 십선도十善道에 안주安住한다."[117]고 설해져 있고, "간탐파계慳貪破戒의 구垢를 멀리 떠난다."[118]라고 설해져 있다. 이들 대승경전에 있어서 보살의 지계持戒에 관한 경문을 제1계의 계견구불파戒見俱不破의 교증으로 하고 있는 것이다.

다음에 제1계의 제2유형의 중생에 대해서는 다음과 같이 설해져 있다.

二者明, 一切破戒者俱一種相似, 皆悉普是一切一種破戒不破見一切利根正見成就凡夫一切一乘根機菩薩. 又一切破戒不破見一切利根正見成就凡夫一切一乘根機菩薩位判, 莫問一切自他皆悉普知普識, 常不作[119]一切最大違情一切五逆罪一切利根空見有見一闡提增上慢衆生惡賊狗菩薩六師外道惡魔旃陀羅無慚愧僧以驢唯狗驢菩薩等. 於一切十惡四重罪等或犯多或犯少不定.[120] 如菩薩地持論等說, 文顯易識. 大乘方便經說, 文顯易識. 長者女與

---

116 大正 8. 220中.

117 大正 9. 549中.

118 同. 550上.

119 "莫問一切自他皆悉普知普識常不作"를 矢吹는 홍성사본에 따라서 "常不作莫問一切自他皆悉普知普識"로 하고 있지만, 그대로는 글의 뜻이 확실하지 않기 때문에 고쳤다.

120 矢吹는 "戒犯多少定不如定"로 읽고 있지만, 홍성사본은 "或犯多或犯少不如定"이다. 홍성사본의 "不如定"의 부분은 "不定"으로 고쳤다.

菩薩二俱有染心, 女死得生天, 菩薩不死, 唯導有利益, 文當亦不
導作利根空見有見衆生惡賊狗菩薩等, 以此文驗所以得知.[121]

2에 밝힌다. 일체의 파계자는 한 종류이고, 모두 파계불파견破戒不
破見의 이근利根의 정견을 갖춘 범부로서의 일승근기의 보살이다.
또 일체의 파계불파견의 이근의 정견을 갖춘 범부로서의 일승근기
의 보살의 위치(位)를 판별하면 자타를 불문하고 전부 선지식이고,
항상 최대의 위정인 오역죄五逆罪·이근利根의 공견유견·일천제
一闡提·증상만의 중생·악적惡賊·구보살狗菩薩·육사외도六師外
道·악마惡魔·전다라旃陀羅·무참괴승無慚愧僧·이려유구려보살
以驢唯拘驢菩薩 등은 되지 않는다. 일체의 십악사중죄十惡四重罪
등을 많이 범했나, 적게 범했나는 부정이다.『보살지지론菩薩地持
論』등에 설한 대로이다. 해당부분은 분명하고 알기 쉽다.『대승방
편경大乘方便經』에 설한다. 해당부분은 분명하고 알기 쉽다. 장자
長者의 딸과 보살은 두 사람 모두 음욕淫慾을 일으켜서 딸은 죽어
하늘에 태어나고, 보살은 죽지 않고, 다만 딸을 인도하여 이익을
주었다. 경문에 "이근利根의 공견유견 중생, 악적惡賊, 구보살狗菩
薩 등이 되는 것을 인도하지 않았다."라고 되어 있다. 이 문장에
의하여 조사해보면 그 결과를 알 수가 있다.

『보살지지론』의 해당부분은 분명하지 않지만, 특정한 부분이라기
보다도 권4부터 권5의「보살지지방편처계품菩薩地持方便處戒品」[122]의

121 矢吹『研究』別篇 389쪽.
122 大正 30. 910上~918中.

전체 내용을 가리키고 있는 것은 아닐까 생각된다. 거기는 보살의 계戒로서 율의계律儀戒, 섭선법계攝善法戒, 섭중생계攝衆生戒라고 하는 삼취계三聚戒가 제기되며, 율의계律儀戒에 있어서는 4바라이처법四波羅夷處法과 42경계四十二輕戒의 내용과 범한 경우의 처치 등에 대하여 상세하게 설명되어 있다. 삼계교는 『보살지지론』에 있어서의 보살을 일승一乘의 보살로 규정하고 파계한 경우의 처치도 설해져 있는 것으로부터 이들 보살을 제1계의 파계불파견破戒不破見의 일승 중생의 교증으로 간주했던 것일 것이다.

다음에 『대승방편경』이라는 것은 『대보적경大寶積經』[123] 권106에서 권108의 「대승방편회大乘方便會」인 것이다. 권106 후반에 장자의 딸인 덕증德增과 애작보살愛作菩薩의 이야기가 설해져 있다. 장자의 딸 덕증은 걸식하러 방문했던 애작보살을 사랑하여 음욕으로 불태워져 생명을 끝내고, 하늘에 태어나 남자의 몸을 받았다. 보살도 음욕심을 일으켰지만, 즉시 그 자리에서 부정관不淨觀을 하고, 욕심을 버리고 무생법인無生法忍을 얻었다. 원래대로라면 악도惡道에 떨어져야만 할 딸이 하늘에 태어난 것은 애작보살의 발원으로 하늘에 인도되었기 때문이다. 천인天人이 된 덕증은 이승二乘을 구하지 않고, 부처님을 공양한 일로 인해 내세에 성불한다는 수기를 받았다고 하는 이야기이다. 그 이야기 중에는 파계의 요소(음욕), 정견의 요소(음욕을 떠남), 일승의 요소(이승을 구하지 않음)의 3가지가 갖추어져 있다. 그러므로 제1계의 파계불파견의 일승의 중생의 교증으로서 사용되었을 것이다.

---

[123] 大正 11. 597中~598下.

(2) 제2계의 중생

제2계의 중생에 대해서 일본『삼계』권4에서는 "일체의 제2계불법 내의 일체의 이근중생利根衆生의 위位를 판별하면 항상 일체의 두 종류의 중생이 있다."[124]라고 하여 두 종류의 중생으로 분류하고 있다. 그 제1유형의 중생에 관해서 다음과 같이 설하고 있다.

> 一者明, 莫問一切凡聖一切大乘小乘一種相似, 皆悉普是一切一種戒見俱不破正見成就衆生. 何以故. 明如增一阿含經第二十六卷說, 文當明一切釋種爲護戒故, 寧受流離王殺不殺他等者, 皆悉普是.[125]

1에 밝힌다. 일체의 범성凡聖이나 일체의 대승소승大乘小乘을 불문하고 한 종류이고, 전부 한 종류의 계견구불파戒見俱不破의 정견을 갖춘 중생이다. 어째서인가. 명백히『증일아함경增一阿含經』제26권에 설한 바와 같다. 경문에 "일체의 석가족 사람들은 호계護戒를 위해서 저항하지 않고 유리왕流離王에게 살해되었고, 그를 죽이려고 하지는 않았다." 등을 설한 것은 모두 이 종류의 사람이다.

제2계의 제1종류의 중생은 계견구불파의 정견의 중생이다. "범凡과 성聖과 대승大乘과 소승小乘을 불문하고"라고 한 점에서 삼승의 범성凡聖의 중생인 것을 알 수 있다. 앞에서 본 바와 같이 제1계의 중생부분에서는 "범성凡聖을 불문하고"라고 서술했을 뿐, "대승과 소승을 불문하고"

---

124 矢吹『研究』別篇 377쪽.
125 同上.

라고 서술되어 있지는 않았으므로, 제1계와 제2계중생의 차이가 이 점에서 명백하게 되는 것이다. 『증일아함경』을 교증으로 하고 있는 것은 제2계가 소승을 포함하고 있는 것을 나타내기 위한 것이라고 생각된다. 대승경전을 교증으로 열거해도 제2계의 특징이 명확하게 되지 않는 것이다. 『증일아함경』권26은, 「등견품等見品」이라는 품명이 붙여져 있는 것으로부터, 거기에 설해진 중생의 정견성正見性이 우선 보증되는 것이다. 게다가 제2계의 제2종류(破戒不破見)의 중생과의 구별을 명확히 하기 위해서는 불파계不破戒라고 하는 점이 확실하게 경에 설해져 있지 않으면 안 된다. 그래서 권26의 제2경[126]이 교증으로서 쓰이고 있는 것일 것이다. 이 제2경은 유리왕이 석가족을 멸망시켰다고 하는 이야기에 관한 것이다. 석가족은 계를 지키고 있었기 때문에 벌레조차 해치는 일이 없었으며, 하물며 사람을 해치는 일 등은 더욱 없었다. 공격해온 유리왕에 대해서도 저항하는 일 없이 유리왕의 살해를 달게 받았던 것이다. 이리하여 석가족의 사람들은 제2계의 계견구불파의 교증이 되어 있는 것이다. 시時라고 하는 문제를 생각하는 경우에는 석가재세 중의 이야기이니까 석가족 사람들은 제1계의 계견구불파의 중생에 상당하는 것은 아닐까 하는 것도 되겠지만 실제로는 소승경전인 『증일아함경』에 설해진 이야기라고 하는 점이 우선시되어 제2계의 교증으로 되어 있는 것일 것이다.

다음으로 제2유형의 중생에 관해서는 다음과 같이 설해져 있다.

---

126 大正 2. 690上~693下.

二者明. 莫問一切大乘小乘一種相似, 皆悉普是一切一種破戒不
破見正見成就凡夫衆生. 何以故. 明如大方廣十輪經第三卷過半
已後廣説第五卷減半已前略説. 文當作五逆罪, 作四種罪, 誹謗正
法, 毀呰賢聖, 十一種最大根本重罪, 唯在一身兩身, 懺悔卽得罪
滅, 卽得三乘果, 文當破戒不破見. 又如大般涅槃經第九卷卄種喩
所喩法內, 明唯除一闡提已外, 余一切作一切五逆罪, 作四重罪
等, 但使得聞得見大般涅槃經, 卽得罪滅, 卽能得發菩提心.[127]

2에 밝힌다. 일체의 대승소승大乘小乘을 불문하고 한 종류이고,
전부 한 종류의 파계불파견의 정견을 구비한 범부중생이다. 어째
서인가. 『대방광십륜경大方廣十輪經』제3권 후반에 광설되어 있
고, 제5권 전반에 약설되어 있다. 경문에는 "오역죄를 짓고, 사중죄
四重罪를 짓고, 정법을 비방하고, 성현聖賢을 비난하는 등 11종의
근본중죄를 짓고, 일세一世인가 이세二世의 몸을 받을 뿐으로,
참회하면 죄가 멸해지고 삼승의 과果를 얻는다."라고 하고 "파계불
파견"이라 한다. 또『대반열반경』제9권 20종의 비유에 의해서
예를 든 가르침의 부분에, "일천제를 제외한 이외는 다른 모든
오역죄를 짓고 사중죄 등을 지어도, 만약『대반열반경』을 듣기도
하고 보기도 하는 일이 있으면 죄는 멸해지고 보리심을 발하는
것이 가능하게 될 것이다."라는 것을 밝히고 있다.

그중『십륜경』의 인용은『십륜경』권5의 다음 부분 등을 염두에

두고 있는 것이라고 생각한다.

若作如是惡者, 應當懺悔棄捨, 發露終不覆藏. 若能如是, 令罪消滅, 則不更作, 雖爲衆棄, 一切衆僧基業敷具所須之者不得受用. 如是等人以成法器故, 如來爲說聲聞辟支佛大乘之法, 斯有是處. 若二世三世遇善知識, 一切惡業消滅無余, 得聲聞果辟支佛果, 乃至入於甚深大乘正法. 如是之人, 名爲破戒, 不名破見.[128]

만약 이러한 (근본중죄 등의) 악惡을 지은 사람은 참회하여 악을 미련 없이 버리고, 발로發露하여 덮어 숨기지 말도록 해야 한다. 이렇게 하면 죄는 소멸되어진다. 그리고 두 번 다시 악을 짓지 않으면, 대중으로부터 빈출擯出되어 중승衆僧의 생활용구 등 필요한 물건을 받아쓰는 것은 불가능하지만 이러한 사람은 법을 받을 그릇이 될 수 있다. 그러므로 여래는 그 사람을 위해서 성문聲聞·벽지불辟支佛·대승大乘의 법을 설하고, 그 사람은 이 세계에서 2세·3세 동안 태어나 선지식을 만나고 일체의 악업을 소멸하여 남음이 없고, 성문과聲聞果·벽지불과辟支佛果를 얻고, 내지 심심 대승정법大乘正法에 들어가는 것이다. 이러한 사람은 파계라고 하지만, 파견이라 부르지는 않는다.

이 경문에 의하면 근본중죄를 범한 자라도 마음에서 참회하면 죄가 멸해지고, 마침내 삼승의 과를 얻을 수 있다고 설해지고 있다. 게다가

---

128 大正 13. 702下.

430

이러한 유형의 인간은 파계불파견이라고 이름 붙여져 있다. 제2계중생의 제2유형은 삼승의 파계불파견의 중생이니『십륜경』의 경문은 바로 이 유형의 중생의 교증으로 하기에 적합하다는 것이다. 이 유형의 중생은 제3계중생에 가장 가까운 곳에 위치하는 중생이지만, 근본중죄를 범한 후에 깊이 참회했기 때문에 제2계 정견중생의 안에 들어갈 수 있는 것이다. 역으로『십륜경』에 설해진 무참괴승無慚愧僧은 참회하지 않았기 때문에 제3계의 사견의 중생의 전형이 되는 것이다. 제3계의 공견유견의 중생을 위한 불법佛法으로서 인악認惡이라는 실천이 설해지고 있는 것도, 사견에서 정견으로 바뀌는 핵심이 참회에 있다고 판단했기 때문일 것이다. 제2계의 이 유형의 중생을 이해하는 것은 제3계의 중생을 이해하는 데에 필요불가결하다.

다음으로『열반경』의 인용은 권9의 다음 부분 등의 뜻을 취했다고 생각된다.

若得聞是大涅槃經, 雖犯四禁及五無間, 猶故能生菩提因緣, 一闡提輩則不如是.[129]
만일 이『대열반경』을 들은 적이 있으면, 사중금의 죄와 오무간五無間의 죄(五逆罪)를 범하고서도 더욱 보리의 인연을 생하는 것이 가능하다. 일천제의 무리의 경우에는 이와 같이는 되지 않는다.

이러한 표현은 권9에 있어서 일천제란 무엇인가에 대해서 비유를

---

[129] 大正 12. 418中.

섞어서 설한 부분에서 많이 발견된다. 『십륜경』다음으로 더 『열반경』을 인용한 목적은 제2계의 파계불파견의 중생의 멸죄성을 제3계의 일천제 등 계견구파의 중생의 불멸죄성과 대비적으로 나타내기 위해서가 아닐까 하고 생각된다.

3) 삼계의 시時와 처處

삼계의 시時와 처處라고 하는 문제를 생각하기에 즈음하여, 우선 돈황 『삼계』권2의 다음 부분을 검토해 보겠다.

諸佛菩薩, 若爲最大好世界好時好衆生起教, 卽是一切第一階佛法一乘根機菩薩合學. 若爲最大惡世界惡時好時不定衆生起教, 卽是一切第二階佛法三乘根機衆生合學. 若爲最大惡世界惡時惡衆生起教, 卽是一切第三階佛法九十六種道… 空見有見衆生… 合學.[130]

제 불보살이 최대 호세계好世界·호시好時·호중생好衆生을 위해서 가르침을 일으키면, 그것은 모두 제1계불법이고, 일승근기의 보살이 배워야 하는 것이다. 최대 악세계惡世界·악시호시惡時好時·부정중생不定衆生을 위해서 가르침을 일으키면, 그것은 모두 제2계불법이고, 삼승근기의 중생이 배워야 하는 것이다. 최대 악세계惡世界·악시惡時·악중생惡衆生을 위해서 가르침을 일으키면, 그것은 모두 제3계불법이고, 96종 외도外道… 공견유견중생空

---

130 『敦煌寶藏』22. 241上.

見有見衆生… 이 반드시 배워야만 하는 것이다.

이것을 표로 정리하면 다음과 같다.

	정세情勢			불법佛法	실천자實踐者
제1계	호세계 好世界	호시 好時	호중생 好衆生	제1계불법	일승근기보살 一乘根機菩薩
제2계	호세계 惡世界	악시호시 惡時好時	부정중생 不定衆生	제2계불법	삼승근기보살 三乘根機菩薩
제3계	악세계 惡世界	악시 惡時	악중생 惡衆生	제3계불법	공견유견중생 空見有見衆生

이것에 의하면 삼계의 분계分階에 해당하는 처處와 시時와 중생의 3가지 요소가 관계하고 있는 것을 알 수 있다. 이미 중생에 관해서는 상세히 검토를 하였다. 그래서 본 항에서는 시時와 처處에 대해서 고찰해 보겠다.

우선 때에 대해서는 『대근기행법』에는 다음과 같이 설해져 있다.

於十二部經內, 驗取上下兩人出世時, 時有二, 一者佛在世及佛滅度後千五百年已前, 是正見人出世時. 二者千六百年後, 是邪見人出世時.[131]

12부경 가운데서 상인上人과 하인下人의 두 사람이 출세간에 이르는 수행을 할 때에 대해서 조사해 발췌한다. 시時에는 2종이 있다. 첫째는 부처님 재세와 불멸도 후 1,500년 이전은 정견인正見人이 출세간에 이르는 수행을 하는 시時이다. 둘째는 1,600년 이후에는

131 『敦煌寶藏』19. 522上.

사견인邪見人이 출세간에 이르는 수행을 하는 시時이다.

여기서 말하는 시時는 사람의 '출세出世'의 시간이지만, 각각의 근기의 중생이 존재하는 시간과 같은 뜻으로 보아도 지장이 없다. 또 "1,600년 후"라고 하는 것은, 다른 문헌에 있어서는 모두 1,500년 후라고 설해져 있으므로 1,500년을 지나 1,600년째에 들어선 이후라는 의미일 것이다. 이미 밝혔듯이 정견인正見人은 제1계중생과 제2계중생이고, 사견인邪見人은 제3계중생이니 제1계중생과 제2계중생은 부처님의 재세와 불멸도 후 1,500년 이전에 존재하고, 제3계중생은 1,500년 이후에 존재한다고 하는 것이 『대근기행법』의 기본적인 시時와 사람에 관한 사고방식이라고 말할 수 있다. 따라서 시時라고 하는 요소는 적어도 『대근기행법』에 있어서는 제1·제2계와 제3계를 나눈다고 하는 점에서 유효하게 작용하고 있는 것을 알 수 있다. 또 이 부분을 보는 한에서는 시간과 사람이 엄밀히 대응하고 있는 것같이도 취급할 수 있지만, 어디까지나 1,500년 이후에 있어서는 사견인이 압도적으로 많다고 하는 의미이다. 다른 부분에서 『열반경』을 교증으로 해서 "말법세시末法世時, 일천제一闡提 및 오역죄五逆罪는 대지의 흙과 같이[132] (많다)"라고 설해져 있고, "말세시末世時, 사邪는 많고 정正은 적다."[133]

---

[132] 同. 526上. 이것은 제3계불법의 인악(認惡: 十二種顚倒)의 제7의 "십일부경설사진전도十一部經說邪盡顚倒"의 하나이다. 여기서는 제3계의 시(時: 末世의 時, 正法滅盡時 등)에 있어서의 정견인正見人과 사견인邪見人의 다소에 관한 교증이 몇 개인가 열거되어 있다. 본 장 제2절 제2항 "(二)認惡"의 부분(494~542쪽) 참조.

[133] 『敦煌寶藏』19. 534下.

고 설해져 있는 것에서도 이것을 알 수 있다. 어쨌든『대근기행법』에 있어서는 중생과 그것에 대한 법이라고 하는 관계가 중시되어 있고 시간과 세계에 관해서 삼계의 분계分階를 설한 부분이 많이 발견되지는 않는다.

　일본『삼계』나 돈황『삼계』에서는 삼계의 시時의 분계分階는『대근기행법』에 비하면 더욱 애매하다. 일본『삼계』에서도 삼계 각각의 시時를 명확히 한 부분은 적고,[134] 대부분의 경우에는 제3계의 시時만 제3계의 중생의 교증과의 관련에 있어서 문제가 되어 있다. 일본『삼계』에 있어서의 제3계중생이 나타나는 시時에 관한 기술을 정리해보면 대강 다음과 같다.

경명經名	경문經文	삼계교의 해석
『迦葉經』	當來末世後五百歲正法滅時	500년 후
『法華經』	正法滅後於像法中	500년 후
『摩訶摩耶經』	六百歲後	600년 후
『涅槃經』	我般涅槃七百歲後	700년 후
『佛藏經』	我滅度後, 當來之世, 未來世	1,000년 후(取意)
『大集月藏分經』	(五箇五百年說)我滅度後佛法欲滅時	1,000년 후(取意)
『雜阿含經』	過千歲後我教法滅時	1,000년 후

---

134 권2에『大集月藏分經』「分布閻浮提品」의 5개 500년설(『大方等大集經』권55「月藏分第十二分布閻浮提品」大正 13. 363上~中.)에 근거하여 불멸도 500년 이전을 제1계, 1천년 이전을 제2계, 1천년 이후를 제3계에 해당한 부분이 있다. 矢吹『研究』別篇 302쪽. 그러나 이 분계가 설해져 있는 것은 이 부분만이고, 일본『삼계』전체의 시時에 관한 분계의 규준이라고는 할 수 없다.

『十輪經』	五濁惡世, 未來世, 末法中法欲滅時	1,000년 후(取意)
『摩訶摩耶經』	一千歲後	1,000년 후
『像法決疑經』	我滅度已千年後	1,000년 후
『最妙勝定經』	千年之後三百年中	1,000년 후
『薩遮尼乾子經』	佛滅度後, 末世時	1,000년 후(取意)
『大雲經』	我涅槃後千二百年	1,200년 후
『十輪經』	五濁惡世, 未來世, 末法中法欲滅時	1,500년 도(取意)
『薩遮尼乾子經』	佛滅度後, 末世時	1,500년 후(取意)
『大集月藏分經』	正法五百年… 像法住於世限滿一千年	1,500년 후

삼계교가 제 경전 중에서 추출한 제3계의 중생에 관한 교증을 보면, 시時에 관해서는 이상과 같은 통일되지 않음이 생긴 것이다.

이 통일되지 않음을 회피하는 것보다도, 제3계중생의 교증을 제시하는 것을 우선으로 하고 있는 것이다. 따라서 시時의 요소는 중생이라고 하는 요소에 종속적이라고 할 수 있다. "佛滅度或一千年已後, 或一千五百年已後"라고 일반화하여 설해진 부분도 있지만 반드시 둘 중의 하나로 통일하려고 한 것이 아니다. 또 "佛滅度或一千年已後, 或一千五百年已後"라고 하는 규정 자체가 극히 애매한 규정이기도 하다. 이상을 요약하면 시時라고 하는 요소는 일본『삼계』에 있어서 끊임없이 염두에 두어지는 요소이지만 어디까지나 제3계의 중생의 교증에 부수하여 종속적으로 제시된 경우가 많다고 할 수 있다. 또 시時라고 하는 요소는 제1계, 제2계와 제3계의 분계分階에 있어서 가장 유효하게 작용하고 있다고 말할 수 있다.

다음에 처處라고 하는 요소에 대해서 검토해 보겠다.

일본『삼계』중에서 처處에 대해서 진술하고 있는 부분은 일본『삼계』권4의 다음 부분이다.

明驗一切第一階佛法內一千兩種利根正見成就一切一乘根機諸佛菩薩有無分齊有無處所分齊. 文當義當, 一切娑婆世界, 亦名一切五濁諸惡世界, 亦名一切五滓世界, 位判非是一切一乘世界, 位判是一切三乘世界.[135]

일체의 제1계불법 내의 2종의 이근이고 정견을 성취한 일승근기의 제 불보살의 유무 구분, 유무의 처處의 구분을 명확하게 한다. 문의文義 양면에 있어서 일체의 사바세계는 일체의 오탁제악세계五濁諸惡世界라고 이름하고, 또 일체의 오재세계五滓世界라 부르며, 위位를 판별하면 일체의 일승세계는 아니고, 위位를 판별하면 일체의 삼승세계이다.

요약하면 일승근기의 제불세계는 일승세계이고 삼승세계는 아니다. 삼승세계는 사바세계, 오탁五濁의 악세계惡世界이다. 또 돈황『삼계』에서도 제2계와 제3계의 처處는 삼승세계라고 진술하고 있고,[136] 그 주석서인『삼계불법밀기』권상(신행 이후의 문헌)에서도 처處에 관한 설명은 일본『삼계』나 돈황『삼계』와 일치하고 있다.『삼계불법밀기』권상에서는 처處에 대해서 다음과 같이 진술하고 있다.

---

135 矢吹『硏究』別篇 389쪽.

136 敦煌『三階』권2,『敦煌寶藏』22. 229下.

明三階時處. 處別有二. 第一階處, 卽一乘世界, 亦名淨土蓮華藏
世界, 常唯純有諸佛菩薩, 無聲聞緣覺處是. 第二第三階處同卽三
乘世界, 亦名五濁諸惡世界, 娑婆世界, 盲闇世間, 三界火宅, 一切
衆生起於斷常卽是空見有見衆生, 亦名三乘衆生十惡世界是.[137]
삼계의 시時와 처處를 밝힌다. 처處는 2개로 나누어진다. 제1계의
처處는 일승세계이고 정토의 연화장세계蓮華藏世界이며, 항상 제
불보살만 있고, 성문이나 연각은 있지 않은 곳이다. 제2계와 제3계
의 장소는 같고, 삼승세계이며, 오탁제악세계五濁諸惡世界·사바
세계娑婆世界·맹암세계盲闇世界·삼계화택三界火宅이라고도 이름
한다. 일체의 중생은 단상斷常을 일으키므로 공견유견중생이고,
삼승중생십악세계三乘衆生十惡世界라고도 부른다.

　이상 요약하면 삼계교에 있어서의 처處의 분별은 일승세계, 부처님
과 보살만 사는 정토가 제1계의 처處이고, 삼승세계·사바세계·오탁악
세계가 제2계와 제3계에 공통하는 처處라고 말할 수 있다. 따라서
처處라고 하는 요소는 제1계와 제2계, 제3계를 구별하는 요소로서만
의미를 가지고 있는 것임을 알 수 있다.

---

137 『敦煌寶藏』120. 266上.

제2절 삼계불법의 내용

본 절의 목적은 삼계의 근기에 대해서 설해진 출세간에 이르기 위한 법, 즉 삼계불법의 구조를 파악하는 데 있다. 우선 제1항에서는 삼계의 각각의 근기에 대한 삼계의 불법에 대해서 『대근기행법』의 전반부분의 「대근기행對根起行」(根機에 대응하여 출세의 행을 일으킨다)의 법에 대해서 검토한다. 제2항에서는 삼계의 불법 중에서 당시의 중생(제3계의 중생)이 배워야 할 제3계의 불법 내용에 대해서 상세히 고찰한다. 삼계교의三階教義의 중심은 제3계의 중생에 적합한 제3계의 불법이라는 점에 두고 있는 것이다. 특히 제3계불법의 중심사상인 보경普敬과 인악認惡이라는 2개의 기둥에 대한 교증에 입각하여 검토해 보겠다. 제3항에서는 제3계불법을 실천하여 가는 중의 제 문제에 대해서 고찰해 보겠다.

1. 『대근기행』의 법

『대근기행법』의 전반부분에는 삼계의 각각의 근기가 출세간에 이르기 위한 수행을 행하는 법, 즉 『대근기행법』을 5단으로 나누어서 설명하고 있다.[138] 5단이라는 것은 삼계출세三階出世의 도의 부동不同, 삼계출세의 처處의 부동, 삼계자반부자반三階藉伴不藉伴의 부동, 삼계단장三階斷障의 부동, 삼계육법구불구三階六法具不具의 5단이다. 본 항에서는

---

[138] 『敦煌寶藏』19. 509上~520上.

이 5단의 내용을 검토해서 근기의 차별이 실천의 내용이나 수행의 장소 등에 어떤 상위함을 초래하고 있는가를 밝히고 각각의 계階의 불법佛法의 특징을 고찰해 보고자 한다.

1) 삼계출세三階出世의 법

5단 중에서는 제1단의 삼계출세의 도가 가장 상세하게 설명되어 있다.[139] 각각의 계의 불법의 내용을 비교 검토하는 데 있어서 현존 자료 중에서는 가장 체계화되고 정리된 내용을 갖추고 있는 부분이다. 그리고 각 계의 근기에 대한 출세의 도는 귀일체불(歸一切佛: 일체불에 귀의), 귀일체법(歸一切法: 일체법에 귀의), 귀일체승(歸一切僧: 일체승에 귀의), 도일체중생(度一切衆生: 일체중생을 제도함), 단일체악(斷一切惡: 일체악을 끊음), 수일체선(修一切善: 일체선을 닦음), 구일체선지식(求一切善知識: 일체선지식을 만나 도를 구함)의 7개의 항목으로 성립되어 있다.[140] 각 계에 관한 서술의 분량에 대해서 S2446의 행수로 표시하면 제1계가 약 39행, 제2계가 약 37행, 제3계가 약 277행으로, 명백히 제3계의 출세의 도를 설명하는 것에 역점을 두고 있다는 것을 알 수 있다. 또 제3계 중에서는 제5 단악斷惡의 기술이 약 156행, 제6 수선修善

---

139 同. 509下~519上.

140 矢吹『硏究』395~453쪽에서 그 내용에 대해서 광설되어 있다. 시취矢吹는 이 7항목에 대해서 "전삼前三은 삼보三寶, 후사後四는 사홍서원(四弘誓願: 度斷知證)에 해당한다."(『연구』396쪽)라고 해석하고 있다. 전삼은 삼보로서 문제는 없지만, 후사는 사홍서원이라고 해석하는 것에는 의문이 남는다. 오히려 도度·단斷·수修는 삼취정계三聚淨戒에 해당하고, 최후의 구선지식求善知識은 독립해서 받아들이는 것이 가능하지 않을까.

의 기술이 약 71행으로 되어 있어서 분량적으로는 단악斷惡과 수선修善
이 제3계의 출세의 도의 중심적 내용인 것을 알 수 있다. 이 점은
『대근기행법』의 후반부분에서 새삼스럽게 제3계불법의 중심적인 내
용으로서 보경普敬과 인악認惡이 다루어지고 있는 것과도 밀접한 관련
이 있다고 말할 수 있다. 이와 같이 각 계의 출세의 도의 서술은 분량으로
볼 때 꽤 차이가 있고, 게다가 출세의 도의 구성요소 중에서도 그
자리매김에 경중을 볼 수 있지만, 어쨌든 각 계의 출세의 도의 특징을
발견하여 삼계불법의 구조를 파악하는 것을 우선으로 하고 싶다. 그
위에 제3계불법의 주요한 내용을 검토하기로 한다.

　지금 각 계의 근기에 대한 7항목의 출세의 도를 표로 정리해보면
다음과 같다.

	第一階	第二階	第三階
佛	一乘眞身佛 一乘應身佛 形像佛	一乘應佛 形像佛	形像佛 邪見衆生所歸邪魔佛 正見衆生所歸眞佛 佛菩薩應作空見有見 邪魔佛 普眞普正佛
法	頓教大乘法 普想大乘法	三乘經律論	經卷法 極重惡法 世間法 邪善佛法 邪見衆生所歸法 正見衆生所歸法 佛菩薩應作空見有見法 普想大乘法
僧	一乘聖菩薩 戒見俱不破一乘	三乘聖菩薩·緣覺·聲聞 戒見俱不破三乘凡夫菩薩·緣	剃頭著袈裟僧 邪見僧

	凡夫菩薩僧 破戒不破見一乘 凡夫菩薩僧	覺·聲聞僧 破戒不破見三乘菩薩·緣覺 ·聲聞僧 亦正亦邪三乘菩薩·緣覺·聲 聞僧	正見僧 佛菩薩應作空見有見僧 普親僧 普想大乘法
度衆生	一乘聖菩薩 戒見俱不破一乘 凡夫菩薩 破戒不破見一乘 凡夫菩薩 地獄·餓鬼·畜生 ·阿修羅	三乘聖菩薩·緣覺·聲聞 戒見俱不破三乘凡夫菩薩·緣 覺·聲聞 破戒不破見三乘凡夫菩薩·緣 覺·聲聞 三乘亦正亦邪菩薩·緣覺·聲 聞 地獄·餓鬼·畜生·阿修羅	邪見衆生 正見衆生 佛菩薩應作空見有見 衆生 普親衆生 普想大乘衆生 地獄·惡鬼·畜生·阿 修羅
斷惡	善外惡 善內惡	善外惡	二十六斷惡
修善	惡外善(別眞別正) 惡內善(普眞普正)	惡外善	惡內善(如來藏佛性普 眞普正八種佛法) 得苦善(十二頭陀)
善知識	一乘聖菩薩 戒見俱不破一乘 凡夫菩薩 破戒不破見一乘 凡夫菩薩	十二種의 僧과 同一	文義俱不解癡羊僧 解文不解義癡羊僧 利根人內學當根七法 六法人

위의 표에 의거하여 출세법의 특징을 정리해 두겠다.[141]

(1) 귀의불·귀의법·귀의승·도중생

귀의불歸依佛·귀의법歸依法·귀의승歸依僧·도중생度衆生 4항목에 관한 제1계와 제2계의 기본적인 구별은 제1계가 일승이고, 제2계가 삼승

이라고 하는 점에 있다. 이것은 제1계의 근기가 일승의 근기이고, 제2계의 근기가 삼승의 근기이니 근기의 다름이 각 항목의 내용에 직접 반영하고 있다고 하는 것이다. 또 항목 명에는 예를 들면 "귀일체불진歸一切佛盡"과 같이 "일체一切"라는 글자가 붙여져 있으므로 각각의 항목에는 그 계의 존재하는 요소가 전부 열거되어 있다고 하는 것이 된다. 따라서 제1계에는 삼승의 불·법·승·중생은 존재하지 않고, 제2계에는 일승의 불·법·승·중생은 존재하지 않는다는 것이다. 그 계에 존재하는 구성요소를 전부 열거해도 일승이나 삼승의 한쪽에 한정된다고 하는 점에서 제1계와 제2계의 출세의 도는 부분적이라고 할 수 있다. 제1계와 제2계의 불법이 별법으로 된 것은 이 때문이다. 그리고 제1계와 제2계의 근기는 별법에 의거해서 실천해도 출세간에 이르는 것이 가능한 것이다.

제3계의 불·법·승·중생의 4항목은 일승과 삼승이라는 구조와는 별도의 시점이 도입되어 있다. 그것은 한마디로 하면 보普의 시점이라고 할 수 있다. 보진보정불普眞普正佛, 보상대승법普想大乘法, 보친승普親僧, 보상대승승普想大乘僧, 보친중생普親衆生, 보상대승중생普想大乘衆生 등의 요소에 그 특징이 나타나고 있다. 이들 보普를 명칭에 포함한 요소는 다른 요소와 다르게 존재하고 있는 것은 아니고, 오히려 다른 요소를 어떠한 시점에서 포착해야 하는가라는 것을 설명하기 위해서 새삼스레 열거되고 있는 것이고, 말하자면 다른 제 요소가 출세의 도가 될 수 있도록 촉매 작용을 하는 요소라고 할 수 있을 것이다. 제3계는 존재의 다소多少에서 말하면 불·법·승·중생의 어느 것에 관해서도 사邪가 많고 정正은 적은 것이다. 제3계의 근기가 사정邪正을 판별하려고 해도 압도적인 다수의 사邪 가운데 극히 소량의 정正을 선별하는 것은 불가능하다. 결과적으로, 사邪를 정正으로 인식하고 정正을 사邪로 인식하는 실수를 범하게 된다. 이 실수를 회피하기 위해서 불·법·승·중생의 4항에 대해서 보普라고 하는 시점이 도입되어 있는 것이다. 따라서 제3계의 출세의 도의 특징은 보普를 명칭에 포함한 요소 중에서 찾아낼 수 있다. 우선 보진보정불普眞普正佛은 일체의 중생은 여래장불如來藏佛·불성불佛性佛·당래불當來佛·불상불佛想佛이니까 철저히 공경한다고 하는 것이다.[142] 이 실천은 사인邪人이 배워도 정인正人이 배워도 널리 진정을 얻을 수가 있는 것이다. 다음에 보상대승법普想大乘法은 제3계만이 아니라 제1계에도 포함된 법이다. 제1계의 귀의법의 부분에서는 돈교대승법頓敎大乘法(『화엄경』 등 제 대승경大乘經)과 보상대승법普想大乘法의 2개가 열거되어 있고, 보상대승법에 관해서는 "외경外經과 내경內經을 불문하고, 고하高下의 마음을 이루지 않고, 분별의 병을 제거하기 위해 널리 대승大乘의 해解를 이룬다."[143]고 서술하고 있다. 제1계에 보상대승법이 포함되어 있는 것은, 돈교대승법은 일승법이고 내용은 깊지만 어디까지나 별법이니까 보법普法으로서의 보상대승법을 첨가하는 것에 의해서 보별普別을 함께 포함한 완성도가 높은 불법으로서 제1계불법을 제시하기 위해서였던 것은 아닐까 생각된다. 다만 삼계 각각의 출세법의 특징이라고 하는 점에서는 제1계의 법은 돈교대승법, 제2계는 삼승경율론,

---

142 보진·보정불普眞普正佛에 대해서는 다음의 제2항 「(一)普敬의 思想」 중(322~323쪽)에 상세하게 언급되어 있다.

143 『敦煌寶藏』19. 510上.

제3계는 보상대승법이라고 하는 점에 역점을 두고 있는 것은 틀림없다. 보상대승승普想大乘僧과 보상대승중생普想大乘衆生은 보상대승법에 준해서 파악할 수가 있다. 또 보친승普親僧과 보친중생普親衆生은『대근기행법』에는 설명이 생략되어 있지만, 『삼계관법약석三階觀法略釋』(P2268)이나『제3계불법광석第三階佛法廣釋』(S5668)에서는 보친관普親觀에 관해서 일체중생을 널리 자신의 부모로 보는 것이라고 설한다.[144] 즉 일체중생에 대해서 보자보비普慈普悲의 마음을 품는다고 하는 자심관慈心觀과 동일한 관법觀法이라고 생각된다. 보친普親과 보상대승普想大乘은 공경하는 대상을 부모라고 보는지 대승으로 보는 지의 차이는 있지만, 결국은 그 대상에 사정邪正을 불문하고 최고의 경의를 표하고, 최고의 자비심을 일으킨다고 하는 점에서 일치하고

---

144 『三階觀法略釋』(P2268)에서는 "普親觀. 自驗從無始已來, 捨一身受一身, 一劫之中卽受微塵數身. 一身有一箇父母, 一劫之中卽有微塵沙數父母, 何況經不可說微塵數劫受身. 故知, 除身已外, 盡虛空遍法界佛性三寶衆生通凡及聖總是我身普親父母"(『敦煌寶藏』118. 299下~300上)라고 설한다.『第三階佛法廣釋』(S5668)도 거의 같은 문장이다(『敦煌寶藏』44. 293下).『對根起行法』의 권말에도 걸식의 최중最中에는 보친관普親觀을 하세요라고 설했지만, 구체적인 설명은 보이지 않는다(『敦煌寶藏』19. 538上). 또 시취矢吹는 제17단편(P3413V, 『敦煌寶藏』128. 243下~244上)의 "一切衆生皆與我身作父母兄弟姉妹夫妻男女等遍", "已身與他作十重眷屬", "遍一切衆生瓦與我身作十重"이라고 하는 부분을 표시하고, "보친普親, 아마 이 종류의 사상인가"(矢吹『硏究』452쪽)라고 추정하고 있다. 시취가 지적했던 P3413V의 이 부분은 교증으로서『像法決疑經』의 자심관의 부분을 들고 있다. 즉『像法決疑經』에는 "善男子, 未來世中諸惡起時, 一切道俗應當修學大慈大悲, 忍受他惱, 應作是念, 一切衆生無始以來, 是我父母, 一切衆生無始以來, 皆是我之兄弟姉妹妻子眷屬, 以是義故, 於一切衆生, 慈悲怨念, 隨力救濟, 若見苦厄衆生, 作種種方便, 不惜身命"(大正 85. 1338上)라고 설해져 있다.

있다. 승과 중생에 대해서는 2개의 관점이 적용될 수 있지만 법에 관해서는 보상대승법만을 가리키는 것이 또한 당연한 것이다.

(2) 단악斷惡

단악에 관해서 제1계에서는 선외의 악과 선내의 악의 2가지를 끊어야 하는 악으로 들고 있지만, 설명은 생략되어 있다. 또 제2계에서는 선외의 악만을 들고 있지만 역시 설명은 하고 있지 않다. 『대근기행법』의 후반부분에 각 계의 정토의 인과를 밝힌 부분이 있고,[145] 각 계의 정토의 인으로서 단악斷惡과 수선修善이 열거되어 있다. 이 부분에는 제1계와 제2계의 선외의 악은 악惡 내의 악으로서 설해져 있고, 제1계에서는 비방정법誹謗正法・훼자현성毀呰賢聖・도용삼보재물盜用三寶財物・거심의타擧心疑他・오역五逆・사중四重・십악十惡의 6종이, 제2계에서는 십악十惡・오역五逆・사중四重이 거론되어 있다. 선내의 악은 제1계에만 설해져 있고, 사선불법邪善佛法을 배워 명리名利를 구하기도 하고 다른 사람보다도 뛰어나고 싶다고 생각하는 것, 자기의 허물을 감추고 남의 악을 들춰내는 일, 탐貪・진瞋・치癡・공견空見・유견有見・신마귀神鬼魔의 6종을 일으키는 일, 삼보를 파멸하고 삼재를 이루는 일의 4종을 들고 있다. 이러한 악惡 내의 악과 선善 내의 악의 내용이 출세의 도에 있어서의 단악의 선외의 악과 선내의 악과 일치는 하는 것은 아닐까라는 생각이 든다.[146] 어쨌든 다음의 제3계의 단악의 내용과

---

145 『敦煌寶藏』19. 529下~533上.

146 제1계의 정토의 인因의 단악斷惡은 불법에 들어오기 이전의 악과 불법에 들어온 이후의 악으로 대별해서 설하고 있다. 악惡 내의 악과 선내의 악은 불법이

446

비교하면 제1계와 제2계에 대하여 삼계교의 관심이 낮음은 명백하고, 그 결과 분명하지 않은 점도 몇 가지는 처리되지 않은 채로 남아 있다.[147]

제3계의 단악의 부분에는 26종의 끊어야 할 악이 상세하게 설명되어 있다. 개개의 악의 내용을 요약하여 나타내면 다음과 같다.[148]

① 부정설법(不淨說法: 동기가 불순하고, 명예와 이양을 얻거나 남을 이기기 위해 법法을 설함).

② 공견유견의 중생은 출가한 후에도 출가의 법을 지키지 않는다.

③ 삼보三寶의 장단점을 칭찬하고 비방한다.

④ 출가자를 때리거나 욕한다.

⑤ 출가자를 속박한다.

⑥ 사선邪善의 도속道俗과 왕래한다.

⑦ 팔상(八常: 常沒, 常行惡, 常爲無明所纏繞, 其心顚倒常錯謬, 常汚身口, 心常遠離棄捨眞實一切法味, 常爲煩惱及諸邪見惑網所覆, 常行誹謗語).

⑧ 비시승식非時僧食.

⑨ 공견유견의 중생.

⑩ 5종 불구(五種不救: 공견유견의 중생은 불·법·승·중생·단악수선斷惡修善에 의해서도 구제할 수 없다).

⑪ 무시이래無始以來, 부모와 육친권속六親眷屬이 되어온 일체중생

━━━━━━━

들어온 이후의 악으로 설해진다.

147 제1계의 악 안의 악은 6종인데, 제2계의 악 안의 악은 3종밖에 열거되어 있지 않은 점, 제2계의 선내의 악이 열거되어 있지 않은 점 등의 이유가 확실하지 않다.

148 각각의 악의 교증에 대해서는 제2부 1『對根起行法』의 현대어역과 주를 참고하기 바란다.

에 대해서 탐貪·진瞋 등의 악을 일으킨다.

⑫ 하근下根의 자가 탐·진에 의해서 상근上根이 배워야 할 상법上法 (不當根佛法, 別法)을 닦는다.

⑬ 별법을 닦은 결과 지옥에 떨어져 지옥에서 생사를 반복하고 무간無間의 고苦를 받는다.

⑭ 지옥에서 나와 부처님을 만나 수행을 해도 멸죄滅罪되지 않고, 다시 지옥에 떨어지고, 간신히 지옥에서 나와 부처님을 만나 비로소 삼악도三惡道를 면한다.

⑮ 더욱더 당근불법當根佛法을 닦아도 약간 닦을 수 있을 뿐이다.

⑯ 십악十惡.

⑰ 사중四重.[149]

⑱ 오역五逆.

⑲ 비방정법(誹謗正法: 정법을 비방하다).

⑳ 훼자현성(毀呰賢聖: 현인과 성자를 헐뜯다).

㉑ 사념처악四念處惡.[150]

㉒ 고집이제악苦集二諦惡.

㉓ 십이인연악十二因緣惡.

㉔ 칠루악七漏惡.

---

149 삼계교는『十輪經』에 근거해서 사중四重부터 훼자현성毀呰賢聖까지의 11의 악을 11종근본중죄十一種根本重罪로 한다.

150 『三階觀法略釋』(P2268),『敦煌寶藏』118. 305下와『第三階佛法廣釋』(S5668),『敦煌寶藏』44. 294下~296上에서는 사념처악에서 십상악十想惡까지의 5개를 "오과악관五科惡觀"으로서 설하고 있다. 또 일본『삼계』권4(矢吹『研究』別篇 411~412쪽)에서는 관법에 있어서 "오종악경계五種惡境界"로서 설하고 있다.

448

㉕ 십상악十想惡.

㉖ 도삼보재물盜三寶財物.

이상 26가지 악은 여러 가지 종류의 악이 섞여서 열거되어 있는
것이고, 전체적인 특징을 찾아내는 것은 어렵다. 삼계교가 제3계의
악으로서 관심이 미친 것을 그대로 열거한 것이 아닐까 하고 생각될
정도로 계통성을 잃고 있다. 다만 열거된 악은 전체로서 입불법入佛法
이후, 즉 출가한 이후의 악에 중점을 둔 것같이 보인다. 이 점에서는
제1계와 제2계의 단악과 마찬가지이다. 부정설법不淨說法을 비롯하여
출가자의 비법非法이나 부당근不當根의 불법을 닦는 것 등이 십악十惡
등의 선외의 악을 우선하여 설해지고 있다. ⑫ ~ ⑮ 는 하나하나가
끊어야 할 악은 아니고, ⑫의 악의 결과가 ⑬ 이하에 설해지고 있다.
또 제1계불법과 제2계불법에서 선외의 악이 된 중악은 ⑯ ~ ⑳에 열거
되고 있다. 이것을 부정설법이나 부당근의 불법을 닦는 것이 제3계의
출가자에게 특징적인 악이고, 그것을 단절하는 것을 무엇보다 중시했
기 때문일 것이다. ㉑ ~ ㉕ 는 단절해야 할 악이라기보다도 관법의
실천에 있어서 관상觀想해야 할 대상으로서의 악의 경계를 설한 것이다.
『대근기행법』의 후반에 설해진 제3계불법 중에 공관空觀이라고 하는
항목이 포함되어 있지만, 그 부분에는 특별한 설명이 없고, ㉑의 사념처
四念處를 참조하도록 지시하고 있다.

(3) 수선修善

제1계 수선은 악 외의 선과 악 내의 선의 2가지가 열거되었고, 제2계의
수선은 악 외의 선만이 열거되고 있지만 양쪽 계 모두 전혀 설명은

되어 있지 않다. 이 점은 단악의 경우와 같다. 출세의 도를 각각의 근기에 대해서 설한다고 하면서도 실제로는 제1계와 제2계의 출세의 도 쪽으로의 관심은 극히 낮은 것이다. 그래서 정토의 인因으로서 설해진 수선의 내용을 참조하면, 우선 제1계의 악 외의 선은 별진별정선別眞別正善으로서 설해지고 있는 구종九鍾의 선善, 즉 육바라밀六波羅蜜에 자비慈悲, 고행苦行, 복장기선양현타선(覆藏己善揚顯他善: 자신의 선은 덮어 숨기고 타인의 선은 드러냄)을 가하여 구종이라고 생각된다. 제2계의 악 외의 선은 육바라밀만이 열거되어 있다. 또 악 내의 선은 보진보정선 즉 여래장, 불성佛性 등의 팔종八種의 불법(佛法＝普敬)[151]을 가리킨다. 이미 법의 부분에서 서술한 바와 같이 제1계의 근기는 별법을 수행해도 보법을 수행해도 출세를 얻게 되어 있고 수선에 관해서도 보진보정普眞普正의 선이 더해지고 있는 것이다.

　제3계의 수선은 악 내의 선과 득고得苦의 선의 2가지가 열거되고 있다. 악 내의 선은 득악得惡의 선이라고도 불리는데, 보진보정 팔종의 불법인 것이다. 제3계불법의 중심적 내용인 보경의 사상은 팔종으로 성립되어 있으므로 팔종불법이라고 불리고 있다. 득고의 선은 12두타頭陀이다. 제3계의 근기는 방치하면 즐거운 수행, 상근기의 수행 쪽으로 향하여 가는 근기이어서 그 방향으로 가지 못하도록 하기 위해서 12두타의 고행을 권하는 것이다.

---

151 본 절 제2항 중의 「1) 보경의 사상」 부분(463쪽 이하)을 참고하기 바람.

(4) 구선지식求善知識

제1계와 제2계가 추구해야 하는 선지식은 귀의해야 할 승僧과 일치하고 있다. 제1계와 제2계에 있어서는 현실에 존재하는 승僧이 그대로 선지식으로서의 자질을 갖추고 있는 것이다. 왜냐하면 제1계와 제2계의 승僧은 정견正見이기 때문이다. 그런데 제3계에 있어서는 귀의해야 할 승僧과 찾아야 할 선지식은 다르다. 승僧에는 사견의 승도 정견의 승도 포함되어 있고 대략 승이라고 이름 붙은 자에는 모두 귀의하는 것이 출세의 도로서 추구할 일이다. 한편 선지식에 관해서는 제3계에서는 경문도 읽을 수 없고 의미도 이해할 수 없는 아양승(瘂羊僧: 둔하고 어리석은 승려를 벙어리 양羊에 비유함)이라든가 경문은 읽어도 의미는 이해할 수 없는 아양승이 이상적인 선지식이 된 것이다.[152] 왜 둔근의 아양승이 선지식으로 되었는가 하면, 제3계의 공견유견 중생의 근본병은 분별의 병이니까 분별을 하는 힘이 뒤떨어진 아양승이 역으로 선지식의 지위에 올라 있는 것이다. 이 2종의 아양승인 선지식을 어떻게 해서 알아차릴 수 있는가 하는 점에 관해서 『대근기행법』은 다음의 6가지 사항을 들고 있다.[153]

---

152 아양승에 관한 상세한 고찰은 제5장 제1절의 「2. 『제법』의 기본사상」(597쪽 이하) 참조.

153 『敦煌寶藏』19. 518下. 아양승의 요건은, 신행이 수행생활에 있어서 이상으로 해야 할 선지식을 진지하게 모색하는 가운데에서 결정되어 왔을 것이지만, 객관적으로 보면 당시의 지배자의 이데올로기적 요구에도 합치하는 것이라고 할 수 있다. 즉 하층에 위치한 자가 하층의 생활을 달게 받고, 그것을 얌전하게 참고 살아가는 것이야말로 이상적인 인간의 생활방식이라고 하는 사상인 것이다. 신행 자신은 상층의 승려들의 퇴폐한 생활을 비판적으로 파악하고, 그 대극에

①신구의 身口意의 삼업三業을 의젓하게 하고 있고 노하여 싸움을 한 일도 없고 사람을 싫어한 일도 없다.

②입신출세하는 것을 원하지 않고 가장도 되지 않고 관직에도 나아가지 않는다.

③죄를 두려워하고 십악을 짓지 않으며 계를 범하지 않는다.

④출가한 이후에도 계를 지키고 죄를 피한다.

⑤출가한 이후에도 입신출세를 원하지 않고 인주人主와 법주法主가 되려고 하지 않는다.

⑥12두타頭陀를 행하고, 항상 하열下劣해서 나쁜 상황을 좋게 받아들이도록 한다.

태어나면서부터 혹은 출가한 이후 이 6종을 갖추고 있으면 공동의 수행생활을 견딜 수가 있고 선지식이 될 수가 있다. 또 계를 범해도 곧 참회하고 감추지 않고, 금계를 범해도 다시 범하지 않는 자로서 다른 행동이 위의 6종과 같은 자도 선지식이 될 수 있다고 한다. 그밖에 감각의 반응이 빠른 이근인 자이어도, 당근불법을 배운 자로서 아양승과 같이 죄를 두려워하는 등의 점에서 철저한 자도 선지식이 되는 것이 가능하다고 할 수 있다. 이러한 아양승을 중심으로 한 선지식의 집단은 실은 바로 삼계교 출가자집단이었지만, 그 점에 관한 상세한 검토는 제5장의 제1절로 미루겠다.

있어야 할 수행자의 모습을 보기 시작한 것이지만, 객관적으로 보면 지배자의 요구에 맞는 사상이라고도 되어 있는 점은 주의해 둘 필요가 있다.

452

2) 삼계수행의 장소

『대근기행법』의 제2단과 제3단은 수행에 적합한 장소 등에 관련된 문제를 다루고 있다. 우선 제2단의 삼계의 출세의 장소의 부동不同에 관한 전문은 다음과 같다.

第二段, 明三階出世處所不同所由義者, 於內有三段. 一者第一階
一乘根機凡夫菩薩等入道處, 莫問聚落山林靜亂俱得道. 何以故.
由從無始已來學普行故. 二者第二階三乘根機衆生入道處者, 唯
在靜處, 不得在聚落. 何以故. 由從入佛法以來, 常學禪定根機唯
有靜處能長道故. 三者明第三階空見有見衆生出世處者, 唯得在
聚落, 不合在山林閑靜. 何以故. 由從無始已來, 與如來藏佛佛性
佛形像佛最有緣故. 唯得在聚落, 不得在山林修道.[154]

제2단, 삼계가 출세간에 이르기 위한 수행을 하는 장소가 같지 않은 이유에 관한 내용을 명확하게 밝히는 것은, 그중에 3단이 있다. 첫째, 제1계 일승근기의 범부보살凡夫菩薩 등의 입도入道의 장소는 취락聚落, 산림山林의 조용한 곳(靜)과 어지러운 곳(亂)에 관계없이 모두 도를 얻는다. 어째서인가? 무시이래로 보행普行을 배워온 때문이다. 둘째, 제2계 삼승근기의 중생의 입도의 장소는, 다만 정처(靜處: 고요한 곳)에 있을 뿐 취락에 있지는 않다. 어째서 인가? 불법에 들어온 이래로 항상 선정禪定을 배워 익힌 근기이기 때문이고 다만 정처靜處에서만 좋은 도를 잘 발전시킬 수 있기

---

154 『敦煌寶藏』19. 519上.

때문이다. 셋째, 제3계의 공견유견 중생의 출세의 장소를 밝히면 다만 취락에만 있어야 하고, 산림 등의 한가하고 고요한 곳에 있어서는 안 된다. 어째서인가? 무시이래로 여래장불如來藏佛·불성불佛性佛·형상불形像佛과 가장 인연이 있으므로, 다만 취락에만 있어야 하고 산림에서 수도하는 것은 안 된다.

삼계 각각의 수행 장소가 다르고, 그 결과 출세 장소도 다른 것이다. 제1계의 일승의 근기는 어디서 수행을 해도 출세하는 것이 가능한데 대하여, 제2계의 근기는 선정을 배우는 근기이어서 산림의 고요한 장소에서 수행을 해야 하고, 제3계 공견유견의 중생은 취락에서 수행해야 하며 산림에서 수행하는 것은 안 된다고 설한다. 제3계의 불법의 중심은 보진보정의 팔종불법八種佛法이고, 그중에서도 일체중생을 여래장불·불성불·당래불·불상불로서 공경 예배하는 것이 중시된다. 따라서 수행 장소는 사람들이 많이 모이는 도시가 가장 적당하다고 하는 것이다. 『속고승전』권19의 「승옹전僧邕傳」에 의하면,[155] 북주北周 무제武帝의 폐불廢佛 때문에 승옹은 백록산白鹿山에 피신하여 수행하고 있었는데, 폐불 후 수隋의 개황開皇 초에 신행이 심부름꾼을 보내어, 혼자 그 몸을 잘해야 할 것이 아니라 산에서 내려와 제도해야 할 것을 설득하고 하산하도록 하여, 개황 9년(589)에는 함께 장안長安에 이주하여 살았다고 기록되어 있다. 이 전기는 삼계교가 산림이 아닌 취락에서의 수행을 중시했다고 하는 사실을 단적으로 표현하고 있다고 할 수

---

155 大正 50. 583下~584上.

있다. 당대唐代에 들어와서 화도사化度寺의 무진장원을 중심으로 한 삼계교의 경제활동은 공전空前의 번영을 보았는데, 이러한 번영도 당초부터 도시를 기반으로 한 활동에 중점을 둔 것과 매우 관계가 있다고 생각된다. 게다가 도시형의 불교가 교의敎義 중에 언급되어 있다고 하는 점은 주목하여 둘 필요가 있다.

    다음의 제3단은 수행 동행자의 필요성의 유무에 대해서 수행 장소와의 관련에서 설하고 있다. 전문全文은 다음과 같다.

第三段, 明三階藉伴不藉伴所由義者, 於內有三階. 一者第一階一乘根機凡夫菩薩有伴無伴皆得出世. 何以故. 由從無始已來所學一切行, 皆有心徹到行故, 莫問有伴無伴, 皆得出世. 二者第二階三乘根機衆生唯在靜處始得出世, 不得在聚落. 何以故, 由從入佛法已來, 唯學無相三昧坐禪故, 唯合在山林靜處得出世故. 三者第三階空見有見衆生學出世法, 唯在聚落, 不在山林, 唯藉多伴, 喩如破車藉多繩木, 須牢繫縛, 始可載物. 顚倒衆生亦復如是, 唯藉强伴, 始可入道. 何以故, 由空見有見衆生無始已來未學當根出世法, 志性未立, 數數進退, 唯須强伴始得成行.[156]

제3단, 삼계가 동행자(伴: 道伴)의 도움을 받아야 하는지 받지 않아야 하는지의 이유에 관한 내용을 명확하게 하는 것은, 그중에 삼계가 있다. 첫째는, 제1계 일승근기의 범부보살은 동반해도 동반하지 않아도 모두 출세를 얻는다. 왜 그런가? 무시이래로 배워온 일체의 행은 진실하고 철저하게 행했던 수행이었으므로 수반해도 수반하지 않아도 출세를 얻는다. 둘째는, 제2계 삼승근기의 중생은 다만 정처靜處에 있어야 비로소 출세할 수 있기 때문에 취락에 있을 필요가 없다. 어째서인가? 불법에 들어온 이래로 다만 무상 삼매 좌선만을 배웠으므로 다만 산림 정처에 있어야 출세할 수 있기 때문이다. 셋째는, 제3계의 공견유견의 중생이 출세의 법을 배우는 데에는, 다만 취락에 있고 산림에는 있지 않아야 한다. 많은 도반의 도움을 받아야 한다. 예를 들면 부서진 수레는 많은 노(끈)와 나무를 빌려서 견고하게 얽어매어야 비로소 짐을 실어 나를 수 있는 것과 같다. 전도의 중생도 또한 이와 같다. 강한 도반의 도움을 받아서야 비로소 도에 들어갈 수가 있다. 왜 그런가? 공견유견의 중생은 무시이래로 당근출세의 법을 배운 적이 없으므로 의지가 아직 굳게 서 있지 않아서 자주 나아가기도 하고 물러서기도 하여, 강한 도반을 이용해서만 비로소 수행을 완수할 수가 있기 때문이다.

이 제3단도 산림에서 수행하는가, 취락에서 수행하는가를 각 계에 따라 설한 것이지만 제2단에서는 수행의 장소 자체가 문제되어 있던 것에 대해서, 제3단은 도반의 도움을 받는지의 여부가 문제되어 있다. 도반은 필시 수행의 동행자를 수반한다는 의미가 아닐까라고 생각된다.[157] 제1계에서는 동행자의 유무는 문제가 되지 않고, 제2계에서는

---

157 제2단의 제3계의 부분과 같고, 여래장 등을 가지고 있는 일체중생을 동반자로 생각하는 것도 가능할 것이라고 생각하지만, 그러면 제3단을 별출別出하는 의미

456

동행자를 동반하지 않고 산림에서의 수행이 적합하고, 제3계에서는 동행자가 집단적으로 수행하는 것이 필요한 것이다.

3) 근기根機와 불법佛法의 대응관계

제4단은 근기와 불법의 대응관계에 대해 설하는데 전문은 다음과 같다.

第四段, 明三階斷障不同所由義者, 於內有三段. 一者第一階凡夫正見人等, 合學上法, 而行下法, 廢出世, 無障道罪. 二者第二階三乘正見人等, 唯合學當位法, 不學上一乘人所行法. 而行之者, 由下人學上法, 不當根錯故, 障道受苦. 三者第三階斷出障者, 唯得學一人一境一行一相續一身業一意業一口業. 若異是學行上兩階佛法, 不當根故, 雖行佛法, 念念之中唯長邪錯, 作無窮無盡阿鼻地獄等業, 受無間苦.[158]

제4단, 삼계가 (출세간으로 이르기 위해서의) 장애를 끊어야 하는지 아닌지는 같지 않다고 하는 이유에 관한 내용을 명확하게 하는 것은, 그중에 3단이 있다. 첫째는, 제1계의 범부정견인凡夫正見人 등은 상법上法을 배워야 한다. 하법下法을 행하면 출세간에 이르는 것을 멈추게 되지만 도를 방해하는 죄는 되지 않는다. 둘째는, 제2계의 삼승정견인三乘正見人 등은 다만 당위의 법만을 배워야 하고, 상上의 일승인의 법을 배워서는 안 된다. 그렇게

가 없어지므로 동행을 무시하는 삼계교단의 성격으로 생각해서 동행자의 반伴의 의미로 해석하였다.
158 『敦煌寶藏』19. 519下.

하면 하인下人이 상법上法의 당근當根이 아닌 것을 배우는 착오이
므로, 도를 방해한 것이 되고 고苦를 받는다. 셋째는, 제3계의
장애를 잘라버리려면 다만 일인一人・일경一境・일행一行・일상속
一相續・일신업一身業・일의업一意業・일구업一口業을 배워야 한
다. 만약 이것을 달리하여 상上의 2계의 불법을 배워 행하면,
당근이 아니기 때문에 불법을 행함에도 불구하고 일순간마다
다만 사착邪錯을 늘리고, 무궁무진의 아비지옥阿鼻地獄 등의 업을
짓고, 무간無間의 고苦를 받게 된다.

이것에 의하면, 제1계는 상법을 배워야 하지만, 하법을 배운다 해도
죄를 짓는 것은 아니다. 제2계는 제1계의 상법을 배우면 출세에 방해가
되며 고苦를 받는다. 제3계는 제1계와 제2계의 상법을 배우면 당근불법
이 아니므로 일순간마다 사착邪錯을 늘려서 지옥의 업을 짓고 무간의
고를 받는다고 설해져 있다. 제3계에 있어서 배워야 할 내용으로서
일인一人・일경一境・일행一行・일상속一相續・일신업一身業・일의업一
意業・일구업一口業의 7가지가 열거되어 있지만, 자세한 내용은 명확하
지 않다. 제3계의 팔종불법의 하나에 일인일행불법一人一行佛法이라는
것이 있다. 일인一人이란 자기 한 사람만이 악이라고 인정하는 것이고,
일행一行이란 자신 이외의 모든 사람을 여래장 등의 사불四佛로서
공경하는 행行만을 하는 것이다. 일경一境 등에 대해서도 마찬가지라고
짐작되며 하나의 수행에 철저히 집중하는 것의 필요성을 설하고 있는
것은 아닐까라고 생각된다.

다음에 제5단은 삼계가 수행하는 때에 육법六法을 갖추어야 하는지

의 여부가 설해져 있다. 전문은 다음과 같다.

第五段, 明三階出世六法具不具所由義者, 於內有三. 一者第一階
一乘凡夫菩薩, 學六法七法盡. 二者第二階三乘根機正見人等,
唯學七法, 不行六法. 三者空見有見衆生, 亦同上一乘人等, 行七
法六法盡. 七法上來皆具明. 六法未說. 六法者, 一同行, 二寬,
三長, 四深, 五不退, 六相續.[159]

제5단, 삼계의 출세의 육법六法이 갖추어져 있는가, 갖추어져
있지 않는가의 이유에 관한 내용을 확실하게 하는 것은 그중에
3가지 있다. 첫째는, 제1계의 일승의 범부 보살은 육법과 칠법을
전부 배운다. 둘째는, 제2계의 삼승의 근기의 정견인正見人 등은
단지 칠법만 배우고 육법을 행하지 않는다. 셋째는, 공견유견의
중생도 또한 위의 일승인 등과 같이 칠법과 육법을 전부 행한다.
칠법은 앞에서 구체적으로 밝혔다. 육법은 아직 설하지 않았다.
육법이란, 1. 동행同行, 2. 관寬, 3. 장長, 4. 심深 5. 불퇴不退
6. 상속相續이다.

이것에 의하면 칠법은 삼계의 근기가 모두 실천해야 하는 법이다.
칠법은 이미 본 항(一)에서 검토한 귀의불, 귀의법, 귀의승, 도중생,
단악, 수선, 구선지식의 7가지 실천이다. 각 계의 근기에 의해서 각
항목의 구체적인 내용은 다르지만 7개의 항목이 출세의 법을 구성하는

---

159 同. 519下~520上.

요소라고 하는 점은 일치하고 있는 것이다. 한편 동행, 관관寬, 장長, 심深, 불퇴, 상속의 육법에 대해서는 제1계와 제3계만이 갖추어야 할 법이다. 『대근기행법』에서는 육법에 관해서 설명되어 있지 않다. 또 다른 삼계교 문헌에도 육법이라고 하는 형태로 정식으로 설한 부분은 없다. 육법의 몇 개인가에 대해서 설한 부분이 보일 뿐이다. 『삼계불법밀기』 권상에서는 관관寬, 장長, 불퇴에 대해서 다음과 같이 서술하고 있다.

菩薩修行必具三義, 謂寬長不退願. 廣則以利他爲心. 長時則以自勞成行. 不退則以同行取果.[160]
보살의 수행은 반드시 삼의三義를 갖추어야 한다. 관관寬과 장長과 불퇴의 원願이다. 관관寬은 이타利他의 마음을 가지는 것이다. 장시長時는 자기가 (긴 시간) 노고를 하는 것에 의해서 행을 이루는 것이다. 불퇴는 동행에 의해서 과果를 취하는 것이다.

이것에 의하면 보살의 수행에 필요한 요소로서 관관寬, 장長, 불퇴 등의 법을 받아들이고 있는 것을 알 수 있다. 또 『대승법계무진장법석大乘法界無盡藏法釋』에서도 관관寬·장長·불퇴의 삼의三義를 들고, 또 이것을 관관寬·장長·심深의 삼의三義라고 하며, 또 무여수(無余修: 만행을 하나라도 수행하지 않는 것이 없다), 공경수(恭敬修: 하나하나의 행行에 대해서 이理를 규명하고 예의가 바르고 고통을 피하지 않는다), 장시수(長時

---

160 『敦煌寶藏』120. 273下.

修: 하나하나의 행에 대해서 삼대아승지겁三大阿僧祇劫을 경과한다), 무간
수(無間修: 마음을 상속해서 간단없다)의 사수四修에도 통한다고 해서,

> 但一一行具上三義四種修者, 名爲常樂我淨行, 亦名一乘大乘行.
> 若不具足三義四修者, 名爲苦空無常行, 亦名三乘小乘行.[161]
> 하나하나의 행이 위의 삼의와 사수를 갖추고 있으면, 상락아정常樂
> 我淨의 행이라고 이름하고, 일승대승一乘大乘의 행이라고도 이름
> 한다. 삼의나 사수를 갖추고 있지 않으면, 고공무상苦空無常의
> 행이라 이름하고 삼승소승三乘小乘의 행이라고 부른다.

고 서술하고 있다. 이러한 삼의三義나 사수四修의 내용이 『대근기행
법』에서는 육법六法으로서 정식화 되어 있는 것일 것이다. 육법은
보살의 수행에 있어서 구비해야 할 내용이고, 제1계의 일승의 근기가
배우는 것은 당연하다. 그러면 제3계의 공견유견의 중생이 육법을
배운다고 하는 것은 어째서인가? 이미 제1절에서 상세히 검토한 바와
같이 제3계중생의 능력부족은 명백하다. 그런 인간에게 제1계의 일승
인과 같은 수행을 시키는 것은 "근기根機에 대응한" 법이라고 말할
수 있는 것일까. 실은 『대근기행법』이나 그 밖의 삼계교 문헌에서
제3계의 공견유견의 중생이 실천해야 하는 내용에 대해서는 상세하게
설해져 있지만, 설해진 수행을 실천할 수 있는가 여부에 대해서는
거의 고찰이 되어 있지 않은 것이다. 제1계와 제2계에 대해서 설해진

---

161 『敦煌寶藏』6. 96上.

출세의 법은 그 계의 근기가 "실천할 수 있는" 법이라는 것에 대해서, 제3계에서는 "실천해야 할" 법으로서 설해지고 있는 것은 아닐까라고 생각된다. 제3계중생이 공견유견의 병을 멸하는 방법은 제3계불법 이외에는 있을 수 없는 것이어서 이미 실천 가능한가의 여부를 문제로 하는 단계는 아닌 정도로 사태가 절박해 있다고 할 수 있다.[162]

2. 제3계불법의 중심사상

제1항에서는 삼계의 근기에 대한 삼계의 법에 대해서 검토를 가하였다. 제2항에서는 제3계의 불법佛法으로 좁혀서 중심사상인 보경普敬과 인악認惡에 대해서 고찰하려 한다.[163]

제3계불법의 중심이 보경과 인악이라고 한 것은 『대근기행법』이다. 보리심을 일으키기 위한 가르침을 설한 부분의 제일에 어떤 가르침을 맨 먼저 실천해야 하는가에 대해서 서술한 부분이 있다. 그 제일로서,

一者, 先學第三階佛法. 於內有三種, 一者普敬, 二者認惡, 三者空觀.[164]

---

162 중국의 정토교에서는 실천능력의 결여를 깊이 인식한 결과, 실천할 수 있는 법으로서의 이행도, 정토문에 겨우 다다랐다. 삼계교와 정토교의 상위는, 정토교가 실천능력의 저하를 문제 삼은 것에 대해서 삼계교는 판단능력(見)의 사악화邪惡化를 문제 삼았던 점에 있다. 西本照眞(1991) 참조.

163 선행연구로서는 시취矢吹 『연구』 485~495쪽, 木村淸孝(1984), 早川道雄(1990) 등이 있다. 이들 연구에 기초하면서 보경普敬과 인악認惡의 모든 교증을 상세히 검토하는 작업을 시도해 본다.

첫째는 먼저 제3계의 불법을 배운다. 그중에 삼종이 있다. 첫째는
보경, 둘째는 인악, 셋째는 공관空觀이다.

라고 서술되어 있다. 그 다음에 배워야 할 불법에 대해서는 생략되어
있지만, 제1계와 제2계의 불법일 것이다. 어쨌든 이것에 의하면 제3계
의 불법을 보경과 인악과 공관의 삼종으로 규정하고 있는 것을 알
수 있다. 그런데 여기에 이어진 부분에는 보경과 인악에 대해서는
자세하게 설명되어 있지만, 공관에 대해서는,

第三段, 明空觀者, 從上來所學解行, 皆從本來畢竟不可得. 此空
觀上三階七法內廣已說.[165]
제3단, 공관空觀을 밝히는 것은, 여기까지 배운 해행解行은 모두
본래적으로는 필경불가득畢竟不可得이라고 하는 것이다. 이 공관
은 상술한 삼계칠법의 부분에 이미 광설하였다.

고 서술되어 있을 뿐이다. 삼계의 칠법을 설한 부분은 제3계의 26단악斷
惡을 설했던 것 중의 제21로서 사념처를 설한 부분[166]을 지적하는 것이라
고 생각된다. 확실히 사념처의 부분에는 각각의 대상을 관상觀想하면서
최종적으로는 이들이 불가득이라고 인식하는 것의 중요성이 설해져
있다. 따라서 구태여 다시 설명하지 않았는지도 모른다. 그러나 보경普

---

164 『敦煌寶藏』19. 523下.
165 同. 527上.
166 同. 513下~515上.

敬과 인악認惡과 동렬同列에 놓을 수 있는가 어떤가는 의문이다. 왜냐하면 돈황『삼계』나 그 주석서인『삼계불법밀기』에서도 보경과 인악의 사상은 중시되어 있고, 게다가 양자가 한 쌍으로서 이야기되고 있지만, 공관空觀에 대해서는 제3계불법의 중심사상으로서의 자리매김은 전혀 언급되어 있지 않다. 또 화엄의 지엄智儼도 일천제의 병을 없애기 위한 불법으로서『대근기행법』의 보경과 인악의 부분은 충실히 인용하고 있지만, 공관에 대해서는 언급하고 있지 않다. 이러한 이유로 공관을 보경이나 인악과 동렬에 놓아 제3계불법의 중심사상으로서 자리매김한다는 것은 신중하게 하지 않으면 안 된다. 적어도 제3계불법의 특징, 바꿔 말하면 삼계교의 실천사상의 특징이 선명하게 부각되는 것은 보경과 인악의 사상에 있어서다. 그래서 이하에 있어서는 우선 보경과 인악 사상을 상세하게 검토한다. 이어서 보경과 인악을 중심으로 하여 제3계불법을 실천해 갈 때에 생길 수 있는 여러 가지 문제에 대해서 『대근기행법』의 권말에 있는 6개의 문답의 내용을 중심으로 고찰한다.

1) 보경普敬의 사상

『대근기행법』에 있어서 제3계불법의 2개의 기둥으로서 설해진 보경과 인악의 사상은 이미 돈황『삼계』에 확립되어 있다고 할 수 있다. 돈황 『삼계』권3에서는 "보경普敬"이라고 하는 말은 쓰여 있지 않지만, 그 구체적 항목인 팔종의 불법이『대근기행법』과 같은 순서, 같은 명목으로 열거되어 있고, "팔종불법八種佛法"이라는 용어도 정착하고 있다.[167]

---

167 『敦煌寶藏』113. 315上~下.

인악에 관해서도 "인악認惡"이라고 하는 말은 보이지 않지만, 그 항목인 12전도는 『대근기행법』과 같은 순서, 같은 명목으로 열거되어 있다.[168] 한편 일본 『삼계』(592년)에서는 "보경" 혹은 "팔종불법", "인악" 혹은 "12전도" 등의 용어가 확립되어 있지 않고, 몇 개인가 공통으로 하는 항목은 볼 수 있지만, 돈황 『삼계』(593년), 『대근기행법』(593년)의 양자에서 볼 수 있는 것 같은 체계화는 아직 되어 있지 않다.[169] 신행이 입적한 것이 594년 정월 4일이므로[170] 보경과 인악의 사상의 체계화는 최만년最晩年이었다고 할 수 있다. 다만 일본 『삼계』권3에서도 "八種最大善具足衆生"[171]이라는 말은 발견된다. 그 구체적인 내용은 확실하지 않지만 어쩌면 "팔종불법"의 의미로서 사용되었을지도 모르겠다. 그렇다면 기본적인 사상은 그 이전에 성립되어 있었다고도 생각할 수 있다. 또 일본 『삼계』권2에서는 일체의 도속道俗에 있어서 귀천貴賤을 물으면 안 된다고 설하는 중에 "皆悉普敬作"[172]이라는 말이 발견된다. 이 용례도 "보경"이라고 하는 말로써 팔종의 불법을 가리키고 있는 것은 아니지만 그것에 관련되는 사상이다.

우선 보경을 구성하는 팔종불법의 항목을 확인하여 두자. 돈황 『삼계』권3에는 다음과 같이 서술하고 있다.

168 同. 314下.
169 각 문헌의 성립연대에 관해서는 제3장 제3절의 각각의 문헌에 관해서 고찰한 부분을 참조.
170 『續高僧傳』권16「信行傳」大正 50. 560上.
171 矢吹 『研究』別篇 371쪽.
172 同. 268쪽.

又一切八種佛法, 一者如來藏, 佛性, 當來佛, 佛想佛佛法, 准依上
此句內所引經等說. 二者普眞普正佛法, 准經義推說, 三者無名相
佛法. 四者於聖法中拔斷一切諸見根本佛法. 五者悉斷一切諸語
言道佛法. 准依佛藏經與多部經義同第一卷說. 六者一人一行佛
法. 准依法華經不輕菩薩品說. 七者無人無行佛法. 八者五種不干
盡佛法. 准依大方廣十輪經第六卷說.[173]

또한 일체 팔종불법이란, 첫째는 여래장·불성·당래불·불상불의
불법이다. 상上의 이 글귀 중에 인용된 경전 등에 의해 설한다.
둘째는 보진보정불법普眞普正佛法이다. 경전의 의미를 고려하여
추측해 설한다. 셋째는 무명상불법無名相佛法이다. 넷째는 성법聖
法 중에서 일체 견해의 근본을 끊은 불법이다. 다섯째는 일체의
언어활동을 모두 끊은 불법이다. 『불장경佛藏經』과 많은 경전과
의미는 동일하다. (『불장경』) 제1권에 설해져 있다. 여섯째는
일인일행불법一人一行佛法이다. 『법화경法華經』「(常)불경보살
품不輕菩薩品」에 설한다. 일곱째는 무인무행불법無人無行佛法이
다. 여덟째는 5종의 불간진불법不干盡佛法이다. 『대방광십륜경大
方廣十輪經』제6권에 설한다.

이에 의하면 보경을 구성하는 팔종의 불법은 다음의 8개인 것을
알 수 있다.

一. 여래장如來藏, 불성佛性, 당래불當來佛, 불상불불법佛想佛佛法

---

[173] 『敦煌寶藏』113. 315上~下.

二. 보진보정불법普眞普正佛法

三. 무명상불법無名相佛法

四. 어성법중발단일체제견근본불법於聖法中拔斷一切諸見根本佛法

五. 실단일체제어언도불법悉斷一切諸語言道佛法

六. 일인일행불법一人一行佛法

七. 무인무행불법無人無行佛法

八. 오종불간진불법五種不干盡佛法

그렇다면 각각의 불법에 대해서 교증을 확인하면서 그 내용을 고찰해 보겠다.

(1) 여래장, 불성, 당래불, 불상불 불법

돈황『삼계』권3의 위에서 인용한 부분의 직전에는 여래장 등의 4불에 관한 설명과 교증이 열거되어 있다.

① 여래장[174]

우선 여래장에 관해서 돈황『삼계』권3에는 다음과 같이 설해져 있다.

> 准依四卷楞伽經第四卷, 就如來藏說. 以伎兒身, 喩如來藏. 以伎
> 兒伎量, 喩六道衆生. 以伎兒身作一切伎量盡, 喩如來藏作一切道
> 衆生盡, 乃至以如來藏作一切聲聞緣覺菩薩如來盡, 亦如是, 類以

---

174 여래장, 불성사상佛性思想의 전개에 대해서는 高崎直道『如來藏思想의 形成』(春秋社, 1974), 常盤大定『佛性의 硏究』(圖書刊行會, 1983), 富貴原章信『中國日本佛性思想史』(圖書刊行會, 1988) 등 참조.

可知.[175]

4권『능가경楞伽經』제4권에 의거해서 여래장에 대해 설명한다. 배우(役者)의 신체를 여래장에 비유한다. 배우의 연기를 육도중생에 비유한다. 배우의 신체가 일체의 연기를 행하는 것을 여래장이 일체의 육도의 중생을 만들어 내는 것에 비유한다. 여래장이 일체의 성문聲聞, 연각緣覺, 보살菩薩, 여래如來를 만들어 내는 것도 또한 마찬가지로 유추하여 알 수 있다.

이것은『능가경』제4권(4권본)의 "여래如來의 장藏은 선善과 불선不善의 인因이고, 널리 잘 일체의 취생趣生을 만든다. 예를 들면 배우의 제취諸趣를 변현하는 것과 같다."[176]의 부분을 염두에 두고 있는 것이라고 생각된다.

또『대근기행법』에는 다음과 같이 서술되어 있다.

一者如來藏, 有二種. 一者法說, 如來藏是一切諸佛菩薩聲聞緣覺乃至六道衆生等體. 二喩說者有五段. 一喩如阿耨大池出八大河, 河雖差別, 水體無異. 一切凡聖雖差別不同, 藏體無異. 喩如伎兒作種種伎兩. 伎兩雖別, 身無有異. 喩如一切瓦皆因泥. 泥作瓦雖差別, 土體無異. 生死依如來藏作, 如來藏作生死, 是名善說世間言說故有生死. 非如來藏體有生死. 喩如波依水, 水作波, 風因緣. 故波非體有波. 喩如金莊嚴具, 衆具雖別, 金體無別皆一金. 一切

---

175 『敦煌寶藏』113. 315上.

176 大正 16. 510中.

凡聖差別不同, 皆是一藏.[177]

첫째는 여래장이고 2종이 있다. 첫째는 가르침에 의한 설명이다. 여래장은 모든 불佛, 보살, 성문, 연각 나아가서는 육도중생의 본체이다. 둘째는 비유에 의한 설명이고 5단이 있다. 1) 예를 들면 아뇩阿耨이라는 큰 못이 8개의 큰 강이 되어 흘러나가는 것과 같은 것이다. 강에는 구별이 있지만 물이라고 하는 본질에는 변함이 없다. 모든 범부와 성인에는 구별이 있고 같지 않지만 (여래)장이라는 본체에는 다름이 없다. 2) 예를 들면 배우가 여러 가지 연기를 하는 것과 같다. 연기는 여러 가지이지만 신체가 다른 것은 아니다. 3) 예를 들면 기와는 모두 진흙으로 만들어져 있는 것과 같다. 진흙이 기와가 되면 모양에는 다름이 있지만 흙 그것은 다름이 없다. 생사는 여래장에 의해서 만들어지는 것이다. 여래장이 생사를 만들어 낸다는 것은 세속적인 언어표현에 있어서 자주 쓰이는 표현법이다. 따라서 생사가 있다고 해도 여래장 자체에 생生이 있고 사死가 있는 것은 아니다. 4) 예를 들면 파도가 물에 의해서 있는 것과 같다. 물이 파도를 일으키는 것은 바람의 원인에 의해서다. 따라서 파도가 있다 해도 물 그것이 파도인 것은 아니다. 5) 예를 들면 금으로 만든 장식과 같다. 여러 가지 장식은 다르지만 금이라고 하는 본질에는 다름이 없고 모두가 같은 금이다. 모든 범부와 성인에는 구별이 있고 같은 것은 아니지만 모두 같은 여래장인 것이다.

---

177 『敦煌寶藏』19. 523下~524上.

여래장의 기본적인 파악방법은 돈황『삼계』와 일치되어 있고, 여래장을 불·보살·성문·연각·육도의 중생의 본체라고 파악하고 있다. 또 비유에 관해서는 아뇩대지阿耨大池와 8대하八大河, 배우와 연기, 흙과 기와, 물과 파도, 금과 금장식의 오종을 들어 여래장의 이미지를 확대하고 있다. 이들 비유 중에서 아뇩대지와 8대하의 예는『승만경』[178]에 배우와 연기, 흙과 기와, 금과 금장식, 물과 파도의 비유는 모두『능가경』에 의거한 것이다.[179]

② 불성

돈황『삼계』권3에서는 불성佛性에 관해서 다음과 같이 서술하고 있다.

准依大般涅槃經第三十六卷, 就佛性說. 佛性者不名一法, 不名十法, 不名百法, 不名千法, 不名萬法, 未得阿耨多羅三藐三菩提時, 一切善不善無記盡名佛性.[180]

---

178 『勝鬘經』「一乘章」의 "如阿耨大池出八大河. 如是摩訶衍出生一切聲聞緣覺世間出世間善法"(大正 12. 219中)의 부분에 근거한다고 생각된다.

179 역자의 연기의 비유는 상술의 부분(大正 16. 510中), 진흙과 기와 및 금과 장식물의 비유와 권1의 "譬如泥團微塵, 非異非不異. 金莊嚴具亦復如是. 大慧. 若泥團微塵異者, 非彼所成而實彼成, 是故不異, 則泥團微塵應無分別"(483上)의 부분 혹은 권2의 "外緣者謂泥團柱輪繩水木人工, 諸方便緣有瓶生, 如泥瓶, 縷疊草席種芽酪酥等, 方便緣生亦復如是, 是名外緣前後轉生"(490上)의 부분, 물과 파도의 비유는 권1의 "譬如巨海浪, 斯由猛風起, 洪波鼓冥壑, 無有斷絶時, 藏識海常住, 境界風所動, 種種諸識浪, 騰躍而轉生"(484中)의 부분에 근거하고 있다고 생각된다.

180 『敦煌寶藏』113. 315上.

『대반열반경大般涅槃經』제36권에 의거하여 불성에 대해 설한다. "불성은 일법一法은 아니다. 십법十法은 아니다. 백법百法은 아니다. 천법千法은 아니다. 만법萬法은 아니다. 아직 아뇩다라삼먁삼보리阿耨多羅三藐三菩提를 얻지 못한 시점에서의 일체의 선과 불선과 무기無記를 모두 불성이라고 이름한다."

『열반경』권36「가섭보살품迦葉菩薩品」의 경문[181]은 이 인용문과 일치하고 있다. 또『대근기행법』에는 다음과 같이 서술되어 있다.

二佛性者, 亦法喩並說. 佛性者是一切凡聖因, 一切凡聖皆從佛性而得生長. 喩說者, 喩如乳是酪因, 一切酪皆因於乳而得生長一種相似.[182]

둘째는 불성에도 (여래장에서와 같이) 가르침과 비유에 의한 2가지 설명이 있다. (가르침에 의하면) 불성은 모든 범부와 성인의 인因이다. 모든 범부와 성인은 모두 불성에 의해서 생장하는 것이다. 비유에 의한 설명이란 예를 들면 우유가 낙酪의 인因인 것과 같다. 모든 낙은 모두 우유에서 생긴다는 것은 (범부와 성인이 불성에서 생장하는 것과) 비슷하다.

이 중에서 우유와 낙酪의 비유는 『열반경』에 의한 것이다.[183] 돈황

---

181 大正 12. 580下.

182 『敦煌寶藏』19. 524上.

183 예를 들면, 권28「獅子吼菩薩品」에는 "因有二種, 一者正因, 二者緣因. 正因者如乳

『삼계』도『대근기행법』도 불성을『열반경』의 교설에 의해서 이해하고
있다는 것을 알 수 있다. (1) 여래장도 (2) 불성佛性도 불佛에서 육도에
이르는 선악, 범성凡聖의 모든 존재를 만들어 내고 키우는 근본적인
존재 원리(體, 因)로서 포착되어 있는 점에서 일치하고 있다. 일체의
중생을 두루 공경하는 것의 필요성을 인因이라는 점으로부터 설하고
있는 것이다.

③ 당래불

당래불에 대해서『대근기행법』에서는 다음과 같이 서술하고 있다.

當來佛者, 一切四衆等現在雖行邪善行, 皆當作佛.[184]
(셋째) 당래불이란, 모든 사중四衆은 현재는 삿된 선행을 하고
있더라도 장래에는 반드시 불佛이 되는 것이다.

또 돈황『삼계』권3은 당래불의 교증을 다음과 같이 열거하고 있다.

准依法華經不輕菩薩品, 就當來佛說. 一切佛不定一切僧一切衆
生俱是當來佛.[185]
『법화경』「(常)불경보살품」에 의거하여 당래불에 대해서 설한

生酪. 緣因者如醍醐煖等. 從乳生故, 故言乳中而有酪性"(大正 12. 530中)이라고 되
어 있다.

184 『敦煌寶藏』19. 524上.

185 『敦煌寶藏』113. 315上.

472

다. 일체의 불佛, 부정不定의 일체승과 일체의 중생은 모두 당래불
이다.

당래불의 교증으로 삼고 있는 『법화경』권6 「상불경보살품」에는
다음과 같이 서술되어 있다.

正法滅後, 於像法中, 增上慢比丘有大勢力. 爾時, 有一菩薩比丘
名常不輕. 得大勢. 以何因緣, 名常不輕. 是比丘凡有所見, 若比丘
比丘尼優婆塞優婆夷, 皆悉禮拜讚歎, 而作是言, 我深敬汝等, 不
敢輕慢. 所以者何. 汝等皆行菩薩道, 當得作佛. 而是比丘不專讀
誦經典, 但行禮拜, 乃至遠見四衆, 亦復故往禮拜讚歎, 而作是言,
我不敢輕於汝等, 汝等皆當作佛.[186]

정법이 멸한 후, 상법에 있어서 증상만의 비구가 큰 세력을 가진다.
이때 한 보살비구가 있었는데 이름을 상불경이라 한다. 득대세得大
勢여! 어떠한 이유로 상불경이라 하는가. 이 비구는 만나는 사람이
면 비구, 비구니, 우바새, 우바이, 누구에게나 모두 예배하고
찬탄하며 다음과 같이 말한다. "나는 깊이 당신을 존경합니다.
가볍게 업신여기는 것 같은 일은 하지 않습니다. 왜냐하면 당신들
은 모두 보살의 도를 실천하고 장래에 불佛이 될 사람이기 때문입니
다." 그리고 이 비구는 경전독송에 전념하지 않고 오로지 일념으로
예배를 실천하였다. 멀리서 사중四衆을 본 경우에도 일부러 가까이

186 大正 9. 50下.

가서 예배하고 찬탄하여 다음과 같이 말한다. "나는 당신들을 가볍게 여기지 않습니다. 당신들은 모두 불佛이 될 것입니다."

증상만의 중생이어도 역시 여래장 불성을 체體로서 가지고 태어난 존재이기 때문에 장래에는 불佛이 될 존재라고 파악한 것일 것이다. 당래불을 두루 공경하는 것의 근거를 과(果: 장래에 佛이 되는 것)라고 하는 점에서 파악하고 있는 점에 특징이 있다.

④ 불상불

불상불에 대해서 『대근기행법』은 다음과 같이 말하고 있다.

> 佛想佛者, 相一切衆生皆作佛想.[187]
> (넷째) 불상불이란 중생을 생각하는 경우 모두에 대해서 불佛의 모습을 연상하는 것이다.

또 돈황 『삼계』권3에서는 다음과 같은 교증을 들고 있다.

> 准依大方廣十輪經第三卷, 大方廣佛華嚴經第八卷明法品等, 就[188] 佛想佛說. 一切佛一切僧一切衆生俱是佛想佛. 大方廣十輪經, 文當觀出家人作佛想, 大方廣佛華嚴經, 文當等視衆生上中下類, 悉如佛想, 恭敬供養和上諸師及善知識菩薩法師, 念念次第如一切

---

187 『敦煌寶藏』19. 524上.

188 사본에는 "就說"으로 되어 있지만, "說"을 연자衍字로 하였다.

智. 但使有心學者, 莫問凡聖邪正大乘小乘利根鈍根, 俱得常無一偈一句一字一分一毫顚倒錯謬, 俱得出世間一種相似.[189]

『대방광십륜경大方廣十輪經』제3권, 『대방광불화엄경大方廣佛華嚴經』제8권「명법품明法品」등에 의거하여 불상불을 설한다. 일체의 불佛, 일체의 승僧, 일체의 중생은 모두 불상불이다. 『대방광십륜경』에는 "출가인을 관觀하여 불상佛想을 한다."라고 설해져 있다. 『대방광불화엄경』에는 "중생의 상중하의 유類를 동등하게 보고, 모두 불佛과 같이 생각하고, 화상和上·제사諸師·선지식·보살·법사法師로 공경하고 공양하며, 염념이 이어져서 일체지의 경지와 같다."고 설해져 있다. 진실한 수행자가 범凡·성聖, 사邪·정正, 대승大乘·소승小乘, 이근利根·둔근鈍根을 불문하면 모두 항상 일게一偈, 일구一句, 일자一字, 일분一分, 일호一毫도 전도顚倒 착류錯謬가 없는 상태를 증득하여 모두 출세간을 이룰 수 있는 것과 같다.

이 중『십륜경十輪經』제3권은 다음 부분을 염두에 두고 있다고 생각된다.

若有依我而出家者, 衆生應作十種勝想, 得無量無邊福德. 何等爲十. 有諸衆生見依我出家者, 應作念佛想.[190]

만약 나(의 가르침)에 의해서 출가한 자가 있으면 중생은 10종의

---

189 『敦煌寶藏』113. 315上.
190 大正 13. 694上.

승상勝想을 만들어 내야 한다. (그러면) 무량무변無量無邊의 복덕
을 얻는다. 어떤 것이 십十인가? 중생은 나(의 가르침)에 의해서
출가한 자를 보면, 불佛을 연상하는 것과 같은 생각을 해야 한다.

또 『화엄경』제8권 「명법품明法品」의 경문[191]은 인용문과 일치하고
있다.

그러면 이상의 사불四佛의 특징은 어떠한 점에서 발견될 수 있는
것인가. 우선 여래장과 불성은 중생의 인因 혹은 체體라는 관점에서
여래장과 불성이 설해져 있다. 이 2개의 부분에서는 중생을 널리 공경한
다고 하는 것(普敬)은 실천으로서 제기되어 있지 않다. 말하자면 보경의
근거가 되는 사상 그것을 우선 제시하고 있는 것이다. 제3의 당래불에서
는 장래에 중생은 불佛이 된다고 하는 과果의 관점에서 중생을 포착하고
있다는 점에 특징이 있다. 교증인 『법화경』 「상불경보살품」에서는,
이 당래불에 관해서 매우 실천적으로 설해져 있지만 돈황 『삼계』권3이
나 『대근기행법』에 있어서는 당래불의 사상 그것이 설해져 있을 뿐으
로, 실천적인 요소는 들어 있지 않다. 제4의 불상불은 인因과 과果로서
는 아니고 현재의 중생 그것을 불佛로서 관觀한다고 하는 사상이지만
그 근거를 찾아보면 역시 여래장, 불성 등에 다다를 것이다. 어쨌든
제1의 여래장 등의 사불四佛의 부분에서는 널리 공경한다고 하는 실천
을 제기하는 것에는 중점이 두어져 있지 않는 것 같다. 오히려 보경의
이론적 근거를 인因과 과果와 현재라고 하는 3가지 각도에서 나타내는

---

191 大正 9. 459下.

476

것에 목적이 있다고 말할 수 있겠다. 또 제2 이후의 불법의 설명 중에서는 사불四佛 중에서 특히 여래장과 불성이 이론적 근거로서 중시되고 있다.

(2) 보진보정불법

『대근기행법』에는 다음과 같이 서술되어 있다.

> 二者普眞普正佛法. 莫問邪人學亦得眞正, 正人學亦得眞正. 何以故. 如來藏佛性體唯是普法, 唯是眞法, 於中無有邪魔得入其中. 是故不問邪人正人, 俱得眞正.[192]
>
> (8단 중의) 둘째는 보진보정불법普眞普正佛法이다. (邪人과 正人을) 불문하고, 사인邪人이 배워도 진정을 얻고 정인正人이 배워도 진정을 얻는다. 어째서인가? 여래장, 불성이라는 본체는 두루 하는 법, 진실의 법밖에 있을 수 없으니까 그중에 사마邪魔가 끼어드는 일은 있을 수 없는 것이다. 따라서 사인과 정인을 불문하고 모두 진정眞正을 얻는다.

이것에 의하면 보진보정불법은 역시 여래장, 불성의 본질에 관해서 설한 것임을 알 수 있다. 여래장, 불성은 모든 중생에게 두루 널리 퍼져 있다는 점에서 보법普法이고 게다가 완전히 진정한 법이기 때문에 보진보정불법이라고 불리는 것이다. 돈황『삼계』권3의 팔종불법의

---

192 『敦煌寶藏』19. 524上.

교증을 열거한 부분에서는, 보진보정불법에 관해서는 "경전의 뜻에
준해서 추정하여 설한다."라고 서술되어 있다. 특정한 교증은 열거되지
않았지만 여래장, 불성을 설한 경전의 본의에 의거하여 보진보정성을
도출하고 있는 것이다. 이 진정성이 사정邪正을 불문하고 일관되게
있는 것은 극히 중요한 의미를 가지고 있다. 즉 제3계의 사견의 중생이어
도 여래장, 불성을 공경하는 것에 의해서 진정을 얻는 것이 보증되어
있는 것이다. 여래장, 불성 혹은 그 본질을 설한 보진보정불법은 제3계
인의 출세를 가능하게 하는 근본원리로 되어 있는 것이다.

(3) 무명상불법無名相佛法

(4) 어성법중발단일체제견근본불법於聖法中拔斷一切諸見根本佛法

(5) 실단일체제어언도불법悉斷一切諸語言道佛法

첫머리에 소개한 돈황『삼계』권3의 문장에서는, 이들 불법의 교증은
『불장경佛藏經』권1에 있다고 하였다. 그래서『불장경』을 조사해 보니,
우선 무명상불법無名相佛法에 관해서는 "무명상법無名相法"이라는 말
이 권상의 첫머리 부근에 여러 군데가 있다. 예를 들면 다음과 같이
서술되어 있다.

如來所得阿耨多羅三藐三菩提, 說一切法無生無滅無相無爲, 令
人信解, 倍爲希有. 所以者何. 無名相法, 無念無得, 亦無有修.
(中略) 如是無名相法以名相說, 如是.[193]

---

193 大正 15. 783上.

478

여래如來가 획득한 아뇩다라삼먁삼보리에서는, 일체법은 무생無生·무멸無滅·무상無相·무위無爲라고 설해졌지만 사람들로 하여금 믿게 하고 이해시키는 것은 극히 어렵다. 왜 그런가? 명상名相이 없는 법은 염念이 없고 득이 없고 또 수행할 것도 없다. (중략) 이와 같이 명상이 없는 법을 명상에 의해 설하면 이러하다.

여래의 깨달음의 내용은 본래 명상에 의해서는 설할 수 없는 것이고, 사람들에게 믿게 하는 것은 어렵다. 굳이 명상名相에 의해서 설하면 일체법은 무생·무멸·무상·무위라고 하는 것이다. 이 "일체법무생무멸무상무위一切法無生無滅無相無爲"의 구句는 『불장경』에서 반복해서 설해지고 있다. "제법諸法은 실로 공空해서 무성일상無性一相이다."[194]라고 설하고 혹은 "어떤 것들에 이름을 붙여서 제법실상諸法實相이라 하는가? 소위 제법필경공무소유諸法畢竟空無所有이다."[195]라고 설하고 있지만, 말하려고 하는 요점은 같다. 어쨌든 『불장경』의 주제는 유소득有所得·유견有見·증상만增上慢을 비판하고, 제법의 실상이 무생·무멸·무상·무위, 필경공무소득畢竟空無所得이라고 설하는 것에 있다고 말할 수 있다. 그 가르침을 실천하는 것이 무명상불법無名相佛法이다. 명상名相이 없다고 하는 것은, 언어가 없다고 하는 것으로 이어진다. 『불장경』에는 다음과 같이 서술되어 있다.

所有不善, 所有可知, 所有可得, 如是一切諸不善法, 皆以名相爲

194 同. 585上.
195 同. 785中.

本. 此賢聖法中, 斷諸名相. (中略) 賢聖法中, 無名無相無有語言,
斷諸語言, 無有合散.[196]

모든 불선不善, 모든 지각되어지는 것, 모든 인식되어지는 것,
이러한 일체의 불선법은 모두 명상을 본본으로 하고 있다. 이
현성賢聖의 법에 있어서는 여러 가지 명상을 끊는다. (중략) 현성
법에는 명名이 없고 상相이 없고 언어가 없고, 언어는 단절되어
합쳐지기도 하고 분산되기도 하는 것은 없다.

더욱이 팔종불법의 제4, 제5에 대해서 『불장경』은 다음과 같이
설한다.

佛及弟子, 不說有我, 不說有人, 不說衆生, 不說壽命, 不說斷常.
是故佛及弟子, 名爲正見. 何以故. 正觀不顛倒故. (中略) 賢聖不
作是念, 此是正見此是邪見. 所以者何. 一切諸見皆從虛妄緣起.
舍利弗. 若作是念此是正見, 是人卽是邪見. 舍利弗. 於聖法中,
拔斷一切諸見根本, 悉斷一切諸語言道.[197]

불佛과 불제자는, 아我가 있다고 설하지 않고, 인人이 있다고 설하
지 않고, 중생을 설하지 않고, 수명을 설하지 않고, 단斷과 상常을
설하지 않는다. 따라서 불과 불제자는 정견이라고 이름한다. 어째
서인가? 정관正觀하여 전도하지 않기 때문이다. (중략) 현성賢聖
은 이것은 정견이다, 이것은 사견邪見이다 하는 것 같은 생각을

---

196 同. 786中~下.

197 同. 786上.

480

내지 않는다. 어떠한 이유에서인가? 일체의 제견諸見은 모두 허망으로부터 연기하기 때문이다. 사리불아. 만약 이것은 정견이다 하는 것 같은 생각을 내면 이 사람은 곧 사견이다. 사리불아. 성법聖法에 있어서는 일체 제견의 근본을 끊고 모두 일체 언어의 도를 끊는다.

이것에 의해서 팔종불법의 제4의 어성법중발단일체제견근본불법於聖法中拔斷一切諸見根本佛法과 제5의 실단일체제어언도불법悉斷一切諸語言道佛法은 명칭 자체가 『불장경』의 이 부분에 그대로 의거하고 있는 것이 확인되었다. 『불장경』에서는 무명상법도 이 2개의 법을 내용적으로 다른 것을 말하려고 하는 것이 아니고 극히 밀접하게 서로 관련된 가르침인 것을 알 수 있다. 그것을 삼계교 문헌은 굳이 셋으로 나누어 놓은 것이다.

그러므로 삼계교 문헌에 있어서의 이들 3개의 불법의 해석이 주목된다. 『대근기행법』에서는 다음과 같이 서술하고 있다.

三者無名無相佛法, 有二種. 一者一切衆生體是如來藏, 未有眞佛名, 故名無名, 未有眞佛三十二相故, 故名無相. 二者一切六道衆生體唯是如來藏, 更無別名別相, 故名無名無相.
四者拔斷一切諸見根本佛法, 有二種. 一者一切如來藏體悉有聖性, 唯敬其體, 不見善惡邪正, 故名拔斷一切諸見根本佛法. 二者一切六道衆生體是如來藏, 更無別法, 唯敬作四種佛等, 不見六道善惡等故, 故名拔斷諸見根本佛法.

五者悉斷一切諸語言道佛法. 一切衆生唯敬其體, 不說善惡六道
等名, 故名悉斷一切諸言語道佛法.[198]

셋째는, 무명무상불법인데 두 종류가 있다. 첫 번째는 모든 중생의
본체는 여래장이지만 아직 진불眞佛이라는 이름은 얻지 못했으니
무명이라고 하고, 아직 진불의 32상相을 얻지 못했으므로 무상無相
이라고 한다. 두 번째는 모든 육도중생의 본체는 여래장 그것이고
별도의 이름이나 별도의 상은 없기 때문에 무명무상이라고 한다.

넷째는, 발단일체제견근본불법拔斷一切諸見根本佛法이고 2종이
있다. 첫 번째는 모든 여래장이라는 본체에는 성인聖人이 되는
소질이 저장되어 있고 다만 그 본체만을 공경하고 선악善惡 사정邪
正을 보지 않으니까 모든 견해의 근본을 단절하는 불법이라고
한다. 두 번째는 모든 육도중생의 본체는 여래장이고 그 외에
별도의 법은 없고 오로지 사종의 불로서 공경하고 육도의 선악
등을 보지 않기 때문에 모든 견해의 근본을 단절하는 불법이라고
한다.

다섯째는, 실단일체제어언도불법悉斷一切諸語言道佛法이다. 모든
중생에 대해서 다만 그 본체만을 공경하고 선악이나 육도 등의
이름을 설하지 않으므로 전부 모든 언어의 근본을 단절하는 불법이
라 한다.

이것에 의하면 3개의 불법은 『불장경』을 교증으로 하면서도, 여래장

---

198 『敦煌寶藏』19, 524上~下.

이라는 관점으로 새롭게 해석을 바꾸어 바로잡는 것임을 알 수 있다. 즉 이들 3가지 불법도 제1여래장 등의 사불四佛의 이명異名으로서 설해지고 있는 것이다. 우선 제3의 무명무상불법은 일체중생의 무명무 상성을 (1) 여래장을 체體로 하고 있지만 아직 진불의 명상이 없다고 하는 점과 (2) 여래장을 체體로 하고 있으니까 여래장 이외의 명상이 없다고 하는 점에서 설명하고 있다. 제4의 발단일체제견근본불법拔斷 一切諸見根本佛法은 (1) 여래장에는 성성聖性이 있기 때문에 선악사정 을 보지 않는다고 하는 점과 (2) 여래장 이외의 다른 법은 없으므로 선악 등을 보지 않는다고 하는 점으로 해석되고 있다. 제5의 실단일체제 어언도불법悉斷一切諸語言道佛法은 제3의 무명무상불법의 (2)의 해석 과 거의 동일하다. 다만 제4와 제5의 불법의 명칭이 『불장경』권상의 동일부분에서 발견되기 때문에 제4만이 아니라 제5의 불법도 새삼스럽 게 열거한 것일 것이다. 요컨대 중생의 본체는 여래장이고 이 여래장과 는 별도로 선악이라든가 사정이라든가 육도중생 등의 명상, 견해, 언어 등은 존재할 수 없다는 것을 설하고 있는 것이다. 이상 5개의 불법은 여래장의 특징을 여러 가지 관점에서 설명한 것이고 보경의 이론적 근거를 설한 것이라 할 수 있다. 이것에 대해서 보경의 사상이 제3계의 실천의 법으로서 설해진 것은 다음의 일인일행불법 이후에서 이다.

(6) 1인1행불법

1인1행불법一人一行佛法에 대해서 『대근기행법』에서는 다음과 같이 설하고 있다.

六者一人一行佛法. 一人者, 自身唯是惡者. 一行者, 如法華經說.
常不輕菩薩唯行一行, 於自身已外, 唯有敬作如來藏佛性當來佛
佛想佛等, 故名一行.[199]

여섯째는 1인1행불법이다. 1인이란 자기만이 악인이라고 하는
것이다. 1행이란『법화경』에 설한 바와 같다. 상불경보살은 다만
(禮拜讚歎의) 1행만을 행하고, 자기 이외에 대해서만 여래장,
불성, 당래불, 불상불 등으로서 공경하므로 1행이라고 한다.

이것에 의하면 "1인一人"이란 자기 한 사람만을 악이라고 인정하는
것이고, "1행一行"이란 자기 이외의 사람을 여래장 등의 사불四佛로서
공경하는 것이라고 한다. "1인"에 대해서는 보경에 이어서 설해진 인악
부분에서 인정해야 할 악의 내용이 상세히 설해지고 있다. 또 "1행"은
여래장 등의 사불의 당래불 부분에서 언급된『법화경』「상불경보살품」
의 상불경보살의 실천이다. 그러면 보경의 제6에 새삼스럽게 1인1행을
첨가한 것은 어떤 이유였을까? 돈황『삼계三階』권2에서는 1인1행에
관해서 다음과 같이 서술하고 있다.

一人一行者, 准經驗之. 莫問人之多少, 各各學一人一行無人無行
五種不干盡八種佛法.[200]

1인1행이란, 경經에 준해서 이것을 명백하게 한다. 사람의 다소多
少를 불문하고 각각 1인1행, 무인무행無人無行, 오종불간진, 팔종

---

199 同. 524下.
200 『敦煌寶藏』22. 237下.

불법을 배운다.

  이러한 설명에 의하면 1인1행 등의 실천은 동행자의 다소에 관계없이
결국은 그것을 실천하는 한 사람 한 사람이 짊어지고 갈 수밖에 없는
것인 것이다. 공견유견이라고 하는 병을 지닌 것은 다름 아닌 자기
자신인 것이다. 따라서 그 병을 멸하기 위해서의 실천도 자기 일신이
행하는 수밖에 없는 것이다. 다른 누가 떠맡을 수 없는 엄격함이 1인1행
이라고 하는 실천에는 요구되고 있다고 할 수 있다.
  여래장, 불성 등 보경의 이론적 근거를 설한 것으로 시작된 팔종불법
은, 이 제6에 이르러 비로소 정면으로 실천으로서의 보경이 제기되고
있다. 그리고 설해진 내용이 이론에서 실천으로 이행된 것에 의해서
여래장·불성 등의 원리가 아니고, 인간 그것이 공경해야 할 대상으로
부각되어진 것이다. 바꿔 말하면 여래장·불성의 사상이 단순한 사상으
로서가 아니고 눈앞의 인간과의 관계 속에서 비로소 의미를 가져온
것이다. '자신'과 '자신 이외'라고 하는 말이 인간 그 자체에의 관심을
이야기하고 있는 것이다. 그리고 인간 그것으로 실천적 관심이 옮겨간
것에 의해 여래장 사상이 불을 공경하는 사상에서 인간을 공경하는
사상으로 이동해 가고 있는 것이라고 생각된다.[201]

---

201 중국 고대에 있어서 인간존중의 사상으로서는 유교의 인仁의 사상이 있었다.
  불교에 있어서 이것에 비교되는 사상은 불佛의 자비의 사상일 것이다(小林正美,
  『六朝佛教思想의 研究』, 創文社, 1993, 7~13쪽). 그러나 인간을 왜 존중하지 않으면
  안 되는가 하는 점은 인이라든가 자비의 사상에 의해서 충분히 명확하게 할
  수 없다고 생각한다. 삼계교의 보경의 사상 혹은 1인1행사상은 여래장사상을
  인간을 존경하는 사상으로 전개하면서, 동시에 존경해야 할 근거로서 여래장사상

(7) 무인무행불법

무인무행불법에 대해서『대근기행법』에서는 다음과 같이 서술하고
있다.

七者無人無行佛法. 自身及他一切衆生同是一如來藏, 無有別體,
故名無人無行佛法.[202]

일곱째는 무인무행불법無人無行佛法이다. 자신도 다른 모든 중생
도 똑같이 여래장이고, 따로 본체는 있을 수 없으므로 (여래장
이외의) 사람이 없고 (여래장 이외의 사람에 의한) 행도 없는
불법이라고 한다.

이것에 의하면, 모든 중생은 여래장을 체體로 하고 있고, 여래장
이외에는 따로 체體가 없다고 하는 점에서 "무인무행無人無行"이라고
해석하고 있는 것이다. 이 해석은 제3의 무명무상불법, 제4의 발단일체
제견근본불법拔斷一切諸見根本佛法 두 번째의 해석과 거의 같다. 여래장
의 본질은 무명무상이므로 '유인유행有人有行'은 있을 수 없다. 제7에
무인무행불법을 둔 것은 제6에서 자기일신의 수행이라고 하는 측면을
강하게 주장하고 있으므로 그것에의 집착을 제거하려고 하는 해석을
바로 뒤에 제시하고 있는 것이다. 어쩌면 자기 일신이 감당해야 할
엄한 수행으로서 1인1행을 설했으므로 실은 그 실천이 여래장에 떠받쳐
져 있다고 하는 것을 다시 한 번 확실하게 하고 고립감이나 절망감에

을 확보하고 있다고 하는 점은 흥미진진한 사상이다.

202 『敦煌寶藏』19. 524下.

486

빠져 드는 것을 막는 의미도 들어 있는 것인지도 모른다. 아무튼 무인무행불법은 일인일행불법에 대응하여 말하자면 팔종불법의 구조상 필연적 귀결로서 내세워졌던 것이라고 할 수 있겠다.

그러면 무인무행불법의 교증은 어떠한 경전에서 발견할 수 있는 것일까. 돈황『삼계』권3의 팔종불법의 교증을 거론한 부분에서는, "七者無人無行佛法. 八者五種不干盡佛法, 准依大方廣十輪經第六卷"[203] 이라 하여『십륜경』권6을 교증으로 들고 있지만 어느 부분을 가리키는지는 확실하지 않다. 구체적인 부분을 찾기 위해서 참고하게 되는 것은,『제3계불법광석第三階佛法廣釋』(S5668)의 무인무행불법에 관한 설명이다. 거기에는 다음과 같이 설해져 있다.

第七無人無行佛法者, 言如來藏佛性既非一切名相, 何得有人有行. 十輪第六卷, 就能行人說, 菩薩願不受身. 身上不受, 何得有人有行. 謂捨己見, 三業俱屬前境, 稱體而行, 故不立己行, 故名無人無行佛法, 此准依十輪經義推說.[204]
제7 무인무행불법이라는 것은 여래장, 불성은 일체의 명상이 아닌 이상 어떻게 유인유행有人有行이 있을 수 있을까?『십륜경』제6권에 수행을 하는 사람에 대해서 설하고 있다. "보살은 몸을 받지 않는 것을 원한다"라고. 상위의 몸을 받지 않는데 어떻게 유인유행이 있을 수 있을까? 기견己見을 버리고 삼업三業을 함께 전경前境에 귀속시켜 체體를 칭송하며 수행을 일으키는 것이니까 기행己行은

---
203 『敦煌寶藏』113. 315上~下.
204 『敦煌寶藏』44. 298上.

성립하지 않는 것이고, 그 때문에 무인무행불법이라고 이름했던 것이다. 이것은 『십륜경』의 경전의 뜻에 의해서 추측하여 설한 것이다.

그리하여 보살이 몸을 받지 않는 것을 원한다고 하는 내용의 부분을 『십륜경』권6에서 찾으면 다음의 부분이 교증으로서 떠오른다.

爾時, 復有大士, 聰明智慧. 從座而起, 合掌叉手而發誓言, 我等雖 在生死, 不得法忍已來, 於其中間, 願莫受身, 莫作輔相大臣, 乃至 令長村邑聚落等主, 不作國師軍幢將師長宿之處, 不作祠祀主估 客商人處, 不作居士處, 不作庶人處,[205] 不作斷事處. 若不得法忍, 不於衆生居自在處. 若作是等, 則於佛法名重因緣, 必當墮於阿鼻 地獄. 一切大衆天龍夜叉乾闥婆阿修羅迦樓羅緊那羅摩睺羅伽人 非人等, 皆悉泣淚而白佛言, 世尊, 我等本處生死所作惡業, 若身 業, 若口業, 若意業, 多所造作, 或復隨喜, 今於佛前皆悉發露, 懺悔除滅, 更不敢作, 如是第二第三亦復如是, 不於生死隨惡知 識. 亦願我身不造惡業, 悉如上說.[206]

---

205 대정장大正藏의 저본인 고려장본高麗藏本은 '추인처麤人處'에서 만들었는데, 송
·원·명 삼본의 '서인처庶人處'를 채택하였다. 신역 『大乘大集地藏十輪經』권7의
대응부분이 "常願不處諸家長位"(大正 13. 760中)라고 되어 있기 때문이다. 삼계교
문헌에서는 '추인처'를 채택한 때문일까, 이 부분을 '하천인下賤人'이라고 해석하
고 있는데, 주主라는 이름이 붙은 지위를 들고 있는 중에 하천인만을 더한 것은
다소 무리가 있다.

206 大正 13. 710上.

이때 또 총명해서 지혜가 있는 보살이 자리에서 일어나 합장하고 차수하여 서원을 발하여 말하였다. "우리들은 생사의 세계에 있지만 무생법인無生法忍을 얻지 못하고 있는 동안에, 그 중간에 (다음과 같은) 몸을 받는 일이 없기를 원한다. 보상輔相, 대신大臣, 촌읍村邑취락의 주인이 되지 않도록, 국사國師나 각종 군대의 지휘관이 되지 않도록, 제사祭祀의 주主, 상인商人의 주主가 되지 않도록, 장자거사長者居士가 되지 않도록, 가장이 되지 않도록, 재판관이 되지 않도록. 만약 무생법인을 얻지 못한 동안에 중생으로서 자재自在한 곳에 있을 수 없다면, 만약 이상과 같은 몸을 받게 된다면 불법에 관해서 중(重: 惡罪)의 인연이고 반드시 아비지옥에 떨어질 것이다." 일체의 대중, 천天, 용龍, 야차夜叉, 건달바乾闥婆, 아수라阿修羅, 가루라迦樓羅, 긴나라緊那羅, 마후라가摩睺羅伽, 인비인人非人 등은 모두 눈물을 흘리며 울고 부처님께 아뢰었다. "세존이시여, 우리들은 무시이래의 생사 가운데 여러 가지 악업을 지어 왔습니다. 신업身業이든, 구업口業이든, 의업意業이든 많은 악업을 짓고 또 다른 사람이 행한 것을 기뻐하여 왔습니다. 지금 부처님 앞에서 모든 것을 털어놓고 참회합니다. 죄가 멸해지도록. 금후는 행하는 일이 없도록." 이와 같이 제2, 제3의 사람도 같이 행하였다. "생사의 가운데서 악지식에 따르는 일이 없도록, 또 바라건대 나의 몸이 악업을 짓는 일이 없도록"이라고 모든 사람이 서원을 세웠다.

이 경문에서는, 보살은 주主라는 명칭名稱이 붙는 여러 가지 지위에

몸을 받는 일이 없도록 하고 서원을 세웠다. 이러한 지위에 오르는
일은 악죄惡罪의 인연을 짓는 것이 되고 아비지옥에 떨어지는 것이
되기 때문이다. 왜 주主라는 명칭이 붙은 지위가 되는 일이 악인연에
연결되는가라고 말하면 위의 『제3계불법광석』의 해석이 나타내는
것같이 주主의 지위에 있는 것은 기견己見을 증장시키는 일에 이어지기
때문이다. 『십륜경』의 이 부분은 일본『삼계』에 있어서도 자주 사용된
다. 일본『삼계』권3에서는 이 교증에 의해서 "일체의 인어를 사용하면
안 된다. 일체의 기견을 사용하면 안 된다."²⁰⁷라는 것을 설하고, 또
"좋아하는 것을 버려야 하고 즐거움을 버려야 한다."²⁰⁸라고 설하고
있다. 주主의 지위에 있다는 것은 명예와 이양을 얻고 좋아하는 것과
쾌락을 얻는 것과 같은 것이니 그것은 기견己見을 증장시키고 드디어는

---

207 "如『大方廣十輪經』說, 明利根衆生發願, 乃至未得法忍已來, 一者願不受身, 二者
願不作種種人主, 三者願不作下賤人, 四者願不作斷事人, 若作是等, 必當不免墮
於阿鼻地獄等者, 亦是爲明一切肉眼凡夫乃至未得法忍已來, 不得用一切人語,
不得用一切已見所由義"(矢吹『硏究』別篇 342쪽). 경문의 "願莫受身, 莫作輔相大
臣…"의 부분을 2개의 서원으로 나누어 파악하고 있는데, 이것은 신역新譯이
나오기 이전의 해석이다. 신역의 『大乘大集地藏十輪經』권7에서는 "未得法忍已
來, 於其中間, 常願不處諸帝王位…"(大正 13. 760中)이라고 번역되어 있다. 신역
에 의하면 삼계교의 해석은 성립하지 않지만, 지금 문제로 되어 있는 무인무행無人
無行의 교증으로 하기 위해서는 '원막수신願莫受身'을 독립한 서원으로서 파악하
는 쪽이 좋다고 생각된다.

208 "一切凡夫及一切凡夫菩薩, 一切合捨好, 一切合捨樂, 文當若多受名利, 悉滅佛法.
(中略) 文當義當利根衆生乃至未得法忍已來, 一者不受一切身, 二者願不作一切
種種人主, 三者願不作一切下賤衆生, 四者願不作一切斷事人, 若作是等, 必當不
免墮阿鼻地獄等, 如『大方廣十輪經』第六卷末說"(矢吹『硏究』別篇 366쪽)

490

불법을 멸망시키는 일로 이어지는 것이다. 1인1행불법은 그 자체가 기견이나 기행己行과는 무연한 실천이지만 1인1행이라고 하는 말이 갖는 음감音感을 새삼스럽게 없애기 위해서 무인무행불법을 설한 것일 것이다. 돈황『삼계』에 있어서 "1인1행"만을 독립해서 사용하는 경우보다도 "一人一行無人無行五種不干盡八種佛法"이라고 종합해서 사용되고 있는 경우가 많은 것도 어쩌면 그러한 배려에 의거하고 있는 때문인지도 모르겠다.

(8) 오종불간진불법

오종불간진불법(五種不干盡佛法: 5종의 관계를 단절하는 불법)에 대해서 『대근기행법』에서는 다음과 같이 설하고 있다.

> 八者五種不干盡佛法, 有二種. 一者欲行此五法, 唯須調亭. 一自他不干, 不爲自身不共邪善道俗往來. 二親疎不干, 不學當根佛法者不共往來. 三道俗不干, 一切邪善道俗不與親友往來. 四者貴賤不干, 一切貴賤不共往來. 五凡聖不干, 一切聖內多有邪魔, 一切凡內多有諸佛菩薩. 凡夫生盲不能別得. 是故凡聖不干. 唯除乞食難事因緣暫共往來者不在其限. 二者自他俱是如來藏, 唯作一觀, 不作自他親疎道俗貴賤凡聖等解干心.[209]

여덟째는 오종불간진불법인데 2종류가 있다. 첫 번째는, 이 오종의 가르침을 실천하려고 하면 (제 관계를) 정비해야 한다. 첫째로

『敦煌寶藏』19. 524下.

는 자기와 타자의 불간섭이다. 자신을 위해서 (타인과 교제) 하지
않고 사선邪善의 도속道俗과는 왕래하지 않는다. 둘째로는 (당근
불법에) 친숙한 자와 소원한 자의 불간섭이다. 당근불법을 배우지
않는 자와는 왕래하지 않는다. 셋째로는 (사선의) 출가자와 재가
자의 불간섭이다. 모든 사선의 출가자와 재가자는 친한 벗으로서
왕래하지 않는다. 넷째로는 귀천의 불간섭이다. 모든 귀천한 자와
는 왕래하지 않는다. 다섯째로는 범부와 성인의 불간섭이다. 성인
중에는 사마가 많고 범부 중에는 제불보살이 많다. 범부는 태어나
면서부터의 맹인이고 (凡과 聖을) 분별하는 것은 불가능한 것이
다. 그러므로 범부와 성인은 간섭하지 않는다. 다만 걸식이나
곤란한 문제를 위해서 잠시 왕래하는 경우는 거기에 해당하지
않는다. 다른 하나는 자기와 타인은 함께 여래장이라 하고, 다만
그 일만을 관상觀想하고 자타自他, 친소親疎, 도속道俗, 귀천貴賤,
범성凡聖 등을 판별하는 마음을 일으켜서는 안 된다.

오종불간진법은 (1) 사선의 도속과의 교제를 끊는다고 하는 의미,
(2) 자타, 친소, 도속, 귀천, 범성이라고 하는 오종의 판별의 마음을
끊는다고 하는 의미의 2가지가 포함된다. (1)의 교의는 실천적으로는
팔종불법을 행하는 삼계교도가 승원僧院 안에서 따로 거주한다고 하는
형태를 취해 온 것이다.

정리

제3계불법의 기둥의 하나인 보경은 팔종의 불법으로 성립되어 있다.

그중에서 제1의 여래장, 불성, 당래불, 불상불이라는 사불이 팔종불법 전체의 기본으로 되어 있다. 여래장과 불성은 일체중생을 만들어 내는 인因 또는 일체중생의 체體로서 포착되어 있고, 사불 중에서도 특히 중요한 위치를 차지하고 있다. 당래불은 일체중생이 장래에 불佛이 된다고 하는 과果의 관점에서 중생을 포착하는 사상이다. 불상불은 현재의 중생 그것을 불상佛想으로서 관한다고 하는 사상이다. 인因과 과果와 현재라고 하는 점에서 보경의 이론적 근거를 제시하고 있는 것이다.

제2의 보진보정불법은 여래장, 불성이 모든 중생에게 널리 골고루 퍼져 있고 게다가 완전히 진정한 것이라고 하는 것을 설한 것이다. 이 진정성이야말로 제3계의 사견의 중생을 정견으로 전환시키는 근거 가 되는 것이다.

제3의 무명상불법, 제4의 어성법중발단일체제견근본불법於聖法中 拔斷一切諸見根本佛法, 제5의 실단일체제어언도불법悉斷一切諸語言道佛 法은『불장경』을 교증으로 하면서 여래장이라는 관점에서 새삼스럽게 재해석하고 있는 것임을 알 수 있다. 즉 이 3개의 불법도 제1의 여래장 등의 사불의 이명으로서 설해지고 있는 것이다. 여래장과는 별도로 선악이라든가 사정邪正이라든가 육도중생 등의 명상名相, 견해, 언어 등은 존재하지 않는다는 것을 밝히고 있는 것이다.

이상 5가지의 불법은 여래장의 특징을 여러 가지 관점에서 설명한 것이고, 말하자면 보경의 이론적 근거를 설하고 있는 것이라고 할 수 있다. 이것에 대해서 보경의 사상이 제3계의 실천의 법으로서 설해지 고 있는 것은 다음의 1인1행불법 이후에 있어서다.

제6의 1인1행불법이란 자기에게만 악을 인정하는 '1인'의 실천과 타자에게만 선을 공경하는 '1행'의 실천에서 성립된 것이다. 따라서 제3계불법의 기둥인 인악과 보경의 실천이 1인1행불법 중에 함께 포함되어 있는 것이다. 이 1인1행불법에는 여래장 사상이 인간 존중의 실천적 윤리 사상으로 전개 되어가는 움직임을 발견할 수 있다. 달리 말하면 삼계교의 여래장 사상은 참으로 실천적인 사상이라고 할 수 있다.

제7의 무인무행불법은 제6의 1인1행불법이 유인유행有人有行은 아니라고 하는 것을 나타내기 위해서 설해진 것이라고 생각된다. 제1에서 제7까지의 불법의 순서를 보면 제1과 제2에서 여래장의 존재성을 설하고, 이어서 제3에서 제5까지에서 그 실체성에 집착하는 것을 부정하고, 제6에서는 실천의 진정한 자세를 정면에서 설하고, 제7에서는 그 실천에 집착하는 것을 즉각 부정하는 것이다. 참으로 균형 잡힌 제시 방법이라고 할 수 있겠다.

제8의 오종불간진불법은 사선의 도속과의 교제를 끊는다고 하는 실천적인 측면과 자타自他, 친소親疎, 도속道俗, 귀천貴賤, 범성凡聖이라고 하는 오종의 판별심을 끊는 관법의 2가지가 설해져 있다. 삼계교도는 승원 안에 따로 거주하고 있었던 것 같은데 이것은 확실히 불간진불법에 의거한 실천에 다름 아닌 것인 것이다.

이상 8종의 불법은 『대근기행법』에서는 보경이라는 한마디로 표현되어 있다. 물론 전체적인 기조는 여래장, 불성을 기본으로 둔 보경 사상이 자리 잡고 있지만 그 밖에도 '1인'이라는 인악의 실천이나 5종의 불간不干이라고 하는 실천 등 제3계중생에 있어서 필요한 실천이 전부 포함되어 있는 것이다. 이 의미에서는 "팔종불법八種佛法", "보경普敬"이 제3계불법 그 자체라고 할 수도 있겠다.

2) 인악(認惡: 12顛倒)

인악을 구성하는 12종의 전도에 관해서 돈황 『삼계』에서는 권2에 "12종편병기심전도상착류등일체전도十二種偏病其心顛倒常錯謬等一切顛倒"[210] 혹은 단지 "12종전도十二種顛倒"[211]의 말이 사용되었고, 권3에는 12종의 전도를 열거한 부분[212]이 있으며, 권말에는 그 교증을 들고 있다.[213] 이 돈황 『삼계』의 권3에 열거된 12전도의 명칭과 『대근기행법』의 그것과는 거의 일치한다.[214] 다만 돈황 『삼계』에 있어서는 12종의 전도를 깊이 인식한다고 하는 실천의 자세를 '인악認惡'이라고 부르지는 않는다. '인악'이라고 부르는 표현방식은, 현존하는 문헌 중에서는 『대근기행법』이 최초다.

우선 『대근기행법』에 의거하여 12종의 전도를 열거하면 아래와 같다.

(1) 기심전도상착류상행비방어其心顛倒常錯謬常行誹謗語

(2) 선악양종전도善惡兩種顛倒

(3) 내외사종전도內外四種顛倒

---

210 『敦煌寶藏』22. 234下.

211 同. 240下~他數箇所.

212 『敦煌寶藏』113. 314下, 315下.

213 同. 320下~321上.

214 『敦煌寶藏』19. 525上.

(4) 일체경율론상설순설전도一切經律論常說純說顚倒

(5) 칠종별악전도七種別惡顚倒

(6) 육부경설최다전도六部經說最多顚倒

(7) 십일부경설사진전도十一部經說邪盡顚倒

(8) 사부경설출전도四部經說出顚倒

(9) 양부경설순전도兩部經說純顚倒

(10) 양부경설상전도兩部經說常顚倒

(11) 삼십이종편병三十二種偏病

(12) 멸삼보성삼재진전도滅三寶成三災盡顚倒

이들 12종의 전도는 그 명칭에서도 밝히고 있듯이 각각의 전도가 또 몇 개인가의 교증에 의거한 전도에 의해 구성되어 있다. 모두를 합하면 70에 가까운 전도가 포함되어 있는 것이 된다. 따라서 삼계교의 인악의 사상을 파악하기 위해서는 이 70쯤 되는 전도의 내용을 하나하나 교증해 대조하고 검토하는 일부터 시작하지 않으면 안 된다.[215] 그 작업 이후에 12종 전도의 각각의 특징을 확인하고 최종적으로 인악사상의 특징이 부각되어 올 것임에 틀림없겠다.

그런데 12전도의 내용을 검토해 가기 위한 자료로서, 우선『대근기행법』과 돈황『삼계』권3을 들 수 있다. 이 2가지 자료는 제3장의 삼계교

---

215 종래의 인악認惡의 연구에 있어서는, 그의 작업은 반드시 충분히 행해졌다고는 할 수 없다고 생각한다. 矢吹『硏究』의 인악의 항(489~495쪽)에서는『대근기행법』의 인악의 부분에 따라서 정리하고 있다. 그러나『대근기행법』의 인악의 부분에는 경전명만을 열거한 전도와 항목명만을 열거한 전도가 적지 않게 있다. 따라서 그것을 자료로 하는 한에는 하나하나의 전도가 어느 경전의 어느 부분을 교증으로 한 어떠한 전도인가가 볼 수가 없다.

문헌의 검토 부분에서 밝히고 있는데, 모두 신행의 가장 최만년最晚年의 저작으로 추정할 수 있기 때문에 순수하게 신행의 12전도 사상으로서 파악할 수 있다. 『대근기행법』에서는 하나하나 전도의 항목을 들고 있지만 그 교증이나 구체적인 내용에 관해서는 밝히고 있지 않은 경우도 있다. 한편 돈황 『삼계』권3에는 12전도의 각각에 관한 교증이 열거되어 있다. 그중에는 돈황 『삼계』의 다른 부분에 설명을 미룬 것도 적지 않은데, 현존하는 것은 권2와 권3의 일부이어서 그것 이외의 부분에 미루어진 것에 관해서는 찾아볼 수 없다. 결국 이 2개의 자료에는 각각 한계가 있는 것이다. 가령 양자를 총합해서 검토해도 밝힐 수 없는 전도가 몇 개인가 존재하는 것이 예상된다. 따라서 이 2개 자료의 한계를 보완하기 위한 보조적 자료로서, 『제3계불법광석』(北8725), 『삼계불법밀기』권상(P2412) 등을 참조하기로 한다. 『제3계불법광석』은 저자는 특정할 수 없지만 12전도의 내용이나 교증을 『대근기행법』과 돈황 『삼계』와 비교한 경우 큰 차이는 없다. 따라서 최초의 2개의 자료에 의해서 내용과 교증을 확정할 수 없는 경우에는 이 문헌을 참조하기로 한다.[216] 『삼계불법밀기』는 돈황 『삼계』의 주석서이다. 신행이 죽은 수십 년 후의 저작이어서 신행 자신의 사상으로서 취급할 수는 없다. 다만 12전도의 전체적 구성이나 12종의 각각의 전도의 자리매김 등을 당대唐代 삼계교자三階教者가 어떻게 포착하고 있었던가

---

[216] 이 자료의 12전도의 기술은 현존하는 12전도의 기술 중에서 가장 상세하다. 다만 사본은 단편이니까, 12전도 전체의 내용은 명확하지 않다. 현존하는 것은 제1전도에서 제5전도의 제4의 도중까지와 제7전도의 제7의 도중에서 제11전도의 도중까지이다.

를 알기 위해서는 크나큰 참고가 된다. 어쨌든 『제3계불법광석』과
『삼계불법밀기』를 참조할 때는 충분한 주의를 요한다.

(1) 기심전도상착류상행비방어其心顚倒常錯謬常行誹謗語

(10) 양부경설상전도兩部經說常顚倒

제1의 전도에 관해서 『대근기행법』에는 다음과 같이 설해지고 있다.

> 一其心顚倒常錯謬, 常行誹謗語. 心緣第三階佛法以去, 更作余
> 心, 卽是顚倒常錯謬. 口唯得說如來藏佛法更作余語, 卽是常行誹
> 謗語.[217]

1은, 마음이 전도해서 항상 착오(錯謬)하고, 항상 비방하는 말을
입 밖에 낸다. 마음은 제3계불법에서 떠나고 게다가 다른 마음을
품고 있는 것이, 그야말로 곧 전도해서 항상 착오한다고 하는
것이다. 입으로는 그저 여래장 불법을 설해야만 하는데도, 더욱이
다른 말을 입 밖에 내는 것이 곧 항상 비방하는 말을 하는 것이다.

제1의 전도는 돈황 『삼계』권3에 의하면 "최략最略"이라고 한다. 그것
은 마음의 전도가 모든 전도의 근본이라고 하는 파악방법에 의한 것일
것이다. 마음이 전도해서 항상 착오하고 있다고 하는 것은 삼계교의
해석에 의하면 마음이 제3계불법으로부터 떠나 있는 것이다. 그 결과
행위로서는 비방어를 입 밖에 내는 것이 된다. 그 비방어라는 것은

---

[217] 『敦煌寶藏』19. 525上.

여래장불법 이외의 불법을 입 밖에 내는 것이라고 설하고 있다. 무릇 제3계불법이라는 것은 보경과 인악을 중심으로 한 불법이다. 보경의 중심은 여래장 불법이었다. 한편 인악의 제1의 근저적인 전도로서 제3계불법, 혹은 여래장불법에서 떠난 것을 들고 있는 것이다. 결국 제3계불법은 여래장불법을 실천한다고 하는 방향과 여래장불법을 실천하지 않는다고 하는 전도성을 인식한다고 하는 2개의 방향이 있는 것이 된다. 이렇게 보면 단지 보경만이 아니고 인악에 있어서도 사상을 구성하는 축은 여래장불법이라고 할 수 있겠다. 그러면 여래장불법을 축으로 하면서 완전히 역방향으로 벡터가 향하고, 게다가 힘이 상쇄되지 않는 실천적 방법은 찾을 수 있는 것인가. 『삼계불법밀기』에서는 제1의 전도를 다음과 같이 해석하고 있다.

一, 自他相對, 就體學認其心顚倒, 欲使自認顚倒在己, 不在於他, 止誹謗故.[218]
一. 자기와 타자의 대립. 체體에 대해서 그 마음의 전도를 배운다. 자기 스스로가 전도는 자기 안에 있고 타자에게는 없다는 것을 인정하여, 비방을 그치도록 하기 때문이다.

이것에 의하면, 자기와 타자의 구별을 명확히 하고, 전도성을 자기 일신에만 인식하는 것에 의해서 인악이라고 하는 실천이 성립한다고 간주하고 있는 것을 알 수 있다. 이미 보경의 부분에도 자기 일신의

---

218 『敦煌寶藏』120. 269下.

악을 인식하고 타자에게서만 선을 인식하는 실천이 제기되어 있었지만 이것은 인악에 있어서도 실천의 열쇠를 쥐고 있는 점일 것이다.

그러면 제1전도의 교증은 어떠한 경전에서 발견되는 것일까? 실은 "기심전도상착류其心顚倒常錯謬", "상행비방어常行誹謗語" 2개의 말은, 제10의 "양부경설상전도兩部經說常顚倒" 가운데에서도 발견할 수 있는 것이다. 그러면 우선 제10의 전도에 대해서 『대근기행법』의 기술을 검토해 보자.

十者兩部經說顚倒. 一常沒, 二常行惡, 三常爲無明所纏繞, 四其心顚倒常錯謬, 五常汚身口, 此五段如涅槃經說. 六心常遠離棄捨眞實一切法味, 七常爲煩惱及諸邪見惑網所覆, 歸依六師, 傷罷聖道, 八常行誹謗語, 此三段如十輪說.[219]

10은, 양부경설전도兩部經說顚倒이다. 1은 항상 몰沒한다, 2는 항상 악을 행한다, 3은 항상 무명에 덮여 씌워져 있다, 4는 마음이 전도하여 항상 착오하고 있다, 5는 항상 신구身口를 더럽힌다, 이 5단은 『열반경』에 설한 것과 같다, 6은 마음이 항상 진실한 일체의 법미를 멀리 여의고 버린다, 7은 항상 번뇌, 사견, 혹망惑網에 덮여 씌워져서 육사六師에 귀의하여 성도聖道를 손상시키고 파괴한다, 8은 항상 비방하는 말을 입 밖에 낸다, 이 3단은 『십륜경』에 설한 것과 같다.

---

219 『敦煌寶藏』19, 526下.

이것에 의하면 "기심전도상착류其心顚倒常錯謬"는 『열반경』에, "상
행비방어常行誹謗語"는 『십륜경』에 의거하고 있음을 알 수 있다. 돈황
『삼계』권3말에서는 『열반경』은 제36권의 항하恒河의 7종인 중 제1인
人과 제2인人의 부분에 『십륜경』은 권2와 권4에 의거하고 있다.

우선 『열반경』권36에는 일천제에서 불佛까지의 순서를 항하 가운데
7종인에 비유한 부분[220]이 있고, 권32에도 같은 기술이 보인다.[221] 항하
의 7종인이란,

一者常沒. 二者暫出還沒. 三者出已則住. 四者出已遍觀四方. 五
者遍觀已行. 六者行已復住. 七者水陸俱行.[222]
첫째는 항상 가라앉는다. 둘째는 잠깐 나왔다가 다시 가라앉는다.
셋째는 나와서 멈춘다. 넷째는 나와서 두루 사방을 본다. 다섯째는
두루 보고 걷는다. 여섯째는 걸으면서 다시 멈춘다. 일곱째는
물과 육지를 모두 걷는다.

의 7종이다. 이것을 일천제, 둔근퇴전삼악취鈍根退轉三惡趣, 이근무퇴
전삼악취利根無退轉三惡趣, 사사문과四沙門果, 벽지불, 보살, 여래如來
에 대응시킨 것이다. 이 중의 제1상몰常沒, 즉 일천제를 설명한 부분에
"상몰常沒", "상행악常行惡", "상위무명소전요常爲無明所纏繞", "기심전
도상착류其心顚倒常錯謬", "상오신구常汚身口"의 5개의 어구語句가 보인

---

220 大正 12. 574下.
221 同. 554上.
222 同. 574下.

다. "상몰" 이외의 4개는 상몰이라 불리는 이유를 설한 중[223]에 있다. 이 상몰에 대해서 『열반경』권36에서는 다음과 같이 서술하고 있다.

所言常沒者, 有人聞是大涅槃經, 如來常住, 無有變易, 常樂我淨, 終不畢竟入於涅槃, 一切衆生悉有佛性, 一闡提人謗方等經, 作五逆罪, 犯四重禁, 必當得成菩薩道, 須陀洹人斯陀含人阿那含人阿羅漢人辟支佛等, 必當得成阿耨多羅三藐三菩提. 聞是語已, 生不信心, 卽作是念, 作是念已, 便作是言, 是涅槃典卽外道書, 非是佛經.[224]

상몰이라고 하는 것은, 어떤 사람이 『대반열반경大般涅槃經』의 "여래如來는 상주常住해서 변화하는 일 없이 상락아정이고, 영원히 최종적으로 열반에 드는 일이 없다. 일체중생에게는 전부 불성이 있다. 일천제인一闡提人, 방등경方等經을 비방하는 자, 오역죄五逆罪를 범하고, 사중금四重禁을 범한 자도 반드시 보리의 도를 이룰 수 있을 것이다. 수다원인須陀洹人, 사다함인斯陀含人, 아나함인阿那含人, 아라한인阿羅漢人, 벽지불 등도 반드시 아뇩다라삼먁삼보리를 얻을 것이다."라고 하는 말을 듣고, 이 말을 듣기를 끝마치고 불신심不信心을 일으켜서 다음과 같은 생각을 내서 그 생각을 낸 것을 입으로 말하며 "『열반경』은 외도의 책이고, 불佛의 경經은 아니다."라고 말한다.

---

223 同. 575上.
224 同. 574下~575上.

이것에 의하면 상몰이란 『열반경』에 설해진 여래의 상주성이나 일체중생실유불성一切衆生悉有佛性 등의 교의를 믿을 수 없는 자를 지적한 것이다. 따라서 여러 가지의 항상한 전도도 근저에는 여래장如來藏, 불성사상佛性思想에 대한 불신심이 가로놓여 있다고 하는 것이다. 『대근기행법』의 제1전도의 부분에서 마음이 제3계불법에서 떠나, 입으로는 여래장불법 이외의 말을 입 밖에 낸다고 하는 것은 『열반경』의 교증에 의거하여 해석한 것임을 알 수 있을 것이다. 보경에서 적극적인 실천을 해야 할 내용도 여래장불성에 대한 신앙을 근저에 자리 잡은 것이었지만, 인악의 제1은 여래장불성에 대한 불신심을 인식하고 반성한다고 하는 점이 중시되어 있는 것이다. 보경과 인악은 여래장사상, 불성사상이라고 하는 종이의 안팎 같은 관계에 있다고 말할 수 있다.

한편, 『십륜경』권2에는 다음과 같이 서술되어 있다.

若人處於五濁惡世界, 遠離於佛. 是故此中一切衆生心多瞋恚, 更相侵逼, 一切人民皆悉愁惱. (中略) 心常遠離棄捨眞實一切法味, 意想散亂, 譏訶善法, 樂所愛味,[225] 常爲煩惱及諸邪見惑網所覆, 歸依六師, 傷敗聖道, 趣向三惡.[226]

만일 사람이 오탁악세五濁惡世에 살고 있는 경우에는 불佛과 멀리 떨어져 있는 것이 된다. 이 때문에 이 세계의 일체중생은 마음이

---

225 현장玄奘 역譯은 "樂所愛味"의 부분을 "乏少所受喜樂滋味"(大正 13. 729中)라고 번역하고 있다. 구역舊譯의 역출이 잘못일 것이다.

226 大正 13. 688上.

노여움으로 가득 차 있고 서로 해를 주고, 인민은 모두 근심으로
괴로워한다. (중략) 마음은 항상 진실한 일체의 법미法味를 멀리
여의어 버리며 생각은 산란하고, 선법善法을 비방하고, 속이며
탐내는 마음을 즐기고 항상 번뇌나 사견 혹망에 덮여 씌워져
있고, 육사六師에 귀의하고 성도聖道를 손상시키고 무너뜨리며
삼악취로 간다.

이 부분에 "심상원리기사진실일체법미心常遠離棄捨眞實一切法味"와
"상위번뇌급제사견혹망소복常爲煩惱及諸邪見惑網所覆, 귀의육사歸依六
師, 상패성도傷敗聖道, 취향삼악趣向三惡"의 2개의 어구가 쓰여 있다.
또 권4에는 다음과 같이 서술되어 있다.

於末來世, 刹利旃陀羅乃至婆羅門旃陀羅, 善根微少, 無有信心,
欺詐陷曲. 是諸愚癡現智慧相, 不隨善知識語, 實是愚癡, 現爲智
慧. 心常疑悔, 不畏後世, 而無禁戒, 作諸殺生, 乃至邪見, 欺誑於
他, 於諸世間常行誹謗語. 刹利旃陀羅婆羅門旃陀羅壞亂佛法, 於
我法中而得出家, 常毀破戒, 作諸惡行.[227]
미래세에는 찰리전다라刹利旃陀羅 내지 바라문전다라까지 선근은
아주 적고, 신심은 없고, 속이고 아첨한다. 이 바보스런 자들은
지혜가 있는 것처럼 보이게 하고, 선지식의 말을 따르지 않고
실제로는 어리석은데 지혜가 있는 것처럼 보인다. 마음은 항상

---

227 同. 696中~下.

504

의심과 후회뿐이고 후세를 경외하는 일도 없고 금계도 없고 살생을 행하고, 게다가 사견이고 타인을 속이고 세간 중에서 항상 비방의 말을 입 밖에 낸다. 찰리전다라, 바라문전다라라는 불법을 파괴하고, 나의 가르침에 의해 출가해도 항상 계를 깨뜨리고 악행을 한다.

이 부분에 "상행비방어常行誹謗語"의 말이 쓰이고 있다. 그리고 이런 사람들은 아비지옥에 떨어져 간다고 설해져 있다.

(2) 선악양종전도善惡兩種顚倒

『대근기행법』에는 다음과 같이 설해져 있다.

二者善惡兩種顚倒, 有二. 一者一切邪魔作諸佛菩薩形像. 顚倒衆生順本貪心, 於內唯見其善, 不知是邪魔. 邪魔非是諸佛菩薩. 非善見善. 故名顚倒. 二者一切諸佛菩薩應作種種衆生. 顚倒衆生若違其心心必生瞋, 唯見其惡. 諸佛菩薩實非是惡. 非惡見惡, 故名顚倒.[228]

두 번째는, 선악양종의 전도로 2가지가 있다. 하나는 사마邪魔가 제불보살의 형상이 된 경우이다. 전도의 중생은 근본인 탐심에 따라서 그 가운데 선만을 보며 사마인 것을 알지 못한다. 사마는 제불보살은 아니다. 선은 아닌데도 선을 보는 것이므로 전도라고

---

228 『敦煌寶藏』19. 525上.

이름한다. 둘은 제불보살이 가지가지의 중생이 되는 경우이다. 전도의 중생은 마음에 반하는 경우에는 마음은 반드시 진에瞋恚를 일으키고 악만을 본다. 제불보살은 정말로 악은 아니다. 악은 아닌데도 악을 보는 것이므로 전도라고 이름한다.

이것에 따르면, 선악양종전도를 일으키는 근본은 탐욕과 진에에 있는 것을 알 수 있다. 탐욕이 강하면 선은 아닌 것에서 선을 본다고 하는 전도가 일어나고, 진에가 강하면 악은 아닌 것에서 악을 본다고 하는 전도가 일어나는 것이다. 이미 제1의 전도에서 마음이 전도의 주체인 것을 밝혔지만 이 제2에 있어서는 그 마음에 의해서 생겨난 전도의 근본적 양상을 밝히고 있는 것이고 그것은 선과 악의 전도라고 할 수 있다. 이 선악의 전도에 가장 두드러진 것이 사마를 불로 보고, 불을 사마로 보는 전도이다.

이 교증에 관해서 돈황『삼계』권3에서는 "제2권 제2대단 제2단 제2자단第二卷第二大段第二段第二子段"에 인용되고 있는『열반경』과『화엄경』에 의거하고 있다고 한다. 제2권의 그 부분에서는,

一切諸佛菩薩, 或善或惡, 或邪或正, 或凡或聖, 或大乘或小乘, 或一乘或三乘, 或眞或應, 乃至地獄畜生餓鬼等, 非是肉眼凡夫所識分齊.[229]

일체의 불佛과 보살이 선과 악, 사邪와 정正, 범凡과 성聖, 대승과

---

[229] 『敦煌寶藏』22. 233上.

소승, 일승과 삼승, 진眞과 응應, 지옥, 축생畜生, 아귀 등(이 되는 것)은 육안肉眼의 범부凡夫가 인식할 수 있는 영역은 아니다.

라고 서술하고, 『열반경』권31, 『화엄경』의 「십주품十住品」의 제6주와 제7주, "명법품明法品", "십회향품十廻向品"의 제1회향廻向 등을 들고 있다. 우선 『열반경』권31[230]에서는 보살은 중생에게 설법을 하고 중생을 구하기 위해서 대서원을 일으키고 지옥이나 축생 등의 여러 가지 악신으로 변화하는 것을 밝히고 "보살마하살실무여시제악신업菩薩摩訶薩實無如是諸惡身業, 위영중생득해탈고爲令衆生得解脫故, 이대원력원생기중以大願力願生其中"[231]이라고 진술하고 있다. 또 『화엄경』의 「십회향품」의 제1회향에서도 "아당어피삼악도중我當於彼三惡道中, 실대수고悉代受苦, 영득해탈令得解脫. 아당대수무량고뇌我當代受無量苦惱"[232]라고 설하고 있다. 또 「십주품」의 제6주에서 "문찬불훼불聞讚佛毀佛, 어불법중於佛法中, 심정부동心定不動"[233] 등으로 서술하고, 제7주에서는 "문유불무불聞有佛無佛, 어불법중於佛法中, 불퇴전不退轉"[234] 등으로 서술하고, 「명법품明法品」에서는 "문호문오聞好聞惡, 심무우희心無憂喜, 유여대지猶如大地"[235]라고 서술하고 있는데 이들 부분을 교증으로

---

230 大正 12. 550中.
231 同. 550下.
232 大正 9. 489中.
233 同. 445下.
234 同上.
235 同. 459下.

하고 있는 것은 선악 두 종의 전도를 끊은 상태를 이들의 경문에서 발견했기 때문일 것이라고 생각된다.

사마가 불佛과 보살의 형상을 하는 것의 교증에 대해서는 언급되어 있지 않지만, 다음 내외사종전도內外四種顚倒 가운데에서 명백하게 된다.

(3) 내외사종전도內外四種顚倒

『대근기행법』에는 다음과 같이 설해져 있다.

> 三者內外四種顚倒, 有二. 一者邪貪, 於一切順情之處, 純見其善.
> 無善見善, 少善見多善, 以善攝惡俱作善解, 故名顚倒. 邪瞋者,
> 違情之處, 純見其惡. 無惡見惡, 少惡見多惡, 以惡攝善皆作惡解,
> 故名顚倒. 邪癡者, 善內得惡不覺, 惡內失善不知, 故名邪癡顚倒.
> 二者神鬼魔輔心. 但使一切諸佛菩薩及世間道俗称其心者, 卽是
> 神鬼魔輔心.[236]

세 번째는, 내외사종內外四種의 전도이고 2가지가 있다. 첫째는 사탐邪貪은 모든 순정順情의 장소에 있어서 오로지 선善만을 본다. 무선無善에서 선을 보고 소선少善에서 다선多善을 본다. 선에 악을 밀어 넣어 전부를 선이라고 이해하므로 (邪貪)전도라고 이름한다. 사진邪瞋은 위정違情의 장소에 있어서 오로지 악만을 본다. 무악無惡에서 악을 보고 소악少惡에서 다악多惡을 본다. 악에 선을

236 『敦煌寶藏』19. 525上.

밀어 넣어 전부를 악이라고 이해하므로 (邪瞋)전도라고 이름한
다. 사치邪癡는 선 안에서 악을 얻어도 알아차리지 못하고, 악惡
안에서 선을 잃어도 알지 못하며 따라서 사치전도邪癡顚倒라 이름
한다. 둘째는 신귀마보심神鬼魔輔心이다. 만약 모든 제불보살과
세속의 도속이 그 마음에 적합한 것이라면 그것은 바로 신귀마神鬼
魔가 마음을 구출하고 있는 것이다.

우선 탐貪·진瞋·치癡 삼독三毒에 관한 교증을 돈황『삼계』권3에서
는『마하연경론摩訶衍經論』권30이라고 한다. 그래서『대지도론大智度
論』권30을 조사해 보면 다음과 같은 기술이 있다.

余人余衆生貪慾瞋恚愚癡覆心故, 不能如實讚歎. 何以故, 若偏有
所愛, 不見實過, 但見功德. 若偏有所瞋, 但見其過, 不見其德.
若愚癡多, 不能如實見其好醜.[237]
(佛, 菩薩 이외의) 다른 중생은 탐욕, 진에瞋恚, 우치愚癡에 의해서
마음이 덮여져 있으므로 있는 그대로 (十方諸佛의 이름을) 찬탄하
는 것이 불가능하다. 어째서인가? 가령 호감이 가는 것에 대해서
애착이 강하면 그 허물을 볼 수 없으므로 공덕만을 본다. 가령
좋아하지 않는 것에 대한 미움이 강하면 그 과실만을 보고 그
공덕을 보지 못한다. 가령 우치가 많으면 있는 그대로의 호추好醜
를 보는 것이 불가능하다.

---

237 大正 25. 282下~283上.

이것에 의해서 『대근기행법』의 삼독의 해석은 『대지도론』의 이 부분에 의거하고 있는 것임을 알 수가 있다.

다음으로 신귀마神鬼魔에 대해서 돈황 『삼계』권3은 『96종도경九十六種道經』, 『관정경灌頂經』, 『불장경佛藏經』권2와 권3, 『열반경』「사정품邪正品」(南本)을 교증으로 들고 있다. 『96종도경』은 위경僞經이고 현존하지 않는다. 『관정경』은 십十의 경전으로부터 되고 신귀마가 정법正法을 어지럽히는 것을 설했던 부분이 다수 보인다. 『불장경』권 중에는 악마의 기술이 다음과 같이 설해져 있다.

當來之世, 惡魔變身作沙門形, 入於僧中, 種種邪說, 令多衆生入於邪見, 爲說邪法. (中略) 爾時, 惡魔說如是等邪貪著事. 如是事者, 非諸佛及佛弟子所說. 爾時, 惡人爲魔所迷, 各執所見, 我是彼非. 舍利弗. 如來予見未來世中, 有如是等破法事故, 說是深經, 悉斷惡魔諸所執著. 舍利弗. 當爾之時, 閻浮提內, 多是增上慢人, 作小善順, 便謂得道, 命終之後, 當墮惡趣.[238]

미래세에 악마는 변신하여 사문의 모습이 되고 승가에 들어가 가지가지 사설邪說을 저지른다. 많은 중생을 사견에 빠지도록 하려고 사법邪法을 설하는 것이다. (중략) 그때 악마는 이러한 바르지 못한 탐착의 일을 설한다. 이러한 일은 불佛과 불제자가 설한 바는 아니다. 그때 악인은 마魔에 현혹되어 자기가 바르고 다른 사람은 틀리다는 견해에 사로잡힌다. 사리불아. 여래는 미래

---

238 大正 15. 790上~中.

510

세를 예견하고서, 이러한 교설을 깨뜨리기 위해서 이 심오한 내용의 경전을 설하고, 모든 악마의 집착을 단절하는 것이다. 사리불아. 그때 염부제閻浮提에서는 대부분이 증상만인이고, 약간의 선행으로 곧바로 도를 얻었다고 말하며, 죽은 후 악취惡趣에 떨어지게 된다.

또 『열반경』권7 「사정품」(南本)에는 다음과 같이 서술되어 있다.

我般涅槃七百歲後, 是魔波旬漸當壞亂我之正法. 譬如獵師身服法衣. 魔王波旬亦復如是, 作比丘像比丘尼像優婆塞像優婆夷像, 亦復化作須陀洹身, 乃至化作阿羅漢身卽佛色身. 魔王以此有漏之形作無漏身, 壞我正法.[239]

내가 열반에 든 지 700년 후 마왕魔王 파순波旬은, 점차로 나의 바른 가르침을 파괴하게 될 것이다. 예를 들면, 사냥꾼의 몸에 법의를 입은 것과 같다. 마왕 파순도 또한 마찬가지다. 비구의 모습, 비구니의 모습, 우바새의 모습, 우바이의 모습이 되고, 또 수다원須陀洹의 모습으로 가장하고 게다가 아라한의 몸과 불佛의 색신色身의 몸으로 가장한다. 마왕은 유루有漏의 몸인데도 무루無漏의 몸으로 변신하여 나의 올바른 가르침을 파괴한다.

이들 제 경전이 공통으로 하고 있는 것은 신귀마가 비구 등의 호감이

---

239 大正 12. 643中~下.

가는 모습으로 바뀌어 재가인과 출가인의 마음을 어지럽히고, 불법이 아닌 것을 불법이라고 맹신케 하여 정법을 멸한다고 하는 점이다.

(4) 일체경율론상설순설전도一切經律論常說純說顚倒

『대근기행법』에는 다음과 같이 설해져 있다.

> 四者一切經律論常說純說顚倒. 但使一切經文內, 唯說顚倒衆生是惡, 不說是善, 故名一切經律論常說純說顚倒.[240]
> 네 번째는, 일체의 경율론상설순설전도經律論常說純說顚倒이다. 경문 중에는 단지 전도의 중생은 악이라고 설할 뿐이고 선이라고는 설하지 않았다. 때문에 일체의 경율론상설순설전도라 이름한다.

이 전도는 제5 이하의 전도를 모두 총합한 것이다. 따라서 교증은 제5 이하의 전도에 열거된 교증 전체이고, 다시 말하면 일반적으로 전도가 설해져 있는 모든 경율론이다. 이러한 연유로 돈황 『삼계』권3에서는 이·전도를 "최광일체경율론상설순설전도最廣一切經律論常說純說顚倒"라고 규정하고 있다.

(5) 칠종별악전도七種別惡顚倒

『대근기행법』에는 다음과 같이 설해져 있다.

---

240 『敦煌寶藏』19. 525上.

五者七種別惡顚倒. 一者三階, 名第三階. 二者三聚, 正定聚不定
聚邪定聚. 三者法說, 爲諸菩薩說甚深大乘義, 爲諸聲聞說淺近之
義, 爲一闡提說世間之義. 四者喩說, 一如定受不死, 二死活不定,
三定死, 醫藥所不能救. 五者無慚愧僧. 六者洹河第一人名常沒.
七者最多阿鼻地獄果.[241]

다섯 번째는, 칠종별악전도七種別惡顚倒이다. 첫째는 삼계, 제3계
라고 이름한다. 둘째는 삼취三聚, 즉 정정취正定聚·부정취不定
聚·사정취邪定聚이다. 셋째는 법설法說, 제보살을 위해서 심심한
대승의 의義를 설하고, 제성문諸聲門을 위해서 천근淺近의 의義를
설하고, 일천제를 위해서 세간의 의義를 설한다. 넷째는 비유,
하나는 절대로 죽는 것은 아닌 경우와 같은 것이다, 둘은 죽는지
사는지는 확실하지 않은 경우, 셋은 반드시 죽음에 이르러 의사와
약에 의해서 구할 수 없는 경우이다. 다섯째는 무참괴승無慚愧僧이
다. 여섯째는 항하의 제1인으로 상몰常沒이라고 이름한다. 일곱째
는 최다아비지옥과最多阿鼻地獄果이다.

돈황 『삼계』권3에서는 제5의 전도를 "7종최대별악전도七種最大別惡
顚倒"라 부른다. 그 교증은 "제1권 제1대단 제3단 제1 제2 제3자단
이후第一卷第一大段第三段第一第二第三子段已後"라고 하고 있다. 유감스
럽게도 돈황 『삼계』권1은 현존하지 않지만 『삼계불법밀기』권상에
그 부분을 주석한 곳이 있다. 즉,

---

241 同. 525上~下.

明七種最大別惡顚倒. 一於三階別作一階, 謂純邪無正第三階. 二
就喩說別作一階, 謂定死不活衆生. 三就法說別作一階, 謂爲一闡
提說世間義. 四於洹河七種人別作兩種人, 謂空見常沒, 有見常
沒, 合作一種常沒顚倒. 五於三聚別作一聚, 謂邪定聚. 六於四種
僧別作一種僧, 謂無慚愧僧. 七於六道衆生別出其輕重分齊, 謂墮
十方一切阿鼻地獄.[242]

7종최대별악전도七種最大別惡顚倒를 밝힌다. 1은 삼계에 관해서
별도로 1계라 한다. 요컨대 순사무정純邪無正을 제3계라 한다.
2는 비설譬說로서 별도로 1계라 한다. 즉 반드시 죽으므로 생존의
희망이 없는 중생을 말한다. 3은 법설法說에 관해서 별도로 1계라
한다. 요컨대 일천제를 위해서 세간의 의義를 설하는 것을 말한다.
4는 항하의 7종의 사람에 대해서 특별히 양 종류의 사람으로
한다. 공견空見의 상몰常沒과 유견有見의 상몰常沒을 합해서 한
종류의 상몰전도常沒顚倒라 한다. 5는 삼취三聚에 대해서 별도로
일취一聚로 한다. 요컨대 사정취邪定聚이다. 6은 4종류의 승僧에
대해서 별도로 1종류의 승僧이라 한다. 즉 무참괴승이다. 7은
육도六道의 중생에 대해서 별도로 경중輕重의 범주를 나타낸다.
요컨대 시방의 일체의 아비지옥에 떨어지는 것을 말한다.

라고 서술되어 있다. 이것에 의하면 돈황『삼계』권1과『대근기행법』에
서는 7개의 항목은 일치하지만 순서는 다르게 되어 있는 것을 알 수

514

있다. 돈황『삼계』권1에서는 제2부터 제4에『열반경』의 교증을 들고 있는 점이 특징적이다. 한편『대근기행법』에서는 제1부터 제4까지에 3단계의 짜임새를 가지는 교증을 계속해서 열거하고 있는 점이 특징이다. 부언하면『제3계불법광석第三階佛法廣釋』(北8725)에는 제1에서 제4의 중도까지밖에 사본이 존재하지 않지만 그것에 의하면 돈황『삼계』권1의 순서와 일치하고 있다. 다만 돈황『삼계』로부터『대근기행법』에 이르는 과정에서 순서가 바뀌었던 이유에 대해서는 현 단계에서 밝힐 방법이 없다. 이제는『대근기행법』의 순서에 따라 검토해 보겠다.

우선 제일의 삼계에 관련해서 돈황『삼계』권2에는 다음과 같이 서술되어 있다.

又一切三階佛法, 唯除第一階第二階第三階九字是人語已外. 余者悉是經文. 與一切章疏問答由安人語故始得廣說, 一種相似.[243]
또 모든 삼계불법은 다만 "제1계", "제2계", "제3계"의 9글자가 인간의 말인 이외에는 나머지는 모두 경문이다. 일체의 장소章疏 문답이 인간의 말을 두는 것에 의해서 처음으로 널리 설하는 것이 가능하게 된 것과 같다.

또『삼계불법밀기』권상에서는 이 9글자에 관해서,

九字是人語者, 謂立法字也. 以此九字釋一切經, 故唯九字人語

『敦煌寶藏』22. 230上.

也.[244]

(三階佛法에) "9문자는 인간의 말이다."라고 하는 것은 가르침을 성립시키는 문자라고 하는 것이다. 이 9문자에 의해서 모든 경을 해석하는 것이므로, 다만 9문자만은 인간의 말이다.

고 서술하고 있다.

제2의 삼취에 관한 기술은『마하반야바라밀경』권21,[245] 그 주석서인 『대지도론』권84,[246]『무량수경無量壽經』권하,[247]『구사론俱舍論』권8[248] 등의 제 경론에 보이지만, 삼계교가 어느 경론에 의거해서 삼취를 포착했는지 엄밀하게는 결정지을 수 없다. 유일한 단서는『삼계불법밀기』권상에서 돈황『삼계』권1을 주석한 부분에,

三.〈又無量壽經下〉釋疑, 分階, 寄同, 顯異.[249]
三.〈「又無量壽經」부터 下〉는 의심을 설명하고, 계階를 구분하고, 같음에 의탁해서, 다름을 나타낸다.

고 하는 점이다. 이 부분은 제1대단 제3단 제2자단의 제2계의 근기를

244 『敦煌寶藏』120. 271下.
245 大正 8. 374中.
246 大正 25. 647下~648上.
247 大正 12. 272中.
248 大正 29. 213下~214上.
249 『敦煌寶藏』120. 275下.

주석한 부분의 일부이고, 제2계인이 제1계인과 다른 것을 서술한 부분으로서 구분되어 있다.[250] 그러므로 『무량수경』권하의 삼취의 기술을 인용하면 다음과 같다.

其有衆生生彼國者, 皆悉住於正定之聚. 所以者何. 彼佛國中, 無諸邪聚及不定之聚.[251]

저 나라에 태어나는 중생은, 모두 정정취正定聚로서 살고 있다. 그것은 어째서인가. 저 불국에는 사정취邪定聚나 부정취不定聚는 없기 때문이다.

이 경문을 정정취를 제1계로, 부정취를 제2계로, 사정취邪定聚를 제3계로 대응시켜 해석하면 확실히 제2계와 제1계가 구별된다. 따라서 돈황『삼계』권1에 인용된『무량수경』의 경문은, 이 부분이었던 것이 아닐까 생각된다. 만약 그렇다면 더욱 7종별악전도七種別惡顚倒의 삼취에 관해서도『무량수경』의 이 부분을 하나의 교증으로 했었다고 하는 것이 추측된다. 다음으로, 제3의 일천제를 위해서 세간의 뜻을 설하는 교증은『열반경』권33의 다음 부분이다.

譬如父母唯有三子, 其一子者有信順心, 恭敬父母, 利根智慧, 於世間事能速了知. 其第二子不敬父母, 無信順心, 利根智慧, 於世間事能速了知. 其第三子不敬父母, 無信順心, 鈍根無智. 父母若

欲敎告之時, 應先敎誰, 先親愛誰, 當先敎誰知世間事. 迦葉菩薩
白佛言, 世尊, 應先敎授有信順心恭敬父母利根智慧知世事者, 其
次第二, 乃及第三. 而彼二子雖無信心恭敬之心, 爲愍念故, 次復
敎之. 善男子, 如來亦爾. 其三子者, 初喩菩薩, 中喩聲聞, 後喩一
闡提. 如十二部經修多羅中微細之義, 我先已爲諸菩薩說. 淺近之
義爲聲聞說. 世間之義, 爲一闡提五逆罪說. 現在世中雖無利益,
一憐愍故, 爲生後世諸善種子.[252]

"비유하여 부모에게 세 아들이 있다고 하자. 첫째 아들은 신순信順
의 마음이 있고, 부모를 공경하고, 이근으로 지혜가 있고, 세간의
일을 빠르게 이해할 수 있다. 둘째 아들은 부모를 공경하지 않고,
신순의 마음은 없지만, 이근으로 지혜가 있고, 세간의 일을 신속하
게 이해할 수 있다. 셋째 아들은 부모를 공경하지 않고, 신순의
마음이 없고, 둔근으로 지혜가 없다. 부모가 가르치려고 할 때,
우선 누구에게 가르치고, 우선 누구를 친애하고, 우선 누구에게
세간의 일을 가르쳐야 할 것인가." 가섭보살은 부처님께 아뢰었다.
"세존이시여, 우선 먼저 신순의 마음이 있고, 부모를 공경하고,
이근으로 지혜가 있고, 세간의 일을 아는 자에게 가르쳐야 하겠지
요. 다음에 제2, 제3(의 아들에게 가르쳐야 할 것입니다.) 그 두
아들은 신심信心이나 공경심이 없지만 불쌍히 여기는 마음으로
다음에 가르치는 것입니다." "선남자여, 여래도 또한 같다. 그
3인의 아들 중에서, 첫째 아들을 보살에 비유하고, 가운데를 성문

---

252 同. 560中~下.

에 비유하고, 막내를 일천제에 비유한 것이다. 12부경 수다라 중에 미세한 내용을 나는 우선 처음에 보살을 위해 설하였고, 얕은 내용을 성문을 위해 설하였고, 세간적인 내용을 일천제와 오역죄인을 위해 설한다. 현재세에 이익이 없어도 연민의 마음에 의해 후세에 선의 종자를 일으키기 위해서이다."

이것에 의하면, 세 아들이 있어서 부모가 가르침을 설하는 순서를 능력이 있는 아들부터 차례로 가르침을 설하여, 각각 보살, 성문聲聞, 일천제에 대응하고 있다. 그리고 12부경 수다라 중의 미세한 뜻을 보살에게, 천근淺近한 뜻을 성문에게, 세간의 뜻을 일천제에게 설한다고 서술하고 있다. 그것을 삼계교에서는 각각 제1계, 제2계, 제3계의 경증으로 하고 있는 것이다.

일본『삼계』권4에서는 이 부분에 관련해서 다음과 같이 서술하고 있다.

大般涅槃經通上及下, 說明一切三階佛法, 文義最大具足. 第三十三卷過半已後, 就六種喩廣說.[253]

『대반열반경』은 처음부터 끝까지 일체의 삼계불법을 해명한다고 하는 점에서 경문도 의미 내용도 가장 잘 구비하고 있다. 제33권의 후반에는 6종의 비유에 대해서 상세하게 설하고 있다.

---

253 矢吹『硏究』別篇 402쪽.

그리고 삼자(三子: 세 아들)의 비유의 부분을 일부 인용하고 있다. 6종의 비유는, 선성비구善星比丘가 일천제라고 불佛이 설한 이유를 삼자三子·삼전三田·삼기三器·삼병인三病人·삼마三馬·삼인三人의 6종의 비유를 써서 설하고 있는 부분[254]을 가리키는데, 삼자의 비유는 그 제1비유에 해당한다. 『열반경』이 삼계교의 교의를 형성하는데 중요한 역할을 하였고, 그중에서도 이 삼자의 비유 부분을 중시하고 있었던 것을 알 수 있다. 이미 본 장 제1절에서 검토한 바와 같다.

다음으로 제4의 정사불활定死不活의 중생에 대해서는, 전술의 『열반경』의 6종 비유의 제3번째에 설해져 있다. 그것은 다음과 같다.

如三病人俱至醫所, 一者易治, 二者難治, 三者不可治. 善男子. 醫若治者, 當先治誰. 世尊. 應先治易, 次及第二, 後及第三. 何以故. 爲親屬故. 其易治者喩菩薩僧, 其難治者喩聲聞僧, 不可治者喩一闡提.[255]

"세 사람의 병자가 함께 의사에게 갔다고 하자. 첫 번째 사람은 낫기 쉬운 자, 두 번째 사람은 낫기 어려운 자, 세 번째 사람은 나을 가망이 없는 자이다. 선남자善男子여. 의사는 치료하는 데 우선 누구부터 치료해야 하는가?" "세존이시여, 우선 낫기 쉬운 자, 다음에 제2자, 최후에 제3자일 것입니다. 왜냐하면 친한 자이기 때문입니다." "그 낫기 쉬운 자는 보살승에 비유하고, 낫기 어려운 자는 성문승에 비유하고, 나을 가망이 없는 자는 일천제에

[254] 大正 12. 560中~561上.
[255] 同. 560下.

비유한다."

또 『열반경』권11에는 3인의 병자 이야기가 상세하게 설해져 있다. 거기에 의하면 치료가망이 없는 병자는 방대승謗大乘과 오역죄五逆罪와 일천제이고, 의약醫藥이 있어도 죽음이 결정되어 있는 자는 다스리지 못하는(定死不可治) 것처럼 성문연각보살聲聞緣覺菩薩의 설법에 관계 없이 아뇩다라삼먁삼보리 마음을 일으키는 일은 없다고 서술되어 있다.[256]

다음으로, 제5의 무참괴승의 교증은 『십륜경』권5의 다음 부분을 교증으로 한다.

云何名無慚愧僧. 若有人爲自活命, 來入佛法, 而受波羅提木叉 戒, 悉皆毁犯, 破和合僧, 無有慚愧, 不畏後世, 內懷臭穢, 其聲如 貝, 言辭堅鞭, 常懷嫉妬, 愚癡驕慢, 棄捨三業, 但爲利養, 放恣六 情, 貪著五欲色聲香味觸, 誹謗正法, 如是等人, 依止我法, 心無慚 愧, 是故名爲無慚愧.[257]

어떠한 자를 무참괴승이라고 하는가. 어떤 사람이 자기의 생활을 위해서 불법에 들어와서 바라제목차계波羅提木叉戒를 받고서도 모두 파계하고 화합승을 깨뜨리고, 참괴하지 않고 후세를 경외하지 않고 안으로 더러움에 오염된 생각을 품고, 소리는 조개와 같이 언사는 견고해서 엄하고, 항상 질투심을 가지고 있으며,

256 同. 431中~下.
257 大正 13. 703中.

바보로서 교만하게 뽐내며, 삼승업을 버리고 이양을 위해서만
살고 육근을 마음대로 하고 오욕五欲은 색色·성聲·향香·미味·촉
觸에 탐착하고, 정법을 비방한다. 이러한 사람은 나의 가르침을
받으면서도 마음에 참괴가 없어서 무참괴라고 이름한다.

『십륜경』의 이 부분에는 4종의 승僧으로서 제일의승第一義僧, 정승淨
僧, 아양승瘂羊僧, 무참괴승이 설해져 있고, 그중에서 삼계교三階敎는
이 무참괴無慚愧를 제3계의 대부분의 승려의 모습으로 포착하고 있다.

다음에 제6의 항하의 제1인은, 제1 및 제10의 전도 부분에서도 열거했
던 것은 이미 본 바 대로이다. 따라서 12종의 전도 중에는 항하의
제1인의 비유는 3회 인용되었고, 전도의 교증으로서 매우 중시되었던
것을 알 수 있다.

다음에 제7의 타아비지옥(墮阿鼻地獄: 아비지옥에 떨어짐)의 교증에
대해서는 어떤 경전의 어느 부분을 열거한 것인지 특정할 수 없다.
예를 들면 일본『삼계』권3에서는 제3계의 17종 이명에 아비지옥도
열거되고 있지만 그 교증으로서『대집월장분경大集月藏分經』권10 내內
게송偈頌 이후를 들고 있다. (시취矢吹『연구』별책 328쪽) 거기서는
불멸도佛滅度 후의 출가자의 비법을 열거하고 다음과 같이 서술한다.

如是國土中, 旃陀羅王治, 明黨惡比丘, 毀破袈裟服, 自壞己國土,
不久當敗亡, 墮在阿鼻獄, 受苦極長遠, 於是賢劫中, 無脫地獄
時.[258]

이러한 국토 중 전다라왕旃陀羅王의 치세에 있어서 도당徒黨을

522

이룬 악비구惡比丘들은 가사복袈裟服을 찢어 버리고, 자기들의 국토를 파괴하고, 오래지 않아 생명을 다하고, 아비지옥에 떨어져서 고苦를 받는 것이 극히 길고, 이 현겁賢劫에 있어서 지옥에서 빠져 나갈 때가 없다.

이러한 지옥에 떨어진다(墮地獄)는 기술은 삼계교가 제3계인의 교증으로 하는 경전에는 비법非法의 응보로써 반드시라고 해도 좋을 정도로 볼 수 있는 것이다. 또 일본『삼계』권3에서는 지옥에서 고苦를 받는 시절의 다소에 대해서, 『마하연경』「이리품泥梨品」(제6전도의 제1), 『대집월장분경』권6 나찰왕羅刹王의 이야기(제6전도의 제2), 『열반경』의 선성비구의 이야기(제6전도의 제2), 『불장경』권중(제6전도의 제4), 『십륜경』권5(제6전도의 제5)·권6 등의 교증이 열거되어 있다.[259]

(6) 육부경설최다전도六部經說最多顚倒
『대근기행법』에는 다음과 같이 설해져 있다.

六者六部經說最多顚倒, 有五段. 一者一切佛不救. 空見有見顚倒衆生, 得値無量無邊諸佛, 於諸佛所行六波羅蜜, 由學佛法不當根, 謗佛法僧, 不免墮十方一切阿鼻地獄, 一切佛不救. 二者一切法不救, 有二種. 一者大乘小乘各各誦得八萬四千法聚, 由心一念嫌他學十二頭陀. 比丘卽滅, 爾時善根盡, 墮阿鼻地獄, 如大集經

---

258 『大方等大集經』권56「月藏分第十二法滅盡品」大正 13. 376中.
259 矢吹『研究』別篇 367~370쪽.

說. 二者讀誦十二部經, 不免謗佛, 現身墮十方一切阿鼻地獄, 如
涅槃經說, 故名一切法不救. 三者一切僧不救. 四者一切衆生不
救. 度得門徒弟子六百四萬億, 復度得九十六種異學外道廻心向
涅槃, 不免墮十方一切阿鼻地獄. 五者一切斷惡修善不救. 大精進
大持戒大懺悔大不自是非他不自高輕他, 非佛弟子, 是無慚愧僧
攝.²⁶⁰

여섯 번째는, 육부경설최다전도六部經說最多顚倒이고 5단이 있다.
첫째는 일체의 불佛에게 구원을 받지 못하는 것이다. 공견空見
유견有見 전도의 중생은 무량무변無量無邊의 제불諸佛을 만나고,
제불의 장소에서 육바라밀을 행하는 기회를 얻어도, 당근은 아닌
불법을 배우고 불법승을 비방하는 것에 의해 시방의 일체의 아비지
옥에 떨어지는 일을 면치 못하므로, 일체의 불에게 구원 받을
수 없는 것이다. 둘째는 일체의 법에 의해서도 구원 받을 수 없는
경우인데 2종이 있다. 하나, 대승과 소승의 각각 팔만사천법취八萬
四千法聚를 독송하는 기회를 얻어도 마음 가운데에서는 언제나
타자가 12두타頭陀를 배우는 것을 싫어한다. 이 비구는 죽으면
그때에 선근善根은 다하고 아비지옥에 떨어진다. 『대집경大集經』
에 설한 것과 같다. 둘, 12부경을 독송해도 방불謗佛을 벗어나지
못하고 현재 몸으로 시방의 아비지옥에 떨어진다. 『열반경』에
설한 것과 같다. 그러므로 일체 제법도 구하지 못한다고 이름한다.
셋째는 일체의 승僧에 의해서도 구원을 받지 못하는 경우이다.

넷째는 일체의 중생에 의해서도 구해지지 않는 경우이다. 문도제자門徒弟子 604만억을 구하는 일이 가능하고, 또 96종의 이학외도異學外道를 구할 수 있고, 회심해서 열반을 향하여도, 시방의 일체 아비지옥에 떨어지는 일을 면할 수 없다. 다섯째는 일체의 단악斷惡이나 수선修善에 의해서도 구해지지 않는 경우이다. 열심히 정진하고 계율을 매우 잘 지키고 깊이 참회하고, 자기를 긍정하거나 타자를 부정하거나 하지 않으며, 자기를 우위에 두거나 타자를 경시하거나 하지 않는 경우에도 이들은 불제자가 아니고, 무참괴승에 속한다.

이 육부경설최다전도六部經說最多顚倒는 일반적으로 5종의 불구(不救: 구할 수 없는 것)라고 한다. 즉 불佛, 법法, 승僧, 중생衆生, 단악수선斷惡修善의 5종에 의해서 구할 수 없는 것이 제3계의 중생이라고 규정하는 견해이다. 돈황『삼계』권3에서는, 이 교증은「차제삼자단십삼자구초육자구소인경此第三子段十三子句初六子句所引經」에 설해져 있다. 다행히 그 부분이 현존한다.[261] 이 부분에서 거론된 교증은 다음과 같다.

제1, 일체불불능구一切佛不能救『십륜경』권4,『마하연경』「이리품泥梨品」

제2, 일체경불능구一切經不能救『열반경』권9, 권20, 권33,『대집월장분경大集月藏分經』권1, 권6

제3, 일체보살불능구一切菩薩不能救『대집월장분경』권10

제4, 일체도속불능구一切道俗不能救『불장경佛藏經』권3

제5, 일체해행불능구一切解行不能救『마하연경』「이리품」,『십륜경』권2, 권5, 권6

이하 이들 교증 가운데서『대근기행법』의 기술과 일치하는 교증을 중심으로 검토를 해 보겠다.

우선 일체불불능구一切佛不能救에 관한 교증은,『마하반야바라밀경摩訶般若波羅蜜經』권11의,

有菩薩摩訶薩多見諸佛若無量百千萬億, 從諸佛所行布施持戒忍
辱精進一心智慧, 皆以有所得故, 是菩薩聞說深般若波羅蜜時, 便
從衆中起去, 不恭敬深般若波羅蜜及諸佛. 是菩薩今在此衆中坐.
聞是甚深般若波羅蜜, 不樂故便捨去. 何以故. 是善男子善女人
等, 先世聞深般若波羅蜜時, 棄捨去, 今世聞深般若波羅蜜亦棄捨
去, 身心不和, 是人種愚癡因緣業, 種是愚癡因緣罪故, 聞說深般
若波羅蜜呰毀. 呰毀深般若波羅蜜故, 則爲呰毀過去未來現在諸
佛一切智一切種智. 是人毀呰三世諸佛一切智故, 起破法業. 破法
業因緣集故, 無量百千萬億歲墮大地獄中.[262]

어떤 보살이 많은 불佛을 만난 일이 무량백천만억회이고, 제불에 따라서 행한 보시, 지계持戒, 인욕忍辱, 정진精進, 일심一心, 지혜는 모두 유소득有所得이었으므로, 이 보살은 깊고 깊은 반야바라밀이 설해진 것을 듣고, 대중으로부터 일어나서 가버리고 말았다. 깊고

262 大正 8. 304中~下.

깊은 반야바라밀과 제불에게 공경하지 않은 것이다. 이 보살은 지금 이 대중 가운데 앉아 있다. 이 깊고 깊은 반야바라밀을 듣고서도 기뻐하지 않고 일어나서 떠나가 버렸다. 왜 그런가. 이 선남자善男子 선녀인善女人 등은 먼저 세世에서 깊은 반야바라밀을 들었을 때 일어나 가버렸던 것이다. 이 세상에서도 깊고 깊은 반야바라밀을 듣고 또 일어나 가버렸던 것이다. 신심은 따뜻하지 않고 이 사람은 어리석은 인연의 업을 심고, 이 우치인연愚癡因緣의 죄를 심었기 때문에 깊고 깊은 반야바라밀이 설해지는 것을 듣고 비방했던 것이다. 깊은 반야바라밀을 비방했으므로 과거, 미래, 현재의 제불의 일체지一切智와 일체종지一切種智를 비방한 것이다. 이 사람은 삼세제불三世諸佛의 일체지를 비방했으므로, 법업法業을 파괴하는 것이다. 법업을 파괴한 인연이 모여서 무량백천만억년의 사이(間), 대지옥에 떨어지는 것이다.

라고 한 부분이 해당된다.

제2에 일체법불능구一切法不能救에 관한 교증은 『대근기행법』도 『대집경』과 『열반경』의 두 경을 들고 있는데, 우선 『대집경』의 교증으로서는 『대집월장분경』권6(『大方等大集經』권51)의,

爾時, 於彼鬼神衆中, 有羅刹王名牛王目, 與萬羅刹王, 合掌向佛, 一心敬禮, 而作是言. 大德婆伽婆. 我等爲瞋使故久於世間受不愛果. 我等今者承佛神力, 得自憶念此賢劫中宿命之事. 我等於鳩留孫如來法中曾得出家, 誦持八萬大乘法聚, 復誦八萬聲聞法聚, 發

阿耨多羅三藐三菩提願. 我等彼時於阿蘭若住法比丘所, 起瞋怒
心. 以是業障, 於彼命終, 生於地獄, 久被燒煮, 失念無余, 於彼命
終, 生此貪他血肉惡羅刹中. 正由我等昔出家時共作惡業, 今受於
此惡羅刹身.[263]

그때에 그 귀신들 가운데 나찰왕羅利王이 있었는데 우왕목牛王目
이라고 하는 이름이었다. 만萬의 나찰왕과 함께 합장하고, 불佛을
향하여 일심으로 경례하고 다음과 같이 말하였다. "대덕大德, 바가
바婆伽婆여. 우리들은 성낸 마음 때문에 오랫동안 세간에서 불애과
不愛果를 받아왔습니다. 우리들은 지금 불佛의 신력神力을 받아들
여 스스로 이 현겁賢劫 중의 숙명의 일을 억념憶念하는 것이 가능하
게 되었습니다. 우리들은 구류손여래鳩留孫如來의 가르침을 따라
일찍이 출가했고, 팔만대승八萬大乘의 가르침을 송지誦持하고,
또 팔만성문八萬聲聞의 가르침을 송지하고, 아뇩다라삼먁삼보리
의 원을 발하였습니다. 우리들은 그때 아란야에 거주하는 비구에
대하여 성내는 마음을 일으키고 말았습니다. 이 업장에 의해서
목숨을 다한 후, 지옥에 태어났고 오랫동안 구워지고 삶아져서
끊임없이 기氣를 잃었다가 지옥의 명命을 끝내고 이곳에서 남의
혈육을 탐하는 악나찰惡羅利로 태어났습니다. 틀림없이 나는 과거
출가 시에 함께 악업을 지은 것에 의해서 지금 이 악나찰의 몸을
받고 있는 것입니다."

263 大正 13. 341中.

라고 하는 부분이 여기에 해당된다.

또 『열반경』의 교증은, 권33의 선성비구에 관한 이야기에 근거하고 있다. 우선 가섭보살이 불佛에게 다음과 같이 질문한다.

善星比丘是佛菩薩時子, 出家之後, 受持讀誦分別解說十二部經, 壞欲界結, 獲得四禪. 云和如來記說善星是一闡提廝下之人, 地獄劫住不可治人. 如來何故不先爲其演說正法, 後爲菩薩.[264]

선성비구善星比丘는 불佛이 보살일 때 어린아이로서 출가 후에 12부경을 수지하고 독송하고 분별하고 해설했으며, 욕계欲界의 번뇌를 끊고 색계色界의 사선四禪을 획득하였다. 어찌하여 여래는 선성은 일천제의 천한 자이고 지옥에서 겁간을 사는 불가치인不可治人이라고 수기授記한 것입니까? 여래는 어찌하여 먼저 그를 위하여 정법을 연설하고 뒤에 보살을 위하여 연설하지 않습니까?

이러한 가섭의 질문에 대해서 불佛은 위에 말한 6종의 비유 등을 설하고, 이제까지 선성비구에 대해서 진실의 가르침을 설하여 왔지만 그에게는 신수信受의 마음이 없었다고 하면서, 더욱이 다음과 같이 말씀하셨다.

善星比丘雖復讀誦十二部經, 獲得四禪, 乃至不解一偈一句一字之義. 親近惡友, 退失四禪. 失四禪已, 生惡邪見. (中略) 爾時如來

卽與迦葉往善星所. 善星比丘遙見如來, 見已卽生惡邪之心, 以惡
心故, 生身陷入墮阿鼻獄.[265]

선성비구는 12부경을 독송하고 사선을 획득했지만, 1게 1구 1자의
의미도 이해하지 못하였다. 나쁜 벗과 친근하게 지내고 사선에서
퇴실하였다. 사선을 잃고 악사견惡邪見을 내었다. (중략) 그때
여래는 가섭과 선성이 있는 곳으로 향하였다. 선성비구는 저 멀리
여래의 모습을 보고나서 악사惡邪의 마음을 일으켰다. 악심惡心
때문에 현신現身인 채 그대로 아비지옥에 떨어지고 말았다.

삼계교는 12부경 독송에 의해서도 구제 받을 수 없는 선성비구의
이야기를 법불구法不救의 교증으로 했던 것이다.

제3에 일체승불능구一切僧不能求에 관한 교증은『대집월장분경』권
10(『大方等大集經』권56)의,

唯有賢劫衆, 彌勒爲上首, 一切皆悉起, 合掌而白佛, 咸作如是言,
我不詣余方, 護持佛正法, 盡我精進力, 成熟大菩提. 隨於彼時中,
應機而說法. 欲有留難時, 我等不能遮. 法欲滅盡時, 我亦不能
遮.[266]

다만 현겁의 성중聖衆들만이 미륵을 상수上首로 하고, 모두 일어나
서 합장하여 부처님께 고하여 다음과 같이 말하였다. "나는 다른
국토에는 가지 않습니다. 나는 부처님의 정법正法을 호지護持하고

---

265 同. 561下.
266 大正 13. 377上.

나의 정진의 힘을 다하여 대보리大菩提를 성숙합니다. 그때에
기근에 따라 설법을 하였습니다. 여러 가지 장애가 생겨날 때에는
우리들을 차단할 수가 없습니다. 법이 다 멸해 버리려고 할 때는
우리들은 차단할 수가 없습니다.

라고 하는 부분이다. 이 부분을 가지고 일체보살, 승僧에 의해서 구원
받을 수 없는 것의 교증으로 하고 있다.

　제4에 일체중생불능구一切衆生不能求의 교증으로서 『대근기행법』의
기술과 일치하는 것은 『불장경』권중의 기술이다.[267] 즉 대장엄여래大莊
嚴如來가 멸도滅度한 100년 후에 제자들은 5부로 분파되었다. 보사비구
普事比丘는 무소득공無所得空을 설했지만, 그 외의 네 비구는 사도邪道
에 따라 유소득有所得에 집착하여 제일의무소득공第一義無所得空을 버
리고 아비지옥에 떨어졌다. 이 4인을 따랐던 재가자나 출가자 604만억
의 사람도 똑같이 아비지옥에 떨어졌다고 하는 이야기이다. 『대근기행
법』이나 돈황 『삼계』권3에서는 604만억을 구할 수 있었지만, 자신은
아비지옥에 떨어졌다고 하는 해석이 이루어져 있는데, 경문에 있어서
는 604만억도 함께 아비지옥에 떨어진 것으로 되어 있다. 경문과 삼계교
의 해석이 서로 다른 이유는 확실하지 않지만, 취지는 유소득의 가르침
에 따르는 중생도 구제될 수 없다는 것을 나타내고 있는 것이 아닐까
생각된다.

　제5에 일체단악수선불능구一切斷惡修善不能求의 교증으로써 『대근

---

267 大正 15. 795上~中.

기행법』의 기술과 일치한다고 생각되는 것은 『십륜경』권5의 다음
부분이다.

依止無慚愧僧, 於佛法中亦名死屍, 是可棄者, 於僧大海, 亦名不
成法器. 彼非我弟子, 我亦非彼師. 復有不成法器者, 稱佛是我世
尊, 我滅度後, 得信向心法僧聖戒, 自不起惡見, 亦不譏他惡, 而廣
爲人顯說我法, 不生誹謗, 發正誓願, 已所作惡, 數數懺悔, 能除無
量種種諸罪, 作如是信, 令使九十五種異學外道, 猶悉能度, 向於
涅槃, 非轉輪聖王所有功德之所能及.[268]

무참괴승에 의지하는 자는 불법 중에 있어서 사시死屍라고 이름한
다. 승가의 대해大海에 있어서 미련 없이 버리고 가버려야 할
자이고, 법을 받을 그릇은 아닌 자라고 한다. 그는 나의 제자는
아니다. 나는 그의 스승은 아니다. 또 법을 받을 그릇은 아닌
자가 부처님은 나의 세존이라 칭하며, 나의 멸도 후 신심을 얻어
마음을 법法, 승僧, 성계聖戒로 향하고, 스스로 악견惡見을 일으키
지 않고, 또 남의 악惡을 비난하지 않으며 널리 남을 위하여 나의
가르침을 알아듣게 설명하고 비방하지 않으며 바른 서원을 발하
고, 이미 범한 악을 반복했음을 참회하며 한량없는 가지가지 죄를
제거하고 이와 같이 신심을 내어 95종의 이학외도異學外道조차
모두 구원해서 열반으로 향하게 하여서 전륜성왕轉輪聖王이 가진
공덕도 이에 미치지 못한다.

---

[268] 大正 13. 703中~下.

여기에는 대정진大精進, 대지계大持戒, 대참회大懺悔, 대부자시비타
大不自是非他, 대부자고경타大不自高輕他이었어도 무참괴승에 속하는
자의 모습이 묘사되어 있고, 그들은 결국 아무리 단악수선斷惡修善을
하여도 구원 받을 수 없다는 것을 이 교증에 의해서 나타내려고 하고
있는 것이다.

(7) 십일부경설사진전도十一部經說邪盡顚倒

『대근기행법』에는 다음과 같이 설해져 있다.

七者十一部經說邪盡顚倒. 十一部經者, 一者迦葉經. 二者如大集
月藏分經, 說明法滅盡品正法悉滅. 三者如阿含經, 說正法滅盡.
四者如大方廣十輪經, 說一切人民皆悉起於斷常. 五者如薩遮尼
乾子經, 說一切衆生皆悉起於三種顚倒. 六者如摩訶摩耶經第二
卷說, 文當佛滅度一千年已後, 唯有兩个比丘學作不淨觀, 正坐
禪, 不起高下彼此是非心. 七者如大般涅槃經說, 末法世時, 一闡
提及五逆罪如大地土. 八者如最妙勝定經. 九者大雲經. 十者佛藏
經, 說正人唯有一人兩人. 十一者觀佛三昧海經.[269]

일곱 번째는, 11부경설사진전도十一部經說邪盡顚倒이다. 11부경
이라는 것은, 첫째는 『가섭경迦葉經』이다. 둘째는 『대집월장분
경』 「법멸진품法滅盡品」에 정법이 모두 멸하는 것을 설한 것과
같다. 셋째는 『아함경阿含經』에 정법이 전부 멸하는 것을 설한

것과 같다. 넷째는 『대방광십륜경』에 일체의 인민이 모두 단견斷見과 상견常見을 일으키는 것을 설한 것과 같다. 다섯째는 『살차니 건자경薩遮尼乾子經』에 일체의 중생은 모두 3종의 전도를 일으키는 것을 설한 것과 같다. 여섯째는 『마하마야경摩訶摩耶經』제2권에 설한 것과 같다. 경문에 "불멸도佛滅度의 1천년 이후, 다만 2인의 비구만이 부정관不淨觀을 배우고 바르게 좌선하고, 고하高下·피차彼此·시비是非의 마음을 일으키지 않는다."고 한다. 일곱째는 『대반열반경』에 설한 것과 같다. 말법末法의 세상의 시時, 일천제와 오역죄는 대지大地의 흙과 같이 많다. 여덟째는 『최묘승정경最妙勝定經』과 같다. 아홉째는 『대운경大雲經』, 열째는 『불장경佛藏經』에 정인正人은 다만 한 사람이나 두 사람밖에 없다고 설한다. 열한째는 『관불삼매해경觀佛三昧海經』이다.

돈황 『삼계』권3은 11부경설사진전도의 교증은 "차제칠자구말제사권초소인此第七子句末第四卷初所引"이라고 하고 있지만 이 부분은 현존하지 않는다. 또 『제3계불법광석』(北8725)도 제1에서 제7에 관한 부분은 누락되어 있다. 따라서 『대근기행법』의 기술만이 교증을 특정한 열쇠를 쥐고 있다.

첫째의 『가섭경』에 관해서는 어느 부분을 교증으로 하고 있는가는 확실하지 않다. 다만 일본 『삼계』등에서 가장 많이 인용하는 것은 불멸도 후 500년에 자칭보살 자칭사문이 횡행한다고 하는 부분이고 이것을 개로 비유한 부분이다. 즉 『가섭경』권1(『大寶積經』권88「摩訶迦葉會」)에는 다음과 같이 서술되어 있다.

534

當來末世後五百歲, 有諸衆生自稱說言, 我是菩薩. 彼諸惡欲, 我
今說之. 彌勒, 具四法者自稱菩薩. 何等爲四. 一者求利養, 二者求
名聞, 三者諂曲, 四者邪命. (中略) 譬如有狗, 前至他家, 見後狗
來, 心生瞋嫉, 嘊喍吠之, 內心起想謂是我家. 佛告彌勒. 當來末世
後五百歲, 亦復如是. 自稱菩薩, 行於狗法, 至他施主家中, 生己家
想, 旣起此想, 便生貪著, 前至他家, 見後比丘, 瞋目視之, 心生嫉
恚, 而起鬪諍, 互相誹謗, 言某甲比丘有如是過, 某甲比丘有如是
過. 汝莫親近某甲比丘. 汝若親近某甲比丘, 則爲衆人之所輕賤,
增長罪垢.[270]

다가올 말세의 500년을 경과한 때에 중생이 있어, 자칭하여 나는
보살이라고 한다. 그 악욕惡欲의 자에 대하여 나는 지금 설하려
한다. 미륵이여. 4가지의 특성을 갖추고 있는 자는 보살을 자칭한
다. 무엇이 넷인가? 첫 번째는 이양을 구하고, 두 번째는 명성(名
聞)을 구하고, 세 번째는 첨곡諂曲, 네 번째는 사명邪命이다. (중략)
예를 들면 개가 먼저 타인의 집에 가서 뒤에 다른 개가 오는
것을 보고, 마음이 노하여 질투를 일으켜 달려들어 물고 늘어지고
짖으며 내심으로는 이것은 자기 집이라고 굳게 마음먹고 있다.
부처님은 미륵에게 고하였다. "다가올 말세의 500년을 경과한
때에도 또 이러한 상태이다. 스스로 보살이라 칭하여 개와 같이
행동하고 타인인 시주施主의 집에 가서 자기 집 같은 기분이 들어
이와 같은 생각을 하면서 탐착을 일으킨다. 먼저 타인의 집에

大正 11. 504上.

가서 뒤에 비구가 (오는) 것을 보고, 노한 눈으로 그를 보며 마음에 질투와 분노를 일으키고 싸움을 하며 서로 비방하고 다음과 같이 말한다. 저 비구는 이러한 잘못이 있다. 그 비구는 이러한 허물이 있다. 너는 그러한 비구에게 가까이하여 친하게 지내서는 안 된다. 네가 만약 그러한 비구와 가까이하여 친하게 되면 사람들에게 업신여김을 받고 죄를 증장하는 것이 될 것이다."

자기의 생활이나 의복을 위해서 보살을 자칭하고 여래의 지혜 공덕을 찬탄하여 다른 사람에게 신앙을 일으키게 하고, 안으로는 자신이 계戒를 범하고 악욕惡欲·악행惡行하는 비구를 구보살狗菩薩이라 하고 있는 것이다.

혹은 이후 둘째와 셋째는 정법멸진正法滅盡에 관한 기술이기 때문에 『가섭경』도 정법멸진에 관한 교증이라고 생각한다면 대정大正 11·503 상~하의 부분에 정법멸진시의 양상이 상술되어 있다.

둘째의 『대집월장분경』「법멸진품」의 정법멸진의 교증 및 셋째의 『아함경』의 정법멸진의 교증은 어느 부분에 열거되어 있는가가 분명하지 않다. 우선 「법멸진품」은 전체가 법멸진 시의 양상을 설하고 있기 때문에 품品 전체가 교증이라고 할 수도 있다. 예를 들면 출가자의 비법非法에 관한 기술이라면 다음 부분을 열거할 수 있다.

於我滅度後, 佛法欲滅時, 所有出家者, 而無憂慚恥, 遠離功德智,
懈怠不精進, 捨道學世業, 不樂持禁戒, 愚癡與俗交, 多言復無羞,
貪取佛僧物, 染著五欲樂. 如是比丘等, 資生與俗同, 疑惑多貪財,

邪淫怒嫉妬, 見住蘭若者, 說其諸過惡, 不樂讀誦經, 嗜睡多喜鬪.
如是等沙門, 厭賤禪蘭若, 堅著於惡事, 自高輕減他.[271]

내가 멸도한 후 불법이 멸하려 할 때, 모든 출가자는 참괴慚愧의
마음이 없고 공덕功德을 생기게 하는 지혜에서 떠나 게으름을
피워서 정진하지 않고, 도를 버리고 세업世業을 배우며 금계禁戒를
지키는 것을 좋아하지 않으며, 어리석게도 세속과 교류하며 수다
스러워 수치심이 없고 불승佛僧의 물건을 탐내어 가지고, 오욕락五
欲樂에 물들어 집착한다. 이러한 비구들은 생활은 세속과 같고,
의혹이 많고, 재물을 탐내며, 사음하고, 화를 잘 내고, 질투하고,
난야(蘭若: 절)에 거주하는 자를 보고는 그 과악過惡을 설하고,
경을 독송하는 것을 좋아하지 않고, 잠을 많이 자며, 싸우기를
좋아한다. 이러한 사문은 삼림에서의 선禪의 수행을 싫어하여
경멸하고, 악사惡事에 집착하고 자신을 뽐내고 남을 경멸한다.

또한 삼계교 문헌에 정법멸진을 설한 부분에서는 『대집월장분경』과
『잡아함경雜阿含經』이 세트로 되어 인용되는 경우가 많다. 그 경우
상정되어 있는 것은 『잡아함경』권25의 난당왕難當王에 관한 이야기이
다.[272] 『잡아함경』권25에는 다음과 같이 서술되어 있다.

---

271 大正 13. 377上~中.
272 예를 들면, 일본 『삼계』권1에서는 불멸도 후 1천년 이후의 교증으로서 "『雜阿含
經』明難當卷內說, 『大集月藏分經』與『雜阿含經』同"(矢吹 『研究』別篇 263쪽)라
고 서술되어 있다

過千歲後, 我教法滅時, 當有非法出於世間, 十善悉壞. (中略) 西
方有王名鉢羅婆, 百千眷屬, 破壞塔寺, 殺害比丘. 北方有王名耶
槃那, 百千眷屬, 破壞塔寺, 殺害比丘. 南方有王名釋迦, 百千眷
屬, 破壞塔寺, 殺害比丘. 東方有王名兜沙羅, 百千眷屬, 破壞塔
寺, 殺害比丘. 四方盡亂.[273]

천년이 지난 후 내 교법教法이 멸할 때 비법非法이 세간에 널리
퍼지고, 십선十善은 모두 파괴될 것이다. 서방에 발라바鉢羅婆라는
이름의 왕이 있어 백천의 권속眷屬은 탑사塔寺를 파괴하고, 비구를
살해할 것이다. 북방에 야반나耶槃那라는 이름의 왕이 있어 백천의
권속은 탑사를 파괴하고, 비구를 살해할 것이다. 남방에는 석가釋
迦라는 이름의 왕이 있어 백천의 권속은 탑사를 파괴하고, 비구를
살해할 것이다. 동방에는 도사라兜沙羅라는 왕이 있어 백천의
권속은 탑사를 파괴하고, 비구를 살해할 것이다. 사방은 모두
문란해질 것이다.

그리고 이들 사왕四王이 난당왕難當王과 싸워 망하여 난당왕이 염부
제閻浮提의 왕이 되었다는 이야기이다. 이 이야기와 거의 같은 이야기가
『대집월장분경』「법멸진품」에 있어서도 상술한 비구의 비법을 설한
부분의 약간 뒤에 나온다. 그것에 의하면『잡아함경』의 난당왕은 난간
왕難看王이라고 번역되며 동방의 왕의 아들이며, 이윽고 왕이 되어
삼왕三王과 싸운다는 것이다.

---

273 大正 2. 177下.

538

辺夷三惡王, 又至北天竺, 破國殺害人, 怨讐妬女色, 積財以火燒,
瞋怒向中國, 辺夷王等來, 毁破佛塔寺, 殺害諸衆僧, 劫奪佛僧物.
(中略) 彼三辺夷王, 及與諸軍衆, 漸詣拘睒彌, 十二年中鬪, 三王
及眷屬, 難看王殺盡.[274]

주변의 오랑캐 족의 삼악왕三惡王은 북천축北天竺에 다다라 그
나라를 쳐부수고, 사람을 살해하고, 원한을 품고, 여색女色을 부러
워하고, 재산을 불로 태우고, 노여움에 사로잡혀 중국으로 향하였
다. 오랑캐족의 왕들은 와서 불佛탑사를 파괴하고 승려들을 살해
하고, 불佛의 승물僧物을 강탈하였다. (중략) 이 3인의 오랑캐족
왕과 군대는 드디어 구섬미국拘睒彌國에 이르러 12년간 싸워서
삼왕三王과 권속은 난간왕이 모두 죽였다.

넷째의 『십륜경』의 단상이견斷常二見이 어느 부분을 교증으로 하고
있는가는 분명하지는 않다. 우선 권2에 있어서 제10의 상전도常顚倒의
교증과 같은 부분이 있다.

若人處於五濁惡世界, 遠離於佛. 是故此中一切衆生心多瞋恚, 更
相侵逼, 一切人民皆悉愁惱, 愚闇癡冥, 起於斷常.[275]
만약 사람이 오탁五濁의 악세계惡世界에 살고 있는 경우에는 불佛
과 멀리 떨어지게 된다. 그런 까닭으로 이 세계의 일체의 중생은
마음이 분노로 가득 차서 서로 해를 끼치고, 인민은 모두 근심에

274 大正 13. 377下.
275 同. 688上.

괴로워하고, 어리석음의 어둠에 둘러싸여 단〔斷(見)〕과 상〔常
(見)〕을 일으킨다.

고 기술하고 있다. 또 권5의,

若有人起斷見者, 爲說十二因緣法. 若人起常見者, 爲說三界生死
輪迴.[276]
만약 사람이 단견을 일으키면 그 사람을 위해서 12인연의 법을
설한다. 만약 사람이 상견을 일으키면 그 사람을 위해서 삼계三界
에 다시 태어나고 죽어서 윤회한다는 것을 설한다.

의 부분에 단견과 상견을 위한 가르침이 설해져 있다. 또 권6에서는
단견과 관련하여 다음과 같이 설하고 있다.

若有衆生於聲聞辟支佛乘而不成熟諸善根者,　若聽微妙大乘經
者, 彼人愚癡自謂爲智, 墮於斷見. 如是人等說無因果無善惡業,
亦於我法而作壞亂, 非法言法, 非沙門自稱沙門, 非比丘言是比
丘, 遮斷一切聲聞辟支佛乘而不流布.[277]
만약 어떤 중생이 성문벽지불승聲聞辟支佛乘에 있어서 선근善根이
성숙하지 않은 채로 미묘한 대승경大乘經을 들으면, 그 사람은
어리석은데 자기가 지자智者라고 말하고 단견斷見에 떨어진다.

276 同. 703上.
277 同. 706中.

이러한 사람들은 인과因果도 없고 선악의 업業도 없다고 말하고, 나의 법을 파괴하고 비법非法을 법이라 하고 사문이 아닌데 자기가 사문이라고 말하고, 비구가 아닌데 비구라고 말하고, 일체의 성문 벽지불승을 차단하고 유포하지 않는다.

『십륜경』은 삼승공신三乘共信을 설한 경전이고, 성문승이나 연각승 緣覺乘을 구하지 않고 대승大乘에게만 붙잡힌다면 단견에 빠진다고 설한 것이다.

다섯째의 『살차니건자경薩遮尼乾子經』의 3종전도란 것은 권4에,

於末世時, 轉輪聖王隱沒不現, 正法不行, 邪法競興, 衆生心惡, 起三種過. 一者樂於非法貪心, 二者起於顚倒貪心, 三者邪法羅網 纏心. (中略) 云何名爲樂於非法貪心. 答言. 大王. 於十不善惡業 道中, 生於樂心, 是名樂於非法貪心. 云何名爲顚倒貪心. 自己手 力得諸資生, 依時節得, 依正法得, 依如法得, 不生足心, 更求他 財, 如是名爲顚倒貪心. 王言. 大師. 云何名爲邪法羅網之所纏心. 答言. 大王. 於諸外道非義論中起義論想, 於無益論生利益想, 於 非法中生是法想. 於末世時, 非是智者所作論中, 以爲正論, 生於 信心, 熏修邪見, 以爲福德. 是名邪法羅網纏心.[278]
말세 때에 전륜성왕은 숨어서 나타나지 않고, 정법正法은 행해지지 않으며 사법邪法은 경쟁하여 흥하고, 중생의 마음은 악으로 3종의

---

[278] 大正 9. 332下~333上.

과오를 일으킨다. 첫째는 비법을 즐기는 탐심, 둘째는 전도를
일으키는 탐심, 셋째는 사법이 새그물(羅網)같이 얽혀 붙은 탐심貪
心이다. (중략) "어째서 비법非法을 즐기는 탐심이라 이름하는가?"
답하였다. "대왕이시여, 10불선의 악업 중에 즐거운 마음을 일으키
는 것을 비법을 즐기는 탐심이라 이름한다." "어째서 전도의 탐심이
라 하는가?" "자기 힘으로 생활물자를 탈취해도 시절에 의해서
얻고 정법에 의해서 얻고, 여법如法에 의해서 얻었다고 해서 충분
하다고 하는 마음을 일으키는 것이 아니고, 더욱 타인의 재물을
구한다. 이러한 상태를 전도의 탐심이라 이름한다" 왕은 말하였다.
"대사여, 어째서 사법邪法이 나망羅網과 같이 휘감겨 달라붙은
마음이라고 하였는가?" 답하여 말하였다. "대왕이시여, 외도外道
의 비의非義의 논에 대해서 의義의 논이라는 생각을 일으키고,
무익의 논에 이익의 논이라는 생각을 일으키고, 비법非法 중에
시법是法의 생각을 일으킨다. 말세에 지자가 아닌 자가 만든 논을
정론으로 하고, 신심을 일으키고 사견邪見에 훈습薰習되는 것을
복덕福德으로 한다. 이것을 사법邪法이 나망羅網처럼 얽혀 달라붙
은 마음이라고 한다."

는 부분에 의거한다.
　여섯째의 『마하마야경摩訶摩耶經』은 권하에 부처님 열반 후의 양상
으로써,

　一千歲已, 諸比丘等聞不淨觀阿那波那瞋恚不欲, 無量比丘, 若一

若二思惟正受.[279]

1천년 후 비구들은 부정관不淨觀, 수식관數息觀, 진에불욕瞋恚不欲
의 가르침을 듣고, 무량의 비구 중에서 한두 사람만이 깊이 마음에
새겨 바르게 받아 지닌다.

라고 서술되어 있다.

일곱째의 『열반경』은 권33의,

爾時, 世尊取地少土, 置之爪上. 告迦葉言, 是土多耶, 十方世界地
土多乎. 迦葉菩薩白佛言, 世尊, 爪上土者, 不比十方所有土也.
(中略) 善男子. 護持禁戒, 精勤不懈, 不犯四重, 不作五逆, 不用僧
鬘物, 不作一闡提, 不斷善根, 信如是等涅槃經典, 如爪上土. 毀
戒, 懈怠, 犯四重禁, 作五逆罪, 用僧鬘物, 作一闡提, 斷諸善根,
不信是經, 如十方界所有地土.[280]

그때 세존은 지면의 흙을 조금 집어서 손톱 위에 올려놓고, 가섭에
게 다음과 같이 말하였다. "이 흙이 많은가? 시방세계의 지면의
흙이 많은가?" 가섭보살은 부처님에게 아뢰었다. "세존이시여,
손톱 위의 흙은 시방의 모든 흙과 비교도 할 수 없습니다. (중략)"
"선남자야, 금계禁戒를 호지護持하고 정근精勤하여 게을리 하지
않고, 사중금四重禁을 범하지 않고, 오역죄를 짓지 않고, 교단의
기물을 사용하지 않으며, 일천제가 되지 않고 선근善根을 끊지

279 大正 12. 1013下.
280 同. 563上~中.

않고, 이러한 『열반경전』을 믿는 자는 손톱 위의 흙 같다(적다).
계를 파하고 게으름을 피우고, 사중금을 범하고 오역죄를 짓고,
교단의 기물을 사용하고 일천제가 되고, 선근을 끊고 이 경을
믿지 않는 자는 시방세계의 모든 지면의 흙과 같이 많다.

의 부분에 의거한다. 이 부분을 "말법세시末法世時"의 기술이라고 하는
것은 삼계교의 해석이다.

여덟째의 『최묘승정경最妙勝定經』에는 여래멸후의 양상이 서술되
어 있지만 "천년지후千年之後, 삼백년중三百年中"의 양상을 서술한 부분
에는,

> 若說戒時, 鬪諍瞋恚, 上中下坐師徒弟子共相論說是非好惡, 亦如
> 蚖蛇聚入一穴, 各相朋儻, 共相罵辱, 無尊無卑. 猶如群賊, 劫奪良
> 善. 心貪利養, 無有厭足. 當爾之時, 十二部經, 沈沒於地, (中略)
> 乃至法師解說佛語, 萬不着一, (中略) 吾滅度後, 一切比丘取我十
> 二部經, 競共讀誦, 以上着中, 以中着下, 以下着上, 中着前後,
> 非義言義, 義言非義,[281] 亦如外道, 各言我是. 當爾之時, 十二部
> 經, 雖行於世, 無有德. 設有讀誦, 無有一人得四沙門果.[282]

설계說戒 때에는 격렬하게 싸우고 노여움으로 가득 차고, 상중하

---

281 關口眞大 "燉煌出土「最妙勝定經」考"(『淨土學』22. 23, 1950, 450쪽)에서는 "非義言
語, 義言非語"이라고 되어 있지만, 일본 『삼계』권3(矢吹 『研究』別篇 349쪽)의
『最妙勝定經』의 인용에 따랐다.
282 關口前揭論文 449~450쪽.

544

자리의 스승도 제자도 함께 시비호오是非好惡를 논설하고, 뱀이 하나의 구멍에 억지로 들어가는 것과 같다. 서로 도당을 만들고, 서로 큰 소리로 떠들며 존비尊卑의 구별 없이 도둑의 무리와 같으며, 선한 사람들을 강탈하고, 마음은 이양을 탐하고, 만족하는 마음은 전혀 없다. 그때 12부경은 모두 땅에 파묻힌다. (중략) 법사法師는 부처님 말씀을 해설하지만, 만의 하나도 적중하지 못한다. (중략) 내가 멸도한 후 일체의 비구는 나의 12부경을 집어 들고, 경쟁하여 함께 독송하고, 상을 중에 붙이고, 중을 하에 붙이고, 하를 상에 붙이고, 중을 전후에 붙이고, 비의非義를 의義라고 하고, 의義를 비의非義라 하고, 또 외도와 같이 자기가 옳다고 말한다. 그때 12부경이 세상에 있었지만 덕은 없고, 만약 독송하는 자가 있어도 한 사람도 사사문과四沙門果를 얻는 사람은 없다.

라고 (적혀) 있다.

아홉째의 『대운경大雲經』에 관해서는 『대근기행법』은 경의 이름을 열거했을 뿐이다. 다른 삼계교 문헌에 있어서의 『대운경』의 인용을 조사해 보면, 일본 『삼계』권3에 "於諸法中, 心疑不信, 『大雲經』第五卷內說"[283]이라고 서술되어 있고, 또 『제3계불법광석』(北8725)에 있어서 이 제9의 전도를 설한 부분에도 "第九, 『大雲經』第五卷說, 我滅度一千二百年, 唯有一箇菩薩比丘, 名衆生樂見[284]…"라고 (적혀) 있다. 그

283 矢吹 『研究』別篇 362쪽.
284 『敦煌寶藏』111. 312上.

래서 『대운경』권5(曇無讖譯 『大方等無想經』 卷五)를 조사해 보면 다음과 같은 이야기가 있다.[285] 즉 불佛이 멸도滅度하여 1200년(후) 정법이 멸하기까지 40년의 그때에, 4부의 중衆은 박복薄福 소지小智로 만족한 마음을 갖지 못하고, 이 경전을 신수信受하는 것이 불가능하다. 이러한 악세惡世, 악비구惡比丘의 시대에 중생락견衆生樂見이라는 이름의 한 사람의 제자가 나타났다. 그는 지계청정持戒淸淨하고 소욕지족小欲知足하며 이 경전을 악비구들에게 설하고 널리 세상에 유포시키려고 하는 이야기이다. 그리고 그때에 이 경전을 수지하고 독송하며 서사書寫한 자는 대보살이고 신수信受할 수 없는 자는 마魔의 권속이라고 서술되어 있다. 권5의 첫머리에는 이 경전은 대운밀장보살大雲密藏菩薩이 찾았던 것이므로 『대운大雲』이라 이름 짓고 여래상주如來常住로서 필경에는 열반에 드는 일 없이 일체중생실유불성一切衆生悉有佛性을 설하기 때문에 『대반열반大般涅槃』이라고 이름하고, 이 경전을 수지하고 독송하여 일체의 상상想想을 단절했으므로 『무상無想』이라고 이름하였다 한다.[286] 따라서 정법의 내용은 여래장如來藏, 불성사상佛性思想인 것을 엿볼 수 있다.

열째의 『불장경佛藏經』에서 정인正人은 한두 사람밖에 없다고 설해져 있는 부분의 교증은 일본 『삼계』권4에서는, 권중과 권하의 이하의 부분을 열거하고 있다.[287] 우선 권중에서는,

---

285 大正 12. 1099中 이하.

286 同. 1099上~中.

287 矢吹 『硏究』別篇 398쪽.

546

舍利弗. 當來比丘好讀外經, 當說法時, 莊校文辭, 令衆歡樂. 惡魔爾時助惑衆人, 障礙善法. (中略) 或有比丘若二若三已讀佛經, 便使令求外道經法, 先自看者讚言善好. 是諸人等, 爲魔所惑, 覆障慧眼, 深貪利養, 看諸外書. 猶如群盲爲誑所欺, 皆使令墮深坑而死. 舍利弗. 諸生盲人卽是比丘, 捨佛無上道, 求外道經書. 誑人是惡魔. 深坑是邪道.[288]

사리불아. 미래세의 비구는 외도外道의 경을 좋아해서 읽고, 설법 시에는 문사文辭를 화려하게 꾸미고 사람들을 즐겁게 한다. 악마는 그때에 사람들을 미혹시키는 일을 도와주고 선법善法을 방해한다. (중략) 둘, 셋의 비구가 불경을 읽고 있으면, 외도의 경법經法을 구하게 하여 먼저 (외도의 경법을) 본 자는 선호라고 찬탄하게 한다. 이 사람들은 마魔 때문에 미혹되어 지혜의 눈이 덮여 씌워져서 깊이 이양을 탐하고 외도의 책을 읽는다. 마치 맹인들이 속아서 모두 깊은 구멍에 떨어져 죽는 것과 같은 것이다. 사리불아, 나면서부터의 맹인이란 이들의 비구들이다. 그들은 불佛의 무상도無上道를 버리고 외도의 경서를 구한다. 속이는 사람은 악마이다. 깊은 구멍은 사도邪道이다.

의 부분을 열거하고 있다. 이 중에서 "둘, 셋의 비구가 불경을 읽고 있다."고 하는 부분이 정인正人이 아주 조금밖에 없다고 하는 교증으로 되어 있다. 또 이 경문의 "불佛의 무상無上의 도를 버린다."라고 하는

[288] 大正 15. 793下~794上.

부분은 제9전도 제2전도의 "일념도 열반을 구하는 마음이 없다."라고 하는 것의 교증도 되고 있다.

또 『불장경』권하에는 다음과 같이 서술되어 있다.

說有漏增上, 自言是得道. 在於大會中, 多有諸比丘, 皆言有智慧, 求智無一人. 若是大會中, 或有一比丘, 如實有智慧, 皆呵言無智.[289]

(악세 중 비구들은) 유루有漏를 설하고 뽐내며 자기들이 득도했다고 말한다. 대회大會 중에서 많은 비구들은 모두 지혜가 있다고 말하고, 지혜를 구하는 자는 한 사람도 없다. 대회 중에 한 사람의 비구가 있어, 여실히 지혜가 있으면 모두는 가책하여 무지無智라고 한다.

이 중에서 "대회 중에 한 사람의 비구가 있어서 여실히 지혜가 있으면"이라는 부분을 정인正人이 1인밖에 없다는 것의 교증으로 하고 있는 것이다.

다음에 열한 번째의 『관불삼매해경觀佛三昧海經』에 관해서는 『대근기행법』은 다만 경의 이름을 열거했을 뿐이다. 『제삼계불법광석』(北8725)에 "第十一, 『觀佛三昧海經』第三卷說, 此十二部經說, 邪見衆生…悉得邪盡"[290]이라고 되어 있는 것이 유일한 단서이다. 같은 경전 권3에는 상법像法 시의 일월덕장자日月德長子와 오백의 어린이의 이야

---

289 同. 804上

290 『敦煌寶藏』111. 312上.

548

기가 있다.[291] 불법을 경신敬信하고 있던 장자는 어린아이에게 관불觀佛의 마음을 설하고, 심오한 12인연을 설했는데 아이들은 그것을 듣고서 의심을 내어 믿지 않았다. 아이들이 중병에 걸려 목숨이 길지 않은 것을 안 아버지는 "애들아! 사견邪見, 정법正法을 믿지 않고 이제 무상無常의 칼, 너의 몸을 자른다."라고 하였다. 아이들은 아버지를 좇아서 삼보三寶에 귀의할 것을 맹세하고 있을 때에 명命을 마쳤다. 칭불稱佛에 의해서 천상사천왕처天上四天王處에 태어났지만, 전前의 사견邪見의 업에 의해서 대지옥에 떨어졌다고 하는 이야기이다.

(8) 사부경설출전도四部經說出顚倒

『대근기행법』에는 다음과 같이 설해져 있다.

八者四部經說出顚倒. 一者如摩訶衍經, 說三毒顚倒. 二者勝鬘經, 說二見顚倒. 三者薩遮尼乾子經, 說三種顚倒. 一非法貪心, 於十不善道生於樂心. 二者顚倒貪心, 由因自力, 得依時節得諸財物, 不生知足心, 更求他財, 是名顚倒貪心. 三者邪法羅網之所纏心. 於非法中生是法想, 於非義中生是義想, 於末世時非是智者所作言論作正論想, 是名邪法羅網之所纏心. 四者涅槃經說種種顚倒.[292]

여덟 번째는, 사부경설출전도四部經說出顚倒이다. 첫째는 『마하연경』에 삼독의 전도를 설한 것과 같다. 둘째는 『승만경勝鬘經』에

291 『觀佛三昧海經』권3, 大正 15. 660中~下.
292 『敦煌寶藏』19. 526上~下.

이견二見의 전도를 설한다. 셋째는 『살차니건자경』에 삼종의 전도를 설한다. 하나는 비법非法의 탐심으로, 십불선도十不善道에 기쁜 마음을 일으킨다. 둘은 전도의 탐심으로, 여러 가지 재물을 자력에 의해서 얻고 시절에 따라 얻은 것에 대해서는 지족知足의 마음을 일으키지 않고, 더욱 남의 재물을 구하는 것을 전도의 탐심이라고 한다. 셋은 사법邪法의 새그물에 얽혀 감겨진 마음으로, 비법非法에 시법是法의 상상想을 일으키고, 비의非義에 시의是義의 상상想을 일으키고, 말세에 지자智者 아닌 자가 하는 언론에 정론의 상상想을 내는데, 그것을 사법의 새그물에 얽혀 감겨진 마음이라 한다. 넷은 『열반경』에 여러 가지 전도를 설한다.

돈황『삼계』권3에서는 4부경설출전도의 교증은 "차제칠자구말제사권초소인此第七子句末第四卷初所引"이라고 있는데, 돈황『삼계』권4는 현존하지 않는다. 그러나 제1의 『마하연경』의 삼독의 전도는 제3의 내외4종전도의 부분의 교증과 같고, 『대지도론』권30의 부분을 가리킨다고 생각된다. 그 밖의 3개의 전도는 일본『삼계』권1에 "유삼부경등有三部經等, 광명일체전도법廣明一切顛倒法"[293]의 부분을 열거하고 있는 교증이 여기에 해당한다. 거기에 의하면 『승만경』의 이견전도라는 것은,

凡夫識者, 二見顛倒. 一切阿羅漢辟支佛智者, 則是清淨. 辺見者,

---

293 矢吹『研究』別篇 272쪽.

凡夫於五受陰我見妄想計著生二見, 是名辺見, 所謂常見斷見. 見
諸行無常, 是斷見, 非正見. 見涅槃常, 是常見, 非正見. 妄想見故,
作如是見.[294]

범부의 인식이란 2가지의 전도의 견해이다. 일체의 아라한이나
벽지불의 지혜는 청정하다. 치우친 견해는, 범부는 오수음五受陰
을 아견我見으로 망상妄想하고 집착하고 2가지 견해를 일으킨다.
이것을 치우친 견해라 한다. 즉 상견常見과 단견斷見이다. 제행諸行
은 무상하다고 보는 것은 단견이고 정견正見은 아니다. 열반은
항상 하다고 보는 것은 상견이고 정견이 아니다. 망상의 견해
때문에 이러한 견해를 일으키는 것이다.

의 부분에 의거한다.

셋째의 『살차니건자경』의 3종 전도라는 것은, 제7전도의 제5전도와
일치한다.

넷째의 『열반경』은 권18의,

善男子. 若有衆生, 我見無我, 無我見我, 常見無常, 無常見常,
樂見無樂, 無樂見樂, 淨見不淨, 不淨見淨, 滅見不滅, 不滅見滅,
罪見非罪, 非罪見罪, 輕罪見重, 重罪見輕, 乘見非乘, 非乘見乘,
道見非道, 非道見道, 實是菩提見非菩提, 實非菩提謬見菩提, 苦
見非苦, 集見非集, 滅見非滅, 實見非實, 實是世諦見第一義諦,

---

294 大正 12. 222上.

第一義諦見是世諦, 歸見非歸, 非歸見歸, 以眞佛語名爲魔語, 實是魔語以爲佛語, 如是之時, 諸佛乃說大涅槃經.[295]

선남자여! 중생이 있어 아我에서 무아無我를 보고, 무아에서 아를 보고, 상常에서 무상無常을 보고, 무상에서 상을 보며, 낙樂에서 무락無樂을 보고, 무락에서 낙을 보고, 정淨에서 부정不淨을 보고, 부정에서 정을 보며, 멸滅에서 불멸不滅을 보고, 불멸에서 멸을 보고, 죄罪에서 비죄非罪를 보고, 비죄에서 죄를 보며, 경죄輕罪에서 중죄重罪를 보고, 중죄에서 경죄를 보고, 승乘에서 비승非乘을 보고, 비승에서 승을 보며, 도道에서 비도非道를 보고, 비도에서 도를 보고, 실제實際는 보리菩提인데도 비보리非菩提를 보고, 실제는 비보리인데 보리를 보며, 고苦에서 비고非苦를 보고, 집集에서 비집非集을 보고, 멸滅에서 비멸非滅을 보고, 실實에서 비실非實을 보고, 실제는 세제世諦인데 제1의제를 보고, 제1의제에서 세제를 보고, 귀歸에서 비귀非歸를 보고, 비귀에서 귀를 보고, 진실한 불어佛語를 마어魔語라 이름 짓고, 실제로는 마어인데 불어라고 한다. 이러한 때에 제불諸佛은 『대반열반경』을 설한다.

의 부분에 의거한다. 이들 4부경설출전도의 교증으로서 열거한 부분은, 『제3계불법광석』(北8725)의 4부경설출전도에 열거되어 있는 교증과도 일치한다.

---

295 同. 472下.

552

(9) 양부경설순전도兩部經說純顚倒

『대근기행법』에는 다음과 같이 설해져 있다.

九者兩部經說純顚倒. 一像法決疑經說, 過千年後像法之時, 諸比
丘比丘優婆塞優婆夷所作衆善, 求名求利, 無有一念作出世心. 二
如佛藏經說, 增上慢比丘無有一念求涅槃心. 但使無有一念出世
心求涅槃心, 卽是純顚倒.[296]

아홉 번째는 양부경설순전도兩部經說純顚倒이다. 하나는『상법결
의경像法決疑經』으로, 천년을 경과한 후의 상법像法 때 비구, 비구
니, 우바새, 우바이들이 하는 선善은 명성을 구하고, 이양을 구하며
일념도 출세간에 이르고 싶다고 하는 마음을 내는 것은 아니다라고
설한다. 둘은『불장경』으로, 증상만增上慢의 비구는 일념도 열반
을 구하는 마음이 아니다라고 설한 것과 같다. 만약 일념도 출세간
에 이르고 싶다고 하는 마음이나 열반을 구하는 마음이 없으면,
그것은 순전도純顚倒이다.

돈황『삼계』권3에서는『상법결의경』권초와『불장경』권3(권중)을
교증으로 들고 있다. 우선『상법결의경』에는 다음과 같이 서술되어
있다.

未來世中, 比丘比丘尼優婆塞優婆夷國王大臣長者居士婆羅門等,

---

296 『敦煌寶藏』19. 526下.

輕賤我法, 薄淡三寶無有眞實, 雖作衆善, 求名求利求勝他故, 無
有一念作出世心.[297]

미래세에 비구, 비구니, 우바새, 우바이, 국왕, 대신, 장자, 거사,
바라문 등은 나의 가르침을 가볍게 보고 천하게 여겨 삼보三寶를
경시하고 진실은 없고, 제선을 행한다 해도 명리名利나 승타勝他를
구하기 위해서이고, 단 일순간일지라도 출세간에 이르고 싶다고
하는 마음을 일으키지 않는다.

『대근기행법』의 기술도 이 경문과 거의 일치한다.

또 『불장경』권3에 증상만의 비구는 일념도 열반을 구하는 마음이
없다고 하는 교증은, 이미 제7전도의 제10부분에서 열거했던 교증과
일치한다. 이 교증 가운데에서 "불佛의 무상無上의 도를 버리고 외도外道
의 경서를 구한다."고 하는 부분을 "일념도 열반을 구하는 마음이 없다."
로 해석한 것이라 여긴 것으로 생각된다.

(10) 양부경설상전도兩部經說常顚倒

기심전도상착류상행비방어(본문 p.558)에 포함되어 있다.

(11) 32종편병三十二種偏病

『대근기행법』에는 다음과 같이 설해져 있다.

大正 85. 1336上.

十一者三十二種偏病. 自他俱見眞正, 住持佛法自利利他顚倒. 於
內有三十二, 惣有二四, 一五, 二六, 一七. 一四者, 名想妄想不淨
說法. 二四者依人依語依識依不了義經. 一五者, 一者自他, 自身
唯見其好, 他身唯見其惡. 二者上下, 空見有見衆生唯欲得學上佛
法, 不肯學下佛法. 三者普別, 唯樂學別法, 不行普法. 四者善惡,
唯斷善外惡, 不斷善內惡, 唯修惡外善, 不修惡內善. 五者自利利
他, 唯行利他, 不行自利. 一六者, 一名聞, 二利養, 三徒衆, 四多
聞, 五勢力, 六勝他. 二六者, 一貪, 二瞋, 三癡, 四神鬼魔, 五空見,
六有見. 一七者, 一深賞罰衆僧, 打罵繫縛及遣還俗, 滅一切三寶
盡. 二者邪正雜亂盡. 三一切善天龍八部出國盡. 四一切惡天龍神
鬼魔等競入其國而住, 滅三寶, 殺衆生, 悉作一切惡盡. 說有少分
修善衆生, 惡魔入心, 爲作留難, 破心而死. 五使一切有緣佛法不
相當盡. 六一切根機不相當盡. 七一切藥病不相當盡.[298]

열한 번째는, 32종 편병偏病이다. 자타自他가 함께 진정眞正이라
보고, 불법을 실천하는 데도 자리自利와 이타利他를 행하려고 하는
전도이다. 그중에 32(종)가 있다. 정리해 보면, 2개의 사四, 1개의
오五, 2개의 육六, 1개의 칠七이다. 2개의 4에서 첫 번째 4는 명名,
상想, 망상妄想, 부정설법不淨說法이다. 두 번째 4는 의인依人,
의어依語, 의식依識, 의불료의경依不了義經이다. 1개의 5란, 첫
번째는 자타自他, 자신에는 단지 좋은 것(好)을 보고 남에는 단지
싫은 것(惡)을 본다. 두 번째는 상하 공견유견의 중생은 단지

---

298 『敦煌寶藏』19. 526下~527上.

상불법上佛法을 배우려 할 뿐 하불법下佛法을 배우려 하지 않는다. 세 번째는 보별普別, 다만 별법別法을 배우려 할 뿐으로 보법을 행하려 하지 않는다. 네 번째는 선악, 단지 선외의 악을 끊으려 할 뿐 선내의 악을 끊으려 하지 않는다. 단지 악 외의 선을 닦으려 할 뿐 악 내의 선을 닦으려 하지 않는다. 다섯 번째는 자리이타自利利他, 다만 이타利他를 행할 뿐으로 자리를 행하려 하지 않는다. 첫 번째의 6은 ①명문名聞, ②이양利養, ③도중徒衆, ④다문多聞, ⑤세력勢力, ⑥승타勝他이다. 두 번째의 6은 ①탐貪, ②진瞋, ③치癡, ④신귀마神鬼魔, ⑤공견空見, ⑥유견有見이다. 1개의 7은 ①깊이 중승衆僧을 상벌賞罰하고, 타매打罵하고, 계박繫縛하고, 환속시키고 일체의 삼보를 멸진한다. ②완전히 그름과 바름이 섞여 어지럽다(邪正雜亂). ③일체의 선인 천룡팔부天龍八部는 다 출국出國한다. ④일체의 악인 천룡신귀마天龍神鬼魔 등은 경쟁하여 그 나라에 들어가서 거주하며 삼보를 멸하고, 중생을 죽이고 모든 일체의 악을 다 행한다. 가령 적은 양의 선을 닦은 중생이 있어도 악마가 마음에 들어와, 난難을 멈추고 마음을 파하여 죽게 한다. ⑤일체의 유연有緣의 불법에 상당하지 않도록 한다. ⑥일체의 근기가 상당하지 않게 한다. ⑦일체의 약과 병이 상당하지 않게 한다.

돈황『삼계』권3에서는 교증으로서 제1권, 제2권, 제3권, 제4권을 열거하고 있다. 즉 32종 전도의 교증은『삼계불법』전권에 열거되어 있다고 하는 것이 된다. 또 "어내역유이인험법의추설자於內亦有以人驗

法義推說者"[299]라고 설해져 있는 것에서, 이 32종 가운데에는 반드시 직접 경문을 교증하지 않고, 의미 내용을 짐작하여 추설한 것도 있다는 것을 알 수 있다.

(12) 멸삼보성삼재진전도減三寶成三災盡顚倒

『대근기행법』에는 다음과 같이 설해져 있다.

> 十二者減三寶成三災盡顚倒.[300]
> 12는 삼보를 멸하고, 삼재三災를 다 이루는 전도이다.

돈황『삼계』권3에서는 삼보를 멸하는 것의 교증으로서『인왕경仁王經』권2를, 삼재를 일으키는 것의 교증으로서는『장아함경長阿含經』권6을 들고 있다. 우선『인왕반야바라밀경仁王般若波羅蜜經』권하에는 다음과 같이 설해져 있다.

> 法末世時, 有諸比丘四部弟子國王大臣多作非法之行, 橫與佛法衆僧作大非法, 作諸罪過, 非法非律, 繫縛比丘如獄囚法. 當爾之時, 法滅不久. 大王. 我滅度後未來世中, 四部弟子諸小國王太子王子, 乃至住持護三寶者, 轉更滅破三寶, 如獅子身中蟲自食獅子.[301]

---

299 『敦煌寶藏』113. 321上.
300 『敦煌寶藏』19. 527上.
301 大正 8. 833中~下.

법말세의 시대, 비구 등 4부의 제자, 국왕, 대신 등은 대체로
비법非法의 행行을 한다. 불법승에게 대비법大非法을 하고, 법에도
율에도 확정되지 않은 죄과를 하고, 비구를 결박하여 옥중의 수인
의 법같이 한다. 그 때 법은 멀지 않아 멸한다. 대왕이시어, 나의
멸도滅度 후 미래세에 4부의 제자, 제 소국諸小國의 왕, 태자,
왕자 내지 삼보를 지키는 자는 오히려 삼보를 파멸시킬 것이다.
사자獅子 몸 안의 벌레가 사자를 먹는 것과 같다.

이 중에서 "멸파삼보滅破三寶"라고 하는 말에 주목한 것이라고 생각된
다. 또 『장아함경』권6에는, 사람 수명이 4만 세에서 차례로 감소되어
가서 이윽고 10세가 된다. 이 과정에 있어서 빈궁, 강도, 전란 등의
재앙이 일어난다고 설해져 있다.[302] 10세의 때에는 10선의 이름은 듣지
못하고, 10악의 이름만이 세간에 충만하고 중생은 10악을 행하고 악도
惡道에 떨어지게 된다. 이 이야기를 삼재의 교증으로 한 것이라고
생각된다.

요약

12전도를 구성하는 70개에 가까운 전도에 대해서, 교증이 되는 경문에
근거하여 검토를 해왔다. 여기에 다시 12종의 전도의 특징을 간결하게
정리해 보겠다.

---

302 『長阿含經』권6 「轉輪聖王修行經」 大正 1. 39上~42中.

① 기심전도상착류상행비방어其心顚倒常錯謬常行誹謗語

12전도 중에서 최략最略이라고 부르고 있다. 즉 모든 전도를 만들어 내는 최대의 원인은 마음의 전도인데, 12전도 중 우선 제1에 꼽고 있는 것이고, 가장 근본적인 전도라고 할 수 있다. 또는 12전도의 제1에서 전도의 본체를 우선 제시한 것이라고도 해석할 수 있다. "기심전도상착류其心顚倒常錯謬"는 『열반경』의 항하의 7종인의 제일의 상몰인常沒人의 부분을 교증으로 들고, 거기서 상몰인은 여래의 상주常住와 일체중생실유불성一切衆生悉有佛性을 믿지 않는 사람으로 규정되어 있다. 『대근기행법』에서 마음의 전도는 제3계불법에서 떠난 것이고 비방의 말을 하는 것은 여래장불법 이외의 말을 하는 것이라고 서술하고 있는 것은 확실히 이 『열반경』의 교증에 근거한 해석이라고 할 수 있다. 결국 제1전도는 보경普敬을 실천할 수 없는 인간이 되는 것이고, 보경과 인악은 여래장사상, 불성사상을 축으로 한 겉과 속의 관계라고 말할 수 있다. 마음의 전도는 언어활동에 영향을 미치므로 비방의 말을 입 밖에 내는 것이 된다. "상행비방어常行誹謗語"는 『십륜경』권4를 교증으로 하고 있다.

② 선악양종전도善惡兩種顚倒

탐욕이 강하면 선은 아닌 것에서 선을 본다. 진에가 강하면 악은 아닌 것에서 악을 본다. 이 선과 악의 전도가 두 번째에 거론되어 있는 것에서 삼계교의 관심의 방향성을 확인할 수가 있다. 즉 제1의 전도에서 전도의 본체가 마음인 것을 서술한 것에 이어서 제2의 전도의 근본적 양상이 선과 악의 전도인 것을 설했다고 생각된다. 제3계불법의 보경과 인악이라고 하는 구조 자체가 선과 악의 인식을 기둥으로 하고 있는 것인데, 이 인악의 제2에서도 관심사는 역시 선과 악에 관한 문제이다. 그리고 선악의 전도의 가장 두드러진 것이 불佛이 사마邪魔로 화작化作한 경우에도 사마로서밖에 볼 수 없고, 사마가 불佛로 화한 경우에도 불佛로서 본다고 하는 전도이다. 교증으로서는 불佛이 중생을 구하기 위해서 사마의 모습이 되는 경우가 있는 것을『열반경』권31과『화엄경』「십회향품十廻向品」등에서 밝히고 있고,『화엄경』「십주품十住品」의 제6주와 제7주,「명법품明法品」등에 의해서 선악의 전도를 끊었던 자의 마음의 상태, 즉 선을 들어도 악을 들어도 마음은 부동인 것을 밝히고 있다. 사마가 불佛로 되는 것에 대해서는 제3의 전도에서 설해지고 있다.

③ 내외사종전도內外四種顚倒

내외4종전도에서는 전도의 내인內因과 외연外緣을 밝히고 있다. 즉 안(內)의 3종의 전도는 탐욕·진에·우치의 삼독이고, 밖(外)의 1종의 전도는 신귀마神鬼魔이다.『대근기행법』에 있어서 안의 삼독의 해석은 제2의 전도와 같이 선악에 대한 인식과 관련하여 삼독 각각의 내용을 규정하고 있는 점이 특징적이다. 탐욕이란 마음에 드는 대상에 집착해서 선악에 관계없이 선으로 보는 것이고, 진에란 마음에 들지 않는 대상을 증오하여 선악에 관계없이 악으로 보는 것이고, 우치란 어리석음 때문에 선과 악을 여실히 파악할 수가 없는 것이다. 이러한 삼독의 해석은『대지도론』권30을 교증으로 한 것이지만, 근저에는 선과 악을 중심으로 해서 전도를 파악해 가려는 삼계교의 전도에 대한 일관된 견해가 있다고 할 수 있다. 전도를 밖에서 돕는 일을 하는 것이 신귀마이다. 신귀마는 불佛 등의 호감이 가는 형상으로 둔갑하여, 삼독에 기초한 선악의 전도를 조장하는 것이다. 『열반경』권7, 『불장경』권2 등을 교증으로 하고 있다.

이상 제1에서 제3까지 삼종의 전도를 『삼계불법밀기』권상에서는 "약설略說"로 한다.[303] 이 표현방법은 타당하다고 생각된다. 삼종의 전도에 의해서 전도의 본체로서의 마음, 전도의 근본적인 양상, 전도의 내인內因과 외연外緣이 설명된 것이고, 일단 전도의 개략적인 구조가 해명된 것이다. 게다가 이 제3까지의 전도는 교증을 전면에 내세우지 않고 전도의 본질을 직접적으로 설하고 있다는 점에서도 약설이라고 할 수 있다. 제4 이후의 전도는 여러 가지 경문에 설해진 전도를 뽑아내어 정리해서 "광설"로 하기에 어울리는 구성이 되어 있어서 대조적이다.

④ 일체경율론상설순설전도一切經律論常說純說顚倒

제4의 전도는 모든 경율론에 설해진 모든 전도를 종합해서 일체경율론상설순설전도라고 규정하고 있다. 이 제4의 전도의 교증은 제5 이하의 전도의 모든 교증, 더욱이 대략 전도가 설해져 있는 일체의 경율론 전부이다. 이런 이유로 돈황 『삼계』권3에서는 이 전도를 "최광最廣"이라고 하고 있다. 또 『제삼계불법광석』(北8725)에서는 이 제4의 부분에 제5 이하에서 거론하고 있는 전도의 구체적 명칭과 경문 등을 열거하고, 일체 경율론 전도의 의미를 명확하게 하려하고 있다. 또 『삼계불법밀

---

303 『敦煌寶藏』120. 269下.

기』권상에서는 제4와 제11의 전도에 관해서 전자를 "문광文廣", 후자를 "의광義廣"이라고 자리매김하고 있는 것도 타당한 조치라고 할 수 있다.

⑤ 7종별악전도七種別惡顚倒

광설의 실질적 내용은 이 제5에서 시작된다. 그 최초에 둔 것은 이 7종별악전도이므로 중요한 위치를 차지하고 있다고 할 수 있다. 또 돈황『삼계』 및 『제3계불법광석』(北8725)에서는 "칠종최대별악전도 七種最大別惡顚倒"라고 부르고 있으므로 최대의 악으로 생각한 것을 알 수 있다. 이 7종이라는 것은 제3계, 사정취(邪定聚:『無量壽經』권하), 일천제(『涅槃經』권33), 정사의약소불능구(定死醫藥所不能救: 『涅槃 經』권11, 권33), 무참괴승(『十輪經』권5), 항하의 제1상몰인(第一常沒 人:『涅槃經』권36), 최다아비지옥과(『大集月藏分經』권10 등)이다. 이 들은 제3계인의 가지가지 호칭이다. 따라서 12전도 중에서 가장 삼계교 적인 전도라고 할 수 있다. 게다가 이들의 전도는 단지 제3계인의 특징을 표시할 뿐만 아니라, 제1계인, 제2계인과 비교하여 제3계인의 최악성이 확인될 수 있는 내용으로 되어 있다. 말하자면 '삼계'의 짜임 새, 그것이 이들 전도의 교증으로 인해 보증되고 있다고 말해도 좋을 것이다. 이 중에서 제3계는 "입법立法"의 글자로 자리매김 되어 있다. 또 특히 일천제와 정사의약소불능구의 교증인 『열반경』의 경문은 삼계의 짜임새를 형성하는 데 매우 중요한 역할을 하고 있다. 이미 본 장 제1절에서 상세히 검토한 바 있다.

⑥ 육부경설최다전도六部經說最多顚倒

이 전도의 "최다最多"라고 하는 말은 제5전도의 제7의 최다아비지옥과를 받고 있는 것은 아닐까 생각된다. 즉 지옥에 떨어진 횟수, 기간 등이 가장 많은 인간에 관한 교증을 들고 있는 것이, 이 육부경설최다전도라고 할 수 있다. 육부란 교증의 수를 표시하며, 내용은 5단으로 나뉘어져 있다. 따라서『대근기행법』의 제3계인의 출세의 행법인 26단 악의 제10에서는 "오종五種의 불구不救"라고 이름이 붙여 있다. 구체적으로는 불불구(佛不救:『摩訶般若波羅蜜經』권11), 법불구(法不救:『大集月藏分經』권6, 『涅槃經』권33), 승불구(僧不救:『大集月藏分經』권10), 중생불구(衆生不救:『佛藏經』권중), 단악수선불구(斷惡修善不救:『十輪經』권5)의 5종의 불구를 내용으로 한다. 즉 삼보에 귀의하고 중생을 구하려 하고 단악수선을 행해도 그 실천 자세가 근기에 대응하지 않으면 구제될 수 없고, 오히려 지옥에 떨어지고 마는 제3계인의 전도된 실천방법을 설한 것은 이 전도이다. 제3계인이 제1계와 제2계의 별진별법別眞別法의 실천을 행하면, 이양이 되지 않을 뿐만 아니라 커다란 손해가 되고 지옥에 떨어진다고 하는 교증을 들었던 것으로 해석된다.

⑦ 십일부경설사진전도十一部經說邪盡顚倒

제1계, 제2계와 제3계를 나누는 개념은 정正과 사邪이다. 이 제7의 전도는 제3계에 있어서 사정邪正의 다소에 관한 교증을 들고 있다고 생각된다. 게다가 모든 교증에 공통된 것은 시時가 명확히 표시되어 있다고 하는 것이다. 각각의 교증에 표시된 때는 "당래말세후오백세當來末世後五百歲"(『迦葉經』권1), "아멸도후불법욕멸시我滅度後佛法欲滅

時"(『大集月藏分經』권10), "과천세후아교법멸시過千歲後我教法滅時" (『雜阿含經』권25), "오탁악세계五濁惡世界"(『十輪經』권2), "말세시末 世時"(『薩遮尼乾子經』권4), "(佛涅槃後)일천세이一千歲已"(『摩訶摩耶 經』권하), "말법세시末法世時"(『涅槃經』권33〈三階教의 解釋〉), "(如來 滅後)천년지후삼백년중千年之後三百年中"(『最妙勝定經』), "아열반후 천이백년我涅槃後千二百年… 법수욕멸여사십년法垂欲滅余四十年"(『大 雲經』권5), "당래當來""악세惡世"(『佛藏經』권중, 권하), "상법중像法中" (『觀佛三昧海經』권3) 등 여러 가지인데, 삼계교는 이들 교증의 때를 불멸도 후의 악세의 정법이 멸하려고 하는 때라고 해석하는 것이고, 그것은 다시 말하면 제3계時이다. 이 시時에 있어서는 압도적 다수가 사邪라는 것을 명확히 하는 것이, 이 제7의 십일부경설사진전도의 목표였다고 할 수 있다.

⑧사부경설출전도四部經說出顚倒

제8의 사부경설출전도는 삼독(『摩訶衍經』권30), 상단이견(常斷二見: 『勝鬘經』), 3종전도(『薩遮尼乾子經』권4), 종종種種의 전도(『涅槃經』권 18의 20수종의 전도)의 4종이다. 이 4종은 삼독 및 제견의 전도가 설해져 있지만, 어찌하여 "출出"을 설한 전도로 된 것인가는 명확하지 않다.

⑨양부경설순전도兩部經說純顚倒

제9의 양부경설순전도는 『상법결의경』과 『불장경』권3을 교증으로 하고 있다. 이 2개의 교증에 의해서 밝혀진 전도는 제3계의 중생은 일념일지라도 출세出世의 마음과 열반을 구하는 마음을 일으키지 않는

564

다고 하는 것이다. 그러한 마음이 전혀 없으므로 "순純"전도라고 이름 붙인 것일 것이다.

⑩ 양부경설상전도兩部經說常顚倒

제10의 양부경설상전도는 제1의 기심전도상착류상행비방어와 거의 교증이 일치한다. 굳이 이 전도를 언급한 것은 "상常"이라고 하는 문자에 주목한 때문이다. 즉 이 제10의 전도는 "상常"이라고 하는 말을 포함한 어구 8개로 성립되어 있다. 우선 "상몰常沒", "상행악常行惡", "상위무명소전요常爲無明所纏繞", "기심전도상착류其心顚倒常錯謬", "상오신구常汚身口"의 다섯은 『열반경』권36의 항하의 7종인 중의 제1의 상몰인常沒人의 부분에 쓰여 있는 어구이다. 또 "심상원리기사진실일체법미心常遠離棄捨眞實一切法味"와 "상위번뇌급제사견혹망소복常爲煩惱及諸邪見惑網所覆, 귀의육사歸依六師, 상패성도傷敗聖道, 취향삼악趣向三惡"의 둘은 『십륜경』권2에서 "상행비방어常行誹謗語"는 권4에서 사용되어 있는 어구이다. 『십륜경』권2와 권4의 교증은 오탁악세계, 혹은 미래세의 중생의 양상으로서 서술되어 있다. 마음의 전도라는 것은 무명에 휘감겨져 있는 것이고, 번뇌와 사견과 혹망惑網에 덮여 씌어져, 진실의 법미法味에서 멀리 떨어져 있는 것이다. 그것이 행동에 옮겨지면 신구身口를 오염시키고, 비방의 말을 하고, 악업을 짓고, 육사외도六師外道에 귀의하고, 성도聖道를 손상시키게 되고, 결과로서 삼악취三惡趣에 떨어지는 것이다. 이들 모든 전도가 제3계중생에 있어서는 항상 존재하고 있는 것을 밝히는 것이, 이 제10의 양부경설상전도의 목표이다. 이 제10의 전도는 『대근기행법』의 제3계인의 출세의 도 26단악斷惡 제7부

분에도 "팔상八常"으로서 거론되어 있다.[304]

⑪삼십이종편병三十二種偏病

32종의 전도를 정리하면 다음과 같다. 〔( ) 속은 『삼계불법밀기』권상에 근거한 명칭이다.〕[305]

　a. 4종(邪四法): 명名, 상상, 망상妄想, 부정설법不淨說法

　b. 4종(邪四依): 의인依人, 의어依語, 의식依識, 의불료의경依不了義經

　c. 5종(五本五末): 자타自他, 상하上下, 보별普別, 선악善惡, 자리이타 自利利他

　d. 6종(六種邪善): 명문名聞, 이양利養, 도중徒衆, 다문多聞, 세력勢力, 승타勝他

　e. 6종(六種偏病): 탐貪, 진瞋, 치癡, 신귀마神鬼魔, 공견空見, 유견有見

　f. 7종(七損): 중승衆僧을 상벌하고, 타매打罵하고, 계박繫縛하고, 환속시키고, 삼보를 멸한다. 사정邪正이 혼란하다. 착한 천룡팔부天龍 八部는 출국한다. 악한 천룡팔부는 입국하여 악사惡事를 한다. 유연有緣 의 불법佛法이 해당되지 않도록 한다. 근기가 해당되지 않도록 한다. 약병藥病이 해당되지 않도록 한다.

　『삼계불법밀기』권상에서는 이 제11전도를 "의광義廣"[306]이라고 하 고, 제4전도의 "문광文廣"과 구별한다. 제4에서 제10까지의 전도는 교증과 대응하여 각각의 전도가 열거되어 왔는데, 이 제11의 전도는

---

304 『敦煌寶藏』19. 512下.

305 『敦煌寶藏』113. 270上.

306 同. 270下.

그들 전도를 다시 한 번 내용적으로 정리하고 수정한 것이라고 말할 수 있다. 교증에 근거한 전도의 포착방법, 정리방법 등도 다른 곳에서 예를 볼 수 없다고 하는 점에서 삼계교 독자의 전도의 인식이라고 할 수 있다. 그러나 하나하나의 전도를 검토해 보면, 각각 삼계교 독자의 전도의 포착방법이 표현되어 있는 것은 아니다. 오히려 불교 일반에 있어서 이미 부정적인 평가가 내려져 있는 것이 대부분이다. 그룹화의 방법에 관해서도, 예를 들면 사邪의 사의四依 등과 같이 이미 경전(『涅槃經』등)에 있어서 그룹화가 되어 있는 것도 있다. 따라서 32종의 체계화는 확실히 삼계교 독자의 것이어도 구성요소 모두가 삼계교적인 전도라고는 말할 수 없는 것이다. 그중에서 삼계교 의 악인식의 특징이 현저하게 나타나 있는 것은 5본5말五本五末이라고 부르는 5종의 전도일 것이다. 자기에서는 선만을 보고 타자에서는 악만을 보려는 과실, 제3계의 하근의 중생이 제1계 및 제2계의 상불법을 배우려 하는 과실, 제3계인이 제1계와 제2계의 출세의 법인 별법을 배우고 제3계의 보법을 배우려고 하지 않은 과실, 선을 악으로 보고 악을 선으로 보는 과실, 출세간에 이르지 않았는데도 명리를 위해서 이타를 배우는 척하며 자리를 배우지 않는 과실의 5가지를 내용으로 하는 5본5말의 사상이 삼계교의 악인식을 종합하는 유대의 역할을 하고 있는 것은 아닐까 하고 생각된다.

⑫ 멸삼보성삼재진전도滅三寶成三災盡顚倒

제11에서 전도를 체계적으로 정리했는데, 어째서 이 열두 번째 전도만 이 그 후에 자리 잡고 있는 것일까? 그것은 모든 전도의 최종적인 결과를 나타내기 위해서였다고 생각된다. 개개인이 지옥에 떨어지는 문제는 어디까지나 개인에 관한 문제에 불과하다. 가장 중대한 결과는 삼보三寶 그것이 멸해버리고 마는 것이다.

이상 12종의 각각의 전도는, 삼계교가 각 전도마다 무언가 의도를 가지고 정리한 것이 확인되었다. 제1에서 제3은 약설로 되어 있고, 반드시 삼계교의 악인식의 특징이 명확하게 제시되어 있다고는 말할 수 없다. 제1에서 전도의 본체가 마음인 것을 제시하고, 제2에서 전도의 대상이 선악을 중심으로 하고 있는 것을 밝히고, 제3에서 전도의 내인內因이 삼독, 외인外因이 신귀마神鬼魔인 것을 설하였다. 이들 3종은 지극히 정통적인 불교적 악인식의 본연의 모습이고, 삼계교의 악인식도 그 의미에서는 정통적이라고 말할 수 있다. 제4 이하는 광설로 되어 있으며, 교증에 근거하여 제악을 제시하고, 제11에서는 그들을 내용적으로 분류 정리하여 32종의 전도로서 정리하고 있다. 제4 이후의 전도를 한마디로 총괄하는 것은 어렵지만, 전체를 총괄하는 열쇠를 쥐고 있는 것은 제5의 칠종별악전도는 아닐까라고 생각된다. 즉 제3계인이라는 것은 무언가를 명확하게 한 전도이고, 가장 삼계교의 독자성을 드러낸 전도라고 할 수 있다. 이어서 일반적으로 출세의 도라고 하는 수행(別法)으로는 구제되지 못하고 아비지옥에 떨어진다는 것, 말세에는 사邪가 많고 정正이 적다는 것, 가지가지 사견邪見에 가득차 있는 것, 출세를 구하려 하지 않는 것, 항상 전도되어 있는 것 등을 밝히고 있지만, 이것들은 모두 제3계인 또는 제3계시時의 기술로 간주할 수 있다. 그러한 의미에서 제5에 칠종별악전도를 두고 있는 것은 아닐까 하는 생각이 든다. 제11의 32종의 전도는 삼계교의 악인식의 체계화라고 할 수 있지만, 삼계교의 독자성을 띤 것은 그리 많지 않다. 오히려 정통적인 악인식의 체계화라고 말할 수 있다.

이상을 요약하면 인악認惡을 구성하는 개개의 전도는 반드시 삼계교 독자의 전도라고 할 수 없지만, '제3계'라고 하는 삼계교 독자의 개념에 의해서 총괄될 때에 개개의 전도가 객관적인 전도의 가지가지 상相으로 서는 아니고, 자기 일신에 집중해 온 전도로서의 의미를 가져온 것은 아닐까. '인認'이라는 것은 확실히 그러한 의미를 가지고 있는 것 같은 생각이 든다.

3. 제3계불법의 실천적 제 문제

인악認惡의 제11의 32종의 전도 중에서 5본5말이라고 불리는 5개의 전도가 설해져 있다. 즉 자타, 상하, 보별普別, 선악, 자리이타의 5개의 대對 개념의 실천적 전도에 관한 것이다. 이 5본5말은 제3계불법의 실천적 제 문제를 생각하는 데에 중요한 열쇠를 쥐고 있다고 생각되어지므로 이제 한번 정리해 보겠다.

(1) 자타의 전도란 자기에 대해서는 좋은 것만 보고 남에 대해서는 나쁜 것만을 보는 것이다.

(2) 상하의 전도란 상불법上佛法을 배우려 하고 하불법下佛法을 배우려 하지 않는 것이다.

(3) 보별普別의 전도란 별법別法을 배우려 하고 보법普法을 배우려 하지 않는 것이다.

(4) 선악의 전도란 선외의 악을 끊으려 하고 선내의 악을 끊으려

하지 않으며, 악 외의 선을 닦으려 하고 악 내의 선을 닦으려 하지 않는 것이다.

(5) 자리이타의 전도란 이타利他를 행하려 하고 자리自利를 행하려 하지 않는 것이다.

이들 5개가 전도된 실천형태이므로 제3계에 있어서 해야 할 실천형태는 다음과 같다.

(1′) 자신의 악을 보고 남의 선을 본다(보경의 제6의 1인1행 불법).

(2′) 제3계의 하불법을 배우고, 제1계와 제2계의 상불법은 배우지 않는다.

(3′) 보법을 배우고 별법을 배우지 않는다.

(4′) 선내의 악을 끊고 악 내의 선을 닦는다.

(5′) 출세에 이르기까지는, 자리自利만을 행하고 이타利他를 행하려 하지 않는다.

이들 5개의 내용에 관해서 의문을 일으키는 것이 없고 실천적으로도 전도를 일으키는 것이 없다면 제3계 불법의 실천자라고 말할 수 있는 것이다. 그러나 5개의 전도는 제3계중생의 본질에 기인하는 것이니까 쉽게 전도성이 뒤집어질 리가 없다.

『대근기행법』의 후반 권말에 가까운 부분에 6개의 문답이 마련되어 있다. 이들 문답은 위의 5개의 내용과 완전히 대응되어 있는 것은 아니지만 (1′)에서 (5′)의 실천을 하는 가운데 생길 여러 가지 의문을 끄집어내어 그것을 해결하려고 한 것이다. 6개의 질문의 내용을 간추려 보면 다음과 같다.

제1문 보법을 배우면 순익무손淳益無損이고, 별법을 배우면 손익구

570

유損益俱有라고 하는 것은 어떠한 경전에 설해져 있는 것인가.〔(3′),
(4′)에 관련〕

제2문 보법도 별법도 다 같은 불법인데도 보법은 순익무손이고
별법은 손익구유인 것은 어째서인가.〔(3′)에 관련〕

제3문 말세의 수행에는 사마가 이르는 것이 많은데 보법을 배우는
경우에는 그 두려움이 없는 것인가.〔(3′)에 관련〕

제4문 상호불법上好佛法이 아니고 하오불법下惡佛法을 배우라고 하
는 것은 어째서인가.〔(2′)에 관련〕

제5문 보법을 배우는 경우에 자리自利만을 행해야 하고 이타를 행해
서는 안 된다고 하는 것은 어째서인가.〔(5′)에 관련〕

제6문 남의 선을 공경하는 것이라면 자신에도 선을 공경하는 것이
가능한 것인가. 자신의 악을 보는 것이라면 남에게도 악을 보는 것이
가능한 것인가.〔(1′)에 관련〕

이하 각각의 문답에 대해서 구체적인 내용을 검토해 보겠다.

1) 제1문답

대저 제1문답이 설정되기에 이른 것은 문답 직전의 다음 문장에 의한다.

> 又末世惡時, 邪多正少. 經文分齊道, 今時衆生, 皆悉生盲, 無有慧
> 目, 不識邪正, 唯合行普, 不合行別. 但見經說, 學普者從凡至聖,
> 淳益無損, 學別法者從凡至聖, 損益並說. 是故生盲凡夫不解佛
> 法, 不識邪正, 唯得學淳益者, 未敢行別損益俱者.[307]
> 또 말세의 악시惡時에는 사邪가 많고 정正은 적다. 경문에는 분별해

서 말하기를 "금시의 중생은 모두 생맹生盲으로 지혜의 눈이 없고
사정邪正을 식별하지 못한다."라고(했다). 다만 보법만을 행해야
하고, 별법을 행해서는 안 된다. 경설을 보면 보법을 배우는 자는
범凡에서 성聖에 이르렀는데 순익무손이고 별법을 배우는 자는
범凡에서 성聖에 이르렀는데 손과 익이 아울러 설명되어 있다.
이 때문에 생맹의 범부는 불법을 이해할 수 없고 사정邪正을 식별하
지 못하므로 다만 순익(의 普法)만을 배워야 하고 손익이 함께
있는 별법을 구태여 행해서는 안 된다.

이것에 의하면 보법은 순익무손이고, 별법은 손익구유이므로 보법
을 배워야 한다고 서술되어 있지만 이 주장에는 사전에 조건이 설정되어
있다. 즉 말세의 사邪가 많고 정正이 적다고 하는 시대의 수행법이라고
하는 것, 그 시대의 중생은 생맹生盲이고 지혜의 눈이 없으며 사정邪正을
식별할 수 없다는 것이다. 이러한 중생, 즉 제3계의 중생이 출세의
법을 배우는 경우에는 보법만을 배워야 한다고 설하고 있다. 이하
문답도 기본적으로는 제3계의 생맹의 중생을 대상으로 해서 설정된
것이다.
　우선 제1의 물음은 다음과 같이 설정되어 있다.

　問. 普別兩教倶是佛說, 若欲行學, 畏有損者, 何經廣說.[308]
　묻는다. 보법과 별법의 2개의 가르침은 모두 불설佛說이다. 배워서

___
307 『敦煌寶藏』19. 534下~535上.
308 同. 535上.

실천하려고 하는 경우에는 손이 있는 것을 두려워해야 한다는 것은 어떤 경전에 광설廣說되어 있는 것인가.

이 물음에 대한 답은 별법의 손損과 익益, 보법의 순익무손의 교증을 각각 들고 있다. 우선 별법의 손損에 관해서는 『열반경』, 『대집월장분경』, 『마하반야바라밀경』, 『십륜경』, 『불장경』 등이 교증으로서 되어 있다. 이들은 인악認惡의 제6의 육부경설최다전도 혹은 제3계 단악의 제5종의 불구不救의 교증과 일치하고 있다. 이들의 교증에서는 경문의 독송과 육바라밀의 수행 등을 아무리 열심히 했다 해도 증상만의 마음, 자고경타(自高輕他: 자신은 높이고 남은 가벼이 여김)의 마음, 명리승타(名利勝他: 명성과 이양으로 남을 이김)의 마음에 근거해서 하는 수행은 결과적으로 방불謗佛에 이어져서 지옥으로 떨어진다고 설해져 있다. 삼계교는 이들의 경문을 해석하고, 행行의 원동력이 되어 있는 동기의 불순성을 지적하고, 사정邪正을 식별할 수 없는 자가 정正만을 뽑아낸 것의 전도성을 명확하게 하고 있는 것이다. 이러한 별법의 손損은 법 자체의 손損은 아니고 법을 실천하는 자가 제3계중생인 것에 근거한 손損인 것이다. 별법의 익益에 대해서의 교증은 『승만경』과 『열반경』에 열거되어 있고, 경권을 수지한다거나 견문見聞하는 것에 의한 이양이 설해져 있다. 그러나 별법 전체에서 보면 손損에 대한 설명이 큰 부분을 차지하고 있다. 또 보법의 순익무손에 관해서는 『열반경』, 『법화경』, 『유마경維摩經』을 교증으로서 열거하고 있다. 자신에게서 파계의 악을 보고, 타자에게서 여래장, 불성의 선善을 보는 것, 불경행不輕行을 행하는 것, 유마維摩의 팔법八法을 행하는 것 등의 보법에 있어서는 순익무손이라고 설해져 있다. 요약하면 보법이라는 것은 보경과 인악에 다름이 아닌 것이다.

2) 제2문답

제2의 문답은 보법과 별법의 손익의 문제를 더 깊이 파고들어 문제시하고 있다. 그 전문은 다음과 같다.

問曰. 同是佛法, 何因普法學之, 淳益無損, 別法學之, 卽損益俱有, 何義.

答. 因根別故. 有二義. 一普法無病, 二別法就根. 普法無病者, 如來藏佛性等體是普法, 一切凡聖一切邪正同是一體, 更無別法, 唯是如來藏. 一切凡夫莫問根機上下, 學之淳益無損, 不畏邪錯. 別法就根者, 有二義. 一者對根明淳益無損. 但使一切經教內嘆學別法利益者, 唯是第一第二兩階一乘三乘人是別根當位學法, 由稱根故, 淳益無損. 二者不當根學別法, 淳損無益. 何以故. 由不當根下人行上人所行法故. 但使一切經教內明學別法損者, 皆是學法不當根. 此兩段義, 喩說. 顚倒衆生若學別有損者, 喩如盲人射墮, 由不見故, 射物不着, 卽射殺人, 淳損無益. 顚倒衆生若學普法淳益無損者, 喩如盲人射地, 放放皆着, 不射殺人, 淳益無損.[309]

묻는다. 같은 불법이다. 어찌하여 보법을 배우는 것은 순익무손이고, 별법을 배우는 것은 손익구유인가. 대체 어떠한 의미인 것

---

309 同. 536上~下.

인가.

답한다. 근根이 다르기 때문이다. 2개의 내용이 있다. 첫째는 보법무병普法無病이고, 둘째는 별법취근別法就根이다. 보법무병 이라는 것은 여래장불성如來藏佛性 등의 체體는 보법이고 일체의 범성, 일체의 사정은 같은 일체이며, 더욱이 별법은 없고, 다만 여래장뿐이다. 일체의 범부는 근기의 상하를 불문하고 이것을 배우면 순익무손이고 사착邪錯을 두려워하지 않아도 좋다. 별법은 근根에 의한다는 것은 2가지 의미가 있다. 하나는, 근에 대응해서 순익무손을 밝힌다. 만약 일체의 경교經敎 내에서 별법을 배우는 이익을 찬탄하면 다만 제1, 제2 양 계階의 일승 삼승 사람이 별근別 根의 당위當位의 배우는 법이다. 근根에 들어맞으니까 순익무손이 다. 둘은, 당근當根이 아닌 자가 별법을 배우면 순손무익이다. 왜인가? 당근이 아닌 하인下人이 상인上人 소행所行의 법을 행하기 때문이다. 만약 일체의 경교 내에서 별법을 배우는 것의 손損을 밝힌다면 모든 배우는 법이 당근은 아닌 것이다. 이 양 단段의 내용은 예를 들어 말하면, 전도의 중생이 만일 별別을 배우면 손損이 있다고 하는 것은 가령 맹인이 화살을 쏘면 볼 수 없으니까 맞히려고 하는 물건에 도달하지 못하고 사람을 사살하는 것이 되어 순손무익이다. 전도의 중생이 만일 보법을 배우면 순익무손 이라는 것은, 가령 맹인이 지면에 화살을 쏘면 쏜 살은 모두 지면에 닿아 사람을 사살하는 일은 없고 순익무손이다.

이 문답에 있어서는 근기의 상위에 의해 보법과 별법의 손익을 설명하

고 있다. 목표는 역시 제3계의 범부는 순익무손의 보법을 배워야 하는
것이라고 설하는 것에 있다. 그리고 보법의 순익성淳益性, 무병성無病性
을 보증하고 있는 것은 여래장이다. 보경의 제1에 여래장 등의 사불四佛
이 설해져 있는 것도 여래장이 일체의 범성凡聖 사정邪正의 체體이기
때문이다. 이 여래장을 공경하는 한, 손이 끼어들 여지는 없는 것이다.
제1계와 제2계의 중생은 정견이고, 사정邪正의 판별능력이 있으므로
여래장을 공경하는 이외의 실천에 의해서도 출세에 이르는 것이 가능한
것이다. 맹인이 화살을 쏜다고 하는 비유는 제3계가 별법을 배우면
순손무익이고, 보법을 배우면 순익무손이라고 하는 것을 알기 쉽게
설명하고 있다.

3) 제3문답

제3의 문답은 사마邪魔에 관한 것이다. 전문은 다음과 같다.

問曰. 末世學道, 邪魔至多, 不畏壞其善根.
答曰. 不畏. 但此普法乃是出魔境界. 何以故. 由行法具足故. 敬他
身上八種佛法, 自知己身有十二種顚倒, 瞋卽不生. 作一切空觀不
淨觀故, 貪卽不起. 已貪瞋無故, 癡亦不生. 貪瞋癡無故, 一切惡自
然息. 喩如一切草木因地生長, 若地壞已, 一切草木亦皆隨壞, 一
切諸惡亦復如是, 因三毒故能生諸惡, 若三毒滅者, 一切諸惡亦皆
隨滅. 若諸惡無者, 一切邪魔何能得便, 爲作留難. 喩如多人共殺
一人, 以刀杖弓箭及以鉾槊, 不能殺得. 此人其力最大過一切人,
此人若欲東西, 無能制者, 隨意自在. 學當根佛法亦復如是. 諸惡

不能害已, 慧心起, 出邪境. 若欲往生淨土, 無能制者.[310]

묻는다. 말세의 학도學道에는 사마邪魔가 이르는 곳이 많지만, 선근善根을 파괴하는 두려움은 없는 것인가.

답한다. 그런 두려움은 없다. 다만 이 보법에 의해서야말로 마魔의 경계를 빠져나오는 것이다. 어째서인가. 행법行法을 구족하기 때문이다. 남에게는 8종의 불법佛法을 공경하고 자신이 스스로에게 12종의 전도가 있다고 알면, 진진瞋은 일어나지 않는다. 일체의 공관空觀, 부정관不淨觀을 하니까 탐貪은 일어나지 않는다. 이미 탐貪·진진瞋이 없는 것이므로 치痴도 또한 일어나지 않는다. 탐·진·치가 없으니까 일체의 악도 자연히 그친다. 예를 들면 일체의 초목은 지면에 의지하여 성장하는 것과 같다. 만약 지면이 무너져 버리면 일체의 초목도 또한 모두 따라서 무너진다. 일체의 제악諸惡도 또한 마찬가지다. 삼독에 의해서 제악도 생겨나는 것이다. 만약 삼독이 멸하면 일체의 제악도 또한 따라서 멸한다. 만약 제악이 없다면 일체의 사마도 어떻게 기회를 얻어 유난留難을 할 수가 있겠는가? 예를 들면 많은 사람이 함께 한 사람을 죽이려고 하는 것과 같은 것이다. 도장刀杖, 궁전弓箭 및 모삭(鉾矟: 검과 창)을 가지고도 잘 죽일 수 없다. 이 사람의 힘은 최대이고 모든 사람보다 뛰어나고, 이 사람이 무기를 가지려 하면 막을 자가 없고 수의자재隨意自在하다. 당근불법當根佛法도 또한 마찬가지다. 제악이 해하는 것이 불가능하면 지혜의 마음이 일어나고 사경

---

310 同. 536下~537上.

邪境에서 벗어난다. 만약 정토에 왕생하고 싶다고 바란다면 제지할
수 있는 자는 없다.

　말세의 수행에는 사악한 마가 끼어들어서 수행의 사마邪魔를 한다고
하는 것은, 삼계교 자신의 정세인식에 다름 아니다. 제3계의 중생의
다른 호칭으로서 제3계의 9종인 중에 악마가 열거되었고, 인악認惡에서
는 제3의 내외양종전도로서 안의 삼독과 함께 밖의 신귀마神鬼魔가
거론되고 있는 것이다. 물음의 취지는 그러한 사마邪魔가 보법의 실천
에 있어서도 끼어들어가지 않는가 하는 것이다. 답에서는 이 가능성을
부정한다. 아니 오히려 보법에 의해서야 이 사마의 경계에서 벗어날
수가 있는 것이다. 즉 남에게 8종의 불법을 공경하고 자신에게 12종의
전도를 인정하며 공관空觀을 행하면 안의 삼독이 멸해진다. 안의 삼독
이 멸해지므로 밖의 사마도 끼어들어올 여지가 없는 것이다. 이 문답은
사마를 주제로 해서 마련되어진 것이지만 이 문제가 설명된 과정에
있어서 제3계불법은 삼독을 멸하는 힘을 가지고 있다고 설해지고 있는
점은 주목해야 할 점이다. 제3계불법은 제3계의 불구不救의 중생의
삼독을 멸하여 출세를 가능하게 하고, 정토에 왕생시키는 힘을 가지고
있는 것이다.

4) 제4문답
제4의 문답은 상불법上佛法과 하불법下佛法이라고 하는 문제를 취급하
고 있다. 문답의 전문은 다음과 같다.

578

問曰. 普別可解, 今更有疑. 但是一切佛法皆是好是上, 汝今所言,
唯道學下, 有何意.

答曰. 佛法是勝上不用下者, 爲汝喩說. 譬如世人種荣, 欲得好荣,
必須屎糞而得生長大, 堪人食用. 癡人見之, 便作是言, 荣是人食,
若用屎糞, 云何可食, 名聲可惡. 欲得好荣, 應用金銀七寶等糞,
現相交好, 荣必勝上. 智者見之, 卽皆訶言, 癡人, 不如是也. 何以
故. 一切好荣皆從屎糞而得生長. 若道現相大惡, 用七寶泥得好荣
者, 無有是處. 七寶雖好, 體同瓦石, 不能潤物. 云何糞荣. 若用糞,
荣必殺. 於荣不能增長. 嫌於下行, 學上法亦復如是. 如經說, 高原
陸地不生蓮華, 卑濕淤泥乃生此華. 上好佛法不生於道, 下惡佛法
乃有道生, 一種相似.[311]

묻는다. 보별普別은 이해할 수 있었지만 이제 더 의문이 있다.
일체의 불법은 모두 좋고 상上일 것인데, 당신이 이제 말하는
바의 도는 하下만을 배운다고 하는 것은 어떠한 의미가 있는 것
인가.

답한다. 불법佛法은 승상勝上이고 하를 쓰지 않는다고 하는 의견에
대해서 당신을 위해서 비유를 들어서 설명하려 한다. 예를 들면
세상 사람이 채소를 심었는데 좋은 채소를 얻으려고 하면 반드시
분뇨를 사용해야 하고, 그렇게 하면 생장해서 크게 되어, 사람이
먹을 수 있게 된다. 어리석은 사람은 이것을 보고 곧 다음과 같이
말한다. 채소는 사람이 먹는 것인데, 만약 분뇨를 사용하면 어떻게

311 同. 537上~下.

먹을 수 있는가. 듣기가 거북하지 않는가. 좋은 채소를 얻으려면 금은 칠보 등의 분糞을 사용해야 하고, 현재의 모습이 좋은 것과 섞여서 채소는 반드시 뛰어난 것이 될 것이다. 지자智者는 이것을 보고 모두 꾸짖어 말하기를 어리석은 이여, 그렇지 않다. 어째서인가. 일체의 좋은 채소는 모두 분뇨에 의해서야 생장할 수 있는 것이다. 만약 현재의 모습이 대단히 나쁜 것을 문제로 해서 칠보의 흙을 사용해서 좋은 채소를 얻는다고 하는 것은, 그러한 도리는 어디에도 없다. 칠보는 좋은 것이지만 체體는 와석瓦石과 같아서 사물을 윤택하게 하지는 못한다. 분채糞菜는 어떠한가. 만약 분을 채소에 뿌리면 반드시 채소를 죽이고 성장시키지는 못한다. 하행下行을 싫어하고 상법上法을 배운다고 하는 것도 또한 마찬가지다. 『경經』에 설한 바와 같다. 고원의 육지에는 연화蓮花는 돋아나지 않는다. 비습오니卑濕汚泥야말로 그 꽃을 피게 한다. 상호불법上好佛法은 도에서 생겨나지 않는다. 하오불법下惡佛法이야말로 도를 일으키게 하는 것과 마찬가지다.

삼계교에 있어서의 상불법上佛法·하불법下佛法의 개념은 일반적으로 말하는 우수한 불법, 열등한 불법이라고 하는 것 같은 불법 자체의 질을 문제로 하고 있는 것은 아니다. 그런데 물음은 삼계교의 상하의 개념을 일반적인 우열의 의미에서 규정한 위에 성립하고 있는 것이다. 삼계교 문헌을 보면, 가령 일본『삼계』권2에서는 제1계, 제2계의 불법은 최상상득호득락별진별정불법最上上得好得樂別眞別正佛法이라고 일컬어지고,[312] 제3계불법은 최하하득악득고보진보정불법最下下得惡得

苦普眞普正佛法이라 불리고 있다.[313] 이 경우 제1계, 제2계의 불법이 최상상最上上 득호득락得好得樂이라 불리는 것은 명문名聞, 이양利養, 의복 등의 제 물자가 최상이고 좋은 것을 얻어서 안락한 생활을 할 수 있는 불법이라고 하는 의미이다. 역으로 제3계의 불법은 명리名利에 사로잡히지 않고, 최악의 생활수준에서 두타걸식 등의 엄한 수행을 행하는 불법이라고 하는 의미에서 최하하득악득고불법最下下得惡得苦 佛法이라고 불리고 있는 것이다. 게다가 제3계 최하하最下下의 불법은 제3계의 중생이 출세간에 이르는 법으로서 의미를 가질 수 있는 것이다. 앞서 사용했던 예에서 보면 분뇨는 채소를 기르기 위해서는 중요하지만 머리에 장식하는 도구로서는 의미를 가지지 못하는 것이다. 그런데 제3계중생의 최대 문제는 최상의 명리 등이 얻어진다고 하는 의미에서의 최상의 법을 닦는 것에만 집착하고 있는 것이다. 이렇게 근기와 불법이 상응하지 않는 수행을 하고 있는 한, 제3계의 중생이 출세간에 이르는 것은 있을 수 없다. 그런 까닭으로 수행의 본연의 모습을 전환해서 근기에 즉시 응한 하악下惡의 불법을 수행하는 것을 설하기 위해서 이 문답이 설정되어 있다고 할 수 있다.

5) 제5문답

제5 문답은 자리自利와 이타利他에 관한 문제를 논하고 있다. 문답의 전문은 다음과 같다.

---

312 日本『三階』권2(矢吹『硏究』別篇 316쪽 등).
313 同上(矢吹『硏究』別篇 290쪽).

問曰. 夫學佛法者, 皆悉度生, 自利利他. 若學普法, 得兼已不.
答曰. 不得. 以喩說可解. 譬如瓦坏未燒, 不堪覆舍. 若欲覆舍.
值雨卽壞. 燒熟已去, 雨不能壞, 用覆舍者, 不在其限. 下根衆生亦
復如是. 未得出世, 自是凡夫, 具有煩惱. 若欲利生, 不免還從緣起
惡, 未得法忍已來, 唯學自利, 不學利他, 得法忍已去, 緣不能轉,
欲利他者, 不在其限. 更作一喩. 譬如有人沒落他國與他奴. 若走
向家, 會須藏身, 晝隱夜行, 可至本國. 若唐公顯在路而行, 卽被他
捉, 不到本國. 顚倒衆生亦復如是. 求生淨土, 須息一切緣事, 不與
邪善道俗親友往來, 專學普敬認惡空觀七一五不干佛法者, 可生
淨土. 若與邪善道俗親厚往來, 不學普敬認惡空觀七一五不相干
佛法者, 不生淨土, 一種相似.[314]

묻는다. 불법을 배우는 자는 모두 중생을 구제하기 위해서 자리행
自利行과 이타행利他行을 실천한다. 만약 보법을 배우면 겸할 수
있는가.

답한다. 겸할 수 없다. 비유해서 말해야 이해하게 될 것이다.
가령 기와는 굽지 않으면 지붕을 덮을 수가 없다. 만약 (굽지
않고서) 지붕을 덮었다면 비를 맞으면 곧바로 부서져 버린다.
구워서 덮은 이후에는 비를 맞아도 부서지지 않으니까 이 경우는
그 범위에 들지 않는다. 하근下根의 중생도 또한 마찬가지다.
아직 출세간에 이르지 않았으면 자신은 범부이고 온갖 번뇌를
구비하고 있다. 만약 중생을 구제하려고 한다면 역으로 연에 따라

---

314 『敦煌寶藏』19. 537下~538上.

서 악을 일으키는 것을 면할 수 없다. 아직 법인을 얻지 않았다면 다만 자리만을 배우고 이타를 배워서는 안 된다. 법인을 얻은 이후는, 연이 (惡으로) 바뀌는 경우는 불가능하여 이타를 바라는 경우는 이 범위에 들지 않는다. 새로이 하나의 예를 들겠다. 가령 어떤 사람이 몰락하여 타국의 노예가 된다고 하자. 만약 달려서 집을 향해 가려면 몸을 감추어야 해서 낮에는 숨고 밤에는 전진해야 본국에 다다를 수가 있을 것이다. 만일 당공唐公이 나타나 있는 길을 전진하면 곧 그에 의해서 붙잡혀서 본국에 이르는 것은 불가능하다. 전도의 중생도 또한 마찬가지다. 정토에 태어나기를 바란다면 일체의 연사를 그쳐야 하며 사선邪善의 도속道俗과 친하게 왕래해서는 안 된다. 오로지 보경, 인악, 공관, 칠일七一, 오불(상)간불법五不(相)干佛法을 배우면 정토에 태어날 수가 있다. 만일 사선의 도속과 친하게 왕래하고 보경, 인악, 공관, 칠일七一, 오불상간불법을 배우지 않으면 정토에 태어나지 못하는 것도 마찬가지이다.

이 자리와 이타에 관한 삼계교의 해석도 또한 독특하다. 광대한 대승불교의 이타의 사상이 보급되어 있던 당시의 불교계에 있어서 굳이 자신은 이타행의 실천을 부정하는 것이다. 그 근거는 범부는 이타행의 참된 실천자로서 부족하기 때문이다. 범부가 이타행을 행하려 하면 타인과의 관련 중에서 악을 일으키는 것을 피할 수 없는 것이다. 결국 이타행은 타인과의 관계 중에서 행하지 않으면 안 되니까, 이타행을 행하지 않는 방법은 타인과의 관련을 끊는 이외에는 없는 것이다.

6) 제6문답

제6문답은 제3계불법의 기본 구조에 관한 문제를 취급하고 있다. 즉
보경이 타자에 대해서만 행해지고, 인악이 자기에 관해서만 행해지는
것의 필연성을 문제로 하고 있는 것이다. 문답 전문은 다음과 같다.

問曰. 敬他身善, 得自見善不. 見自身惡, 得見他惡不.

答曰. 不合. 以自他相對故. 猶見自徹惡, 卽見他善徹. 若自他俱見
善, 卽自見惡不徹. 若自他俱見惡, 卽敬他善不徹. 譬如兩國共戰
必須別, 自國軍衆着黃, 他國軍衆着赤. 由國國軍衆別有記識, 鬪
戰用力卽齊, 可有勝劣. 若兩國軍衆其相一種不別, 自許軍衆衣半
黃半赤, 他國軍衆衣亦半黃半赤, 卽不任鬪戰. 何以故. 彼此相同
故.[315]

묻는다. 타인의 선을 공경하는 것이라면 자신의 선을 볼 수 있는
것인가. 자신의 악을 보는 것이라면 타인의 악을 볼 수가 있는
것인가.

답한다. 그렇지는 않다. 자타는 상대하는 것이기 때문이다. 자신에
게 철저해서 악을 보면 타인의 선을 보는 것이 철저하다. 자타가
함께 선을 보면 자신의 악을 보는 것이 철저하지 않다. 자타가
함께 악을 보면 타인의 선을 공경하는 것이 철저하지 않다. 예를
들면 양국이 서로 싸움을 하면 반드시 구별해서 자국의 군대는
황색 옷을 입고 타국의 군대는 적색 옷을 입는 것이다. 나라마다

---

315 同. 538上.

군대에 다른 표시가 있으므로 전투에서 병력을 사용하면 곧 이기고 지는 것이 나타나는 것이다. 양국의 군대가 양상을 같이하여 구별하지 못하도록 자기의 군대가 반황半黃 반적半赤의 옷을 입고 타국의 군대도 반황半黃 반적半赤의 옷을 입으면 전투가 되지 않는다. 어째서인가. 피차 모두 같기 때문이다.

우선 질문에서는 보경이 자기에게 적응할 수 없는지 있는지, 인악認惡이 타자에게 적응할 수 없는지 있는지의 문제를 제기하고 있다. 이것은 제3계불법을 시행해 가려고 하는 경우 반드시 생겨나는 문제일 것이다. 수행자의 입장에서 보면 "자기에게만" 악을 인정하고, "타자에게만" 선을 인정한다고 하는 것이 이론적인 문제로서 마음에 걸리는 것이다. 이것에 대해서 답에서는 이들의 가능성을 단호히 부정하고 있다. 게다가 이론적 가능성에 관해서는 전혀 언급하지 않고서 실천적인 관점에서만 답하고 있는 것이다. 비유도 자국과 타국의 전투라고 하는 극히 실천적인 예가 사용되어 있다. 자기에게만 악을 인정하고, 오로지 타자의 선을 공경한다고 하는 기묘한 전투이지만 이 전투에서 승리하지 않는 한 삼계교의 중생에게 있어서의 출세는 보이지 않는 것이다. 설사 이론적으로는 타자에게서도 사견이 존재한다 하여도 그것을 지적하는 것은 자기의 사견을 정견으로 전환하기 위해서는 아무 도움도 되지 않는 것이다. 오히려 자기의 악을 인정한다고 하는 실천이 철저하게 되지 않는 것이 되고 출세에 방해가 되는 것이다.

결어

신행이 구축한 삼계 사상의 근저에 있는 것은 제3계의 중생, 즉 자신이
살고 있는 말세시대 중생은 출세간의 깨달음의 세계에 이르는 가능성이
끊어진 중생이라고 하는 인식이었다. 제1계일승근기의 중생은 일승의
가르침을 실천하는 것에 의해서 출세간에 이르는 것이 가능하다. 제2계
삼승근기의 중생은 삼승의 가르침을 실천하는 것에 의해서 출세간에
이를 수가 있다. 그런데 제3계중생은 종래의 일승과 삼승이라고 하는
교판적 짜임새에 의하는 한 출세간에의 도는 영구히 열리지 않는 것이
다.『열반경』권33「가섭보살품」의 첫머리, 선성비구가 일천제의 불가
치인不可治人인 것을 설한 부분은 삼계교가 삼계의 짜임새로서 가장
중시하는 교증의 하나이다. 여기서는 불佛은 12부경수다라經修多羅
중 미세한 뜻을 보살을 위해서, 천근淺近의 뜻을 성문을 위해서, 세간의
뜻을 일천제·오역죄를 위해서 설하고 있다. 신행은 이 경문에 의해서
불佛의 자비에 의해서도 세간의 뜻(내용) 외에 설해질 수 없는 자신의
존재성을 감지한 것이다. 그렇다면 구제의 길이 끊어진 자의 구제의
도를 어떻게 찾아내 갈 것인가? 일천제로서의 제3계중생의 본질을
깊이 주시하여 보는 것과 출세간에 이르는 방해가 무엇인가를 명확하게
하는 것이었다. 신행은『열반경』,『십륜경』,『대집월장분경』,『불장
경』,『가섭경』,『마하마야경』,『상법결의경』,『살차니건자경』등에
서 다수의 삼계교의 중생의 교증을 초출抄出하고 있다. 이들 교증에
설해진 중생은 여래장, 불성佛性에 대한 불신심(不信心: 空見의 一闡提)
과 유소득有所得, 증상만(增上慢: 有見의 一闡提)을 가장 중요한 특징으

로 하고 있다. 삼계교 문헌에서 공견유견 중생이라고 하는 말이 자주 나타나는 것은 이 때문이다. 말하자면 견見의 전도성, 사견성이 제3계 중생의 본질이라 할 수 있다. 그 점에서 이익利益·명리名利를 탐낸다든가, 파계하면서 참괴하지 않는다든가 하는 특징도 파생되는 것이다.

그러면 제3계의 중생은 어떻게 해서 출세간에 이르는 것이 가능하게 될 것인가. 신행이 정확히 확인한 불가능을 가능하게 하는 종교적인 도는 우선 출세간에 이르는 데 장애가 되는 자신의 사견성, 전도성을 철저히 주시하고 그것을 없애는 것이었다. 이것이 제3계 불법의 중요한 기둥의 하나인 인악認惡의 실천이다. 이 인악의 실천에 있어서 중요한 포인트는 자기 일신에 관해서만 악을 주시하고 다른 사람에 대해서는 절대로 악을 보아서는 안 된다고 하는 점이다. 자신의 악은 자신이 책임지고 자기가 극복해 간다고 하는 철저한 자기 책임의 자세가 관철되어 있는 것이다. 여기서는 정토교적인 타자로부터의 구제의 발상은 존재하지 않는 것이다. 삼계교불법의 다른 하나의 기둥은 보경의 실천이다. 이것은 타자의 여래장·불성을 철저히 공경한다고 하는 실천이다. 본래 자기도, 타자도 모두 여래장·불성을 체體로 하지만, 보경의 실천에 있어서는 타자만을 여래장불·불성불·당래불·불상불로서 존경하지 않으면 안 된다. 자기에게도 그것을 인정하면 자기의 유견이 우월하여 타자를 공경하는 것이 철저하지 않기 때문이다. 또 보경의 실천은 사람만이 아니고 불佛, 법法, 승僧, 중생 등 모든 것을 두루 공경하는 것으로 확대되어 가는 것이다. 제3계불법이 보법이라고 불리는 이유이다. 이 불법은 여래장을 체體로 하고 있으므로 절대적인 진실한 불법, 보진·보정불법인 것이다. 이와 같이 자기에게 악을 인정하고 타자를 선으로서 공경한다고 하는 실천은 결코 쉬운 도는 아닌 것이다. 삼계교는 그 실천을 최하하득고득악불법最下下得苦得惡佛法이라고도 부르고 있는 것과 같은 것이다. 그러나 그 도를 닦아 나아가지 않는 한 제3계의 중생이 출세간에 이르는 것은 불가능한 것이다. 그 실천이 용이하지 않은 것은 개조 신행 자신이 가장 깊이 느끼고 있었던 것이 틀림없다. 그것이 철저하게 되지 않는 것이 공견유견의 일천제의 병이기 때문이다.

그러면 삼계교가 확립한 '삼계'의 사상은 중국불교사상사 가운데에서 어떠한 자리매김이 되어 있는 것일까.

제1, 정세와 근기의 분계에 관해서는 남북조시대 후기에서 고조됨을 보여 왔던 말법사상의 영향을 강하게 받고 있었던 점을 지적할 수 있다. 즉 정세는 제1계의 호세계호시호중생好世界好時好衆生이라고 하는 상황에서 제2계를 경과해서 제3계의 악세계악시악중생惡世界惡時惡衆生이라고 하는 최악의 상황으로 전개되고, 정말로 자기 자신들은 제3계의 시대에 살고 있는 최악의 중생이라고 포착한 것이다. 이러한 정세인식 및 기근인식은 신행 자신이 남북조시대 후반의 불교교단의 팽창과 세속화, 북주北周 무제武帝의 폐불廢佛 등을 눈으로 보고 체험한 가운데에서 길러졌던 것이다. 또 『대집월장분경』 등의 광의의 말법사상을 설한 경전류의 번역도 큰 영향을 주었다.

제2, 각각의 근기에 대응한 불법을 제기한다고 하는 점이 중요하다. 확실히 사람들의 근기에 대응하여 불법을 설했던 예는 삼계교 이전에도 존재하였다. 제齊나라의 유규(劉虬, 438~495)는 『무량의경서無量義經序』에서 "근이교수根異敎殊, 기계성칠其階成七"이라 해서, '오시칠계五

時七階'의 교판을 세웠다. 그러나 유규의 교판도 포함하여 종래의 교판적 짜임새는 석존일대의 설법의 순서 혹은 제 경론의 분류·판별이라는 시점에서 구성되었던 것이었다. 한편 삼계의 짜임새는 석존의 재세 중의 설법의 순서라는 시점은 이미 없고, 멸도 후의 근기와 교법의 대응관계를 중심으로 짜임새를 설정하고 있는 것이다. 여기에 종래의 교상판석에서의 새로운 전개가 엿보인다. 이러한 교판론의 전환을 가능하게 한 것은 바로 제1에서 지적한 광의의 말법사상에 의거한 것이다.

제3, 교법의 짜임새에 관해서는 제1계의 불법(일승근기의 불법), 제2계의 불법(삼승근기의 불법)이라고 하는 2개의 짜임새는 일승·삼승 혹은 돈교頓敎·점교漸敎라고 하는 교판적 짜임새를 계승한 것이지만 그 위에 제3의 짜임새로서 제3계불법을 수립한 점은 확실히 삼계교의 독창적인 것이라고 할 수 있다. 이 제3계불법은 여래장사상, 불성사상을 축으로 하고 있는 것이므로 내용적으로는 일승과 다를 것이 없지만 제3계의 일천제를 대상으로 하고 있는 것이므로 "일승의 근기를 위한 가르침"이라고 규정할 수는 없다. 이렇게 최악의 존재에 대해서 어떤 의미에서는 최고의 가르침을 설했다고 하는 점에 삼계교 독자의 종교적 돌파 방법을 찾아낼 수가 있었던 것이다.

그러면 제3계불법의 사상이 사상사적으로 어떻게 자리 잡고 있는가에 대해서 더욱 상세하게 고찰해 보겠다. 삼계교의 보경사상은『열반경』의 "일체중생실유불성一切衆生悉有佛性"의 사상과『능가경』의 "여래지장시선불선인如來之藏是善不善因. 능편흥조일체중생能遍興造一切衆生"이라는 여래장사상을 이론적 근거로 하고 있는 것이고, 크게 파악

하면 여래장사상, 불성사상의 중국적 전개로서 자리매김 할 수 있을
것이다. 동시에 그러한 사상적 계보에 위치하면서 삼계교의 독자적인
사상적 발현이 간취看取된 것은 아닐까 생각된다.

　제1은 실천에 있어서 자기인식과 타자인식의 엄격한 분리를 행했던
점이다. 즉 자기 자신에게만 철저한 악을 인식하고 자기 이외의 타자에
대해서는 오로지 선인 것으로서 공경한다고 하는 실천이다. 여래장사
상, 불성사상에 있어서 하나의 중요한 이론적 문제는 중생은 여래장·불
성을 가지고 있으면서 현 실태로서는 번뇌에 덮여져 있다고 하는 상황을
어떻게 포착하고 중생으로부터 불佛로의, 현실에서 이상으로의 전화轉
化가 어떻게 해서 가능하게 되는가 하는 점이었다. 종래의 사상에
있어서는 이러한 문제를 생각하는 경우 자기와 타자를 구별하고 번뇌에
덮여져 있는 모습을 자기 일신에 인식하고, 여래에로의 가능성을 타자
에만 인정하여 공경하는 실천적 구별은 되어 있지 않았던 것이다.
한편 삼계교의 경우는 어떤가 하면 종래의 사상이 내포하고 있던 이론적
문제는 의연히 존재하고 있는 것이다. 즉 악세계惡世界·악시惡時·악중
생惡衆生이라고 하는 정세 하에서 살아가는 제3계의 중생은 출세간에
이르는 가능성이 단절되어 있는 존재라고 하는 부정적 현상인식과
일체중생의 체體는 여래장이고 일체중생은 불성을 가지고 있고 모두
깨달음에 이르는 가능성을 가지고 있다고 하는 긍정적 가능성을 함께
갖추고 있는 것이다. 그런데 삼계교는 이러한 이론적인 문제에 있어서
의 모순을 이론적인 틀 안에서 처리하는 것이 아니고 실천적인 해결의
방향을 찾아냈던 것이다. 이것이 자기악의 인식과 타자선의 인식을
철저하게 구별한다고 하는 인악과 보경의 실천이었다. 이러한 실천에

의해서 비로소 제3계의 중생이 일천제의 병을 없애고 출세간의 깨달음의 세계에 들어가는 도가 열려가는 것이다. 삼계교사상의 커다란 특징은 바로 이러한 자기악과 타자선의 인식을 철저하게 행한다고 하는 실천성에 있었다고 해도 좋을 것이다. 중국불교사상사 중에서 이러한 형태의 실천사상을 찾아내는 것은 매우 드문 일이다.

제2는 삼계교사상에는 실천에 있어서 자기와 타자를 엄밀하게 구별하는 것에 의해서, 추상적·관념적 존재로서의 '불佛'에 대한 신앙에서 눈앞에 존재하는 현실의 인간의 존엄성을 인식하는 사상에로의 전개의 징조를 볼 수 있는 것이다. 이것은 불교가 '불'교로서가 아니고, 윤리적·도덕적 색채가 강한 '인간'교로 될 가능성을 내포하고 있다. 삼계교 이전의 여래장사상, 불성사상에 있어서는 중생의 본체 혹은 인因으로서의 여래장과 불성의 존엄성은 강조되었지만, 어디까지나 그것은 '불佛'이라고 하는 추상적 존재를 신앙의 대상으로 하고 있는 것이고, 진정한 의미에서 현실에 존재하는 인간, 그것을 존중하는 사상에는 성숙해 있지 않았다. 여기에 존재한 관계 중 중요한 것은 '자기'와 '불佛'의 관계이고, '자기'와 '타자', 바꿔 말하면 '인간'과 '인간'의 관계는 실천적으로 중요시 되어 있지 않았던 것이다. 일체중생에 불성이 있는지의 여부, 일천제가 성불하는지의 여부라는 추상적 문제에는 관심이 향해져 있지만, 목전의 인간 중에서 누가 불성을 가지고 있고 누가 일천제인가 하는 구체적인 문제는 논해지지 않았던 것이다. 이것에 대해서 삼계교는 의연하게 '불佛', '여래장如來藏', '불성佛性'이라고 하는 추상적 존재에 대한 신앙도 강조하고 있지만, 그 단계에 머무르지 않고 현실의 인간존재 그것에 대한 존엄성을 인정하는 사상에로의 전개를 볼 수 있는 것이다. "약자타구견선若自他俱見善, 즉자견악불철卽自見惡不徹, 약자타구견악若自他俱見惡, 즉경타선불철卽敬他善不徹"이라고 하는 사상 가운데서 추상적 '불佛'의 존재를 필요로 하지 않는 인간과 인간 사이의 윤리적·도덕적 관계를 논할 수 있지 않을까.

제5장 삼계교의 교단규율

서序

본 장에서는 새로이 발견된 삼계교사본 P2849[1]를 주된 자료로 하여, 삼계교의 교단규율과 수행생활에 대해서 고찰한다. 종래 자료가 부족했었기 때문에 거의 연구가 되어 있지 않았던 분야이다.

P2849는 다음의 3개 부분으로 구성되어 있다.

제1문헌   제1행~제276행   『제법制法』1권

제2문헌   제278행~제340행   걸식법의 초출抄出

제3문헌   제341행~제447행   『수팔계법受八戒法』신행선사 찬

이들 3개의 부분은 내용적으로는 각각 독립된 문헌이고, 필사한 사람이 동일의 권자(卷子: 두루마리)에 이것들의 문헌을 정리하여 필사

---

1 『敦煌寶藏』124. 466下~476下.

한 것이다.[2] 사본의 형식 등에 관해서는 이미 제3장에서 검토했으므로 본 장에서는 생략한다.[3] 본 장에서는, 우선 제1절에 있어서 제1문헌 『제법制法』을 택하여 『제법』이 삼계교의 교단규율인 것을 확정하고, 삼계교단의 수행생활의 특징을 고찰한다. 제2절에서는 제3문헌『수팔 계법受八戒法』을 취급하겠다.

제1절 교단규율『제법制法』과 삼계교의 수행생활

1. 『제법』의 구성

『제법』은 서문과 20조에 달하는 교단규율로 성립되어 있다. 조목을 열거하면 다음과 같다.

序文

別二衆法, 第一

癡羊僧衆簡擇人法, 第二

依法不依人, 第三

惡世界惡時惡衆生學出世行法, 第四

學諸佛菩薩求善知識度衆生法, 第五

---

2 『敦煌遺書總目索引』, 『敦煌遺書最新目錄』, 『敦煌寶藏』에서는 제1문헌과 제3문헌 의 제명題名만을 들고 있지만, 걸식법을 초출抄出한 곳은 독립된 문헌이라고 보아야 한다.

3 제3장 제3절 제3~5항(288~299쪽) 참조.

坐禪, 第六

觀佛堂內靜默, 第七

觀佛堂內一時出入, 第八

点檢法, 第九

禮佛法, 第十

乞食法, 第十一

次第尊卑坐法, 第十二

不聽在衆捨戒, 第十三

息諍訟, 第十四

不聽說他人法長短, 第十五

不得闇用他澡灌水, 第十六

維那知事, 第十七

謹愼小膽, 第十八

安置客僧法, 第十九

總制, 第廿

이 중에서 서문은 『제법』을 제정하기에 이른 경위, 『제법』 전체를 관통하는 사상이 간략하게 서술되어 있다고 생각되지만, 유감스럽게도 사본의 일부가 결락되어 있어 문장을 충분히 파악하는 것은 불가능하다. "말대기행末代起行", "하근下根", "아양瘂羊", "하류下流" 등의 단어가 주목된다. 제1조에서부터 제5조까지는 교단의 구성과 실천의 요점 등이 총론적으로 서술되어 있는 부분이다. 편의상 총론이라고 부르고 싶은데, 이 총론부분을 검토하는 것에 의해서 문헌 전체의 성격을

596

거의 명확하게 할 수 있다고 생각된다. 다음 제2항에서 이 총론부분을 다루기로 하고, 제6조에서 제19조까지의 각론 및 제20조 총제에 대해서는 제3항에서 각 조문을 번역하여 소개하겠다.

　제2항에 들어가기 전에『제법』의 인용문헌에 대해서 미리 언급해 두고자 한다.『제법』의 인용문헌은 제220행에 "又如『消災經』說, 破戒人於羅刹辺受戒, 尙受得"이라 하여『소재경消災經』이라는 경전이 인용된 경우는 불과 1군데뿐이다. 일반적으로『소재경』이라 부르는 경전은 불공不空 역譯『치성광대위덕소재길상다라니경熾盛光大威德消災吉祥陀羅尼經』1권(大正 19)과 당대唐代의 실역失譯『대위덕금륜불정치성광여래소제일체재난다라니경大威德金輪佛頂熾盛光如來消除一切災難陀羅尼經』1권(大正 19)의 두 경전이 거론되고 있지만, 여기에 인용되어 있는『소재경』의 내용과는 일치하지 않는다. 그래서 더욱 검토를 진행한 결과, 지겸支謙 역譯이라고 전해지고 있는『불설계소재경佛說戒消災經』1권[4]의 내용과 거의 일치하는 것을 알았다. 이 경전에 있어서는 "나찰羅刹"의 단어는 쓰이지 않고 "귀鬼"의 단어가 쓰이고 있지만, 불음주계不飮酒戒를 파했던 파계인破戒人의 객客이 귀鬼의 곁에 있었어도 주인에게 계戒를 주는 것이 가능하다는 이야기이고,『제법』에 뜻을 취하여 인용된 내용과 거의 일치한다. 또『불설계소재경』은『법원주림法苑珠林』제90「파계편破戒篇」에서도 꽤 장문에 걸쳐서 뜻을 취하여 인용하여 소개하고 있고,[5] 파계에 관한 이야기로서 유포되어 있었다는 것을 엿볼 수 있다.

---

4 大正 24. 944中~945中.
5 大正 53. 951中~952中.

2. 『제법』의 기본사상

본 항에서는 『제법』이 삼계교의 교단규율이라는 가설을 미리 설정하고, 총론 부분의 제1조부터 제5조까지의 내용을 검토하는 것에 의해서, 그것을 증명하려 한다.

1) 『제법』의 실천주체

『제법』의 제1조와 제2조는 아양승에 관한 기술을 중심으로 하고 있다. 그래서 그 내용의 검토에 들어가기 전에 우선 다음 한 문장에 의해서 문제제기를 해 두고자 한다. 일본본 『삼계불법』(이하 일본 『삼계』라 약칭)권1은 다음과 같이 시작하고 있다.

人集錄明, 一切第三階佛法內, 唯除一切最大鈍根衆生兩種癡羊僧已外, 一切利根衆生皆悉普是一切利根空見有見衆生.[6]
『인집록人集錄』에 밝힌 것은, 일체 제3계불법 중에서 일체 최대 둔근의 중생인 양종兩種의 아양승을 제외한 이외, 일체 이근利根의 중생은 모두 일체이근 공견유견 중생이라고 하는 것이다.

이하 일본 『삼계』는 제3계의 대부분의 중생인 공견유견에 사로잡힌 중생에 관한 기술에 대부분을 소비하고 있는 것이다.
필자는 이전부터 제3계의 중생 중에서 예외로 된 아양승이라고

---

6 矢吹 『研究』別篇 257쪽.

하는 것은 대체 어떤 존재인 것인가7라고 하는 점에 관심을 가져왔다.
이제부터 『제법』의 아양승의 상을 검토하는 것으로 『제법』의 문헌적
성격을 고찰함과 동시에 이전부터 관심을 가져왔던 문제에 대한 일정한
이해를 얻을 수 있을 것을 기대하고 있다.

대체로 아양승은 삼계교가 중시하는 교증을 추적해 가보면, 『십륜
경』권5의 기술에서 유래했음을 알 수 있다.8 거기에 의하면 승僧에는,
제일의승(第一義僧: 新譯은 勝義僧), 정승(淨僧: 新譯은 世俗僧), 아양승
瘂羊僧, 무참괴승無慚愧僧의 4종류가 있다. 제일의승은 제불諸佛, 보살,

---

7 아양승에 관해서 矢吹는 "삼계교도를 가지고 은근히 이 둔근정견鈍根正見의 종류에
  정하는 것은 말할 필요도 없다."(『研究』 275쪽)라고 말하고 있다. '은근히'라고
  말하지 않을 수 없었던 것은 삼계교도가 자신을 아양승이라고 고백한 자료의
  결여에 의한다.

8 大正 13. 703上~中. 초기의 삼계교 문헌에서 사용되었던 것은 구역 『大方廣十輪
  經』(失譯)이다. 또 『三階佛法密記』권상 등은 현장玄奘의 신역 『大乘大集地藏十輪
  經』(651년 역)을 인용하고 있으므로 저술연대의 상한이 설정된다. 또 아양승의
  기술은 『대지도론』권3(大正 25. 80上)에도 유수승有羞僧, 무수승無羞僧, 아양승瘂羊
  僧, 실승實僧이라고 하는 사승四僧의 하나로서 볼 수 있지만, 삼계교 문헌에서는
  인용되지 않는다. 한편 정영사淨影寺 혜원慧遠 등은 『대지도론』의 기술을 인용했고
  (『大乘義章』, 大正 44. 656下), 『십륜경』은 인용하지 않았다. 참고로 『대지도론』의
  해당부분을 적어 두겠다. "諸比丘和合故僧名生. 是僧四種, 有羞僧, 無羞僧, 瘂羊
  僧, 實僧. 云何名有羞僧. 持戒不破, 身口淸淨, 能別好醜, 未得道, 是名有羞僧.
  云何名無羞僧. 破戒, 身口不淨, 無惡不作, 是名無羞僧. 云何名瘂羊僧. 雖不破戒,
  鈍根無慧, 不別好醜, 不知輕重, 不知有罪無罪. 若有僧事, 二人共諍, 不能斷決,
  默然無言. 譬如白羊, 及至人殺, 不能作聲, 是名瘂羊僧. 云何名實僧. 若學人若無學
  人, 住四果中, 行四向道, 是名實僧." 『十輪經』의 제일의승第一義僧은 실승實僧,
  정승淨僧은 유수승, 아양승은 아양승, 무참괴승無慚愧僧은 무수승으로서 내용적으
  로 대응한다.

벽지불, 아라한, 아나함阿那含, 사다함斯陀含, 수다원須陀洹의 7종의
사람이다. 정승은 바라제목차波羅提木叉를 지니고, 계戒를 구족하고,
율律에 따라서 수행하고, 위의불범威儀不犯의 승僧을 말한다. 무참괴승
은 활명活命 때문에 불교에 들어와서 바라제목차계波羅提木叉戒는 받았
지만, 이미 (계를) 훼손하고 화합승을 깨뜨리고 참괴하지 않고 후생後生
을 두려워하지 않으며, 항상 질투를 품고 우치愚癡 교만驕慢하여 정법正
法을 비방하는 등의 승僧을 말한다. 이것은 삼계교의 대다수를 차지하
는 공견유견 중생의 근기에 해당된다. 그리고 아양승에 관해서는 다음
과 같이 설명을 가하고 있다.

云何癡羊僧. 不知根本罪, 不知犯不犯, 不知輕重, 不知微細罪而
可懺悔, 愚癡無知, 不見有罪可畏, 亦不依止善知識丈夫. 不數親
近善知識丈夫故, 不能諮問經中深義, 何者是善非善, 何者犯重,
何者犯輕, 修行何事爲善, 何事爲惡, 如是等相, 名癡羊僧.[9]
어떠한 자가 아양승인가? 근본 죄를 알지 못하고, 범함과 범하지
않음을 알지 못하고, 경중輕重을 알지 못하며, 미세한 죄를 참회해
야 하는 것을 알지 못하고, 우치愚癡 무지無知하여 죄가 있어서
두려워해야 함을 보지 못하여 선지식 장부에 의지하지 않고, 자주
선지식 장부에게 친근하지 않기 때문에 경전 속의 깊은 뜻, 무엇이
선이고 비선인가, 무엇이 중죄를 범한 것이고 무엇이 경죄를 범한
것인가, 수행에서는 어떤 일을 선이라 하는가, 어떤 일을 악이라

---

9 大正 13. 703上~中.

600

하는가를 자문할 수 없다. 이러한 양상의 자를 아양승이라 한다.

이 경문에 의하면, 아양승은 무지 몽매에 철저한 유형으로서 그려져
있다. 일반적으로는 마이너스 평가가 주어져서 꾸짖어야 마땅할 존재
처럼 생각되지만, 『제법』은 이 아양승에 어떠한 평가를 주고 있는
것일까?

「별이중법別二衆法」 제1에는 다음과 같이 기술되어 있다.

一, 聖有成判, 法師法師共同, 律師律師共同, 坐禪坐禪共同. 自今
已去, 解行相當者, 各別爲衆. 行當瘂羊僧者依瘂羊僧衆, 行當智
慧僧者依智慧僧衆. 雖分二衆, 常依瘂羊僧爲主, 不得兩衆互相交
雜. 唯除二衆普聚, 不在其限. 又除月半月盡說戒時在蘭若處二衆
和同共爲法事者, 不在其限.[10]

一. 성법聖法에는 판별되어 있다. 법사는 법사와 공동하고, 율사는
율사와 공동하고, 좌선은 좌선과 공동하세요라고. 지금부터 후는,
해행解行에 상당하는 자는 각각 따로따로 무리를 이룬다. 행行이
아양승에 상당하는 자는 아양승의 무리에 의지하고, 행이 지혜승
智慧僧에 상당하는 자는 지혜승의 무리에 의지한다. 두 무리로
나누지만, 항상 아양승(의 무리)에 의지하는 것을 주로 한다. 두
무리는 서로 교잡해서는 안 된다. 다만 두 무리가 두루 모이는
경우는 그 제한에 들지 않는다. 또 월의 중순과 월말의 설계說戒

---

10 『敦煌寶藏』124. 466下~467上.

때 아란야처阿蘭若處에 두 무리가 화동하여 함께 법사法事를 이루
는 경우는 그 범위에 들지 않는다.

이것에 의하면, 아양승과 지혜승智慧僧의 두 무리로 나누어 양자는
기본적으로 교제는 하지 않을 것, 항상 아양승 중에 의지함을 주로
하는 것이 정해져 있다. 거기서 상기되는 것은 현종玄宗에 의한 삼계교
금압의 기사에다『개원석교록開元釋教錄』권18에는 다음과 같이 서술
되어 있다.

知彼反眞構妄, 出制斷之. 開元十三年乙丑歲六月三日, 勅諸寺三
階院, 並令除去隔障, 使與大院想通, 衆僧錯居, 不得別住, 所行集
錄悉禁斷除毀.[11]
저들(삼계교)이 진실에 반해서 허망을 꾸미는 것을 알고 조서를
내서 이것을 금지하였다. 개원開元 13년(725) 을축년 6월 3일,
제 사찰의 삼계원三階院에 칙령을 내려 모든 격장隔障을 제거시키
고, 대원大院과 통하게 하여 중승衆僧과 섞여 살도록 하고, 따로
거주하는 것은 불가능하도록 하였다. 행한 바의 집록集錄(『三階集
錄』)을 모두 금하여 못하게 하고 훼손하여 없앴다.

이것에 의하면, 금압禁壓의 조서가 내려지기 이전에는 삼계원과
대원大院에 격장을 만들고, 삼계승은 다른 승과 교제하지 않고, 따로

---

11 大正 55. 679上.

거주하고(別住) 있었던 것을 알 수 있다. 여기에서 별주別住를 개시하는 선언과 별주를 금하는 조칙이 동일선상에 위치하는 것은 아닐까 하는 예측이 생겨나게 된다. 즉『제법』이 삼계교 문헌은 아닌가 하는 예측이다.

그러면 계속해서 문장을 검토해 보자. 도대체 '주主'된 지위를 부여받은 아양승은 마땅히 어떠한 존재이어야 하는 것으로 규정되어 있는 것인가. 「아양승 중에서 사람을 간택하는 법」 제2에서는 다음과 같이 서술되어 있다.

一, 行行僧者, 或名福德僧, 或名瘦羊僧. 唯有或從生或從出家已來不犯初篇第二篇戒學十二頭陀. 文當學無相三昧坐禪, 義當亦名學空無空相空坐禪. 唯除呵嘖門徒弟子及於和僧衆內治罰破戒比丘已外, 唯得自見自說自身一切惡, 不得自見自說自身一切善, 唯得見他 說他一切善, 不得見他說他一切惡. 何以故. 明一切邪見成就顚倒衆生, 唯將一切正善人法解行作一切邪善人法解行, 唯將一切邪善人法解行作一切正善人法解行故. 不瞋罵出家人. 不打縛出家人, 不自私食用衆僧飮食財物. 亦不將衆僧飮食物與俗人. 僧物尙不用, 何況用佛物法物. 不作十一種主. 如此僧等能爲衆僧檢校徒衆者得爲種主. 又或無專精不犯戒衆生, 犯已能 悔人餘行與上同者, 亦得兼爲衆生. 又徒衆莫問行之久近, 現學能與上同者, 得爲徒衆.[12]

---

12 『敦煌寶藏』124. 467上.

一. 행행승行行僧은 혹은 복덕승福德僧이라고도 이름하며 혹은
아양승이라고도 부른다. 다만 태어나서부터 또는 출가한 이후,
초편初篇·제2편 계를 범하는 일없이 12두타를 배운다. 경문에는
무상삼매좌선無相三昧坐禪을 배운다고 하고, 그 의미는 공무空
無·공상空相·공좌선空坐禪을 배운다고 하는 것이다. 문도·제자
를 꾸짖는 경우 및 화승중和僧衆 내에서 파계의 비구를 벌하는
경우 이외는, 다만 자기를 보고 자신의 일체의 악만을 말할 뿐이고,
자기를 보고 자신의 일체의 선을 말해서는 안 된다. 다만 타인을
보고 타인의 일체의 선만을 말할 뿐이고, 타인을 보고 타인의
일체의 악을 말해서는 안 된다. 어째서인가. 일체의 사견邪見
성취의 전도중생은, 다만 일체의 정선正善의 인법해행人法解行을
일체의 사선邪善의 인법해행으로 하고, 다만 일체의 사선의 인법해
행을 일체의 정선의 인법해행으로 한다고 하는 것이 명백하기
때문이다. 출가자를 성내어 욕해서는 안 된다. 출가자를 타박해서
는 안 된다. 자기의 음식에 중승衆僧의 음식물을 사용해서는 안
된다. 또 중승의 음식물을 속인에게 주어서는 안 된다. 승물僧物조
차 사용해서는 안 되는 것이니, 불물佛物·법물法物은 더욱 바로잡
아 사용해서는 안 된다. 11종의 주인이 되어서는 안 된다. 이러한
승僧 등에서 중승衆僧을 위해서 도중徒衆을 검교檢校하는 자는
종주種主가 되는 것이 가능하다. 또 정신을 집중해서 계를 범하지
않고 있는 중생은 아니더라도, 범하고부터 충분히 뉘우치고 있는
사람이어서 다른 행行이 위의 제 사항과 같은 자도 또한 중생이
되는 것이 가능하다. 또 도중은 행行의 멀고 가까움에 관계없이

현재에 위의 제 사항을 똑같이 잘 배우는 자는 도중이 되는 것이 가능하다.

이것에 의하면, 대략 다음 조건을 만족한 사람이 아양승이라고 하는 것이 된다.

(1) 생후 또는 출가 후, 초편初篇·제2편을 범하지 않는다.

(2) 12두타를 배운다.

(3) 무상삼매좌선을 배운다.

(4) 자신의 악의 인식과 타자의 선의 인식에 철저하고, 자신과 남을 혼동하지 않는다.

(5) 출가자를 성내어 욕하지 않고, 타박하지 않는다.

(6) 삼보에 속하는 재물과 음식을 자신이 사용하거나 속인에게 주어서는 안 된다.

(7) 11종의 주主가 되어서는 안 된다.

이 규정에는 몇몇의 예외규정과 부가규정이 시설되어 있다. (4)에서는 문도·제자를 꾸짖는 경우와 화승중和僧衆 내의 파계의 비구를 벌하는 경우는 예외로 한다. (7)에서는, 도중을 검교하는 경우는 종주種主가 되는 것이 인정된다. 또 계를 범한 중생이라도 범한 후 충분히 뉘우치고 있는 사람으로서 다른 행行이 위의 제 사항을 만족하고 있는 경우는, 도중이 되는 것이 가능하다고 한다. 다만, 이러한 아양승의 요건은 삼계교가 교증으로 한 『십륜경』의 기술과 반드시 일치하지는 않는다. 경전에 있어서의 아양승의 기술의 구체화라고 하는 것보다도 오히려 무참괴승의 대극對極으로서 순화된 교단독자의 이상적인 승려상으로서 열거되고 있는 감이 강하다고 할 수 있다. 그리하여 이들 아양승이 되는 조건은 제6 이하의 항목에서 보다 상세하게 규정되어 있다. 즉 (1)의 계戒의 문제는 "불청재중사계不聽在衆捨戒" 제13, (2)의 12두타에 대해서는 "점검법點檢法" 제9, "걸식법" 제11, "근신소단謹愼小胆" 제18 등에 있어서 (3)의 좌선에 대해서는 "좌선" 제6에, (4)의 자기의 악과 타자의 선의 인식에 관해서는 "악세계악시악중생학출세행법惡世界惡 時惡衆生學出世行法" 제4와 "불청설타인법장단不聽說他人法長短" 제15 등 에, (6)의 남의 물物을 사용하는 것에 대해서는 "부득암용타조관수不得 闇用他澡灌水" 제16에 상술되어 있다. 따라서 『제법』은 아양승의 사상이 개개의 조항에 일관되게 구체화되어 성립하고 있다. 확실히 『제법』은 아양승 교단을 위한 규율이라고 할 수 있다.

한편 삼계교 문헌에 있어서는 아양승은 어떻게 규정되어 있는 것인 가. 『대근기행법』에는 제3계에 일체의 선지식을 구한다고 하는 것에 관해서 다음과 같이 서술되어 있다.

明求一切善知識盡者, 於內有三. 一者文義俱不解瘂羊僧. 二者解
文不解義瘂羊僧. 此二 種瘂羊僧善知識, 云何可識. 必以法驗之,
可知是非. 於內有六階. 一者三業性濡, 從生已來, 於他一切衆生,
不敢共他相瞋相打, 乃至不敢嫌他. 二者性自縮頭, 在家不能作家
長, 乃至不能作官職. 三者性自畏罪, 不作十惡, 亦不犯戒 .四者從
出家已來, 性自持戒避罪, 五者從出家已來, 常縮頭, 不肯作人主
法主等. 六者樂學十二頭陀, 常樂受下, 常樂受惡. 從生乃至出家
已來, 具此六種, 堪共同聚, 依作善知識. 設有犯戒, 卽多慚愧,

恒不覆藏, 雖犯禁戒, 終不重犯, 餘行與上同者, 亦依作善知識.
三者利根人內, 有徹到學當根七法六法, 乃同上瘂羊僧畏罪等徹
到者, 亦得依作出世善知識.[13]

일체 선지식의 구함을 다한다는 것을 밝히는 것은, 그중에 3종이
있다. 첫 번째는 글자도 뜻도 모두 이해하지 못하는 아양승이다.
두 번째는 글자는 이해하지만 뜻은 이해하지 못하는 아양승이다.
이 2종의 아양승인 선지식은 어떻게 해서 알 수 있을까? 반드시
법에 의해 조사해서 그런가, 어떤가를 알 수 있는 것이다. 그중에
6종류가 있다. ① 삼업三業이 본성으로서 온화하고 태어난 이후
타인과 서로 화내거나 때리는 일은 거의 없고 타인을 싫어하는
일도 좀처럼 없다. ② 본성으로서 두드러지지 않고 재가에서는
가장이 되지 않고 관직에도 나아가지 않는다. ③ 본성으로서 죄를
두려워하고 10악을 짓지 않고 계도 범하지 않는다. ④ 출가 이후는
본성으로서 계를 지키고 죄를 피한다. ⑤ 출가 이후는 항상 두드러
지지 않도록 하고 굳이 인주人主와 법주法主 등이 되지 않는다.
⑥ 12두타를 즐겨 배우고 항상 하下를 즐겨 받고, 항상 궂은일을
즐겨 받는다. 태어나서부터 혹은 출가한 이후, 이 6종을 구족하면
공동생활에서 견딜 수 있고, 선지식이 되는 것도 가능하다. 가령
계를 범해도 곧 충분히 참괴하여 항상 감추는 것을 안 하고, 금계禁
戒를 범해도 그 후는 두 번 다시 범하지 않고, 그 밖의 행行에
대해서 위의 사항과 같이 하는 자도 선지식이 될 수 있다. 세

13 『敦煌寶藏』19. 518下~519上.

번째는 이근인利根人 중에서 철저하게 당근의 7법과 6법[14]을 배우고, 위의 아양승과 같이 죄를 두려워하는 등에서 철저한 자가 있으면 또 출세의 선지식이 되는 것이 가능하다.

이것에 의하면, 선지식에는 둔근鈍根에 2종, 이근利根에 1종 등 모두 3종류가 있는 것이 된다.[15] 둔근의 2종은 글자도 뜻도 이해하지 못하는

---

14 『對根起行法』에 의하면 칠법이란 귀의불歸依佛·법法·승僧·단악斷惡·수선修善·도중생度衆生·구선지식求善知識을 말하고, 육법이란 동행同行·관관寬·장長·심심深·불퇴不退·상속相續을 말한다. 칠법은 항목으로서는 삼계 모두에 갖춰져 있는 법이고, 육법은 제1계와 제3계에만 갖춰져 있는 법이라고 한다. 다만 육법의 구체적인 내용은 정확하게 밝히고 있지 않다.

15 M. E. Lewis(1990) 207~238쪽. 이 논문은 삼계교의 탄압에 대해서 상세한 고찰을 행한 주목할 만한 논문이다. 그중에 이 세 종류의 선지식에 관한 부분이 취급되어 있는데, "현존하는 (三階教) 텍스트에서는 '아양瘂羊'의 의미에 관해서 설명되어 있지 않다."(223쪽)라 하고, "아양瘂羊의 교증은 그다지 명백하지 않다."(224쪽)라고 적혀 있다. 더욱이 삼계교 문헌에 자주 인용되는 경전 중에 "백양白羊"이라는 말이 있는 것으로는 『佛藏經』의 1절(大正 15. 789上)을 들고 있는데, 그 부분은 악지식惡知識이란 무엇인가 하는 문맥에 있어서 "心不專一, 癡如白羊"라고 적혀 있는 부분이 있고, 선지식으로서의 아양승의 교증에는 부적당하다고 생각된다. 삼계교 제 문헌에 있어서 아양승에 관해서 상세히 설한 부분에도 이 교증은 발견되지 않는다. 한편 P2550(『三階某禪師行狀始末』) 가제목을 자료로서 사용하고 있는 점은 주목할 만하다. 이 사본은 大谷勝眞(1938)에 내용의 소개와 번각이 발표된 것이다. 이 문헌은 신행과 사제 관계는 없는 포주蒲州의 비전사悲田寺에 주했던 삼계모선사(三階某禪師, 672년 입적)의 행장기록이고, 선어록禪語錄과 비슷한 체재를 취하고 있다. Lewis는, 이 선사가 제자에게 "입을 열지 마라, 말하지 말고 죽은 듯이 있어라."라고 말한 부분(大谷(1938) 297쪽)에 아양瘂羊의 의미를 찾아내고 있다. 7세기 중반의 삼계교도의 활동모습을 알기 위해서 귀중한 자료라

아양승과, 글자는 이해해도 뜻은 이해하지 못하는 아양승이다. 그리하여 아양승을 판별하는 규준으로서,

(1) 타고난 성질이 삼업三業이 온화하여 사람과 다투지 않는다.

(2) 타고난 성질이 입신출세하는 것을 원하지 않고, 가장도 되지 않고 관직에도 나아가지 않는다.

(3) 타고난 성질이 죄를 두려워하고, 10악과 계戒를 범하지 않는다.

(4) 출가 이후에 계를 지키고 죄를 피한다.

(5) 출가 이후에 입신출세를 원하지 않고, 인주人主와 법주法主가 되려고 하지 않는다.

(6) 12두타를 배우고, 항상 하열下劣하여 고된 생활을 즐겨 받아들이도록 한다.

라고 하는 6가지가 열거되어 있다. 이들 규준은 『제법』의 아양승의 요건과 공통되는 것이다. 『제법』의 요건에는, 그 외에 무상삼매좌선無相三昧坐禪, 자기악自己惡과 타자선他者善의 인식, 출가자가 성내어 욕함의 금지 등이 포함되어 있는데, 이러한 점도 제3계불법의 보경普敬과 인악認惡의 부분에 자주 설해져 있다. 이러한 아양승 상像의 일치는 『제법』이 삼계교의 문헌이라고 판단하는 유력한 근거가 될 수 있다고 생각한다. 또 『대근기행법』의 제1계의 정토의 인因 중에서 불법에 들어오기 이전의 악을 끊는다고 하는 부분에서는 자수오自受惡, 자사호自捨好, 소담小胆, 자비慈悲, 축두縮頭가 이상으로서 열거되고,[16] 제3계의 정토의 인因에 있어서도 불법佛法에 들어오기 이전의 끊어야 할

고 말할 수 있다.

16 『敦煌寶藏』19. 529下~530上.

악으로서 낙수호樂受好, 불수오不受惡, 대담大胆, 무자비無慈悲, 출두出頭가 열거되고 있지만,[17] 이러한 부분도 『제법』의 아양승의 기술과 깊이 관련되는 부분이다.

더욱이 일본 『삼계』, 돈황본 『삼계불법』(이하 敦煌『三階』라 약칭), 『삼계불법밀기』 등의 삼계교 문헌에 아양승에 관한 기술은 여기저기에 보인다. 예를 들면 일본 『삼계』권2[18]에는, 『가섭경』에 설해진 것같이 무명상법좌선無名相法坐禪을 배우는 일,[19] 『법화경』의 상불경보살의 행行을 배우는 일,[20] 『십륜경』에 설해진 것같이 종종種種의 주主가 되지 않는 일, 아양승만이 일체의 삼승법을 독송하기도 하고 강설해도 좋고, 또 남에게 독송시키거나 강설시켜도 좋고, 아양승에게만 승사僧事를 영리營理시키며, 화상和上과 아사리阿闍梨에게 하게하고, 독경·송경시키는 일 등이[21] 설해져 있다. 또한 거의 같은 기술은 돈황 『삼계』권3에도 발견할 수 있다.[22]

---

17 同. 531上.

18 矢吹 『研究』別篇 304~306쪽.

19 『大寶積經』「摩訶迦葉會」大正 11. 511上 이하의 취의取意라고 생각된다. 또 矢吹는 삼계교 문헌에 인용된 『迦葉經』을 『摩訶衍寶嚴經』, 『佛遺日摩尼寶經』, 『大寶積經』「普明菩薩會」에 해당한다고 했는데(『研究』602, 681쪽) 및 개인가의 인용내용을 총합으로 판단하면 「摩訶迦葉會」에 해당된다고 해야 한다.

20 大正 9. 50下.

21 여러 분야에서 주인이 되지 않도록 원하는 것은 『十輪經』권6(大正 13. 710上)에 설해졌고, 좌선과 송경誦經과 영리승사營理僧事라고 하는 삼업三業에 대해서 근기 미숙根機未熟의 둔근鈍根의 중생에게 이 삼업을 닦도록 하였다는 기술은 『十輪經』권2(大正 13. 688下~689下)에 설해져 있다.

22 『敦煌寶藏』113. 317下~318上.

그러면 최둔근最鈍根인 글자 혹은 뜻의 이해가 없는, 본래라면 마이너스의 평가가 될 수밖에 없는 아양승에게 어떻게 주된 지위가 부여되는 것인가? 여기서 상기되는 것은, 본 항의 첫머리에 들었던 일본『삼계』의 첫머리의 기술이다. 즉 제3계에 있어서는 공견유견의 중생인 무참괴승이나 아양승 이 2종류 이외의 근기는 존재하지 않는 것이다. 그러한 상황의 근저에 처음으로, 아양승은 마이너스 평가에서 플러스의 평가로 바뀌는 것은 아닌가.『십륜경』의 기술에 의하면, 아양승은 제일의승과 청정승淸淨僧에 비할 필요도 없이, 그들에 비해서 뒤떨어지는 것은 명백하다. 따라서 이 '플러스'의 평가는 제3계이기 때문에 얻어지는 플러스의 평가라 할 수 있다. 그러면 무참괴승과 아양승의 동이同異는 단적으로 말하면 어디에 나타나 있는 것인가. 제3계중생의 근기는 열기劣機이고, 그 열기는 어떠한 능력의 열성劣性인가 하면, 실천능력 이전의 정법을 판별하는 능력, 사정邪正의 판단 능력이다.[23] 그렇다면 양자는 무엇이 다른가 하면, 아양승은 판단능력이 결여되어 있으므로 판단이 정지하고, 사정을 판별할 수 없는 것에 대해서 무참괴승은 판단능력이 결여되어 있음에도 불구하고 억지로 판단을 내리는 것에 의해, 열등한 능력은 사邪를 정正으로 판단하고 정을 사로 판단하

---

23 삼계교와 정토교의 기근인식에 대해서 양자 모두 열기劣機라고 하는 인식에서 공통되어 있지만, 삼계교의 열기인식劣機認識의 근저에 있는 것은 "공견空見 유견有見 중생"이라고 하는 말에 상징되어 있는 것처럼 판단능력의 결함 또는 전도성이고, 정토교의 열기인식의 근저에 있는 것은 "난행도難行道 이행도易行道"라고 하는 교판敎判에 상징되어 있는 것처럼 실천능력의 결함이라고 지적한 일이 있다. 西本照眞(1991) 참조. 다만 이 논문에 있어서는 공견유견 중생과 아양승의 상위를 명확하게 하지 않았다고 하는 약점이 있다.

여 정법正法을 비방하는 것이 되는 것이다. 틀린 판단이 빠르게 작용하는 경우도 이근이니까, 틀린 판단이 피해지지 않는 제3계에 있어서는 둔근鈍根인 것이 구해지는 것이다. 종래, 시취矢吹 등에 의해서 제3계인은 대다수의 공견유견 중생과 약간의 예외로서의 아양승으로 분류되어, 그중에서 삼계교도는 아양승으로 간주되는 것은 아닐까 하고 예측되어져 왔다. 『제법』의 제1조와 제2조의 내용은 종래의 예측을 뒷받침하는 내용으로 되어 있다고 할 수 있을 것이다.

2) 『제법』의 의빙(依憑: 의거)

제1조와 제2조에 실천의 주체자로서 아양승이라고 불리는 최둔근最鈍根 승려의 모습이 세상에 알려져 왔지만, 그들은 대체 무엇을 근거로 해서 수행에 힘쓰면 좋은 것인가.「의법불의인依法不依人」제3의 부분에는 다음과 같이 서술되어 있다.

一, 勘經驗敎, 末法惡時下根之流, 邪多正少. 唯合依法不得依人. 其坐禪者, 一須依經坐禪依敎觀行, 不得從人受法. 乃至余法界行亦如是.[24]

一. 경經을 조사하고 생각하며 교敎를 조사해 보니, 말법악시末法惡時의 하근下根의 흐름에는 사邪가 많고 정正은 적다. 다만 법에 의지하고, 사람에 의지해서는 안 된다. 좌선을 하는 자는 오로지 경經에 의지해 좌선하고, 교敎에 의지해 관행觀行해야만 한다.

---

24 『敦煌寶藏』124. 466上~下.

사람으로부터 법을 받아서는 안 된다. 다른 법계행法界行도 또한
같다.

겨우 50여 문자의 의법불의인依法不依人에 관한 규정은, 그 자체로서
는 삼계교 문헌인 것을 주장하고 있지 않다. 확실히 "말법악시末法惡時
에 사邪가 많고 정正은 적다."라고 하는 인식은 삼계교가 즐겨 사용한다.
아니, 오히려 삼계교의 시기관時機觀의 근저에 자리 잡고 있다고도
말할 수 있는 인식이지만, 아무래도 삼계교 문헌으로서의 충분조건은
될 수 없다. 의법불의인依法不依人에 관한 기술도 같다. 따라서 이
항목에 관한 고찰은 이 문헌이 삼계교 문헌이라는 것이 확정되어 처음으
로 의미를 가질 수 있는 것이지만, 일단 삼계교의 의법불의인관依法不依
人觀으로서 고찰해 두고 싶다.

그러면 의법불의인依法不依人, 의의불의어依義不依語, 의지불의식依
智不依識, 의료의경불의불료의경依了義經不依不了義經이라고 하는, 소
위 "법의 사의四依"의 교설은 부파불교部派佛敎와 대승불교의 제 경론에
폭넓게 해설되어 있는데, 삼계교에서는 어떠한 문헌에서 검색되고,
어떠한 경론을 교증으로 해서 형성되어 있는 것일까. 예를 들면 『대근기
행법』에서는 제3계불법의 기둥인 인악認惡의 하나에 32종 편병偏病을
들어, 그중에 의인依人·의어依語·의식依識·의불료의경依不了義經이
비판의 대상으로서 열거되어 있다. 다만 그 구체적인 내용은 명확하지
는 않다.

돈황 『삼계』권3에서는,

不依法唯依人, 不依義唯依語, 亦名綺飾文辭, 亦名莊嚴文飾, 准依大般涅槃經四依品, 第九卷等說.[25]

법에 의하지 않고 다만 사람에 의하고, 뜻(義)에 의하지 않고 다만 말(語)에 의한다. 또 기식문사綺飾文辭라고 하고 장엄문식莊嚴文飾이라고도 한다. 『대반열반경』 「사의품四依品」과 권9 등에 설해져 있다.

라고 서술하고 있다. 이것에 의하면 문장을 화려하게 꾸미는 것이 비판의 대상이 되고 있고 교증으로서는 『열반경』의 「사의품」과 권9[26]가 열거되고 있는 것을 알 수 있다. 글 중에 "기식문사綺飾文辭"라고 하는 어구는 「사의품」에,[27] "장엄문식莊嚴文飾"이라고 하는 어구는 권9 「여래성품如來性品」에서 발견된다.[28] 구체적인 내용을 알아보기 위해 권9의 해당 문구를 보자.

善男子, 我涅槃後, 正法未滅余八十年, 爾時是經於閻浮提當廣流布. 是時當有諸惡比丘, 抄略是經, 分作多分, 能滅正法色香美味. 是諸惡人雖復誦讀如是經典, 滅除如來探密要義, 安置世間莊嚴文飾無義之語, 抄前著後, 抄後著前, 前後著中, 中著前後, 當知如

---

25 『敦煌寶藏』113. 313下.
26 "사의품四依品"은 36권본(南本)의 품명品名이고, 제9권이라는 것은 40권본(北本)의 권수이다. 이 부분에 한하지 않고, 삼계교 문헌에서는 36권본과 40권본의 품명, 권수가 혼용되어 있다.
27 大正 12. 642中.
28 同. 422上.

614

是諸惡比丘是魔伴侶.[29]

선남자여, 내가 열반한 후 정법이 아직 멸하지 않고서 80년을 남긴 때에, 이 경전은 염부제閻浮提에 널리 유포될 것이다. 그때에 악한 비구가 있어서, 이 경전을 노략질하여 많은 부분으로 나누어서 정법의 색色·향香·미미美味를 멸하는 것이 될 것이다. 그 악인들은 이러한 경전을 독송한다고 해도 여래의 심밀深密의 요의要義를 멸제滅除하고, 세간의 장엄하고 문식文飾된 의미 없는 말을 안치하고, 앞(前)을 초출抄出해서 뒤(後)에 붙이고, 뒤를 초출해서 앞에 붙이고, 전후를 중간에 붙이며 중간을 전후에 붙일 것이다. 마땅히 알아야 한다. 이러한 악한 비구는 마魔의 반려이다.

이러한 상황을 삼계교는 사邪의 사의四依의 구체적인 상황으로 보고 있던 것이다. 또 『열반경』 이외의 교증을 사용하고 있는 문헌도 있다. 예를 들면, 일본 『삼계』권3에서는 『열반경』권9의 위의 부분을 들었고, 더욱이 『상법결의경像法決疑經』과 『최묘승정경最妙勝定經』 등의 위경僞經을 인용하고 있다.[30] 우선 『상법결의경』에서는,

善男子. 未來世中, 諸惡比丘在在處處講說經律, 隨文取義, 不知如來隱覆秘密.[31]

선남자여, 미래세에 악한 비구들이 여기저기서 경률經律을 강설하

---

29 同. 421下~422上.
30 矢吹 『研究』別篇 346~349쪽.
31 大正 85. 1337上.

고, 문자의 표면적 의미에 따라서 의미를 취하고, 여래의 덮어 감추어진 비밀의 의미를 알지 못한다.

라는 부분과,

像法中, 諸惡比丘不解我意, 執己所見, 宣說十二部經, 隨文取義, 作決定說. 當知, 此人三世諸佛怨, 速滅我法.[32]

상법像法 때, 악한 비구들은 나의 뜻을 이해하지 못하고, 자기의 견해에 집착해서 12부경의 가르침을 설하고 문자의 표면적 의미에 따라서 의미를 이해하고, 그것을 결정적인 설이라고 한다. 마땅히 알아야 한다. 이 사람은 삼세三世의 제불諸佛이 원망하는 것이고, 빠르게 나의 법을 멸한다.

의 부분을 인용하고 있다. 또『최묘승정경』에서는 다음의 부분을 인용하고 있다.

吾滅度後, 一切比丘取我十二部經, 競共讀誦, 以上着中, 以中着下, 以下着上, 中着前後, 非義言義, 義言非義.[33]

---

32 同上.

33 矢吹『研究』別篇 349쪽. 여순박물관旅順博物館 소장의 돈황본은 關口眞大의 번각에 의하면 "非義言義, 義言非義"의 부분을 "非義言語, 義言非語"로 만들지만(關口眞大「燉煌出土‘最妙勝定經’考」〈『淨土學』22. 23, 1950〉450쪽), 이번에는 일본『삼계』의 인용문에 따랐다.

내가 멸도한 후 일체의 비구는 나의 12부경을 집어 들어 경쟁하여 함께 독송하고, 상上을 중中에 붙이고, 중中을 하下에 붙이고, 하下를 상上에 붙이고, 중中을 전후前後에 붙이고, 비의非義를 의義라고 하고, 의義를 비의非義라고 한다.

이 부분은 명확하게 『열반경』의 기술을 받고 있다고 생각된다. 6세기 전반부터 후반에 걸쳐서 만들어졌다고 추정되는 이들 위경에서 『열반경』과 똑같은 묘사가 되어 있는 것은 위경의 작자들이 당시 불교계의 현상을 고발하기 위해서였을 것이고, 6세기 후반에 살았던 신행도 이들 경전의 기술이 현실의 불교교단의 모습과 겹쳐져서 인식되었을 것이다. 사의四依의 교설은 신행에 있어서 정말로 현실적인 의미를 가지고 있었다고 할 수 있다.

그러면 사의四依 교설의 중시는 삼계교 자신의 실천에 어떠한 영향을 미치고 있고, 위의 제 경문에 있어서 비판의 대상으로 되어 있는 행위를 스스로 회피하기 위해서, 어떠한 수단을 사용하고 있는 것일까? 돈황 『삼계』권2에는 다음과 같이 서술되어 있다.

又一切三階佛法, 唯除第一階第二階第三階九字是人語已外, 余者悉是經文. 與一切章疏問答, 由安人語故, 始得廣說, 一種相似.[34]

또 일체의 삼계불법은 제1계・제2계・제3계의 9자는 인간의 말이

---

34 『敦煌寶藏』 22. 230上.

지만, 그것을 제외한 나머지 부분은 모두 경문이다. 일체의 장소
문답이 사람의 말을 두는 것에 의해서 비로소 광설廣說하는 것이
가능한 것과 조금 비슷하다.

또 일본『삼계』권4 말미에는 끝맺음의 문구로서,

又明, 此一卷人集錄經文內, 唯除減五十字是人語已外, 餘者皆悉
普是經文. 或有人語引經說者, 或有唯是經文說者.[35]
또 밝힌다. 이 한 권의『인집록』의 경문 중에서, 다만 50자 미만이
사람의 말(人語)이고, 나머지는 모두 경문이다. 사람의 말에 의해
서 경문을 인용하여 설한 경우도 있고, 완전히 경문만으로 설한
경우도 있다.

고 되어 있다. 이들 부분에서는 인어와 경문을 엄밀히 구별하려고
하는 자세를 엿볼 수 있다. 그것에 의해서 경문에의 절대적 귀순,
즉 사의四依의 실천이 보증된다고 생각하고 있는 것일 것이다. 그것은
동시에 대부분이 경문인 스스로의 저작의 진실성에의 자신의 표현이라
고 해석할 수도 있다. 다만 경문을 중시하면서도, 한편으로는 스스로의
사상체계에 대응해서 편집을 가하기 위해서 인어를 사용하지 않을
수 없는 딜레마도 간파할 수가 있다.[36] 모든 장소章疎 문답이 인어를
사용하여 비로소 설하는 것이 가능하다고 서술한 부분에는 의연하게

---

35 矢吹『硏究』別篇 415쪽.
36 제4장 제1절「2. 삼단계의 짜임새의 사상적 권위」(357쪽 이하) 참조.

618

경문과 인어의 긴장 관계가 처리되어 있지 않은 채로 남겨져 있는 것처럼 보인다. 삼계교에 있어서도, 인어와 결별하고 전면적으로 경문에 의거하는 것은 지난至難의 업이었다. 다만 결과에 대한 객관적 평가는 별도로 하고, 삼계교가 주관적으로는 의법불의인依法不依人을 비롯하여 법의 사의四依에 의거하고 있었던 것은, 이상의 고찰에서 대강 명확하게 되었다고 생각한다.

3) 출세에 요구된 실천

『제법』에서는 실천의 주체, 의거에 잇따라서 깨달음의 세계에 들어가기(出世) 위해서 요구된 실천이 기술되어 있다. 「악세계악시악중생학출세행법惡世界惡時惡衆生學出世行法」제4에서는 다음과 같이 서술되어 있다.

一. 明惡世間惡時惡衆生出世行法. 唯有與惡世界惡時惡衆生出世因相當者, 始能得出世. 一者, 唯得自見自說自身一切惡, 不得自見自說自身一切善. 二者, 唯得見他說他一切善, 不得見他說他一切惡. 唯除自呵嘖門徒弟子及於和僧衆內治罰破戒比丘者, 不在其限. 何以故. 明一切邪見成就顚倒衆生, 唯將一切正善人法解行作一切邪善人法解行, 唯將一切邪善 人法解行作一切正善人法解行故. 三者, 唯得學一切無相三昧坐禪. 四者, 唯得學一切自利行, 一唯得一人, 二唯得一行, 三唯得觀一境界, 四唯學一相續, 五唯得一身業, 不得多遊行, 六唯得一口業, 不得多語言, 七唯得一意業, 不得多覺觀. 若能與惡世界惡時惡衆生出世因緣法相當

者, 得共同聚行道. 若不與惡世界惡時惡衆生出世法相當者, 任更
別處行道.[37]

一. 악세계惡世界·악시惡時·악중생惡衆生의 출세의 행법을 밝힌
다. 다만 악세계·악시·악중생의 출세의 인因에 상당하는 자가
있으면, 비로소 출세할 수 있다.

첫째, 다만 자신을 보고 자신의 일체의 악을 설할 뿐이고, 자신을
보고 자신의 일체의 선을 설하면 안 된다.

둘째, 다만 타인을 보고 타인의 일체의 선을 설할 뿐이고, 타인을
보고 타인의 일체의 악을 설하면 안 된다. 다만 스스로 문도·제자
를 꾸짖고 화합중和合衆 내에서 파계의 비구를 다스려 벌하는
경우는 이 한계에 들지 않는다. 왜인가? 일체의 사견을 갖춘
전도의 중생은, 단지 일체의 정선正善의 인법해행人法解行을 가지
고 일체의 사선邪善의 인법해행으로 하고, 다만 일체의 사선의
인법해행을 가지고 일체의 정선正善의 인법해행으로 한다는 것이
명확하기 때문이다.

셋째, 다만 일체의 무상삼매좌선無相三昧坐禪만을 배워야 한다.

넷째, 다만 일체의 자리행自利行만을 행해야 한다. ①다만 한
사람만을 행하라. ②다만 하나의 행만을 행하라. ③다만 하나의
경계만을 관하라. ④다만 하나의 상속만 배워라. ⑤다만 하나의
신업만을 행하라. 다多유행은 행하지 마라. ⑥다만 하나의 구업口
業만을 행하라. 다어언多語言은 행하지 마라. ⑦다만 하나의 의업

---

37 『敦煌寶藏』124. 467下.

意業만을 배워라. 다각관多覺觀은 행하지 마라.

만약 악세계·악시·악중생의 출세의 인연의 법에 상당하는 자는 함께 모여서 도를 행하는 것이 가능하다. 만약 악세계·악시·악중생의 출세의 법에 상당하지 않는 자는 다시 별처別處에서 도를 행하도록 하라.

우선 『제법』의 시기관時機觀에 대해서 고찰하여 보려 한다. 이 제4조의 문장에 나타난 정세인식은 악세계·악시·악중생이라는 3가지 점이다. 서문에는 "말대未代"라고 하는 말이 있고, 앞에서의 "의법불의인依法不依人" 제3부분에는 "말법악시未法惡時, 하근지류下根之流, 사다정소邪多正少"라는 일부분도 있다. 또 "좌선坐禪" 제6에서는 "악세계惡世界, 불멸도佛滅度 후 일체의 악출가인惡出家人은 다만 좌선을 가지고 기본으로 하라."라고 하고 있고 「불청설타인법장단不聽說他人法長短」 제15에서는 "불멸도후佛滅度後, 악세계惡世界, 악시惡時, 악중생惡衆生, 다만 자신을 보고 자신의 일체의 악을 설할 뿐이다."[38] 운운하고 있다. 이들 기술에서 판단하면 『제법』의 종종種種의 행법과 규율은 불멸도 후의 악세계·악시·악중생이라는 정세인식 하에서, 그것에 대응하는 형식으로 제기된 것임을 알 수 있다.

한편 삼계교 문헌 중에서 이러한 정세인식을 검색하는 것도 용이하다. 예를 들면, 돈황 『삼계』권2에는 다음과 같이 기술되어 있다.

---

38 제15조의 문장은 제5조의 "一者"와 "二者"의 글을 전문재록全文再錄하고, "唯除自呵嘖"云云의 앞에 "自今已去, 一向不得說他一切人法解行等長短. 如有犯者不共同住"의 한 문장을 더한 것이다.

諸佛菩薩, 若爲最大好世界好時好衆生起教, 卽是一切第一階佛
法一乘根機菩薩合學. 若爲最大惡世界惡時好時不定衆生起教,
卽是一切第二階佛法三乘根機衆生合學. 若爲最大惡世界惡時惡
衆生起教, 卽是一切第三階佛法九十六種道… 空見有見衆生…
合學.[39]

제불보살이 최대호세계最大好世界·호시好時·호중생好衆生을 위
해서 교教를 일으켰으면, 그것은 모두 제1계불법이고, 일승근기의
보살이 배워야 하는 것이다. 최대악세계最大惡世界·악시호시惡時
好時·부정중생不定衆生을 위해서 교教를 일으켰으면, 그것은 모두
제2계불법이고, 삼승근기의 중생이 배워야 하는 것이다. 최대악
세계·악시·악중생을 위해서 교教를 일으켰으면, 그것은 모두
제3계불법이고 96종 외도外道… 공견空見 유견有見 중생… 배워야
하는 것이다.

이것을 표로 정리하면 이하와 같다.

	정세情勢			불법佛法	실천자實踐者
제1계	호세계好世界	호시好時	호중생好衆生	제1계불법	일승근기보살
제2계	악세계惡世界	악시호시惡時好時	부정중생不定衆生	제2계불법	삼승근기중생
제3계	악세계惡世界	악시惡時	악중생惡衆生	제3계불법	공견유견중생

이것에 의하면 『제법』의 정세인식은 제3계의 정세인식임을 알 수
있다. 따라서 제4조에 설해진 출세의 행법은 제3계의 출세의 행법이라

---

39 『敦煌寶藏』22. 241上.

는 것이 된다.

　그러면 제3계의 출세의 행법에 대해서 구체적으로 검토하여 보자. 출세의 행법에 관한 4항 중 1과 2, 즉 자신의 악과 타자의 선의 인식에 철저한 것은 「아양승중간택인법瘂羊僧衆簡擇人法」 제2와 「불청설타인법장단不聽說他人法長短」 제15에서도 거론되어 있다. 이들 3군데의 문장은 약간 같지 않은 것이 있으나 기본적으로 글에 나타난 뜻(文面)은 거의 일치하고 있다. 동일한 내용의 동일한 문면文面으로 3군데에서 거론되고 있는 것은 이 문제를 두고서 다른 데에서는 볼 수 없다. 『제법』에 있어서 얼마나 이 문제가 중시되고 있는가가 엿보인다.

　그런데 이 문제는 삼계교의 다른 문헌에 있어서도 중시된 문제이다. 돈황『삼계』권2에는 이 문제에 관한 교증이 열거되어 있다. 주된 교증은 『열반경』권26 「고귀덕왕품高貴德王品」에 있어서 보살이 『열반경』을 수양할 때 얻을 수 있는 공덕 중의 직심直心에 관한 부분,[40] 『유마경維摩經』권하 「향적불품香積佛品」의 보살이 성취한 팔법八法의 하나인 "항상 자기의 잘못을 반성하고 남의 단점을 비난하지 않는다."[41]라고 하는 부분, 『법화경』권4 「법사품法師品」의 여래멸후에 『법화경』을 설한 자는 여래의 방에 들어가 여래의 옷을 입고, 여래의 자리에 앉아야 한다고 하여 방은 대자비大慈悲, 옷은 유화인욕柔和忍辱, 자리는 제법공諸法空이라고 설한 부분,[42] 『법화경』권5 「안락품행安樂行品」의 여래멸후의 말법 중에 『법화경』을 설하려고 하는 자는 안락행에 머물고

---

40 大正 12. 517下~519下.
41 大正 14. 553中.
42 大正 9. 31下~32上.

"타인의 호오장단好惡長短을 설하지 않는다."고 하는 부분,[43] 『법화경』권6 「상불경보살품常不輕菩薩品」의 위음왕여래威音王如來가 멸도 후, 정법멸후 상법 중에 상불경보살은 도속道俗에 대해서 선악을 불문하고, 장래 불佛이 될 것이라고 말하고 예배 찬탄했다고 하는 부분[44] 등이다. 이들의 교증은 보살의 실천으로서 설해진 군데가 많다고 하는 점, 『법화경』에서의 3개의 교증은 여래멸후에 있어서의 교증인 점 등이 주목된다.

그러면 삼계교에 있어서의 선과 악은 구체적으로 무엇을 의미하는 것인가. 선악의 규준은 어디에 설정되어 있는 것인가. 그것을 해결하는 열쇠를 교증의 제일에 열거되어 있는『열반경』권26의 직심의 부분에서 볼 수가 있다. 거기에는 다음과 같이 서술되어 있다.

菩薩摩訶薩雖見衆生諸惡過咎, 終不說之. 何以故, 恐生煩惱. 若生煩惱, 則墮惡趣. 如是菩薩若見衆生有少善事, 則讚歎之. 云何爲善, 所謂佛性. 讚佛性故, 令諸衆生發阿耨多羅三藐三菩提心.[45]
보살마하살菩薩摩訶薩은 중생의 모든 악과구惡過咎을 보아도 최후까지 그것을 말하지 않는다. 왜인가. 번뇌가 일어나는 것을 두려워하기 때문이다. 만약 번뇌가 일어나면 악취에 떨어진다. 이 보살은 중생에게 조금이라도 좋은 일(善事)이 있는 것을 보면 그것을 찬탄한다. 선이란 어떠한 것인가. 불성佛性이다. 불성을 찬탄하기

43 同. 37下~38上.
44 同. 50下.
45 大正 12. 517下~518上.

624

때문에 많은 중생으로 하여금 아뇩다라삼먁삼보리심을 발하도록
하는 것이다.

이것에 의하면 선을 불성이라고 규정하고 있는 것을 알 수 있다.
또 여기에 잇따른 부분에는 일천제의 문제가 논해져서 생득의 선법이
끊어진 자, 불성이 있는 것을 믿지 않는 자가 일천제라고 규정되어
있다. 따라서 선악의 규준이 불성을 둘러싸고 설정되어 있는 것을
알 수 있다. 불성의 문제를 중심으로 한 이러한『열반경』의 선악관을
삼계교는 채용하고, 그것을 축으로 삼계교의 선악관을 구성하고 있다
고 생각된다.

그렇다면 삼계교의 선악관은 어떠한 체계로서 정리되어 있는 것인
가. 이미 제4장에서 검토한 대로 그것은 보경普敬과 인악認惡의 사상에
서 볼 수가 있다. 보경과 인악의 사상은『대근기행법』에서는 제3계불법
의 중심적 과제로 제기되어 있다.[46] 보경은 ①여래장·불성·당래불·불
상불불법, ②보진보정불법, ③무명상불법, ④어성법중발단일체제
견근본불법於聖法中拔斷一切諸見根本佛法, ⑤실단일체제어언도불법悉
斷一切諸語言道佛法, ⑥1인1행불법 ⑦무인무행불법, ⑧오종불간진불
법의 8항목을 내용으로 하고, 한마디로 말하면 선善 인식의 체계적
파악이다. 인악은 ①기심전도상착류상행비방어其心顚倒常錯謬常行誹
謗語, ②선악양종전도善惡兩種顚倒, ③내외사종전도內外四種顚倒 등
12종의 전도로 제시되어, 그 하나하나는 또 몇 개인가의 전도로 성립되

제4장 제2절 「2. 제3계불법의 중심사상」 참조.

어 있고, 합하면 70 이상의 전도가 되는 악인식의 체계적 파악이다. 보경에 있어서 중심이 되는 것은 제1의 여래장불법이다. 여래장은 일체제불·보살·성문·연각 내지 육도중생 등의 체體이기 때문에, 일체 중생을 여래장·불성·당래불·불상불로 관하는 것이다. 그리하여 이 여래장 등의 사불四佛을 관觀하는 것을 자기와 타자와의 관계 중에서 어떻게 실천하여 가는가라고 하는 것이 제2 이하의 내용이라고 해도 좋을 것이다. 그리하여 그들 항목의 제6에는 『제법』에서 출세의 행법의 네 번째 자리행自利行 중에 1인과 1행이 열거되어 있는 것이 주목된다. 그 제6의 개소는 다음과 같다.

六者一人一行佛法. 一人者, 自身唯是惡人. 一行者, 如法華經說. 常不輕菩薩唯行一行, 於自身已外, 唯有敬作如來藏佛性當來佛佛想佛等, 故名一行.[47]
여섯째는 1인1행불법이다. 1인이라는 것은 자기만이 악인이라고 하는 것이다. 1행이라는 것은 『법화경』에 설한 바와 같다. 상불경 보살은 다만 (예배 찬탄의) 1행만을 행하고, 자기 이외에 대해서만 여래장·불성·당래불·불상불 등으로써 공경했으므로 1행이라고 한다.

이것에 의하면 『제법』에서 반복해서 설하고 있는 자기악과 타자선의 철저한 것은, 실은 1인1행불법이라고 하는 개념으로 규정되었던 내용

---

47 『敦煌寶藏』19. 524下.

인 것을 알 수 있다. 그리하여 1인에 있어서 관觀해야 하는 악의 내용의
상세함은 인악으로서 서술되어 있다. 그런데 보경 제7의 무인무행불법
에서는 언뜻 보면 1인1행불법의 내용에 반하는 것같이 기술되어 있다.
그 부분은 다음과 같다.

七者無人無行佛法. 自身及他一切衆生同是一如來藏, 無有別體,
故名無人無行佛法.[48]
일곱째는 무인무행불법이다. 자신도 남도 일체중생과 같은 여래
장이고 다른 체體는 있을 수 없으므로 (여래장 이외의) 사람이
없고 (여래장 이외의 사람에 의한) 행도 없는 불법이라고 한다.

이것에 의하면 자신도 체體로서는 여래장이라고 하는 것이다. 1인에
서는 자신은 악인이 되고 무인무행에서는 여래장이 되는 것이다. 대체
양자의 모순은 어떠한 견지에서 통일되는 것일까. 『대근기행법』 말미
에는 다음과 같은 흥미진진한 문답이 열거되어 있다.

問曰. 敬他身善, 得自見善不. 見自身惡, 得見他惡不. 答曰. 不合.
以自他相對故. 由見自惡徹, 卽見他善徹. 若自他俱見善, 卽自見
惡不徹. 若自他俱見惡, 卽敬他善不徹. 譬如兩國共戰必須別, 自
國軍衆着黃, 他國軍衆着赤. 由國國軍衆別有記識, 鬪戰用力卽
齊, 可有勝劣. 若兩國軍衆其相一種不別, 自許軍衆衣半黃半赤,

---

48 同上.

他國軍衆衣亦半黃半赤, 卽不任鬪戰. 何以故, 彼此相同故.[49]

묻는다. 남의 선을 공경하는 것이라면, 자신에게 선을 볼 수가 있는 것인가. 자신의 악을 보는 것이라면, 남에게서 악을 볼 수 있는 것인가. 답한다. 그렇지는 않다. 자신과 남은 상대하는 것이므로 자신에게서 악을 보는 것이 철저하면 남에게 선을 보는 것이 철저하다. 자타가 모두 선을 보면, 자기에게 악을 보는 것이 철저하지 않다. 자타가 함께 악을 보면 남의 선을 공경하는 것이 철저하지 않다. 예를 들면 양국이 서로 전쟁을 하면 반드시 구별하여 자국의 군대는 황색 옷을 입고, 타국의 군대는 적색 옷을 입는 것이다. 나라마다 군대에 다른 표식이 있으므로 전투에서 병력을 사용하면 즉시 모든 이기고 지는 것이 나타나는 것이다. 양국의 군대가 서로 모습을 같게 해서 구별하지 못하도록 자국의 군대도 반황半黃 반적半赤의 옷을 입고 타국의 군대도 또한 반황 반적의 옷을 입으면 전투가 되지 않는다. 왜인가. 피차 모두 같기 때문이다.

질문자가 논리적인 가능성을 묻고 있는 것에 대해서, 답변자가 전투라고 하는 실천적인 예를 사용하고 있는 것에서도 명확하게 드러나듯이, 자기악과 타자선의 인식에 철저한 것을 극히 실천적인 관점에서 포착하고 있는 것을 엿볼 수 있다. 이 문답을 통해서 1인과 무인無人의 모순에 대하여 고찰하면, 본질적으로는 자기에게도 여래장은 존재하

---

[49] 同. 538上.

는 것이 인정되는 것이고, 그것이 무인무행불법이라고 자리매김 되고 있다. 그러나 실천적인 관점에서 보면 자기에게 있어서는 악을 인정하는 것밖에 없어야 한다. 이것이 1인인 것이다. 이렇게 보면 삼계교의 선악관은 단순한 논리적인 수준으로서 처리되고 있는 것은 아니고, 바로 출세의 행법으로서 실천의 중심과제에 자리 잡은 문제였던 것이고, 그러기 위해서는 자타의 구별을 어떻게 해서든 명확하게 할 필요가 있었다고 할 수 있다. 더 덧붙인다면 이러한 실천적인 선악관을 근저에서 떠받치고 있는 것은 제3계인에 대한 능력인식일 것이다. 불멸도후의 악세계·악시·악중생이라고 하는 정세 속에서 공적空的인 견해와 유적有的인 견해에 사로잡힌 사견의 중생이 스스로의 인식능력 그대로 인식하면 모두 전도된 인식이 되지 않을 수 없는 것이다. 그것을 회피하는 실천적 방법이 1인1행불법이었다고 할 수 있다.

다음, 출세의 행법의 제4인 자리행自利行에 대해서 조금 언급해 두고자 한다. 제4 자리행으로서 열거되고 있는 ①1인一人, ②1행一行, ③1경계一境界, ④1상속一相續, ⑤1신업一身業, ⑥1구업一口業, ⑦1의업一意業의 7가지는 『대근기행법』에서도 제3계가 배워야 할 불법으로서 열거되어 있고, 이 불법을 배우지 않고서 제1계와 제2계의 정견인正見人의 불법을 배우면 근기에 적합한 불법이 아니기 때문에 사착邪錯을 증폭시켜 무궁무진하게 아비지옥 등의 업을 짓게 되어, 무간無間의 고苦를 받는다고 되어 있다.[50] 『대근기행법』에서도 이 7가지 불법의 상세한 설명을 덧붙이고 있지 않지만, 제3계 출세의 행법에 있어서는

---

50 同. 519下.

"다多"가 아니고 "일—"이 중시되고, "이타利他"가 아니고 "자리自利"가 중시되어 있는 것은 명백하다. 그러면 제3계에서는 어찌하여 "일—" 혹은 "자리自利"에 불법이 수렴하고 있지 않으면 안 되는 것일까. 돈황 『삼계』권2에서는, 1인1행불법에 대해서 다음과 같이 서술하고 있다.

由凡夫從無始世界已來, 心常散亂, 若學一行, 能得相續, 若學多行, 不能得相續, 所以人行不得相並.[51]

범부는 무시세계이래, 마음이 항상 산란해 있다. 1행을 배우는 경우에는 상속할 수 있지만, 많은 행을 배우는 경우에는 상속할 수 없다. 그렇기 때문에 사람은 행을 병행해서는 안 된다.

이것에 의하면, 범부의 마음이 산란해 있기 때문에 많은 행을 행하는 것은 불가능하다고 판단하고 있는 것을 알 수 있다. 또 『대근기행법』에서는 자리와 이타에 관한 문답을 덧붙여서, 기와는 굽지 않은 것으로 지붕을 덮으면 비가 내릴 때 망가져 버리지만, 충분히 구워진 것은 망가지지 않는다고 하는 비유를 사용해서 자리와 이타를 설명하고, 이어서 다음과 같이 서술하고 있다.

下根衆生亦復如是. 未得出世, 自是凡夫, 具有煩惱. 若欲利生, 不免還從緣起惡, 未得法忍已來, 唯學自利, 不學利他, 得法忍已去, 緣不能轉, 欲利他者, 不在其限.[52]

---

51 『敦煌寶藏』22. 237下.

52 『敦煌寶藏』19. 537下.

하근下根의 중생도 또한 같다. 아직 출세간에 이르지 않았다면, 자신은 범부이고 고스란히 번뇌를 지니고 있다. 만약 중생을 구하려고 하면, 역으로 연에 따라서 악을 일으키는 것을 피할 수 없다. 아직 법인法忍을 얻지 못했다면, 다만 자리自利만을 배우고 이타를 배워서는 안 된다. 법인을 얻은 이후에는 연이 (악으로) 바뀌는 것은 불가능하므로 이타를 바라는 경우는 이 범위에 들지 않는다.

이것에 의하면, 하근의 범부는 능력적으로 이타가 이타로서 성립할 수 없으므로 자리自利에 철저해야 한다고 설하고 있는 것을 알 수 있다.

『제법』의 출세의 행법은 글 첫머리에서 악세계·악시·악중생이라고 하는 정세인식을 명확하게 제시하고, 그러한 정세에 적합한 행법을 수행했던 경우에 한해서 비로소 출세할 수 있다고 설하고 있다. 그 지적대로 개개의 행법은 어느 것이나 제3계의 능력에 기초하여 제기된 것이 확인된다.

4) 『제법』의 선지식관과 동행 사상

출세의 행법에 이어서 선지식에 관한 것이 기술되어 있다. 「학제불보살구선지식도중생법學諸佛菩薩求善知識度衆生法」 제5에는 다음과 같이 기술되어 있다.

一, 求善知識度衆生, 唯有常與衆生同行. 第一常隨喜. 第二常見. 第三常聞. 第四常求. 第五, 一者與衆生八戒行等同行, 一日一夜

身口意等一切不相捨離， 二者與衆生五戒二百五十戒行等同行，
盡形身口意等一切不相捨離，三者與衆生菩薩戒行等同行，乃至
成佛三大阿僧祇劫身口等一切不相捨離. 如學持戒同行旣爾, 乃
至學余一切行同行亦如是, 類以可知. 唯除同行衆法治罰使喚處
別不同者, 不在其限.[53]

一. 선지식을 구하고 중생을 제도함에는 다만 중생과 동행하라.
제1은 상수희常隨喜, 제2는 상견常見, 제3은 상문常聞, 제4는 상구
常求이다. 제5에서, 첫째는 중생과 8계행 등을 동행하고 하루
낮 하루 밤 동안 신구의身口意 등 일체상사리一切相捨離하지 않고,
둘째는 중생과 5계 250계행 등을 동행하고 형형形形을 다할 때까지
신구의 등 일체상사리하지 않고, 셋째는 중생과 보살계행 등을
동행하고 성불에 이르기까지 삼대아승지겁三大阿僧祇劫, 신구의
등 일체상사리하지 않는다. 지계持戒의 동행을 배우는 것은 이상과
같이 한다. 나머지 일체의 동행을 배우는 것도 또한 같다. 예에
따라서 알라. 다만 동행하는 중법衆法의 다스리는 벌과 사환使喚의
장소가 같지 않은 점은 (동행의) 예외로 한다.

삼계교가 받아들인 선지식은 어떠한 구체적인 실천을 하는 사람들인
가 하는 점에 대해서는, 이미 본 항의 위에서 해명했고, 『제법』의
아양승상과 『대근기행법』 등에 설해진 선지식상이 일치하는 것을
지적하였다. 한편 이 조항에서 제기되어 있는 수행의 방식과 관련된

---

53 『敦煌寶藏』124. 467下~468上.

선지식관이고, 동행의 사상이 그 중심을 이루고 있다. 동시대의 지의智顗도 3종의 선지식의 하나로서 동행을 들고 있지만,[54] 그것은 어디까지나 외호外護, 교수敎授와 병설並說된 선지식이다. 3종의 균형이 유지되고 있는 곳에서 매우 지의智顗다운 논리 구성을 볼 수 있는 것에 대해서, 여기서 설해진 선지식관은 동행의 한 점에 집약되고 있는 곳에 특징이 있다. 그리하여 구체적으로는 ① 상수희常隨喜, ② 상견常見, ③ 상문常聞, ④ 상구常求, ⑤ 동행同行의 5가지 점이 열거되고 있다.

실은 『제법』과 삼계교의 제 문헌을 비교하고 있는 중에서 흥미진진한 것으로 이 제5조의 문장은 일본 『삼계』권4말의 문장[55]과 거의 일치하고 있는 것이 밝혀졌다. 즉 『삼계』에서는 이 문장의 모두에 "우명又明"의 문자가 있고 "선지식"과 "중생"이라는 말(합계 6군데)의 앞에 "일체"라고 하는 문자가 있고 또 "제5第五"의 "일자一者", "이자二者", "삼자三者"의 말 뒤에 "명明"의 문자가 덧붙여져 있지만 그 밖의 부분은 완전히 일치한다. 이 점은 『제법』이 삼계교 문헌이라는 것의 유력한 근거가 될 수 있는 것이다. 일본 『삼계』의 홍성사본興聖寺本의 말미에는 "대수개황12년大隋開皇十二年 재경사진적사찬在京師眞寂寺撰,"[56]이라고 되어 있다.[57] 신행이 장안에 들어와서 진적사에 살기 시작한 것은 589년이고, 55세에

---

54 『摩訶止觀』권4下, 大正 46. 43上~中.

55 矢吹 『研究』別篇 414~415쪽.

56 同. 415쪽.

57 矢吹는 성어장본聖語藏本을 저본으로 하고 있다. 성어장본과 홍성사본은 분권分卷을 달리 한다. 선지식에 관한 이 일부분은 성어장본에서는 권4(最終卷)의 말에, 홍성사본에서는 권5(最終本)의 말에 있다. 다만 이 지어識語는 홍성사본에서만 발견된다.

진적사에서 입적한 것이 594년이니까, 이 글이 신뢰할 수 있다면 개황 12년(592)에 저술된 『삼계』는 진적사시대의 대표적인 저작이라고 하는 것이 된다.[58] 일본 『삼계』가 신행의 만년의 저작이고, 진적사에 살기 시작하여 3년 정도 뒤의 저작이라고 하면, 그 이전에 사원 규율인 『제법』이 제정되어 있었다고 하는 쪽이 자연스럽지 않을까 하고 생각된다. 또 양자의 일치하는 문장이 규율에 어울리는 문체인 것도 일본 『삼계』가 『제법』의 일부분을 인용했던 것의 방증이 될 수 있다.

그러면 동행선지식同行善知識을 구하는 것은 신행에게 있어서 어떠한 의미를 가지고 있었던 것일까. 주지사에게의 상주문上奏文 등이 수록된 『신행유문信行遺文』이라고 가제假題가 붙여진 문헌에는 다음과 같이 설해져 있다.

開皇七年正月十日, 相州光嚴寺沙門信行, 白州知事檀越. 信少小患心勞損, 由是不堪坐禪, 亦不堪講誦. 自從十七以來求善知識, 至今四十八歲, 積滿三十二年, 唯得相州光嚴寺僧慧定, 相州嚴淨寺僧道進, 魏州貴鄉縣党孫浪彪下王善行, 趙州瘻陶縣党王鳳邑下王善性等四人.[59]

개황 7년 정월, 상주 광엄사 사문 신행은 주지사인 단월檀越에게 말씀 올립니다. 저 신행은 어렸을 때 병에 걸려 마음이 매우 약해져 있었습니다. 그래서 좌선하는 것이 불가능하며 독송하는 것도 가능하지 않았습니다. 17세 때부터 선지식을 계속 구하며, 48세인

---

58 제3장 제3절 「2. 『삼계불법』」참조.
59 『敦煌寶藏』16. 453下.

지금에 이르기까지 만 32년을 하루하루 지내면서 다만 상주 광엄사의 승僧 혜정慧定, 상주 엄정사의 승僧 도진道進, 위주魏州 귀향현貴鄉縣의 당손党孫 양표浪彪의 속인俗人 왕선행王善行, 조주趙州 영도현癭陶縣의 당왕党王 봉옹鳳邕의 속인 왕선성王善性 등의 4인을 얻었을 뿐입니다.

이 개황 7년(587) 주지사에게 아뢴 상주문에 의하면 17세에서 48세까지 선지식을 계속 구해서 겨우 4인의 선지식을 얻었다고 서술하고 있다. 신행이 얼마나 선지식 구하는 것을 중시했던가를 엿볼 수 있는 일부분이다. 이 4인의 이름은 이미 개황 3년(583), 44세 때의 상주문에서도 상락아정행능행인常樂我淨行能行人으로서 열거하고 있다. 이때의 상주문에는 왕선성의 연령은 아직 19세이고, 왕선행과 왕선성은 속인이었던 점이 주목된다. 확실히 신행에 의해서 선지식은 도속과 연령에 관계없이 불도를 함께 수행하는 사람들에 다름이 아니었다. 게다가 진짜로 선지식이라 부를 수 있는 자는 48세에 이른 인생 중에서도 수가 적었던 것을 알 수 있다.[60] 게다가 『신행유문』 중의 개황 3년의 상주문에는 다음과 같은 문장이 있다.

明常樂我淨行度衆生淺深義者, 於內有五段. 一者明於十六行同
行人, 得十六種常樂我淨果. 二者明於十六行生 (隨喜人, 得[61])

---

60 『信行遺文』의 내용 등에서 판단하면, 상주相州시대에 삼계교의 교의는 거의 정비되어 있었다고 생각되지만, 동행집단의 규모는 상주시대에는 그다지 크지 않았던 것으로 예상된다.

十六種常樂我淨果. 三者明見十六人, 得十六種常樂我淨果. 四者
明聞行十六行人, 得十六種常樂我淨果. 五者明受供養人, 得十六
種常樂我淨果.[62]

상락아정의 행이 중생을 구하는 것의 심천의 뜻을 밝히는 것은
그중에 5단이 있다. 첫째, 16행에 동행하는 사람은 16종 상락아정
의 과果를 얻는다. 둘째, 16행에 수희隨喜를 일으키는 사람은
16종 상락아정의 과를 얻는다. 셋째, 16(행)을 행하는 것을 보는
사람은 16종의 상락아정의 과를 얻는다. 넷째, 16행을 행하는
것을 듣는 사람은 16종의 상락아정의 과를 얻는다. 다섯째, 공양을
받는 사람은 16종 상락아정의 과를 얻는다.

이것에 의하면 16행[63]의 동행인, 수희인隨喜人, 견행인見行人, 문행인

---

61 「隨喜人得」의 4문자는 결락하여 판독불능이지만, 전후의 문장표현 및 『無盡藏法
略說』(S190, 『敦煌寶藏』2. 189下)을 참조하여 추정하였다. S190은 자일스 목록에서
는 7세기의 사본으로 추정하고 있다. 또 『信行遺文』은 6세기말의 사본으로 추정하
고 있는데, 그 일부에 『無盡藏法略說』의 최종의 부분이 서사되어 있다. 따라서
『無盡藏法略說』도 신행의 진찬眞撰으로 보아도 틀림이 없다. 글 중에 "明所度衆生
得益淺深者, 位判有五. 一者同行人, 得十六法無盡. 二者隨喜人, 得十六法無盡.
三者見人, 得十六法無盡. 四者聞人, 得十六法無盡, 五者受供養人, 得十六法無盡"
이라고 적혀 있고, 『信行遺文』과 내용이 일치하고 있다.

62 『敦煌寶藏』16. 452下.

63 16종의 상락아정무진장행常樂我淨無盡藏行이란, 삼계교의 무진장사상을 생각하는
데 빼놓을 수 없는 개념이다. 무진장의 실천항목을 16종 열거한 것이고, 구체적으
로는 (1)~(4) 불(佛: 禮佛)·법(法: 轉經)·승僧·중생의 공양, (5) 이악離惡, (6) 수선修
善(12두타), (7)~(16) 음식·식기·의복·방사房舍·상좌床坐·연등촉燃燈燭·종령鐘

聞行人, 수공양인受供養人의 5종이 상락아정의 과를 얻는다고 되어 있다. 『제법』의 내용과 비교해 보면, 상구常求와 수공양受供養이 상위하지만 동행·수희·견見·문聞이 일치하고 있는 것을 알 수 있다. 따라서 『제법』에서 설해진 동행관同行觀은 583년의 시점에서는 이미 형성되었던 것을 알 수 있다.

그러면 이러한 선지식관 혹은 동행관은 어떠한 경론에 의거하여 형성되었던 것인가. 일본 『삼계』권4의 선지식에 관한 문장에 이어진 곳에는 다음과 같이 서술되어 있다.

又明, 常與一切衆生同行一切五戒, 因淺深分齊, 階別不同, 如大方廣佛華嚴經賢首菩薩品明得見一切諸佛菩薩光明所由義內說. 又明, 常與一切衆生同行, 乃至成佛, 三大阿僧祇劫, 身口意等一切不相捨離多少淺深寬狹長短分齊, 文義具足, 如大方廣佛華嚴經十地品初地十大願第八願內說.[64]

또 밝힌다. 항상 일체중생과 일체의 5계(등)를 동행하는 것은 인因의 심천이 구별되기 때문에 계階도 다름으로써 같지 않다. 『대방광불화엄경大方廣佛華嚴經』「현수보살품賢首菩薩品」의 일체제불보살의 광명을 보는 것이 가능한 이유를 밝히는 가운데 설해진 것과 같다. 또 밝힌다. 항상 일체중생과 동행하고, 성불에 이르기까지 삼대아승기겁三大阿僧祇劫, 신구의身口意 등 일체 사리捨離하지 않는 것의 다소多少, 천심淺深, 관협寬狹, 장단長短의

鈴·향·시탄柴炭·세욕洗浴의 보시의 16항을 말한다.

64 矢吹『硏究』別篇 415쪽.

분별에 관해서 문의文義가 갖추어져 있는 것은 『대방광불화엄경』 「십지품十地品」의 초지初地 10대원十大願의 제8원願으로서 설해진 부분이다.

이것에 의하면 동행의 사상은 『화엄경』 「현수보살품」의 일체제불보살의 광명을 본다고 하는 부분과 「십지품」의 초지 10대원의 제8원이 영향을 주었을 것이라는 것을 알 수 있다. 우선 「현수보살품」의 해당 부분을 들면 다음과 같다.

隨其本行得光明, 宿世同行有緣者. 如其所應放光明, 是名大仙智自在. 所修行業有同者, 及行隨喜功德分, 聞見菩薩淸淨行, 彼人得見此光明, 若修無量諸功德, 恭敬供養無數佛, 心常樂求無上道, 彼人覺悟是光明.[65]

본행에 의해서 광명을 얻은 것은 숙세에 동행한 유연有緣의 자이다. 구하니 응해서 광명을 발하니, 그것을 대선지자재大仙智自在라고 한다. 수행한 행업이 같은 자로, 수회공덕분隨喜功德分을 행하고, 보살의 청정행을 견문한 그러한 사람은 이 광명을 보는 것이 가능하다. 만약 무량의 공덕을 닦고, 무수의 불佛을 공경하고 공양하며, 마음에 항상 무상도를 원하여 구하면, 그 사람은 그 광명을 깨달을 수 있을 것이다.

---

65 大正 9. 438上.

이 경문에 의하면, 광명을 보는 것이 가능한 자는 혹은 깨닫는 것이
가능한 자로서 삼계교 문헌에서 열거하고 있는 동행, 수희, 문문聞,
견見, 공양, 희구가 모두 포함되어 있는 것을 알 수 있다. 따라서
삼계교의 동행관은 이『화엄경』「현수품賢首品」에 크게 의거하여 형성
되어 있는 것을 알 수 있다. 더욱이 「십지품」의 해당부분에는 다음과
같이 서술되어 있다.

一切菩薩, 同心同學, 共集諸善, 無有怨嫉, 同一境界, 等心和合,
常不相離, 隨其所應, 能現佛身, 自於心中, 悉能解知, 諸佛境界神
通智力, 常得隨意神通, 悉能遊行一切國土, 一切佛會皆現身相,
一切生處普生其中. 有如是不可思議大智慧, 具足菩薩行.[66]
일체의 보살이 마음을 같이 하고 배움을 같이 하여 함께 선근을
쌓고, 원망과 질투가 없고, 동일한 경계에 있고, 마음을 한결같게
화합하고, 서로 항상 떠나지 않고, 응함에 따라서 불신佛身을
나타내고, 마음속에 제불의 경계인 신통과 지력을 모두 깨닫고,
항상 마음대로 신통을 얻어서 일체의 국토에 자유롭게 가고 일체의
불회佛會에 출석하고, 일체의 탄생 중에 생을 얻는, 이러한 불가사
의의 큰 지혜를 가지고 보살행을 구족하도록 한다.

이 부분은 보살의 서원으로서 「현수품」에 비하면 훨씬 긴 기간의
동행이 설해져 있다. 『제법』의 글에는, 제5조의 동행중에 세 번째,

---

66 同. 545下.

보살계행을 설한 부분의 교증이 여기에 해당된다고 생각할 수 있다. 이들 교증으로부터 삼계교의 동행의 사상은 『화엄경』의 사상에 의거한 것이라고 할 수 있을 것이다. 또 제5조에는 구체적으로는 계에 관한 동행이 거론되고 있는데 나머지 행의 동행도 같다고 서술되어 있으므로, 대강 모든 실천은 모름지기 동행해야만 한다고 생각되었던 것임을 알 수 있다.

그러면 삼계교에 있어서 동행의 사상은 무슨 이유로 중시되었던 것일까. 즉 왜 개인의 수행이 아니고, 공동으로 수행하지 않으면 안 되었던 것일까. 『신행유문』에는 임의가 아니고 동행이어야 한다고 하여, 그 이유를 "말세의 범부, 게으른 자는 많고, 정진하는 자는 적다."[67] 고 말하고 있다. 이것에 의하면 개개인이 따로따로 수행하면 게으름을 피우는 자가 많으므로, 공동으로 수행하는 것을 중시했던 것을 알 수 있다. 그러한 경향은 말세의 범부, 즉 제3계인의 본질적인 특징이었다. 따라서 삼계교에 있어서 동행의 사상은 단지 교증이 있음으로써 주장되는 것만은 아니고, 제3계인인 이상 수행의 성패를 좌우하는 극히 본질적인 문제로서 자리매김 되어 있던 것을 알 수 있다.

5) 요약

본 항의 목표는 『제법』 1권의 문헌적 성격을 확정하는 것이었다. 『제법』이 삼계교 문헌이 아닐까라고 하는 가설을 설정하고, 총론 부분에 해당하는 제1조에서 제5조까지의 부분을 삼계교 제 문헌의 내용과

---

67 『敦煌寶藏』16. 453上~下.

640

비교하면서 검토해 보았다. 그 결과 『제법』이 삼계교의 교단규율인 것이 명백해졌다고 생각한다. 그래서 새삼스럽게 삼계교 규율로서의 『제법』의 특징을 제1조에서 제5조까지의 총론 부분을 중심으로 정리해 두고자 한다.

①삼계교의 실천주체는 아양승이라고 불리는 최둔근最鈍根의 승려라고 하는 점이다. 본래 아양승은 사승四僧 중에서 제일의승, 정승보다 열등한 마이너스의 평가가 내려져도 마땅한 존재이다. 그런데 최둔근의 아양승이라든가 공견유견 이근의 무참무괴승밖에 존재할 수 없는 제3계에 있어서는 무참무괴승과 정반대에 위치하는 이상적 승려상으로서 주된 지위가 주어지기에 이르렀다. 전도성을 회피할 수 없는 제3계에서는 전도성의 발휘라고 하는 점에 있어서 속도가 둔한 아양승이 상대적 우위를 얻었던 것이다.

②삼계교는 법의 사의四依를 의지처로서 내세우고 있다는 점이다. 그 배경에는 경문의 해석, 강설에 힘쓰는 것이 불교의 중심적 실천인 것처럼 받아들였던 남북조시대의 불교계의 풍조가 있었던 것으로 생각된다. 이러한 풍조는 위경에서 엄격하게 고발되고, 『최묘승정경最妙勝定經』과 같은 문자 그대로 선정을 최승으로 하는 위경도 작성되었다. 삼계교도 위경 작자들의 현상비판을 계승하여 사의四依에 의거한 실천을 제창했던 것이다. 예를 들면 삼계교 문헌에 있어서 경문과 인어(사람의 말)를 엄밀히 구별하는 저술태도는 사의四依의 교설의 삼계교적 구체화의 방법이었다고 할 수 있을 것이다.

③삼계교가 출세를 위해서 필요로 했던 행법은 악세계·악시·악중생이라고 하는 정세인식에 근거하여 제기되고 있다는 점이다. 자기악自

己惡과 타자선他者善의 인식에 철저할 것, 다행多行을 거절하고 일행에 전념할 것, 이타행을 폐지하고 자리행에 매진할 것 등 모두가 삼계교의 능력인식에 깊이 관련되어 도출되었던 행법인 것이 확인되었다.

④ 삼계교의 선지식관은 동행선지식의 한 점에 집약되어 있다고 하는 점이다. 『신행유문』에 따르면, 17세부터 48세까지 선지식을 계속 구하여 겨우 4인을 얻었다고 하는 신행의 고백은 삼계교에 있어서 선지식을 구하는 것의 의미를 시사해주는 것이다. 삼계교의 동행의 사상은 『화엄경』의 「현수품」과 「십지품」의 동행사상에 근거하고 있는 데, 별행別行은 아니고 동행이 요구된 것은 게으른 사람이 많기 때문에 별행으로는 정진할 수 없다고 하는 제3계인의 능력에 대한 평가에 의한 것이었다고 할 수 있다.

3. 규율의 개관

제2항에서 『제법』의 20조문 가운데서 총론 부분에 해당하는 제1조에서 제5조의 내용을 검토하는 것에 의해, 이 문헌이 삼계교의 교단규율인 것을 거의 확정하였다. 본 항에서는 각론부분에 해당하는 제6조에서 제20조까지의 규율의 내용을 번역하여 소개하고, 삼계교의 교단규율의 구체적인 특징을 명확하게 하고자 한다. (각 조목의 뒤의 숫자는 P2849의 번각翻刻에 있어서 표시한 행의 수이다.)

坐禪, 第六(65~114)

一, 惡世界佛滅度後, 一切惡出家人, 唯以坐禪爲本. 其依衆坐禪

642

觀佛者, 莫問四時春秋冬夏, 常須依衆. 唯除迦提一月乞求, 不在
其限. 又末世惡時, 共聚行道者, 必須三業常同, 不相捨離. 不得數
向生緣, 或遊聚落, 或還本寺. 逕年積月, 數來數去, 自由自用者,
不合依衆. 唯除病患佛法僧事及大因緣諮衆主及白大衆聽去來
者, 不在其限. 又當坐時內, 不得着五條倚壁及簾障等. 其有犯者,
罰禮一百拜. 常令燃明照曜. 出定入定, 守更人鳴鐘, 以候時節.
當坐時內, 仰守更人檢察. 若有睡者, 以禪拂付之. 其犯者, 得拂,
對衆立揖, 轉伺睡人. 其有睡⁶⁸相不虛者, 依式付拂, 以得爲限. 如
有不肯受拂者, 不須更付, 任令消息. 唯除對衆懺謝, 自調自伏,
求還受拂者, 得更付之. 又行拂人等, 必須慈心相敬, 祥審順法,
見有睡相者, 漸漸近之, 以慈濡聲喚之令起, 或以拂輕触, 得覺便
罷. 不得恣情唐突, 輕相打撲, 或振拂出聲, 驚動前人, 或以拂絞項
而作戲弄. 如有違者, 罰禮一百拜. 又消息堂內, 夜須燃燈. 如有如
無, 勿使太明. 其消息者, 莫問盡⁶⁹夜, 一切不得簾障. 唯除病患簾
障者, 不在其限. 又沙彌出宿者, 仰同一處, 消息亦使徹有燈明,
勿令闇臥. 或一二沙彌別處共宿, 爲人所怪者, 一切不合. 又佛滅
度後凡夫, 惡時惡世界惡衆生, 根機不同, 或上或次, 或最下下.
根旣差別, 觀行亦異. 上根者, 得在靜室端坐, 閉目用心, 作無相三
昧觀. 何以故, 由上根故. 義當過去已有用心觀無相三昧因故. 用
心觀佛過去眞身. 何以故, 由上根故. 義當過去已有用心觀佛眞身
因故. 以果驗因說, 由睡最少故. 次根者, 亦得在靜室端坐閉目,

---

68 "睡"의 다음 문자 "者"는 연자衍字로서 삭제.
69 "盡"(舊字 "盡")은 "晝"(舊字 "晝")의 오자일 것이다.

用心觀現在形像佛從少至多. 何以故, 由次根故, 義當過去已有用
心觀形像因故. 以果驗因說, 由睡次少故. 最下下根者, 唯得行,
唯得立, 唯得擧頭開目用⁷⁰眼觀現在形像佛, 不得低頭不得閉目.
唯除行立極疲懈者, 得暫在明處人眼見處坐, 亦須擧頭開目, 不得
低頭閉目. 何以故, 由最下下根故. 義當過去未有用心觀形像佛因
故. 唯有用眼識見形像因故, 以果驗因說. 但使有低頭閉目者, 莫
問睡與不睡, 卽宜付拂点記. 立觀佛者不得撓脚. 若有犯者, 罰禮
一百拜. 其行道者, 必須詳審尊卑相敬, 不得衆內疾疾而行, 濫上
突下, 或復太遲, 當道立住, 迭相妨亂, 一切不合. 有如此者, 莫問
大小, 皆須人人記之, 若問卽答. 唯除出堂在外行道者遲疾任意,
不在其限. 其坐立觀佛者, 仰在前行, 開其後路, 以擬行道. 若故違
者, 罰禮一百拜.

一. 악세계의 불멸도 후의 일체의 악출가인은, 다만 좌선을 가지고
근본으로 삼는다. 무리를 따라서 좌선, 관불觀佛하는 자는 사시춘
하추동四時春秋冬夏을 불문하고 항상 무리를 따라야 한다. 다만
가제迦提의 1개월간에 걸식하는 경우는 여기에 해당하지 않는다.
또 말세의 악시에 함께 모여서 도를 수행하는 자는 삼업을 항상
같이 하여 서로 버리고 떠나지 않도록 해야 한다. 자주 생연生緣으
로 마주하고, 혹은 취락에 놀러가고 혹은 본사本寺로 돌아와서는
안 된다. 세월을 거듭하여 자주 나갔다 들어오고 자유로운 기분대
로 하는 자는 무리를 따라서는 안 된다. 다만 병, 불법승의 행사,

---

⁷⁰ "用"의 다음 문자 "心"은 연자衍字로서 삭제.

대인연大因緣으로 중주衆主와 상의한 경우, 대중에서 거래를 들은 경우에는 여기에 해당하지 않는다. 또 좌선을 하는 때에는 오조를 착용하고 벽壁과 발이나 휘장 등에 기대거나 하여서는 안 된다. 이를 어긴 자가 있으면 벌로 예를 백배百拜 해야 한다. 항상 등명을 밝혀 둔다. 출정出定, 입정入定은 수경인守更人이 종을 울릴 때까지 시절을 기다린다. 좌선을 하는 때에는 수경인의 검찰檢察을 받든다. 만약 잠든 자가 있으면 선불禪拂을 가지고 사람에게 붙여라. 범한 자는 불拂을 얻고, 대중에 대하여 서서 사의辭儀를 하고, 대신 다른 자는 사람을 찾는다. 자고 있는 사람의 모습이 확실한 자에 대해서 규칙에 의해서 불拂을 붙일 때까지의 사이를 기한이라고 해야 한다. 만약 불拂을 받을 것을 승낙하지 않는 자가 있으면 거듭 붙일 필요는 없고 원하는 대로 소식消息시킨다. 다만 대중에 대해서 참회하여 사죄하고, 자조자복自調自伏하고, 함께 돌아오는 것을 구하여 불拂을 받은 자에 대해서 다시 붙인다고 하는 경우는 예외로 한다. 또 불拂을 행하는 사람 등은 반드시 자비의 마음에서 서로 공경하고 자세하게 조사해서 법에 따르며 자고 있는 자를 찾아내면(발견하면) 점점 가까이 가서 자애로움에 가득 찬 소리로 불러서 잠에서 깨우고 혹은 불拂로 가볍게 대고 잠에서 깨면 그만 그친다. 정겹게 갑자기 가볍게 두드리든가 불拂을 흔들어서 소리를 내어 앞의 사람을 놀라게 하든가 불拂을 가지고 목덜미를 조르고 논다든지 하지 않는다. 만약 위반한 자가 있으면 벌로 예를 백배 해야 한다. 또 소식당내消息堂內에서는 밤에는 등화를 켜두어야 한다. 있는 듯 없는 것같이 하고 밝게 불을 켜지 않는다. 소식消息은 주야를 불문하고 일체 발이나 휘장을 설치해서는 안 된다. 다만 병이 나서 발이나 휘장을 설치하는 경우는 여기에 해당하지 않는다. 또 사미가 외박하는 경우에는 동일 장소에 의탁하고 소식하는 때에도 희미하게 등을 켜서 아주 어두운 속에서 자게 해서는 안 된다. 1, 2의 사미가 별처別處에서 함께 숙박하는 경우에는 남에게 의심 받을 일은 일체하지 않아야 된다. 또 불멸도 후에 범부, 악시, 악세계의 악중생은 근기가 같지는 않다. 어떤 이는 상근上根, 어떤 이는 차근次根, 어떤 이는 최하의 하근下根이다. 근기의 차별이 있기 때문에 관행觀行도 또한 다르다. 상근자는 조용한 방에 단정히 앉아 눈을 감고 마음으로 무상삼매를 관해야 한다. 왜냐하면 상근이기 때문이다. 그 의미하는 바는 과거에 이미 마음에 무상을 관했던 삼매三昧의 인因이 있기 때문이다. 또 마음으로 과거의 진신眞身을 관불觀佛해야 한다. 왜냐하면 상근이기 때문이다. 그 의미하는 바는 과거에 이미 마음으로 불佛의 진신을 관했다고 하는 인因이 있기 때문이다. 과果를 가지고 인因을 조사해서 말한다면, 수면이 최소이기 때문이다. 차근의 자도 역시 조용한 방에서 단정하게 앉아 눈을 감고 마음으로 현재의 형상불形像佛을 적음에서부터 많음에 이를 때까지 관해야 한다. 왜냐하면 차근이기 때문이다. 그 의미하는 바는 과거에 이미 마음으로 형상을 관한 인이 있기 때문이다. 과를 가지고 인을 조사해서 말한다면 수면이 다음으로 적기 때문이다. 최하하의 자는 걷거나 선 채로의 상태에서 머리를 들고 눈을 뜨고 눈으로 현재의 형상불을 관해야 한다. 머리를 숙이거나 눈을 감아서는 안 된다. 다만 서 있어서

극히 피곤한 자가 잠깐 동안 밝고 사람이 보이는 곳에서 앉는 경우는 예외로 하지만 역시 머리를 들고 눈을 뜨고 있어야 하고, 머리를 숙이거나 눈을 감거나 하면 안 된다. 왜냐하면 최하하근이기 때문이다. 그 의미하는 바는 과거에 마음으로 형상불을 관했던 인因이 없고, 다만 눈으로 형상불을 본 인因만 있기 때문이다. 과를 가지고 인因을 조사해서 설한 것이다. 만약 머리를 숙이고 눈을 감는 자가 있으면 졸고 있는가, 졸고 있지 않는가를 묻지 말고, 부불付拂해서 점기点記해야 한다. 서서 관불하는 자는 다리를 굽혀서는 안 된다. 만약 어기는 자가 있으면 벌로 예를 백배 해야 한다. 행도行道하는 자는 소상히 살펴 존비가 서로 공경해야만 하고, 무리 내에서는 빨리 걸어서 상을 누르거나 하를 찌른다든지 또는 아주 느리게 걷는다든지 길을 막는다든가 선 채로 머물러 있다든가 서로 방해가 된다든지 하는 것은 일체 해서는 안 된다. 이러한 짓을 하는 자는 대소를 불문하고 모두 각각 그것을 기억해 두고, 물으면 곧바로 대답한다. 다만 당堂을 나와서 밖에서 행도行道하는 경우에는 빠르고 늦음은 임의대로이고 그 범위에 들지 않는다. 좌립坐立해서 관불하는 자는 전행前行을 바라보고, 후로後路를 인도하며 행도에 오로지 힘써야만 한다. 만약 이것을 위반하는 자가 있으면 벌로 예를 백배 해야 한다.

글 첫머리에, 악세계의 불멸도 후의 악출가인은 좌선을 가지고 근본을 이룬다고 설해지고 있다. 제2조의 아양승의 조, 제4조의 출세의 행법에 있어서도 무상삼매좌선無相三昧坐禪을 배우는 것이 강조되고 있지만, 구체적 규율의 최초인 제6조에 우선 좌선에 관한 조문을 두고 있다고 하는 것에서 삼계교단이 좌선이라고 하는 수행방법을 극히 중요하게 여기고 있다는 것을 알 수 있다. 또 모든 조문 중에서 이 좌선에 관한 조문이 가장 길고 상세하다는 점에서도, 그 자리매김을 엿볼 수 있다. 좌선과 관불은 사계를 불문하고 무리 가운데에서 집단적으로 행해야 하는 것이라고 되어 있다.

구체적인 규율로서는, 좌선을 하는 때에는 오조五條를 입고 벽 등에 기대지 않을 것, 출정出定·입정入定은 수경인守更人이 종을 울릴 것, 자는 사람이 있으면 선불禪拂로 붙일 것, 선불을 받은 자와 행하는 자의 시행방법과 여러 가지 주의점 등이 자세하게 정해져 있다. 이러한 규정은 당대唐代 이후의 좌선의坐禪義의 기본이 된『천태소지관天台小止觀』에도 설해져 있지 않고, 종밀宗密의『원각경도량수증의圓覺經道場修証義』와『선원청규禪苑清規』등에 있어서의 좌선의에도 설해져 있지 않은 규정이다.

또 특히 흥미진진한 것은 관행觀行의 방법에 관한 규정이다. 불멸도 후의 범부, 악시, 악세계, 악중생의 근기는 같지 않다. 어떤 이는 상근上根, 어떤 이는 차근次根, 어떤 이는 최하하근最下下根이라고 말하고, 근기에 차별이 있으니 관행도 다른 것으로서 각각의 근기에 대한 관행의 방법을 설하고 있는 것이다. 상근의 자는 조용한 방에서 단정히 앉아 눈을 감으며 마음으로 무상삼매관을 해야 한다. 무상삼매관이란 불佛의 진신眞身을 관觀하는 것이다. 차근의 자도 조용한 방에서 단정히 앉아 눈을 감고 마음으로 현재의 형상불을 소少에서 다多에 이르기까지 관해야 한다. 최하하근의 자는 걸으면서 또는 서 있는 상태로 머리를

648

들고 눈을 뜨고, 눈으로 현재의 형상불을 관해야 한다라는 관행의
방법이 정해져 있다. 이와 같이 근기의 차별에 대응하는 관행을 권한다
고 하는 점도, 다른 좌선의坐禪義 등에서 그 예를 찾아볼 수 없는
점이다.

종래 삼계교에 있어서 좌선의 자리매김은 반드시 명확한 것은 아니었
다.『신행유문』(S2137)의 587년의 지사에게 올리는 상주문에 "신행,
젊은 시절 병으로 마음은 피로해지고, 이에 의해서 좌선하는 것도
감당을 못하고, 강송講誦도 할 수 없어"[71]라고 하는 부분이 있다고
하는 것으로부터 삼계교에 있어서는 반드시 좌선은 중시되어 있는
것은 아니지 않을까 하는 해석도 가능했던 것이다. 또『신행유문』의
583년의 상주문에서는 "좌선을 하는 자는 항상 앉아서 주야를 불문하고
오로지 눕는 것을 삼간다."[72]라고도 쓰여 있다. 이것에 의해 삼계교에
있어서 좌선을 행함에는 지극히 엄격한 수행이라고 자리매김 되어
있는 것도 짐작할 수 있다. 신행이 "좌선하는 것도 감당을 못한다."라고
하는 좌선은 이와 같이 엄격한 수행으로서 해야 하는 좌선이라고 생각된
다. 그리고 지금 제6조에 의하여 분명해진 점은 삼계교단이 수행의
방법으로서 역시 좌선을 중시하고 있었던 점, 또 근기에 대응한 관행의
방법이 도입되어 있었던 점 등을 들 수 있고,『신행유문』의 좌선에
관한 기술은 상주문 중의 겸손의 말로서 사용되었을 가능성도 있는
것은 아닐까 생각된다.

---

71 『敦煌寶藏』16. 453下.
72 同. 453上.

觀佛堂內靜默, 第7(115~121)

一, 多語亂覺, 障道處深. 若不苦防, 無以可息. 自今已去, 其道場內, 一切語言, 皆悉禁斷. 若必須論者, 聽出堂外, 離堂別處, 亦不得近堂門側. 迭相竊語而故有犯者, 罰禮一百拜. 若逕三犯, 黜令堂外. 唯除當更人衆主及善知識暫相檢校者, 不在其限.

一, 많은 말은 각覺을 혼란시키고 도道를 장애하는 것에 깊이 빠지게 한다. 만약 엄한 방어가 없으면 멈출 수가 없다. 금후로는 도량 내에서는 말하는 것은 일체 금지한다. 만약 말할 필요가 있으면 당 밖으로 나가서 멀리 떨어진 곳에서 말하는 것은 괜찮지만, 당문 가까이에 접근하지 않는다. 소곤소곤 속삭이면서 일부러 어기는 자는 벌로 예를 백배 해야 한다. 만일 세 번 범함에 이르면, 당 밖으로 쫓아낸다. 다만 당경인當更人과 중주衆主와 선지식이 검교檢校하는 경우에는, 여기에 해당하지 않는다.

觀佛堂內一時出入 第8(122~130)

一, 衆義同聚, 理須齊率. 若任情來去, 必多誼亂. 自今已去, 其道場內, 打三下已後, 隨意出入. 禮拜若訖, 卽唱靜默. 靜默已後, 先在外者, 不得更入, 卽在門外觀佛. 若在內者, 靜默已後, 不得卽大小便. 唯除當更人衆主及善知識處分來去者, 不在其限. 又病患在堂外觀佛者, 亦不在其限. 若故違者, 罰禮一百拜. 過午至闇兩時, 隨意開通出入.

무리의 의식儀式에서 같이 모이는 경우, 도리에 맞게 행동해야 한다. 만약 정에 따라 거래하면, 반드시 도리의 흩어짐이 많게 된다. 금후로는 도량 내에서는 종을 세 번 친 이후 자유로이 출입한다. 예배가 끝나면 정묵靜默이라고 외치고, 정묵이 시작된 이후에는 먼저 당 밖에 있는 자는 다시 들어가지 말고, 당문堂門 밖에서 관불觀佛한다. 당 내에 있는 자는 정묵 이후는 대소변을 보러 가서는 안 된다. 다만 당경인當更人, 중주衆主, 선지식이 오고 가는 것을 재가한 경우는 여기에 해당하지 않는다. 또 병으로 앓고 있는 이가 당 밖에서 관불하는 경우도 예외로 한다. 만약 고의로 위반하는 자는 벌로 예를 백배 해야 한다. 과오(過午: 오후)와 지암至闇의 양 때는 마음대로 출입한다.

点檢法, 第9(131~154)

一, 守更人等, 日別常須点檢. 六時行道人及相續行道人, 須知懃墮. 六詩点者長打鐘, 聲斷兼者, 候衆僧出入, 來盡, 然後呼名. 若身不至者, 卽点從罰. 凡是被罰[73]禮拜者, 悉在堂外, 不得在衆內, 以致誼擾. 又相續作業人者, 晝夜十二時, 限止一更睡已外, 常須相續作業. 何以故. 明學十二頭陀人右脇臥, 若有疲極, 終不更轉左脇而臥. 以此文驗, 所以得知. 唯除踏背案摩身體, 不在其限. 唯除病患不堪依衆者, 聽隨便將息, 不在其限. 其一更分齊者, 疾疾將珠一百卄遍爲一更時, 冬夏常定. 又將珠時節, 常待衆僧, 皆悉普臥盡, 然[74]後將珠. 又盡日三時夜三時六時學相續作業者, 晝日三時, 唯除午時暫消息者, 不在其限. 又或病患不堪依衆者,

---

73 "罰"의 다음 문자 "人"은 연자衍字로서 삭제.
74 "然"의 다음 문자 "然"은 연자衍字로서 삭제.

亦不在其限. 夜三時, 唯除依時禮佛已外, 任令消息. 又六時相續
作業人, 不得與一更睡人同在一處作業, 唯得更依餘衆. 別處作
業, 不在其限. 又一更睡常相續作業人及六時相續作業人, 不得作
務針縫洗浣剃髮. 若欲針縫剃髮浣衣者, 待至布薩日. 其有犯者,
罰禮 一百拜. 又洗浣衣者, 五月六月七月八月天大熱時, 別更斟量.

一, 수경인守更人 등은 날마다 항상 점검하지 않으면 안 된다.
육시행도인六時行道人과 상속행도인相續行道人은 (그것에 의해
서) 근(懃: 성의)과 정情을 알아야 한다. 육시六時를 알리는 종은
길게 치고, 종을 치고 나면 중승衆僧의 출입을 기다리고, 들어오는
것이 끝나면 그 후 이름을 부른다. 만약 부재이면 점點에 의거해서
벌례罰禮를 더한다. 벌례를 받은 자는 모두 당 밖에서 하는 것이고,
무리 내에서 소란을 피워서는 안 된다. 또 상속작업인相續作業人은
주야 12시 사이에 일경에 한해서 잠을 자는 이외는, 항상 상속해서
작업을 하지 않으면 안 된다. 어째서인가. 12두타를 배우는 사람은
분명하게 하려면 오른쪽 겨드랑이를 아래로 하고 자며, 만일 힘들
면 다시 돌아눕지 않는다는 조건하에 왼쪽 겨드랑이를 아래로
하고 잔다. 이 글에 의해서 실지로 해보면 알 수 있을 것이다.
다만 등을 밟거나 몸을 안마하는 경우는 여기에 해당하지 않는다.
다만 병으로 앓는 이는 무리에 의한 것이 가능하지 않고, 언제나
휴식이 허락되어 있는 경우는 여기에 해당되지 않는다. 일경의
길이는 빨리빨리 구슬을 보내는 일 120번을 일경으로 하고, 겨울에
도 여름에도 항상 일정하게 한다. 또 구슬을 보낼 때에는 항상
중승을 기다리고, 모두가 전부 가로로 되어서, 그 후에 구슬을

보내라. 또 낮 3시, 밤 3시의 육시六時에 상속해서 작업을 배우는 자는 낮 3시의 오후에 잠시 휴식하는 것만은 예외로 한다. 또 병으로 아파서 무리에 의한 것을 할 수 없는 자의 경우에도 예외로 한다. 밤 3시에는 정해진 시간에 예불을 하는 이외는 마음대로 휴식이 허용된다. 또 육시六時 상속작업인은 일경一更 잠자는 자와 같은 장소에서 작업해서는 안 되고, 다만 서로 남은 무리에 의해야 한다. 다른 장소에서 작업하는 경우는 여기에 해당하지 않는다. 또 일경수상상속작업인一更睡常相續作業人과 육시상속작업인六時相續作業人은 재봉裁縫, 세탁洗濯, 체발剃髮을 해서는 안 된다. 만일 재봉, 체발, 세탁을 하고 싶으면 포살의 날이 오는 것을 기다려야 한다. 어기는 자가 있으면 벌로 예를 백배 해야 한다. 또 의복을 세탁하는 것은 5월, 6월, 7월, 8월의 시기로 기온이 높을 때에는 따로 또 참작한다.

禮佛法, 第10(155~171)

一, 六時禮拜, 佛法大網. 晝三夜三, 各嚴香華供養行道. 其禮佛拜數多少, 平旦及與午時, 並別唱五十三佛, 餘階總唱. 日暮初夜, 並別唱三十五佛, 餘階總唱. 半夜後夜, 並別唱廿五佛, 餘階總唱, 不得增減. 其唱佛人, 必須緩唱, 拜拜平身, 聲絶乃下. 其禮佛者, 拜拜平身, 齊上齊下, 不得有闕. 如有犯者, 罰禮一百拜. 若有力不堪依衆法者, 任在堂外禮拜. 又禮拜儀式, 恭肅是常, 皆令偏袒右臂, 鉤紐如法. 不得通博被衣, 自奢自縱, 或着不受持衣, 或着五條在衆禮[75]佛. 如有犯者, 罰禮一百拜. 唯除但三衣者時寒通博覆者,

不在其限. 又六時禮拜睡者, 下生不覺. 闕禮一拜, 卽合從罰. 又雖
不闕禮, 始終含睡不自策省者, 亦宜從罰. 限隨意已後, 靜默已前,
或有睡者, 不合付拂, 卽須点記. 靜默已後睡者, 依式付拂点記,
同前.

一, 육시예배六時禮拜는 불법의 요점이다. 낮 3회 밤 3회, 각각
공경해서 향화香華·공양供養·행도行道한다. 불佛의 예배 횟수의
다소는, 새벽과 정오는 53불의 계階에 대해서는 각각의 불명佛名을
부르고, 다른 계의 불명은 계를 총칭한 불명만을 부른다. 해질
녘과 초야(초저녁)는 35불을 각각 부르고, 다른 계의 불명은 계를
총칭한 불명만을 부르고 남은 계의 불명은 총창한다. 반야半夜와
후야後夜는 25불을 각각 부르고, 다른 계의 불명은 계를 총칭한
불명만을 부른다. 증감해서는 안 된다. 불명을 부르는 사람은
반드시 천천히 부르면서 몸을 앞으로 굽혀서 절을 하고, 내쉬는
숨이 다하면 막는다. 예불하는 자는 몸을 앞으로 굽힐 때에 상과
하의 사람과 가지런히 행동하고, 결석해서는 안 된다. 만일 어기는
자가 있으면 벌로 예를 백배 해야 한다. 만약 힘이 모자라 중법衆法
에 따를 수 없는 자는 임의로 당 밖에서 예배한다. 또 예배의
의식은 조심해서 항상 모두 오로지 윗옷의 한쪽만을 벗어 오른쪽
어깨를 드러내고, 구뉴鉤紐를 여법하게 한다. 옷을 전부 입은
채로 제멋대로 하거나, 수지受持해서는 안 되는 옷을 입거나 오조
를 입고서 대중 가운데에서 예불해서는 안 된다. 만약 어기는

자가 있으면, 벌로 예를 백배 해야 한다. 다만 삼의三衣만으로 추운 때에 널리 덮는 경우는 여기에 해당하지 않는다. 또 육시예배 때에 자는 사람은 다음 생에서 깨닫지 못한다. 궐례일배闕禮一拜로 곧 벌해야 한다. 또 궐례闕禮하지 않은 경우라도, 계속 졸음을 참지 못하고 자기 스스로 억제하지 못하는 자도 벌을 받아야 한다. 수의隨意 이후 정묵靜默 이전에 한해서 자는 자가 있으면, 부불付拂하지 않고 점기点記해야 한다. 정묵 이후에 조는 자는 법식法式에 의해서 부불하고 점기点記하는 것은 앞에서와 같다.

돈황사본 중에는 『칠계불명七階佛名』, 『칠계불명경七階佛名經』, 『예불참회문禮佛懺悔文』 등의 제명題名이 붙여진 삼계교의 예배행의문 禮拜行儀文이 백수십 본이나 발견되었지만,[76] 이 제10조에 설해진 육시 예배의 방법은 그중의 육시예배법과 완전히 일치하는 것이다. 참고로, 이 제10조의 육시예배의 불명을 부르는 방법에 관한 부분과 『예불참회 문』1권(S2574)에서 중제中題 "『주야육시발원법晝夜六時發願法』"(信行 禪師 撰)이라고 쓰인 문장의 불명佛名을 부르는 방법에 관한 부분을 비교해 보겠다.

---

76 廣川堯敏(1982) 참조.

	第十條	『昼夜六時発願法』
一	六時禮拜, 佛法大網. 晝三夜三,	六時禮拜, 佛法大網. 晝三夜三
二	各嚴香華供養行道. 其禮佛拜數多少	各嚴香華入塔, 觀像, 供養, 行道. 禮佛
三	平旦及與午時, 並別唱五十三佛, 余階	平旦及與午時, 並別唱五十三佛, 余階
四	總唱. 日暮初夜, 並別唱三十五佛, 余	總唱. 日暮初夜, 並別唱三十五佛, 余
五	階總唱. 半夜後夜, 並別唱廿五佛, 余	階總唱. 半夜後夜, 並別唱廿五佛, 余
六	階總唱.	階總唱.[77]

2개의 문장을 비교해 보면, 2행의 일부를 제외하고는 문장도 완전히 일치하는 것을 알 수 있다. 그런데 『주야육시발원법晝夜六時發願法』에서는,

上來布置禮佛綱紀次第多少, 悉是故信行禪師依經自行. 此法於
今徒衆亦常相續, 依行不絶. 但以現無正文流傳, 恐欲學者無所依
據, 是以故集此文, 流通於世. 願後學者依文讀誦, 不增不減.[78]
이상으로 언급해온 예불의 기강의 순서와 다소는 전부 고 신행선사
가 경經에 의해서 스스로 행해 왔던 것이다. 이 법이 지금의 도중徒
衆에 있어서도 역시 마찬가지로 항상 상속相續해서 행해져 끊임없
이 해나가지 않으면 안 된다. 다만 현재에는 정식 한 문장의 유전流

---

77 『敦煌寶藏』21. 202下. 또 지승智昇의 『集諸經禮懺儀』권상에도 거의 같은 문장이
   게재되어 있다. 大正 47. 465下. 『開元釋教錄』에 있어서 삼계교적三階教籍을
   "僞雜符錄之限"(大正 55. 679上)으로 한 지승이, 자신의 저작 중에서 신행의 찬撰이
   라고 알고 「晝夜六時發願法」을 인용한 것은 주의해야 할 것이다.

78 『敦煌寶藏』21. 202下.

轉은 없으므로 배우려는 자가 의거할 곳이 없어질 염려가 있다. 그러한 이유로 이 글을 모아 세상에 유전시킨 것이다. 원컨대 뒤에 배우는 자가 이 글에 의해서 독송하고, 증감 없기를 바란다.

라고 서술되어 있다. 따라서『주야육시발원법』은 신행이 입적한 뒤에 편찬된 것임을 알 수 있다. 정식 문장의 유전은 없다고 서술되어 있지만 실제로는『제법』의 제10조의 일부와 거의 일치하고 있는 것이다. 이미 밝힌 바와 같이,『제법』은 신행에 의해서 제정된 것이므로『주야육시발원법』의 위의 문장이 제10조와 거의 일치한다고 하는 것은, 예불의 기강의 차제次第와 다소多少가 신행의 사후에 있어서도 정확히 계승되어 갔다고 하는 것을 표시하는 것이라고 생각된다.

乞食法, 第11(172~204)
一, 乞食之法, 莫問四時春秋冬夏, 常令次第如法乞食. 不得受請衆外私食, 或食僧食, 無病食粥. 若有數數犯者, 不得依衆. 唯除病患者, 不在其限. 又受羹粥法, 麵及粳米悉不合受. 已上准頭陀, 是學下法故, 唯合受下, 不合受上. 又依經文, 不合受蘇油黑石蜜菴摩勒汁昔遮汁及諸菓汁, 時非時都不得食. 唯除粟米及以豆豉. 菜唯一種, 不容雜味或種種上饌. 如法乞得[79]者, 皆悉得食, 不在其限. 其所乞羹粥鹽醬等, 若檀越力能堪訴, 任意作之. 如其無力, 羹粥鹽醬科備一種, 各得支身. 一日作羹粥者, 須記先後, 仰維那

---

79 "得"의 다음 문자 "食"은 연자衍字로서 삭제.

或次第錄名, 或私記爲定, 不得望面逐情, 致招譏誚. 唯除官府得
自在者, 不在其限. 又若在衆食, 必須如法, 不得觸器有聲呼吸.
羹粥食器, 皆令一鉢, 不得雜用甌盞. 如有犯者, 罰禮一百拜. 唯除
病患出在衆外用者, 不在其限.

又語言亂想, 長過妨道. 若乞食往返, 宜各獨行念誦爲業, 不得並
行掉臂, 虛談世語, 旣非秉衆, 或洗鉢處或在食處論說是非. 如有
違者, 罰禮一百拜. 唯除衆外道俗須共相諮問者, 聽隨便酬答, 及
衆主維那迭相處分者, 不在其限.

又衆主維那等, 日別須知飯粥羹菜鹽醬有無行以不行得以不得. 檢
校處分, 必使如法. 不得迭相推倚, 令衆闕少. 其鹽醬二種, 莫問須
以不須, 常令遣行. 如有斷鹽不食[80]者, 不合依衆. 維那常須檢校羹
粥, 令使及時, 一切如法. 又一切乞食人, 皆悉須學節量食. 多少任
意, 依經依律論等斟量. 何以故, 明一切俗人受八戒尙須節量食.
何況一切乞食比丘.

一, 걸식의 법은 네 계절 춘하추동을 불문하고, 항시 순번으로
법에 따라서 걸식을 한다. 청請을 받아서 중외衆外에서 사식私食을
하기도 하고, 승식僧食을 먹기도 하며, 병이 아닌 때에는 죽을
먹어서는 안 된다. 만약 종종 어기는 자가 있으면 중衆에 의한
것은 할 수 없다. 다만 병이 난 자는 예외로 한다. 또 죽을 받을
때의 규칙으로서 면과 쌀은 모두 받아서는 안 된다. 이상은 두타頭
陀의 규칙에 준한다. 이것은 하법下法을 배우기 때문이므로 다만

---

80 "食"의 다음 문자 "食"은 연자衍字로서 삭제.

하下를 받아야 하고 상上을 받아서는 안 된다. 또 경문에 따르면 소유蘇油·흑석밀黑石密·암마늑즙庵摩勒汁·석차즙昔遮汁의 여러 과즙果汁을 받아서는 안 되고, 때에도 때 아닌 때에도 일체 먹어서는 안 된다. 다만 속미粟米와 미쟁미昧噌昧의 채소의 일종만 제외하고 잡미雜昧가 들어가 있는 것, 혹은 여러 종류의 상등인 식물을 받아서는 안 된다. 법에 따라서 걸식해서 얻은 것은 모두 먹을 수 있는 경우는 제외한다. 걸식해서 얻은 갱죽羹粥 염장鹽醬 등은 만일 단월檀越의 힘이 잘 견딜 수 있으면, 누구든지 임의로 이것을 행해도 좋다. 만일 단월이 무력하면 갱죽 염장 등은 일종을 과비科備해서 각각 몸을 지탱할 수가 있다. 1일 죽을 만드는 자는 선후를 기록하고, 유나維那에 부탁해서 순번으로 등록하고, 혹은 사기私記에 우러러 받들어 정해야 한다. 개인 관계에 의해서 정하는 것은 기초譏誚를 청하는 것이 되므로 있을 수 없다. 다만 관부가 자유로이 할 수 있는 경우는 예외다. 또 만약 중衆 가운데서 식사를 할 경우에는 반드시 법대로 하지 않으면 안 된다. 그릇을 부딪쳐 소리를 내거나 호흡을 해서는 안 된다. 죽 그릇은 모두 하나의 바리때로서 다른 그릇을 섞어 사용해서는 안 된다. 만일 어기는 자가 있으면 벌로 예를 백배 해야 한다. 다만 병자가 중衆의 밖에서 사용하는 경우는 여기에 해당하지 않는다.

또 언어가 두서가 없으면 과실을 조장하여 도를 방해한다. 걸식의 왕복 길에서는 혼자서 염송을 행해야 한다. 나란히 걷는다든가 팔을 크게 흔든다든가, 허튼소리나 세상사를 이야기하거나, 중의 험담을 하거나 발우를 씻는 곳이나 식사를 하는 곳에서 시비를

논하거나 해서는 안 된다. 만일 위반하면 벌로 예를 백배 해야
한다. 다만 중외의 도속과 서로 자문할 필요가 있을 때에 적절한
응답을 한다거나 중주衆主와 유나維那가 서로 재가한 경우는 여기
에 해당하지 않는다.

또 중주랑 유나 등은 날마다 밥·죽·미음, 채소, 소금·간장의
유무, 행불행, 득부득得不得을 인지해 두어야 한다. 검교와 처분은
반드시 법에 따라서 행해야 한다. 서로 강압하여 결핍시켜서는
안 된다. 소금과 간장의 두 종류는 필요한지 아닌지에 관계없이
항상 준비해 두어야 한다. 만일 소금을 금기하여 먹지 않으려는
자는 중衆에 의해서는 안 된다. 유나는 언제나 죽 또는 미음을
검교해야 한다. 해야 할 때는 모두 법에 따라서 행해야 한다.
또 걸식을 하는 사람은 모두 절량식節量食을 배워야 한다. 그
다소는 임의이지만 경·율·논 등에 의해서 양을 짐작해야 한다.
어째서인가? 속인이 팔재계八齋戒를 받는 장소에서조차 식사의
양을 감하는 것이다. 하물며 걸식하는 비구는 더 말할 나위가
없다.

이와 같이 세세하게 규정되어 있다고 하는 것은 삼계교단에 있어서
걸식의 행이 수행생활의 중요한 일부로서 자리하고 있다는 것을 말해
주는 것이다. 또 P2849에서는『제법』에 이어서『해탈도론解脫道論』권
2,『열반경』권38,『불장경』권하의 3개의 경론에서 걸식법에 관한
문장이 인용되어 있다.『걸식법』이라고 가제목을 붙인 이 문헌은,
아마 경록 중에『두타걸식법』1권 혹은『명걸식팔문법明乞食八門法』

1권의 일부가 아닐까 생각되지만, 이러한 문헌의 존재도 삼계교단에 있어서 걸식행의 중요성을 보여주는 것이다. 그러므로 제11조 규정도 걸식법을 설한 경론 혹은 『두타걸식법』 등에 근거하여 정해졌을 것이다.

次第尊卑坐法, 第12(205~213)

一, 淸淨僧者, 莫問夏臘大小尊卑長幼, 常令在上次第而坐. 其懺悔者在下依此, 不得或上或下, 不依經律, 坐起不定, 以亂衆儀. 如有違者, 任令別處行道. 又迭相禮拜法, 必須尊卑相別, 小者和南, 大者唯得依法受之. 不得互相禮拜, 亂於上下. 如有犯者, 莫問道俗, 不合依衆. 乃至常行不輕者, 亦須先依尊卑法受禮拜訖, 然後別行不輕行.

一, 청정승淸淨僧은 하랍夏臘의 대소와 존비와 장유長幼를 불문하고, 언제나 위부터 순번으로 앉는다. 참회하는 자는 아래에 있어야 하고, 상하 어지러이 앉거나 경률에 따르지 않고 좌기부정坐起不定이든가 해서 중의衆儀를 어지럽혀서는 안 된다. 만약 위반하는 자가 있으면 임의로 별처別處에서 수행한다. 서로 교대로 예배하는 경우는 반드시 존비의 구별을 하고, 소인은 예배하고 대인은 법에 따라서 이것을 받아야 한다. 서로 교대로 예배하여 상하를 어지럽혀서는 안 된다. 또 만약 위반자가 있으면 도속을 불문하고 중衆에 머물러서는 안 된다. 더욱이 항상 불경보살不輕菩薩의 예배행을 행하는 자도 앞의 존비의 법에 따라서 예배를 받고 나서, 그 후에 따로 불경보살의 예배행을 행해야 한다.

不聽在衆捨戒, 第13(214~221)

一, 出家之人, 戒行爲本. 豈得以小因緣隨宜捨戒. 彼令自知作沙
彌時. 犯辺罪求在此衆捨戒者, 一向不得. 或有在此衆內强自捨戒
者, 卽令出衆, 不合同聚行道. 唯除未作制已前, 依經律依師僧先
捨戒者得長依衆, 不在其限. 又如消災經說, 破戒人於羅刹辺受
戒, 尙受得. 或以此文驗, 破戒人唯須懺悔, 不合捨戒.

一, 출가한 자는 계행을 본으로 한다. 어째서 소소한 인연으로
제멋대로 계戒를 버릴 수 있을까. (계를 버리려는) 사람에게 스스
로 사미沙彌가 되었던 때의 일을 알린다. 바라이죄波羅夷罪를 범하
고, 이 중衆에 머물러 사계(捨戒: 계를 버림)를 구하는 일은 절대로
인정하지 않는다. 혹은 그 중내衆內에 머물러서 억지로 사계를
하는 자는 곧바로 중衆에서 추방해야 하고, 동취同聚해서 수행해서
는 안 된다. 다만 규칙이 제정되기 이전에 경률에 따라 사승師僧에
의해 미리 사계하고 있었던 자는 오랫동안 중衆에 머물렀던 것이
가능했으므로 이 경우는 예외로 한다. 또『소재경消災經』에 파계한
자는 나찰羅刹의 장소에서 수계授戒였어도 받을 수 있었다고 설해
져 있다. 이 경문에 의하여 알아본다면 파계한 사람은 단지 참회할
뿐으로 사계해야 하는 것은 아니다.

『제법』에는 계율엄수의 사상이 도처에서 발견된다. 제2조의 아양승
의 요건으로서는 초편初篇, 제2편을 범하지 않았다고 하는 점이 열거되
어 있다. 제5조에서는 팔계八戒, 오계五戒, 250계, 보살계를 중생과
동행하는 것의 중요성이 설해져 있다. 또 제2조, 제4조, 제15조 등에는

662

"파계의 비구를 벌주는 경우에는…"라고 하는 예외규정이 마련되어 있는 것으로부터 교단 내의 수행생활 중에서 파계의 비구에 대한 치벌治罰이 행해졌던 것을 알 수 있다. 제3계인은 파계破戒·파견破見이 불가피한 근기라고 되어 있지만, 결코 파계가 용인되어 있다고 하는 것은 아니다. 오히려 엄격한 지계, 엄격한 수행생활에 의해서 제3계의 근기를 바꾸어서 출세에 이르는 것이 수행의 목적이었던 것이다.

한편 『속고승전』권16 「신행전」에는 "상주相州의 법장사에서 구족계를 버리고 스스로 노역에 종사하였다."[81]라고 하는 기술이 있다. 신행의 수행생활을 말하는 경우에 반드시 인용되는 부분이다. 신행이 계를 버린 것 자체는 이 조문의 사계를 금지하는 규정과 모순인 것이지만 이 조문에는 예외규정이 설해져 있는 것에 주목하지 않으면 안 된다. 즉 이 『제법』이 제정되기 이전에는 경률에 따라 사승師僧에 의해서 사계했던 자는 오랫동안 중衆에 머무르는 것이 가능하다고 하는 것이다. 따라서 신행 자신도 그 예외규정에 적용되는 것이 되는 셈이다.

이미 제1장에서도 고찰한 바와 같이 신행은 무진장행을 철저하게 하기 위해서 사계를 자발적으로 했던 것이라고 생각되며, 계율 그것을 중시하는 입장은 일관하고 있다. 신행을 중심으로 해서 일정한 수행집단이 형성되어 『제법』이라고 하는 규율을 제정하기에 이르렀던 시점에서는 교단의 통제를 유지하기 위해 사계를 금지하게 되었다고 생각

---

81 大正 50. 560上. 법장사에 거주하고 있던 것이 언제인가는 밝혀지지 않다. 상주相州에서 장안長安으로 이주한 것이 589년(50세)이니까, 그 이전인 것은 확실하다. 또 『信行遺文』에서는 583년과 587년의 상주문 등에도 상주 광엄사 신행相州光嚴寺信行이라고 되어 있다.

된다.

息諍法, 第14(222~224)

一, 或有忿競, 不相容忍. 聲色相及, 爲人所知者, 莫問有理無理, 並出衆外, 不共同住.

一, 화내거나 싸우거나 하는 것은 인정하지 않는다. 큰소리를 내거나 맞붙잡고 싸움을 하거나 하여, 그것이 사람들에게 알려지는 경우에는 도리道理의 유무를 막론하고 모두 중衆에서 추방하고, 함께 같이 거주시키지 않는다.

不聽說他人法長短, 第15(225~234)

一, 佛滅度後, 惡世界惡時惡衆生, 唯得自見自說自身一切惡, 不得自見自說自身一切善, 唯得見他說他一切善, 不得見他說他一切惡. 自今已去, 一向不得說他一切人法解行等長短. 如有犯者, 不共同住. 唯除自呵嘖門徒弟子及於和僧衆內治罰破戒比丘者, 不在其限. 何以故, 明一切邪見成就顚倒衆生, 唯將一切正善人法解行作一切邪善人法解行, 唯將一切邪善人法解行作一切正善人法解行故.

一, 불멸도佛滅道 후의 악세계惡世界, 악시惡時, 악중생惡衆生은 다만 자신을 보고 자신의 일체의 악만을 말해야 하고, 자신을 보고 자신의 일체의 선을 말해서는 안 된다. 다만 타인을 보고 타인의 일체의 선만을 말해야 하고, 타인을 보고 타인의 일체의 악을 말해서는 안 된다. 금후로는 타인의 일체의 사람과 가르침과 이해와 실천의 장단을 말해서는 안 된다. 만일 어기는 일이 있으면 같이 거주해서는 안 된다. 다만 문도와 제자를 꾸짖거나, 화합승和合僧 내에서 파계의 비구를 치벌治罰한다거나 하는 경우는, 여기에 해당하지 않는다. 어째서인가? 일체의 사견邪見을 지닌 전도의 중생은 일체의 정선正善의 사람과 법과 이해와 실천을 갖고, 일체의 사선의 사람과 법과 이해와 실천으로 하고, 일체의 사선의 사람과 법과 이해와 실천을 가지고 일체의 정선의 사람과 법과 이해와 실천으로 하는 것이 명확하기 때문이다.

不得闇用他操灌水, 第16(235~241)

一, 闇用他物, 佛所不許, 是故聖制, 出家比丘一向不得私輒用他一切衆俱. 自今已去, 各人畜一瓶, 明作記識, 安置處所, 各自受用, 用訖, 還自添水, 着於本處. 不得隨宜闇取他瓶而自受用, 或廻換異處, 廢闕他事. 如有犯者, 罰禮一百拜. 唯除火內熱水擬洗淨者, 不在其限.

一, 타인의 물건을 몰래 살짝 사용하는 것은 불佛이 허용하지 않은 일이고, 따라서 성인聖人이 제정한 규칙인 것이다. 출가한 비구는 사적으로 멋대로 타인의 일체의 소유물을 사용하는 것은 절대로 해서는 안 된다. 금후는 각각의 사람이 병 1개씩을 장만하여 표시를 확실하게 정해놓고, 자기가 두는 곳에 잘 두고, 각자가 자기의 물건을 사용하고, 사용한 후에는 또 자기가 물을 채워서 본래의 장소에 둔다. 마음대로 타인의 병을 남몰래 가져가 마음대로 사용하고, 또 다른 장소에 갖다 두어서 타인이 사용하려 할 때에 사용할 수가 없도록 하는 것은 안 된다. 만약 어기는 자가 있으면 벌로 예를 백배 해야 한다. 다만 불에 올려놓은 뜨거운 물을 사용하여 세정한 경우는 여기에 해당하지 않는다.

維那知事, 第17(242~250)

一, 令一人執事, 衆則虛靜. 自今已後, 常須維那檢校掃地煖水, 以擬洗灰火燈燭, 供衆所須不得廢闕. 若有廢闕者, 罰禮一百拜. 其維那, 若其人少, 十夏已下次第作, 如其人多, 五夏已下次第差作. 限止五日一剔. 又月半月盡, 常開一日. 剃髮浣衣. 其灰及湯水, 一仰維那直堂檢校, 使得充濟, 勿令闕少. 並監大衆瓶水次第安置, 勿令亂雜.

一, 한 사람에게 집사執事를 시킨다면 대중은 조용히 머문다. 금후는 항상 유나維那가 소지掃地와 난수煖水를 검교檢校하고, 세정洗淨에 사용할 회화灰火와 등촉燈燭 등 중衆이 필요로 하는 것은 항시 대비하여 빠뜨려서는 안 된다. 만일 빠뜨리는 일이 있으면, 벌로 예를 백배 해야 한다. 유나는 사람 수가 적을 경우에는 10하夏 이하의 사람이 순서대로 담당하고, 사람 수가 많을 경우에는 5하 이하의 사람이 순서대로 담당하고 5일을 일구단락의 기간으로 한다. 또 월 중순과 월말에는 항상 하루를 할당해서 체발剃髮과 완의浣衣를 행한다. 회灰와 탕수湯水는 유나의 당번이 검교하고 충족시켜, 흠소欠少하는 일이 없도록 하지 않으면 안 된다. 또 대중의 병수瓶水가 순서 있게 안치되어 있는가 여부를 감독하고, 난잡하게 해서는 안 된다.

謹愼小胆, 第18(251~267)

一, 乞食時長, 不限年月, 理須小胆, 深自防護. 自今已去, 維那向食家檢校者, 唯得在門外喚出示語. 不得獨入他家. 上至五人下至兩人, 然後得入一切乞羹粥. 主人所有一切錢財屋, 皆悉普不得在內坐. 唯除値天風熱雨雪, 更無處所檀越强自安置者, 仰遣檀越出却財物, 然後乃坐. 又維那不得近他廚屋戶側檢校處分, 唯得在衆內喚來教示. 又檀越家一切佛像屋等, 唯得遙禮, 不得輒往近辺, 及以入內. 又乞食之人, 謹愼爲本. 若造經像, 或有外人先不相識, 自言施手, 貪其少利, 卽共交遊, 有如此者, 不合依衆. 唯除先相語委, 若俗人須知家處, 若出家人須知寺舍, 復須性行和善者, 不在其限. 或因乞食, 知有好心檀越, 別共往還, 苟食微潤, 於後過起事彰者, 亦不合共往. 唯除迦提一月次第乞求著, 不在其限.

一, 걸식은 계속하고 있는 연월의 길이에 관계없이, 도리로서는 소심小心으로 깊이 자기 자신을 방호해야 한다. 금후는 유나는 식가食家에 가서 검교하는 경우, 다만 문밖에서 부르는 지시를 한다. 혼자서 타인의 집에 들어가서는 안 된다. 최고 5인, 최저 2인이 모인 후에 들어가서 일체의 죽을 빌어야 한다. 주인이 소유하고 있는 일체의 전재옥錢財屋은 모두 내좌에 있어서는 안 된다. 다만 풍風·열熱·우雨·설雪과 같은 천기天氣의 경우에, 다른 장소가 없고 단월檀越이 강하게 스스로 안치하고 있는 경우는 단월에게 부탁해서 재물을 정돈해 달라고 해서, 그 후에 앉는다. 또 유나는 다른 주방의 문 옆에 접근해서 검교하고, 처분해서는 안 된다. 다만 중내衆內에서 불러서 교시敎示해야 한다. 또 단월의 집의 일체의 불상옥佛像屋 등은 다만 멀리서 예배하고 부주의해 가까이 가거나 속에 들어가거나 해서는 안 된다. 또 걸식인은 근신을 근본으로 한다. 만일 경상經像을 만들거나, 문외인으로 처음에는 서로 알지 못하므로 자기부터 보시를 신청하고, 소리少利를 탐하고, 함께 교유하려고 하는 자는 중衆에 의지해서는 안 된다. 다만 처음으로 서로 위세委細를 말하고, 속인은 반드시 가처家處를 알리고, 출가인은 반드시 사사寺舍를 알리고. 또 성행화선性行和善인 경우에는 여기에 해당하지 않는다. 또 걸식에 의해서 호심好心의 단월檀越이 있는 것을 알고 따로 왕래하고, 미미한 이양을 탐하고 후에 허물이 일어나는 일이 분명하게 된 경우도 또한 공주共住해서는 안 된다. 다만 가제迦提의 1개월에 차례로 걸식하는 경우는, 여기에 해당하지 않는다.

安置客僧法, 第19(268~271)
一, 安置客僧法, 莫問旧識親情去還, 暫來過者, 不得在衆停宿, 卽當別房安止, 隨便消息. 唯除故來依衆行道者, 不在其限.
一, 객승客僧을 안치하는 법은 구식舊識·친정親情·거환去還을 불문하고, 잠시 동안만 체재하는 사람은 중衆과 함께 정숙停宿하는 일은 불가하고, 따로 마련된 방에서 편안히 머무르고 필요에 응해서 교류해야 한다. 다만 (衆에 가담해서 수행하고 싶다고 하는) 이유로 다가와서 중衆에 참여하고 수행하는 경우는 여기에 해당하지 않는다.

總制, 第20(272~276)

一, 隨事別制, 過乃塵沙. 且逐時要, 略擧大網. 其上所不載者,
皆可當時相過輕重, 以意斟酌. 如有剛强難可調伏者, 卽令大衆同
散自治自罰. 宜可署名, 永爲楷式.

一, 사항에 따라서 각각 규칙을 마련하는데, 너무 많으면 번거로워
진다. 잠시 지금의 필요성에 응해서 간략하게 대강을 든다. 이상에
게재되지 않은 것은 모두 그때그때 대응해서 죄의 경중을 책망하고
뜻을 가지고 참작해야 한다. 완강하여 조복하기 어려운 자가 있으
면, 대중을 모아서 자치自治·자벌自罰하도록 한다. 부디 서명해서
오랫동안 본보기(楷式)가 되도록 해야 한다.

4. 벌칙규정

본 항에서는『제법』에 있어서 벌칙규정의 문제를 취급하고, 천태교단
등의 벌칙규정과 비교함에 따라, 삼계교단의 규율의 엄격성에 대해서
검토하려 한다.『제법』에 있어서 벌칙규정은 대략 다음과 같다.

좌선을 할 때 부작법不作法(제6) ················· 백배(罰禮)
잠을 자는 자에게는 선불禪拂을 붙이는 측의 부작법(제6) ······ 백배
관불觀佛을 서서 하는 자가 다리를 구부린 경우(제6) ············ 백배
걸으면서 관불하는 자의 부작법(제6) ················· 백배
관불당觀佛堂 내에서의 회화(제7) ···· 백배(3번이면 당 밖으로 쫓겨난다)
관불당으로의 출입의 규칙위반(제8) ················· 백배

육시六時의 점검에 지각(제9) ……… 점点에 의거해 벌례罰禮를 더 한다

포살布薩 이외의 날에 재봉, 체발, 세탁(제9) ……………………… 백배

육시예불 중의 부작법(제10) …………………………………… 백배

육시예불 중에 수면해서 예배를 빠짐(제10)…1배를 빠지면 즉시 벌한다

자주 청請을 받아서 승식食僧을 먹고 죽을 먹다(제11) ……… 교단추방

식사 중의 부작법(제11) ………………………………………… 백배

걸식 중의 회화 등(제11) ………………………………………… 백배

단염불식자斷鹽不食者(제11) …………………………………… 교단추방

존비의 예법의 위반자(제12) …………… 도속道俗을 불문하고 교단추방

중내衆內에 있어서 사계捨戒를 하려는 자(제13) …………… 교단추방

싸움을 하여 남들에게 알려진 경우(제14) …………………… 교단추방

타인의 장단점을 말한 경우(제15) …………………………… 교단추방

타인의 손 씻는 물병을 사용한 경우(제16) ………………………… 백배

유나維那가 중衆의 일용품을 빠뜨린 경우(제17) ………………… 백배

이양을 탐해 사선邪善의 자와 교유한 경우(제18) …………… 교단추방

이상의 벌칙규정을 보면, 『제법』에 있어서의 벌칙에는 벌례罰禮와 교단추방의 두 종류가 있는 것을 알 수 있다. 벌례를 기본적으로 백배로 한다. 수행생활 중에서 벌례를 과課한다고 하는 규칙은 6세기 중엽 양梁나라 간문제簡文帝의 『팔관재제서八關齋制序』 중에서도 찾아볼 수 있다.[82] 그것은 팔관재를 행하는 신자와 그것을 감독하는 유나維那에 대한 벌칙을 정한 것이지만, 예를 들면 수행을 하고 있는 때에 조는 경우에는 벌례 20배, 이웃한 사람이 수면하고 있는데 유나에게 보고하

---

[82] 大正 52. 324下.

지 않는 경우에는 벌례 10배, 유나가 충분히 감독하지 않은 경우에는 벌례 20배 등과 같이, 벌례의 수는 10배나 20배의 비교적 가벼운 벌이 정해져 있을 뿐이다. 또 신행과 동시대의 지의智顗의 『입제법立制法』에도 벌례의 규정을 볼 수 있다.[83] 『입제법』의 10조규칙 중에서 열거되어 있는 벌칙은 다음과 같다.

육시예불의 일시에 지각함 ·· 3배

식사 중의 부작법 ··· 3배

육시예불의 일시에 참가하지 않음 ································· 10배

육시예불 중의 부작법 ··· 10배

말다툼 ·· 30배

육시예불 전부에 참가하지 않음 ····················· 유나의 봉사 1회[84]

    (4시의 좌선에 관한 벌칙규정은 육시예불과 동일)

별행別行인 사종삼매에서 게으름을 피운 경우 ···· 유나의 봉사 1회

십중금계十重禁戒 ···································· 율律에 의해서 제재

교단의 안립安立 이양을 손상한 경우 ······················· 교단추방

육식·음주, 비시식非時食 ··· 교단추방

싸움에서의 폭력 ··· 교단추방

부정하게 상대를 비방함 ··· 교단추방

참괴의 마음이 없고 여러 번 규칙을 깨뜨림 ················· 교단추방

---

83 大正 46. 793下~794上. 『立制法』의 해독에 당해서는 池田魯參 『國淸百錄의 硏究』(大藏出版, 1982) 참조.

84 池田은 "一次維那"를 "유나維那에 일차一次로 한다."(前揭書 135쪽)라고 번역하고 있지만, 지금은 "유나의 사사일회事—回"라고 해석한다.

이 중에서도 벌례는 3배에서 30배까지로 되어, 비교적 가벼운 벌이다. 따라서 삼계교단에서 가벼운 죄에 대해서도 전부 벌례 백배를 과한다고 하는 것은 지극히 무거운 벌칙규정이라고 할 수 있다. 벌례의 규칙은 송대宋代까지 계승되어 청규淸規 중에도 보이는데,『제법』에서의 벌례같이 엄한 규칙은 찾아볼 수 없다. 또『제법』이외는 죄의 경중에 따라서 벌례의 수도 변할 수 있지만,『제법』의 경우에는, 벌례는 백배로 일정하고 그 다음 벌은 교단추방이다. 삼계교단이 얼마나 엄격한 수행생활을 보냈는가는, 다른 교단규칙과 비교해 보면 명확하게 알 수 있을 것이다.

5. 삼계교단의 수행생활

본 항에서는『제법』에 의하여 명확하게 된 삼계교사원에 있어서의 수행자의 생활을 정리하려 한다. 그때 거의 같은 시대에 제정된 천태국청사天台國淸寺의 사원규율인『입제법立制法』의 규정과 비교하여, 삼계교단과 천태교단의 수행의 내용과 방식의 특징을 밝히려 한다.[85]

삼계교 승려의 수행생활은 좌선과 육시예불과 걸식의 3개의 기본요소로서 성립되어 있다. 특히 처음 2개가 수행의 중심적 내용이었다. 좌선에 대해서는 "악세계의 불멸도 후 일체의 악출가인은 다만 좌선을 근본으로 삼으라."(제6)라고 규정되었고, 육시예불은 "불법佛法의 대강"(제10)이라고 자리매김 되어 있다. 한편 천태天台의『입제법』에

---

[85] 지의智顗의 천태교단의 수행생활에 대해서는 池田魯參「天台止觀의 體系와 方法」
(『摩訶止觀研究序說』〈大東出版社, 1986〉제3장 제2절) 참조.

672

있어서는 "중衆에 의한 자는 삼행三行을 닦아야 하니, ① 당堂에 의지하여 좌선하고, ② 별도의 장소(別場)에서 참회하고, ③ 승사僧事를 맡아 한다."(제1)[86]라고 정해져 있었다. 그래서 삼행 중에서 "당堂에 의지한 승僧은, 본本은 사시좌선四時坐禪과 육시예불을 하여 이것을 항무恒務로 한다."(제2)[87]라고 정해져 있다. 이렇게 좌선과 예불을 수행의 중심으로 한 생활이라는 점에서 양자는 공통된다는 것을 알 수 있다

그러나 수행 방식에 관해서는 삼계교단과 천태교단은 다르다. 우선 삼계교의 수행자는 육시상속작업인六時相續作業人과 일경수상속작업인一更睡常相續作業人이라고 하는 2개의 유형으로 나뉘어져 있다. 육시상속작업인은 정오에 한동안 휴식이 주어지고, 밤에는 3시의 예불 이외에는 자유로 휴식할 수 있다고 하는 수행 방식을 취하였다. 이것에 대해서 일경수상상속작업인은 주야 12시 내에서 일경(2시간)의 수면이 인정되어 있는 이외에는 항상 상속해서 수행을 한다고 하는 극히 엄한 수행 방식을 취하고 있었다. 상속작업의 내용은 확실하지 않지만, 아마 좌선과 예불을 중심으로 했을 것이라고 추측된다. 그리고 양자는 별도의 장소에서 수행을 하는 것으로 되어 있었다. 한편 천태교단에서는 일상적으로는 사시좌선과 육시예배를 계속 행하면서도 이러한 수행 방식에서 이완한 자가 별장別場에서 3일간에 한해서 사종삼매를 행한다고 정해져 있다. 이 사종삼매는 꽤 엄한 수행방법이고 육체적으로도 정신적으로도 상당한 피로를 동반하기 때문에 기간을 한정해서 행했던 것이라고 생각된다. 천태교단에 있어서의 이러한 수행 방식에서 추측

86 大正 46. 793下.
87 同上.

하면 삼계교의 일경수상상속작업이라고 하는 것도 어쩌면 한정된 기간
에 한해서 행해졌던 수행이었을지도 모르겠다.

다음으로 수행의 구체적 내용과 방법에 대해서 살펴보자. 우선 좌선
에 대해서는 삼계교는 근기에 대응한 관행을 행한다는 점에 특징이
있다. 상근上根의 자는 조용한 방에서 단정히 앉아 눈을 감고 마음으로
무상삼매관無相三昧觀을 해야 한다. 무상삼매관이란 것은 불佛의 진신
眞身을 관관하는 것이다. 차근次根의 자도 조용한 방에서 단정히 앉아
눈을 감고 마음으로 현재의 형상불을 소소少에서 다多에 이르기까지
관해야 하는 것이다. 최하하근最下下根의 자는 걸으면서 또는 선 상태에
서 머리를 들어서 눈을 뜨고, 눈으로 현재의 형상불을 관해야 하는
것이다라는 관행의 방법이 정해져 있다. 이렇게 근기의 차별에 대응해
서 관행을 권한다고 하는 점은,[88] 천태교단만이 아니라 다른 좌선의坐禪
義 등에서 예를 찾아볼 수 없는 점이라고 할 수 있다. 또 하루 중에서
어떤 관법을 언제 행해야 하는 가에 대해서는, 『대근기행법』의 최후의
부분에 설해져 있다.[89] 그것에 의하면 종일 여래장 등의 사불四佛을
관하고, 걸식하러 갈 때는 인맹관認盲觀과 응불관應佛觀을 하고, 걸식의
맨 가운데는 보친관普親觀을 하고 걸식에서 돌아와서 식사를 하기까지
는 부정관不淨觀을 하고, 일몰과 초야에는 공무상관空無相觀을 하고,
옆으로 누워 있을 때에는 무상관無常觀을 하고, 반야半夜 이후는 우선
부정관 등의 오문관五門觀을 하고, 계속해서 인다악관認多惡觀을 하도

---

88 사종삼매四種三昧의 구체적 내용은 『摩訶止觀』권2上에 상세히 적혀 있다. 大正
46. 11上 이하.

89 『敦煌寶藏』19. 538上~下.

록 정해져 있다. 이것은 S2446의 최후의 부분이고, 용대본龍大本은 이 부분을 결한 채로 미제尾題가 쓰여 있으므로 후에 부가되었을 가능성도 있지만, 대략 이러한 내용으로 관법이 행해져 있었던 것은 틀림없다. 이 중에 여래장 등 사불관四佛觀과 인악관認惡觀이 삼계교의 관법으로서 독자적인 것이고, 제3계불법의 중심적 내용이었던 것은 제4장 제2절에서 서술한 대로이다. 한편 천태교단에서는 사시좌선을 행한다고 하고 있지만 이 사시좌선의 구체적인 내용에 대해서는『입제법』에는 정해져 있지 않다. 다만『차제선문次第禪門』과『천태소지관天台小止觀』에 설해진 좌선 방법에 근거해서 행해지고 있었던 것은 아닐까 하고 추측된다.

예불에 대해서는 육시예배를 행한다고 하는 점에서는 삼계교와 천태종은 일치하고 있다. 육시의 예배라는 것은 평단平旦, 정오正午, 일모日暮, 초야初夜, 반야半夜, 후야後夜에 불명을 외치며 예배하는 것이다. 『고승전』권5「도안전道安傳」에는『승니궤범삼례僧尼軌範三例』의 하나에 "상일육시행도常日六時行道, 음식창시법飲食唱時法"[90]이 있었다고 서술되어 있고, 이 자료를 가지고 육시예배의 창시자는 도안道安이라고도 일반적으로 말해지고 있다. 또 정토교 선도善導의『왕생예찬게往生禮讚偈』[91]에도 육시예배의 행의行義가 설해져 있으므로 남북조시대에서 수隋·당唐에 걸쳐서 이 육시예배의 행은 꽤 일반적으로 행해지고 있었던 것을 알 수 있다. 다만 예배의 내용은 교단마다 특징이 있고 각각 달랐던 것이다. 삼계교단에서는 평단과 정오에 53불佛을 중심으

---

90 大正 50. 353下.
91 大正 47. 438中~448上.

로 하고, 일몰과 초야에 35불을 중심으로 하고, 반야와 후야에 25불을 중심으로 한 예불이 행해지고 있었다. 천태교단에서는 평단과 정오에는 경례를 생략하고 소위所爲의 삼三을 채택했으며, 일모日暮에는 경례를 하고 소위를 생략했고, 초야에는 정오의 10불을 채택하고, 반야와 후야에는 보례普禮를 채택한다고 정해져 있다.[92] 정토교의 경우는 육시의 어느 때도 서방아미타불西方阿彌陀佛에로의 귀명예배歸命禮拜를 중심으로 한 행법이었다.

걸식에 대해서는 그 유무와 식사의 횟수 등의 규정이 달랐다. 삼계교에서는 1일의 식사는 1회뿐이고 그 식사는 걸식에 의해서 얻는 것을 기본으로 하고 있다. 이것은 삼계교가 두타걸식행을 중시한 때문이다. 삼계교단이 12두타를 모두 지키고 있었다고는 생각할 수 없지만, 식사에 관해서는 1일 1회걸식에 의해서 식사를 한다고 하는 것을 실천하고 있었던 것이다. 교의로서 두타걸식을 중시하고 있었던 것과 동시에, 걸식에 의해서 식사를 얻을 수 있다고 하는 물질적 기반이 없으면 안 된다. 그것을 보증한 것은 삼계교가 도시형 불교이었다고 하는 점이다. 삼계교는 제3계에 있어서의 수행은 산림에서가 아니고, 여래장 등 사불(四佛: 인간)이 많이 사는 취락 중에서 행해야 한다고 설하였다. 따라서 삼계교승은 취락 중에서 수행했던 것이다. 이 점이 걸식을

---

92 「敬禮法」第2, 『國淸百錄』권1, 大正 46. 794上. 경례법敬禮法과 보례법普禮法은 『國淸百錄』 중의 「敬禮法」 제2 및 「普禮法」 제3에 의해서 그 내용이 알려졌다. "所爲의 三"은 의미가 명백하지 않지만, 지전전게서池田前揭書(259쪽)에는 『立制法』제1에 열거되어 있는 3행(依堂坐禪, 別場懺悔, 知僧事)이 아닌가라고 추정되고 있다. 즉 낮에는 각자가 각각의 행법行法을 행해 있다고 해석하고 있다. 정오의 십불도 확실하지 않다.

물질적으로 가능하게 했던 것이다. 한편 천태교단에서는 식사의 횟수는 2회로 정해졌고 『입제법』에는 걸식의 규정은 없으므로 걸식은 행해지고 있지 않았다고 생각된다. 이것은 사상적 요인도 물론 없지만, 천태산중의 국청사에는 걸식을 행할 수 있는 물질적 기반이 애초부터 존재하지 않기 때문이기도 한 것이라고 할 수 있다.

다음에 계율에 대해서는 삼계교에서는 계율엄수의 사상이 도처에서 발견된다. 『제법』제13조의 첫머리에서 출가인은 계행을 근본으로 하라, 어찌해서 소인연小因緣으로 마음대로 계를 버릴 수 있는가라고 설하고, 사계捨戒를 금지하고 있다. 바라이죄波羅夷罪를 범한 경우에도 중衆 가운데에 머무르며 사계를 하려는 것은 금지하고 있고, 중衆 가운데 있으면서 구태여 사계를 하는 자는 중衆으로부터 내보내야 하고, 동취同聚하고 동행해서는 안 된다고 설해져 있다. 또 파계인은 단지 참회하면 되는 것이고 사계해야 하는 것은 아니라고 설해져 있다. 이 밖의 조항에도 제2조에서 아양승의 요건으로서 초편初篇·제2편을 범하지 않는다고 하는 점이 거론되어 있고, 제5조에서는 팔계八戒·오계五戒·250계·보살계를 중생과 동행하는 것의 중요성이 설해져 있다. 또 제2조, 제4조, 제15조 등에는 "파계의 비구를 치벌治罰하는 경우에는…"이라고 하는 예외규정이 설해져 있는 것으로부터 교단 내의 수행 생활 중에서 파계의 비구에 대한 치벌治罰이 실제로 행해지고 있었던 것을 알 수 있다. 그러면 교단 규칙은 모두 계율의 규정에 근거해서 행해졌었던가 하면 그런 것은 아니다. 『제법』의 제정 자체가 계율의 규정의 틀을 넘어선 새로운 생활규율의 확립을 이야기해 주는 것이고, 후의 청규로 전개해 나가는 요소를 다분히 품고 있는 것이다. 그런 의미에서 삼계교단의 규율은 계율중심의 생활에서 청규에 근거한 생활로 중국불교교단이 변모해가는 과도기에 자리 잡고 있었던 것이라고 생각된다. 그러므로 이러한 자리매김은 천태교단에도 적용될 것이다. 천태교단에서도『입제법』제9에서는 십중금계十重禁戒를 범한 자는 계율에 의해서 심판한다고 설해져 있고, 여전히 계율이 중시되어 왔던 점을 엿볼 수 있다. 그런 한편으로『입제법』이라고 하는 독자의 교단규율을 제정하고 있었던 것이다. 또 계율에서 청규로의 변화라고 하는 점에서는 제4항에서 본 바와 같이 양쪽 교단 모두 벌칙으로서 벌례를 중시하고 있던 점도 주의해 두어야 한다.

삼계교단에 있어서 계율의 문제로서 미해결인 점은, 신행이 사계捨戒하고 노역에 종사하면서 비전경전悲田敬田에 공양한다고 하는 전기의 기사와[93] 계율의 엄수와 사계의 금지를 정하고 있는『제법』과의 모순을 어떻게 해석해야 하는가 하는 점이다. 사계를 하고 노역에 종사한 것은 상주相州 법장사法藏寺였다고 하니까, 비교적 젊은 시기였던 것이라고 추정된다. 아마 계戒를 지키는 것보다도 신명재身命財를 버려서 널리 삼보와 중생에게 공양한다고 하는 무진장의 사상에 입각한 실천을 선택했던 때문일 것이다. 그런데 신행의 사상에 입각하여 삼계교단이 형성되고 성장해가는 중에 교단의 관리운영을 할 필요가 생겨났다. 그 시점에서는 각자가 지켜온 계를 마음대로 버리는 것은 교단의 규율을 어지럽히는 것이 된다고 판단한 것일 것이다.『제법』에 있어서 이후부터는 사계를 금지한다고 해도,『제법』이 제정되기 이전에 사계했던

---

93 大正 50. 560上.

자는 계속해서 교단에 머무를 수 있다고 한 예외규정은 그간의 사정을 반영한 것이라고 할 수 있을 것이다. 다만 이 문제에 관해서는 더욱더 검토할 필요가 있다.

이상 삼계교단의 수행생활의 특징을 주로 천태교단과 비교해 보면서 검토하였다. 더 자세히 검토하면 더욱 많은 특징을 발견할 수가 있을 것이지만 전체적으로 보면 양 교단의 규율은 계율을 중시하면서도 독자의 사원규율을 제정하여 벌칙규정 등도 계율과는 다른 벌례 등을 정했다고 하는 점에서 공통점이 있고, 청규를 중심으로 한 사원생활로 전개해간 흐름 중에 자리 잡고 있는 것은 아닐까 생각된다. 또 좌선과 예배를 중심으로 수행을 행해갔다고 하는 점에서도 공통된다. 신행의 입적 후 삼계교는 이단시 되어서 여러 차례에 걸쳐 탄압을 받았지만, 적어도 수행생활의 내용 자체에는 특이하게 이단성은 찾아볼 수 없는 것이라는 생각이 든다. 또 양 교단의 규율을 수행의 밀도, 식사나 걸식의 규정, 벌의 경중 등의 점에서 보면 삼계교단 쪽이 보다 한층 더 엄한 규율을 부과하고 있다는 것도 확인되었다.

제2절 『수팔계법受八戒法』에 대해서

1. 『수팔계법』의 구성

P2849의 제3문헌은 팔계八戒를 줄 때의 행의문行儀文에 관한 것이다. 「수팔계법 신행선사찬受八戒法 信行禪師撰」이라는 수제首題가 있고, 미제尾題에는 「수계법일권受戒法一卷」이라고 쓰여 있다. 전체는 서序,

예불禮佛, 참회懺悔, 삼귀三歸, 팔계八戒, 발원發願의 육문六門으로 성립
되어 있다.[94] 우선 팔계의 내용을 검토하면 "佛子, 如諸佛盡形壽不殺生,
佛子等一日一夜不殺生, 是優婆塞優婆夷戒, 能持不. 受戒人答言, 能
持"라고 하는 형식에 따라서 (1) 불살생不殺生, (2) 불투도不偸盜, (3)
불음욕不淫欲, (4) 불망어不妄語, (5) 불음주不飲酒, (6) 불착향훈의화
만급향유도신不着香熏衣華鬘及香油塗身, (7) 불가무창기급왕관청不歌
舞唱伎及往觀聽, (8) 부좌와고광대상不坐臥高廣大牀, (9) 불과중식不過
中食의 9개의 계가 동렬에 열거되어 있다. 이와 같이 9개의 계를 동렬에
놓아서 팔계라고 하는 형식은 수팔계법으로서는 특수한 형식이다.
돈황출토의 수팔계受八戒에 관한 사본 20수본[95] 가운데 9개의 계를
병렬시켜 놓은 것은 『수팔계법』뿐이다. 다른 수팔계문에는 (6)과 (7)
또는 (7)과 (8)을 하나로 하여 팔계라고 하는 경우가 많다.[96] 한편
활자화되어 있는 번역경론과 중국 찬술撰述의 논서 등에 팔계에 관한
기술을 보면 『십송갈마비구요용十誦羯磨比丘要用』 「수팔계문受八戒
文」에서는 9개를 병렬시켜 놓았지만 순서는 다르게 되어 있다.[97] 『대지

94 『敦煌寶藏』124. 466下~476上.
95 里道德雄 「敦煌文獻에 보이는 八關齊關係文書에 있어서」(『東洋大學大學院紀要』
〈文學研究科〉19, 1983, 79~96쪽) 참조. 里道以前의 연구로서는, 스타인사본을 중심
으로 한 연구로서 土橋秀高 『戒律의 研究』(永田文昌堂, 1980)에 실린 「스타인수집
의 수팔제계의에 관하여」(『印佛研』9-1舊收) 및 「受八齊戒儀의 變遷－스타인본을
중심으로 해서」(『岩井博士古稀記念論集』舊收), 대승경론大乘經論에 있어서의 팔
계법에 관하여는 大野法道 『大乘戒經의 研究』(山喜房佛書林, 1956) 등이 있다.
96 S4464(8세기 사본)와 같이 불과중식不過中食에는 전혀 언급하지 않고, 그것 이외에
는 8개를 8계라 하는 경우도 있다.

도론』권13에서는 (8)까지의 8개를 팔계라고 규정한 위에, 또 불과중식
不過中食을 별설하고 있고, 역시 팔계의 순서는 달리 하고 있다.[98] 그밖에
하나하나 광설하지 않지만, 『수팔계법』과 같은 시기 혹은 그것보다
이전의 팔계에 관한 기술에서, 『수팔계법』과 같은 순서로 9개의 계를
병렬하고 있는 것은, 내 좁은 견해로는 찾아내지 못하였다. 따라서
현 단계에서는 『수팔계법』에서 전수된 팔계가 어떠한 계통의 영향
하에서 성립된 것인가는 특정할 수 없다. 혹은 『사미십계법병위의沙彌
十戒法幷威儀』[99](東晉)와 도선집道宣集 『사분율산보수기갈마四分律刪
補隨機羯磨』권상[100] 등에 설해진 사미의 십계의 제9까지의 계와는 순서
도 일치하는 것으로 보아, 사미의 십계법에서 9계를 뽑아냈을 가능성도
생각할 수 있다.

　다음으로 구성상의 특징으로서, 『십송갈마비구요용十誦羯磨比丘要
用』과 『대지도론』 등의 순서는 삼귀, 참회인 것에 대해서 순서가 바뀌어
져 참회, 삼귀로 되어 있는 점이 열거되어 있다. 이것은 삼귀를 계로
파악하여 삼귀계三歸戒, 팔계를 연속한 수계형식受戒形式으로서 중시
했기 때문일 것이다. P2849보다 이른 시대의 돈황사본은, S4494의
『수팔관제문受八關齋文』(545년 필사) 단지 1본뿐이라고 생각되는데,
그 사본에서는 삼귀·참회·팔계·발원이라고 하는 지극히 소박한 형식
을 보이며 순서는 삼귀·참회 그대로이다. 그 밖의 사본은 8세기 이후의

97　僧璩撰, 5세기전반, 大正 23. 496中.
98　大正 25. 159中~下.
99　大正 24. 926中.
100　大正 40. 496下.

것이라고 추정되는데, 모두 참회·삼귀의 순으로 되어 있다. 따라서 P2849는 참회·삼귀의 순으로 된 수팔계문으로서는 이른 시기의 것이라고 할 수 있다. 다만 수보살계문 등에 있어서는 후대에도 삼귀·참회의 순서를 지키고 있는 중에서, 왜 수팔계문만이 순서를 바꾸어 넣은 형으로 계승되게 되었는가는 확실치 않다.

구성상의 제2의 특징은, 예불이 놓여 있는 점이다. 참회, 삼귀의 순으로 하면 의식을 참회부터 시작하는 것은 적당하지 않으니까, 본래의 삼귀 대신에 무언가의 의식이 필요하게 되었다. 다른 사본에서는 참회 전에는 계청啓請, 즉 수계受戒의 증명자로서 제불성현을 도량으로 초청하는 의식이 되는 경우가 많지만, 이 『수팔계법』에서는 순수하게 예불로서 되어 있는 점이 특징이다. 그 예불의 부분에서는 각각의 불명佛名앞에 "경례敬禮"의 문자를 더하고, (1) 동방수東方須 미등광명여래시방불등일체제불彌燈光明如來十方佛等一切諸佛, (2) 비바시여래과거칠불등일체제불毘婆尸如來過去七佛等一切諸佛, (3) 보광여래오십삼불등일체제불普光如來五十三佛等一切諸佛, (4) 동방東方 선덕여래시방불등일체제불善德如來十方佛等一切諸佛, (5) 구나함여래현겁천불등일체제불拘那含如來賢劫千佛等一切諸佛, (6) 석가모니釋迦牟尼 여래삼십오불등일체제불如來三十五佛等一切諸佛, (7) 아축여래시방무량불등일체제불阿閦如來十方無量佛等一切諸佛, (8) 보집여래이십오불등일체제불寶集如來二十五佛等一切諸佛, (9) 과현미래시방삼세일체제불過現未來十方三世一切諸佛의 9종류의 불명을 열거하고 있다. 이들 불명은 삼계교 문헌『칠계불명경』에 기록되어 있는 불명에 모두 근거를 두고 있는 것이다.[101] 시취矢吹가 저본으로 하고 있는 S59[102]를 위시하여,

『칠계불명경』에서는 (1)부터 (8)까지의 8종의 불명에 대해서는 53불, 35불, 25불의 하나하나의 불명을 거론하면서도 다른 종류의 불명을 혼입함이 없이, 『수팔계법』과 같은 순서로 배열되어 있다.[103] (8)과 (9) 사이에는 63문자와 36문자의 긴 불명이 거론되어 있는데,[104] 이 『수팔계법』에서는 생략되어 있다. 또 S236의 『예참문禮懺文』과 같이, (1)에서 (8)까지가 연사連寫되어 있는 경우도 있다. 다른 불명佛名이 혼입됨이 없이, 게다가 『칠계불명경』과 같은 순서로 게재되어 있는 것이 『수팔계법』이 삼계교의 수팔계문인 것으로 유력한 근거라고 생각된다.[105] 또 참회의 앞에 예불이 놓여 있다고 하는 것은 단지 구성상

---

101 『七階佛名經』에 관하여는, 矢吹 『研究』 512쪽, 廣川(1982) 참조.

102 矢吹 『研究』別篇 179쪽.

103 불명佛名의 "毘婆尸"을 "毘婆施"로, "拘那含"을 "拘那提"로, "寶集"을 "保集"로 쓴 사본도 있다.

104 "虛空功德淸淨微塵等日端正功德相光明華波頭摩瑠璃光寶體香最上香供養訖種種莊嚴頂髻無量無邊日月光明願力莊嚴變化莊嚴法界出生無障礙王如來" 및 "毫相日月光明華寶蓮華堅如金剛身毘盧遮那無障礙眼圓滿十方放光照一切佛刹相王如來"의 이불명二佛名이다.

105 里道(1983)에는 "제존諸尊에의 경례문敬禮文은 아래와 같고, 矢吹慶輝博士 『三階教之研究』 중의 칠계예참七階禮懺 중에 실린 제 존명諸尊名과도 일치하지 않는다. (중략) 경례동방수미등광명여래시방불등일체제불敬禮東方須彌燈光明如來十方佛等一切諸佛, 이하 제3의 경례보광여래오십삼불등일체제불敬禮普光如來五十三佛等一切諸佛은 다른 문헌 중의 어디에도 보이지 않고, 제칠경아축여래시방무량불등일체제불이하제구第七敬禮阿閦如來十方無量佛等一切諸佛以下第九의 경례과현미래시방삼세일체제불敬禮過現未來十方三世一切諸佛까지도, 이와 같은 모양의 형태로 정리되어 있는 다른 것은 삼계교 관계자료 중에 볼 수 없다."(83쪽)라고 서술되어 있는데, 필자와는 인식을 달리 한다.

의 특징일 뿐만 아니라, 삼계교에 있어서는 보경사상普敬思想의 구체화
로서 일체불에 귀의하여 예배하는 것은 특별한 의미를 가지고 있다고
하는 점에서도 주목해야 할 점이다.

2. 참회법에 대해서

예불의 부분 이외에서 삼계교의 문헌으로서의 특징이 보이는 것은
참회懺悔의 부분이다.

다소 긴 문장이라고 생각되지만, 이하에 참회의 부분을 인용해둔다.

歸命懺悔.

(a) 十方三世諸佛當証知, 弟子某甲等, 從無始身已來, 及以今身,
盡未來際, 所作一切罪, 若自作, 若敎他作, 見作隨喜, 如是等一切
罪, 今於十方諸佛前十二部經前諸大菩薩前一切賢聖前天龍八部
前現在大衆前, 發露懺悔, 永斷相續, 願罪障消滅. 低頭禮三宝.
(b) 十方三世諸佛當證知, 弟子某甲等, 從無始身已來, 及以今身,
盡未來際, (一)或取佛物不憶數, 或取塔物不憶數, 或取法物不憶
數, 或取常住僧物不憶數, 或取現前僧物不憶數, 或取招提僧物不
憶數, 或取一比丘物不憶數或破塔壞寺不憶數, (二)或說三寶三乘
長短不憶數, (三)或打罵繫縛出家人不憶數, 或遣出家人還俗不憶
數, 或食用衆僧飲食財物不憶數, 或將衆僧飲食財物與俗人不憶
數, 如是等三寶邊所作一切罪, 若自作, 若敎他作, 見作隨喜, 今於
十方諸佛前十二部經前諸大菩薩前一切賢聖前天龍八部前現在

大衆前. 發露懺悔, 永斷相續, 願罪障消滅. 低頭禮三宝.

(c) 十方三世諸佛當證知, 弟子某甲等, 從無始身已來, 及以今身, 盡未來際, [四]或殺父不憶數, 或殺母不憶數, 或殺眞人羅漢不憶數, 或破和合僧不憶數, 或惡心出佛身血不憶數, 如是等一切五逆罪, 若自作, 若敎他作, 見作隨喜, 今於十方諸佛前十二部經前諸大菩薩前一切賢聖前天龍八部前現在大衆前, 發露懺悔, 永斷相續, 願罪障消滅. 低頭禮三寶.

(d) 十方三世諸佛當證知, 弟子某甲等, 從無始身已來, 及以今身, 盡未來際, [五]或殺生不憶數, 或偸盜不憶數, 或邪婬不憶數, 或妄語不憶數, 或兩舌不憶數, 或惡口不憶數, 或綺語不憶數, 或邪貪不憶數, 或邪瞋不憶數, 或邪癡不憶, 或飮酒食肉不憶數, 或破齊夜食不憶數, 或食五辛葱蒜不憶數, 或不孝父母不憶數, 或不敬三尊不憶數, 或扛與他作呪誓不憶數, 如是十惡一切罪等, 若自作, 若敎他作, 見作隨喜, 今於十方諸佛前十二部經前諸大菩薩前一切賢聖前天龍八部前現在大衆前, 發露懺悔, 永斷相續, 願罪障消滅. 低頭禮三寶.

(e) 十方三世諸佛當證知, 弟子某甲等, 從無始身已來, 及以今身, 盡未來際, 或破三歸戒不憶數, 或破五戒不憶數, 或破十戒不憶數, 或破廿四戒不憶數, 或破二百五十戒不憶數, 或破五百戒不憶數, 或破三千威儀戒不憶數, 或破菩薩三聚淨戒不憶數, 如是等破戒一切罪, 若自作, 若敎他作, 見作隨喜, 今於十方諸佛前十二部經前諸大菩薩前一切賢聖前天龍八部前現在大衆前. 發露懺悔, 永斷相續, 願罪障消滅. 低頭禮三寶.

(f) 十方三世諸佛當證知, 弟子某甲等, 從無始身已來, 及以今身, 盡未來際, ^(六)所作罪障, 或有覆藏, 或不覆藏, 應墮地獄餓鬼畜生 諸餘惡趣辺地下賤及彌戾車, 如是等處所作罪障, 今皆懺悔, 低頭 禮三寶.

(g) 十方三世諸佛當證知, 弟子某甲等, ^(七)若我此生, 若於餘生, 曾行布施, 或守淨戒, 乃至施與畜生一揣之食, 或修淨行, 所有善 根成就衆生, 所有善根修行菩提, 所有善根及無上智, 所有善根一 切合集計校籌量, 悉皆迴向阿耨多羅三藐三菩提. 如過去未來現 在諸佛所作迴向我亦如是迴向. 低頭禮三寶. 衆罪皆懺悔, 諸福盡 隨喜, 及請佛功德, 願成無上智. 未來現在佛, 於衆生最勝, 無量功 德海, 歸依合掌禮. 懺悔訖.¹⁰⁶

이 중에서 삼계교와 관계가 있다고 생각되는 내용으로서 우선 눈에 띄는 것은 (b)의 방선부傍線部 (三)의 "혹타매계박출가인불억수或打罵 繫縛出家人不憶數, 혹유출가인환속불억수或遺出家人還俗不憶數"라고 하 는 부분이다. 가령 일본『삼계불법』권1에서는 출가인의 상벌을 다음과 같이 정하고 있다.¹⁰⁷

---

106 『敦煌寶藏』124. 474下~475下.

107 矢吹『研究』別篇 279쪽.

第一階	第二階	第三階
得驅破戒比丘還俗	得驅破戒比丘還俗	不得驅出家人還俗
得打道俗	不得打出家人	不得打出家人
得殺修道人	不得殺修道人	不得殺出家人

이것에 의하면 제2계와 제3계의 분기점은 출가인을 환속시키는 것을 인정하는가 여부에 있다는 것을 알 수 있다. 따라서 방선부(三)의 참회는 바로 제3계의 상벌관에 따른 참회라고 할 수 있다. 그래서 제3계의 출가인에 대한 상벌관의 교증이 되었던 경전을 검토해 보니, 『대집월장분경大集月藏分經』과『십륜경十輪經』등과 함께『대살차니건자소설경大薩遮尼乾子所說經』권4가 유력한 교증으로 되어 있는 것을 알았다.[108] 이 부분을 인용하면 다음과 같다.

王言. 大師, 何者根本罪. 答言. 大王, 有五種罪, 名爲根本. 何等爲五. 一者破壞塔寺焚燒經像, 或取佛物法物僧物, 若敎人作見作助喜, 是名第一根本重罪. 若謗聲聞辟支佛法及大乘法, 毁呰留難, 隱蔽覆藏, 是名第二根本重罪. 若有沙門信心出家, 剃除鬚髮, 身著染衣, 或有持戒或不持戒, 繫閉牢獄, 枷鎖打縛, 策役驅使, 責諸發調, 或脫袈裟, 逼令還俗, 或斷其命, 是名第三根本重罪. 於五逆中, 若作一業, 是名第四根本重罪. 謗無一切善惡業報, 長夜常行十不善業, 不畏後世, 自作敎人, 堅住不捨, 是名第五根本重罪.[109]

同. 277쪽.
大正 9. 336中.

이것에 의하면 5종의 근본중죄를 설하고, 그 제3근본중죄 부분에서 환속시킨 것의 죄를 들고 있는 것을 알 수 있다. 게다가 이 인용문 전체의 내용을 검토해 보니, 제1근본중죄는 삼보에 대한 물리적인 공격, 제2근본중죄는 삼승三乘에 대한 사상적 공격, 제3근본중죄는 출가자에 대한 물리적 공격, 제4근본중죄는 오역죄, 제5근본중죄는 십불선업十不善業을 중심으로 한 죄이고, 그것을 참회의 내용과 비교해 보면, 제1중죄에서 제5중죄까지의 내용이 참회의 (1)부터 (5)의 방선부傍線部의 내용과 거의 대응해 있는 것을 알았다. 따라서 (a)의 총 참회를 받은 (b)에서 (d)까지의 참회문은『살차니건자경』에 입각해서 작성된 것은 아닐까라고 생각된다. 삼계교 문헌에 있어서『살차니건자경』의 인용횟수는 일본『삼계불법』에서는 다섯 번째로 많고, 그 권1에는 5종의 근본중죄의 부분도 인용되어 있다.[110] 이 경전의 내용과 참회문과의 내용적 일치는 우연이라고만 말할 수는 없다고 생각한다.

이어서 (e)는 파계에 관한 참회이고, 특히 삼계교 문헌으로서의 뚜렷한 특징은 발견되지 않지만, 다음의 (f)와 (g)는 삼계교의 문헌으로서의 특징을 명확하게 드러내고 있다. 이 2개는 구체적인 죄의 참회는 아니고, 최후에 있어서 총 참회를 행한다고 하는 의미를 가지고 있는 것이겠지만, 방선부(六)과 (七)은 예불의 부분에서도 언급했던『칠계불명경』의 문장과 거의 일치한다. 따라서 이 부분도『칠계불명경』의 참회문에서의 전용轉用이라 할 수 있다.[111]

---

110 矢吹『研究』別篇 277쪽.

111 이 참회문은 본래『決定毘尼經』(大正 12. 39上)에 있어서 35불명佛名에 이어진 부분에 설해져 있는 것이고,『七階佛名經』이 35불명과 이 참회문을 인용했던

3. 『수팔계법』의 문헌적 위치

P2849의 제3문헌, 신행선사 찬『수팔계법』에 관한 검토 결과를 정리하면 아래와 같다.

(1) 팔계는 실제로는 9개의 계가 나란히 전수되어 있다.『수팔계법』이전의 팔계에 관한 경론의 기술에서 내용과 순서가 일치하는 것은 발견되지 않았다. 다만『사미십계법병위의沙彌十戒法幷威儀』등의 십계법의 제9계까지는 1일1야一日一夜와 진형수盡形壽의 차이는 있지만, 내용과 순서는 일치한다.

(2) 수팔계에 관한 20여 본本의 돈황사본 중에서는 S4494(545년 필사)의 다음으로 오래된 수팔계문이 아닐까 하고 추정된다. 구성이 참회, 삼귀, 팔계의 순으로 되어 있는 수팔계문으로서는 가장 이른 시기의 것이고, 이 이후의 사본은 모두 이 순서로 되어 있다. 수보살계문受菩薩戒文에서는 후대에 이르기까지 삼귀, 참회의 순으로 되어 있는 것과 대조적이다.

(3) 예불에 있어서의 불명은 모두 삼계교의『칠계불명경』에 근거하고 있다. 또 참회의 최후의 총 참회의 문장도『칠계불명경』의 참회문에서의 전용이다.

(4) 개별의 참회를 하는 부분의 내용은, 삼계교가 제3계의 교증으로서 중시하는『살차니건자경』의 5종의 근본중죄를 바탕으로 해서 구성된 것은 아닐까 생각된다.

것이다.

　제1문헌『제법』과 같이 명확한 삼계교 문헌과 함께 필사되어 있는 점, 표제에 "신행선사 찬信行禪師撰"이라고 쓰여 있는 점 및 정리부분의 (3)과 (4) 등의 점에서 제3문헌『수팔계법』이 삼계교의 수팔계에 관한 문헌인 것을 확정할 수 있었다고 생각된다.

　무릇, 팔재계八齋戒라고 하는 의식 형태는 재가자의 오계와 출가자의 십계, 기타와의 사이에 위치해 있는 것이고, 세속에서 생활하는 자가 성스러운 영역에 돌아가 들어가서 성스러운 생활을 일시적으로 체험할 수 있는 기능을 갖추고 있다. 재가자에 있어서 성스러운 영역에 참가한다고 하는 소원과 일시적인 것이어야 한다는 한정을 동시에 만족시키는 것이라고 할 수 있다. 그런 의미에서『수팔계법』은 열심인 재속신도를 가졌다고 생각되는 삼계교의 재가자의 실천을 짐작하는 데에 귀중한 자료라고 할 수 있다.

결어

중국에 있어서 승제僧制의 선구는 도안(道安, 312~385)의『승니궤범삼례僧尼軌範三例』로 하고 있는데,『고승전』권5「도안전道安傳」에 3항목의 이름만이 열거되어 있을 뿐[112] 구체적인 내용은 명확하지 않다. 그 이후도 제齊나라의 문선왕(文宣王, 460~494)이『승제僧制』1권[113]의

---

[112] 大正 50. 353中. 승제僧制의 역사에 관해서는 土橋秀高「中國에 있어서의 戒律의 屈折」(『戒律의 研究』所收), 諸戸立雄「北魏의 僧制. 西魏의 敎團規制와 道僧格」(『中國佛敎制度史의 研究』〈平河出版社, 1990〉제1장 제3절) 참조.

[113] 大正 55. 85下.

저서가 있다고 하고, 북위北魏의 효문제(孝文帝, 471~499 재위)의 시대
에는 "승제 47조"[114]가 제정되었고, 혜광(慧光, 468~537)은 "승제 18
조"[115]가 있었다고 하는데, 그 내용은 역시 명확하지 않다. 현존하는
가장 빠른 시기의 승제는, 총본선륭塚本善隆이 소개한 서위西魏시대의
사본으로 추정되는『돈황사본모지방불교교단제규敦煌寫本某地方佛教
教團制規』(假題)이다.[116] 또 승제는 아니지만 그 비슷한 종류의 것으로
양梁나라의 간문제(簡文帝, 549~551 재위)의『팔관재제서八關齋制序』
가 있고, 10조가 열거되어 있다.[117] 또 6세기 후반의 것으로서 지의(智顗,
538~597)의『입제법立制法』[118](595년 이후 제정)이 있다. 이와 같이
남북조시대에서 수隋·당唐 초두初頭에 걸쳐서 몇 개인가 승제가 존재했
던 것을 알 수 있지만, 현존하는 것은 한정되어 있다. 그 때문에 당시의

---

114 『魏書』「釋老志」에 의하면, 태화太和 17(493)에 제정되었다고 하는데, 상세한
   내용은 확실하지 않다. 諸戶前揭書 59쪽 참조.

115 大正 50. 608上.

116 塚本善隆(1958→1975) 285쪽~315쪽,「敦煌本. 中國佛教教團의 制規」. 塚本이
   본 사본의 소재는 불명이고, 지금까지 그 내용은 총본塚本 논문의 번각을 통해서
   알 수 있을 뿐이었다. 필자는 삼계교사본의 조사를 진행 중, 우연히도 총본塚本이
   소개한 사본과 동일 내용의 별사본의 존재를 확인하였다. 그 사본은 P2081(『敦煌
   寶藏』113. 550下~553上)이고 필사의 시기도 6세기가 아닐까 추정되는 고사본古寫
   本이다. 2개의 사본은 모두 단편이지만, 총본塚本이 번각한 사본은 제4조의
   중도에서 제19조의 중도까지인 것에 대해서 P2081은 제3조의 중도에서 제14조
   (사본에서는 15조로 되어 있지만 誤寫이다)의 중도까지가 존재한다. 이미 총본塚本
   과 제호諸戶의 연구(前揭論文)가 존재하지만, P2081의 내용도 포함해서 더욱
   연구를 진행할 필요가 있겠다.

117 大正 52. 324下.

118 大正 46. 793中~794上.

각 교단의 수행생활을 있는 그대로 파악하여 여기에서 볼 수 있는 보편성과 독자성을 해명하고, 더욱이 전후 시대에 있어서의 불교교단의 수행생활과의 비교를 해 간다는 것은 결코 용이한 작업이 아니다. 이번 삼계교단의 규율인 『제법』의 존재가 밝혀지게 된 것은 삼계교단의 수행생활을 알기 위한 자료로서의 중요성에 그치지 않고, 중국불교교단의 규율과 그것에 입각한 수행생활의 변화를 아는 데에도 중요한 의미를 갖고 있다. 그 변화의 큰 흐름을 관찰해 보면, 계율을 중심으로 한 생활에서 교단독자의 규율에 입각한 생활로의 전개라고 자리매김할 수 있을 것이다. 선종의 청규淸規 등과의 비교연구도 금후의 과제로서 연구를 진행해나갈 필요가 있다.

참고문헌参考文献

一. 日本語の著書・論文

石井公成　[1996]『華厳思想の研究』, pp.30~35, pp.281~285, 東京・春秋社.

伊藤裕晃　[1925]「信行禪師の三階仏法にいて」,『淨土宗史之研究』(『摩訶衍』四-
　　　　　二再版).

今津洪嶽　[1925]「信行禅師の事蹟及其の教義」,『宗教界』11-6/8.

岩崎敲玄　[1917]「信行禅師の三階教」『宗教界』13-9.

横超慧日　[1944→1971]「仏教における宗教的自覚－機の思想の歴史的研究」,
　　　　　『中国仏教の研究 第二』, pp.9~85, 京都・法藏館.

大谷勝真　[1938]「三階某禅師行状始末に就いて」,『京城帝国大学文学会論纂』
　　　　　7, pp.247~302, 東京・岩波書店.

大野法道　[1927]「三階教の研究」,『宗教研究』4-5, pp.796~804.

大屋徳城(校訂) [1925]『三階仏法』上・下 2冊, 京都・便利堂コロタイプ印刷所.

兼子秀利　[1957]「三階教の成立」,『文化史学』13.
　　　　　[1959]「三階教の布施観」,『仏教史学』7-4, pp.246~259.

鎌田茂雄　[1978]『中国仏教史』, pp.199~203, 東京・岩波書店.
　　　　　[1988]『新羅仏教史序説』, pp.356~362, 東京・大藏出版.

河野法雲　[1909]「信行禅師の三階仏法」,『無尽燈』14-4.

神田喜一郎　[1922a→1986]「化度寺塔銘に就いて」,『神田喜一郎全集』第1巻, pp.
　　　　　360~367, 京都・同朋舎.
　　　　　[1922b→1986]「再び化度寺塔銘に就いて」,『神田喜一郎全集』第1巻,
　　　　　pp.368~373, 京都・同朋舎.
　　　　　[1922c→1986]「三階教に関する隋唐の古碑」,『神田喜一郎全集』第1
　　　　　巻, pp.277~305, 京都・同朋舎.
　　　　　[1923→1986]「三階教に関する隋唐の古碑 補遺」,『神田喜一郎全
　　　　　集』第1巻, pp.306~308, 京都・同朋舎.

木村清孝　[1974]「像法決疑経の思想的性格」,『南都仏教』33, pp.1~15.

[1978]「智儼・法藏と三階教」,『印度学仏教学研究』27-1, pp.100~107.

[1979]『中国仏教思想史』, pp.164~171, 東京・世界聖典刊行協会.

[1984]「信行の時機観とその意義」,『仏教における時機観』, pp.167~183, 京都・平楽寺書店.

[1991]「中国仏教における「個」の存在性」,『中国－社会と文化』6, pp.31~42.

粂原勇慈　[1987a]「念仏鏡の對三階門」,『仏教論叢』31, pp.48~51.

[1987b]「西方要決とと念仏鏡」,『宗教研究』271, pp.231~233.

[1988]「『西方要決』の對三階釈難」,『印度学仏教学研究』36-2, pp.259~261.

[1989]「善導教学と三階教－『礼讃』無余修との関連において」,『仏教論叢』33, pp.41~44.

[1990]「三階教の時代観について」,『宗教研究』283, pp.129~130.

[1991]「三階教の普行について」,『印度学仏教学研究』39-2, pp.107~111.

呉其昱　[1992]「敦煌漢文写本概観」, 講座敦煌五『敦煌漢文文献』, pp.3~142, 東京・大東出版社.

佐夕木月樵　[1913]「三階教と浄土教」,『支那浄土教史』上巻, pp.271~281, 東京・無我山房.

里道徳雄　[1983]「敦煌文献にみられる八関斎関係文書について」,『東洋大学大学院紀要』(文学研究科)19, pp.77~96.

高雄義堅　[1924]「龍大図書館所藏三階教資料に就いて」,『龍谷大学論叢』255, pp.157~161.

[1937]「末法思想と諸家の態度」,『支那仏教史学』1-1, pp.1~20 / 1-3, pp.47~70.

[1958]「對根起行法断簡解説」,『西域文化研究』1-1, pp.208~209, 京都・法藏館.

田島徳音　[1940]「例時作法と三階教との関係」,『大正大学報』30・31, pp.188~199.

塚本善隆　[1926→1975]「信行の三階教団と無尽藏について」,『宗教研究』新

3-4(塚本善隆著作集三 『中国中世仏教史論攷』〈以下 著作集三 と略称〉,
pp.191~207, 東京・大東出版社に再収).

[1937a→1975]「三階教資料雑記」,『支那仏教史学』1-1(著作集三, pp.209
~231に再収).

[1937b→1975] 「統三階教資料雑記」,『支那仏教史学』1-2(著作集三,
pp.231~250に再収).

[1957→1975]「日本に遺存する原本「貞元新定釈教目録」」,『神田博
士還暦記念書誌学論集』(著作集三, pp.371~387に再収).

[1958→1975] 「敦煌本・中国仏教教団の制規－特に行像の祭典につ
いて」,『石濱博士古稀記念東洋学論叢』(著作集三, pp.285~315に再収).

東光琢宗 [1936]「三階教瞥見」,『駒沢実践宗乗』四.

常盤大定 [1925]「百塔寺」,『支那仏教史蹟評解一』(関野貞との共著), pp.106~
114, 東京・仏教史蹟研究会.

[1927]「三階教の母胎としての宝山寺」,『宗教研究』4-1, pp.35~56.

[1927→1938, 1974再刊「隋の霊裕と三階教の七階仏名」,『支那仏教
の研究』, pp.179~198, 東京・春秋社.

礪波護 [1982→1986]「唐中期の仏教と国家」,『唐代政治社會史研究』, pp.397
~477, 京都・同朋社.

中田勇次郎 [1952]「化度寺邕禅師塔銘校字記」,『大谷学報』31-1.

[1954]「翁覃渓本宋拓化度寺碑について」,『大谷学報』33-4.

[1984]「薛稷 信行禅師碑」,『中田勇次郎著作集』3, pp.107~124, 二玄社.

西本照真 [1990a]「『釋浄土群疑論』における三階教批判の論理」,『印度学仏教
学研究』38-2, pp.250~252.

[1990b]「『對根起行法』(解説と訳注(抄)」,『仏教漢文読本』(木村清孝編
著), pp.267~277, 東京・春秋社.

[1991]「中国浄土教における末法思想の位置」,『宗教研究』290, pp.47
~65.

[1992]「三階教典籍における「階」の用法」,『印度学仏教学研究』40-2,
pp.86~89.

[1995a]「三階教の思想的枠組みの権威について」,『印度学仏教学研

究』43-2, pp.225~229.

[1995b]「三階教の教判について」,『宗教研究』303, pp.239~240.

[1995c]「三階教の教団規律について-『制法』一巻の研究」,『インド哲学佛教学研究』3, pp.61~75, 東京大学インド哲学佛教学研究室.

[1995d]「三階教新出資料P2849の基礎的研究」,『南都仏教』72, pp.75~100.

[1995e]「三階教新出資料P2849について-信行禅師撰『受八階法』を中心として」,『印度学仏教学研究』44-1, 7pp.71~76.

[1996]「三階教写本の再検討-新出写本の紹介を含めて」,『印度学仏教学研究』45-1, pp.51~55.

[1997]「三階教は異端か」, シリーズ・東アジア仏教第三巻『新仏教の興隆』(高崎直道・木村清孝編), pp.325~343, 東京・春秋社.

早川道雄 [1988]「三階教と無尽藏院」,『鴨台史論』1.

[1989a]「三階教の意味するもの」(上),『鴨台史論』2.

[1989b]「三階教研究の歴史と今後の課題」,『豊山教学大会紀要』17, pp.83~96.

[1990]「三階教の教義-普敬認悪について」,『豊山教学大會紀要』18, pp.141~151.

[1991]「唐代三階教徒の信行崇拝について」,『大正大学大学院研究論集』15, pp.147~160.

[1992]「三階教の実践」,『豊山教学大会紀要』20, pp.97~109.

[1994]「三階教の弾庄と隋唐国家」,『豊山教学大会紀要』22, pp.101~112.

[1996]「三階教団の性格」,『豊山教学』39, pp.73~103.

廣川堯敏 [1982]「敦煌出土七階仏名経について」,『宗教研究』251, pp.71~105.

真野正順 [1964]「仏教における宗観念の成立」,『中国浄土教史の研究』, pp.131~141, 京都・法藏館.

[1934→1980]「道綽と三階教」,『中国浄土教史の研究』, pp.114~130, 京都・法藏館.

[1943]『中国仏教社会経済史の研究』, 京都・平楽社書店.

八木昊惠　[1942]「惠心教学における三階教の考察(上)」,『支那仏教史学』6-2, pp.38~59.

[1943]「惠心教学における三階教の考察(下)」,『支那仏教史学』7-2, pp.10~17.

矢吹慶輝　[1917→1918a]「三階教の普法に就いて」,『哲學雑誌』369, pp.1~27 / 373, 62~93 / 374, 51~76, 東京・岩波書店.

[1917~1918b]「シュタイン氏蒐集燉煌地方出古写仏典ロートグラフ解説目録」,『宗教研究』5, pp.169~185 / 6, pp.185~196 / 8, pp.153~172.

[1926→1988]「三階教」,『マニ教と東洋の諸宗教』, pp.271~347, 東京・佼成出版社.

[1927]『三階教之研究』, 東京・岩波書店.（矢吹『研究』と略称）

[1928a]「三階教における全仏教の改造運動とその経済思想」,『仏教思想』3-3, pp.2~13.

[1928b]「三階教に就いて」,『日本思想大講座』12 / 14.

[1930a→1988]「三階教と日本仏教」,『マニ教と東洋の諸宗教』, pp.348~392, 東京・佼成出版社.

[1930b]「三階教と現代思想」,『再生』14-2.

[1930c]「鳴沙余韻－燉煌出土未伝古逸仏典開宝」, 東京・岩波書店.

[1932a]「時代の現相と三階教」,『宇宙』7-7.

[1932b]「三階教の研究をめぐりて」,『仏教思想』7-1.

[1933]『鳴沙余韻解説－燉煌出土未伝古逸仏典開宝』, 東京・岩波書店.

[1935]「三階教義及び教史之要綱」,『大亜細亜』3-5.

[1988]『マニ教と東洋の諸宗教』(芹川博通校訂), 東京・佼成出版社.

山本仏骨　[1958]「信行と道綽の交渉」,『印度学仏教学研究』6-2, pp.229~231.

結城令聞　[1954]「隋唐時代に於ける中国的仏教成立の事情についての考察」,『日本仏教学会年報』19, pp.79~96.

吉田靖雄　[1986]「行基と三階教」,『行基と律令国家』, pp.70~82, 東京・吉川弘文館.

[1988]「行基と三階教の関係」および「『日本霊異記』と三階教の関

係」,『日本古代の菩薩と民衆』, pp.42~71 / pp.127~152.

二. 外国語の著書・論文

郭朋　　　　[1980]「一度出現的三階教」,『隋唐仏教』pp.233~270, 齊魯書社.

藍吉富　　　[1974]「第五章 隋代重要僧人之歴史地位及影響, 第一節 信行与三階
　　　　　　　教』『隋代仏教史述論』, pp.157~172, 台北・新文豊出版公司.

湯用彤　　　[1938→1981]『漢魏両晋南北朝仏教史』下, pp.588~590, 北京・中華書
　　　　　　　局.
　　　　　　　[1982]『隋唐仏教史稿』, pp.196~200, 北京・中華書局.

顔尚文　　　[1980]『隋唐仏教宗派研究』, pp.227~231, 台北・新文豊出版公司.

楊曽文　　　[1995]「信行与三階教典籍考略」,『世界宗教研究』(一九九五-三), pp.34
　　　　　　　~41.

方栄善　　　[1987]「三階教의 無尽藏院에 대한 考察」(三階教の無盡藏院に對する考
　　　　　　　察), 東国大学校大学院碩士学位請求論文.

李平来　　　[1995]「三階教 運動의 현대적 조명」(三階教運動の現代的照明),『韓国仏
　　　　　　　教学』20, pp.341~367.

李相鉉　　　[1983]「隋, 信行의 思想에 関한 研究」(隋, 信行の思想に関する研究),
　　　　　　　『韓国仏教学関係学位論文集』5(碩士論文)所收, 東国大学校大学院碩士
　　　　　　　学位請求論文.

Antonino Forte　[1976] *Political Propaganda and Ideology in China at the End
　　　　　　　of the Seventh Century*, Napoli: Instituto Universitario Orientale.
　　　　　　　[1985] La Secte des Trois Stades et l'Hérésie de Devadatta, *Bulletin
　　　　　　　de l'École Française d'Extréme-Orient* 74, pp.469-476.
　　　　　　　[1990] The Relativity of the Concept of Orthodoxy in Chinese Buddhism:
　　　　　　　Chih-sheng's Indictment of Shih-li and the Proscription of the Dharma
　　　　　　　Mirror Sūtra, *Chinese Buddhist Apocrypha*, Honolulu: University of
　　　　　　　Hawaii Press, pp.239-249.

James Hubbard　[1986] *Salvation in the Final Period of the Dharma: The Inexhaustible
　　　　　　　Storehouse of the San-chieh-chiao*, Ph.D.diss., University of Wisconsin.
　　　　　　　[1996] *Mofa*, The Three Levels Movement, and the Theory of the

Three Periods, *Journal of the International Association of Buddhist Studies* 19, pp.1-17.

M. E. Lewis [1990] The Suppression of the Three Stages Sect: Apocrypha as a Political Issue, *Chinese Buddhist Apocrypha*, Honolulu: University of Hawaii Press, pp.207-238.

A. Waley [1928→1964] Sankai Kyo no kenkyu (Reviews of Book), *Bulletin of the School of Oriental and African Studies* 5-1, pp.162-169.

三. 工具書

大正　　　=『大正新脩大藏経』

続藏　　　=『大日本続藏経』

『新編』　　=『石刻史料新編』90冊, 台北·新文豊出版公司, 1977~1986年.

『叢書集成新編』　　=台北·新文豊出版公司, 1985~1989年.

『北京匯編』=『北京図書館藏中国歴代石刻拓本匯編』100巻, 中州古籍出版社, 1989年.

『敦煌宝藏』=『敦煌宝藏』135冊, 台北·新文豊出版公司, 1981~1986年.

『敦煌巻子』=『国立中央図書館藏　敦煌巻子』, 台北·石門図書公司, 1976年.

『敦煌吐魯番文献集成』=『俄藏敦煌文献』(①~⑥) 上海古籍出版社, 1992~1996年.

P　　　　=パリ國立図書館藏. ぺリオ収集敦煌漢文写本.

S　　　　=大英図書館藏スタイン収集敦煌漢文写本.

北　　　　=北京図書館藏敦煌出土漢文写本.

龍大本　　=龍谷大学図書館藏敦煌漢文写本.

台湾　　　=台湾·国立中央図書館藏敦煌漢文写本.

　(敦煌写本の巻子本または貝葉片の表面はR, 裏面はV, と略称する. これらの略称を用いる場合,「R一」は巻子本の表面の第一文献,「一R」は貝葉片の第一葉の表, を意味する.)

井ノ口泰淳 [1989]『北京図書館藏敦煌遺書総目録』(井ノ口泰淳監修), 京都·朋友書店.

七寺一切経保存会　[1968]『七寺一切経目録』, 名古屋.

黄永武　　[1986]『敦煌遺書最新目録』, 台北·新文豊出版公司.

700

王重民　　　[1962]『敦煌遺書総目索引』, 北京・商務印書館.

Jacques Gernet　　　[1970] *Catalogue des manuscrits chinois de Touen-houang, Volume* I(Nos. 2001-2500), Paris: Bibliothèque Nationale de Paris. (ジェルネ目録)

Lionel Giles[1957] *Descriptive Catalogue of the Chinese Manuscripts from Tun-huang in the British Museum*, London. (ジャイルズ目録)

M. Soymiée[1983] *Catalogue des manuscrits chinois de Touen-houang*, VolumeⅢ (Nos. 3001-3500), Paris: Bibliothèque Nationale de Paris.

口絵資料所蔵一覧

口絵1~12	台湾・中央研究院歴史語言研究所藏.
口絵13~16, 19, 20, 23, 30	大英図書館藏(写真提供・東洋文庫)
口絵17, 18	龍谷大学図書館藏
口絵21, 29	北京図書館藏
口絵22, 24~28	パリ国立図書館藏(写真提供・東洋文庫)
口絵31, 32	台湾・国立中央図書館藏

찾아보기

서본조진西本照真

동경대학교 문학부 인도철학인도문학과를 졸업하고, 동 대학원에서 인도철학전공으로 박사학위를 취득하였으며, 하버드대학과 대만사범대학에 유학하였다.

일본학술진흥회 특별연구원, 무장야여자대학 인간관계학과 조교수를 역임하였다.

현재 일본 무장야대학武蔵野大学 학장이며, 동 대학원 불교학연구과 불교학전공 교수이다.

박부자朴美子

연세대학교 수학과를 졸업하고 동 교육대학원에서 석사학위를, 단국대학교 대학원 수학과에서 석사 및 박사 학위를 취득하였다.

1964년부터 중고등학교에서 수학을 가르쳤으며, 1987년부터는 단국대학교 등 대학에서 수학강사를 역임하였다.

동국대학교 대학원에서 불교학과 석사 및 박사과정을 수료하고, 중국불교의 삼계교 관련 연구 및 번역에 힘쓰고 있다.

삼계교 연구

초판 1쇄 인쇄 2017년 4월 3일 | **초판 1쇄 발행** 2017년 4월 12일
서본조진 저 | 박부자 역 | **펴낸이** 김시열
펴낸곳 도서출판 운주사

    (02832) 서울 성북구 동소문로 67-1 성심빌딩 3층

    전화 (02) 926-8361 | 팩스 0505-115-8361

ISBN 978-89-5746-483-0 93220   값 35,000원

http://cafe.daum.net/unjubooks 〈다음카페: 도서출판 운주사〉